U0808920

当代中国学术思想史丛书
编委会主任 谢伏瞻　总主编 赵剑英

当代中国宗教学研究

Contemporary Religious Studies in China

（1949-2019）

卓新平　主编

中国社会科学出版社

图书在版编目(CIP)数据

当代中国宗教学研究：1949—2019 / 卓新平主编．—北京：
中国社会科学出版社，2020. 9
（当代中国学术思想史丛书）
ISBN 978-7-5203-6890-2

Ⅰ. ①当… Ⅱ. ①卓… Ⅲ. ①宗教史—研究—中国—1949-2019
Ⅳ. ①B929. 2

中国版本图书馆 CIP 数据核字(2020)第 133550 号

出 版 人　赵剑英
责任编辑　陈　彪
责任校对　李　剑
责任印制　戴　宽

出　　版　中国社会科学出版社
社　　址　北京鼓楼西大街甲 158 号
邮　　编　100720
网　　址　http：//www. csspw. cn
发 行 部　010-84083685
门 市 部　010-84029450
经　　销　新华书店及其他书店

印刷装订　北京君升印刷有限公司
版　　次　2020 年 9 月第 1 版
印　　次　2020 年 9 月第 1 次印刷

开　　本　710×1000　1/16
印　　张　45. 25
字　　数　696 千字
定　　价　256. 00 元

凡购买中国社会科学出版社图书，如有质量问题请与本社营销中心联系调换
电话：010-84083683
版权所有　侵权必究

当代中国学术思想史丛书
编辑委员会

主　任　谢伏瞻

副主任　蔡　昉　高　翔　高培勇　姜　辉　赵　奇

编　委　（按姓氏笔画为序）

卜宪群　马　援　王延中　王建朗　王　巍
邢广程　刘丹青　刘跃进　李　扬　李国强
李培林　李景源　汪朝光　张宇燕　张海鹏
陈众议　陈星灿　陈　甦　卓新平　周　弘
房　宁　赵　奇　赵剑英　郝时远　姜　辉
夏春涛　高培勇　高　翔　黄群慧　彭　卫
朝戈金　景天魁　谢伏瞻　蔡　昉　魏长宝

总主编　赵剑英

书写当代中国学术史，加快构建中国特色哲学社会科学

谢伏瞻*

在中华人民共和国成立70周年之际，中国社会科学出版社修订出版《当代中国学术思想史丛书》（以下简称《丛书》），对于推动我国当代学术史研究，加快构建中国特色哲学社会科学学科体系、学术体系、话语体系具有重要的意义。

党的十八大以来，以习近平同志为核心的党中央高度重视哲学社会科学。2016年5月17日，习近平总书记主持召开哲学社会科学工作座谈会并发表重要讲话，明确提出加快构建中国特色哲学社会科学学科体系、学术体系、话语体系的重大论断和战略任务。这是一个极为重要的战略考量，关系我国哲学社会科学的长远发展，关系中国特色社会主义事业发展全局，是重大的学术任务，更是重大的政治任务。广大哲学社会科学工作者要以高度的政治自觉和学术自觉，以强烈的责任感、紧迫感和担当精神，在加快构建中国特色哲学社会科学"三大体系"上有过硬的举

* 谢伏瞻：中国社会科学院院长、党组书记。

措、实质性进展和更大作为。《丛书》即为加快构建中国特色哲学社会科学“三大体系”的具体措施之一。

研究学术思想史是我国的优良传统之一。学术思想历来被视为探寻思想变革、社会走向的风向标。正如梁启超在《论中国学术思想变迁之大势》中所言，“学术思想与历史上之大势，其关系常密切。”“学术思想之在一国，犹人之有精神也；而政事、法律、风俗，及历史上种种之现象，则其形质也。故欲觇其国文野强弱之程度如何，必于学术思想焉求之。”我国古代研究学术思想史注重“融合”“会通”，对学术辨识与提炼能力有特殊要求，是专家之学，在这方面有大成就者如刘向、刘歆、朱熹、黄宗羲等皆为硕学通儒。近代以来，随着“西学东渐”，我国哲学社会科学各学科逐渐发展起来，学术思想史研究亦以梁启超的《中国近三百年学术史》为发轫，以章炳麟、钱穆等为代表的一批学者用现代学术视角“辨章学术、考镜源流”，开始将学术思想史研究与近现代哲学社会科学发展结合起来，形成了不少有影响的名品佳作。新中国成立以后，在马克思主义指导下，我国哲学社会科学不断发展，特别是改革开放以来，哲学社会科学的地位更加凸显，在研究工作的广度和深度上不断取得新突破。但是，我国当代学术思想史研究没有跟上哲学社会科学发展的步伐，呈现出“有数量缺质量、有专家缺大师”的状况，有分量的研究成果寥若晨星，公认的学术思想史大家屈指可数。新时代，我国哲学社会科学地位更加重要、任务更加繁重，有组织、有计划地开展学术思想史研究和出版工作，系统梳理我国当代哲学社会科学各学科学术思想的发展脉络，总结各学科积累的优秀成果，既是对学术研究传统的继承和发扬，弥补当代学术思想史研究的不足，也将在中国特色哲学社会科学“三大体系”建设中发挥独特而重要的作用。

中国社会科学院是党中央直接领导的哲学社会科学研究机构，在加快构建哲学社会科学“三大体系”建设中发挥着主力军作用。早在建院之初的1978年，胡乔木同志主持的《1978—1985年全国哲学社会科学发展规划纲要（初稿）》就提出了研究“中国经济思想史”“中国政治思想史”“中国教育思想史”“中国伦理思想史”等近10种“学术思想史”的规划。“当代中国学术思想史”丛书初版于2009年，在新中国成立70周年之际，予以修订再版，充分体现出我院作为“国家队”的担当。《丛书》以新中国成立以来学术思想史演进中的脉络梳理与关键问题分析为主要内容，集中展现在中国共产党坚强领导下，创建、发展和繁荣哲学社会科学各学科学术思想史的历程，突出反映70年来哲学社会科学各领域的成就与经验，资辅当代、存鉴后人，具有较强的学术示范意义。

学术思想史研究为哲学社会科学学科体系建设提供了有力的支撑。学科体系是加快构建中国特色哲学社会科学的根本依托。经过几十年的发展，我国哲学社会科学已拥有20多个一级学科、400多个二级学科，学科体系已基本确立，但还不健全、不系统、不完善，离习近平总书记提出的基础学科健全扎实、重点学科优势突出、新兴学科和交叉学科创新发展、冷门学科代有传承的要求还有相当大的差距。学科体系建设的前提是对各学科做出科学准确的评估，翔实的学术思想史研究天然具备这一功能。《丛书》以“反映学科最新动态，准确把握学科前沿，引领学科发展方向”为宗旨，系统总结文学、历史学、语言学、美学、宗教学、法学等学科70年的学术发展历程。其中既有对基础学科、重点学科学术思想史的系统梳理，如《当代中国美学研究》《当代中国文艺学研究》等；又有对新兴学科、交叉学科和冷门学科学术思想史的开拓性研究，如《当代中国近代思想史研究》《当代中国边疆研究》《当代中国简帛学研究》等。从学术思想史的角度，系统评价各学科的发展，对于健全学科体系、优化学科布局，加快构建中国特色哲学社会科学学科体系无疑是大有裨益的。

学术思想史研究为哲学社会科学学术创新提供了坚实的基础。学术体系是加快构建中国特色哲学社会科学的核心。主要包括两个方面：一是思想、理念、原理、观点、理论、学说、知识、学术等；二是研究方法、材料和工具等。习近平总书记指出，理论的生命力在于创新。只有不断推进知识创新、理论创新、方法创新，才能着力打造“原版”“新版”的哲学社会科学。学术创新是有前提的，正如总书记所深刻指出的，理论思维的起点决定着理论创新的结果，理论创新只能从问题开始。从某种意义上说，学术创新离不开学术思想史研究，只有通过坚实的学术思想史研究，把握学术演进的脉络、传统、流变，才能够提出新问题、新思想，形成新的学术方向，这是《丛书》为哲学社会科学学术创新作出的贡献之一。学术思想史的研究内容、研究方法、材料与工具自成体系，具有构建学术体系的各项特征。《丛书》通过对学术思想史研究的创新，为哲学社会科学学术创新提供了有益的尝试。

一是观点创新。中华人民共和国成立以来，随着马克思主义在哲学社会科学领域指导地位的确立，我国思想界发生了大规模、深层次的学术变革，70 年间中国学术已经形成了崭新格局。《丛书》紧扣“当代中国”这一主题，突破“当代人不写当代史”的思想束缚，独辟蹊径、勇于探索，聚焦中国特色哲学社会科学的发展道路、马克思主义指导下的中国学术发展、中国传统学术继承和外来学术思想借鉴，民族复兴在学术思想史上的反映等问题，从而产生一系列的观点创新。

二是研究范式创新。一个时代的主流思想和历史叙事，是由反映那个时代的精神的一系列概念和逻辑构成的。当代中国学术的源流、变化与当代中国政治、经济、文化、社会的变革密切相关。《丛书》把研究中国特色学术道路的起点、进程与方向作为自觉意识，贯穿于全丛书，注重学术思想史与中国学术道路的密切联系、学理化研究与中国现实问题的密切联系、个别问题研究与学术整体格局的密切联系、研究当代中国与启示中国未来的密切联系，开拓了学术诠释中国道路的新范式。

三是体例创新。《丛书》将专题形式和编年形式相互补充与融合，充分体现了学术创新的开放性，为开创学术思想史书写新范式探路。对于当代学术思想史研究，创新之路刚刚开始，随着《丛书》种类的增多，创新学术思想史研究的思路还会更多，更深入。

学术思想史研究为构建哲学社会科学话语体系提供了广阔的平台。话语体系是学术体系的反映、表达和传播方式，是有特定思想指向和价值取向的语言系统，是构成学科体系之网的纽结。习近平总书记指出，在解读中国实践、构建中国理论上，我们应该最有发言权。这就要求我们在构建话语体系时，要坚持中国立场、注重中国特色，用中国理论阐释中国实践，用中国实践升华中国理论，更加鲜明地展现中国思想，更加响亮地提出中国主张。要主动设置议题，勇于参与世界范围的“百家争鸣”。《丛书》定位于对当代中国学术思想的独家诠释，内容是原汁原味的中国学术，具有学术“走出去”、参与国际学术对话、扩大我国学术思想影响力、增强中华文化软实力的条件。《丛书》通过生动的叙述风格传播中国学术、中国文化，全面、集中、系统地反映我国当代学术的建构过程，让世界认识“学术中的中国”“理论中的中国”“哲学社会科学中的中国”。习近平总书记强调，把中国实践总结好，就有更强的能力为解决世界性问题提供思路和办法。《丛书》通过对当代中国学术思想史的描绘，让世界了解中国特色的学术发展之路，进而了解中国特色社会主义文化和中国特色社会主义道路。《丛书》中的《当代中国法学研究》《当代中国宗教学研究》《当代中国近代史研究》《当代中国近代社会史研究》等已经翻译成英文、德文等多种语言，分别在有关国家出版发行，为当代中国学术思想的国际化传播开拓了新路。

目前，《丛书》完成了出版计划的一部分，未来要继续作好《丛书》出版工作。关键是要坚持正确的政治方向、学术导向和价值取向。要提高政治站位，增强“四个意识”，坚定“四个自信”，做到“两个维护”，在思想上政治上行动上同以习近平同志为核心的党中央保持高度一致。要坚持马克思主义的指导地位，特别是用习近平新时代中国特色社会主义思想指导学术思想史研究和出版工作。要落实意识形态工作责任制，做到守土有责、守土负责、守土尽责。作好《丛书》出版工作必须坚持以质量为生命线。在任何时候都要坚持质量第一的方针，坚持“宁缺毋滥”的原则，多出精品力作。要把社会效益放在首位，实现社会效益和经济效益相统一。要严格遵守学术规范，秉承认真负责的治学态度，严肃对待学术研究，潜心研究，讲究学术诚信，拿出高质量的学术成果。

当今世界处于百年未有之大变局，中国特色社会主义进入新时代，这都对哲学社会科学提出了更高的要求，广大哲学社会科学工作者要积极响应习近平总书记和党中央号召，以习近平新时代中国特色社会主义思想为指导，努力提高政治站位，增强思想自觉，敢于担当，奋发有为，繁荣中国学术，发展中国理论，传播中国思想，加快构建中国特色哲学社会科学“三大体系”，为实现“两个一百年”奋斗目标，实现中华民族伟大复兴的中国梦作出应有的贡献。

是为序。

2019 年 10 月

撰稿人：

马克思主义宗教观研究70年	龚学增　卓新平
宗教学基本理论研究	金　泽　赵广明　冯梓琏 梁恒豪　李华伟　李金花
宗教哲学研究	张志刚
当代宗教研究	罗伟虹　石　丽
宗教与当代国际关系研究	徐以骅
古代基督教思想文化背景及其历史影响研究	王晓朝　陈越骅
基督教发展研究	卓新平　唐晓峰
伊斯兰教研究	李　林
佛教研究	魏道儒　纪华传　冯　川
道教研究	李　刚　李天啸　李志鸿
中国民间宗教研究	马西沙　李志鸿
儒教研究	王志跃
萨满教研究	郭淑云　伦玉敏
犹太宗教与哲学研究	傅有德　刘精忠　王强伟
中国犹太教研究	张倩红　张佩佩　高　杨

目　录

序言 ………………………………………………………… 卓新平（1）

第一章　马克思主义宗教观研究70年 …………… 龚学增　卓新平（1）

第一节　70年历程的简要回顾 ……………………………（1）

一　前30年的研究 ……………………………………（1）

二　改革开放以来40多年的研究 ………………………（7）

第二节　关于马克思主义宗教观研究的几个重要问题 …………（22）

一　关于马克思主义宗教观的含义及研究范围 ……………（22）

二　在新的历史条件下，如何科学对待马克思主义宗教观 ……（23）

三　进一步加大马克思主义宗教观中国化研究的力度 ………（25）

第三节　2009—2019年马克思主义宗教观研究 ………………（33）

一　研究成果 …………………………………………（33）

二　争论热点 …………………………………………（38）

三　理论突破 …………………………………………（44）

第二章　宗教学基本理论研究 ………… 金　泽　赵广明　冯梓琏　梁恒豪　李华伟　李金花（55）

第一节　世界宗教研究所的创立：中国宗教学理论发展的战略之举 ……………………………………………（56）

第二节　从意识形态的宗教定位转变为文化的宗教定位 ………（58）

第三节　有中国特色的宗教学发展 …………………………（60）

第四节 2009—2019年宗教学理论发展概况 ……………………(68)
一 工具书和宗教通史研究 …………………………………(69)
二 概论性著作 ……………………………………………(70)
三 宗教哲学 ………………………………………………(72)
四 宗教心理学 ……………………………………………(77)
五 宗教社会学 ……………………………………………(80)
六 宗教人类学 ……………………………………………(83)

第三章 宗教哲学研究 …………………………………… 张志刚(86)
第一节 我国学者宗教哲学研究成果举要 ……………………(87)
一 马克思主义宗教哲学思想研究 …………………………(87)
二 各大宗教传统哲学思想研究 ……………………………(89)
三 作为新理论分支的宗教哲学研究 ………………………(96)
第二节 宗教哲学研究的"中国学术意义" ……………………(98)
第三节 关于加强马克思主义宗教观研究 ……………………(105)
一 "宗教鸦片说"文本考释 …………………………………(106)
二 哲学方法论意蕴探析 ……………………………………(108)
三 观念转变与理论选择 ……………………………………(110)
第四节 关于批判借鉴国际先进学术成果 ……………………(112)
一 当代宗教哲学观念的学术启发 …………………………(112)
二 《宗教哲学研究指南》的批判借鉴意义 …………………(114)
第五节 关于阐发中国文化传统思想资源 ……………………(117)

第四章 当代宗教研究 ……………………………… 罗伟虹 石 丽(128)
第一节 当代宗教研究概况 ……………………………………(128)
第二节 对马克思主义宗教理论的再认识 ……………………(130)
第三节 改革开放以来宗教发展状况研究 ……………………(134)
第四节 宗教与社会主义社会相协调相适应问题 ……………(139)
第五节 新兴宗教研究 …………………………………………(143)
第六节 2009—2019年当代宗教研究发展 ……………………(148)

一　坚持宗教中国化方向 …………………………………… (148)
二　宗教发展现状研究 ……………………………………… (152)
三　网络宗教研究 …………………………………………… (158)

第五章　宗教与当代国际关系研究 …………………… 徐以骅 (163)
第一节　宗教对当代国际关系的冲击 ………………………… (163)
第二节　宗教对当代国际关系研究 …………………………… (167)
第三节　宗教与国际关系研究在中国 ………………………… (173)

第六章　古代基督教思想文化背景及其历史影响研究 ……………………… 王晓朝　陈越骅 (179)
第一节　取得实质性进展的研究领域 ………………………… (180)
一　对耶稣生平及其历史真伪问题的研究 ………………… (180)
二　对基督教形成的社会历史背景及其思想文化渊源的研究 ………………………………………………………… (183)
三　对基督教与希腊罗马哲学关系的研究 ………………… (184)
四　对古代基督教哲学历史地位的评价 …………………… (185)
第二节　在进一步开拓与发展的研究领域 …………………… (186)
一　对古代基督教文化背景的研究将扩展为对整个地中海文化圈的研究 …………………………………………… (186)
二　古代基督教思想家将得到更加普遍的研究 …………… (187)
三　古代基督教研究与宗教学其他各分支领域之间交融将进一步强化 ……………………………………………… (190)
第三节　2009—2019 年的研究进展 …………………………… (191)
一　经典文本翻译：古代基督教思想家文献汉译的进一步夯实 ……………………………………………………… (191)
二　宗教思想阐释：教父学研究的主题凝练与方法论反思 ………………………………………………………… (193)
三　相关学科建设：学术共同体逐渐壮大与成形 ………… (195)

第七章 基督教发展研究 …………………………… 卓新平 唐晓峰（198）
第一节 基督教历史研究 ……………………………………………（200）
一 早期基督教历史研究及相关思考 ……………………………（201）
二 中世纪教会及其“黑暗时代”辨析 …………………………（206）
三 宗教改革与近代欧洲社会变迁研究 …………………………（209）
四 现代基督教发展研究 ……………………………………………（212）
第二节 基督教思想研究 ……………………………………………（214）
一 古代基督教思想研究 ……………………………………………（215）
二 中世纪基督教思想研究 …………………………………………（217）
三 近代基督教思想研究 ……………………………………………（220）
四 当代基督教思想研究 ……………………………………………（222）
第三节 《圣经》等基督教经典及文献研究 …………………………（229）
第四节 中国基督教研究 ……………………………………………（232）
一 中国基督教发展史研究 …………………………………………（232）
二 景教与也里可温教研究 …………………………………………（234）
三 明清天主教研究及中国东正教研究 …………………………（238）
四 清末、民国时期的基督教研究 ………………………………（242）
五 中国当代基督教研究 ……………………………………………（247）
第五节 2009—2019年的基督教研究 ………………………………（250）
一 历史研究 …………………………………………………………（251）
二 基督教哲学思想研究 ……………………………………………（256）
三 圣经研究 …………………………………………………………（257）
四 经典著作译介 ……………………………………………………（259）
五 基督教与跨文化对话 ……………………………………………（263）
六 基督教现状与交叉学科研究 …………………………………（265）
七 工具书编写及期刊发行 …………………………………………（269）
结语 ……………………………………………………………………（270）

第八章 伊斯兰教研究 …………………………………………… 李 林（276）
第一节 引论 …………………………………………………………（276）

第二节　当代中国伊斯兰教研究的四个分期 ……………………（278）
一　元始期 ……………………………………………………（279）
二　亨长期 ……………………………………………………（280）
三　利遂期 ……………………………………………………（281）
四　贞成期 ……………………………………………………（283）
第三节　当代中国伊斯兰教研究的三条进路 ……………………（294）
一　历史—考证之路 ……………………………………………（295）
二　哲学—思想之路 ……………………………………………（318）
三　语言—文化之路 ……………………………………………（333）
第四节　当代中国伊斯兰教研究的四个阶段性标志 ……………（349）
一　“以会议推动研究”：四个阶段 ………………………………（349）
二　四组标志性会议 ……………………………………………（352）
第五节　当代中国伊斯兰教研究：为何与如何 ……………………（363）
一　当代中国伊斯兰教研究：为何？ ……………………………（364）
二　当代中国伊斯兰教研究：如何？ ……………………………（369）
结语 ……………………………………………………………（378）

第九章　佛教研究 ………………………… 魏道儒　纪华传　冯　川（379）
第一节　20世纪上半叶佛教研究回顾 ……………………………（379）
第二节　70年来佛教研究概述 ……………………………………（381）
一　专业学术研究机构从无到有，从少到多 ……………………（383）
二　各级各类佛教刊物不断增加 …………………………………（383）
三　重视人才培养，优秀科研工作者不断涌现 …………………（384）
四　学术交流日益频繁，交流范围不断扩大 ……………………（385）
五　研究成果不断增加，研究视野不断拓展 ……………………（386）
第三节　佛教研究的主要成果 ……………………………………（386）
一　中国佛教史 …………………………………………………（387）
二　中国佛教宗派研究 …………………………………………（388）
三　佛教文化、哲学等方面的研究 ………………………………（393）
四　文献整理、典籍研究与工具书 ………………………………（395）

五　近现代中国佛教研究 …………………………………… (395)
六　藏传佛教研究 …………………………………………… (396)
七　国外佛教研究 …………………………………………… (397)
第四节　2009—2019 年的佛教研究 …………………………… (399)
一　佛教史研究 ……………………………………………… (399)
二　佛教哲学思想研究 ……………………………………… (409)
三　佛教教派及其中国化研究 ……………………………… (411)
四　佛教文献研究 …………………………………………… (414)
五　佛教文化及比较研究 …………………………………… (419)

第十章　道教研究 ……………………… 李　刚　李天啸　李志鸿 (422)
第一节　近现代"道教研究"的原生情境和元问题 ……………… (423)
第二节　新中国"道教研究"的总体走势与存在问题 …………… (429)
第三节　未来"道教研究"的展望 ……………………………… (445)
第四节　道教各领域的研究进展 ……………………………… (452)
一　道教史上重要人物研究 ………………………………… (452)
二　道教音乐与科仪研究 …………………………………… (452)
三　道教典籍研究 …………………………………………… (453)
四　道教现状与未来走向研究 ……………………………… (454)
五　道教生态思想研究 ……………………………………… (455)
六　道教经书语言研究 ……………………………………… (457)
七　国外道教研究评介及重要学术论著翻译 ……………… (457)
八　道教与民俗研究 ………………………………………… (457)
九　中国道教考古研究 ……………………………………… (459)
十　道教与佛儒关系研究 …………………………………… (460)
十一　道教养生文化研究 …………………………………… (462)
十二　道教与中国人的日常生活研究 ……………………… (463)
十三　道教书法、绘画研究 ………………………………… (465)
第五节　2009—2019 年的道教研究综述 ……………………… (469)
一　道教研究重要问题及其方法论思考 …………………… (471)

二　道教研究的相关专题 …………………………………（479）
三　交叉学科中的道教研究 ………………………………（483）

第十一章　中国民间宗教研究 ……………………… 马西沙　李志鸿（487）
第一节　新中国成立70年来中国民间宗教研究的主要成果 ……（487）
一　1949—1978年中国民间宗教研究概况 …………………（487）
二　1978年以后中国民间宗教研究概况 ……………………（488）
第二节　中国民间宗教研究的重要问题 ……………………（497）
一　“民间宗教”概念的界定 …………………………………（497）
二　民间宗教研究的方法：文献与田野 ……………………（501）
三　宝卷与中国民间宗教研究 ………………………………（502）
四　关于“白莲教”的论争 …………………………………（505）
五　民间宗教与社会运动 ……………………………………（506）
六　民间宗教的传承与转化 …………………………………（509）
七　当代民间宗教的合法化及其转型 ………………………（510）
八　当代民间宗教的斋醮仪式与民间文艺 …………………（512）
第三节　2009—2019年中国民间宗教研究综述 ……………（514）
一　民间宗教调查研究的进展 ………………………………（516）
二　中国民间宝卷的研究 ……………………………………（519）

第十二章　儒教研究 ………………………………………… 王志跃（527）
第一节　引言 …………………………………………………（527）
第二节　儒教是宗教观点的提出及引起的争论 ……………（531）
第三节　儒教研究的深入展开 ………………………………（537）
第四节　儒教问题研究的新进展 ……………………………（541）
第五节　2009年以来的儒教研究 ……………………………（551）
一　儒教研究的新成果 ………………………………………（551）
二　儒教研究的特点 …………………………………………（554）
三　儒教研究的意义 …………………………………………（558）
结语 ……………………………………………………………（561）

第十三章 萨满教研究 …………………………… 郭淑云 伦玉敏(564)
第一节 中国萨满教研究的历程 ……………………………… (564)
一 中国萨满教研究起步阶段 ……………………………… (565)
二 中国萨满教研究奠基阶段 ……………………………… (566)
三 中国萨满教研究发展阶段 ……………………………… (568)
第二节 改革开放以来中国萨满教研究的主要成就 ………… (571)
一 萨满教田野调查的深入开展 …………………………… (571)
二 萨满教理论的研究 ……………………………………… (583)
三 萨满教基本问题的讨论与争鸣 ………………………… (592)
四 萨满教研究在多学科领域的丰硕成果 ………………… (601)
五 比较研究的领域日益广阔 ……………………………… (617)
六 国外萨满教研究译介 …………………………………… (620)
第三节 反思与展望 ………………………………………… (622)
一 中国萨满教研究特色 …………………………………… (622)
二 走向未来的中国萨满教研究 …………………………… (623)

第十四章 犹太宗教与哲学研究 ……… 傅有德 刘精忠 王强伟(627)
第一节 历史与回顾 ………………………………………… (628)
第二节 犹太宗教研究 ……………………………………… (634)
一 犹太教的定义、内涵和范围 …………………………… (634)
二 犹太教历史及综述性研究 ……………………………… (636)
三 犹太教经典研究 ………………………………………… (639)
四 犹太教社会作用及影响研究 …………………………… (645)
五 犹太教与其他宗教文化比较研究 ……………………… (646)
第三节 犹太哲学研究 ……………………………………… (649)
一 犹太哲学史研究 ………………………………………… (649)
二 犹太—希腊哲学研究 …………………………………… (651)
三 犹太哲学家研究 ………………………………………… (654)
第四节 问题与展望 ………………………………………… (660)

第十五章　中国犹太教研究 …………… 张倩红　张佩佩　高　杨（663）
第一节　犹太教的教义及派别研究 ……………………………（664）
一　对犹太教的整体介绍与研究 ……………………………（664）
二　犹太教的基本教义与特征 ………………………………（668）
三　犹太教的派别 ……………………………………………（671）
四　著名人物的宗教思想研究 ………………………………（673）
第二节　犹太教与其他宗教 …………………………………（675）
一　犹太教与基督教 …………………………………………（676）
二　犹太教与儒学 ……………………………………………（679）
三　犹太教与伊斯兰教 ………………………………………（680）
第三节　犹太教对犹太民族的影响 …………………………（682）
一　犹太教与犹太民族 ………………………………………（682）
二　犹太教与犹太复国主义 …………………………………（684）
三　犹太教和以色列国 ………………………………………（685）
第四节　犹太教在中国 ………………………………………（688）
一　犹太教在开封 ……………………………………………（688）
二　犹太教在上海 ……………………………………………（690）
三　犹太教在哈尔滨 …………………………………………（692）
结语 …………………………………………………………（693）

序　言

卓新平

中华人民共和国成立70周年，这是一段辉煌的历史。回首这一历史，我们看到了当代中国发展所取得的巨大成就，感受到中国人民奋进、拼搏的崇高精神。与各行各业一样，中国当代学术发展的辉煌，在当代中国宗教学的研究及其成果上也得到了充分体现。因此，总结、重温这段历史，梳理、探析在宗教研究上当代中国学人的所思所想，对我们发展宗教学这一学科、使其研究走向更美好的未来，就有着独特的学术价值和现实意义。

在当代中国学术进程中，宗教学属于发展最快，备受关注却多有争议的学科之一。这种处境在于宗教学本身的背景复杂、定位困难、领域广泛以及问题敏感。因此，宗教学属于仍在形成中的学科，对其内涵的理解需要不断深化，而对其外延的审视也需不断扩大。宗教学作为学科的成熟，也将标志着我国宗教研究实现了真正的飞跃。

从其背景来看，宗教学具有独立意义的亮相，始于1873年西方学者麦克斯·缪勒（F. Max Müller）所著《宗教学导论》一书的出版。在此之前，宗教的研究基本上是宗教界教内的事情，服务于其认信和宣教，因而为一种“内涵式”发展。此即传统意义上基督教“神学”、伊斯兰教“经学”、佛教“佛学”等之实际蕴涵。宗教学在西方的正式创立，始于一批人文社会科学领域的学者突破传统“神学”单一研究基督教之限而从事的比较宗教、比较神学和比较文化研究，并在这种研究进程中从最初的纵向历史研究和横向比较研究走向视野上、方法上更为多样的人类学、社会学、心理学等多层次研究，因而又不能简单地说西方宗教学纯粹是从

"神学"中分化、脱离而成。此外，宗教学研究的基本要求是其研究者应"悬置"其信仰，以便能对各种宗教加以客观、中立、科学的描述和研究；但研究者队伍"教内""教外"均有，宗教学在西方学科建构中与神学也仍有一些交织，因而其信仰"悬置"仅有相对的意义。这一状况迄今在西方学术界尚未出现本质性改变。

从其定位来看，宗教学的"科学"意义仍被人所质疑，分歧意见犹存。宗教学作为一门"学科"或"学问"存在着表述上的模糊，人们多用复数"研究"或"学习"（Studies）来说明宗教研究，而早期缪勒等人曾用的单数"科学"或"学科"（Science）并没获得普遍认同，而且在未来短期内也难以达成共识。因此，国际上宗教学的研究机构及其学会国际宗教史学会在自身名称上仍在沿用"学科"意识并不明显的"宗教史"之名，坚持以"历史"来代替"科学"定名，以强调其描述性和历史观察及分析的意义。由于宗教学不是"认信学"和"宣教学"，在西方神学学科领域中虽仍然存在却非常边缘，而神学之外的宗教学研究则分散到区别较大的哲学系、社会学系、人类学系、心理学系等精神或文化研究的院系之中，在学科上一般习用西方学术传统中内涵模糊、外延颇大的"哲学"来表明。这种状态自然也影响到我国宗教学的学科定位，在过去70年的发展中，宗教学虽然已经有了其独立体系和建制，在高等教育的学科归类中却仍为屈尊于"哲学"之下的二级学科，从而限制了其分支领域的开拓及独立发展。

从其领域来看，宗教学从其一开始就是跨学科、多学科研究，具有学科交叉、领域广泛的特点。宗教研究触及政治学、经济学、史学、哲学、法学、语言学、文化学、现象学、社会学、人类学、地理学、生态学、心理学、美学、文学等领域，宗教学的分支学科由此也发展出具有跨学科性质的宗教史学、比较宗教学、宗教现象学、宗教社会学、宗教政治学、宗教经济学、宗教语言学、宗教文化学、宗教人类学、宗教心理学、宗教哲学、宗教批评学、宗教神学、宗教地理学、宗教生态学等。这些学科不仅在人文社会科学各领域中形成跨越和交织，而且还打破了社会科学与自然科学的界限。不过，这些分支学科的设立并没有获得普遍认可，人们对宗教学究竟应该是描述性学科还是规范性学科也仍有争议。

从其问题来看，宗教学不可能只是一种“纯学术”的清谈和“纯客观”的描述，而是与现实社会及其人群有着密切关联。一方面，宗教学与其他学科不同，其研究者本身就有一个“信”与“不信”的价值判断和信仰取向问题，目前国际上大多数宗教研究者都有自己的信仰背景和宗教归属，相比之下中国大陆的宗教研究者则以“教外”的人文社会科学工作者为主，从而形成与国际宗教学界的明显区别。不过，国际上认信者的研究多少也会影响到我国宗教学界，由此使这一学科增加了其“敏感”性。受这种国际学术氛围的影响，国内学术界也有人谈“神”色变，似乎一触及“神学”、一研究“宗教”，就会有“认信”“皈依”的种种担心，结果使不少人对这门学科望而却步，不敢深入，反而忘记了宗教学的本真应是客观、中立、科学的学术研究。另一方面，宗教学研究的问题本身也具有“敏感性”，其研究对象触及许多“全局性、战略性、前瞻性”的理论和实践问题，其中既有宗教与政治的关联，亦有宗教与民族的交织，更有宗教与社会问题的共构；这当然会有其“敏感”和“风险”，由此而导致宗教研究“无小事”，其研究态度也必须“讲政治”的考虑。从上述意义而言，宗教学有着与其他人文社会科学明显不同的复杂性和敏感性，但因此也说明了宗教学在当代中国的重要性、必要性及其可开拓性和广远前景。

从宗教学的问题意识出发，我们请国内学术界宗教学各领域的著名学者和在相关研究领域业有专攻的专业人员来撰写这部著作，希望能在回顾、总结中有更多的反思和辨析，以便能抓住当代中国宗教学这70年历程的研究重点和特点。因此，不同专家在行文中会对同一问题从不同角度、不同认识来展开讨论，各抒已见。这样可能会出现在主题或内容上的重复，但各自的研究乃是独立的，所思所论也各不相同。例如，本书中讨论最多、关注最为集中的就是对马克思主义宗教观及其在中国实践中如何“中国化”和与时俱进的理解，不少学者都谈了自己的看法，其观点虽然不尽相同，甚至颇有分歧，却形成了意义深远的思想交流。在当代中国宗教研究中，目前仍有许多问题没有得到澄清，许多领域尚未被人所开拓，所以说，这种问题意识和敏锐眼光就显得格外重要。在当今“全球化”的国际局势中，文化意识和文化战略的地位已越来越突出，而在文化发展、文化建设和文化交流中，宗教研究是其最为重要的领域之一。在这一意义上，中国的宗教学必须从“险学”中走出，成为体现当今文化意识、文化沟通、文化理解及文化和谐的“显学”。对我们当代中国宗教学者而言，总结过去则正是为了更好地走向未来。宗教学的进程也与我们的文化发展密不可分。

2016 年 5 月 17 日，习近平总书记在全国哲学社会科学工作座谈会上发表了重要讲话，其中特别指出：“要加快完善对哲学社会科学具有支撑作用的学科，如哲学、历史学、经济学、政治学、法学、社会学、民族学、新闻学、人口学、宗教学、心理学等，打造具有中国特色和普遍意义的学科体系。”习近平总书记在这些具有支撑作用的重要学科中专门提到了宗教学，这是对我们长期从事宗教学研究、致力于这一学科发展的充分肯定，也为我们努力创建具有中国特色的宗教学指明了方向，提供了动力。因此，对新中国成立 70 年，特别是对改革开放 40 多年来中国宗教学的研究加以回顾、梳理和总结，是我们宗教学学术界对习近平总书记重要讲话的积极响应，也是我们加快完善中国宗教学学科体系、为当代中国话语的学术发展做出贡献的具体展示。

这里呈现给读者的这一中国宗教学的研究概述是由多人写成，因此在问题意识、关注重点和写作风格上很难完全统一，相关的问题较多，也难以完全分开来谈，因此有些内容会被重复论及。但这也恰好是本书中学者个人特色突出、学术个性彰显、表明文责自负的一大特点。如在阅读中感到有文风、布局和构思、行文上的多元或不协调之处，尚请读者多加谅解。此外，本书是在 2011 年出版的《当代中国宗教学研究》（1949—2009）基础上扩充、修改而成，其新增加的部分内容亦与中国社会科学出版社组织的另一部著作《中国宗教学 40 年》（1978—2018）的扩展部分有所重叠，因为出自同一作者、研究同一问题、论及同一时段、也由同一出版社出版发行，故而对之特加说明，也请读者理解并多多包涵。

本书的作者分别为龚学增、卓新平（第一章），金泽、赵广明、冯梓琏、梁恒豪、李华伟、李金花（第二章），张志刚（第三章），罗伟虹、石丽（第四章），徐以骅（第五章），王晓朝、陈越骅（第六章），卓新平、唐晓峰（第七章），李林（第八章），魏道儒、纪华传、冯川（第九章），李刚、李天啸、李志鸿（第十章），马西沙、李志鸿（第十一章），王志跃（第十二章），郭淑云、伦玉敏（第十三章），傅有德、刘精忠、王强伟（第十四章），张倩红、张佩佩、高杨（第十五章）等。全书的立意、策划和组织工作由中国社会科学出版社统一负责。在此，特向中国社会科学出版社和陈彪编审表示崇高的敬意和诚挚的谢意！

2019 年 3 月 27 日

第一章

马克思主义宗教观研究70年

龚学增　卓新平

马克思主义宗教观是新中国宗教学研究的指导思想，对它的研究是我国宗教学基础理论研究的重要组成部分。在隆重庆祝新中国成立70周年之际，比较全面系统地回顾我国马克思主义宗教观研究的历程，阐述一些基本问题的研究状况，总结经验、反思教训，对于进一步拓展和深化该领域的研究具有重要的意义。

第一节　70年历程的简要回顾

新中国马克思主义宗教观研究70年的历程，是与党和国家的总体进程共命运的。基本的研究轨迹可以做这样的概括：在经历了前30年的发展曲折以后，后40年随着我国的改革开放和中国特色社会主义事业的顺利推进，马克思主义宗教观的研究已经逐步进入更为科学的成熟时期。

一　前30年的研究

这一时期为正式起步、初步发展、出现曲折、完全中断的时期，可以划分两个阶段。

第一阶段，从1949年10月新中国成立到1966年的17年，这是对马克思主义宗教观研究的正式起步、初步发展、出现曲折的阶段。

1949年新中国成立，中国共产党成为执政党，并着手建立社会主义制度。马列主义、毛泽东思想成为中国共产党治理新中国的指导思想。对马列主义的研究宣传成为意识形态领域的重要任务。马列主义宗教观研究也随之发展起来。

该阶段研究的特点主要是立足马列主义作为党和国家的指导思想，一方面，毛泽东、周恩来以及李维汉等党和国家的领导人涉及对我国宗教问题的认识和处理，都没有简单重复马克思、恩格斯和列宁关于宗教的具体话语，而是从中国实际出发，把握马克思主义宗教观的基本精神，提出和阐明处理新中国宗教问题的具有中国特色的马克思主义宗教观的观点。另一方面，理论学术界对马列主义宗教观的研究正式起步，初步发展。对马克思、恩格斯、列宁的宗教观基本上限于解读，没有人公开提出马克思主义宗教观可以作为学术研究的对象，对马克思主义宗教观的认识在一定程度上还受到苏联的影响，1957 年以后又逐步受到党和国家“左”倾错误的影响。这期间，我国学者公开发表的专门性论文很少，据不完全统计总共不足 10 篇，学术专著没有。

新中国成立之初，配合党和国家对宗教问题的处理，报刊出版部门着手翻译介绍马克思、恩格斯、列宁关于宗教问题的一些著作以及苏联有关马克思主义宗教观研究的论著。主要是 1950 年出版的《社会主义与宗教》和《宗教问题选辑》。前者收集了列宁的《社会主义与宗教》《论工人阶级政党对宗教的态度》《与宗教和教会有关的阶级和政党》以及苏联大百科全书中的《苏联的宗教和教会》等文章。后者汇集了恩格斯、斯大林、福斯特［美］、荣孟源以及吴黎平、艾思奇、米丁［苏］、费奥多洛夫［苏］、邹韬奋等人的文章。1950 年 10 月 18 日，《人民日报》专门发表了题为“两本马列主义论宗教的书”的文章，介绍了这两本书的主要内容。文章指出，研究一下马列主义对宗教的完整看法，是十分必要的，因为对于宗教界爱国运动的重视，正是基于对宗教问题的明确认识而来。从这两本书中，我们可以了解马列主义经典著作对宗教问题的基本看法，也可以了解苏联所早已实行并还在实行的宗教政策。1954 年人民出版社又出版了《马克思恩格斯论宗教》一书，辑录了马克思、恩格斯自 1842 年到 1894 年五十多年时间里关于宗教的部分著作。葛懋春在《文史哲》1955 年第 7 期对该书的内容做了比较全面的介绍。

这期间，我国学者的研究成果已经出现，如唐尧、曾文经、熊茂生、周方全等人均有论文发表。具有代表性的是 1956 年《哲学研究》第 5 期发表的唐尧的长约 3 万字的论文《马克思列宁主义与宗教问题》。作者以自己对于马克思主义宗教观的理解对马列主义宗教观做出了评价，指出马克思和恩格斯从辩证唯物主义的科学世界观出发，对宗教问题所做的透彻的分析，第一次揭示了宗教的真正本质及其产生的根源，并且指明了战胜宗教的实际道路，从而给了工人阶级正确认识和对待宗教问题以强大的思想武器。列宁在新的历史条件下进一步对宗教问题以及社会主义者对宗教的态度问题做了创造性的分析和阐明，揭露了第二国际机会主义者对宗教问题采取的错误态度，从而捍卫了马克思主义关于宗教问题的理论，制定了马克思主义政党处理宗教问题的纲领和政策。该文强调马克思主义宗教理论不仅对于无产阶级的社会主义革命，而且对正在从事社会主义建设的各个国家，也具有极大的指导意义。论文集中阐述了马列主义宗教理论的基本观点：如关于宗教的起源，指出马克思主义认为宗教并不是什么永恒的现象，宗教信仰并不是人类的天性。人类初期是没有宗教的，宗教是原始社会一定历史条件下的产物。对宗教不能用意识本身去说明，而必须从意识以外，在人们的物质生活条件中去寻找根源。宗教正是社会生产水平和社会关系的局限性所造成的。关于宗教的本质，指出宗教观念是社会现实生活歪曲、幻想的反映。宗教的本质决定了宗教是人民的鸦片。作者认为马克思说的"宗教是人民的鸦片"意思是说，"宗教和鸦片一样：鸦片可以用它所能给予人们的一时的舒适和爽快，而诱骗人们付出损害健康和身体败坏的代价；宗教能够用天堂幸福的谎话，引起人们的幻想，使人们的精神得到一些寄托，暂时忘却忧虑和痛苦，而结果则是削弱人们为争取美好生活的斗争意志，任凭剥削者为所欲为，永远过着苟延残喘的生活"。这种解释虽然尚未对宗教持完全否定的态度，但是出于对旧社会的痛恨，主要还是强调马克思的意思是指宗教是统治阶级奴役人民的精神工具，宗教不管是过去或现在，都是直接有利于剥削者的。关于马克思主义对待宗教问题的立场，作者概括这样几个观点：第一，宗教与共产主义根本对立，马克思主义与宗教根本对立，因此必须与宗教迷信进行绝不调和的斗争；第二，反对宗教的斗争不能作为单独的目的，不能作为孤立的问题来看待，而应把它看作无产阶级全部革命事业的一部分；第三，反对宗教的斗争不能运用行政手段和强迫命令的方式；第四，克服宗教迷信的具体步骤首先是要实行宗教信仰自由政策，要通过思想斗争的途径，通过说服教育的方法，无神论宣传必须与革命斗争的实践联系起来才能有效，等等。这篇论文从积极方面看，归纳并阐释了马列主义宗教观的观点，但由于受到新中国成立初期当时国内外社会历史条件的限制，总的基调还是从无产阶级革命和意识形态的角度，谈阶级对抗社会的宗教，对宗教持否定的态度，同时把宗教与迷信并提，一些提法，如笼统地提“马列主义与宗教是根本对立的”，“宗教在社会主义国家中仍旧起着反动和极其有害的影响”，“所有宗教思想始终是仇视劳动人民利益的”，使用的一些词语，如“诱骗”“谎话”“苟延残喘”也很不当，这显然是受到当时苏联的影响，观点是偏激和错误的。

1957 年以后，我国进入社会主义社会。党和国家在探索建设社会主义的过程中，取得了成就，但是急于求成的“左”倾路线抬头，出现 1958 年的“大跃进”，后来鉴于国内外形势发展的复杂，阶级斗争进一步强化，开始影响国家社会政治生活。对宗教问题，党和国家虽然一直强调实行宗教信仰自由，团结宗教爱国人士，但对于宗教认识的“左”倾观点也日益明显。这种情况也影响到对马克思主义宗教观的研究。

1963 年，游骧、刘俊望在《新建设》第 9 期发表了《马克思列宁主义宗教观的几个问题》。文章明确将恩格斯在《反杜林论》中的那段著名的论断即“一切宗教都不过是支配着人们日常生活的外部力量在人们头脑中的虚幻的反映，在这种反映中，人间的力量采取了超人间的形式”作为宗教的定义，认为它概括了古今中外一切形式的宗教的基本特征。由此，作者确认宗教既然是人们的头脑对于客观世界的一种幻想的反映，那么它就是一种意识形态，是属于精神世界的问题。同时他们还确认，宗教意识形态也有其外在表现形式，二者关系密切，但又不能等同。关于宗教的根源，作者指出马克思、恩格斯认为最重要的是社会根源，即对于宗教的根源必须从社会物质条件中寻求，而不是从精神领域中或者从人的自然本质中去寻找。社会力量的压迫，是阶级社会宗教存在发展的主要根源。宗教的认识根源就是人们在认识上对自然力量和社会力量的主观片面的理解。作者对马克思主义的宗教消亡论进行了细致的分析，认为宗教不是永恒的。宗教消亡的条件，是宗教根源的消失。首先是剥削阶级和剥削制度的消灭；其次是人类控制自然的能力大为提高；最后是人们的觉悟程度和认识水平大大提高。宗教消亡的条件，只有在共产主义社会里才能全部成熟。因而，只有在共产主义社会里，宗教才能归于消亡。该文的主要篇幅集中论述了马克思所说的"宗教是人民的鸦片"问题。作者认为马克思说的"宗教是人民的鸦片"，极其通俗生动而深刻地一语道破了宗教的反动本质。宗教的本质的反动就是指宗教这一意识形态对人们具有欺骗、麻醉的作用，妨碍人们正确地认识自然、社会、改造自然和社会的斗争，从而阻碍社会进步。因此，这个观点是马列主义宗教观的核心，对于这个观点表现稍许动摇，就是有意无意地为宗教辩护，就是从根本方面离开了马克思主义宗教观。他们还强调，马克思主义关于宗教具有"鸦片烟"的本质这个基本原理，是普遍适用于各个时期各种宗教的。宗教无论在原始共产主义社会或者是在阶级社会，都具有"鸦片烟"的性质。宗教教义一般也能找到一些诸如平等、博爱、自由的词句，宗教职业者在历史上对于发展和保存文化起到过一定作用，但绝不能改变宗教的"鸦片烟"的本质，并不能证明宗教具有什么积极因素，相反，这些词句好比是裹在毒药外面的糖衣一样，使宗教具有更大的麻醉性和欺骗性。在社会主义革命和社会主义建设时期，宗教仍然是麻醉人民的"鸦片烟"。宗教这一意识形态是不能为社会主义事业服务的，它对于社会主义事业只能起消极阻碍的作用。

1964 年，这两位作者又在中共中央机关刊物《红旗》杂志上发表了《正确认识和处理宗教问题》一文，继续阐发了他们对马克思主义宗教理论的看法，但侧重归纳马克思主义政党解决宗教问题的基本原则。他们指出，无产阶级政党在宗教问题上的首要任务是把一切可能团结的宗教徒团结到革命和建设事业上来，并且同国内外反动阶级敌人进行斗争，肃清他们在宗教中的势力和影响，为此，就必须与宗教徒建立政治上的统一战线。无产阶级政党要发展革命和建设事业，不断地对宗教徒加强思想教育，以逐步消除产生宗教的根源，逐步削弱宗教在人民群众中的影响，促进宗教消亡。实行宗教信仰自由政策并不是说对群众遭受宗教束缚可以置之不理。无产阶级政党在任何时候都不能放弃无产阶级思想阵地，让宗教迷信思想泛滥成灾。当然，过分夸大这种宣传作用，认为单纯依靠宣传教育就能彻底解决人们的宗教信仰问题，也是不对的。

两篇论文总的来说是发挥了作者自己对马克思主义宗教观的理解，但是十分突出了马克思所说的“宗教是人民的鸦片”深刻地一语道破了宗教的反动本质，并将这一论断说成是马克思主义宗教观的核心，在一定意义上可以说开了将马克思主义宗教观归结为“鸦片论”的先河，显然这是当时对于宗教看法日益“左”倾，以阶级斗争为纲认识宗教的反映。

与此同时，学术界又开展了关于马克思“宗教是人民的鸦片”这一论断的争论。1964 年 2 月 24 日，《文汇报》发表了牙含章《有关宗教几个理论问题的理解》的文章，该文指出，马克思所说“宗教是人民的鸦片”这句名言“不是说的一般宗教，更不是讲原始社会的宗教，而是论述当时德国无产阶级面临的革命任务”，“具体说是指当时德国的宗教而言”。对这种观点，梁浩、杨真在《新建设》1965 年第 11—12 期上发表了以“宗教从来就是人民的鸦片”为题的文章，进行了批评。文章说，“我们与牙含章同志相反，认为宗教一贯是人民的鸦片，一切宗教都是人民的鸦片，宗教在哪里存在，它就在哪里麻醉人民，宗教在没有消亡之前它的鸦片烟作用就永远不会改变，正好像剥削阶级的剥削本性，非到进入坟墓是不会消除的一样”。“认为原始宗教不是人民的鸦片，只是到了阶级社会，统治阶级把宗教抓到手以后，宗教才变成了人民的鸦片，这个论点并不新鲜，它在宗教辩护士那里是早就有的。至于说阶级社会一般的宗教也不是人民的鸦片，这更是完全荒谬的。”文章还批评了牙含章离开了马克思主义宗教观的轨道，走到了美化宗教的地步。这篇文章可以说将对待宗教的极“左”的错误态度进一步提升到一个新高度。

从上述论述可以看出，从新中国成立到“文化大革命”前 17 年，学术界对马克思主义宗教观的研究主要还是梳理概括马克思、恩格斯、列宁的基本观点，特别注重他们对阶级社会的宗教的分析，对马克思主义宗教观的认识在一定程度上还受到苏联的影响。后来由于进一步受到国内“左”的错误的影响，在以阶级斗争为纲的社会背景下，对马克思主义宗教观的研究宣传忽视中国宗教国情的特殊性，特别是忽视了进入社会主义时期以后我国宗教状况发生的巨大变化，对马克思主义宗教理论采取了教条主义甚至是断章取义的态度，最后发展到把马克思、恩格斯、列宁宗教理论的丰富内容和基本精神归结为“宗教是人民的鸦片”这一个别论断，而且对这一论断的阐释又离开了马克思的原意，进一步发展为宗教在政治上是反动的错误认识。这在理论上严重歪曲了马克思主义宗教观，在实践上导致尽快削弱乃至消灭宗教，产生了很大的社会危害。而且，这种对马克思主义宗教观的极“左”性质的研究也影响到了其他一些问题的研究，如宗教与迷信的关系、农民起义与宗教、能否编演鬼戏等。

第二阶段，从 1966 年到 1976 年的“文化大革命”期间，党和国家全局遭受了劫难，宗教、宗教工作、宗教研究领域同样如此。

在“文化大革命”十年不正常的社会政治条件下，对马克思主义宗教观的阐释更是歪曲到了极端。“文化大革命”期间已不存在对于宗教的学术研究，社会舆论和宣传，都是视宗教为“四旧”，宗教是反动的意识形态，宗教界一律是牛鬼蛇神，信教群众是落后的。当时《人民日报》甚至还发表了一系列用比马克思主义宗教观更为极“左”的观点批判苏联本已经很“左”的对待宗教问题的文章，如《叛徒贩毒》（1967 年 5 月 5 日）、《“鸦片”贩子和“劣质酒”商》（1969 年 2 月 9 日）、《新沙皇与基督教》（1969 年 7 月 19 日）、《新沙皇想靠上帝帮它维持宝座，公然为反动宗教搽粉，大力扶植宗教势力》（1969 年 7 月 27 日）、《从炮制“共产主义基督教”看苏修叛徒的堕落》（1969 年 8 月 6 日）、《上帝拯救不了苏修叛徒集团的命》（1976 年 1 月 23 日），等等。上述文章对苏联在宗教问题上已经很“左”的情况还认为是“右”而大肆攻击。由此形成了宗教迷信论、宗教鸦片论、宗教残余论、宗教反动论等直接导致消灭宗教的错误理论。

二 改革开放以来 40 多年的研究

这一时期为拨乱反正、解放思想、恢复深化、创新发展的时期，从此迎来了马克思主义宗教观研究的全面展开和繁荣兴盛。

对马克思主义宗教观具有真正科学意义的学术探讨性的研究始于中共十一届三中全会以后。1978 年中共十一届三中全会果断地抛弃了以阶级斗争为纲的错误政治路线，确立了以经济建设为中心的党和国家工作的战略方针。同时在思想政治领域开始了“拨乱反正”，以“解放思想，实事求是”的思想路线全面清除“左”的思想的禁锢和束缚。在这样的社会背景下，宗教学领域的理论工作者和宗教工作部门的同志也逐步破除了对马克思主义的极“左”理解，批判了对马克思主义的教条主义和盲目信仰主义，实现了学术研究上的解放思想，逐步开始以真正科学的态度对马克思主义宗教观重新进行全面系统的审视和研究，在坚持马克思主义宗教观基本原理的同时，对其中一些问题提出了一些不同的见解和看法并展开争论，促进了马克思主义宗教观研究的繁荣。从 1978 年到 2009 年的 30 余年间，据不完全统计，有关马克思主义宗教理论的研究论文已达 170 多篇，相关著作 15 种。

这一时期也可分为以下几个阶段：

第一阶段：20 世纪 70 年代末到 80 年代初。即“文化大革命”结束后的拨乱反正及改革开放初期。主要特点是恢复马克思主义宗教观的研究，并伴之一些观点的讨论。

1. 1979 年，时任中国社会科学院世界宗教研究所所长的任继愈在《哲学研究》第 4 期发表了题为“为发展马克思主义的宗教学而奋斗”的长篇论文，鲜明地提出发展中国的宗教学必须坚持马克思主义指导的重要观点。文章指出，马克思主义宗教学是马克思主义整个科学体系的一个重要方面。马克思主义宗教学是在辩证唯物主义与历史唯物主义的指导下，研究各种宗教的产生、发展及其走向消亡的规律的科学。马克思主义宗教学本质上是一种科学无神论，它是在批判地总结和继承历史上的无神论的优秀成果的基础上发展起来的，理解这一点才能真正理解马克思主义宗教学。在坚持马克思主义指导的前提下，还要解放思想，破除禁区，切实贯彻百家争鸣，百花齐放的方针，造成浓厚的学术民主空气，才能使马克思主义宗教学的研究顺利发展、繁荣起来。

2. 重新研究马克思、恩格斯、列宁关于宗教的原著，全面概括其基本观点，展示出马克思主义宗教观的丰富内容。1979 年 7 月，中国社会科学出版社出版了中国社会科学院世界宗教研究所编辑的《马克思恩格斯列宁斯大林论宗教》一书。该书是在重新阅读研究马克思、恩格斯、列宁关于宗教问题的全部著作基础上，以 30 多万字的篇幅精心概括提炼出的马克思列宁主义宗教观的基本观点及其代表性著作的汇编，是新中国成立以来我国学者编撰的第一部全面展示马克思主义宗教观丰富内容的学术资料性专著。全书第一部分以专题摘编的形式详尽收录了马克思主义经典作家关于宗教的论述，涉及马克思主义研究宗教的指导思想、宗教的本质、宗教存在的根源、宗教的起源和发展、宗教的社会作用、宗教的消亡、无产阶级政党对待宗教问题的态度和原则、对神学信条和宗教世界观的批判、对历史上无神论思想的评述等。第二部分选编了马克思、恩格斯、列宁关于宗教的代表性著作。从这本书中，人们看到，马克思主义宗教观包含着十分丰富的内容，并非仅仅如“文化大革命”期间鼓吹的宗教都是反动的“鸦片论”，需要研究的领域还很多。这本书虽然现在看来，在归纳马克思主义宗教观内容的表述上尚未彻底摆脱当时极“左”思潮的影响，但是总的来说这本书为学术界后来全面研究马克思主义宗教观奠定了比较翔实的资料基础。

1985 年，吕大吉在《世界宗教研究》第 3 期发表了《马克思主义宗教观的形成和发展——马克思、恩格斯关于宗教的理论和著作历史概述》，1986 年又在《宗教学研究》第一、二期连续发表了《论列宁的宗教观》，从研究的角度详尽地阐述了马克思、恩格斯、列宁的宗教观的全貌。

对马克思主义宗教观比较全面的研究还包括翻译介绍了部分国外关于马克思主义宗教理论的研究成果，涉及苏联、美国、英国、罗马尼亚、匈牙利等国学者的研究论文，为国内的研究提供了新的资料、新的思路。在这方面，中国社会科学院世界宗教研究所《世界宗教资料》杂志做出了重要贡献。

3. 多数学者坚持中国的宗教研究必须坚持马克思主义的指导作用，坚持马克思主义宗教观基本原理的科学性。在拨乱反正过程中，绝大多数学者认为，“左”的年代尤其是“文化大革命”对马克思主义的背离，并不是马克思主义本身的问题，恰恰是我们没有学好用好马克思主义。批判对马克思主义教条主义的态度，清除“左”的影响是对的，但又不能走到另一个极端，否认马克思主义包括马克思主义宗教观基本原理的科学指导作用。

当代中国的宗教研究不能背离马克思主义的指导。在这方面，吕大吉的观点具有代表性。他在自己主编的《宗教学通论·导言》（1989年）中专门阐述了唯物史观与宗教研究方法论的关系。他指出，对待马克思主义的宗教理论，我们不能持宗教徒式的迷信态度，不能用经典作家的语录去代替对宗教现象的具体分析。但是，马克思主义宗教观是在马克思主义哲学的基础上建立起来的，它的基本精神和主要内容，经受了历史实践的检验，至今仍是有生命力的。马克思主义的唯物主义历史观在以下四个方面给我们提供了方法上的指导原则。一是不要从宗教本身的历史去说明宗教，也不要用人类的其他精神因素去说明宗教的本质。二是宗教是社会意识和上层建筑的一部分，由社会的经济基础所决定，只有在社会经济基础中才能找到宗教的根据和本质。三是宗教的发展为社会的发展所决定，只有从上层建筑如何适应经济基础的发展而发展的历史过程着手分析，才能找到宗教发展的客观规律。四是在阶级社会中需要用阶级斗争的观点和阶级分析的方法去说明阶级社会的人与人的关系，在人与人的社会关系的基础上去说明和解释人与神的宗教关系，正确揭示宗教的社会功能和历史作用。应该说在当时的宗教学界以如此鲜明的态度表明对马克思主义基本观点的坚持是不多见的。经过时间的考验，大多数宗教学学者都赞成并努力运用马克思主义宗教观指导自己的研究。

4. 对马克思关于“宗教是人民的鸦片”的论断进行了再认识。早在1950年6月25日，时任国务院总理的周恩来在全国政协第二次党组会上做总结谈到宗教问题时就说过：“列宁在1909年曾经说过宗教就是鸦片，这是革命时期的口号。现在我们有了政权，可以不必强调宗教就是鸦片，而要尊重其民族的信仰。”① 1982年中共中央关于社会主义时期宗教问题的基本观点和基本政策的19号文件，没有正面提马克思的“宗教是人民的鸦片”的论断，但强调了在阶级社会，“剥削阶级需要利用宗教作为麻醉和控制群众的重要精神手段”。②

---

① 罗广武编著：《新中国宗教工作大事概览》，华文出版社2001年版，第7页。

② 中共中央文献研究室综合研究组、国务院宗教事务局政策法规司编：《新时期宗教工作文献选编》，宗教文化出版社1995年版，第55页。

在此前后，学术界在逐步纠正“文化大革命”将宗教视为毒品的错误认识，重新研究马克思主义宗教观的情况下，又展开了如何理解和评价马克思关于“宗教是人民的鸦片”论断的争论。后来，宗教学界戏称为“第三次鸦片战争”。

讨论的缘起是一部分学者认为，马克思主义宗教观不能归结为视宗教为毒品的“鸦片论”，但是对“宗教是人民的鸦片”需要加以具体分析全面理解，从坚持历史唯物主义世界观的角度又不能加以否定。1981—1982年前后，吕大吉等人先后在《世界宗教研究》杂志发表文章。吕大吉认为，马克思从当年欧洲社会宗教实际出发，大体上从三个方面来说明“宗教是人民的鸦片”。一是宗教是颠倒的世界借以安慰和辩护的普遍根据；二是宗教给人民以幻想的幸福，为人民身上的锁链装饰上虚幻的花朵；三是宗教是现实苦难的表现和抗议。给人民以幻想的幸福，表达对现实苦难的抗议，说明宗教有一定的积极作用。但是，从科学意义上，从有助于人民群众自身的根本解放来说，宗教天堂对现实苦难社会的“抗议”，对被抗议者并无根本的危害，这就表现出宗教是麻醉人民的精神鸦片。之后，时任中央统战部副部长的江平在中共中央机关刊物《红旗》1986年第9期发表了《认真学习马克思主义宗教理论和党的宗教政策》，该文强调，不能把马克思主义宗教观仅仅归结为“宗教是人民的鸦片”，但是马克思的这句话确实是马克思主义宗教观的重要组成部分，如列宁所说是“基石”。对此是决不能动摇的。否定“宗教是人民的鸦片”也就没有马克思主义完整的宗教观。他还指出，“宗教是人民的鸦片”在社会主义时期并没有过时。因为，宗教还存在，只不过宗教的麻醉作用的范围和程度和阶级社会不同。我们不应强求宗教界和信教群众接受马克思主义世界观。但是不赞成用马克思主义去适应满足宗教徒的宗教信仰，甚至用宗教的观点去解释马克思主义。

另一部分学者对马克思“宗教是人民的鸦片”的论断也提出了自己的看法。

以赵复三在《中国社会科学》1986年第3期发表的《究竟怎样认识宗教的本质?》为代表的观点认为，宗教是鸦片并不是马克思首先提出的，在马克思以前，如德国的海涅、费尔巴哈等人就已经提出。他认为，当时欧洲人把鸦片当作昂贵的镇痛药品，并无麻醉之意，我们只是在经历了鸦片战争才过分强调了鸦片的副作用，从而对马克思的话产生误解；他还指出，“人民的鸦片”在德文中是 das Opium des Volks，是人民自己制造、拥有和使用的麻醉品，而不是少数人为人民而制造的毒品。他强调，在我国社会主义时期，不能再强调“宗教是人民的鸦片”，如果这样做，就等于宣称我们的社会主义社会仍然和旧社会一样，人民还是“被压迫的生灵”，社会主义社会还是马克思所说的“无情的世界”，还是“没有精神的制度”。罗竹风主编的《中国社会主义时期的宗教问题》（1987年）的“结束语”，也进一步说明“鸦片”是对宗教在阶级社会中一定条件下所起消极作用的形象化的比喻；历史上宗教的作用因时代、社会条件的不同而不同，不能一律用“鸦片”来概括；对社会主义时期宗教的作用，更不能用“鸦片”来说明。

如何评价这场讨论，宗教学界包括参与讨论的有关各方都进行了总结反思。总的来说，这是一场学术争鸣，各方要互相尊重，不能自认为掌握真理，更不能简单化地用“左”“右”来指责对方，还要看到后来有关各方的观点又发生了重要变化。罗竹风等人认为：“在对‘宗教是人民的鸦片’这一论述的讨论中，以及在对社会主义时期宗教问题的研究探索中，我们更加感到在坚持以马克思主义为指导的原则下，一切从实际出发，是把研究工作推向深入的重要途径。”① 吕大吉后来回忆说：“事过10余年后的今天，回过头来看这场争论，否认宗教是麻醉剂的一方，其思想开放的程度无疑更大一些，对极‘左’路线的批判更尖锐一些，不仅得到宗教界的支持，也有一些宗教学者支持。”“论争的实际效果应该说是积极的。因为尽管双方对马克思的这句话各有不同的解释，但都反对过去那种极‘左’的理解，为全面理解宗教的社会功能提供了新的论证。这场论争，既是宗教学术领域思想解放的产物，也为宗教研究的思想理论的进一步解放作了准备。”② 卓新平说：“这一争论在中国对宗教的基本认知带来

① 罗竹风主编：《中国社会主义时期的宗教问题》，上海社会科学院出版社1987年版，第173页。

② 中国社会科学院世界宗教研究所：《宗教研究四十年》（上册），宗教文化出版社2004年版，第17页。

了分析认识马克思相关论述的积极结果。根据中国学术界的重新认识和理解，马克思主义的核心和灵魂乃在于其对具体问题的具体分析，在于其关于一切都随时间、地点而变化的辩证思想。因此，对宗教的发展演变，应以能动、辩证的观点来看待。”①

5. 对马克思主义宗教观关于宗教本质论断认识的多元化。在马克思、恩格斯、列宁的论述中，有不少“宗教是……”的论断。那么哪个论断更为科学地揭示了宗教的本质呢？多数学者赞同恩格斯在《反杜林论》中的那段名言，是对宗教本质的最科学的揭示。认为其内容包括了组成宗教的三个基本要素：产生宗教的主体是感到不能支配自己命运的人；反映对象是异己力量；反映的特征是幻想的。这一论断比较集中地概括了宗教作为观念形态的本质规定性。

也有人认为马克思在《〈黑格尔法哲学批判〉导言》中所说“宗教是那些还没有获得自己或者再度丧失了自己的人的自我意识和自我感觉”是马克思对宗教下的最科学的定义。

至于恩格斯的论断能否作为宗教的科学定义，学界还有不同意见。吕大吉认为，恩格斯的这个论断，严格说来只涉及宗教的“神”的观念的本质，视为对于神观念的定义尚可考虑，但如视为整个“宗教”的定义，仍有不足。因为神的观念固然是宗教的核心，但整个宗教并不等于就是一个“神”观念。因为宗教是一个具有复杂结构的社会体系。这一观点逐步为学界所接受。

坚持“宗教是人民的鸦片”是宗教本质的观点已不多见。

第二阶段，20世纪90年代。改革开放进入全面推进中国特色社会主义的时期。马克思主义宗教观研究的视角进一步开放，逐步系统、深化。

1. 逐步强化马克思主义宗教观研究的学术性。如果说新中国成立以来相当长时间，对于马克思主义宗教观的研究主要还是围绕着它是党和国家处理宗教问题的指导而阐释的话，那么，进入20世纪90年代，把马克思主义宗教观开始作为学术研究的对象，则表明该领域研究的思想解放和

① 中国社会科学院世界宗教研究所：《宗教研究四十年》（上册），宗教文化出版社2004年版，第4页。

深化。实际上，关于“鸦片”的争论已经出现这一特点。后来，这方面除了有诸多的论文以外，还有学术专著的出版。代表作是吕大吉著的《西方宗教学说史》（1994 年）和陈麟书主编的《宗教观的历史理论现实》（1995 年）。《西方宗教学说史》将马克思恩格斯的宗教观作为西方宗教学说的一个发展阶段来考察他们的宗教观的理论价值和历史地位。作者认为，马克思恩格斯的宗教学说是有其自身的特色的，这就是它在理论上和方法上应用历史唯物主义去说明有关宗教的各种基本问题。历史唯物主义是马克思恩格斯所特有的世界观和方法论，在此基础上建立起来的宗教学说也因而具有马克思主义所独有的特色。马克思主义的宗教观可以称为“历史唯物主义的宗教观”或“历史唯物主义的无神论”。也可以说，马克思主义宗教观是最彻底的无神论，因而是最科学的无神论。它丢掉了过去无神论所保留的任何神学的尾巴，不仅不为统治阶级保留宗教，更不为愚昧无知的社会大众保留宗教；不仅否定自然神论者那个沉默无为的理性上帝，也否定泛神论者那个泛存于宇宙万物之中的神性，而且还否定费尔巴哈那个建立在纯粹的人性之上的“爱的宗教”。在当时的特定历史条件下，充分表现出他们在理论上的彻底性和政治上的无畏精神。马克思恩格斯的宗教观和他们的整个共产主义思想体系一样，在全世界许多民族中点燃了革命的怒火，影响之巨大和深远，自古至今，旷所未有。应该说，上述的评价是很高的。

《宗教观的历史理论现实》不仅概述了马克思恩格斯的宗教观，还有专章介绍论述了列宁的宗教观。指出运用马克思主义的宗教理论指导解决俄国革命中的宗教问题是列宁宗教观的时代特征。论述了列宁同党外“寻神派”和党内的“造神派”的斗争以维护工人阶级政党世界观上的科学性；在尖锐的阶级斗争中确定了工人阶级政党对宗教的态度的原则；以及在此基础上列宁如何继承和发展了马克思恩格斯的宗教观，形成了列宁主义的宗教观。该书还特别设专章概述了中国共产党宗教的历史发展，这也是一个特色。

2. 开始注重研究的系统性。1998 年，四川人民出版社出版了高师宁以施船升为化名写作的《马克思主义宗教观及其相关动向》。该书比较全面地系统地介绍和分析了从马克思到列宁宗教观的历史发展和基本内容，对马克思主义宗教观进行了实事求是的评价。该书的另一特色是介绍了国外特别是西方马克思主义宗教观的状况，开阔了研究的视野。

3. 深化对马列主义宗教观的认识。1999年，宗教文化出版社出版了国家宗教事务局宗教干部培训中心编的《马克思恩格斯列宁宗教问题著作选编及讲解》。该书是国内第一本公开出版的对马克思、恩格斯、列宁关于宗教问题的代表性著作进行简要讲解的读物，对于读者理解他们的原著提供了一份参考资料。该书的前言表明了编写者对马克思列宁主义宗教观的新认识。认为马克思主义宗教观是以辩证唯物主义和历史唯物主义的世界观和方法论为指导的对宗教的基本看法和态度，是工人阶级政党关于宗教、宗教问题以及如何正确认识和处理宗教问题的理论和政策总和。马克思主义宗教观是随着时代的发展和科学社会主义的实践的发展而不断丰富不断创新的理论政策体系。马克思、恩格斯、列宁由于所处的时代、国情以及他们主要作为工人阶级革命导师的历史使命，决定了他们宗教观的特点是将对宗教问题的认识以及对宗教问题的处理主要是服从于为工人阶级创立科学的世界观，服从于如何充分发动几乎都是信仰宗教的广大工人、农民这一基本群众去投入争取社会主义胜利的阶级斗争。他们主要着眼于从意识形态、社会政治的角度，以阶级、阶级斗争的观点和阶级分析的方法去研究革命时代现实的宗教和宗教问题。对于工人阶级掌握国家政权以后，特别是进入社会主义社会以后的宗教问题，他们虽然提供了一些认识和处理的基本原则并进行了一定的科学预测，但毕竟没有充分的实践。因此，研究他们的宗教观，必须注意其时代特征、国情特征以及特有的理论上和现实上的针对性，不仅掌握其科学的原理，更重要的是学习他们研究宗教问题的历史唯物主义方法。

第三阶段，进入21世纪，马克思主义宗教观研究出现新的繁荣。

1. 集中出版了一批专门研究马克思、恩格斯宗教观的著作。主要有：2002年8月河南人民出版社出版的牛苏林所著《马克思恩格斯的宗教理解》一书。作者在前人研究的基础上以35万字篇幅的专著全面系统地论述了马克思恩格斯的宗教观。首先，该书在前人研究的基础上，进一步详细阐述了马克思恩格斯宗教理论的基本内容。从马克思恩格斯宗教理论产生的社会历史条件和理论渊源开始，以史论结合的手法，系统完整地论述了马克思恩格斯宗教理论形成和发展的过程，并揭示出其内在的逻辑关系。该书材料翔实，分析细密，使人们对马克思恩格斯宗教理论的全貌有了更全面的了解。其次，对马克思恩格斯宗教理论的内容进行了新的开掘。例如，马克思关于宗教异化的思想；关于宗教与艺术相互关系的思想；关于宗教是人类掌握世界的一种特殊方式的论述；《资本论》中对宗教问题的分析；对恩格斯《德国农民战争》一书中的宗教问题的分析；等。比以往我国学者对这方面的研究前进了一步。最后，对马克思恩格斯宗教理论的评价具有自己的新的见解。以往学术界对马克思恩格斯宗教理论的评述大多注意到其思想中阶级斗争和阶级分析的方面。作者则提出，综观马克思恩格斯一生关于宗教的各种论述，他们并没有仅仅局限于从反映论和阶级分析的角度看待宗教，相反，他们的认识视野比人们的设想要广阔得多。例如，从社会学的角度，马克思把宗教看成是社会物质生活和精神生活的一个构成，是建立在一定社会经济结构之上的观念形态；从心理学的角度，马克思把宗教看作被压迫生灵的叹息，是无情世界的感情；从人本学的角度，马克思把宗教看作人的本质的异化；从历史学的角度，马克思把宗教视为一种与人类生产力发展水平相联系的，有其发展规律的过程；从人类学角度，从宗教与世界的总体关系上看，马克思则把宗教看作人类掌握世界的一种特殊方式等。

2008 年四川人民出版社出版的陈荣富所著《马克思主义宗教观研究》。该书是国家社会科学基金重点项目，多达 50 多万字，可以说是新中国成立以来我国学者研究马克思主义宗教观规模最大的一本专著。该书的主体部分还是对马克思恩格斯宗教观的研究，也有专章论及列宁的宗教观和马克思主义宗教观在中国的发展，以及在当代的意义。该书的主要特色是对马克思恩格斯宗教观的研究，置于更广阔的领域，认真研读了他们的原著，就马克思主义宗教观研究的诸多问题提出了自己的新见解。如把马克思主义宗教观的形成历史同马克思主义的历史唯物主义形成史紧密地结合起来；认为马克思恩格斯的宗教思想是同他们的哲学思想、经济思想、政治思想、社会思想融为一体的；提出马克思的《〈黑格尔法哲学批判〉导言》不是马克思主义宗教观的奠基之作，奠基之作应该是《1844年经济学哲学手稿》；对恩格斯宗教观的丰富内容进行了比较全面的研究；对马克思《文化人类学笔记》中的宗教思想做了比较细致的分析；批判了国内外对马克思主义宗教观的三种错误论调：一是将马克思主义也说成是一种宗教，二是对马克思主义宗教观仅作“单一经济论”的理解，三是对马克思主义宗教观的“纯政治化”理解等。

2008年宗教文化出版社出版由国家宗教事务局研究中心新编辑的《马克思恩格斯列宁论宗教》。该书主要是面对党政领导干部使用的，其特点是在以往相关的读物基础上围绕如何正确认识和对待社会主义时期的宗教问题，将马克思主义经典作家的有关著述重新编辑，并挖掘出一些新材料。此外，2010年初人民出版社也出版了由中国社会科学院世界宗教研究所马克思主义宗教观研究课题组主编、唐晓峰摘编的《马克思恩格斯列宁论宗教》。

另外，一批青年学者对马克思恩格斯宗教观的研究著述脱颖而出。据不完全统计，主要有2005年宗教文化出版社出版的王珍博士的《马克思恩格斯宗教思想研究》、2007年中国社会科学出版社出版的王志军博士的《论马克思的宗教批判》、2008年宗教文化出版社出版的魏琪博士的《马克思主义宗教观的形成和变迁》、2008年人民出版社出版的叔贵峰博士的《马克思宗教批判的革命变革》。上述著作基本上都是在他（她）们的博士论文基础上充实完善而成的，研究有一定深度，学术探索性强，有不少独到的见解。

总之，在短短六七年的时间内，集中问世了这么多关于马克思恩格斯宗教观的专著是新中国成立以来所从未有的。

2. 马克思主义宗教观的综合性研究进一步拓展。2004年中国藏学出版社出版了龚学增编著的《马克思主义宗教观》。该书是西藏开展马克思主义祖国观、宗教观、民族观、文化观教育丛书的一本。它努力依据马克思主义的立场、观点和方法，密切联系西藏的实际，力图以简洁明快，深入浅出的语言，全面准确地阐明宗教观，特别是马克思主义宗教观的基本问题。并以马克思主义宗教观为指导，分析了我国社会主义初级阶段的宗教问题，对如何进一步贯彻西藏区党委关于宗教工作的部署，进一步做好西藏宗教工作，也提出了作者的见解。全书的具体内容第一是从历史发展的角度对宗教观的形成和发展，特别是对马克思主义宗教观的与时俱进和中国化做了阐明；第二，对什么是宗教，宗教演变的规律，宗教的功能和社会历史作用等宗教观的基本理论问题进行了论述；第三，以马克思主义宗教观为指导，叙述了中国宗教的历史和现状；第四，全面阐明了如何坚持马克思主义宗教观正确处理好我国现阶段的宗教问题；第五，结合西藏的实际，就如何进一步做好西藏的宗教工作表达作者的一些思考。

2006 年人民出版社出版了李士菊的《马克思主义科学无神论的当代阐释》。该书虽然突出了无神论问题，但在很大程度上也是论述了马克思主义宗教观的有关内容。

2007 年 8 月中央编译出版社出版了龚学增主编的《马克思主义宗教观与党的宗教工作基本方针》。这是北京统一战线培训的一本教材。该书的主体部分是对于马克思主义宗教观，从马克思直到当代中国共产党人的宗教观进行了比较全面系统的梳理，并给予了分析和评价。

2007 年 9 月中央编译出版社出版的由卓新平、唐晓峰为执行主编的《马克思主义研究论丛——宗教观研究》，该书是由国家哲学社会科学基金重大委托项目“马克思主义经典作家关于宗教的基本观点研究”课题组负责收集、整理并编辑的论文集。本书以比较宽广的视角对马克思主义宗教观进行了研究。由“宗教工作”“经典溯源”“返本开新”“中国境遇”“研究述要”等部分组成。探讨了我国宗教工作的理论依据和指导性原则；对马克思、恩格斯、列宁原著的研读，对经典作家的宗教观进行了深入阐释和剖析，并探讨了经典作家宗教观的当代意义；还探讨了马克思主义宗教观中国化的过程、经验和历史定位问题等，使读者对当前我国马克思主义宗教观的研究状况有一个系统和深入的了解。这本书在学界内外产生了比较大的影响。

2007 年 12 月民族出版社出版了吕大吉、龚学增主编的《当代中国宗教研究精选丛书——马克思主义宗教观与当代中国宗教卷》。《当代中国宗教研究精选丛书》是 2006 年民族出版社重点策划的系列丛书，除了在国内推介外，还要向国外推介。丛书共 8 卷，其中一卷为马克思主义宗教观。该卷精选了改革开放以来国内马克思主义宗教观研究比较有代表性的成果。涉及对新中国马克思主义宗教观研究的概述；对马克思、恩格斯、列宁宗教观的研究；马克思主义宗教观中国化的研究；以及以马克思主义宗教观研究宗教社会性质与社会作用等内容。

另外，与上述研究关系密切的还有王作安的《中国的宗教问题和宗教政策》（2002年），何虎生的《中国共产党的宗教政策研究》（2004年），陈金龙的《中国共产党与中国的宗教问题》（2006年），卓新平、唐晓峰主编的《论马克思主义宗教观》（2009年）等。

3. 对马克思“宗教是人民的鸦片”论断的不同认识再一次出现。这是继20世纪80年代围绕马克思“宗教是人民的鸦片”的讨论时隔十几年后又比较集中地提出的不同认识。

2001年12月16日，潘岳在《深圳特区报》发表题为“马克思主义宗教观必须与时俱进”的文章，提出了一个观点，即认为列宁所说的马克思的“宗教是人民的鸦片”的论断是马克思主义对待宗教的全部世界观上的基石的观点是错误的，把马克思主义宗教观归结为“鸦片论”正是始于列宁。文章说列宁在解释马克思“宗教是人民的鸦片”时创造性地加上了“麻醉”二字，即改为人们十分熟知的“宗教是麻醉人民的鸦片”，把原来“人民对宗教的需要”变成“统治阶级利用宗教麻醉人民”。主语换了，意思也就全变了。他说，更为不幸的是，列宁还把“鸦片”归结为“马克思主义在宗教问题上全部世界观上的基石”，由此得出我们必须与宗教做斗争。列宁的“鸦片论”又长期成为我们制定宗教政策的基本依据。

对上述观点，有一些人表示支持，也有一些人提出了不同意见。例如中央编译局的宋书声、丁世俊、李其庆、翟民刚（见编译局网页）等人发表了不同看法。他们指出，首先，列宁在多篇关于宗教问题的文章中引用过马克思的这一名言，其俄文均为“Религия есть опиум народа”，其中并无“麻醉”一词。列宁的提法和马克思的德文原文“Sie ist das Opium des Volks”（代词“Sie”指“宗教”）完全一致。潘岳摘引列宁的话时使用的是旧的中译文。20世纪80年代出版《列宁全集》中文第2版时，这句话已改译为“宗教是人民的鸦片”，去掉了“麻醉”二字。因此，不能说“麻醉”一词是列宁加的。其次，从翻译处理的角度来讲，“宗教是人民的鸦片”这一名言即使加上了“麻醉”一词，也没有改变其内容实质。最后，潘岳将列宁所说的：“马克思的这一句名言是马克思主义在宗教问题上的全部世界观的基石”视为极大的“不幸”而加以批判是轻率的。

2004年，陈荣富在《马克思主义与现实》第6期也发表了《对“宗教是人民的鸦片”的再认识》，文章在以往学界研究基础上明确指出，“鸦片”是马克思对阶级社会宗教的社会政治功能的比喻性描述，不适用于原始宗教；它是马克思在特定历史文化背景下提出的，不能将其绝对化和普遍化；“鸦片”只是宗教在阶级社会中的政治功能的一方面，只涉及马克思主义宗教观的一个侧面；不能用宗教的政治功能代替宗教的其他功能。

一些青年学者如王珍、王志军等人在他们的著作中也发表了自己的看法。

近些年，国家宗教事务局原局长叶小文（现已调任别的职务）在他的文论中多次阐明马克思讲过的“宗教是人民的鸦片”立意着重点并非是“麻醉人民的鸦片”而是“受鸦片麻醉的人民”，是哀其不幸——“宗教是被压迫生灵的叹息，是无情世界的感情”，促其奋斗——“反宗教的斗争间接的就是反对以精神慰藉的那个世界的斗争”。这一观点为许多人所认同。

尤其值得注意的是，2006年出版的《江泽民文选》第3卷的《论宗教问题》一文，公开发表于2001年12月10日，是时任中共中央总书记的江泽民在全国宗教工作会议上的讲话。论宗教问题的讲话指出了马克思的“宗教是人民的鸦片”的论断意思只是，“在阶级社会中，宗教对人类的压迫是社会内部经济压迫的产物和反映，劳动群众受到这种压迫又无法解脱，就往往到宗教中去寻找精神寄托；剥削阶级也利用宗教作为控制群众的精神手段，削弱劳动群众的反抗意志，分散劳动群众的反抗力量。马克思说‘宗教是被压迫生灵的叹息’，‘宗教是人民的鸦片’，就是从这个意思上来讲的”。[①] 这是当时中共最高领导人首次具体阐明马克思当年论断的含义，十分引人注目。

可以说直到现在，人们对“宗教是人民的鸦片”论断的理解虽然逐

---

① 《江泽民文选》第3卷，人民出版社2006年版，第380页。

步趋于接近，但仍存在着不同认识。

4. 马克思主义宗教观的中国化研究正在成为亮点。如何使马克思主义宗教观与时俱进，指导我们今天对当代世界宗教尤其是中国宗教的研究，这是中国理论界和学术界所特别关注的，由此形成了马克思主义宗教观“中国化”的研究。对此，将在本章第二部分具体讨论。

5. 马克思主义宗教观的研究还存在不平衡的状况。同马克思、恩格斯宗教观研究的比较热相比，对列宁宗教观的研究比较薄弱，而且认识上的差异较大。

对列宁主义宗教观的研究，在20世纪80—90年代，吕大吉、蒋文宣、陈麟书等人有著述发表。但近10多年来，与对马克思恩格斯宗教观的研究状况比较热相比，对列宁主义宗教观的研究很少有人问津。究其原因，我认为，一是苏联社会主义垮台了，随之彻底否定苏联，甚至否定十月革命，否定列宁主义的思潮在国内外很有市场；二是认为苏联共产党处理宗教问题的极“左”错误与列宁宗教观的“鸦片基石”论断直接相关的观点影响很大；三是列宁主义是俄国的，不是原典的马克思主义。

列宁主义宗教观究竟是什么样子？苏联共产党处理宗教问题的极“左”错误同列宁主义宗教观是怎样的关系？如何加以评价？这都需要重新进行研究。近年来，有少数文论出现。2007年《中共中央党校学报》第5期发表了龚学增的论文《全面把握与科学评价列宁的宗教观》。该文针对目前国内不仅对列宁主义宗教观研究薄弱，而且片面否定倾向有一定市场的情况，比较详尽地论述了列宁主义宗教观形成、发展的过程及其十分丰富的内容，同时以历史唯物主义态度对列宁主义宗教观的特点和历史地位进行了分析和评价。认为马克思主义宗教观（广义上的），从马克思恩格斯经过列宁再到中国共产党的宗教观，是一个一脉相承又不断丰富发展的完整过程，这个过程是割裂不开的。鉴于苏联解体后，国际上出现的否定后期马克思恩格斯，否定列宁的思潮对我国的影响，全面论述、科学评价列宁主义宗教观对于深化我国的马克思主义宗教观的研究是十分必要的。陈荣富所著《马克思主义宗教观研究》也有一章论述了列宁的宗教思想。作者比较全面地概述了列宁宗教观的基本观点，认为由于沙皇俄国是政教合一的国家，沙皇与东正教会共同反对革命；由于当时在俄国社会主义革命已经从理论变为实践。这两个特点就决定了列宁宗教观的特色：一方面，要从政治上同教会和宗教做斗争，揭露教会同沙皇的神圣同盟；另一方面，十分重视以历史唯物主义宗教观为指导，以服从社会主义事业的总任务为基本原则，制定处理宗教问题的方针政策。这既是列宁对马克思主义宗教观的继承和发展，又使得列宁的宗教观具有实践中的马克思主义宗教观的特点，在马克思主义宗教观发展史上具有重要地位。另外，国家宗教事务局研究中心编的《马克思恩格斯列宁论宗教》汇集了十月革命后列宁处理宗教问题的十个案例，对于全面把握列宁的宗教观也很有帮助。

第二节　关于马克思主义宗教观研究的几个重要问题

在回顾新中国马克思主义宗教观研究基本历程的基础上，以下几个重要问题需要进一步加以阐述。

一　关于马克思主义宗教观的含义及研究范围

我们认为需要从以下几个方面加以把握。

1. 马克思主义宗教观是马克思主义的有机组成部分，是建立在辩证唯物主义和历史唯物主义这一科学世界观和方法论基础上的对宗教和宗教问题的基本认识，以及在这种认识基础上表明的共产党对待宗教的态度和提出的解决宗教问题的基本原则、方针的总和。

2. 马克思主义宗教观作为一个马克思主义者的个人行为，主要体现在对于宗教的认识层面，而作为共产党的宗教观，就不是仅仅限于对于宗教和宗教问题的认识，还包含着处理宗教问题的原则方针。

3. 马克思主义宗教观是与时俱进的，是随着实践的发展而不断丰富，不断创新的理论、方针、原则的体系。从与时俱进的意义上，马克思主义宗教观可以从狭义和广义两个方面加以理解。狭义的理解，即马克思主义宗教观主要是马克思恩格斯关于宗教的思想，列宁主义宗教观主要是列宁关于宗教的思想，还有中国共产党人的宗教观等。广义的理解，马克思主义宗教观则泛指作为一个不断发展过程的历史唯物主义宗教观。如中共中央对全党强调要学习、研究马克思主义宗教观就是从对马克思主义宗教观广义上的理解使用的。

4. 马克思主义宗教观无论是从狭义上，还是从广义上理解，主要都是研究成熟意义上的正确的马克思、恩格斯、列宁还有中国共产党人的宗教观的。因此，对于他们尚未成为马克思主义者以前的宗教观，或者一些不成熟的观点进行学术性的研究时，可以在以他们名字命名的如“马克思恩格斯宗教思想研究”中加以研究，但不宜笼统地使用“马克思主义宗教观”这一概念。

二　在新的历史条件下，如何科学对待马克思主义宗教观

如何在当代中国社会主义条件下重新认识马克思主义宗教观是一个重大问题。近年来，不少学者对该问题进行了反思。尤其是卓新平主持的“马克思主义经典作家论宗教”课题研究提供了新的十分有价值的成果。课题组认为，马克思主义宗教观是马克思主义的重要组成部分，是我们研究宗教问题、开展宗教工作的指导原则。根据对“经典作家关于宗教的基本观点”的研究以及对“中外学者论述马克思主义宗教观的各种观点”之分析，对马克思主义宗教观的认识应该实行的“四个分清”，以回答哪些是必须长期坚持的马克思主义宗教观的基本原理，哪些是需要结合新的实际丰富和发展的马克思主义宗教观的理论判断，哪些是必须破除的对马克思主义宗教观的教条式的理解，哪些是必须澄清的附加在马克思主义宗教观名下的错误观点这四个关键问题，并结合当今时代的中国实际而发展出“中国化”的马克思主义宗教观。具体观点做如下简介：

1. 必须长期坚持的马克思主义宗教观的基本原理。包括：要以社会存在决定社会意识为基础的唯物史观来说明宗教；宗教的本质是人们以“幻想的反映”来追求“虚幻幸福”，这既包含有对宗教的批判、亦有对信仰宗教的人们的同情；认清宗教存在的社会根源和认识论根源；宗教的消亡是一个长期而自然的发展过程；宗教在历史上对社会发展既起到积极作用，也有着消极作用；注意宗教与民族的关联和区别；坚持“政教分

离”的原则，从政治关系上来看，宗教在社会中可以为各种政治力量所用；从政权关系上来看，应当实行“政教分离”政策，使宗教真正成为私人的事情；从政党关系上来看，不可将宗教与社会主义、共产主义相等同或相混合。

2. 需要结合新的实际丰富和发展的马克思主义宗教观的理论判断。主要有，对宗教本质的认识：中国的马克思主义者更为强调宗教的本质是反映了群众思想信仰问题而非政治问题，是人们精神世界的一种表述，是人民内部的思想性质问题。对宗教文化意义的强调。对宗教价值的重视。正确对待和把握宗教的社会功能。开展对宗教界的统一战线工作。将“宗教存在的长期性”视为“根本性”问题。“积极引导宗教与社会主义社会相适应”。发挥宗教在促进经济发展、社会和谐方面的积极作用。从而使“积极引导宗教与社会主义社会相适应”发展、深化为“积极引导宗教与社会主义社会相和谐、与构建社会主义和谐社会相适应”的思想和理论。这是对马克思主义宗教观的创新性、创造性发展。

3. 必须破除的对马克思主义宗教观的教条式理解。如何对待马克思关于“宗教是人民的鸦片”这段论述，分歧最大，争论也最激烈。列宁在《论工人政党对宗教的态度》中曾把这段论述称为“马克思主义在宗教问题上的全部世界观的基石”，许多人把“宗教是人民的鸦片”视为马克思主义对宗教的本质性认识，以为这一论述乃马克思主义宗教观的核心所在和基本立场。但根据马克思主义研究宗教的方法和立场，这一论断主要是针对 19 世纪西欧社会的宗教而言，因此，不能将之教条式地搬用到今天的中国社会来评价其宗教。

4. 必须澄清的附加在马克思主义宗教观名下的错误观点。一是认为以“阶级斗争”为纲、同宗教做斗争、直接批判和反对宗教乃是“正统的”马克思主义宗教观。二是认为马克思主义的宗教观乃把经济因素视为宗教的“唯一”决定性因素。马克思主义在看待宗教上的视域非常开阔，我们对其宗教观的理解也必须是系统的、整体的。

总之，对待马克思主义宗教观要坚持辩证唯物主义和历史唯物主义的立场、态度、观点、方法。马克思主义是放之四海而皆准的真理，但对之仍不能滥用，而必须注意其时空背景、社会内容，学会对之辩证地运用、发展地看待、科学地创新。否则，就会出现对马克思主义宗教观的误解，甚至将一些本是错误的观点附加在马克思主义宗教观的名下。为了防范这类错误，我们对马克思主义宗教观的基本原理既不能否定，也不能采取僵化和教条主义的态度。而对之根据时代发展、社会变迁来不断补充和创新，则正是马克思主义宗教观的鲜活生命力之所在。

另外，冯今源也强调，对于马克思主义宗教观的研究一要端正学风，二要坚持马克思主义基本原理，三要站在积极引导宗教与社会主义社会相适应的高度，四要总结国际共运史上的经验教训，五要总结中国共产党历史上的宗教政策，六要对新中国成立以来有关问题的争论进行回顾总结，七要把马克思主义宗教观运用于新的实际。

三　进一步加大马克思主义宗教观中国化研究的力度

马克思主义中国化的研究是中国哲学社会科学研究的重大课题。1938年，毛泽东在中国共产党的六届六中全会上明确提出了马克思主义中国化的历史任务。他说，马克思主义必须和我国的具体特点相结合并通过一定的民族形式才能实现。离开中国特点来谈马克思主义，只是抽象的、空洞的马克思主义。他强调马克思主义的中国化，就是要使之在其每一表现中带着必须有的中国的特性，即是说，按照中国的特点去应用它，就是要有新鲜活泼的为中国老百姓所喜闻乐见的中国作风和中国气派。

马克思主义中国化的研究也包含马克思主义宗教观中国化的研究。马克思主义宗教观的中国化，就是中国共产党把马克思主义宗教观的基本原理应用于中国革命和建设中的宗教问题的实际，使二者正确结合，走出了一条具有中国特色的解决宗教问题的道路的过程，是中国共产党解决宗教问题的经验不断积累的过程，是在宗教理论基本政策上逐步系统化的过程，是坚持和不断丰富、发展马列主义宗教观的过程。

马克思主义宗教观的中国化研究也是改革开放以来才真正展开的。主要表现为一是分别对中国早期马克思主义者如李大钊、陈独秀、恽代英等人的宗教观和毛泽东、周恩来、邓小平、江泽民的宗教观，以及李维汉宗教观的研究；二是对新中国党和国家宗教工作基本方针政策的研究；三是正式提出了马克思主义宗教观的中国化的研究。

1. 对中国早期马克思主义者的宗教观的研究。如陈麟书主编的《宗教观的历史·理论·现实》、陈始发著的《新中国宗教政策的历史考察》等书均有涉及。论文方面，如金以枫于2001年在《世界宗教研究》第2期上发表的《早期共产党人的宗教观》、陈始发于2003年在《江西社会科学》第4期发表的《建党以前陈独秀宗教观探析》、卢玉华于2001年在《石油大学学报》第6期发表的《早期中国共产党人宗教观概论》等。这些著述主要涉及陈独秀、李大钊、恽代英、萧楚女等一些中国共产党的创始人及早期代表人物的宗教观，对他们在宗教问题领域的观点进行了分析、归纳和总结。这些著述大都认为中国早期马克思主义者的宗教观基本上坚持了唯物主义的观点，符合马克思主义宗教观的基本精神，认为他们对宗教的探索揭开了我们党认识和处理中国宗教问题的序幕，但还仅限于个人对宗教的看法，尚未同解决中国革命过程中的宗教问题自觉地结合起来。

2. 对毛泽东的宗教观的研究。学界对毛泽东的宗教观的研究既在相关的著作中有所涉及，也有专门的研究性论文。据不完全统计，公开发表的论文有20多篇。较有代表性的作者有卿希泰、陈麟书、雷镇锠、张永庆、张伟达、加润国、毛国庆、牛苏林等人。总的来说，他们的研究以归纳和总结毛泽东成为马克思主义者以后的宗教观的内容居多，指出毛泽东宗教观的特色是实现了马克思主义宗教观同中国宗教问题实际的正确结合。还有一些论文分析了毛泽东宗教观的演变，以及毛泽东同具体宗教，如同佛教的关系，如王国兴的《毛泽东与佛教》等著作。

3. 对周恩来的宗教观的研究。周恩来是以毛泽东为核心的中共第一代领导集体的重要成员。他作为国家的总理，关于宗教问题的思想，更多的是着眼于党和政府的宗教工作来加以阐发的。相对于毛泽东的宗教观研究来说，对周恩来宗教观的研究略显不足。但也有几篇重要论文。如王作安撰写的《周恩来：在宗教问题上极富远见的人》、陈答才撰写的《周恩来对新中国宗教工作的思考与实践》。冯今源在纪念周恩来诞辰100周年时，发表了长篇论文《试论周恩来的宗教观》，是一篇研究周恩来宗教思想的力作，也是迄今为止对周恩来宗教观概述最全面的文章。文章对周恩来宗教观的理论基础、实践基础、基本内容都做了很系统的归纳与分析。

4. 对李维汉的宗教观的研究。李维汉是新中国成立后党和国家在统战、民族、宗教工作方面的主要负责人，留下了宝贵的关于宗教和宗教问题的思想。但学界对李维汉的宗教观研究也很不足，比较零散。近些年，在江平、黄铸、叶小文等人的文章中，都不同程度地涉及对李维汉宗教观的分析。如关于宗教的五性说，叶小文认为，最早来源于20世纪50年代初由李维汉主持起草的《关于过去几年党在少数民族中进行工作的主要经验总结》的报告，其后在1958年的第五次全国宗教工作会议上正式提出了宗教的五性。关于"谨慎处理宗教问题""在宗教问题上要区分两类不同性质的矛盾，把宗教问题当作人民内部矛盾来处理"等观点，陈金龙指出，最早是李维汉提出的。黄铸、江平认为，李维汉一再提出必须慎重进行宗教制度民主改革，这对促进我国宗教逐步与社会主义社会相适应起了重要作用。1982年，李维汉正式向中央提出引导宗教与社会主义社会相适应的建议。在李维汉诞辰110周年之际，龚学增、王冬丽在《世界宗教研究》2006年第3期发表了《李维汉宗教观》的长篇论文，是李维汉宗教观的比较系统化的、全面的阐述和分析。

5. 对邓小平的宗教观的研究。邓小平是中共第二代领导集体的核心，他关于宗教问题的言论虽然不多，但所起到的思想政治作用十分巨大。学界对邓小平本人宗教观的研究大多是在对邓小平理论的研究中进行的。何玲认为："邓小平理论关于宗教问题的思想体系包括三个组成部分：一是邓小平同志从不同角度、在不同场合直接对宗教问题和宗教工作的科学论述；二是在他的领导或指导下形成的中共中央、国务院及有关部、委关于宗教问题和宗教工作的规范性文件；三是以邓小平同志为核心的党的第二代领导集体其他成员对宗教问题和宗教工作的科学论述。"龚学增在有关论著中也对邓小平的宗教观形成的历史背景和基本内容进行了分析，认为"它既包含着邓小平个人的若干科学论断，又凝聚着党和政府宗教工作实践经验的总结，还包含着理论工作者的贡献"。他还指出："邓小平宗教理论是邓小平理论的重要组成部分，是正确认识和解决中国特色社会主义进程中宗教问题的指南。它彻底清除了'文化大革命'时期的'左'倾错误路线对马列主义宗教理论、毛泽东宗教理论的歪曲，全面继承和发展了马克思列宁主义宗教理论和毛泽东宗教理论的基本观点，把马克思主义宗教理论在中国的发展推进到建设有中国特色的社会主义的新阶段。”这是对邓小平宗教思想历史地位的总结与概括。

6. 对江泽民宗教观的研究。与毛泽东、邓小平相比，江泽民关于宗教问题的言论著作更多，思想更为丰富。学界对江泽民宗教观的研究，一是梳理江泽民个人的宗教观发展的脉络，归纳他的观点。二是整体分析评价党的第三代中央集体的宗教观，其中也涉及李瑞环的宗教观。三是把江泽民宗教观的研究纳入“三个代表”重要思想研究之中。《江泽民文选》出版后，对《文选》包含的宗教方面的内容，尤其对首次公开发表的《论宗教问题》这一重要著作的研究在学界日渐活跃。龚学增、蒲长春等人在其有关的论文、著述中对江泽民的宗教观进行了比较细致的研究。

7. 对“积极引导宗教与社会主义社会相适应”问题的深入研究。积极引导宗教与社会主义社会相适应，是马克思主义宗教观中国化研究的重要内容。20 世纪 80 年代，上海社会科学院宗教研究所在罗竹风指导下，在研究中国社会主义时期宗教问题的过程中，率先提出了在我国社会主义时期，宗教可以和社会主义社会相协调的重要观点，产生很大影响。1993 年，江泽民代表党中央正式提出“积极引导宗教与社会主义社会相适应”的命题作为党和国家做好宗教的基本目的。之后，关于“相适应”问题的研究迅速开展起来。前些年，中国社会科学院世界宗教研究所当代宗教研究室在冯今源主持下集中几年时间专攻这一重要课题。2009 年 8 月，冯今源主编《引导宗教与社会主义社会相适应的理论与实践》由中国社会科学出版社正式出版。该书在全面系统梳理中国传统宗教以及民间信仰发展脉络、国际共运史上相关理论与实践的基础上，结合对新中国宗教政策的历史发展、对 50 年来我国宗教的发展历程以及各种错误宗教观的回顾与反思，对典型地区基督教、藏传佛教、伊斯兰教的田野调研，对新时期宗教领域面临的新情况、新问题的总结与分析，系统提出引导宗教与社会主义社会相适应的理论依据、实践基础、表现形式、具体内容以及对引导主体的要求，并对“构建社会主义和谐社会”事业中的宗教问题提出相应的意见与建议。这是当前对“相适应”研究的重要成果。

8. “建设现代宗教文明”的研究。近年来，在研究积极引导宗教与社会主义社会相适应过程中，范鹏提出了“建设适合中国国情的现代宗教文明”的命题。2007年，他在《世界宗教研究》第1期发表了《建设现代宗教文明，积极引导宗教与社会主义社会相适应》，之后又深化了这一研究。他认为，当代宗教的发展演变，特别是宗教与社会主义社会相适应都与适合中国国情的现代宗教文明有关，现代宗教文明是我国宗教发展的必然选择。他认为，宗教文明是宗教文化中的积极因素，现代宗教文明是立足当代、面向世界、服务人类的积极的宗教文化。建设现代宗教文明就是通过挖掘、整理、弘扬宗教文化中有利于中国特色社会主义建设发展和谐的因素，使宗教在更加充分的意义上成为当代中国社会的积极因素。现代宗教文明建设的任务和目标是适应社会主义，融入现代文明，服务中国社会，促进和平发展。该命题已引起学术界的重视。

9. 对马克思主义宗教观中国化整体性的研究。在上述研究基础上，近些年，我国宗教学界正式就马克思主义宗教观的与时俱进和中国化进行了研究。上海社会科学院《当代宗教研究》2002年第3期发表了龚学增的长篇论文《马克思主义宗教观的与时俱进及中国化》。论文第一对马克思主义宗教观的含义进行了概括，认为马克思主义宗教观的实质就是历史唯物主义宗教观；马克思主义宗教观具有狭义和广义之分，狭义上是指马克思恩格斯列宁的宗教观，广义上还包括他们的后人的历史唯物主义宗教观；马克思主义宗教观作为个人的宗教观表明了对宗教的基本观点，作为共产党的宗教观则包括理论和方针的总和；马克思主义宗教观是随着实践的发展而不断发展的理论方针的体系；马克思主义宗教观是有党性的。第二，论文还提出要科学地对待马克思列宁主义宗教观，既不能认为其内容句句是真理，也不能否定其基本的科学原理，应坚持马克思主义宗教观的指导。第三，论文从八个方面概述了马列主义宗教观的基本原理。第四，论文的主要篇幅是阐述了中国共产党将马克思主义宗教理论与中国革命和建设的实际相结合，形成了毛泽东思想的宗教观、邓小平理论的宗教观以及中共第三代中央领导集体的宗教观，实现了马克思主义宗教观的中国化。特别指出中国共产党在系统总结国内外处理社会主义时期宗教问题正反两方面历史经验基础上提出的积极引导宗教与社会主义社会相适应的命题是对马克思主义宗教观丰富和发展的集中体现。该文的基本思想经过充实修改，又以“论马列主义宗教观的中国化”为题发表于2005年第5期的《中共中央党校学报》上。

2003 年，时任国家宗教事务局局长的叶小文（执笔）在《求是》杂志发表了《社会主义的宗教论》一文。该文集中反映了国家宗教事务局以党的十六大精神和“三个代表”重要思想为指导，为进一步做好宗教工作，在全面系统学习和研究中国共产党关于社会主义时期宗教问题的基本理论和基本政策，特别是反复学习和领会江泽民同志在全国宗教工作会议上的重要讲话以及李瑞环概括党中央关于社会主义时期宗教观点的基础上，形成的关于中国化马克思主义宗教观的理论建构。“社会主义的宗教论”在理论上的价值就在于以十分简洁的论断概括了中国共产党关于社会主义时期宗教问题的基本观点和基本政策。它大体划分为两个层次：第一，以江泽民同志的讲话精神，对完整体现党的宗教理论政策的十点内容加以充实和完善。[①] 第二，简明地揭示了十点内容的逻辑关系。立论的基础是宗教问题最重要的“三性”（根本是长期性，关键是群众性，特殊的复杂性），根据“三性”确立了宗教工作的基本方针（“四句话”），由此树立起“社会主义的宗教论”的基本架构。“三性”和“四句话”的对应关系是，“根本是长期性”着眼于宗教的规律，因此基本方针是积极引导宗教与社会主义社会相适应，具有总论性质。“关键是群众性”，要求在宗教工作中必须坚持执政为民，因此基本方针是全面贯彻党的宗教信仰自由政策，切实保障公民宗教信仰自由这一基本权利，以体现“三个代表”的本质。“特殊的复杂性”在于强调上述工作是在错综复杂的矛盾中进行的，因此基本方针就在于依法管理宗教事务，坚持独立自主自办的原则，以保证宗教活动的合法进行和健康发展。理论观点和工作方针有机结合，具有较强的说服力。近年来，“社会主义的宗教论”又深化为“社会主义和谐社会的宗教论”，均在社会上产生了很大的影响。

2005 年初，时任中央社会主义学院常务副院长的朱晓明在《中央社会主义学院学报》第 1 期发表了《论“中国特色社会主义宗教观”》的长篇论文，从中国共产党统一战线工作的角度对中国化的马克思主义宗教观进行理论建构。从贴近宗教界的实际出发以“中国特色社会主义宗教观”

---

① 见《红旗文稿》2003 年第 1 期。

这一命题概括了中国共产党关于社会主义时期宗教问题的基本理论和基本政策，指出“积极引导宗教与社会主义社会相适应”是中国特色社会主义宗教观对马克思主义宗教观发展创新的集中表现。特别是对中国特色社会主义宗教观的理论框架进行了创新性的探索。作者认为，该理论框架包括相互关联的两个部分。一是如何正确认识我国社会主义初级阶段的宗教问题，讲认识，讲规律。以三个特点（长期性、群众性、复杂性）和三个规律（政治面貌、社会作用、发展方向）阐述了理论层面的内在关系。二是如何正确处理我国社会主义初级阶段的宗教问题，讲方针、讲原则、讲要求。以宗教工作四条基本原则（政教分离、权利义务相统一、独立自主自办、引导适应），对宗教界统一战线的三项重点工作（爱国宗教力量建设、农村宗教工作、少数民族中的宗教工作），以及宗教工作的标准要求和保障措施，阐述了实践层面的内在联系。

同年，中国人民大学方立天教授在《中国社会科学》第4期发表了《论中国化马克思主义宗教观》。该文认为中国化马克思主义宗教观包含着中国化的马克思主义宗教本质观、宗教价值观、宗教历史观、宗教适应观，从而构成了一个完整体系，表明了作者独到的创新见解。

2006年，中国人民大学何虎生在《宗教学研究》第1期上发表了《论马克思主义宗教观中国化的基本经验》一文。指出，马克思主义宗教观中国化要与党在革命、建设和改革各个不同时期社会和宗教实际相结合，要与党的总任务、总路线、总方针和总政策相一致，必须体现时代性；要研究中国宗教的特点，找出其中带规律性的东西并采取相应的路线、方针、政策和措施，必须把握规律性；要从本国宗教的实际情况出发，在坚持马克思主义宗教观的基础上，在理论、制度、方针和政策上有所创新，必须富有创造性。

关于中国化的马克思主义宗教观体系的研究，何虎生于2007年出版了《中国化马克思主义宗教观研究》，这是一部力作。该书从宗教本质观、宗教历史观、宗教价值观、宗教态度观、宗教安全观、宗教适应观、宗教和谐观等方面对中国化马克思主义宗教观的体系进行了建构，表达了他的独特创新见解。

2007年党的十七大提出了中国特色社会主义理论体系。如何把握这一理论体系和马克思主义宗教观中国化的关系。龚学增在2008年第11期《西南民族大学学报》发表了《试论中国特色社会主义宗教理论体系》的长篇论文。论文在阐述改革开放以来，从邓小平理论的宗教观到党的十六大以来的新发展积累的丰富成果和党中央的两次理论概括基础上，认为中国特色社会主义宗教理论是改革开放以来，在中国特色社会主义事业进程中，党和国家正确解决我国社会主义初级阶段宗教问题的实践经验的总结和理论升华，是中国特色社会主义理论体系的有机组成部分。

中国特色社会主义宗教理论也形成了体系。其内在逻辑包含两个基本层次，基础层次是反映宗教规律性的理论问题，中国特色社会主义宗教理论体系首先也是围绕着什么是宗教、宗教的根源、宗教的发展、宗教的社会作用等基本理论问题展开的。包括：第一，宗教界定：坚持宗教本质的马克思主义观点的同时，进一步认识到宗教还是一种社会文化现象，从而对于什么是宗教的认识更为全面，更为科学。第二，宗教根源：社会主义时期宗教将长期存在是因为支撑宗教存在发展的自然根源、社会根源、认识根源和心理根源的长期存在。第三，宗教社会作用：社会主义时期宗教的社会作用具有积极和消极的二重性特征。第四，中国宗教国情特点：进一步从“五性”，即长期性、群众性、民族性、国际性、复杂性概括为“三性”，即根本是长期性、关键是群众性和特殊的复杂性。第五，宗教与民族：二者关系密切，要正确认识和处理二者的关系。应用层次是解决宗教问题的基本方针问题。包括：第一，根本宗旨：处理一切宗教问题的根本出发点和落脚点，是使全体信教和不信教的群众联合起来，把他们的意志和力量集中到建设现代化的社会主义强国这个共同目标上。第二，基本政策：以人为本，尊重人权，全面正确地实行宗教信仰自由。信仰宗教和不信仰宗教是宪法规定的公民的一项基本权利。国家实行政教分离、宗教与教育相分离的原则。公民在行使宗教信仰自由权利的同时，必须遵守国家的法律法规，履行自己作为公民对国家应尽的义务。第三，依法管理：国家依法管理宗教事务，使宗教活动正常有序。第四，对外关系：坚持独立自主自办原则。我国宗教团体和宗教事务不受外国势力的支配。在独立自主、和平友好、互相尊重的基础上，积极发展同世界各国宗教界的友好往来，同时抵御境外势力利用宗教对我国的渗透。第五，统战工作：

处理同宗教界朋友之间的关系的原则是政治上团结合作、思想信仰上互相尊重。发挥爱国宗教团体作用，争取、团结和教育宗教界人士，培养好一支爱国爱教的教职人员队伍。第六，基本途径：积极引导宗教与社会主义社会相适应。全面正确地贯彻宗教信仰自由政策，国家依法管理宗教事务，坚持独立自主自办的原则，巩固和发展对宗教界的爱国统一战线，都是为了积极引导宗教与社会主义社会相适应。积极引导宗教与社会主义社会相适应是中国特色社会主义宗教理论的集中表现。第七，党内建设：共产党员要坚持马克思主义宗教观，不能参加宗教活动。对群众特别是青少年的思想政治工作要包括唯物论和科学知识的宣传教育的内容。上述两个层次紧密联系，相辅相成，说明中国特色社会主义宗教理论作为一个完整的逻辑严密的理论政策的体系，标志着马列主义宗教观在当代中国发展到了一个新阶段。

2008 年 11 月，云南教育出版社出版了中央党校青年学者蒲长春博士的《中国特色社会主义宗教理论研究》一书，也从宗教本质论、宗教根源论、宗教价值论、宗教历史论和宗教关系论等方面进行了体系建构，发表了独立的见解。

2009 年，龚学增在《西北民族大学学报》第 4 期发表了《新中国马克思主义宗教观中国化 60 年》的长篇论文，比较系统地回顾总结了新中国马克思主义宗教观中国化的历程和最新成果。

总之，当代中国马克思主义宗教观的研究已经呈现日益繁荣的景象，正在逐步走向深化，已经进入了一个比较成熟的发展时期。

第三节　2009—2019 年马克思主义宗教观研究

一　研究成果

2009 年以来，马克思主义宗教观的研究有了明显的突破和快速发展。2010 年世界宗教研究所成立马克思主义宗教观研究室，标志着这一研究领域有了成建制的专门研究机构，是在学术结构、学科构建及布局上的一个重要突破，使之更加系统化、专业化。随着这一研究室的成立，我国马克思主义宗教观研究的学术会议、著作出版都面貌一新。此后，每年都至少有一次全国性的马克思主义宗教观学术研讨会召开，并以这些会议论文为基础、由曾传辉主编，在“世界宗教研究丛书”（卓新平主编）中出版，目前已先后出版了《马克思主义宗教观研究（2010年专辑)》(2011年)、《马克思主义宗教观研究（2011)》(2013年)、《马克思主义宗教观研究（2012)》(2013年)、《马克思主义宗教观研究（2013)》(2015年)、《马克思主义宗教观研究（2014)》(2017年）等文集，使这一研究领域充满活力、成果不断。

在经典选编领域，这一时段的重要成果包括唐晓峰摘编的《马克思恩格斯列宁论宗教》（2010年）及其主编的《马克思恩格斯列宁斯大林论宗教》(2013年）出版，其特点是综合了以前出版的各种选编本而更为集中、更显翔实、更加系统。

在学术专著出版上，新的研究成果则有吕大吉、高师宁合著的《马克思主义宗教理论研究》(2011年)，龚学增等著《马克思主义宗教观中国化研究》(2012年)，孟宪霞著《社会主义国家处理宗教问题的经验教训》（2012年)，卓新平主编的《马克思主义宗教观研究（第1辑·2011)》(2013年)，国家宗教事务局党组理论学习中心组编《中国特色社会主义宗教理论学习读本》（2013年)，段德智著《新中国宗教工作史》(2013年)，卓新平著《马克思主义宗教观探究》（2013年)，叶小文著《中国破解宗教问题的理论创新和实践探索》(2014年)，卓新平主编《马克思主义宗教观研究（第2辑·2012)》（2014年)，卓新平著《马克思主义经典作家关于宗教的基本观点研究》(2017年)，以及［英］戴维·麦克莱伦著、林进平等译《马克思主义与宗教：一种对马克思批判基督教的描述和评价》(2018年）等。

虽然从总体来看研究专著和文集还不太多，但这一领域的研究论文却不断增多，反映出其研究持续升温的发展态势。过去十年发表的相关论文包括卓新平的《马克思主义宗教观的方法论探究》，《以马克思主义的基本立场看待当代中国的宗教问题》（2009年)；《当代马克思主义宗教观研究应关注的几个问题》(2010年)；龚学增的《关于马克思主义宗教观中国化的思考》《中国共产党的宗教—国家观——中国化马克思主义宗教观的核心》，何虎生的《中国特色社会主义宗教理论体系研究》，牛苏林的《马克思主义宗教观的发展形态与中国化的当代趋向》，王作安的《中国共产党处理宗教问题的主要经验》，张献生的《"鸦片论"与坚持发展马克思主义宗教观》，加润国的《关于牢固树立马克思主义宗教观的思考》，任杰的《深化中国共产党宗教政策研究若干问题的思考》，陈麟书的《关于中国化马克思主义宗教观若干问题的讨论》，卓新平的《对马克思主义宗教观应从整体上理解》，齐晓飞的《关于在和谐社会构建中发挥宗教积极作用的思考》，晏可佳的《试论建国以来马克思主义宗教观的深化与发展》，牟钟鉴的《中国特色社会主义宗教理论成果解读》（2011年）；卓新平的《论恩格斯〈路德维希·费尔巴哈和德国古典哲学的终结〉的宗教观》（2012年）和《科学研究马克思主义宗教观，发展中国宗教学——纪念毛主席诞辰120周年暨批示建立世界宗教研究所50周年》（2013年）；段德智的《新中国宗教工作的曲折历程、主要成就和基本经验》，何虎生、濮灵的《中国特色社会主义宗教政策体系的层次分析》，方立天、张雪松的《发挥宗教界的积极作用，为共同实现中华民族伟大复兴而奋斗》，谢添的《新民主主义革命时期党的宗教工作基本经验》，李建生的《马恩列斯关于马克思主义宗教观教育的论述及其意义》，何虎生、刘福军的《论马克思主义宗教观教育的主要内容》，李向平的《应当怎样理解和实践马克思主义宗教观》，龚学增的《中国共产党的宗教文化观》，毛胜的《论宗教文化性命题的元理论意蕴——基于中国共产党认识宗教与文化关系的思想史考察》，吴倬、王良滨的《从政治批判到经济批判：马克思早期宗教批判思想内在逻辑研究》，哈斯巴根的《略论马克思的"宗教是人民的鸦片"之观点》，杨淑琴的《简析马克思论宗教的历史作用》，尤佳解、姬瑞的《论马克思宗教异化批判的社会哲学视域》，刘晓欣的《青年马克思宗教批判思想的政治哲学意蕴》，成祖明的《元批判视野下的马克思主义宗教观与古典儒学路径》，金泽的《立足中国宗教国情，坚持和发展马克思主义宗教观》，刘明定的《胡锦涛中国化马克思主义宗教观研究》，詹石窗的《坚持实事求是精神，开拓宗教研究新局面——纪念中共中央1982年"十九号文件"发布30周年》，王康的《论新时期中国共产党宗教理论和实践的创新与发展》，杨合理的《新时期以来党对马克思主义宗教观的新发展》，曾长秋、李霞的《马克思主义宗教观及其中国化宗教理论的创新》，王珍的《对马克思主义宗教观及其中国化的思考》，刘泳斯、张雪松的《论马克思宗教观的形成与当代中国的发展与实践》，段启明的《贯彻19号文件中的得与失——纪念中共中央“中发1982年19号文件”下发30周年》，禾众的《略论“中国化马克思主义宗教观”的两个语境》（2013年）；叔贵峰、肖宁的《对马克思宗教观方法论的探析与反思》，李志雄、周郑湘的《马克思“非宗教之后”的信仰观——应正确把握马克思宗教认识论的理论基石》，岑孝清的《关于马克思的历史唯物主义宗教观之我见——兼评“宗教是人类掌握世界的一种方式”》，范明水的《试论马克思、恩格斯视野中的“宗教社会功能”》，乔宏明的《马克思的宗教批判：对人本质的复归与批判理论的现实转向》，朱仁官的《辩证理解马克思对宗教神学的批判》，黄奎的《改革开放以来涉及宗教政策的重要文献片断及其意义略论》，王作安的《邓小平对中国特色社会主义宗教理论的开创之功》和《坚定走中国特色宗教工作之路》，龚学增的《邓小平与中国特色社会主义宗教理论的创立》，曾传辉的《邓小平的宗教观》，何虎生、钟扬的《邓小平与党的宗教工作》，卓新平的《发展中国特色社会主义宗教理论》《以社会主义核心价值观促进民族团结、宗教和谐》《宗教文化与社会主义核心价值观》《正确认识宗教，善待宗教研究》以及（卓新平、郑筱筠、龚学增、曾传辉）四人谈《如何认识马克思主义宗教观》，牟钟鉴的《继承中华人文主义优良传统，建设当代中国特色宗教理论》，毛胜的《中国特色社会主义宗教理论的最新成果——习近平关于认识和处理宗教问题论述的学习体会》，李建生的《中国共产党关于马克思主义宗教观教育特点和原则的论述及现实意义》和《中国共产党关于马克思主义宗教观教育的论述及现实意义》，贺贤春的《西藏高校马克思主义宗教观教育的几点思考》，刘福军的《大学生马克思主义宗教观教育主要内容研究》，张连娜的《用马克思宗教观研究当代大学生宗教信仰问题》，张耀影的《略论加强对大学生马克思主义宗教观教育》，蒋钊杰的《马克思主义宗教观中有关宗教作用和对待宗教的方法论的当代价值和启示》，柳大庆、贺彦凤的《马克思宗教批判的当代价值》，石秀新的《马克思主义宗教观的中国化及其当代价值研究》（2014年），叶小文的《积极引导宗教与社会主义社会相适应，我们共产党人要有团结信教群众的本事》，卓新平的《认真领会“四个必须”，深化“积极引导”意蕴》和《积极引导宗教，做好四个“必须”》，曾传辉的《必须辩证看待宗教的社会作用》，毛胜的《毛泽东思想活的灵魂与中国宗教学研究》，叔贵峰的《建国以来我国马克思主义宗教观研究范式的回顾和反思》，龚学增的《中国特色社会主义宗教理论体系建构的再思考》，宫玉宽的《挥之不去的“鸦片论”——经典马克思主义宗教观研究之反思》，王静的《卢卡奇〈历史和阶级意识——马克思主义辩证法研究〉对拜物教的分析》，刘泳斯、张雪松的《浅析中国化马克思主义宗教观对民族与宗教关系的认识与反思》，王志军的《马克思主义“宗教论”思潮批判》，谢添的《解放战争时期中国共产党的宗教工作研究》，黄杰的《“宗教鸦片论”与“宗教异化论”之当代再思》（2015年），唐晓峰的《马克思宗教观视域中的恩格斯圣经研究》，李晓龙的《对宗教、民族、国家安全的统一考量——试论习近平的宗教工作思想的理论特色与理论内涵》，叶小文的《中国特色社会主义宗教理论的内涵和外延》和《关于中国特色社会主义宗教理论的几个问题》，牟钟鉴的《如何深入理解“坚持中国化方向”？——学习习总书记讲话的体会》，何虎生的《论中国特色社会主义宗教理论的形成发展及实践》，隋金波的《艾思奇的马克思主义宗教观及其当代意义探论》，陈村富的《简论马克思主义与宗教》，李志雄的《论马克思主义对卡尔·巴特神学政治的影响及其反思》，文学平的《马克思如何理解关于上帝存在的宇宙论证明》，卓新平的《论积极引导宗教的现实意义》《认真领会习近平总书记在全国宗教工作会议重要讲话的意义》《论马克思、恩格斯〈神圣家族〉中的宗教观》《积极引导宗教与社会主义社会相适应的理论创新》《坚持和发展中国特色社会主义宗教理论——学习习近平总书记在全国宗教工作会议上的重要讲话》《当代中国宗教工作理论发展的全新里程碑》《积极引导宗教的关键在于“导”》和《科学宣传无神论，团结更多信教群众》（2016年），陈村富的《马克思主义无神论的形成轨迹和基本思想》，唐晓峰的《马克思主义宗教批判理论及其对当代无神论教育的启示》，邱永辉的《马克思论印度教社会与“东方学家”的印度观批判》，卓新平的《科学宣传无神论，保护宗教信仰自由》和《践行统战实践，做好宗教工作》（2017 年）；曾传辉的《略论习近平新时代中国特色社会主义思想关于宗教理论和政策的创新要点》，刘福军的《中国特色社会主义宗教理论的历史发展经验研究》，毛胜的《改革开放 40 年来中国特色社会主义宗教理论的发展阶段及其主要成果》，加润国的《中国特色社会主义新时代的宗教研究创新》，李永斌、李利安的《从习近平主席系列重要讲话看中国特色佛教文化的形成、特性与精神底蕴》，李志雄、阳国光的《马克思主义宗教伦理观：宗教中国化方向的一种指引》，聂清的《马克思宗教艺术观的多维视野》，朱哲、李泓霏的《论新时代积极引导宗教与社会主义社会相适应问题》，毛胜的《改革开放 40 年来中国特色社会主义宗教理论研究的回顾与思考》，谢添的《土地革命战争时期中国共产党的宗教工作研究》，卓新平的《党的十九大对新时代宗教工作的指引》《习近平总书记关于宗教工作的论述的重大现实意义》和《马克思宗教观的形成与发展》（2018 年），以及何虎生、胡竞方的《论新时代中国特色社会主义宗教理论》（2019 年）等。

二　争论热点

在对马克思主义宗教观的研讨中，首先强调的就是要精读马克思主义经典作家关于宗教问题的专门论述。只有接触、读懂马克思主义宗教观，才可能在真正理解的基础上对之加以科学运用和创新发展。对此，中国学术界对经典作家的理论也有不同理解和解读，由此出现了“百花齐放、百家争鸣”的活跃景观，其对不同问题在认识上、立场上的分歧，亦形成一些争论热点，从而促进其研究的不断扩大和不断深化。进入 21 世纪以后，特别是最近十年，关于对马克思主义宗教观的理解争论更加活跃、也更为尖锐，其主要分歧则是围绕如下一些问题来展开的。

1. 马克思主义宗教观与无神论的关系

马克思主义宗教观是马克思主义理论体系的重要组成部分，有着非常丰富的涵括。马克思主义宗教观反映的是马克思主义经典作家在宗教认识上的一些基本观点，由此构成了马克思主义宗教理论的相关基本元素，形成其核心关注，因而是马克思主义经典作家在宗教研究上基本思路和科学方法的具体体现。我们在中国宗教研究处境中坚持马克思主义，首先就必须系统、全面、科学地研究和运用马克思主义宗教观，必须突出和强调坚持马克思主义宗教观，这也就是中国宗教学界在宗教工作及宗教研究领域对马克思主义指导的坚持。

随着马克思主义宗教观研究的全面展开，有人提出对其研究观点和立场的批评，指出这种研究不能被“独占”，也不能以个人所理解的马克思主义宗教观来“强加给别人”，并且还认为这种比较“强势”的马克思主义宗教观研究“忽略”了科学社会主义内容。对此，回应方则答复说，无论是马克思主义理论体系的整体，还是马克思主义宗教观，都包含着科学社会主义的丰富内容，其内在及有机构建乃是不言而喻的，因而并没有也不可能对这一重要实践加以排除。批评者希望“马克思主义宗教观的研究”不能“由某些人独占”，回应者则表示希望能有越来越多的人深入、系统、认真地研究马克思主义的宗教观，推出其研究成果和真知灼见。这里，大家都享有学术自由，可以各抒己见、展开批评，进行必要的思想交锋和理论商榷。有的批评者认为研究马克思主义宗教观忽略了马克思主义无神论，而回应者则指出，马克思主义宗教观与马克思主义无神论乃有机共构，二者不可人为分割；谈论宗教问题不可能回避无神论问题，同理，说清楚无神论也必须研究宗教。在马克思主义理论体系中，马克思主义宗教观与马克思主义无神论是无法分开的，二者仅为同一主题的不同侧重而已，彼此有机交织、和谐共构。所以，马克思主义宗教观及马克思主义的整体宗教理论是涵括马克思主义无神论的，是中国宗教学界都应该而且必须研究的。在此，争论各方都认为对马克思主义关于宗教的论述之理解上的不同认识和见解可以讨论、辩论，而且真理越辩越明，理论亦会越说越清，这有利于科学地阐述马克思主义宗教观，对马克思主义宗教理论体系的构建也会多有建设性的推动。

在论及马克思主义宗教观与无神论的关系上，有人认为无神论是马克思主义的基础和基本原理，而无神论研究则需与宗教学研究相分离，由此形成某种人为的脱钩。但回应的观点则认为马克思主义的整体基础和基本原理仍应该是历史唯物主义、辩证唯物主义，马克思主义无神论与以往的无神论虽有继承的关系，但不可等同，马克思主义无神论与之以往的无神论乃本质有别，马克思主义无神论是对以往无神论的扬弃、批判和更为科学的发展。所以，只有马克思主义无神论才是科学无神论，而且也应该属于马克思主义宗教观的研究范围，不可将二者截然分开，马克思主义论宗教或论无神论都是相互关联的，有着积极的呼应。按其逻辑推理，无神论研究显然也与宗教学研究自然关联，二者之间并非对立关系，因此“无神论研究是中国宗教学的有机组成部分，必须推动和加强”，因为“中国宗教学以马克思主义为指导，自然涵括科学无神论的学术研究”。在如何开展和加强无神论的研究方面，批评方感到无神论的研究比较薄弱，希望得到更多的重视和加强；回应方认为要避免使“科学无神论”成为“濒危学科”，则必须认认真真地加强对无神论的具体而科学的研究，不能光喊浮于表面的空洞口号，更不可以把对宗教研究的吹毛求疵作为无神论的主要研究任务，其结果则会偏离对无神论的科学研究，使其主要研究的内容被虚化、消解。为此，建议这一研究要体现科学精神、学术水准，其突破和加强一是要集中力量对以往无神论资料加以搜集、整理，形成系统研究资源；二是要全面开展中外无神论历史的研究，总结以往的经验教训；三是要提高“无神”之论的理论深度和学术蕴涵，积极适应当今世界相关讨论的话语、处境，能够真正做到有话语权，有中国特色，让人心服口服；四是要服从党和国家积极引导宗教与社会主义社会相适应的大局，更多注意无神论研究本身的理论及学术水平的提高，有助于我们和谐社会的构建。

研究无神论，首先需要对无神论本身加以界定和说明。其实，在这一方面并没有得到很好的厘清和界说。有学者对当前所触及的林林总总之各种无神论加以具体分析，依次而认为当代中国的理论认识及社会实践必须与时俱进，而不能仍然停留在过去的“朴素无神论”和“战斗无神论”这种较低水平或其历史阶段上。在当代中国，有学者提倡要坚持符合中国国情的“温和无神论”，而不能搞极端无神论，要坚持体现出马克思主义理论体系的“科学无神论”，而不可满足于低水平的无神论认知，结果导致故步自封、难得进取。从历史唯物主义的视野来看，无神论研究也必须首先探究、弄清其研究对象，即“神明”或“神性”问题，认识无神论与有神论之间的历史关联和其本质区别，而宗教研究和无神论研究都不可能回避或放弃“神”论问题。正是在承认或宣示“神”之有、无之时，才可能随而构成有神论与无神论的分殊和对立。如果只是空洞地宣称没有神、口号式的否定神，却不去深入研究所谓“神论”的认识及社会基础，则实际上会将“无神论”理论内容抽空而使之根本“无论”，其架构的空洞化或内容的虚化实际上会给无神论带来釜底抽薪的后果。因此，必须深入研究各种“神论”及其历史，认识到大家所研究的对象所具有的重要性，所谓“神”的问题已经是无神论与有神论作为理论学说存在之基本，观念上看似虚幻的“神明”，实质上却有丰富的历史内容，可折射出其所反映的人之社会、认知之变迁。研究无神论，就需要清醒地意识到这种研究的目的，并且有的放矢地讨论“神”之有无及其意义涵盖。实际上，中国的宗教学研究也是讲无神论的，切不可把宗教学等同于有神论，故而坚持中国宗教学则要认真研究无神论，并将之视为“中国宗教学的有机组成部分”；同样，无神论研究需要与宗教研究有机结合、相得益彰，故而不可轻率地取代宗教学或弱化其研究。所以，无神论当然要讨论“神”，如果“无神”可论，也就“无”所好“论”了，此“无”可能嬗变为虚无，其“论”也就成为空论。

谈论“科学无神论”则必须理解其自身的定位和界定，只有“自知”才能达其澄明；也只有在“认识自己”的基础上才能够认识“他者”，由此走向全方位的探索。有人认为，“近代西方的无神论思潮，由于它具有鲜明的反封建主义制度和批判神学的性质，被称为‘战斗无神论’；因为它吸取近现代自然科学的成果，以科学的精神和科学的方法为武器，对科学发展起着推动作用，所以又被称为‘科学无神论’”。这种观点所理解的无神论明显已指向近代西方的无神论思潮，但其界定既不科学，也会引起误解。回应者强调“科学无神论”必须以历史唯物主义、辩证唯物主义为其立场、方法和根基，因此也只有马克思主义无神论才能够代表科学无神论。至于近现代西方无神论，则包括其开端的“原始无神论”和直接与宗教宣战的“战斗无神论”等，其形态乃多种多样，参差不齐。在历史上，旧的“战斗无神论”者中有不少人后来重返宗教，而且其代表也多为唯心论者。若具体分析西方的无神论，则还包括如费尔巴哈的人本主义无神论、尼采的虚无主义无神论、萨特的人道主义无神论等。这些无神论都不可与马克思主义无神论相等同，故而也不可简单地被称为“科学无神论”。为此，我们必须科学宣传，即突出马克思主义无神论的宣传，而不可将所有无神论都笼统地等同于马克思主义无神论。相关的无神论可以得到系统、深入的研究，而所论无神论的宣传则必须科学地展开，应该包括如下一些内容。

首先，我们宣传的当然是马克思主义无神论，其乃马克思主义宗教理论的重要构成。这里，前几年召开的全国宗教工作会议精神明确指出，共产党员要做坚定的马克思主义无神论者，其所强调的是马克思主义无神论，而这与其他无神论者是有明显区别的。其次，对战斗无神论等其他无神论只能批判性审视和辩证地分析，不可无条件地接受或简单地向社会推出。我们有必要研究历史上的无神论，但应看到其既有唯物主义的无神论、同样也有唯心主义的无神论，无神论并不可与唯物论天然等同；其历史演变极为复杂，如其经历了早期的朴素无神论或原始无神论、欧洲启蒙运动和法国大革命时期的战斗无神论、马克思主义的科学无神论以及近现代以来虚无主义的无神论和存在主义的无神论等思潮。对此，必须加以科学鉴别和正确选择。此外，马克思主义认为无神论宣传必须提高其理论水平，应对自己的无神论身份保持低调，因此，马克思主义经典作家并不自称为无神论者。再次，当前的无神论宣传必须提高理论水平，掌握好政策，其关键是要揭示宗教存在的社会根源及时代背景，弄清其发展规律；这种宣传主要是在我们党内和涉及青少年的公共学校及其国民教育中进行。最后，科学宣传无神论只能用“纯粹的思想武器，而且仅仅是思想武器”，“用我们的书刊、我们的言论”来展开，而且这种宣传必须服从党的政治任务、社会主义发展的要求，把握好其分寸，使之符合我党构建中国和谐社会、团结广大群众的新任务及新要求。

2. 积极引导宗教还是批判否定宗教

对宗教究竟是倡导“积极引导”还是加以批判否定，这与人们对宗教性质的认识和对宗教与社会关系的判断密切相关。有人只是强调宗教的负面性质，以此认为对宗教的基本点应该是批评而不是引导，是否定而不是肯定。在2015年中央统战工作会议之前，有人主张少提对宗教的积极引导和发挥宗教人士在经济建设中的积极作用等，而应对宗教加强防范，持这种观点的人也不同意“把马克思主义称为‘信仰’”。而党的十八大报告却明确指出：“对马克思主义的信仰，对社会主义和共产主义的信念，是共产党人的政治灵魂，是共产党人经受住任何考验的精神支柱。”习近平总书记也强调共产党员要“始终保持对马克思主义的坚定信仰，对共产主义和中国特色社会主义的坚定信念”。对于广大群众，习近平总书记则在2015年2月底明确提出了“人民有信仰，民族有希望，国家有力量”这一表述。在明确使用了“信仰”这一表述之后，却仍有文章辩解说信仰只有对宗教而言才是“本义”，而政治谈论信仰则仅是“转义”，实质上是认为信仰之说本质还是基于宗教。但“人民有信仰”这种表达，既包括“宗教信仰”，也涵括“政治信仰”“文化信仰”等。所以，另一种观点强调要正面、积极地看待社会主义中国的宗教问题，指出宗教的性质基于其存在的社会、宗教对于社会的依附使我们必须根据具体的社会状况来界定宗教、评说宗教。可以说，社会主义中国的宗教与西方资本主义的宗教以及旧中国封建、殖民时代的宗教显然是本质有别的，不可混淆而论。这里，必须坚持经典作家关于社会存在决定社会意识、经济基础决定上层建筑的思想。

在2015年5月18—20日召开的中央统战工作会议上，习近平总书记在其重要讲话中特别提出民族、宗教工作是全局性工作，宗教工作的本质是群众工作，要全面贯彻党的宗教信仰自由政策，依法管理宗教事务，坚持独立自主自办原则，积极引导宗教与社会主义社会相适应。而且，积极引导宗教与社会主义社会相适应就必须坚持中国化方向，必须提高宗教工作法治化水平，必须辩证看待宗教的社会作用，必须重视发挥宗教界人士作用，引导宗教努力为促进经济发展、社会和谐、文化繁荣、民族团结、祖国统一服务。对统战理论的持守，则要求团结广大信教群众，做好积极引导的工作。

此外，“积极引导宗教”也会涉及对宗教教义、神学思想如何评价的问题。对宗教持否定、负面看法的批评者强调要批判宗教、“批判神学”，认为宗教教义及其神学体系是唯心论的、有神论的，因此必须加以否弃。但要落实积极引导宗教这一战略构想，却又不能对宗教教义及其“神学”加以全盘否定和摒弃。为此，也有人坚持应对宗教教义加以有利于社会主义社会、符合社会主义道德、中华优秀传统文化的引导和解释。这里还特别论及支持中国基督教会推动符合中国社会主义国情、紧跟改革创新时代发展的“中国神学建设”。胡锦涛同志告诉我们要“更多地从积极方面来看待宗教，肯定宗教在促进社会和谐方面有积极作用”，并指出这种认识及看法“是一个最新的根本的飞跃”。自丁光训主教发起“中国神学建设”以来，显然“神学”在中国改革开放新形势下的社会语境中乃有其新的解读，具有中国宗教在教义理论上积极适应中国当代社会的蕴涵，因而这种积极的“神学建设”得到了我们党和政府的充分肯定和有力支持。

其实，这里所涉及的问题不只是一种理论探讨所要解决或所能解决的，而是社会现实所面临，并且需要能够及时得到解决的。宗教的存在除了其思想意识，更要关注的还有其社会建构，我们在社会中首先看到的就是宗教作为社会组织的存在、作为政治力量的存在。对于这种与社会密切关联的宗教存在，我们必须首先在社会意义上争取促成并保持其和谐共存、和平共处，在政治意义上做好对宗教的积极引导和科学管理工作，而在精神意义上则要达到一种人心所向，有着团结统一的共识。就当前形势发展而言，对宗教的审视应该更多地集中在社会、政治层面，而且对其积极引导首先也应该是社会的引导、政治的引导。

与“积极引导”相关联的，则是关于马克思主义宗教观中国化的理论理解及其实践探索。如何坚持中国化方向，如何实现中国宗教的中国化发展，也有着各种不同见解和思想碰撞。对此，也应该实事求是、理论联系实际，认真地研读马克思主义经典作家的专门论述，在理论、实践上自觉运用其科学方法，结合中国的国情和21世纪的世情，以中国化的马克思主义宗教观来积极、科学地推动我们的宗教工作。

三　理论突破

在近十年马克思主义宗教观研究的一个突出重点，就是探究马克思主义宗教观的中国化问题，在这一方面学术界有很多讨论。而其理论上的重大突破，则是对习近平新时代中国特色社会主义宗教理论之构思及体系的研讨。习近平总书记非常关注宗教问题，在长期的领导工作实践中，对于宗教问题及宗教工作有着系统、科学的论述，成为我们做好当代中国宗教工作的指导思想。2016 年 4 月 22 日至 23 日，全国宗教工作会议在北京召开，这次会议距上次（2001 年）全国宗教工作会议约有 15 年。江泽民同志在上次会议上曾论及宗教问题的特性，概括以往对宗教“五性”的论说而浓缩地提出宗教存在的长期性、群众性和复杂性问题，而且特别指出“最根本的是宗教存在的长期性”，并预见宗教的消亡“可能比阶级和国家的消亡还要久远”；此外，在 2001 年会议上正式形成了以“四句话”为经典表述的党的宗教工作基本方针。在 2016 年全国宗教工作会议上，习近平总书记发表了重要讲话，更加全面、系统地论及宗教问题和宗教工作，从而基本形成了其新时代中国特色社会主义宗教理论的框架和体系。习近平总书记在全国宗教工作会议上和党的十九大报告中对宗教问题和宗教工作的重要论述，对于我国当前发展极为关键。因此，研究阐释习近平新时代中国特色社会主义宗教理论，成为当代中国学术界的一大重点。这种探析包括如下一些方面的内容。

1. 确立宗教工作在党政工作中的定位

习近平总书记指出，宗教问题始终是我们党治国理政必须处理好的重大问题，宗教工作在党和国家工作全局中具有特殊重要性，关系中国特色社会主义事业发展，关系党同人民群众的血肉联系，关系社会和谐、民族团结，关系国家安全和祖国统一。这样，宗教工作在党政工作中的重要性得以确立。

为此，习近平总书记提出，做好党的宗教工作，就要把党的宗教工作基本方针坚持好，一定要对宗教加以积极引导，其关键就是要在“导”上想得深、看得透、把得准，做到“导”之有方、“导”之有力、“导”之有效，牢牢掌握宗教工作主动权。这里，习近平总书记一是发展出积极引导要把握好“导”这一辩证思想；二是明确指出宗教工作的主动权要牢牢掌握在党和政府手中。所以说，我们执政党的领导智慧就在于对宗教的积极“引导”，而不是对宗教的简单管束或打压。

2. 重申必须坚持党的宗教工作基本方针

习近平总书记重申了党的宗教工作基本方针的重要性，强调做好宗教工作，必须坚持党的宗教工作基本方针，指出党的宗教工作基本方针是我们党坚持马克思主义宗教观，从我国国情和宗教具体实际出发，汲取正反两方面经验制定出来的。这一基本方针包括如下四句话：“全面贯彻党的宗教信仰自由政策，依法管理宗教事务，坚持独立自主自办的原则，积极引导宗教与社会主义社会相适应。”

第一句话“全面贯彻党的宗教信仰自由政策”，这是对党的宗教政策最基本原则及中华人民共和国宪法基本精神的肯定和重申。中国共产党自建党以来，就确定了宗教信仰自由的基本原则。自1954年以来，中华人民共和国4次修订《宪法》除“文化大革命”期间的第二次修订受到极“左”思潮的影响之外，都强调了对中华人民共和国公民宗教信仰自由的尊重和保护。现在我们实行了宪法宣誓规定，更需要学好宪法，认真领会并坚决落实宪法精神。

第二句话“依法管理宗教事务”，则是对宪法保障公民宗教信仰自由的具体落实，体现出依法治国的重要精神。这就特别要求我们落实新修改颁布的《宗教事务条例》（2004年公布，2017年6月14日修订，2018年2月1日起施行），强调对宗教事务的管理必须依法、合法、守法，不可违背宪法精神和相关法律法规条例，要通过依法管理宗教事务而使依法治国在宗教工作领域落在实处。

第三句话“坚持独立自主自办的原则”，是对中华人民共和国主权的宣示，强调中国宗教不受境外任何势力的干涉或掌控。这也是我国宗教坚持中国化方向的原则基础，体现出国家主权原则，中华民族自立于世界之林的姿态，中国人民的尊严。

上述这三句话所表达的是党的宗教工作的基本举措及管理内容，而第四句话“积极引导宗教与社会主义社会相适应”，则是我党宗教工作总的目标和目的，及由此而力争达到的理想效果。上述三个层面的具体做法或举措就是为了真正体现、实现这一重要目的。

相关学者指出，对于宗教要不要积极引导，过去曾有一些争议，而党中央对党的宗教工作基本方针的重申和习近平总书记对积极引导宗教的强调，有着一锤定音的重大意义。

3. 理解宗教工作的本质是群众工作

习近平总书记明确指出，实行宗教信仰自由政策，出发点和落脚点是要最大限度把广大信教和不信教群众团结起来。而积极引导宗教与社会主义社会相适应，就是要引导信教群众热爱祖国、热爱人民，维护祖国统一，维护中华民族大团结，服从服务于国家最高利益和中华民族整体利益；拥护中国共产党领导、拥护社会主义制度，坚持走中国特色社会主义道路；积极践行社会主义核心价值观，弘扬中华文化，努力把宗教教义同中华文化相融合；遵守国家法律法规，自觉接受国家依法管理；投身改革开放和社会主义现代化建设，为实现中华民族伟大复兴的中国梦贡献力量。

不少学者认为，这些重要阐述把相关问题已经说得极为清楚，在对待信教群众的占位上也有着明确表态。因此，把信教群众看作我们的基本群众，宗教工作就是做群众工作，处理宗教问题乃处理人民内部矛盾，这些清晰的划分至关重要，能为我们今后处理好宗教问题把好关，指引明确的方向。过去有人将信教群众视为“另类”，看作社会“异化”或“边缘”群体，由此而产生出对信教群众的偏见甚至歧视。为此，习近平总书记的重要思想非常及时，起着当前纠偏补弊的作用，我们一定要积极将信教群众拉过来，使之站在自觉服从我们党的领导、拥护社会主义制度、贴近并融入社会主义核心价值观这一边，而切不可把信教群众推出去，使之成为我们的对立面或潜在的对抗力量。如果不及时对这一点把握好，将会后患无穷。

4. 对习近平总书记论宗教的基本要点之分析

学者们在研讨中指出，习近平总书记对宗教问题的系统论述博大精深，涵括广泛，其基本要点包括如下一些方面。

其一，提出了“中国特色社会主义宗教理论”。

习近平总书记强调，要坚持用马克思主义立场、观点、方法认识和对待宗教，遵循宗教和宗教工作规律，深入研究和妥善处理宗教领域各种问题，结合我国宗教发展变化和宗教工作实际，不断丰富和发展中国特色社会主义宗教理论，用以更好指导我国宗教工作实践。这是对马克思主义经典作家关于宗教理论适应中国国情的有机结合和辩证发展，体现出马克思主义宗教观的中国化及创新发展，因而既接当代中国的地气，又能与世界在21世纪新的发展与时俱进。

马克思主义经典作家关于宗教的论述是我们从事宗教工作的重要指导

思想，今天仍需温故而知新，因此，首先我们必须认认真真读原著，把握其真髓，此外我们还需体会其时空及社会关联，不仅理解其所言，而且还需了解其所言之时代、处境，从而使之得到科学发展、创新性发挥。我们必须掌握马克思主义的思想精华及其辩证方法，洞观国情、世情的变化而审时度势、与时俱进，坚持马克思主义的中国化，发展出中国特色的社会主义宗教理论。

这里必须考虑如下问题：一是马克思主义宗教理论的基本表达，二是这些表达的具体社会背景及其具体针对性，三是中国当今社会处境、时代特色与马克思主义经典作家所处时代的不同，四是共产党在马克思主义经典作家时代的社会地位、作用与在今天中国共产党的社会地位、作用之比较，看到中国共产党作为执政党在社会引领、指导作用上的根本而巨大的变化。这样才能使马克思主义成为我们“活的灵魂”，有着科学指导。

其二，重申了“我国宗教坚持中国化方向”。

习近平总书记特别指出，积极引导宗教与社会主义社会相适应，一个重要的任务就是支持我国宗教坚持中国化方向。要用社会主义核心价值观来引领和教育宗教界人士和信教群众，弘扬中华民族优良传统，用团结进步、和平宽容等观念引导广大信教群众，支持各宗教在保持基本信仰、核心教义、礼仪制度的同时，深入挖掘教义教规中有利于社会和谐、时代进步、健康文明的内容，对教规教义做出符合当代中国发展进步要求、符合中华优秀传统文化的阐释。中国化体现在政治、社会、文化等方面。

为此，不要回避宗教的积极意义和积极价值，而要做有利于积极引导的舆论宣传和思想工作。对此，习近平总书记也做出了重要表率。

习近平总书记曾在《干在实处，走在前列——推进浙江新发展的思考与实践》中特别指出：

“我们必须站在政治和全局的高度，充分认识宗教问题的特殊复杂性，积极稳妥地做好宗教工作。”对此，习近平总书记系统谈了四个方面的工作。

第一，团结和引导信教群众为全面建设小康社会做贡献。

第二，全面贯彻执行党的宗教工作基本方针。

第三，用先进文化引导和丰富人们的精神生活。

第四，鼓励和支持宗教界走与社会主义社会相适应的路子。

除了在工作层面对宗教的关注和分析研究，习近平总书记还以更加广阔的视域从文化层面对宗教有着客观而积极的评价，指出：

"宗教不仅是一种社会意识形态，还是一种特殊的文化现象。比如，浩如烟海的宗教典籍，丰富了传统历史文化宝库；智慧深邃的宗教哲学，影响着民族文化精神；深刻完备的宗教伦理，强化了某些道德规范的功能；异彩纷呈的宗教艺术，装点了千姿百态的艺术殿堂；风景秀丽的宗教圣地，积淀为旅游文化的重要资源；内容丰富的宗教礼仪，演变为民族风情的习俗文化。"①

习近平总书记的这一博大胸襟和深邃思想，我们理应心领神会，贯彻落实。

其三，提出了要构建积极健康的宗教关系。

习近平总书记对我国宗教关系有着具体而客观的分析，指出在我国，宗教关系包括：（1）党和政府与宗教的关系，（2）社会与宗教的关系，（3）国内不同宗教之间的关系，（4）我国宗教与外国宗教的关系，（5）信教群众与不信教群众的关系。为此，要促进宗教关系和谐，这些关系都要处理好。

针对这些复杂情况，习近平总书记还提出了处理好我国宗教关系的如下具体举措：

第一，必须牢牢把握坚持党的领导、巩固党的执政地位、强化党的执政基础这个根本。

第二，必须坚持政教分离。这种政教分离包括如下层面：

（1）坚持宗教不得干预行政、司法、教育等国家职能实施；

（2）坚持政府依法对涉及国家利益和社会公共利益的宗教事务进行管理。具体而言，这些管理涉及如下方面：

①要提高宗教工作法治化水平，用法律规范政府管理宗教事务的行为；

---

①　习近平：《干在实处，走在前列——推进浙江新发展的思考与实践》，中共中央党校出版社 2006 年版，第 262—264 页。

②用法律调节涉及宗教的各种社会关系;

③要保护广大信教群众合法权益，深入开展法治宣传教育，教育引导广大信教群众正确认识和处理国法和教规的关系，提高法治观念。

2018 年 2 月 1 日起施行修订后的《宗教事务条例》，正是这种依法管理宗教的具体举措。其制定旨在“保障公民宗教信仰自由，维护宗教和睦与社会和谐”。这里，其宗旨和目的涵括两大方面。一是要“保障公民宗教信仰自由”，这就包括信仰宗教或者不信仰宗教的自由，信仰不同宗教和改变或放弃某一宗教信仰的自由。而这种思想精神层面的宗教信仰自由，则需要得到社会法律法规及相关规章制度的保障。二是要“维护宗教和睦与社会和谐”，这就是要依法保护正常的宗教活动，包括维护宗教社团、宗教院校、宗教活动场所和信教公民的各种合法权益，从而在社会政治层面以政府的宗教事务管理来保护合法、制止非法、遏制极端、抵御渗透、打击犯罪、维系公道、遵守秩序，达到在宗教社会存在上实现宗教和睦、各教平等，在宗教与社会的关系上确保社会稳定、民族团结、国家统一。

为了使这些“条例”真正接地气，各省市也应该相应制定符合其地方实际的相关条例。

因此，为了我国宗教的和谐共存、社会的稳定平安，需要根据国家宪法和相关法律法规精神来制定相应的宗教事务管理条例，保护合法宗教活动，打击非法活动和宗教极端势力，使宗教有序发展，社会长治久安。《宗教事务条例》的修订颁布，符合我国国情和现状，体现出依法治国的基本精神，有着促进宗教平等和睦、社会公正和谐、确保中国社会平安且可持续发展的必要性和重要性。

依法管理宗教，乃具体体现出宪法的权威、法律的尊严。任何宗教活动、宗教团体和宗教存在场所都必须服从法律法规，遵守社会规则、维护社会秩序。在一个法治的国度和社会中，不应该也不允许任何法外宗教的存在，而乃违法必究、非法必惩。在此，既需要政府严格按照法律法规来科学管理，也需要宗教方面的积极回应，主动服从、认同、适应这种依法管理，自觉遵守《宗教事务条例》的各项规定，尤其是要使各宗教的教法教规服从国法政令，在法律法规允许的范围内开展其宗教活动、建构其宗教组织、体现其社会存在。

其四，突出了要加强宗教团体建设。

习近平总书记在对宗教团体的理解上有了创新性发展，指出宗教团体是党和政府团结、联系宗教界人士和广大信教群众的桥梁和纽带。列宁在共产党尚未夺取政权时对宗教团体有过相应定位，认为“这些团体应当是完全自由的、与政权无关的志同道合的公民联合体”。而在共产党作为执政党的当代中国，宗教团体与党政关系已经发生了重大变化，因此，习近平总书记对宗教团体乃是党和政府团结、联系宗教界及信教群众的“桥梁和纽带”之全新定位，是对宗教团体与党政关系发生巨大变化之后做出的科学论断，对经典作家的以往理解有着科学发展。因此，我们今后要为我国宗教团体开展工作提供必要的支持和帮助，不可出现“断桥”“飘带”等不利现象。合法宗教团体是我们党和政府指导下的基层社会组织，是我国当今社会细胞的有机构成，故此不要使之异化、“外化”。

这里，有如下具体举措：

（1）尊重和发挥他们在宗教内部事务中的作用；

（2）努力建设政治上可信、作风上民主、工作上高效的高素质领导班子；

（3）要坚持宗教团体的核心人员即宗教领袖达到如下四点要求。

①政治上靠得住（必须是我们党和政府的“自己人”）；

②宗教上有造诣（必须有宗教知识的系统把握和不凡见解）；

③品德上能服众（必须在人品道德上为楷模，能服众）；

④关键时起作用（必须与我们党和政府保持高度一致，在关键时刻能够站出来维护党和国家利益，敢于担当、勇于负责）。

这四条标准为宗教团体的人才培养确立了方向。我们必须支持宗教界搞好人才队伍建设。弄明白“谁的人才”“谁的队伍”。必须意识到当前正出现与地下宗教势力在人才、队伍等领域的博弈。

（4）要坚决抵御境外利用宗教进行渗透，防范宗教极端思想侵害。如果不对宗教在教义、思想上加以积极引导，有些宗教思潮则可能会走向极端。

（5）要高度重视互联网宗教问题，在互联网上大力宣传党的宗教理论和方针政策，传播正面声音。宗教的网络传播是其全新发展之一，特点鲜明、情况敏感、问题复杂，所以必须要有新的思路、新的举措。

其五，要求各级党委要高度重视，把宗教工作纳入重要议事日程。

习近平总书记明确指出，新形势下，宗教工作范围广、任务重，既要全面推进，也要重点突破。要结合各宗教情况，抓住主要矛盾，解决突出问题，以做好重点工作推进全局工作。各级党委要提高处理宗教问题能力，把宗教工作纳入重要议事日程，及时研究宗教工作中的重要问题，推动落实宗教工作决策部署。要加强对党关于宗教问题的理论和方针政策的学习，加强对宗教基本知识的学习，把党关于宗教问题的理论和方针政策纳入干部教育培训计划，使各级干部尽可能多地掌握。要建立健全强有力的领导机制，做好对宗教工作的引领、规划、指导、督查。

这里，学习宗教基本知识，研究宗教问题极为重要。中国共产党有重视和研究宗教的优秀传统，毛泽东主席早在1959年就与任继愈先生论及科学研究宗教的问题，并在1963年12月30日又对中央外事小组“关于加强对外研究的请示报告”做了必须研究宗教的重要批示，特别指出：对世界三大宗教，至今影响着广大人口，我们却没有知识，国内没有一个马克思主义者领导的研究机构，任继愈用历史唯物主义写的论佛学的文章有如凤毛麟角，不批判神学就不能写好哲学史，也不能写好文学史、世界史。根据毛主席这一重要批示，周总理对开展宗教研究做了具体指示：要研究世界三大宗教的理论、现状和历史，包括它们的起源、教义、教派、经典等。正是在毛主席和党中央的亲切关怀和直接指示下，任继愈先生于1964年组建成立了世界宗教研究所，我国从此有了以马克思主义为指导来专门研究世界宗教的学术机构。当时中国（社会）科学院有十来个研究所是毛主席批准组建的，而世界宗教研究所则更是其中唯一一个由毛主席亲自建议而得以成立的研究机构。由此可知我们党及其领导人对研究宗教的强调和支持。

2016年5月17日上午，习近平总书记在全国哲学社会科学工作座谈会上发表了重要讲话，并且在讲话中特别指出，“要加快完善对哲学社会科学具有支撑作用的学科，如哲学、历史学、经济学、政治学、法学、社会学、民族学、新闻学、人口学、宗教学、心理学等，打造具有中国特色和普遍意义的学科体系”。习近平总书记在这些具有支撑作用的重要学科中专门提到了宗教学，这是对我们长期从事宗教学研究、致力于这一学科发展的明确肯定，也为我们努力创建具有中国特色的宗教学指明了方向，提供了动力。2017 年 5 月，在纪念习近平总书记“5·17”重要讲话的会议上，中央领导在值得特别重视和支持的 8 个重要学科中再次提到了宗教学，所以说，保障并支持宗教学学科发展，也关涉对习近平总书记重要指示的贯彻和落实。对此，我们必须反思当前对宗教学的态度问题，应该推动、促进宗教学的健康发展，而不该对之限制、压缩。

其六，指明了宣传教育内外有别，各有侧重。

习近平总书记在相关宣传教育上也有辩证思考，突出了三个不同领域宣传教育工作的不同侧重。

（1）在共产党党内：要进行马克思主义无神论教育。这种宣传教育必须区别马克思主义无神论作为科学无神论而与朴素无神论、战斗无神论、旧唯物主义无神论、唯心主义无神论、虚无主义无神论的根本不同，必须科学把握马克思主义对无神论的理解和宣传要求，严守党章规定，坚定理想信念，牢记党的宗旨，强调共产党员不能信教。

（2）对于青少年：则要加强对青少年的科学世界观宣传教育，引导他们相信科学、学习科学、传播科学，树立正确的世界观、人生观、价值观。

（3）而对信教群众：主要是应该落实统战工作、群众工作的基本精神，尊重其宗教信仰，搞好政治上的团结合作，在精神层面、思想层面、社会层面、信仰层面上与宗教界相互尊重，开展积极对话和沟通。

对此，宗教工作则有着明确的分工合作：统战部门要负起牵头协调责任，宗教工作部门要担负起依法管理责任，各有关部门及工会、共青团、妇联、科协等人民团体要齐抓共管，共同做好宗教工作。

这些部门宗教工作的基本内容就是：要广泛宣传党关于宗教问题的理论和方针政策，宣传宗教相关法律法规，加强宗教方面宣传舆论引导。党的基层组织特别是宗教工作任务重的地方基层组织，要切实做好宗教工作，加强对信教群众的工作。

其七，凸显了统战工作的意义。

习近平总书记根据我党统一战线工作的理论与实践（我党三大法宝之首），进一步强调要保持并发扬这一“法宝”，指出在爱国主义、社会主义旗帜下，同宗教界结成统一战线，是我们党处理宗教问题的鲜明特色和政治优势。要坚持政治上团结合作、信仰上相互尊重，多接触、多谈心、多帮助，以理服人、以情感人，通过解决实际困难吸引人、团结人。

学术界对习近平新时代中国特色社会主义宗教理论的内涵和外延展开了全面探讨，指出中国宗教在当代中国社会已随着改革开放的深化而正被人们重新认识、重加评价。大家意识到，由于当今开放世界的多元性和复杂性，中国宗教的当代走向也不可能是单一的，而乃多元的，其社会作用如何发挥也基于其“处境化”的适应，因此，我们一定要结合世情、国情，深入学习和贯彻落实习近平总书记关于宗教的科学论述，突出对宗教的积极“引导”，认识到关键在“导”。习近平总书记以及相关中央领导此后在党的十九大、全国人大第十三次会议上都重申了对宗教的积极引导和发挥宗教界人士的积极作用。所以，中国学术界马克思主义宗教观研究在当前的首要任务就是要认真学习领会、贯彻落实习近平总书记关于宗教问题的最新指示精神，以此为指导而不断努力，在宗教领域抓好关键少数、团结绝大多数、打击极端少数，迎来中国宗教工作和宗教研究发展的全新局面。

第二章

宗教学基本理论研究

金　泽　赵广明　冯梓琏　梁恒豪
李华伟　李金花

2019年是中华人民共和国成立70周年、中国改革开放40多年的大庆之年。在此之前，陆续已有一些回顾、总结中国宗教学理论研究发展历程的专论，如吕大吉在世纪之交发表的《中国现代宗教学术研究的百年回顾与展望》,[①] 卓新平的《20世纪中国宗教学研究》和《宗教学理论研究》，何光沪的《宗教学研究》,[②] 金泽的《宗教学理论研究》和黄奎的《当代中国宗教研究》等。[③] 这些文论或梳理当代中国宗教学理论研究的发展过程及相关的重要成果，或分类归纳理论建树与争论。我们不可能无视这些既有的总结，另起炉灶；而若将这些成果再次综合，如无新意则流于无用功。也许，略去认同的见解，仅从面向未来的角度谈几点补充的感悟，虽然不是最好的选择，却是力所能及和建设性的。

---

① 吕大吉:《中国现代宗教学术研究的百年回顾与展望》，载尹章义主编《当代中国学术发展史》，台北中华综合发展研究院2000年版。

② 卓新平与何光沪的文章，载任继愈主编、卓新平执行主编《20世纪中国学术大典·宗教学》，福建教育出版社2002年版。

③ 金泽与黄奎的文章，载卓新平主编《中国宗教学30年（1978—2008）》，中国社会科学出版社2008年版。

第一节 世界宗教研究所的创立:中国宗教学理论发展的战略之举

一代学者有一代学者的学术使命和社会关怀。从学者个人看，创立新的理论学说是个人努力探索的结果。学者的不同见解，为社会发展与文化发展带来选择的可能性和多样性。有时候，确是学者的创见有如闪电划破夜空，旧有的传统禁锢得以突破；但从历史进程的大局着眼，若无社会文化的孕育、社会群体的认同与张扬，学者个人提出的问题和创见则有可能无的放矢或被束之高阁，无法化作历史潮流。

130 多年前，当宗教学这门学科在西方诞生时，社会科学和人文学科领域已是诸多学科林立、各个学科内也是诸多学说争雄；在宗教研究领域，启蒙运动思想家和 18 世纪法国战斗的无神论，已经充分揭露了宗教的虚伪与荒谬，阐明神灵、神迹等观念的虚幻性质。费尔巴哈从唯物主义出发，将宗教的本质还原为人的本质。马克思与恩格斯以唯物史观对人类社会的发展规律和根本动力，社会、经济、文化间的互动关联做了深刻的揭示，他们对宗教本质及其社会功能的论述入木三分。在此之后产生的宗教学，其使命不是简单地告诉人们世界上没有鬼神，没有天堂地狱，更不是把宗教归结为“傻子 + 骗子”，而是进一步追问：既然世界上没有鬼神，为什么人们还信仰宗教；宗教本身作为一种社会事实和历史现象，它的存在根源和演变规律是什么，它到底对个人和社会有什么作用。

这种学科定位是战略性的，即从研究本质、规律和作用的高度研究宗教现象，深究其中的原因，解析运作的机制，由此将对现象的描述、感言和梳理提升为一门学科。在对这些问题的探索中，学者们给出了不同的解答并形成不同的学派：有从思想观念的路径入手，将宗教归结为万物有灵信仰、无限观念的，如泰勒和缪勒；有从社会层面入手，将宗教理解为“集体表象”的，如杜尔凯姆；有从心理层面入手，将宗教情感归结为“俄狄浦斯情结”和集体无意识的，如弗洛伊德和荣格；有从功能角度入手，探讨宗教对社会秩序与文化价值的作用，如马林诺夫斯基和格尔茨等。不同的学说或学派有不同的核心范式，这些范式本身形成不同的学术制高点（亦是把握学术制高点的产物）。从宗教学理论的发展进程看，每一次新范式的提出，都对旧有的范式造成巨大冲击，甚至是颠覆性的冲击。每次冲击所带来深刻的思想解放，都会拓展人们对宗教的理解，形成新的社会共识并作用于人们的实践活动，由此又推动和改变宗教与社会文化间的互动关联。

由此来看中国宗教学理论研究 70 年的发展历程，具有战略性的重大事件，一是世界宗教研究所的创立，二是对宗教的定位由意识形态的层面转向以文化的层面为主，三是以发展的眼光发展有中国特色的马克思主义宗教观。

1961 年 1 月 23 日，毛泽东在同十世班禅谈话时明确提出："我赞成有些共产主义者研究各种宗教的经典，研究佛教、伊斯兰教、耶稣教等的经典。因为这是个群众问题，群众有那么多人信教，我们要做群众工作，我们却不懂得宗教，只红不专。"1963 年，毛泽东就宗教研究发出指示，其主要内容是：1. 指出《现代佛学》不是马克思主义的；2. 肯定任继愈论佛学的几篇文章是"凤毛麟角"；3. 认为宗教影响广大人口，宗教研究有重要意义，如果不批判神学，就写不好世界史、文学史、哲学史；4. 建立一个世界宗教研究机构。此后，周恩来亲自领导筹建我国历史上第一个以马克思主义为指导思想的宗教研究机构——世界宗教研究所；并且明确指出，我们不仅要研究各种宗教的历史、理论、现状，而且要深入地研究各种宗教的教理、教派、教义，要真正地懂得宗教。[①]

世界宗教研究所是在毛泽东、周恩来的指示和主持下成立的，考虑到那个时代阶级斗争要"年年讲、月月讲、天天讲"的政治氛围，考虑到此后接踵而至的"文化大革命"，人们对此举措的评价见仁见智。而且随着时间的推移，20 世纪 80 年代的人们和跨入 21 世纪的人们，对此举措的感悟也有相当大的不同。时过 55 年，我们回过头来再看当年成立世界

① 参见冯今源《求真务实，继续深入开展中国当代宗教研究》，载中国社会科学院世界宗教研究所编《宗教研究四十年》，宗教文化出版社 2004 年版，第 46 页；吕大吉《中国现代宗教学术研究的百年回顾与展望》，载尹章义主编《当代中国学术发展史》，台北中华综合发展研究院 2000 年版。

宗教研究所，无论当时的决策动机若何，世界宗教研究所的创立本身都是一个战略举措。如果没有世界宗教研究所的创立，成建制的中国宗教学何时起步，难以想象。就像今天我们回顾中美建交，虽然觉得这是历史必然，只是个时间问题，但是如果不是毛泽东和周恩来在 20 世纪 70 年代初亲自运作建交，中美建交拖延到什么时候也不可知。套用老子“道生一，一生二，二生三，三生万物”的话说，有了世界宗教研究所的创立，才形成一支从事学术研究的专业队伍。一旦春暖花开，很快就在 80 年代形成一大批奠基性的学术研究成果，同时也在各大高校中，陆续形成一些培养专业本科生、硕士生、博士生的系科和专业研究机构。时至今日，中国的宗教学研究事业既有历史研究，亦有现实研究；既有理论研究，亦有实证调研；既有宗教学通论或概论的总论性论著，亦有宗教社会学、宗教人类学、宗教心理学和宗教现象学等分支学科的探讨。

战略性的举措往往意义深远。这些举措对当时的人们来说，可能已是十分重要（不然不会去开创），但其战略意义就像围棋中的布子一样，也许是经过多少手之后，会更觉得当初的那一手棋意义非凡。正是从这种长远影响的角度，我们说世界宗教研究所的创立是现代中国宗教学研究 70 年的一个战略举措，而另一个战略举措是对宗教的定位由意识形态的层面转向以文化的层面为主。

第二节　从意识形态的宗教定位转变为文化的宗教定位

40 多年前中国的党和政府实行改革开放，本身就是一个社会、经济、文化的发展战略大转变。随着这一过程的深入，宗教政策逐步落实，各级宗教团体陆续恢复，各种宗教活动得以进行。在此过程中，中国社会开始由以阶级斗争为中心转入以经济建设为中心，随后又由计划经济转入市场经济。社会转型使中国社会形成诸多新特点、新思想和新的社会力量。在新的社会格局中如何为宗教定位，就成为理论上需要探索和明辨的重要问题。所谓宗教学界的“鸦片战争”，即围绕如何理解马克思的“宗教是人民的鸦片”论断展开讨论，坚守者与疑虑者各有所执，而争论的结果是学者们转而讨论“宗教是文化”，以及“宗教与社会主义社会相适应”等问题。

关于前后这些争论与探讨的主要焦点及相关论点，对于当代人来说都比较熟悉，我们在此毋庸赘言。然而我们想补充的是，从强调宗教是鸦片到强调宗教是文化，尤其是在这种认识不再是个别学者的主张，而是一种社会共识时，反映了人们对宗教的定位，已经从意识形态层面转变到文化的层面。有些人说宗教既不是意识形态，也不是文化，而是一种信仰。这话没有错。但是我们在此讨论的转变过程，其所涉及的问题不在于宗教本身是不是信仰（这是毋庸置疑的，否则就不是宗教了），而是说人们将宗教置于（主要的）社会生活的哪个层面。从意识形态定位宗教，无论对于信教者还是非信教者，宗教都是一种改造世界的思想武器和组织力量，甚至是阶级斗争的武器；从文化的层面定位宗教，宗教发挥作用的空间在于私人领域和非政治公共领域，无论对于信教者还是非信教者，宗教乃是价值与行为规范的一种累积的传统。作为意识形态的各种宗教间针锋相对，甚至你死我活、难以调和；而作为文化的宗教间却可以共存共事共荣，涉及的更多是个人对不同价值系统的继承和选择（成为个人安身立命的港湾之一），是推动社会自治、善治和慈善等事业的一种动力。当宗教是一种文化的共识越来越广泛时，人们对宗教的理解也随之发生诸多变化，其中最重要的变化有两个方面。

第一个变化是过去从意识形态角度为宗教定位时，人们提及宗教，首先想到的是对错，甚至是敌我。这种对错、敌我之分，或者说你死我活的关系，不仅存在于信教者与非信教者之间，亦存在于归属不同宗教或不同教派的人们之间；现在从文化角度定位宗教，信教者与非信教者、归属不同宗教或教派的人们之间，更多的不是政治理念和制度上的分歧，而是不同文化价值与行为规范的选择，这就为信教者与非信教者、信仰不同宗教的人们相互尊重、相互理解与合作，留下了充分的空间。同时，也为宗教与社会主义社会相适应，提供了合理性与可能性。

第二个变化是从意识形态定位宗教转变为从文化角度定位宗教，并不是说宗教不再具有意识形态的功能，也不是说宗教从此不再可能被某些人或某个群体当作政治斗争的武器（在某种意义上，亨廷顿的“文明冲突论”就有此味道）。当今世界有大量的事实告诉人们，宗教依然被许多人当作一种意识形态。但是在当代中国，人们对宗教定位的转变，更多地表达了一种价值取向，或者说形成一种新的社会心理底线，即认可宗教作为一种文化系统而不认可宗教作为一种意识形态。在当代社会里，宗教作为意识形态，在某种意义上成为一把双刃剑，当甲方用它伤害乙方时，同时也就给予乙方以同样的武器，乙方也就有可能同样用其伤害甲方。在世界历史上，某一宗教对另一宗教的迫害，某一宗派对另一宗派的伤害，无不在伤害对方的同时（或从长远看）也重创了自己，而且真正最受伤害的，总是双方的信教群众。所以在日益开明的当代社会里，人们将宗教视为文化这种价值取向或说新的社会心理底线，表达了一种强烈的善良愿望和社会舆论，即在动乱不安的当代世界里，宗教不要成为欺诈、怨恨、误解和冲突的根源，而要成为善良、宽容、精神升华与社会和谐的动力。认同这一共识的人，既有归属不同宗教或教派的人士，也有不归属任何宗教的人士。这种社会认知与心理底线，有利于社会和谐氛围的形成和扩展，无形中也减少了社会各方面（包括宗教群体）将宗教作为政治武器的可能性，而且随着21世纪世界格局与国内形势的复杂变化，认同这一点的人正日益增多，而将宗教作为意识形态的吸引力，则越来越不受欢迎或引起人们的反感、质疑和警惕。

由此来看，当年关于宗教是不是鸦片的争论，的确是一个影响重大的战略转折点，它的深远意义持续不断地显现出来。当代中国宗教学理论的发展，离不开改革开放，离不开把握学术的战略制高点。而今后中国宗教学理论的发展，也离不开继续解放思想，离不开善于开创和把握新的学术制高点。

第三节　有中国特色的宗教学发展

回顾70年来中国宗教学理论的发展演变，无论是创立世界宗教研究所，还是从意识形态的宗教定位转变为文化的宗教定位，都涉及一个根本的方法论问题，即如何理解马克思主义宗教观？马克思主义宗教观的基本观点是什么？要建立有中国特色的宗教学，首先需要对这一问题加以科学的回答。

经过“文化大革命”和改革开放，如今人们越来越认识到宗教是个复杂多面的文化体，既有正功能亦有负功能，既有显功能亦有隐功能。同一个时代和社会，不同的宗教有不同的功能；同一个宗教，在不同的时代与社会也可能功能有别。与此同时，人们越来越意识到过去对宗教的看法有些偏颇。当人们寻找极“左”思潮以及与各种误解的根源时，有些人将此归因于马克思主义宗教观，认为“宗教是人民的鸦片”是马克思提出的，而且列宁更强调说“宗教是麻醉人民的鸦片——马克思的这句名言是马克思主义在宗教问题上的全部世界观的基石”。①

马克思和列宁确实说过上述这些话。但是马克思和列宁还就宗教说过其他的话。例如，列宁还说过：“对国家而言，我们要求宗教是私人的事情……国家不应当同宗教发生关系，宗教团体不应当同国家政权发生联系。任何人都有充分信仰任何宗教，或者不承认任何宗教……在公民中间，完全不允许因为宗教信仰而产生权利不一样的现象。……［宗教］团体应当是完全自由的、与政权无关的志同道合的公民联合会。”②问题在于两个方面：一方面在于马克思和列宁说了什么，这需要我们认真地和全面地了解马克思、恩格斯、列宁等关于宗教的论述；另一方面在于人们对马克思和列宁说的哪些话感兴趣，这就需要我们分析为什么人们会强调马克思和列宁等的某些话语，同时又对早已存在于世的其他话语视而不见。

---

①　列宁：《论工人政党对宗教的态度》（1909 年 5 月 13 日），《列宁选集》第 2 版第 2 卷，人民出版社 1972 年版，第 375 页。列宁对宗教的鸦片作用还有更详细的阐明：对于工作一生而贫困一生的人，宗教教导他们在人间要顺从和忍耐，劝他们把希望寄托在天国的恩赐上。对于依靠他人劳动而过活的人，宗教教导他们要在人间行善，廉价地为他们的整个剥削生活辩护，廉价地售给他们享受天国幸福的门票。宗教是麻醉人民的鸦片。宗教是一种精神上的劣质酒，资本的奴隶饮了这种酒就毁伤了自己做人的形象，忘记要求稍微过一点人所应当过的生活。——列宁：《社会主义和宗教》（1905 年 12 月 3 日），《列宁全集》第 10 卷，人民出版社 1958 年版，第 62—63 页。

②　列宁：《社会主义和宗教》（1905 年 12 月 3 日），《列宁全集》第 10 卷，人民出版社 1958 年版，第 63—64 页。

时至今日，将精力过多地放在算历史旧账上不如将其放在开拓和建设上面。新的时代新的国情，需要我们以发展的眼光丰富和发展我们对马克思主义宗教观的理解。虽然在马克思和恩格斯生活的时代，宗教问题是相当凸显的，列宁搞革命的俄国，又是东正教为主导的国家，但是与其他思想家形成鲜明对照的是，无论是马克思还是恩格斯，都没有把自己的主要精力放在宗教问题上，而是把宗教问题纳入人的解放和社会改造的革命过程。列宁对此也是十分强调的。[①] 这是我们应当引起注意的第一个特点。而当我们将马克思、恩格斯、列宁等在不同时间、不同地点就宗教问题发表的不同见解抽取出来，单独放在一起时，会发现其中某些论述是针对宗教整体的，有些论述是针对一时一地的宗教情境。这是我们不能忽视的第二个特点。如何看待和理解他们的不同论述（这也是引起争论和误解的关节点），我们心中要有明确的意识：一方面，马克思主义的宗教观不是孤立形成的，它是马克思主义世界观整体的有机组成部分，要准确地把握和理解马克思主义宗教观，首先要把握马克思主义的基本命脉；另一方面，马克思、恩格斯、列宁都是与时俱进的人，他们会随时在社会实践中检验和修正自己的观点（例如在巴黎公社事件后，马克思与恩格斯就明确表示《共产党宣言》中的某些观点“已经过时”），我们要坚持马克思主义宗教观，就要像他们那样以发展的眼光发展马克思主义宗教观，这是第三点。

恩格斯在马克思墓前的讲话中，将并肩战斗多年的老战友的贡献概括为三个方面：(1) 马克思发现了人类历史的基本规律，这就是“历来为繁茂芜杂的意识形态所掩盖着的一个基本事实：人们首先必须吃、喝、住、穿，然后才能从事政治、科学、艺术、宗教等；所以，直接的物质的生活资料的生产，因而一个民族或一个时代的一定的经济发展阶段，便构成为基础，人们的国家制度、法的观点、艺术以至宗教观念，就是从这个基础上发展起来的，因而，也必须由这个基础来解释，而不是像过去那样

---

① 在我们看来，被压迫阶级为创立人间天堂而进行的这种真正革命斗争的一致，要比无产者关于天堂的意见的一致更为重要。——列宁：《社会主义和宗教》（1905 年 12 月 3 日），《列宁全集》第 10 卷，人民出版社 1958 年版，第 65 页。

做得相反”。（2）由于剩余价值的发现，“马克思还发现了现代资本主义生产方式和它所产生的资产阶级社会的特殊的运动规律”。（3）恩格斯认为是更重要的在于“马克思首先是一个革命家。他以某种方式参加推翻资本主义社会及其所建立的国家制度的事业，参加赖有他才第一次意识到本身地位和要求，意识到本身解放条件的现代无产阶级的解放事业——这实际上就是他毕生的使命。斗争是他得心应手的事情。而他进行斗争的热烈、顽强和卓有成效，是很少见的”。[①]恩格斯在这里概括的马克思的三大贡献，为我们把握和理解马克思主义的宗教观，提供了基本的路径。

在《德意志意识形态》中，马克思和恩格斯从哲学上论证了意识与存在，宗教与社会，神与人的真实关系：意识在任何时候都只能是被意识到了的存在，而人们的存在就是他们的实际生活过程。一句话，不是“意识决定生活，而是生活决定意识”。如果“全部意识形态中人们和他们的关系，就像在照相机中一样是倒现着的”，那么这种现象也是从人们生活的历史过程产生的。由此来看，宗教等意识形态，以及与它们相适应的意识形式，便失去了独立性的外观，所以说“宗教本身既无本质也无王国”。基督教之所以在不同的时代采取不同的形式，并不是因为“宗教精神的自我规定”和“它的继续发展”，而是受到当时当地社会历史条件的制约，并随着社会发展而演变的。那些发展着自己的物质生产和物质交往的人们，在改变自己的社会现实的同时，也改变着自己的思维和思维的产物。所谓的宗教“本质”，既不在抽象的“人的本质”中，也不在“上帝的宾词”中，人们“只有到宗教的每个发展阶段的现成物质世界中去寻找这个本质”。[②]

这种唯物史观在马克思的《政治经济学批判·序言》中得到进一步

① 参见《马克思恩格斯选集》第3卷，人民出版社1972年版，第574—575页。

② 参见《马克思恩格斯选集》第1卷，人民出版社1972年版，第29—31页。这也就是恩格斯在《英国状况》中曾经指出的：不应当到虚幻的彼岸，到时间空间以外，到似乎置身于世界的深处或与世界对立的“神”那里去找真理，而应当到近在咫尺的人的胸膛里去找真理。人所固有的本质比臆想出来的各种各样的“神”的本质，要伟大得多，高尚得多，因为“神”只是人本身的相当模糊和歪曲了的反映。（《马克思恩格斯全集》第1卷，人民出版社1972年版，第651页。）

明确的表述："人们在自己生活的社会生产中发生一定的、必然的、不以他们意志为转移的关系，即同他们的物质生产力的一定发展阶段相适应的生产关系。这些生产关系的总和构成社会的经济结构，即有法律的和政治的上层建筑竖立其上并有一定的社会意识形式与之相适应的现实基础。物质生活的生产方式制约着整个社会生活、政治生活和精神生活的过程。不是人们的意识决定人们的存在，相反，是人们的社会存在决定人们的意识。社会的物质生产力发展到一定阶段，便同它们一直在其中活动的现在生产关系或财产关系（这只是生产关系的法律用语）发生矛盾。于是这些关系便由生产力的发展形式变成生产力的桎梏。那时社会革命的时代就到来了。随着经济基础的变更，全部庞大的上层建筑也或慢或快地发生变革。在考察这些变革时，必须时刻把下面两者区别开来：一种是生产的经济条件方面所发生的物质的、可以用自然科学的精确性指明的变革，另一种是人们借以意识到这个冲突并力求把它克服的那些法律的、政治的、宗教的、艺术的或哲学的，简言之，意识形态的形式。我们判断一个人不能以他对自己的看法为根据，同样，我们判断这样一个变革时代也不能以它的意识为根据；相反，这个意识必须从物质生活的矛盾中，从社会生产力和生产关系之间的现存冲突中去解释。无论哪一个社会形态，在它们所能容纳的全部生产力发挥出来以前，是绝不会灭亡的；而新的更高的生产关系，在它存在的物质条件在旧社会的胎胞里成熟以前，是绝不会出现的。所以人类始终只提出自己能够解决的任务，因为只要仔细考察就可以发现，任务本身，只有在解决它的物质条件已经存在或者至少是在形成过程中的时候，才会产生。"①

由唯物史观来看宗教，一个基本的结论就是：不是宗教创造了人，而是人创造了宗教。"宗教是那些还没有获得自己或再度丧失了自己的人的自我意识和自我感觉。"国家、社会产生了宗教即颠倒了的世界观，因为它们本身就是颠倒了的世界。②宗教上的不平等，并不是社会不平等的原因，而是它的结果。在马克思看来，"宗教的存在是一个缺陷的存在"，

① 《马克思恩格斯选集》第2卷，人民出版社1972年版，第82—83页。

② 参见《马克思恩格斯选集》第1卷，人民出版社1972年版，第1页。

但这个缺陷的根源却应该到“国家自身的本质”中去寻找。宗教不是世俗狭隘性的原因，而只是它的表现。在相当长的历史时期内，“人们一直用迷信来说明历史”（马克思的这个观点，可以使我们对当今的“文明冲突论”另有感悟），而马克思恩格斯在探讨宗教问题时始终坚持的原则，是“用历史来说明迷信”，他们不是把世俗问题化为神学问题，而是把神学问题化为世俗问题。[①]既然是人创造了宗教而不是宗教创造了人，那为什么宗教中的神灵处于高高在上的主宰地位，而创造者却匍匐在它们的脚下？马克思用“异化”，特别是“劳动异化”所导致的社会异化，揭示了宗教之所以为“颠倒了的世界观”的世俗根源。马克思和恩格斯坚信社会生活在本质上是实践的。凡是把理论导致神秘主义方面去的神秘东西，都能在人的实践中以及对这个实践的理解中得到合理的解决。[②]从现象上看，宗教“剥夺人和大自然的全部内容，把它转给彼岸之神的幻影，然后彼岸之神大发慈悲，把一部分恩典还给人和大自然”。尽管许多人对宗教信仰提出这样或那样的质疑，但人们还是不了解，他实际上“在崇拜自己的本质，把自己的本质神化，变成一种别的本质”。[③]宗教之所以能够把人的本质变成了幻想的现实性，是因为人的本质没有真实的现实性。[④]而“人的本质”之所以没有“真实的现实性”，是因为异化的作用，特别是私有制和阶级产生以来的社会异化。

从根本上说，马克思和恩格斯是将宗教看作“果”而不是“因”。在孔德那里，只有通过“人性宗教”才能有良好的社会秩序；而在马克思与恩格斯那里，只有建立良好的社会秩序才能消除宗教的异化。因此，他们非常明确地将自己对宗教的批判，作为批判整个剥削制度，特别是资本主义制度的一个组成部分。因为在他们看来，要彻底改变劳动者所处的异化状态，首要的任务不是去批判宗教，而是要改造社会。恩格斯说：“基

① 参见《马克思恩格斯全集》第1卷，人民出版社1972年版，第425页。

② 参见《马克思恩格斯选集》第1卷，人民出版社1972年版，第18页。

③ 恩格斯：《英国状况》，《马克思恩格斯全集》第1卷，人民出版社1972年版，第647—648页。

④ 参见《马克思恩格斯选集》第1卷，人民出版社1972年版，第1页。

督教和工人的社会主义都宣传将来会解脱奴役和贫困；基督教是在死后的彼岸生活中，在天国寻求这种解脱，而社会主义则是在这个世界里，在社会改造中寻求这种解脱。”[①]简言之，“废除作为人民幻想的幸福的宗教，也就是要求实现人民的现实的幸福”。摘去装饰在锁链上的那些虚幻的花朵，只是手段，目的在于要人们砸碎锁链。因此尘世的改造不再是批判的武器，更重要的是用武器的批判。马克思充满激情地指出，“彼岸世界的真理消逝以后，历史的任务就是确立此岸世界的真理。人的自我异化的神圣形象被揭穿以后，揭露非神圣形象中的自我异化，就成了为历史服务的哲学的迫切任务。于是从认识上说，人们已无必要再将已经认识到的东西投射到异己的对象身上并对之顶礼膜拜；从实践上说，对天国的批判就变成对尘世的批判，对宗教的批判就变成对法的批判，对神学的批判就变成对政治的批判”。[②]

从根本上说，唯物史观才是马克思主义宗教观的基石。从这个立场看宗教，宗教既是一种历史现象，也是一种社会文化生活形态（常态的或形成某种运动），其核心是对具有不同超越性的神圣存在（或力量、或宇宙法则等）的信仰。人们在宗教生活中会产生不同强度和诸多形式的心理体验，会在个人或群体的层面上做出不同程式化的崇拜行为（仪式）。宗教生活不仅具有不同的行为规范和组织制度，而且会在社会历史发展的进程中形成包括神话、神学以及一系列象征、亦包括审美趣味和道德规范在内的累积的文化传统。人们在宗教生活中把握生活（生命）和世界（宇宙）的意义价值，获得身心的转变，并由此引发（或期求）个人、社会或文化的转变。宗教的发展演变是个从无到有、从简单到复杂的历史过程：既有宗教自身的内部因素，亦有其所生存的社会、经济、文化等外部因素；既有无数个人的以宗教体验为基础的宗教创新，也有群体认同、社会制度和文化再生产的建构与淘汰机制；既有观念（或教义）、行为规范、圣时（节）圣地圣徒、仪式等累积而成的传统，也有因时因地

① 恩格斯：《论早期基督教的历史》，《马克思恩格斯全集》第22卷，人民出版社1972年版，第525页。

② 马克思：《〈黑格尔法哲学批判〉导言》，《马克思恩格斯选集》第1卷，人民出版社1972年版，第2页。

因人而出现的变通与调整。这些因素构成宗教演变的动力，它们之间的互动关联十分复杂，使古往今来的宗教千姿百态。在宗教的演化路径方面，我们不能简单地把不同的宗教形态置于一个阶梯式的、新版本覆盖旧版本的上升序列中，而是将不同的宗教形态看作文化丛林中，宗教这株生生不息的大树上的有粗有细、有枯有荣的不同枝杈。文化是人类在长期的历史发展中，共同创造并赖以生存的物质与精神存在的总和。宗教文化既有外在的现象层面（如仪式活动、节庆庙会等），也有内在的精神的和情感的层面（如信仰、世界观、价值观等）；历史上的宗教文化总是某个社会整体文化的一个组成部分，具体的宗教文化（如佛教文化、伊斯兰教文化）的创造主体虽然是信奉这一宗教的群体，但作为特定社会、特定时代的宗教文化，乃是社会各种力量互动的结果。其中，统治阶级所持的价值观与意识形态，统治阶级在谋划社会文化发展时将宗教置于什么地位，以及如何利用和限制不同宗教的不同功能，对该社会或该地区的宗教文化形成怎样的整体格局，各宗教形成怎样的发展走势，影响极大。

宗教是个复杂的多面体，它有着不同于其他意识形态、其他社会事物、其他文化传统的独特维度。宗教发展既有内因亦有外因，宗教发展的内因与外因的互动使宗教创新层出不穷。但是最终不仅开花而且结果，甚至生生不息的宗教，屈指可数。时至今日，我们对宗教的认知，与70年前相比，与40年前相比，都已大不相同。即使如此，我们的认知还会发展变化，因为宗教的存在、发展和变化没有终结，我们的认识发展也就不会有终点，以发展的眼光发展马克思主义宗教观，依然是摆在我们面前的重要课题。

基于马克思主义宗教观的基本立场和研究方法，在这70年的理论及实践探讨中逐渐形成了有中国特色的宗教学发展。这种研究在以往理论思考的基础上进而加强了对宗教的实证探讨，因此促进了宗教社会学、宗教人类学、宗教心理学等领域的开拓和发展。在宗教社会学的研究上，既有对国外学术进展的翻译介绍，也有针对中国社会现状的宗教调研，尤其是在研究中国社会转型过程中宗教的重新发展及其社会意义和功能上成果颇丰，引起国际学术界的关注。目前，对于社会各阶层人士信仰宗教的情况，宗教与地方经济及社会发展的关联，宗教与基层社区文化、企业文化的关系等，都有专门的社会调研课题。而且，这种研究从较为狭隘的宗教社会学理解已经扩大到一种范围更大的“宗教社会科学研究”。宗教人类学在理论和实践上都是中国当代学术界突破较大、亮点较多的一个全新领域。这一研究涵括较广，涉及民族学、民俗学等领域，注重田野调查，并与对草根文化、民间信仰的研究有着密切关联。在宗教人类学的研究上，在近40年来中国社会科学院世界宗教研究所、中山大学、北京大学和中央民族大学等高校都取得了较大的进展，其中金泽的专著《宗教人类学学说史纲要》（2009年）在理论上梳理了这一领域的学术进展及主要学说体系和观点方法，而由金泽和陈进国主编的《宗教人类学》则反映出中国学者在宗教人类学田野调研上的最新成果。宗教心理学虽然进展相对缓慢，这些年来也取得了一些重要成果，除了这一领域的不少经典著作被译为中文之外，中国学者也开始推出有自己独立思考和调查研究的学术著述。此外，在国际宗教学界谈论极少的宗教文化学、宗教经济学、宗教政治学等，在中国学术界则出现了有专人研究的局面，从而形成对传统所理解的宗教学的挑战和开拓。

第四节　2009—2019年宗教学理论发展概况

近十年中国宗教学理论研究领域的一个重要成果，是中国社会科学院世界宗教研究所创办的宗教学研究系列论坛和辑刊，包括2010年创办的“宗教人类学论坛”和《宗教人类学》辑刊（金泽、陈进国主编，社会科学文献出版社，已出版7辑）、2011年创办的“宗教哲学论坛”和《宗教与哲学》辑刊（金泽、赵广明主编，社会科学文献出版社，已出版7辑）、2013年创办的“宗教社会学论坛”和《宗教社会学》辑刊（金泽、李华伟主编，社会科学文献出版社，已出版5辑）、2013年创办的“宗教心理学论坛”和《宗教心理学》辑刊（金泽、梁恒豪主编，社会科学文献出版社，已出版4辑），几年来，这些论坛和辑刊已经成为各自领域最具代表性和影响力的学术平台，对我国的宗教学理论研究产生了积极而重大的影响。

一 工具书和宗教通史研究

工具书的主要成果包括卓新平主编的《20世纪中国社会科学：宗教学卷》（2009年），金泽、邱永辉主编的《中国宗教报告》（2009、2010、2011、2012、2013年），邱永辉主编的《中国宗教报告》（2015、2016、2017年），曹中建主编的《中国宗教研究年鉴》（2009—2010、2011、2011—2012、2013、2013、2015、2014、2016、2015、2017年），国家宗教事务局宗教研究中心编的《中国五大宗教论和谐》（2010年），史仲文、胡晓林、张岱年等编的《中国全史·宗教卷》（2011年），方立天编的《宗教研究》（2009、2012、2013、2014年），张风雷编的《宗教研究》（2016年），国家宗教事务局政策法规司编的《宗教团体教规制度汇编》（2012年），夏征农、陈至立主编，王作安著的《大辞海·宗教卷》（2013年），中国社会科学院世界宗教研究所编的《1964—2014中国社会科学院世界宗教研究所五十年发展历程》（2014年）和《1964—2014中国社会科学院世界宗教研究所建所五十周年纪念文集》（2014年），郑筱筠的《东南亚宗教研究报告——东南亚宗教的复兴与变革》（2014年），中央文献研究室、国务院宗教事务局编的《新时期宗教工作文献选编》（2014年），黄陵渝、邱永辉、色音著，何其敏编的《外国民族宗教》（2015年），濮文起编的《新编中国民间宗教辞典》（2015年），姚平主编的《当代西方汉学研究集萃·宗教史卷》（2016年），何勤华等著的《法律文明史（第5卷）·宗教法》（2017年），晏可佳主编的《宗教理论前沿》（2017年），任继愈主编的《中华大典·宗教典·伊斯兰基督与诸教分典》（2017年）等。

宗教史的重要著述包括葛兆光的《中国宗教、学术与思想散论》（2010年），詹石窗的《中国宗教思想通论》（2011年），武立波的《世界宗教十三讲》（2011年），李申的《宗教简史》（2012年），陈怀宇的《动物与中古政治宗教秩序》（2012年），麻田祥的《中国宗教史》（2012年），方立天的《中国文化与中国宗教》（2012年），余欣主编的《中古时代的礼仪宗教与制度》（2012年），郑建业的《宗教演化史》（2013

年)，段德智的《新中国宗教工作史》(2013年)，郑筱筠的《东南亚宗教研究报告——东南亚宗教的复兴与变革》(2014年)，刘成有、张宏斌著的《宗法性传统宗教》(2015年)，刘义主编的《世界史视野下的宗教》(2016年)，马西沙、韩秉方合著的《中国民间宗教史》(2017年)等。

译著则有让·德吕谟和萨比娜·梅尔基奥尔—博内合著的《宗教大历史》(2009年)，麦克斯·缪勒的《宗教的起源与发展》(2010年)，赫尔德的《反纯粹理性——论宗教、语言和历史文选》(2010年)，阿姆斯特朗的《轴心时代：人类伟大宗教传统的开端》(2010年)，伊利亚德的《宗教思想史》(2011年)，休斯顿·史密斯的《人的宗教》(2013年)，休谟的《宗教的自然史》(2014年)，汤因比的《一个历史学家的宗教观》(2014年)，阿利斯特·麦格拉思的《宗教改革运动思潮》(2015年)，加藤玄智的《世界宗教史》(2016年)，杨庆堃的《中国社会中的宗教：宗教的现代社会功能与其历史因素之研究》(2016年)，赫丽生的《古代艺术与仪式》(2016年)，菲利普·威尔金森和道格拉斯·查令合著的《DK宗教百科全书》(2017年)，韦德的《信仰的本能：人类宗教进化史》(2017年)，高延的《中国的宗教系统及其古代形式、变迁、历史及现状》(2018年)等。

二　概论性著作

概论性著述的主要成果包括何光沪的《信仰之间》(2009年)，牟钟鉴主编的《民族宗教学导论》(2009年)，金泽的《宗教人类学学说史纲要》(2009年)，韩秉芳、李维建、唐晓峰合著的《宗教之和·和之宗教：中国宗教之和谐刍议》(2009年)，杨明的《宗教与伦理》(2010年)，顾肃的《宗教与政治》(2010年)，吾敬东、张志平主编的《对话：哲学与宗教》(2010年)，段德智的《宗教学》(2010年)，吕大吉的《宗教学通论新编》(2010年)，沈骊天、陈红、赖永海合著的《生死轮回的永恒灵魂：宗教生命文化精要》(2010年)，丁培仁的《世界主要宗教系统纲要》(2010年)，李进新的《宗教研究》(2010年)，张志刚等著的《当代宗教冲突与对话研究》(2011年)，王晓朝、李磊著的《宗教学导论》（修订第 2 版）（2011 年），龚学增主编的《宗教问题概论》（2011 年），王志成、安伦编的《全球化时代宗教的发展与未来》（2011 年），周伯琦的《中外宗教概览》（2012 年），许序雅的《中外主要宗教文化概论》（2012 年），何星亮、郭宏珍编的《文化多样性背景下的宗教和谐》（2012 年），陶飞亚、刘义著的《宗教慈善与中国社会公益》（2012 年），徐以骅等著的《宗教与当代国际关系》（2012 年），张志刚的《宗教研究指要（修订版）》（2013 年），任继愈的《宗教学讲义》（2013 年），苏发祥主编的《中国宗教多元与生态可持续发展研究》（2013 年），雷雨田、万兆元主编的《宗教经典汉译研究》（2013 年），王志成的《全球化与宗教对话》（2013 年），卓新平主编的《宗教与当代中国社会》（2013 年），王志成的《当代宗教多元论》（2013 年），楼宇烈的《宗教研究方法讲记》（2013 年），梁燕城的《儒、道、易与基督信仰》（2013 年），卓新平的《渤海视野：宗教与文化战略》（2014 年），卓新平、邱永辉主编的《宗教与可持续社区研究》（2014 年），卢国龙的《宗教在文化战略中的地位和作用》（2014 年），叶小文的《中国破解宗教问题的理论创新和实践探索》（2014 年），印顺的《宗教与现代社会》（2014 年），何光沪的《全球对话时代的宗教学》（2014 年），卓新平的《中国人的宗教信仰》（2015 年），陈建明编的《和而不同：宗教对话与不同文明之间的和谐之道》（2015 年），新玉言编的《新时期宗教工作与管理》（2015 年），魏德东的《世界宗教万里行》、《为宗教脱敏》和《宗教的文化自觉》（2015 年），习五一编的《科学无神论》（2015 年），卓新平、蒋坚永主编的《“一带一路”战略与宗教对外交流》（2016 年），马建钊、夏志前主编的《科学、宗教与人文传统》（2016 年），张志刚的《宗教学是什么（第 2 版）》（2016 年），朱东华的《宗教学学术史问题研究》（2016 年），段德智的《境外宗教渗透论》（2016 年），汤一介的《儒释道耶与中国文化》（2016 年），王志成的《全球化时代的宗教与世俗社会》（2016 年），钱雪松的《张力中的朝圣者：宗教多样性问题之知识论研究》（2016 年），叶小文的《多元和谐的中国宗教》（2018 年）等。

译著主要有谢·亚·托卡列夫的《人类与宗教》（2009 年），傅有德、梅尔·斯图尔特主编的《科学与宗教：当前对话》（2010 年），罗素的《宗教与科学》（2010 年），费尔巴哈的《宗教的本质》（2010 年），罗伯特 · C. 蒙克、沃尔特 · C. 霍夫海因茨、肯尼斯 · T. 劳伦斯等著的《宗教意义探索》（2011 年），施莱尔马赫的《论宗教》（2011 年），阿兰 · 律波顿的《写给无神论者》（2012 年），阿尔弗雷德 · 诺思 · 怀特海的《宗教的形成 · 符号的意义及效果》（2012 年），威廉 · 詹姆斯的《宗教经验种种》（2012 年），米歇尔 · 艾伦 · 吉莱斯皮的《现代性的神学起源》（2012 年），萨缪尔 · 普芬道夫的《就公民社会论宗教的本质与特性》（2013 年），柏克莱等著，谢扶雅等编译的《近代理想主义》（2013 年），尤尔根 · 哈贝马斯的《在自然主义与宗教之间》（2013 年），唐 · 库比特的《信仰之海》（2015 年），彼得 · 哈里森的《科学与宗教的领地》（2016 年），卢卡启夫斯基的《无神论》（2017 年），瓦尔特 · H. 凯普斯的《宗教学：学科的构成》（2017 年），泽井义次的《宗教学的省思》（2017 年），巴吉尼的《无神论》（2018 年）等。

三　宗教哲学

近年来我国宗教哲学研究方面出现了一些重要的新进展，主要表现在康德宗教哲学的研究、对宗教性问题的研究以及借助西方宗教哲学研究成果对中国传统宗教哲学的反思方面。康德宗教哲学的研究尤为突出，主要表现为对康德上帝隐喻的深入而全面的体察，以及对审美问题特别是对情感自由的把握和阐释上，而这种情感理解以及对苏格兰启蒙中道德情感的理解，一起构成对汉语传统重新阐释的契机，自由儒学的提出是其重要成果。与此相关，结合西美尔和舍勒对“宗教性”的理解，如何在汉语传统宗教的理解中凸显其宗教性，成为推进中国传统宗教研究的重要突破口。相关主要成果包括：李秋零的《道德并不必然导致宗教——康德宗教哲学辩难》《“因行称义”“因信称义”与“因德称义”》《康德论幸福》，田薇《“宗教性”的问题缘起与意义阐释——以宗教疑义为语境、以舍勒信仰现象学和施莱尔马赫宗教情感论为视镜》，李明辉的《康德论同情》，傅永军的《绝对视域中的康德宗教哲学：从伦理神学到道德宗教》，邓安庆的《康德意义上的伦理共同体为何不能达成》，赵广明的《康德的信仰——康德的自由、自然和上帝理念批判》《论康德批判哲学的根基与归宿》《神圣与世俗的先验根基——试论先秦性情思想》《康德的“至善”与〈判断力批判〉的宗教哲学含义》《论“无”的先验性》《自由儒学》《情感的道德意义与孟子“四端”说重释》《自由儒学：儒家道德根基批判》，舒远招的《康德道德神学中的正义问题》，尚文华的《希望与绝对——康德宗教哲学研究的思想史意义》，张志刚的《宗教哲学的中国意义》《“宗教概念”的观念史考察——以利玛窦的中西方宗教观为例》《钱穆再论“中国无宗教”》《中国民间信仰与宗教概念问题》《中西宗教哲学比较的一个新切入点》《重新认识“宗教与中国文化传统”》等。

宗教哲学其他著译还有：《宗教与哲学》辑刊（第1辑到第7辑，金泽、赵广明主编，社会科学文献出版社），《克尔凯郭尔文集》（10卷陆续出版中，王齐、京不特等译，中国社会科学出版社），《理念与上帝——柏拉图的理念思想及其神学意义》（赵广明，江苏人民出版社，2008年），《人类与宗教》（谢·亚·托卡列夫著，魏庆征编译，中央编译出版社，2009年），《1450—1900科学与宗教——从哥白尼到达尔文》［理查德·奥尔森（Richard G. Olson）著，徐彬、吴林译，山东人民出版社，2009年］，《神圣的欢爱：性、神话与女性肉体的政治学》［理安·艾斯勒（Riane Eisler）著，黄觉、黄棣光译，社会科学文献出版社，2009年］，《启蒙、批判诠释与宗教伦理》（傅永军著，山东大学出版社，2009年），《古代宗教与伦理：儒家思想的根源》（陈来著，生活·读书·新知三联书店，2009年），《古代思想文化的世界：春秋时代的宗教伦理与社会思想》（陈来著，生活·读书·新知三联书店，2009年），《中国社会的宗教传统：巫术与伦理的对立和共存》（吾淳著，上海三联书店，2009年），《宗教大历史》（让·德吕莫、萨比娜·梅尔基奥尔—博内著，余磊译，上海三联书店，2009年），《宗教与哲学：精神—文化生活图式的两重解读》（张禹东、杨楹等著，社会科学文献出版社，2009年），《神人之际：索洛维约夫宗教哲学研究》（孙雄著，宗教文化出版社，2009年），《宗教的科学研究》（J. M. 英格著，金泽等译，刘澎校，中国社会科学出版社，2009年），《宗教与哲学》（李承贵著，译林出版社，2009年），《多元化的上帝观：20世纪西方宗教哲学概览（增订版）》（何光沪著，中国人民大学出版社，2010年），《宗教与伦理》（杨明著，译林出版社，2010 年)，《宗教与政治》(顾肃著，译林出版社，2010 年)，《反纯粹理性——论宗教、语言和历史文选》(赫尔德著、张晓梅译，商务印书馆，2010 年)，《中国人的宗教信仰》［葛兰言（Marcel Granet）著，程门译，贵州人民出版社，2010 年］，《科学与宗教：当前对话》［傅有德、梅尔·斯图尔特（Melville Y. Stewart）编，黄福武、韩刚译，北京大学出版社，2010 年］，《对话：哲学与宗教》（吾敬东、张志平主编，上海三联书店，2010 年），《轴心时代：人类伟大宗教传统的开端》(姆斯特朗著，孙艳燕、白彦兵译，海南出版社，2010 年)，《中国宗教与宗教学》(晏可佳编，上海人民出版社，2010 年)，《信仰的考古：中国宗教思想史纲要》（张荣明著，南开大学出版社，2010 年)，《启蒙时代的宗教哲学》(单纯著，中国社会出版社，2010 年)，《中国宗教、学术与思想散论》(葛兆光著，复旦大学出版社，2010 年)，《分析的宗教哲学》(张力锋、张建军著，江苏人民出版社，2010 年)，《康德的上帝观》(李艳辉著，北京师范大学出版社，2010 年)，《巴布宗教思想研究》(许宏著，人民出版社，2010 年)，《莫特曼神学研究》(林鸿信著，上海人民出版社，2010 年)，《商代宗教祭祀》(常玉芝、宋镇豪著，中国社会科学出版社，2010 年)，《神迹六辩（1727—1730)》［托马斯·伍尔斯顿（Thomas Woolston）著，张云涛、王志勇译，武汉大学出版社，2010 年］，《当代宗教哲学导论》［凯斯·E. 严德尔（Keith E. Yandell）著，谢晓健等译，中国人民大学出版社，2010 年］，《中国与欧洲宗教哲学交流研究》(张西平著，新疆人民出版社，2010 年)，《论宗教》(施莱尔马赫著，邓安庆译，人民出版社，2011 年)，《中国人关于神与灵的观念》，《魂灵：死后生命的科学探索》(玛丽·罗奇著，谭琪译，上海科学技术文献出版社，2011 年)，《信仰与秩序：法律与宗教的复合》（伯尔曼著，姚剑波译，中央编译出版社，2011 年；四川人民出版社，2011 年)，《中国宗教思想通论》（詹石窗主撰，人民出版社，2011 年)，《宗教学讲义》(任继愈著，国家图书馆出版社，2013 年)，《就公民社会论宗教的本质与特性》（萨缪尔·普芬道夫著，俞沂暄译，上海三联书店，2013 年)，《历史与信仰：个人的探询》（科林·布朗著，查常平译，上海三联书店 2013 年)，《人的宗教》（休斯顿·史密斯著，刘安云译，海南出版社，2013 年)，《在自然主义与宗教之间》（尤尔根·哈贝马斯著，郁喆隽译，上海人民出版社，2013 年)，《当代宗教多元论》（王志成著，宗教文化出版社，2013 年)，《论美国政治一体化的宗教文化基础》（宁玲玲著，世界图书出版公司，2013 年)，《佛教哲学》（方立天著，宗教文化出版社，2013 年)，《意识的神学——施莱尔马赫神学方法研究》（黄毅著，人民出版社，2013 年)，《近代理想主义》（柏克莱等著，谢扶雅等编译，宗教文化出版社，2013 年)，《宗教情感》（爱德华兹著，杨基译，生活·读书·新知三联书店，2013 年)，《神学大全第一集》（托马斯·阿奎那著，段德智译，商务印书馆，2013 年)，《徐梵澄精神哲学入蹊》（孙波著，华东师范大学出版社，2013 年)，《宗教的形成符号的意义及效果》（修订版）（阿尔弗雷德·诺思·怀特海著，周邦宪译，译林出版社，2014 年)，《哲学的宗教维度》（段德智著，商务印书馆，2014 年)，《中国社会中的宗教与仪式》（武雅士著，彭泽安译，江苏人民出版社，2014 年)，《科学与宗教：当前争论》（斯图尔特著，王旭译，北京大学出版社，2014 年)，《宗教的自然史》（休谟著，曾晓平译，商务印书馆，2014 年)，《一个历史学家的宗教观》（汤因比著，晏可佳译，上海人民出版社，2014 年)，《宗教哲学是什么（哲学课）》（波伊曼著，黄瑞成译，中国人民大学出版社，2014 年)，《21 世纪是智慧的时代——希腊哲学的智慧与佛陀的智慧》（桐山靖雄著，王善涛译，宗教文化出版社，2014 年)，《全球对话时代的宗教学》（何光沪著，四川人民出版社，2014 年)，《青年黑格尔派宗教批判的逻辑演进》（叔贵峰著，人民出版社，2014 年)，《后现代神学》（范胡泽、高喆著，上海人民出版社，2014 年)，《中国佛教哲学要义》（方立天著，宗教文化出版社，2014 年)，《当代哲学经典·宗教哲学卷》（俞吾金等著，北京师范大学出版社，2014 年)，《“神迹”概念的哲学探究——以休谟的“论神迹”为中心》（刘金山著，人民出版社，2015 年)，《复魅何须超自然主义：过程宗教哲学》（大卫·雷·格里芬著，周邦宪译，译林出版社，2015 年)，《为宗教脱敏：魏德东的宗教评论 2》（魏德东编，民族出版社，2015 年)，《黑格尔著作集（第 16、17 卷）宗教哲学讲演录Ⅰ、Ⅱ》（黑格尔著，燕宏远等译，人民出版社，2015 年)，《哲学与宗教的永恒同盟：谢林〈哲学与宗教〉释义》(先刚著，北京大学出版社，2015年)，《中世纪哲学：历史与哲学导论》(马仁邦著，北京大学出版社，2015年)，《由巫到礼释礼归仁》(李泽厚著，生活·读书·新知三联书店，2015年)，《犹太神秘主义概论》(刘精忠著，中国社会科学出版社，2015年)，《复活概念的由来及其演变》(凯文·J. 麦迪甘、乔恩·D. 列文森著，傅晓微等译，四川文艺出版社，2015年)，《科学与宗教的领地》(彼得·哈里森著，张卜天译，商务印书馆，2016年)，《哲学与宗教学研究》(吕大吉著，中国社会科学出版社，2016年)，《康德宗教哲学文集(注释版)》(康德著，李秋零译，中国人民大学出版社，2016年)，《宗教学学术史问题研究》(朱东华著，清华大学出版社，2016年)，《宗教哲学读本》(姜宗强著，金城出版社，2016年)，《迈蒙尼德宗教哲学思想研究》(赵同生著，上海三联书店，2016年)，《中国传统文化与儒道佛》(徐小跃著，江苏人民出版社，2016年)，《世界史视野下的宗教》(刘义、陶飞亚编，上海大学出版社，2016年)，《中观学概论》(弘学著，四川巴蜀书社有限公司，2016年)，《唐君毅佛教哲学思想研究》(张云江著，高等教育出版社，2016年)，《中观思想》(梶山雄一著，李世杰译，贵州大学出版社，2016年)，《原始佛教的实践哲学》(和辻哲郎著，原始佛教的实践哲学编委会译，贵州大学出版社，2016年)，《中观哲学导论》(胡伟希著，北京大学出版社，2016年)，《佛教与印度哲学研究》(姚卫群著，中国大百科全书出版社，2016年)，《潘雨廷著作集》(潘雨廷著，上海古籍出版社，2016年)，《自由精神哲学：基督教难题及其辩护》(尼古拉·别尔嘉耶夫著，上海三联书店，2016年)，《无执之道：埃克哈特神学思想研究》(文森著，郑淑红译，华夏出版社，2016年)，《剩余的时间：解读〈罗马书〉》(吉奥乔·阿甘本著，钱立卿译，中央编译出版社，2016年)，《〈智慧珍宝〉翻译、注释与研究》(王希、王俊荣著，社会科学文献出版社，2016年)，《不朽·我的宗教：胡适论人生》(胡适著，北京大学出版社，2016年)，《儒释道三教关系研究论文选粹》(张广保、杨浩主编，华夏出版社，2016年)，《神与兽的纹样学：中国古代诸神》(林巳奈夫著，常耀华、王平、刘晓燕、李环译，生活·读书·新知三联书店，2016年)，《天神与天地之道：巫觋信仰与传统思想渊源》（郭静云著，上海古籍出版社，2016年），《印度诸神的世界——印度教图像学手册》（施勒伯格著，范晶晶译，中西书局，2016年），《近代哲学史》（谢林著，先刚译，北京大学出版社，2016年），《宗教学学术史问题研究》（朱东华著，清华大学出版社，2016年），《亚洲的精神性——印度与中国的灵性和世俗》（范笔德著，金泽译，社会科学文献出版社，2016年），《世俗时代》（查尔斯·泰勒著，张容南等译，上海三联书店，2016年），《情感与理性：康德宗教哲学内在张力及调和》（贺方刚著，中国社会科学出版社，2017年），《信仰之问》（何光沪著，中国人民大学出版社，2017年），《上帝之善：神学、教会与社会秩序》（史蒂芬·朗著，段素革、李晨旭译，上海人民出版社，2017年），《西学东渐浪潮激荡下的思想脉动：论汉语神学对中国个体主义哲学的影响》（李跃红著，人民出版社，2017年），《信仰的本能：人类宗教进化史》［尼古拉斯·韦德（Nicholas Wade）著，陈华译，电子工业出版社，2017年］，《近代科学与宗教思想》（霍登著，应远涛译，上海社会科学院出版社，2017年），《生活宗教：唐·库比特的宗教哲学》（朱彩红著，中国社会科学出版社，2017年），《神之由来》［薛曼尔（E-.Simmel）著，郑绍文译，上海社会科学院出版社，2017年］，《宗教哲学》（Royce著，谢扶雅译，上海社会科学院出版社，2017年），《身体、不死与神秘主义：道教信仰的观念史视角》（程乐松著，北京大学出版社，2017年），《段正元文集》（段正元著，社会科学文献出版社，2017年），《中国人关于神与灵的观念》（理雅各著，齐英豪译，福建教育出版社，2018年）

四　宗教心理学

在宗教学所有的分支学科中，因为研究难度大等原因，宗教心理学的发展无疑是相对滞后的。随着改革开放的逐渐深入，在哲学社会科学大发展的推动下，该学科也取得了一些进展，主要表现在如下几个方面。

第一，鉴于西方宗教心理学的发展较早，学科体系相对比较完整，中国学者持续翻译西方宗教心理学中的经典著作，为中国宗教心理学学科建设做好奠基工作。译著主要有弗洛伊德的《图腾与禁忌》（1986、2005、2009年）、《摩西与一神教》（1988、1989、1992年）、《一个幻觉的未来》

(1989、1998、1999年)、《论宗教》(2007年),荣格的《寻求灵魂的现代人》(1987、2007年)、《荣格文集:让我们重返精神家园》(1997年)、《东洋冥想的心理学:从易经到禅》(2000年)、《荣格心理学与西藏佛教》(1994、1999年)、《人的形象和神的形象》(2006年)、《荣格文集》(九卷本)(2011年),弗洛姆的《精神分析与宗教》(1988、1995、2006年),乌格里诺维奇的《宗教心理学》(1989年),梅多与卡霍的《宗教心理学:个人生活中的宗教》(1990年),布朗的《宗教心理学》(1992年),波波娃的《精神分析学派的宗教观》(1992年),阿拉普拉《作为焦虑和平静的宗教》(2001年),凯特·洛文塔尔的《宗教心理学简论》(2002年),麦克·阿盖尔的《宗教心理学导论》(2005年),惟海的《五蕴心理学》(2006年),冯特的《民族宗教心理学纲要——人类心理发展简史》(2008年),詹姆斯《宗教经验之种种》(2002、2008、2009年),帕格门特的《宗教与应对的心理学:理论、研究与实践》(2013年),沃伦·布朗的《神经科学、心理学与宗教:人性的迷幻与现实》(2014年),维特根斯坦的《1938—1946美学、心理学和宗教信仰的演讲与对话集》(2015年),杜艾文、凯文·赖默的《和平心理学》(2016年),铃木大拙的《禅与心理分析》(2017年)等。

第二,基于宗教心理学发展和中国本土实践考量,学者从不同主题和视角切入的研究专著逐渐增多。例如,世瑾的《宗教心理学》(1989年),夔德义的《宗教心理学》(1990年),余理等编的《崇拜心理学》(1997年),祥贵的《崇拜心理学》(2001年),黄国胜的《佛教与心理治疗》(2002年),陈昌文主编的《宗教与社会心理》(2003年),梁丽萍的《中国人的宗教心理:宗教认同的理论分析与实证研究》(2004年),《荣格宗教心理学与圣三灵修》(2004年),徐光兴的《东方人的心理疗法》(2004年),释淳法的《佛教与心理健康》(2005年),王惠君编著的《崇拜与精神控制》,徐仪明的《易经心理学》(2007年),徐光兴的《心理禅》(2007年),曹剑波的《道教心理健康指要》(2007年),陈兵的《佛教心理学》(2007、2013、2015年),赵文的《宗教行为与心理治疗》(2008年),诺布旺典的《图解西藏医心术》(2009年),陈永胜的《现代西方宗教心理学理论流派》(2010年),陆丽青的《弗洛伊德的宗教思想》（2011年），鸿逸的《佛说心理学》（2011年），朱瑞玲、瞿海源、张苙云主编的《台湾的社会变迁1985—2005——心理、价值与宗教》（2012年），张雅惠、陈莉榛的《宗教心理学概论》（2013年），梁恒豪的《信仰的精神性进路：荣格的宗教心理观》（2014年），余德慧的《宗教疗愈与生命超越经验》（2014年），刘佳佑的《荣格心理类型理论在宗教心理学中的应用研究》（2015年），葛鲁嘉的《宗教形态的心理学——宗教传统和研究的心理学智慧》（2016年），陈青萍、周济全的《膜拜危害的心理学预警思考》（2017年），刘欢的《道教仪式音乐及其心理影响机制探析》（2017年）等。

第三，关注宗教心理学研究的学者逐渐增多，部分高校相继开设相关课程，着手培养人才。尤为可贵的是，这一学科目前已经出现了一批相当有实力和潜力的学者，研究成果逐年增多，在CNKI搜“宗教”“心理学”关键词，显示相关论文已近5000篇。而且“宗教心理学”作为宗教学的一门分支学科逐渐深入人心，一部分高校和科研院所已经开始开设相关课程，如中国社会科学院世界宗教研究所、中国科学院心理研究所、北京大学、中国人民大学、中央民族大学、北京师范大学、复旦大学、浙江大学、四川大学、广州大学、南京师范大学、浙江师范大学、陕西师范大学、新疆师范大学、曲阜师范大学、福建师范大学、山西医科大学等高校的宗教所（系）和心理所（系）都有学者和教授进行宗教心理学相关的研究及开设相关课程。近年来，有些医院和社会上的心理咨询机构也参与到这一学科的研究中来，例如成都华西医院和南京直面心理咨询研究所等。

第四，宗教心理学学科越来越受到重视，国家社科基金审批的项目也越来越多。近年来的项目主要有：陈永胜的《西方宗教心理学的理论流派》（2004年），梁恒豪的《西方宗教心理学的最新进展》（2011年），陈永胜的《中国特色个体宗教心理发展研究》（2012年），彭鹏的《心文化与心理学视域中的精神家园问题研究》（2012年），何其敏的《宗教认同研究》（2013年），陆丽青的《精神分析学派的宗教思想研究》（2013年），谭颖的《西部少数民族地区宗教信仰的心理实证研究》（2013年）。

第五，宗教心理学的学科平台建设初见成效，其社会影响力也不断提升。中国社会科学院世界宗教研究所在持续推进中国宗教心理学的学科建设，为此宗教学理论研究室克服种种困难，做出了持续不懈的努力，致力于每年举办一次“宗教心理学论坛”和出版《宗教心理学》辑刊，为中国宗教心理学研究的学者提供学术交流搭建平台，并为其研究成果的出版提供一定的支持。2014 年至今，由中国社会科学院世界宗教研究所主办的宗教心理学论坛已经举办 5 届，讨论的主题包括宗教心理学发展史和思想史、核心概念和理论、研究方法探新、实践应用以及学科中国化等相关问题。2013 年 6 月，金泽、梁恒豪主编的《宗教心理学》（第一辑）由社会科学文献出版社出版，目前已经出版 4 辑。该辑刊是国内唯一的宗教心理学辑刊，其内容结构大致分为以下几个部分：历史展望、域外视野、理论前沿、思想交谈、学术述评和实证研究，旨在整合学科力量，搭建学术交流平台，为学科发展助力，它的出版发行具有重要的学科建设意义。

总之，宗教心理学学科发展虽然取得了一些进展，但发展相对滞后。虽其修远兮，但已在路上，大有可为，未来可期。

五 宗教社会学

宗教社会学这门学科是在 1978 年以后由国外引进的新兴学科，经历了从无到有、由萧条到繁荣的发展历程。2000 年至 2008 年的宗教社会学为扎根时期，2008 年至今的十年为宗教社会学的繁荣期。

1. 国外宗教社会学专业教材的翻译出版

近十年来，有一些国外的宗教社会学教材或入门读物被译介过来，主要有库尔茨的《地球村里的诸神：宗教社会学入门》（2010 年）与菲尔·朱克曼的《宗教社会学的邀请》（2012 年）。这两本读物为国内年轻人了解宗教社会学的要旨提供了生动的入门教材，也为国内的宗教社会学教材建设树立了样板。

2. 对宗教社会学理论的译介加快、研究进一步深入

J. M. 英格的《宗教的科学研究》也在 2009 年问世。石丽的《帕森斯宗教社会学理论述评》（2011 年）一文、李峰的《罗伯特·贝拉的宗教社会学思想述评》（2011 年）一文、黄海波的《公民社会中的宗教：

罗伯特·伍斯诺的多维分析模式述评》（2011 年）一文，对帕森斯、贝拉、伍斯诺等理论家进行了研究，这属于李向平教授主持的国家社会科学基金《当代美国宗教社会学理论研究》（2015 年）的成果。对经典理论的研究仍在继续，对西美尔的研究，由邵铁峰以北京大学博士论文（2011 年）的形式完成。

对在西方具有范式地位的理论，如世俗化理论、新世俗化理论、宗教市场论的系统研究则刚刚展开。汲喆的《如何超越经典世俗化理论？——评宗教社会学的三种后世俗化论述》（2008 年）与孙尚扬的《世俗化与去世俗化的对立与并存》（2008 年）等文章是探索世俗化与新世俗化理论的代表作。此外，卢云峰的《从类型学到动态研究：兼论信仰的流动》（2013 年）及李峰的《回到社会：对当前宗教社会学研究范式之反思》（2013 年）基于对中国本土宗教概念及宗教与中国社会关系的认识，尝试反思当前的宗教社会学研究，并尽力匡正或拓展宗教社会学理论的视野。

提到中国的宗教社会学，就不得不提著名美籍华人学者杨庆堃的《中国社会中的宗教》（*Religion in Chinese Society*，1961）一书。该书富有创造性地提出制度性宗教与分散性宗教的概念，至今仍对国内外研究中国宗教的学者有着深刻影响。该书的中文本由范丽珠等于 2007 年翻译出版，并于 2016 年出版了中文修订版。

3. 对当代中国宗教的经验研究：定性与量化研究的并行发展

就宗教社会学领域内所发表的相关论文来看，有以下几个值得注意的趋势：理论研究与经验研究并重；定性研究仍居于优势，量化研究有所深入；基于对中国宗教与西方理论深入了解的基础上，对西方理论的批评与反思愈来愈多。

2008 年 10 月，“中国宗教与社会高峰论坛”暨第五届宗教社会科学国际研讨会在北京举行，该论坛汇集了国内外一流的学者，取得了良好的效果，是宗教社会学界标志性的事件。

对中国宗教的经验研究，经历了从无到有，从人文学研究进路走向社会科学研究进路的历程。近十年来，成果不断涌现；科班出身的研究者增多，在高校学科建制中逐渐取得地位；所研究问题也越来越深入。

（1）定性研究

李向平的《信仰但不认同：当代中国信仰的社会学诠释》（2010 年）讨论了在鲜活、丰富的中国宗教生活的现实中套用西方宗教社会学理论而有的尴尬和困难。李峰的《国际社会中的国际宗教非政府组织》（上海人民出版社 2013 年版），对国际宗教非政府组织进行了研究，为国内学界提供了新视野。总体而言，关于佛教、道教与民间宗教的社会学研究依然相对比较缺乏，而对基督教的研究异常火爆。

（2）量化研究

近年来宗教社会学量化研究的一个热点是对中国大学生宗教信仰状况的调查。上海社会科学院的学者在 2008 年 10—12 月对上海市松江大学城 7 所高校学生宗教信仰状况进行了比例整群抽样调查，发表了《上海市松江大学城 7 所高校学生宗教信仰状况》（2009 年）一文。

宗教社会学量化研究于这两年的崛起，既是宗教社会学界转型的结果，又与外专业的加盟具有极大的关系。夏昌奇、王存同的《当代中国超常信仰的经验研究——兼论中国宗教的内容与格局》（2011 年）一文，从对超常信仰的量化分析入手，论及中国宗教的特质，是大陆以量化方式研究此类问题的有效尝试。

提到近年来宗教社会学的量化研究，最引人注目的是中国社会科学院世界宗教研究所课题组于 2010 年 8 月发布的《中国基督教入户问卷调查报告》（2010 年）。该调查报告公布了 2008—2009 年对全国 31 个省、自治区和直辖市基督教新教进行大规模抽样调查的结果，显示我国现有基督徒占全国人口总数的 1.8%，总体估值 2305 万人。

4. 学科建设

宗教社会学的发展，最为重要的是学科的制度化，包括课程设置、学位点等的制度化与规范化。当前，有越来越多的大学或科研院所的社会学系或哲学、宗教学系开设宗教社会学课程，或进行相关的教学、研究。宗教社会学及宗教社会科学，近来在学术机构和学术团队以及研究基金的支持下获得较快发展，这是学科近年来出现的新情况，值得关注。

宗教社会学学科建设得到进一步强化，其重要平台是由中国社会科学院世界宗教研究所宗教学理论研究室主办的《宗教社会学》辑刊和宗教社会学论坛。该论坛已经举办六届、辑刊已出版五辑（2013、2014、2015、2016、2018 年）。此外，2017 年中国社会学会宗教社会学专业委员会成立，这是中国宗教社会学研究发展的一个重要标志。

与此同时，国家社科基金也加大了对宗教社会学类课题的资助力度。2013 年度国家社会科学基金重点项目中宗教学类共有 10 个，其中两项为宗教社会学类课题，占 1/5。

近十年来，宗教社会学在中国取得了丰厚的成果。无论在理论方面还是在经验研究方面，无论在引介西方理论方面还是在反思、批评西方理论、建构中国话语方面，都有所拓展。

六 宗教人类学

近十年来，中国宗教人类学在承继前三十年研究成果的基础上，有了长足的发展。

首先，在学科理论方面，自 2009 年开始，由中国社会科学院世界宗教研究所金泽、陈进国等主编的《宗教人类学》辑刊每年一期以书代刊形式发行。《宗教人类学》汇聚了宗教人类学研究领域的各类成果，成为国内宗教人类学研究领域的领头羊。另外有关学科建设方面的重要著作是金泽的《宗教人类学学说史纲要》（2010 年）的出版，该书凝聚了作者几十年来在宗教人类学研究领域的心血，是国内首部对世界宗教人类学的学科理论与发展脉络进行梳理的经典著作。

其次，在各分支学科研究方面，伊斯兰人类学、基督教人类学、道教人类学、佛教人类学等都形成了自身的研究特色与研究力量。在基督教人类学方面，有曹南来的《建设中国的耶路撒冷》（2014 年），黄剑波、艾菊红主编的《人类学基督教研究导读》（2014 年），黄剑波的《地方文化与信仰共同体的生成》（2013 年），李鹏的《上帝与祖先：东北汉人社会的基督教与亲属制度》（2015 年）。在佛教人类学方面，龚锐的《圣俗之间：西双版纳傣族赕佛世俗化的人类学研究》（2008 年），黄凌飞的《中国南传佛教音乐的人类学研究》（2015 年），章立明等的《民族地区宗教信仰与社会秩序的民族志研究：以南传佛教文化区为例》（2016 年），罗杨的《他邦的文明 ：柬埔寨吴哥的知识、王权和宗教生活》（2016 年）。

伊斯兰人类学方面，马强的《流动的精神社区》(2006年)，张国云的《传统、仪式与精神守望：一个维吾尔村庄的人类学个案》(2016年)。在其他宗教方面，有郭淑云的《中国北方民族萨满出神现象研究》(2008年)，王静的《消弥与重构中的“查玛”：一项宗教仪式的人类学研究》(2011年)，路芳的《火的祭礼：阿细人密祭摩仪式的人类学研究》(2012年)，乌云格日勒的《信仰的薪火相传——成吉思汗祭奠的人类学研究》(2013年)，杨文法的《热贡赛姆耘宗教信仰多样性的民族学研究：类型、功能及其发展趋势》(2013年)，吴凤玲的《萨米人萨满文化变迁研究》(2014年)，宋小飞的《萨满教美术的艺术民俗学解析：以吉林省乌拉街满族镇萨满教为个案》(2014年)，卢成仁的《道中生活：怒江傈僳人的日常生活与信仰研究》(2014年)，秦红增等的《“依峒”天琴：金龙布傣壮族群的信仰与生活》(2015年)，覃延佳的《仪式传统与地方文化建构》(2015年)，孟慧英、吴凤玲的《人类学视野中的萨满医疗研究》(2015年)，金梦瑶的《人类学角度——殷墟卜辞中祖先崇拜研究》(2016年)。

此外，译著方面还有罗伊·A. 拉帕波特著，赵玉燕翻译的《献给祖先的猪》(2016年)；拉基亚·艾拉汝伊·科奈尔著，马仲荣翻译的《初期女性苏菲研究》(2017)；A. A. 张著，丁宏翻译的《东干人的习俗、礼仪与信仰》(2017年)；奥德丽·理查兹著，张举文翻译的《祈颂姑：赞比亚本巴女孩的一次成人仪式》(2017年)。

除了相关著作的出版，近十年来国内也出现了众多的宗教人类学方面的论文，在此不一一列出。

宗教人类学学科的发展还体现在相关学术会议与活动的开展上。由中国社会科学院世界宗教研究所等举办的首届中国宗教人类学论坛2010年在中山大学召开，其后2012年在北京召开了第二届，2013年在兰州召开第三届，2015年第四届在湖南吉首召开。与此同时，以修行为主题的宗教人类学工作坊也连续召开了四届，在宗教人类学界有着广泛的影响。全国范围内相关的会议与讨论也比较多，诸如2013年由中国农业大学举办的“中国农村发展与宗教问题研讨会”，会聚了海内外宗教人类学界的同仁，同样有着广泛的影响。2014年由德国马克斯·普朗克族群与宗教多样性研究所主办、中央民族大学民族文化多样性研究中心合办的“民族与文化多样性”暑期班，在北京中央民族大学举行。2016 年“人类学视野中的民族与宗教”学术研讨会在内蒙古自治区呼和浩特市举行。

此外，2014 年中国人类学民族学研究会宗教人类学专业委员会的成立，是中国宗教人类学研究发展的一个重要标志。2014 年 9 月，“中国人类学民族学研究会宗教人类学专业委员会成立大会暨国际学术研讨会”在浙江大学之江校区举行。同时，除了中国社会科学院世界宗教研究所此类的研究中心开展宗教人类学研究之外，诸如华东师范大学、浙江大学等人类学研究机构也开始形成宗教人类学研究聚集地，相关的讲座、工作坊等学术活动得到了持续性的开展。

第 三 章

宗教哲学研究

张志刚

所谓的宗教哲学有“广义”与“狭义”之分。一般说来，宗教哲学意指“关于宗教的哲学思考”。这种广义的宗教哲学思考可谓传统悠久、形态繁多、范围宽泛，既与各大宗教传统的神哲学体系有不解之缘，又在古今中外的哲学传统里积累了丰厚的思想资源，还见于其他人文和社会科学领域的思想家对于宗教现象所做的大量哲理性反思。狭义的宗教哲学则是指，20 世纪中后期以来宗教哲学在国际学术界日渐专业化的研究趋向，即致力于将其建设成为一个横跨哲学与宗教学的、相对独立的研究分支。于是，这种狭义的宗教哲学也就有了“交叉性的学术身份”——既可看作当代哲学的一个分支，更应算作宗教学的一个分支。

显然，若要全面回顾新中国成立以来的相关研究状况，上述两种意义上的宗教哲学研究成果均应纳入评述范围。不过事先要说明三点：其一，尽管本书限定的研讨范围为 1949 年至 2019 年的“当代中国宗教学研究”，但由于众所周知的历史原因，宗教哲学不仅像其他哲学、人文和社会科学领域一样，直到改革开放后才得以恢复重建，而且如同宗教学的大多数分支，在改革开放前几乎没有发表多少学术成果，所以笔者抱着“向前看的探索态度”，主要通过回顾近 40 年来的宗教哲学研究成果，提出“一条学科建设展望思路”；其二，与改革开放前形成鲜明的对比，近 40 年的宗教哲学研究蓬勃发展，其学术成果堪称蔚为大观，难以历数，为使读者概要了解研究现状，本章列举的主要是我国学者所撰写的宗教哲学著作和宗教哲学辑刊，但这绝不意味着轻视其他大量研究成果，像大量的译著和散见的论文等；其三，下述“回顾与展望思路”大体是这样展开的：

首先列举我国学者的主要研究成果，这是第一部分；进而沉思宗教哲学研究之于中国文化、思想和学术背景的特殊重要意义，此为第二部分；随后试就创建中国特色的宗教哲学体系提出“一条三者结合的探索思路”，这是本章的主要内容，构成了后三部分。

第一节 我国学者宗教哲学研究成果举要

总的来看，新中国成立以来的宗教哲学研究，可归纳为三大方面：马克思主义宗教哲学思想研究，各大宗教传统哲学思想研究，作为新理论分支的宗教哲学研究。下面先来分头梳理一下我国学者在这三方面所发表的主要著作。

一 马克思主义宗教哲学思想研究

在以往关于我国宗教学研究状况的综述中，这方面的内容一般被并入马克思主义的宗教理论研究，而笔者将其单列出来并置于首位，主要有两点理由：一点是，从马克思主义创始人——马克思和恩格斯的原著来看，他们所创建的唯物史观的宗教理论实质上是一种关于宗教现象的哲学学说，正是据此，笔者把新中国成立以来关于马克思主义宗教理论的研究成果主要算作“宗教哲学的”；另一点是，就新中国成立以来的宗教研究而言，唯物史观的宗教理论不但在宗教哲学研究里，而且在整个宗教研究领域，都自始至今占有主流的或主导性的学术地位，此为“中国宗教学国情”，对任何评论者（包括国外专家）来说，都是首先不可忽视的。

关于马克思主义的宗教理论研究，在中国是从系统地编译经典作家的相关论述入手的。这方面的研究成果主要有：武剑西译《马克思恩格斯论宗教》（人民出版社，1953 年），中国社会科学院世界宗教研究所编《马克思恩格斯论宗教》（中国社会科学出版社，1979 年），雷镇阊编《马克思恩格斯列宁斯大林论宗教》（中国社会科学出版社，1979 年），郑天星编《马克思恩格斯论无神论、宗教和教会》（华文出版社，1991 年），国务院宗教事务局政策法规司编《马克思恩格斯列宁斯大林论宗教问题》

(中国社会科学出版社，1992 年)，郑天星、张雅平编译《列宁论无神论、宗教和教会》(华文出版社，1993 年)，中共中央马克思恩格斯列宁斯大林著作编译局编《马克思恩格斯列宁斯大林论宗教和无神论》(人民出版社，1999 年)，国家宗教事务局宗教干部培训中心编《马克思恩格斯列宁宗教问题著作选编及讲解》(宗教文化出版社，1999 年)，中共中央马克思恩格斯列宁斯大林著作编译局编《恩格斯论宗教》(人民出版社，2001 年)，国家宗教事务局宗教研究中心选编《马克思恩格斯列宁论宗教》(宗教文化出版社，2008 年)，中国社会科学院世界宗教研究所马克思主义宗教观研究课题组主编、唐晓峰摘编《马克思恩格斯列宁论宗教》(人民出版社，2010 年)，唐晓峰主编《马克思恩格斯列宁斯大林论宗教》(中国社会科学出版社，2013 年)，国家宗教事务局宗教研究中心编《马克思恩格斯列宁论宗教著作精选和导读》(宗教文化出版社，2016 年) 等。

关于马克思主义宗教理论的研究著作主要有：施船升著《马克思主义宗教观及其相关动向》(四川人民出版社，1998 年)，牛苏林著《马克思恩格斯的宗教理解》(河南人民出版社，2002 年)，龚学增著《马克思主义宗教观》(中国藏学出版社，2004 年)，王珍著《马克思恩格斯宗教思想研究》(宗教文化出版社，2005 年)，万斌著《马克思恩格斯宗教理论探要》(社会科学文献出版社，2006 年)，龚学增著《马克思主义宗教观与党的宗教工作方针》(中央编译出版社，2007 年)，王志军著《论马克思的宗教批判》(中国社会科学出版社，2007 年)，何虎生著《中国化马克思主义宗教观研究》(华文出版社，2007 年)，魏琪著《马克思主义宗教观的形成与变迁》(宗教文化出版社，2008 年)，陈荣富著《马克思主义宗教观研究》(四川人民出版社，2008 年)，宫玉宽主编《马克思主义宗教观研究资料选编》(中央民族大学出版社，2008 年)，卓新平、唐晓峰主编《论马克思主义宗教观》(社会科学文献出版社，2009 年)，吕大吉、高师宁著《马克思主义宗教理论研究》(中国社会科学出版社，2011 年)，曾传辉主编《马克思主义宗教观研究》(2010、2011、2012、2013、2014 年专辑，社会科学文献出版社，2011、2013、2013、2015、2017 年)，卓新平著《马克思主义宗教观探究》(中华书局，2013 年)，李建生著《马克思主义宗教观教育的理论与实践研究》(中国社会科学出版社，2013 年)，常宏著《马克思主义宗教观》(民主法治出版社，2015 年)，王来法主编《马克思主义宗教观概论》(浙江大学出版社，2016 年)，卓新平著《马克思主义经典作家关于宗教的基本观点研究》(人民出版社，2017 年) 等。

二 各大宗教传统哲学思想研究

宗教与哲学有不解之缘，东西方宗教都内含丰富的哲学思想。因而，广泛发掘各大宗教传统所蕴藏的哲学思想资源，加以系统化的梳理和现代性的阐释，是宗教哲学研究的一项基础工作。经过长期努力，特别是改革开放 40 多年以来，我国学者在这一领域已取得了大量研究成果。

(一) 佛教哲学研究的代表作有：黄心川著《印度佛教哲学》(任继愈主编《中国佛教史》第一卷附录四，中国社会科学出版社，1981 年)，严北溟著《中国佛教哲学简史》(上海人民出版社，1985 年)，方立天著《佛教哲学》(中国人民大学出版社，1986、1991 增订版)，赖永海著《中国佛性论》(上海人民出版社，1988 年)，洪修平著《禅宗思想的形成与发展》(江苏古籍出版社，1992 年)，班班多杰著《拈花微笑：藏传佛教哲学境界》(青海人民出版社，1996 年)，姚卫群著《佛教般若思想发展源流》(北京大学出版社，1996 年)，吴言生著《禅学哲学象征》(中华书局，2001 年)，张风雷著《智顗佛教哲学述评》(佛光山文教基金会，2001 年)，方立天著《中国佛教哲学要义》(上、下卷，中国人民大学出版社，2002 年)，李四龙著《天台智者研究——兼论宗派佛教的兴起》(北京大学出版社，2003 年)，赖永海著《中国佛教与哲学》(宗教文化出版社，2004 年)，乔根锁著《西藏的文化与宗教哲学》(高等教育出版社，2004 年)，刘俊哲、罗布江村编《藏传佛教哲学思想资料辑要》(民族出版社，2007 年)，刘泽亮著《宗说俱通——佛教语言观》(宗教文化出版社，2007 年)，杜继文著《汉译佛教经典哲学》(上、下卷，江苏人民出版社，2008 年)，徐文明著《中国佛教哲学》(宗教文化出版社，2008 年)，陈红兵著《佛教生态哲学研究》(宗教文化出版社，2011 年)，李四龙著《天台宗与佛教史研究》(宗教文化出版社，2011 年)，成建华著《佛教义理研究》（宗教文化出版社，2012 年），何欢欢著《〈中观心论〉及其古注〈思择炎〉研究》（中国社会科学出版社，2013 年），姚卫群著《印度婆罗门教哲学与佛教哲学比较研究》（中国大百科全书出版社，2015 年），郑伟宏主编《佛教逻辑研究》（中西书局，2016 年），张云江著《唐君毅佛教哲学思想研究》（高等教育出版社，2016 年），姚卫群著《佛教与印度哲学研究》（中国大百科全书出版社，2016 年），张源旺著《从空性到佛性——晋宋佛学核心论题的转换》（武汉大学出版社，2016 年），史经鹏著《从法身至佛性——庐山慧远与道生思想研究》（人民出版社，2016 年），解兴华著《庐山慧远与中国哲学心性本体论的建立》（西南师范大学出版社，2016 年），宇恒伟著《汉地民俗佛教的哲学思考——以唐宋为中心》（中国社会科学出版社，2016 年），吴忠伟著《宋代天台佛教思想研究》（宗教文化出版社，2017 年），学愚著《汉传佛教义理研究》（宗教文化出版社，2017 年），学愚主编《佛学思想与佛教文化研究（上、下）》（社会科学文献出版社，2017 年），冯焕珍著《经藏游意——佛教义学综论》（上海古籍出版社，2017 年），阿忠荣著《佛教哲学概论》（青海民族出版社，2017 年），叶离集撰《佛学之哲思径观》（上海三联书店，2018 年），姚卫群著《佛教思想与印度文化》（北京大学出版社，2018 年）等。

（二）道教哲学研究的主要著作有：卿希泰著《中国道教思想史纲》（上、下卷，四川人民出版社，1980、1985 年），汤一介著《郭象与魏晋玄学》（湖北人民出版社，1983 年），汤一介著《魏晋南北朝时期的道教》（陕西师范大学出版社，1988 年），牟钟鉴、胡孚琛、王葆玹主编《道教通论——兼论道家学说》（齐鲁书社，1991 年），卢国龙著《中国重玄学》（人民中国出版社，1993 年），李刚著《汉代道教哲学》（巴蜀书社，1994 年），李养正著《道教经史论稿》（华夏出版社，1994 年），姜生著《汉魏两晋南北朝道教伦理论稿》（四川大学出版社，1995 年），张广保著《金元全真道内丹心性学》（生活·读书·新知三联书店，1995 年），张继禹著《道法自然与环境保护》（华夏出版社，1995 年），李大华著《道教思想》（广东人民出版社，1996 年），卢国龙著《道教哲学》（华夏出版社，1997 年），胡孚琛、吕锡琛著《道学通论》（社会科学文献出版社，1999年），周立生著《两汉易学与道教思想》（上海文化出版社，2001年），刘固盛著《宋元老学研究》（巴蜀书社，2001年），王宗昱著《道教义枢研究》（上海文化出版社，2001年），陈少峰著《宋明理学与道家哲学》（上海文化出版社，2001年），李大华著《生命存在与境界超越》（上海文化出版社，2001年），刘宁著《刘一明道教思想研究》（巴蜀书社，2001年），杨立华著《匿名的拼接——内丹观念下道教长生技术的开展》（北京大学出版社，2002年），强昱著《从魏晋玄学到初唐玄学》（上海文化出版社，2002年），李大华、李刚、何建明著《隋唐道家与道教》（广东人民出版社，2003年），郑开著《道家形而上学研究》（宗教文化出版社，2003年），孙亦平著《杜光庭思想与唐宋道教的转型》（南京大学出版社，2004年），章伟文著《宋元道教易学初探》（巴蜀书社，2005年），李刚著《重玄之道开启众妙之门——道教哲学论稿》（巴蜀书社，2005年），王卡著《道教经史论丛》（巴蜀书社，2007年），赵芃著《道教自然观研究》（巴蜀书社，2007年），姜守诚著《〈太平经〉研究——以生命为中心的综合考察》（社会科学文献出版社，2007年），刘笑敢著《道教》（上海古籍出版社，2008年），金晟焕著《黄老道探源》（中国社会科学出版社，2008年），安乐哲主编《道教与生态——宇宙景观的内在之道》（江苏教育出版社，2008年），李刚著《何以“中国根柢全在道教”—— 道教哲学论稿之二》（巴蜀书社，2008年），孔又专著《陈抟道教思想研究》（巴蜀书社，2009年），孙亦平著《道教文化》（南京大学出版社，2009年），李养正著《道教义理综论（上）》（宗教文化出版社，2009年），卿希泰主编《中国道教思想史（第1—4卷）》（人民出版社，2009年），詹石窗、谢清果著《中国道家之精神》（复旦大学出版社，2009年），潘显一等著《道教美学思想史研究》（商务印书馆，2010年），岑孝清著《李道纯中和思想及其丹道阐真》（宗教文化出版社，2010年），罗中枢著《重玄之思——成玄英的重玄方法和认识论研究》（巴蜀书社，2010年），丁原明、白如祥、李延仓著《早期全真道教哲学思想论纲》（齐鲁书社，2011年），孙亦平著《道教思想研究论集》（巴蜀书社，2011年），张尚仁著《道家哲学》（人民出版社，2011年），史冰川著《道与化——道家道教以“道”化人思想研究》（巴蜀书社，

2012 年），李延仓著《道体的失落与重建——从〈庄子〉、郭〈注〉到成〈疏〉》（中国人民大学出版社，2013 年），丁常春著《道教性命学概论》（社会科学文献出版社，2013 年），朱越利主编《理论视角方法——海外道教学研究》（齐鲁书社，2013 年），程群著《道教生死观研究》（宗教文化出版社，2014 年），余平著《神仙信仰现象学引论——对几部早期道经的思想性读解》（四川大学出版社，2015 年），陈鼓应主编《老子的学说与精神——历史与当代》（中国社会科学出版社，2016 年），程乐松著《中古道教类书与道教思想》（宗教文化出版社，2017 年），孙亦平《唐宋道教的转型》（中华书局，2018 年），郑开著《道家形而上学研究》（中国人民大学出版社，2018 年，增订版）等。

（三）基督教哲学研究的主要著作有：薛华著《黑格尔对基督教的批判——论基督教的“实定论”》（中国社会科学出版社，1980 年），尹大贻著《基督教哲学》（四川人民出版社，1988 年），傅乐安著《托马斯·阿奎那基督教哲学》（上海人民出版社，1990 年），唐逸著《西方文化与中世纪神哲学思想》（台湾东大图书公司，1992 年），李秋零著《上帝·宇宙·人》（中国人民大学出版社，1992 年），范明生著《晚期希腊哲学与基督教神学：东西方文化的汇合》（上海人民出版社，1993 年），张志刚著《猫头鹰与上帝的对话：基督教哲学问题举要》（东方出版社，1993 年），谢地坤著《费希特的宗教哲学》（中国社会科学出版社，1993 年），赵敦华著《基督教哲学 1500 年》（人民出版社，1994 年），赵林著《黑格尔的宗教哲学》（武汉大学出版社，1997 年），王晓朝著《基督教与文化帝国：关于希腊罗马护教论与中国护教论的比较研究》（东方出版社，1997 年），李秋零著《尼古拉·库萨》（台湾东大图书公司，1997 年），王晓朝著《神秘与理性的交融——基督教神秘主义探源》（杭州大学出版社，1998 年），王亚平著《基督教的神秘主义》（东方出版社，2001 年），周伟驰著《记忆与光照——奥古斯丁神哲学研究》（社会科学文献出版社，2001 年），章雪富著《基督教的柏拉图主义——亚历山大里亚的逻各斯基督论》（上海人民出版社，2001 年），王晓朝主编《信仰与理性——古代基督教教父思想家评传》（东方出版社，2001 年），《圣言·人言——神学诠释学》（上海译文出版社，2002 年），王晓朝著《教父学研究——文化视野下的教父哲学》（河北大学出版社，2003 年），章雪富著《圣经与希腊主义的双重视野——奥利金其人及神学思想》（中国社会科学出版社，2004 年），孙毅著《个体的人——祁克果的基督教生存思想》（中国社会科学出版社，2004 年），刘时工著《爱与正义——尼布尔基督教伦理思想研究》（中国社会科学出版社，2004 年），章雪富著《希腊哲学的 Being 与早期基督教的上帝观》（中国社会科学出版社，2005 年），唐逸著《理性与信仰——西方中世纪哲学思想》（广西师范大学出版社，2005 年），周伟驰著《奥古斯丁的基督教思想》（中国社会科学出版社，2005 年），刘海涛著《基督教在西方哲学中的沉浮》（民族出版社，2005 年），杜丽燕著《爱的福音——中世纪基督教人道主义研究》（华夏出版社，2005 年），张宪著《启示的理性：欧洲哲学与基督宗教思想》（巴蜀书社，2006 年），溥林著《中世纪的信仰与理解——波拉文图拉神哲学导论》（香港道风书社，2006 年），黄铭著《过程与拯救——怀特海哲学及其宗教文化意蕴》（宗教文化出版社，2006 年），唐晓峰著《赵紫宸神学思想研究》（宗教文化出版社，2005 年），翟志宏著《阿奎那自然神学思想研究》（人民出版社，2007 年），刘素民著《托马斯·阿奎那自然法思想研究》（人民出版社，2007 年），唐晓峰著《谢扶雅的宗教思想》（宗教文化出版社，2007 年），黄裕生著《宗教与哲学的相遇——奥古斯丁与托马斯·阿奎那的基督教哲学研究》（江苏人民出版社，2008 年），张庆熊著《道、生命与责任》（上海三联书店，2009 年），杨华明著《十字架上的盼望——莫尔特曼神学的辩证解读》（社会科学文献出版社，2010 年），王齐著《生命与信仰——克尔凯郭尔假名写作时期基督教哲学思想研究》（江苏人民出版社，2010 年），赵敦华著《圣经历史哲学》（江苏人民出版社，2011 年），董江阳著《预定与自由意志——基督教阿米尼乌主义及其流变》（中国社会科学出版社，2011 年），刘国鹏著《刚恒毅与中国天主教的本地化》（社会科学文献出版社，2011 年），王蓉著《苦难与拯救——保罗·尼特的宗教多元论与宗教对话思想研究》（宗教文化出版社，2011 年），刘素民著《阿奎那》（云南教育出版社，2012 年），罗跃军著《基督教早期希腊教父思想中的三位一体问题初探》（黑龙江大学出版社，2012 年），吴增定著《〈敌基督者〉讲稿》（生活·读书·新知三联书店，2012年），章雪富著《基督教的柏拉图主义——亚历山大里亚学派的逻各斯基督论》（中国社会科学出版社，2012年），罗跃军著《尼撒的格列高利基督教哲学思想研究》（人民出版社，2013年），徐龙飞著《形上之路——基督宗教的哲学建构方法研究》（北京大学出版社，2013年），孙帅著《自然与团契——奥古斯丁婚姻家庭学说研究》（上海三联书店，2014年），刘素民著《托马斯·阿奎那伦理思想研究》（中国社会科学出版社，2014年），董尚文著《阿奎那语言哲学研究》（人民出版社，2015年），徐弢著《基督教哲学中的灵肉问题研究》（中国社会科学出版社，2017年），吴飞著《心灵秩序与世界历史——奥古斯丁对西方古典文明的终结》（上海三联书店，2018年），吴功青著《上帝与罗马——奥利金与早期基督教的宗教—政治革命》（上海三联书店，2018年），董尚文著《托马斯哲学专题研究》（华中科技大学出版社，2018年），徐龙飞著《永恒之路——奥古斯丁本体形上时间哲学研究》（商务印书馆，2018年），徐龙飞著《循美之路——基督宗教本体形上美学研究》（商务印书馆，2018年）等。

（四）伊斯兰哲学研究的主要著作有：蔡德贵著《阿拉伯哲学史》（山东大学出版社，1992年），秦惠彬著《伊斯兰哲学百问》（今日中国出版社，1994年），金宜久著《伊斯兰教的苏非神秘主义》（中国社会科学出版社，1995年），李振中、王家瑛主编《阿拉伯哲学史》（北京语言文化大学出版社，1995年），陈中耀著《阿拉伯哲学》（上海外语教育出版社，1995年），沙宗平著《伊斯兰哲学》（中国社会科学出版社，1995年），蔡德贵、仲跻昆主编《阿拉伯近现代哲学》（山东大学出版社，1996年），金宜久著《中国伊斯兰探秘——刘智研究》（东方出版社，1999年），蔡德贵主编《当代阿拉伯哲学研究》（人民出版社，2001年），刘一虹著《当代阿拉伯哲学思潮》（当代中国出版社，2001年），王家瑛著《伊斯兰宗教哲学史》（上、中、下卷，宗教文化出版社，2003年），沙宗平著《中国的天方学——刘智哲学研究》（北京大学出版社，2004年），杨桂萍著《马德新思想研究》（宗教文化出版社，2004年），孙振玉著《王岱舆、刘智评传》（南京大学出版社，2006年），刘一虹著《回儒对话——天方之经与孔孟之道》（宗教文化出版社，2006年），金宜久著《王岱舆思想研究》（民族出版社，2008 年），王新生著《古兰经与伊斯兰文化》（宁夏人民出版社，2009 年），哈宝玉著《伊斯兰教法——经典传统与现代诠释》（中国社会科学出版社，2011 年），周燮藩著《苏非之道——伊斯兰教神秘主义研究》（中国社会科学出版社，2012 年），丁士仁著《阿拉伯哲学名著译介》（中国社会科学出版社，2014 年），朱国明著《明清回族伊斯兰哲学范畴研究》（宁夏人民出版社，2015 年），金宜久著《中国伊斯兰先贤——马注思想研究》（社会科学文献出版社，2016 年）等。

（五）关于中国宗教哲学思想史的著作主要有，汤一介著《中国传统文化中的儒释道》（中国和平出版社，1988 年），汤一介著《儒释道与内在超越问题》（江西人民出版社，1991 年），严耀中著《中国宗教与生存哲学》（学林出版社，1991 年），赖永海著《佛学与儒学》（浙江人民出版社，1992 年；中国人民大学出版社，2017 年，修订版），谭德贵著《多维文化视野下的周易》（齐鲁书社，2004 年），聂清著《儒释道人生哲理书》（北京图书馆出版社，2004 年），麻天祥著《中国宗教哲学史》（人民出版社，2006 年），李申著《隋唐三教哲学》（巴蜀书社，2007 年），洪修平主编《儒佛道哲学名著选编》（南京大学出版社，2006 年），张西平著《丝绸之路中国与欧洲宗教哲学交流研究》（新疆人民出版社，2010 年），赖永海、王月清主编《宗教与道德劝善》（江苏古籍出版社，2001 年），詹石窗著《易学与道教思想关系研究》（厦门大学出版社，2001 年），洪修平著《中国儒佛道三教关系研究》（中国社会科学出版社，2011 年），赵法生著《原始儒家人性论》（中国社会科学出版社，2012 年），张广保、杨浩主编《儒释道三教关系研究论文选粹》（华夏出版社，2016 年），牟钟鉴著《儒道佛三教关系简明通史》（人民出版社，2018 年）等。

（六）印度宗教哲学研究的著作主要有：黄心川著《印度哲学史》和《印度近现代哲学史》（商务印书馆，1989 年），巫白慧著《印度哲学与佛教》（中国佛教文化研究所，1991 年），姚卫群著《印度宗教哲学百问》（今日中国出版社，1992 年），李建新著《印度古代瑜伽哲学思想研究》（北京大学出版社，2000 年），高扬、荆三隆著《印度哲学与佛学》（太白文艺出版社，2004 年），尚劝余著《圣雄甘地宗教哲学研究》（中国社会科学出版社，2004 年），武学国著《存在·自我·神性——印度哲学与宗教思想研究》（中国社会科学出版社，2006 年），姚卫群著《印度宗教哲学概论》（北京大学出版社，2006 年），高杨、荆三隆著《印度哲学与中国佛学文集》（太白文艺出版社，2006 年），周贵华著《唯识通论——瑜伽行学义诠》（中国社会科学出版社，2009 年），汪志强著《印度佛教净土思想研究》（巴蜀书社，2010 年）等。

（七）犹太哲学研究的著作有：傅有德等著《现代犹太哲学》（人民出版社，1999 年），傅有德著《犹太哲学与宗教研究》（中国社会科学出版社，2007 年），傅有德等著《犹太哲学史》（中国人民大学出版社，2008 年），章雪富著《斐洛思想导论——犹太的律法和自我的治疗》（中国社会科学出版社，2008 年），刘精忠著《犹太神秘主义概论》（中国社会科学出版社，2015 年），赵同生著《迈蒙尼德宗教哲学思想研究》（上海三联书店，2016 年）等。

（八）关于俄罗斯宗教哲学思想研究的著作主要有：张百春著《当代东正教神学思想——俄罗斯东正教神学》（上海三联书店，2000 年），徐凤林著《俄罗斯宗教哲学》（北京大学出版社，2006 年），徐凤林著《索洛维约夫哲学》（商务印书馆，2007 年），杨芳著《仰望天堂——陀思妥耶夫斯基的历史观》（中山大学出版社，2007 年），郭丽双著《对客体化世界的反抗——别尔嘉耶夫思想研究》（上海社会科学院出版社，2008 年），贾泽林著《二十世纪九十年代的俄罗斯哲学》（商务印书馆，2008 年），张百春著《风随着意思吹——别尔嘉耶夫宗教哲学研究》（黑龙江大学出版社，2011 年），车玉玲著《遭遇虚无与回到崇高——白银时代的俄罗斯宗教哲学》（中国社会科学出版社，2012 年），徐凤林著《东正教圣像史》（北京大学出版社，2012 年）等。

三　作为新理论分支的宗教哲学研究

这里所说的“作为新理论分支的宗教哲学研究”，就是指本文开篇所界定的“狭义的宗教哲学”，即把宗教哲学作为一个相对独立的理论分支而进行的研究工作。国际学术界一般认为，宗教学是一门新兴的交叉性学科。若把缪勒（Friedrich Max Müller，1823—1900 年）的《宗教学导论》（1873 年）视为这门学科的奠基作或形成标志，其探索历程不过百余年。按照缪勒的学术主张，所谓的宗教学就是要广泛借鉴哲学、人文和社会科学的理论观点，以客观的态度和比较的观念，全面地研究世界上所有的宗教现象。哲学思维素以理性反思见长，再与宗教学所倡导的比较研究观念相融合，便形成了宗教哲学这样一个新的理论生长点。

改革开放以来，我国学者在这一新研究领域发表的著作主要有：何光沪著《多元化的上帝观——20 世纪西方宗教哲学概览》（贵州人民出版社，1991 年），王志成著《解释与拯救——宗教多元哲学论》（学林出版社，1996 年），张志刚著《理性的彷徨——现代西方宗教哲学理性观比较》（东方出版社，1997 年），杨慧林著《追问上帝——信仰与理性的辩难》（北京教育出版社，1999 年），王志成著《宗教、解释与和平——对约翰·希克宗教多元论的建设性研究》（四川人民出版社，1999 年），王志成、思竹著《神圣的渴望——一种宗教哲学》（江苏人民出版社，2000 年），张志刚著《宗教哲学研究——当代观念、关键环节及其方法论批判》（中国人民大学出版社，2003 年；2009 年，增订版），单纯著《宗教哲学》（中国社会科学出版社，2003 年），王志成著《和平的渴望——当代宗教对话理论》（宗教文化出版社，2003 年），单纯著《当代西方宗教哲学》（中国社会科学出版社，2004 年），赵广明著《理念与神——柏拉图的理念思想及其神学意义》（江苏人民出版社，2004 年），思竹著《巴比塔之后——雷蒙·潘尼卡回应时代挑战》（宗教文化出版社，2004 年），王志成著《全球宗教哲学》（宗教文化出版社，2005 年），梁骏著《普兰丁格的宗教认识论》（中国社会科学出版社，2006 年），朱东华著《从“神圣”到“努秘”——鲁道夫·奥托的宗教现象学抉微》（宗教文化出版社，2007 年），查常平著《历史与逻辑——作为逻辑历史学的宗教哲学》（巴蜀书社，2007 年），王志成著《解释、理解与宗教对话》（宗教文化出版社，2007 年），何光沪著《百川归海——走向全球宗教哲学》（中国社会科学出版社，2008 年），周伟驰著《彼此内外——宗教哲学的新齐物论》（宗教文化出版社，2008 年），赵广明著《康德的信仰——康德的自由、自然和上帝理念批判》（江苏人民出版社，2008 年），铁省林《哈贝马斯宗教哲学思想研究》（山东大学出版社，2009 年），赵广明著《尼采的启示——尼采宗教哲学研究》（社会科学文献出版社，2012 年），卓新平、王晓朝、安伦主编《从宗教和谐到世界和谐——宗教共同体论文集》（学林出版社，2011 年），李林著《信仰的内在超越与多元统一——史密斯宗教学思想研究》（社会科学文献出版社，2012 年），先刚著《哲学与宗教的永恒同盟——谢林〈哲学与宗教〉释义》（北京大学出版社，2015 年），吕大吉著《哲学与宗教学研究》（中国社会科学出版社，2016 年），李林著《理一分殊——宗教多元论研究》（宗教文化出版社，2016 年），钱雪松著《张力中的朝圣者——宗教多样性问题之知识论研究》（中国政法大学出版社，2016 年），朱东华著《宗教学学术史问题研究》（清华大学出版社，2016 年），张仕颖著《路德与惠能思想比较研究》（中国社会科学出版社，2018 年），金泽、赵广明主编《宗教与哲学》（第一至第七辑，社会科学文献出版社，2012，2013，2014，2015，2016，2017，2018 年）等。

第二节　宗教哲学研究的“中国学术意义”

尽管前一节只是侧重梳理了近 40 年来我国学者发表的主要著作，未能反映新中国成立以来的宗教哲学研究全貌，但此种主要成果展示已足以给人留下这样一点强烈印象：改革开放后，宗教哲学研究不但在中国学术界得以迅速重建、长足发展，而且其学术著作的数量之多、分量之重，视野之广、思维之活跃、理论之深入等，均使这一分支在中国宗教学界占有首要地位。

上述强烈印象并非笔者个人独有，正如海内外专业人士明显感受到的那样，中国大陆自 20 世纪 70 年代末恢复正常的学术研究后，起初筹划宗教学重建工作的专家学者大多“出身哲学”，统领宗教研究领域的学术前辈大多“出身哲学”，迄今出版的那些具有标志性的研究成果也大多出自“哲学型的宗教专家”之手。从改革开放后宗教学教学与科研机构的创建情况来看，也可证实以上印象或感受。1982 年，中国国立大学史上的第一个宗教学本科专业，是由北京大学哲学系与中国社会科学院世界宗教研究所联合创办的；此后国内重点大学陆续开办的多个宗教学专业也都设在哲学院系，再往后数所国内重点高校相继创建的宗教学系还是依托于哲学院系。

关于上述学术背景和学科建制状况，似可满足于这样一种历史的解释：在新中国成立后制定的学科分类目录里，宗教研究（后称宗教学）一直是作为二级学科而被列于哲学之下。近些年来虽然不断有专家学者提议，鉴于国际学术界已把宗教学看作一门新兴的交叉性学科，我国学术研究主管部门也应该尽快将其升格为一级学科，但此种建议只是部分地被采纳了，即在国家级和省部级哲学社会科学研究基金的评审工作中已把宗教学单列出来了，而仍未将其正式定为一级学科。同时鉴于宗教学具有显著的交叉性或跨学科性，不少海内外中青年学者认为，中国大陆宗教学界不应偏重于哲学和史学的理论和方法，尚需大力加强人文科学，特别是社会科学的诸多宗教研究方向，像宗教社会学、宗教人类学、宗教心理学等。持此看法的年轻学者，将这些研究方向统称为“宗教社会科学研究”，甚至认为此类“实证性的宗教研究”较之“思辨性的宗教哲学”更为可行、更为先进。

在笔者看来，上述“历史的解释”和“时兴的看法”自然都是不无道理的，但值得深思之处在于：前述“历史的解释”是否尚停留于“表面的史实”，而没能深刻说明中国宗教学界何以长期重视宗教哲学的历史原因呢？同样，前述“时兴的看法”是否也未曾沉思过这一历史原因呢？以上铺垫说明显得有些长了。归结起来，这一小节之所以题为“宗教哲学研究的‘中国学术意义’”，就是想和读者一起探讨：在中国的文化、思想和学术背景下，宗教哲学研究到底具有何种“特殊的重要意义”？

按照笔者的切身体会，我国的宗教哲学研究之所以自改革开放以来显得非常活跃，十分重要，的确是有其更久远、更深刻、也更复杂的历史原因的，即可以溯因于中国文化、思想及其学术传统。让我们先从关于中国文化和思想史的一个总体性判断谈起。

如果我们说中国文化史上那些最有影响的思想家历来就十分重视宗教哲学思考，即一向致力于对宗教现象做出哲学的反思和理性的解释，这个大体判断想必不会失之偏颇，因为远到孔子、墨子、老子、庄子和荀子等，近至章炳麟、谭嗣同、孙中山、梁启超和康有为等，大多对宗教现象做过这样或那样的哲学沉思；而在20世纪二三十年代以来中国学术界的宗教研究里，像蔡元培、胡适、熊十力、汤用彤、梁漱溟等一批著名的哲学家，更是发挥了其他任何一门学科的研究者都无法取代的思想影响。由此来看，自中国大陆改革开放、恢复正常的学术研究伊始，宗教学界里一批“出身哲学”的前辈学者，像任继愈、黄心川、汤一介、卿希泰、吕大吉、方立天、楼宇烈、杜继文、金宜久、牟钟鉴等便倾力于宗教哲学研究，同时北京大学、中国人民大学、中央民族大学、复旦大学、南京大学、武汉大学、山东大学、浙江大学等重点高校的哲学院系相继创办了宗教学专业和宗教学系，可以说是继承发扬了中国文化和思想史的深厚学统，证实了在中国文化、思想及其学术背景下大力加强宗教哲学研究既有历史的必然性，又有现实的重要性。

那么，为什么中国历代思想家会十分重视宗教哲学思考呢？而承接中国文化和思想史之深厚学统的宗教哲学研究，自改革开放后为什么又会形成中国大陆宗教学界的鲜明特色，并发挥引领性的重要作用呢？这里的问题要追究起来，显然说来话长，难以详细解答。所以，我们还是提纲挈领，接着“中国文化和思想史的深厚学统”这个关键话题，看看能否在研讨思路上从中国哲学史的学科创建人之一冯友兰先生那里得到一些启发。

> 哲学在中国文明里所占据的地位，一向可跟宗教在其他诸多文明里的地位相比。在中国，哲学一向为每个受过教育的人所关注。从前，只要一个人接受教育，首先传授给他的就是哲学。儿童一入学，首先要教他们念《四书》，即《论语》《孟子》《大学》和《中庸》。《四书》曾是新儒家哲学的最重要的读本。有的时候，小孩子刚开始认字，就让他们来念一种教材，这就是有名的《三字经》……这本书实际上是个识字课本，它的头一句话便是“人之初，性本善”。这

句话是孟子哲学的基本观念之一。[①]

这段引文是冯友兰先生的名著《中国哲学简史》的开场白。该书原为英文版，是依照冯先生1946—1947学年在美国宾夕法尼亚大学教授中国哲学史课程的讲稿整理而成的。从时间上推断，该书可以说是中国学者首次应邀在西方大学系统地讲授中国哲学史的记录。从此学术背景来阅读这部名著的话，我们可以体会到，当一位中国学者初次向西方听众来讲解中国哲学史时，冯先生一开口想说的就是，以儒家思想为主要源流的中国古典哲学，在我们这个历史悠久的文明古国的文化传统，特别是教育和学术传统里占有多么重要的地位。这里尤其值得注意的是，冯先生阐明中国哲学的重要地位时，是相比于“宗教”在其他文明里的重要地位而言的。

冯先生的上述见解，对于理解中国文化的思想特质、中国哲学史的学科创建以及“中国哲学研究的北大学派”，均有重要影响。张岱年先生所著《国学要义》里，专有一篇来探讨“中国文化与中国哲学的关系”，而其第一个小标题就点明“哲学是文化的思想基础”。张先生就此解说如下：

> 文化的范围很广，包括哲学、科学、文学、艺术、宗教、教育、风俗等等。哲学是文化的核心，是在文化整体中起主导作用的。科学、文学、艺术、教育等等莫不受哲学思想的引导和影响。[②]

用时下通俗的说法，张先生的上述解释是“很中国化的”，即颇有中国特色地阐明了哲学在整个中国文化中的主导地位及其根本影响。同样的理解与阐释也见于汤一介先生晚年的论著，但在下引这段较长的文字里，汤先生也让我们思考“中国哲学学科”的形成过程与发展问题：

> 文化有种种定义，但无论如何文化包含哲学，就一定意义说哲学

---

① Fung Yu-Lan, *A Short History of Chinese Philosophy*, Edited by Derk Bodde, New York: The Free Press, 1976, p. 1.

② 张岱年：《国学要义》，北京大学出版社2012年版，第17页。

> 是文化的核心。对一种文化的深层了解离不开去把握或揭示其哲学的内涵。我们要了解中华文化，就必须了解中国哲学。但什么是中国哲学，中国有没有哲学？这都是我们首先要弄清的问题。现在中外学者的大多数不会再说中国没有哲学，也大都认为在中国的儒家思想、道家思想和中国化的佛教思想中有着丰富的哲学思想。但在两三百年前并非如此。从西方说，黑格尔曾提出中国甚至东方没有哲学的看法……但在西方哲学传入中国之前，在中国确实是没有“哲学”（philosophy）一词。“哲学”一词最早是日本学者西周（1829—1897）借用汉语“哲”“学”两字指称源于古希腊罗马的哲学学说，中国学者黄遵宪（1848—1905）将这一名称介绍到中国，为中国学术界所接受。如果我们进一步讨论这个问题，大概可以说西方哲学传入之前，在中国还没有把“哲学”从“经学”“子学”“史学”“文学”等等分离出来，使它成为一门独立的学科来进行研究，而“哲学思想”“哲学问题”的研究往往是包含在“经学”“子学”等之中来进行的……在中国把哲学自觉地作为独立研究对象大体上说是在20世纪初。研究20世纪西学传入中国的历史，西方哲学对于中国哲学的影响，中国哲学成为一门独立的学科，以及中国哲学相对西方哲学所具有的特点等等问题的研究，无疑是有十分重要的意义的。[①]

笔者作为北大出身的后学，对前述几位老师的立场与观点深表认同，即我们的学术研究确要立足于中国文化传统，充分地认识到“中国哲学”在整个中国文化、思想和学术传统中所具有的根基地位及其深层影响，而且我们今天仍应主要以“哲学的立场、理论与方法”来致力宗教研究，因为这一学术思路是合乎中国文化、思想和学术传统的。

经过以上引证与点评，让我们再回到冯先生的英文名著《中国哲学简史》，接着来看他在该书第一小节——“哲学在中国文明中的地位”里所做的主要解释。鉴于“哲学”和“宗教”两个概念的多义性或歧义性，

---

① 汤一介：《在西方文化冲击下的中国文化》，《汤一介集·面对西方文化》，中国人民大学出版社2016年版，第81—82页。

冯先生首先表明了他自己的看法。

> 我所说的哲学，就是关于人生的系统性的、反思性的思想。每一个人，只要还没死，便处于人生。但是，能对人生加以反思性的思想的人并不多见，而其反思性的思想又具有系统性的人就更少见了。作为一个哲学家，是必须“哲学化的”，这就是说，他必须对人生加以反思性的思想，然后系统地表述他的思想。
>
> 宗教也与人生相关。各大宗教的核心内容里均有一种哲学。事实上，各大宗教不外是一种哲学加上某些上层建筑，包括迷信、教条、仪式和组织。这就是我所说的宗教。①

正是按照上述看法，冯先生一再强调，儒家思想并非宗教，而是一种哲学。他指出，西方人看到中国人的生活里充满了儒家思想，就以为儒家思想也是一种宗教；其实，儒家思想并不比柏拉图或亚里士多德的学说更像宗教；的确，《四书》曾是“中国人的圣经”，但《四书》里并没有创世纪，也没有提到天堂或地狱。② 而现在不少西方学者认识到了，与其他民族相比，中国人一向很少关心宗教。譬如，布德（Derk Bodde）教授就撰文指出，对中国人来说，宗教观念和宗教活动并不是生活中最重要的、最吸引人的一部分；为中国文明奠定精神基础的并非宗教，而是伦理，特别是儒家的伦理；这一切标志着中国文明在根本上不同于其他大多数的主要文明，因为在那些文明里都是由教会寺庙和教士僧侣来扮演统治角色的。

为进一步论证上述观点，冯先生回应了下列一连串不可回避的问题：为什么中国文明竟会如此呢？假若“超越现世”（the craving for what is beyond the present actual world）并非人类的先天欲求之一，为什么宗教观念和宗教活动在世界上大多数民族的生活中竟会成为最重要、最吸引人的

---

① Fung Yu－Lan, *A Short History of Chinese Philosophy*, Edited by Derk Bodde, New York: The Free Press, 1976, p. 2－3.

② 此外，冯先生在这本书里关于“作为哲学的道家”与“作为宗教的道教”“作为哲学的佛学”与“作为宗教的佛教”的简要解释，至今仍有参考价值。可参见该书英文版第3页，或中译本（北京大学出版社1985年版）第3—4页。

一部分呢？假若不否认“超越现世”是人类的先天欲求之一，为什么中国人竟会例外呢？如果说中国文明的精神基础在于伦理而非宗教，这是否意味着中国人没有意识到“那些高于道德价值的价值观念”呢？

> 对于上列问题，我愿回答如下：“超越现世”是人类的先天欲求之一，而就这一规则来说，中国人民并非例外。他们之所以一向不大关心宗教，是因为他们一直非常关心哲学。他们之所以不属于“宗教的”，是因为他们属于“哲学的”。他们靠哲学满足了自己超越于现世的欲求；他们也用哲学表达了自己所赏识的“超道德的价值”(the super - moral values)，而且他们遵循哲学来生活，也体验到了这些“超道德的价值”。①

尽管冯先生的上述言论发表于半个多世纪以前，或许其中的有些说法，尤其是关于宗教的简单定义，已不能为当今学者所认同，但总的来看，他对于“中国哲学精神”的深刻把握和精辟阐释，至今仍对我们理解中国文化、思想和学术传统的主旨要义不失理论导向意义，并可继续引导我们反省中国文化传统，特别是学术传统与西方世界的重大差异。

说到中国学术传统与西方学术传统的重大差异，我们可接着冯先生的前述思路来参照傅乐安先生的研究心得。傅乐安先生（1930—2002 年）是我国著名的托马斯·阿奎那研究专家，在其生前出版的最后一部专著《托马斯·阿奎那传》里，他一下笔就发表了一段耐人寻味的议论，不过跟冯先生的前述授课对象不一样，他是对中国读者来说的，是从西方的学术传统说起的：

> 在基督教世界的学术领域里，神学为学问之最，神学支配着包括哲学在内的一切学问，哲学融合于神学，哲学与神学常常浑为一体。基督教的学者因而常常把神学与哲学合并为一个学科，简称为“神

① Fung Yu - Lan, *A Short History of Chinese Philosophy*, Edited by Derk Bodde, New York: The Free Press, 1976, pp. 4 - 5.

哲学”，借以显示其与众不同的特性。①

如果将以上两位先生的说法相互参照，恰好能起到互补的启发作用。冯先生的精辟见解可把我们的思路引向“中国文化传统的根本特点”，特别是“学术传统的重中之重”，而傅先生的研究心得则可使我们由“西方传统学术之最”想到“西方文化传统的基本特征”。综合这两位先生给我们的启发，或许可以这么来看：正因为在长达数千年的中国文化、思想和学术史上从未出现过某种宗教及其神学“一统天下”或“登峰造极”的局面，而以儒家思想为主要源流的中国传统哲学又在整个文化、思想和学术活动中占有不可取代的重要地位，“哲学思维方式”才会成为中国学者认识世界上的其他文化和宗教传统，并与它们进行比较与对话的一条“深层渠道”或“根本途径”；反之亦然，外来的文化或宗教要与中国的文化、思想和学术传统进行交流与对话，也非得深入哲学的层面，佛教、基督教和伊斯兰教等传入中国的历史都可以印证这一点。

这一节的概要研讨表明，宗教哲学之于中国的文化、思想和学术背景确有特殊的重要意义。那么，我们在当今的国情下应当如何推进并深化宗教哲学研究呢？笔者以为，至少有这样三方面的基础性研究工作是不可忽视的：继续加强马克思主义的宗教哲学思想研究，批判借鉴国际宗教哲学界的先进学术成果，深入阐发中国文化传统、包括宗教文化传统的丰富思想资源；只有将这三方面的基础性研究工作结合起来，我们才能立足中国国情，跨入国际学术前沿，创建有中国特色的宗教哲学体系。下面，笔者略陈己见，以期抛砖引玉。

第三节　关于加强马克思主义宗教观研究

本章第一小节就做出了一个基本判断：从新中国成立以来的宗教研究

① 傅乐安：《托马斯·阿奎那传》，河北人民出版社1997年版，第1页。

来看，马克思主义的宗教哲学思想自始至今都占有主流的或主导性的学术地位；这对中国研究者来说可谓“首要的宗教学国情”。问题在于，我们今天是否仍有必要加强并深化马克思主义宗教哲学思想研究呢？

上述问题的提出，主要是有感于这样一种理论现象：在以往的马克思主义宗教哲学思想研究中，我们对“经典论断”的重视程度往往超过了对“方法论观念”的重视程度。“宗教鸦片论之争”就是一个值得反省的学术史例证。回顾这场争论，我们无疑要首先肯定，它是改革开放后恢复重建中国宗教学的序幕或开端——没有它，就没有中国宗教学界的思想解放、学科重建以及现有成就。然而，重读有关文献，不禁令人深思：为什么马克思经典著作中的一个论断，会在百余年后的中国宗教学界引起激烈的争论呢？尽管争论双方都引经据典并旁征博引，可为什么没能达成共识呢？争论双方当年是否过于重视这个论断的“直接含义”或“定论性质”，而轻视了其方法论意义呢？

一　“宗教鸦片说”文本考释

国内外学术同行熟知，“宗教是人民的鸦片”一语，见于马克思的《〈黑格尔法哲学批判〉导言》（以下简称《导言》）。这篇名著开宗明义：

> 就德国来说，对宗教的批判基本上已经结束；而对宗教的批判是其他一切批判的前提。
>
> 反宗教的批判的根据是：人创造了宗教，而不是宗教创造了人……但是，人不是抽象的蛰居于世界之外的存在物。人就是人的世界，就是国家，社会。这个国家、这个社会产生了宗教，一种颠倒的世界意识，因为它们就是颠倒的世界……因此，反宗教的斗争间接地就是反对以宗教为精神抚慰的那个世界的斗争。

正是据此，马克思断定：

> 宗教里的苦难既是现实的苦难的表现，又是对这种现实的苦难的抗议。宗教是被压迫生灵的叹息，是无情世界的心境，正像它是无精

神活力的制度的精神一样。宗教是人民的鸦片。①

从前引几段相对完整、逻辑严谨的文字来看，马克思首先点明了该文的写作背景：就德国来说，对宗教的批判是其他一切批判的前提。为什么宗教批判在当时的德国显得如此重要呢？研读全文可得到诸多提示。

例如，（在当时欧洲的社会和文化背景下）宗教可谓“苦难尘世的神圣光环”；因而，消除“真理的彼岸世界”，确立“此岸世界的真理”，乃是（当时的）历史任务；于是，“对天国的批判”变成了“对尘世的批判”，“对宗教的批判”变成了“对法（指法哲学和国家哲学）的批判”，“对神学的批判”变成了“对政治的批判”。

又如，（当时）德国的法哲学和国家哲学在黑格尔的著作中得到了最系统、最丰富和最终的表述，因此，对黑格尔法哲学的批判就是对现代国家及其现实的批判。

再如，（当时的）德国理论是从积极废除宗教出发的，而对宗教的批判最后（在费尔巴哈那里）归结为“人是人的最高本质”这样一个学说，从而也归结为这样一种绝对命令：必须推翻那些使人成为被侮辱、被奴役、被遗弃和被蔑视的东西的一切关系。②

凭借上列几段重要提示，我们应能做出两点相对明确的文本解释：首先，“宗教是人民的鸦片”这个论断，是马克思针对当时欧洲的社会现状而得出的“一个批判性的结论”，其深刻的批判性就在于，通过深思宗教

---

① 上列三段引文，依次参见马克思《〈黑格尔法哲学批判〉导言》，《马克思恩格斯选集》第1卷，人民出版社1995年第2版，第1、1—2、2页。顺便需要说明的是，《马克思恩格斯选集》（四卷）在我国首版于1972年，主要是依据俄文版编译的，而1995年发行的第2版则参照权威性的国际版《马克思恩格斯全集》进行了严格的校订。对比这前后两个版本，可发现上列三段引文也做了多处修改，比较重要的改动有两处：一是，“对宗教的批判基本上已经结束”，原为“对宗教的批判实际上已经结束”；二是，“这个国家、这个社会产生了宗教”，原为“国家、社会产生了宗教”。后一处修改尤为值得探讨，从这篇名著的写作背景和前后文来看，加上了定冠词“国家”和“社会”，显然不是泛指所有的国家和社会，而是特指马克思所要批判和改造的“旧世界”。

② 以上三个作为“写作背景提示”的例证，基本上是按马克思的原话概括出来的，括号里的文字则是笔者为强调其“背景提示意义”而加上的。这三个例证，依次参见《马克思恩格斯选集》第1卷，人民出版社1995年第2版，第2、8、9—10页。

现象的现实社会根源——“一个颠倒的世界所产生的一种颠倒的世界意识”，犀利地揭露了宗教信仰在贫苦大众当中所发挥的消极作用或负面功能——“是对现实苦难的抗议，是被压迫生灵的叹息，是（被压迫）人民的鸦片”；其次，这个论断又是马克思着眼于当时德国的理论背景而得出的“一个批判性的结论”，因而其重要理论意义并不限于“宗教社会功能批判”，这是接下来要谈的。

二　哲学方法论意蕴探析

写作《导言》时，理论创新是摆在青年马克思面前的首要任务，而在当时德国的社会和思想背景下，宗教批判可谓“理论界的制高点”和“学术更新的突破口”。正因如此，青年马克思通过宗教批判，力求扬弃德国古典哲学的集大成者和终结者黑格尔、费尔巴哈等人的思想观点，阐发一种新的哲学思维方式。在《导言》里，这种新的哲学思维方式主要表述如下：

> 人创造了宗教，而不是宗教创造了人。
>
> 但是，人不是抽象的蛰居于世界之外的存在物。人就是人的世界，就是国家，社会。这个国家、这个社会产生了宗教，一种颠倒的世界意识，因为它们就是颠倒的世界。

我们可把以上原文所表述的哲学思维方式理解为：是人创造了宗教，而并非相反；是人类社会产生了宗教，而并非相反。这也就是说，我们理应通过“现实的人及其社会来解释宗教现象及其问题”。在马克思同一时期写的《论犹太人问题》里，这种逻辑思路表达得更为明确，也更加具体了。

> 我们不是到犹太人的宗教里去寻找犹太人的秘密，而是到现实的犹太人里去寻找犹太教的秘密。
>
> 我们不把世俗问题化为神学问题。我们要把神学问题化为世俗问题。相当长的时期以来，人们一直用迷信来说明历史，而我们现在是

用历史来说明迷信。①

从马克思的思想形成过程来看，上述哲学思维方式不仅为当时德国理论界的宗教批判提供了一种新的逻辑思路，而且为日后成熟的马克思主义方法论——唯物史观奠定了理论基调。关于这一点，我们通过对照如下经典论断便可大致了然。

那种使人们满足于这类精神史的观点，本身就是宗教的观点，因为人们抱着这种观点，就会安于宗教，就会认为宗教是 Causa Sui（自身原因）（因为“自我意识”和“人”也还是宗教的），而不去从经验条件解释宗教，不去说明：一定的工业关系和交往关系如何必然地和一定的社会形式，从而和一定的国家形式以及一定的宗教意识形式相联系。

宗教本身既无本质也无王国。在宗教中，人们把自己的经验世界变成一种只是在思想中的、想像中的本质，这个本质作为某种异物与人们对立着。这决不是又可以用其他概念，用“自我意识”以及诸如此类的胡言乱语来解释的，而是应该用一向存在的生产和交往的方式来解释的。这种生产和交往的方式也是不以纯粹概念为转移的，就像自动纺机的发明和铁路的使用不以黑格尔哲学为转移一样。如果他真的想谈宗教的“本质”，即谈这一虚构的本质的物质基础，那末，他就应该既不在“人的本质”中，也不在上帝的宾词中去寻找这个本质，而只有到宗教的每个发展阶段的现成物质世界中去寻找这个本质……②

上述论述引自马克思和恩格斯合著的《德意志意识形态》，这部哲学名著一般被看作唯物史观形成的主要标志。从《〈黑格尔法哲学批判〉导言》到《德意志意识形态》，如此系统地研读马克思主义创始人的原著，不但可使我们重温马克思主义理论及其宗教观的形成过程和基本原理，更

① 《马克思恩格斯全集》第1卷，人民出版社1972年版，第446、425页。
② 《马克思恩格斯全集》第3卷，人民出版社1972年版，第162、170页。

为重要的是，让我们学会如何思考，如何用其科学的方法论观念来研究我国现阶段所存在的宗教现象及其重大现实问题。

三　观念转变与理论选择

关于刚才提到的问题，我们可从前引几段经典论述中得到诸多思想深刻的学术启发，譬如，要从现实的社会或国家出发来解释宗教现象及其问题；又如，要把宗教问题转化为社会问题，要用历史来说明宗教；再如，要以经验条件来解释宗教现象及其本质，因为宗教意识形态总是与特定的国家形式、社会形式相联系的，并由特定的社会关系和生产关系所决定……

按笔者理解，上述一系列学术启发的方法论意义可归结为一句话：要实事求是，以唯物史观的科学态度，与时与地俱进地研究宗教现象的本质与作用。这里在“与时俱进”一词上复加“与地俱进”的意思，就是想强调，我们的宗教研究也要像经济学、政治学、法学和社会学等领域一样，立足中国国情，紧随中国社会不断改革开放、走向繁荣富强的前进步伐。就此而言，我们是否应当反省：我国宗教学界的哲学方法论观念还不够开放，我们的研究成果还不能适应国家的发展战略呢？

因此，我们的马克思主义宗教哲学思想研究，迫切需要在学术观念上实现两个转变：从“注重经典论断注释”转向“注重方法论观念的继承发扬”；从“批判性的研究倾向及其结论”转向“建设性的研究取向及其结论”。众所周知，马克思主义产生于无产阶级革命时期，其历史使命就在于，批判旧世界，建设新世界。这就决定了马克思主义形成时期的宗教理论主要是以批判当时欧洲的资本主义社会为目的的，“宗教是人民的鸦片”等经典论断便是由此而来的深刻结论。如果这种理论背景诠释没有违背历史的话，我们今天便不能不慎思两种不同的理论选择了：既然我们所处的历史、文化和社会背景均已不同于马克思主义创始人的生活时代，我们的宗教研究应该坚持马克思和恩格斯当年的批判性倾向及其具体结论，还是理应继承发扬马克思主义宗教观的方法论精神呢？笔者以为，我们对后一种理论选择，无疑应当做出肯定且明确的回答。

习近平总书记《在纪念马克思诞辰200周年大会上的讲话》（2018年

5月4日）里，发人深省地指出：马克思给我们留下的最有价值、最具影响力的精神财富，就是以他名字命名的科学理论——马克思主义。那么，我们今天应该怎么正确理解马克思所留下的精神财富呢？习近平总书记就此提出了4个命题：（1）马克思主义是科学的理论，创造性地揭示了人类社会发展规律；（2）马克思主义是人民的理论，第一次创立了人民实现自身解放的思想体系；（3）马克思主义是实践的理论，指引着人民改造世界的行动；（4）马克思主义是不断发展的开放的理论，始终站在时代前沿。显然，上列4个命题旨在阐明马克思主义的4个显著特征：科学性、人民性、实践性、开放性。就这4个特征而言，前3个特征是人们熟知的，常见于现有的马克思主义研究论著，而最后一个特征颇有理论新意。关于这一理论特征，习近平总书记的整个阐释如下：

> 马克思主义是不断发展的开放的理论，始终站在时代前沿。马克思一再告诫人们，马克思主义理论不是教条，而是行动指南，必须随着实践的变化而发展。一部马克思主义发展史就是马克思、恩格斯以及他们的后继者们不断根据时代、实践、认识发展而发展的历史，是不断吸收人类历史上一切优秀思想文化成果丰富自己的历史。因此，马克思主义能够永葆其美妙之青春，不断探索时代发展提出的新课题、回应人类社会面临的新挑战。

习近平总书记《在哲学社会科学工作座谈会上的讲话》（2016年5月17日）里，首次把宗教学列为“加快完善对我国哲学社会科学具有支撑作用的11个重要学科之一”。既然宗教学如此重要，而宗教哲学研究又如本章前一节所论证“具有特别重要的中国学术意义”，可谓“中国宗教学学科建设的重中之重”，那么，在创建中国特色的宗教哲学体系的过程中，我们便理应继承与发扬马克思主义宗教观的方法论精神，立足当代中国国情，扎根中华文化传统，批判地借鉴国际学术界的新近成果，通过辩证分析宗教现象及其正负两方面功能，最大限度地发挥我国宗教的积极作用，且最大限度地抑制其消极作用，以使我们的宗教哲学研究服务于国家发展战略，有助于构建和谐社会、促进世界文明对话、共建人类命运共同体。

第四节 关于批判借鉴国际先进学术成果

在当今的中国国情和学术条件下，若要推进宗教哲学研究，无疑应向“国际先进水平”看齐。这本是一个简单的道理，但为了消除常见的误解，有必要讲明两点：首先，这么做并非“屈从某种理论上的话语霸权”，而是“遵从最起码的学术规范”，因为从事创新性的学术研究，特别是涉足某个“既古老又新兴的研究领域”①，总要事先了解“前人或先进者”探索过什么，研讨到何种程度，这样才能心中有数：“我们”还能做些什么，应朝哪里努力。就此而论，“闭门造车”或“自说自话”最不符合学术规范，要比“照搬照抄”更差劲儿，更需要予以批评。其次，这么做更非“西化”，科学（不单指自然科学，而且包括社会科学和人文科学）是没有“西化”或“中化”可言的，正如没人提过“数学或物理学是西方的”，没人强调“法学或经济学是西方的”，宗教哲学研究也是如此。

从近四五十年的专业文献来看，相对于广义的或传统的宗教哲学思考，国际学术界现已形成了一种“当代形态的宗教哲学”，其学术理念就在于，以相对客观的理性批判精神来反思世界上所有的、起码是主要的宗教现象的“共相或本质”；其理论目标则在于，深入发掘东西方哲学与宗教传统的思想资源，广泛借鉴当代哲学、人文和社会科学的理论和方法，将宗教哲学建设成为一个横跨哲学与宗教学两大领域的、同时又相对独立或专业化的研究分支。限于本文篇幅，我们主要从学术观念和现有成果两个方面来考察此种宗教哲学形态的批判借鉴意义。

一 当代宗教哲学观念的学术启发

如果说有一种当代形态的宗教哲学，那么，其理论标志应当首先体现于“学术观念”的转变或更新，即重新反思这样两个关乎学科建设的基

① 笔者以为，当代宗教哲学研究的日趋专业化便体现了这样一个特点。

本问题：何谓宗教哲学？如何从事宗教哲学研究？

> 直到最近，大多数人还把宗教哲学理解为“宗教的哲理化”（religious philosophizing），误以为宗教哲学仍沿袭“自然神学”（natural theology）的思路，用哲学来为宗教信念辩护，靠理性来证明神或上帝存在。其实，所谓的宗教哲学并非“教义的喉舌”，它不属于神学，而是如同法哲学、科学哲学、艺术哲学等，属于哲学研究的一个门类。所以，宗教哲学研究根本无须从任何一种宗教立场出发，无神论者、不可知论者和有神论者都可以对宗教现象进行哲学思考。①

此话引自希克（John Hick）的名著《宗教哲学》。该书首版于1963年，但作者在10年后的第2版里仍强调“直到最近”这个时间概念。这就耐人寻味了。众所周知，科学哲学、历史哲学、政治哲学、法哲学、伦理学、逻辑学、美学等哲学分支早就专业化了，为什么直到20世纪六七十年代还不得不为“宗教哲学”争取独立地位呢？这是否意味着，在西方学术界，传统意义上的宗教哲学是神学家所把持的“最后一块哲学领地”呢？如果说神学与哲学的融合在几大世界性宗教的形成过程中曾起过至关重要的作用——不利用哲学便无法建立教义或神学体系，那么，通过发掘宗教哲学的丰富资源，使其恢复或重建“理性批判”的自主性和客观性，是否有助于从根本上反思“诸种宗教的共相或本质”呢……

关于宗教哲学研究理应具备的独立学术品格，当代著名的美国宗教哲学家弗里（Frederick Ferré）认同希克的看法，他也强调指出：所谓的宗教哲学并非“宗教信仰的组成部分”，而是“关于宗教的一种研究”；这种研究和历史哲学、科学哲学等哲学分支一样，也是从“元水平”（mata－level）来探究研究对象的；因而，我们可参照科学哲学的一个新名称——“元科学”（Matascience），也把宗教哲学看成“元宗教学”

① See John H. Hick, *Philosophy of Religion*, second edition, Englewood Cliffs, NJ: Prentice－Hall, INC., 1973, pp. 1－2.

(Matareligious studies)。①

弗里在此所用的“元宗教学”一词可谓精辟到位，可使我们更好地理解前一段提出的问题，即“从根本上”，也就是“元水平上”来反思宗教学的研究对象——世界宗教现象的共相或本质。就此而论，古老而常新的宗教哲学在整个宗教学大家族里的确占有非同一般的重要地位。如果说晚近兴起的其他几大宗教学理论分支，像宗教人类学、宗教社会学、宗教心理学等，其主要特征或明显长处在于“经验性”或“实证性”，那么，我们是否可以认为，宗教哲学观念对于这些分支具有“理论导向”或“学术定位”的特殊重要意义呢？这也就是说，任何一种经验性的或实证性的宗教研究，若不首先深刻把握，甚至忽视或轻视研究对象的共相或本质的话，其观点和结论是否将偏之于个别或流于现象呢？

二　《宗教哲学研究指南》的批判借鉴意义

上述当代宗教哲学观念萌发于英语学术界，目前也主要实践于其理论策源地——英美宗教哲学界。为了具体表明其批判借鉴意义，我们来考察一项具有标志性的研究成果，这就是在英语宗教哲学界广受重视与好评的《宗教哲学指南》(*A Companion to Philosophy of Religion*，精装本 1997 年，简装版 1999 年，以下简称《指南》)。

这部《指南》厚达 600 多页，撰稿者多达 77 位，几乎包括了绝大多数当今英美宗教哲学领域的顶尖人物或一流学者。全书共分 11 个部分，78 个专题，相当全面地评介了英语宗教哲学界的研究现状。这 11 个部分为：“世界宗教里的哲学问题”“西方历史上的哲理性神学和宗教哲学”“20 世纪宗教哲学倾向”“有神论与语言学转向”“有神论的上帝概念”“有神论信念的证明问题”“对有神论信念合理性的挑战”“有神论与现代科学”“有神论与价值观”“对基督教信仰的哲学反思”和“宗教哲学里的新研究方向”。总的来看，笔者认为以下两方面颇有批判借鉴意义。

(一) 学术观念的开放性和包容性

国内同行大都了解，英语宗教哲学界的大多数学者是信基督教的，而

① See Frederick Ferré, *Basic Modern Philosophy of Religion*, New York: Charles Scribner's Sons, 1967, pp. 9 – 11.

且分属天主教和新教的诸多宗派。可是，《指南》的作者群里不仅有做过美国基督教哲学家学会（The Society of Christian Philosophers）主席的多位著名教授，像马弗路德斯（George I. Mavrodes）、普兰丁格（Alvin Plantinga）、沃尔特斯托夫（Nicholas Wolterstorff）、斯顿普（Eleonore Stump）、埃万斯（C. Stephen Evans）等，也不但有多位既是基督教徒甚至神学家又积极倡导客观学术立场的著名宗教哲学家，像希克、弗里、米切尔（Basil Mitchell）、斯马特（Ninian Smart）等，而且还有当今英美宗教哲学界最有名的无神论者弗卢（Antony Flew）。如果没有兼容并包的学术氛围，很难想象这样一些在信仰和理论上有重大分歧的代表人物会应邀合写一部《指南》。

所以，只要浏览一下《指南》的篇章结构，学界内行便可明显地感到其学术观念的开放性和包容性。例如，该书不仅深入地探讨了西方文化背景下最有影响的基督教传统（像第十部分），而且广泛地发掘了其他诸种宗教传统里的哲学问题（第一部分包括7篇专论，除了基督教，其他6篇为：印度教、佛教、中国儒家和道教、非洲宗教、犹太教和伊斯兰教）；又如，书中一方面系统地梳理了“哲理性神学”（philosophical theology）和“宗教哲学”（philosophy of religion）在西方思想史上的形成演变过程（第二部分里的6篇专论，从“西方古代的哲理性神学”“基督教对西方中世纪哲理性神学的贡献”“伊斯兰教对西方中世纪哲理性神学的贡献”和“犹太教对西方中世纪哲理性神学的贡献”，一直谈到“现代早期的哲理性神学”和“现代宗教哲学的萌发”），另一方面又非常重视现当代的理论思潮或学术流派、包括那些非主流的或有争议的学术动向（像第三部分里的“美国实用主义”“人格主义”“过程神学”“宗教现象学”“维特根斯坦学说”“托马斯主义”“改革宗传统”“英国国教传统”“犹太教传统”和“东正教传统”，第十一部分里的“女性主义”“宗教多元论”和“比较宗教哲学”）；再如，该书还力求从正反两方面来相对客观地批判有神论的诸多基本信念，既较为全面地反省了古往今来的有神论思想家所提出的多种论证形式，又比较中肯地评介了这些论证形式在现当代文化与学术背景下所遭到的严峻挑战，特别是那些具有无神论倾向的著名学者所提出来的理论质疑……

(二)理论成果的差距性与局限性

这里讲的“差距性”与“局限性”主要是指，与前述当代形态的宗教哲学所追求的学术理念和理论目标相比，英美学者的现有研究成果不但仍有很大的距离，而且深受“西方眼光”的限制。这两点在《指南》里都有或明显或间接的反映。

例如，两位主编告诉读者，该《指南》的前三部分旨在表明，英语世界里的宗教哲学研究既是在西方哲学所形成的条件下进行的，又是在相当复杂的理论背景下展开的，其中的两个重要因素就是“宗教的多样性”和“哲学的多元化”。[①] 可实际上，由近三分之一（23 篇）专论构成的这三部分不但是“前后脱节的”，而且第三部分里用来考察“20 世纪宗教哲学倾向”的 10 篇专论，几乎都是关于“西方哲学或宗教的”。这种做法显然既没有呼应第一部分的丰富内容，也不能展现两位主编所强调的“宗教的多样性”和“哲学的多元化”，更无法论证萌发于英语学术界的“当代宗教哲学观念”的理论成因，尤其是“学术精神”。

又如，按照两位主编的说明，《指南》的其余八个部分具体地回答了一个问题：英美宗教哲学家是怎么在前述“哲学条件”和“理论背景”下展开研究的？或简单地说，他们正在做些什么，做到了哪些？参阅这八个部分的研究成果，可让人明显认识到：近几十年来，英美宗教哲学家主要是用当代西方哲学观念，特别是目前仍在英美哲学界占主流的分析方法，来研讨基督教所涉及的大量哲学问题的。这在该书的第五部分反映得尤为明显。这一部分所考察的是宗教哲学的争论焦点之一，即“神或上帝”的概念问题，共有 14 篇专论：“存在”“全能”“全知”“仁慈”“单一性”“永恒性”“必然性”“非实体性”“优美性”“无所不在”“神的预知与人的自由”“神圣行为”“创造与维持”“不变性与不可变性”（Immutability and Impassibility）。行家一看这些标题便明白，这部分内容主要是用西方哲学观点来分析基督教的上帝概念里所存在的大量哲学问题的。

目前看来，英美宗教哲学家所取得的研究成果，尽管与其学术理念和

---

① See *A Companion to Philosophy of Religion*, edited by Philip L. Quinn and Charles Taliaferro, Malden, MA: Blackwell Publishers Inc., 1999, pp. 1-2.

理论目标相比还存在很大的距离或明显的不足，但其他文化或学术背景下的学术同行理应予以关注和重视，因为就宗教现象及其问题的广泛性、重要性和复杂性而言，这种当代形态的宗教哲学所追求的学术理念和理论目标可谓“一项共同的学术事业”，只有靠全球学术同行的集思广益，携手努力，才有可能逐步得以实现。

第五节　关于阐发中国文化传统思想资源

这是一个大话题。为了紧扣本文的主题，我们的探讨将着眼于中国宗教文化的优良传统。选取这一着眼点，主要出于两点考虑：其一，“中国宗教文化”这个概念很适于表达中国宗教传统与中国文化传统之间的密切联系，这也是我国学者自改革开放以来越来越注重宗教文化研究的主要原因之一，因而由此入手，必会涉及整个中国文化传统及其核心成分——哲学思想传统；其二，鉴于我们的目的在于创建有中国特色的宗教哲学体系，自然要着重阐发中国宗教文化传统中的优良思想资源。

中国宗教文化传统有哪些显著的特点、有哪些值得继承发扬的优良传统呢？这是我国宗教学界近些年来十分关注的一个重要课题。笔者在此主要综述一下几位资深专家的研究成果，他们的学术背景相同，既精通中国哲学史又擅长中国宗教史。因而，就创建中国特色的宗教哲学体系而言，这几位资深专家的研究成果尤其富有学术启发。

> 宗教是一种重要的社会文化现象……宗教作为文化的一个重要组成部分，也包含了它的价值观念、思维方式、生活样式以及信仰习俗等等，同时又都是跟整个文化的这些观念紧密联系在一起的。所以，我们研究一个民族、一个地区或者一个历史时期的宗教文化时，就不能脱离它所赖以存在的整体文化环境，否则将不可能准确揭示这一宗教文化的特点。这也就是说，当我们在研究某一个特定民族、地区或历史时期的宗教文化时，必须要从该民族、地区的整体文化特点入手去分析其宗教文化的特点，并由此归纳出合乎本土宗教发生、发展、变

> 迁等相关的宗教理论来指导本土宗教的研究，而不应当简单地套用根据其他民族、地区文化传统和宗教特点下归纳出来的宗教理论来研究它。[①]

正是立意于上述方法论观点，楼宇烈先生深入阐发了中国宗教文化传统的12个历史特点。

(1) 中国历史上从未出现过神权凌驾于王权的现象。自夏、商、周三代以来，“溥天之下，莫非王土，率土之滨，莫非王臣”（《诗经·小雅·谷风之什》）的观念一直占主导地位，所以在中国历史上，神权总是从属王权的。而在西方长达千年的中世纪，神权是高于王权的，基督教在欧洲社会占绝对的支配地位，王权要服从于神权。佛教传入中国时，是否要“拜王者、拜父母”曾是一个有争议的礼仪难题。东晋高僧道安，根据中国文化传统，提出“不依国主，法事难立”，佛教如果不依靠作为人间最高代表的“王权”，佛法就很难推广。这是一个典型的例子，可表明与西方宗教文化很不同的一个特点。

(2) 中国的宗教，特别是在中原地区或汉族地区，很长时间都处于“一种原生态的阶段”，即“祖先崇拜”和“自然崇拜”。祖先崇拜和“宗族”有密切联系，中国人崇拜的神常常是祖先，比如“帝”和“上帝”等，在甲骨文里主要是指“部落祖先”，即指对本部落有贡献的英雄人物，他们死后会保佑下方子孙。这可以说是一种英雄崇拜、圣贤崇拜。自然崇拜的对象则是与自然界有密切联系的各种各样的神，如山神、河神、门神、灶神等，但它们并非造物主。上述祖先崇拜和自然崇拜一起形成了“多神的信仰”。虽然中国宗教中也有多种名称的“至上神”，像“帝”“上帝”“天”和“太一”等，但从未出现过“一神的崇拜”，始终处于多神崇拜的状况。

(3) 中国一般民众的宗教信仰所注重的是俗世中的功利目的。费孝通讲过，我们中国人对鬼神是非常实际的，“供奉他们为的是风调雨顺，为的是免灾逃祸。我们的祭祀很有点像请客、疏通、贿赂。我们祈祷是许

---

① 楼宇烈：《探求合乎本土文化传统的宗教学研究理论》，张志刚、金勋主编《世界宗教评论》第一辑，宗教文化出版社2014年版，第2页。

愿、哀乞。鬼神对我们是权力，不是理想；是财源，不是公道”。（《美国与美国人》）由此可见，中国人在信仰上是讲实际功利的，正所谓“你灵就信你，不灵就不信、就换别的”。这一点也是不同于西方宗教的。

（4）中国人在宗教教育上比较强调入世的精神，或表现为伦理的、人道的精神。这一点在佛教那里体现得尤为明显。佛教源于印度，本来怀有强烈的出世精神。到大乘佛教时期，因在教理上阐释“空”和“中道”等，而在教义上强调“世出世不二，烦恼和菩提不二，生死和涅槃不二”等思想。佛教传入中国后，将这些思想用于实践。禅宗强调，佛与凡夫的差别就在于，佛是“觉者”，凡夫是“迷者”；而要获得觉悟，不能离开现世。诚如《坛经》所言：“佛法在世间，不离世间觉，离世觅菩提，恰如求兔角。”禅宗发展到后来，则提出了“以出世心，做入世事”的口号。所以，中国的宗教不太重视“彼岸世界”，而更注重“此岸世界”，注重建设此岸净土，在此岸获得解脱。

（5）中国人的宗教信仰带有比较浓厚的理性色彩，而并非完全情感化的。总的来讲，宗教是一种感情，但中国宗教却具有相当的理性成分。近代以来，许多人对“佛教是宗教还是哲学”争论不休。有人说“佛教是宗教”，有人说“是哲学”，有人说“既是宗教也是哲学”，还有人说“既不是宗教也不是哲学，而是一种方法——佛法”。这就是因为佛教里有相当丰富的理论思维，而且是富有辩证思维的，这一点很多思想家，包括马克思、恩格斯都讲过。从另一个角度来讲，佛教又是一种“无神的宗教”，以其“缘起”“业报”等理论而否定“神创造世界和生命”的说法，主张从事物内部来找“根本原因”，讲“自作自受”。

（6）中国的宗教信仰强调“个人内在的自我超越”。以儒家思想为主导的中国文化，是一种“修身的文化”，即通过“修身”来提升自我，超越自我。《大学》讲：“修身、齐家、治国、平天下”，关键就是修身。所谓“修身”就是自我修养。所以，孔子提出“仁”的道德概念，认为“为仁由己”。在这样的文化氛围中，中国禅宗充分张扬了“自我解脱的人文精神”，强调“自性自度、明心见性、见性成佛、自觉自悟、自力解脱”。近代高僧太虚说：“人圆佛即成。”这种注重伦理的“心性修养”是中国宗教文化的特色。道教以道家思想为主要理论依据，道家尊重自然，主张自然无为，归根结底，就是尊重人的主体性，要最大限度地发挥每个个体的能动性。

（7）中国的宗教缺乏强烈的传教精神，它们吸引信徒基本上是靠自愿。这也跟中国传统文化有很大关系。《礼记》中说："礼闻来学，未闻往教"，这可谓姜太公钓鱼——愿者上钩。佛教、道教也是如此。佛教讲"佛度有缘人"，并不强求别人来信仰。而西方传教士哪会有这种现象？西方宗教的传教具有进攻性，中国宗教则具有保守性，或者说是用和平的方式来传教。

（8）由于王权在中国历史上一直占主导地位，统治者从总体上讲对各种宗教都采取了比较宽容的政策，也可以说是"为己所用"的态度。这样一来，各个宗教在中国都有一种相对和平的发展环境，而不像欧洲中世纪那样，神权占绝对地位，凡是不符合基督教的，一律被排斥被取缔。中国历史上也发生过"三武一宗"的灭佛运动，四次佛教劫难，往往是通过道教来反对佛教。这其实只是表面的现象，反映了不同的政治团体之间的斗争，特别是经济利益的斗争。因为王权统治神权，在中国历史上没有发生过正面的宗教冲突，更没有发生过宗教战争。另一方面，中国的宗教都具有融合的精神，无论儒、释、道，都是分合交替，虽然其内部与外部也有斗争或分裂，但总体上讲更注重相互融合、相互补充、相互吸收。这便使中国诸种宗教在教义和仪式上频繁交流，形成了你中有我，我中有你的局面，但同时又保持了各自的特色。

（9）中国是一个多民族国家，所以有大量的民族宗教问题。民族宗教与前述宗教有共同之处，也有很多差异。比如，同样是佛教，藏传佛教和南传佛教就跟汉地佛教不一样，前两者跟当地的民族文化相结合，甚至成为其整个民族文化的象征。这样，多民族便形成了中国宗教的多样化，特别是一些民族宗教具有如下几个特征：常常是一个民族都信教；民族的文化与宗教的文化融合为一；民族宗教的社会作用大大超出我们的想象，宗教的号召力可能远远超过政治的影响。

（10）中国的宗教可分为两大不同的层次，即"精英文化层次"和"大众文化层次"。从宗教信仰的表现方式来看，这两大层次既是明显不同的，又是相互影响的。

（11）中国的宗教可谓"矛盾现象的结合"。譬如，"仪式的规范"大于"信仰的规范"即"形式的内容"超过"信仰的内容"，这在中国宗教中表现得很突出。所以我们看到，在中国人的宗教生活中，做法事都很热闹，而信众就像参加庙会一样，在信仰上没有很严肃的要求。比较一下便会发现，道观、寺院做法事，显然不同于基督教堂做礼拜，其差别主要表现在仪式的内容和信仰的内容上。但从另一方面来看，中国传统宗教又很不注重形式，要破除外在的形式。例如，中国的禅宗就讲："行亦禅，坐亦禅"，语默动静体安然，不要拘泥于禅的形式，甚至不要拘泥于各种崇敬佛与经的形式，只要"心中有佛"。

（12）总体来讲，可以这样概括：世界上其他的宗教一般都把"人神关系"看得比"人与人的关系"更重要，中国的宗教则没有一个高高在上、绝对权威的神的概念，并不"唯神命为听"，而是用人际交往的态度来对待神。孔子说："未能事人，焉能事鬼？"（《论语·先进》）又说："务民之义，敬鬼神而远之，可谓知矣。"（《论语·雍也》）按梁启超的分析，西方的宗教可称为"神道的宗教"，中国的宗教则可称为"人道的宗教"。这就是说，在中国文化中，对人伦关系的关注远过于神人关系。章太炎曾解释：中国的"国民常性，所察在政事日用，所务在工商耕稼，志尽于有生，语绝于无验，人思自尊，而不欲守死事神，以为真宰，此华夏之民所以为达"。（《驳建立孔教义》）唐君毅也讲道："世界其他有宗教的民族，无不把神人关系看得比人人关系重要，主张爱上帝的心应当超过爱人的心，即使是爱人也是为了上帝而去爱人。然而在中国，则从来不曾有主张爱神应该超过爱人以及爱人应当本于爱神的学说，所以在中国没有与人隔绝的高高在上的绝对权力的神的观念。于是就把神视作人一样，因而以人与人交往之态度对神。"（《中西哲学思想之比较研究集》）上述这些都是中国宗教跟西方宗教大不相同的地方。①

① 据笔者了解，楼先生近八九年在多次国内外学术研讨会上的主旨发言、校内外讲课和演讲以及发表的多种论著里，一再阐释了中国宗教文化的历史特点，并不断加以补充完善。这里的概述主要依据且整合了两种论著里的观点，即《探求合乎本土文化传统的宗教学研究理论》（《世界宗教评论》第一辑，张志刚、金勋主编，宗教文化出版社 2014 年版）和《宗教研究方法讲记》（楼宇烈著，法祇、陈探宇、熊江宁整理，北京大学出版社 2013 年版，"第二讲、中国宗教的特点"），同时还参考了笔者的多次会议和讲演记录。但需要说明的是，楼宇烈在上列两种论著里都讲的是 10 个特点，而这里梳理的 12 个特点，是笔者所做的综合概括。

> 总括这些中国宗教的特点，我们就可以看到，如果我们以西方的理论来研究中国宗教的话，那就有很多地方是格格不入的。中国没有一个唯一的神的概念，我们认为神人关系就如同人与人的关系，二者是一样，我们没有对某一个神的绝对崇敬，而是哪一个神对我好，我就去哪儿。我们不是靠神的力量来解救自己，而是靠自己的力量来解救自己。我们不是把一切希望都寄托在彼岸世界，而是注重在此岸世界来实现自己的解脱。西方宗教的研究方法是根据西方的文化背景和特点概括出来的，显然它并不完全适合中国宗教的这些特点。正因为这样，我们很需要了解中国文化，了解中国宗教的特殊性，应该用我们自己的宗教观念来研究中国的宗教，这是一件很重要的事情。①

国内同行知道，自改革开放后，擅长哲学思维的牟钟鉴先生就潜心于中国宗教史的学科建设，他和张践教授合作完成了厚重的《中国宗教通史》（上、下卷，2000 年）。牟先生基于全面而深入的中国宗教史研究，把中国宗教文化的优良传统概括为如下 5 点。

（1）多样性与和谐性，即和而不同，多元一体，这是中国宗教文化的一个显著历史特点。

> 中国是一个多民族多信仰多宗教的大国，但这“三多”并没有使它困扰于对抗和分裂之中；相反，民族在差异之中走向和谐，信仰在交流中走向理性，多宗教在互动中走向丰富。②

首先，中国是一个多民族的国家，现有 56 个民族，在古代民族数量更多，但能共同组成中华民族。中华民族作为东方古老文明的共同体，在文化上有巨大的凝聚力，中国作为一个多民族的统一国家已有数千年历史，并正在复兴之中，这在世界上是绝无仅有的。

---

① 楼宇烈：《宗教研究方法讲记》，北京大学出版社 2013 年版，第 68—69 页。

② 牟钟鉴：《继承和发扬中国宗教文化的优良传统》，《探索宗教》，宗教文化出版社 2008 年版，第 86—87 页。

其次，中国是一个多信仰的国家，既有以人文理性为特征的儒家仁礼之学，也有以神道崇拜为特征的诸多宗教信仰。哲学与宗教、人学与神道交织互动，使得中国的哲学多少带有宗教的神圣性和神秘性，也使中国的宗教具有较强的人文理性。因此，中国历史上没出现强大的禁绝宗教的社会思潮，也没出现浩荡的宗教狂热。

最后，中国是一个多宗教的国家，历史上有祭天祭祖祭社稷的国家民族宗教，有土生土长的道教，有诸多民间信仰和民族传统宗教，有外来的佛教、基督教和伊斯兰教，还传入过犹太教、摩尼教、琐罗亚士德教等。可以说，中国犹如一个“宗教百花苑”，从原始宗教到世界宗教都能在这片大地上共同生存、和平相处。各教之间没有发生过大规模的武力流血冲突，更没有发生过西方宗教史上那样的残酷而长期的宗教战争。

> 这样的文明大国在世界上是罕见的。时至今日，中国五大合法宗教中，竟有四种是在不同历史阶段从国外传入的，其中佛教是从印度请来的，与中国传统文化相交融，成为世界上异质文化互动与对话的典范。于此可见中国文化兼容并蓄的博大气度。①

（2）重视行善积德和道德教化，把去恶为善放在教义与宗教活动的首位，作为宗教的主要精神方向，这是中国宗教文化的又一个突出的历史特点。例如，佛教讲慈悲，而且是“无缘大慈，同体大悲”，怜悯一切有情众生。道教受老子“尊道贵德”和“报怨以德”的思想影响，十分重视道德善行在修道中的关键作用。南北朝时期有儒、佛、道三教之争，最后达成共识，便是三教虽异，同归于劝善。所谓“三教”，实质是指三种道德教化之道。所以，中国传统宗教，其本质特征是道德宗教，所谓“神道设教”，目的在于淳厚社会道德风气。这种道德宗教传统也影响到中国的伊斯兰教和基督教（包括新老教），使其教义中的道德内涵逐渐得

---

① 牟钟鉴：《继承和发扬中国宗教文化的优良传统》，《探索宗教》，宗教文化出版社 2008 年版，第 87 页。以上三点解释综合参考了《探索宗教》第 86—87 页，和《中国宗教通史》（下）第 1216—1217 页（牟钟鉴、张践著，社会科学文献出版社 2000 年版）。

到充实和凸显，从而强化了它们的社会道德教化功能。

> 在中国，各种宗教必须具有良好的道德形象，才能生存和发展；提倡仇杀和诱人为恶的教门被视为邪教，是无法在光天化日之下流行的。这种深厚的道德性传统使中国宗教不容易产生极端主义，而拥有较多的道义上的力量。①

（3）善于把爱教与爱国统一起来，这是中国宗教文化的另一个优良传统。鸦片战争后，中国沦为西方列强的附庸，饱受殖民主义的压榨欺凌；日本帝国主义侵略中国，中国人面临着亡国灭种的危险。在争取民族独立和解放的斗争中，我国各大宗教的人士，主流是爱国的，他们积极投身于抗外侮、救国家的社会运动。佛教有“利乐有情，庄严国土”的教义。弘一法师提出“念佛不忘救国”的号召，动员僧人奋起抵抗日寇侵略。道教大师陈撄宁明确主张，“信仰道教，即所以保身；弘扬道教，即所以救国”。中国伊斯兰教界成立了“中国回民救国协会”，著名伊斯兰经学家虎嵩山提出了“国家兴亡，穆民有责”的口号，回族英雄马本斋组织了“回民支队”，宣誓“为国为民，讨还血债”。

> 在中国，爱教必须与爱国相结合，不爱国的教徒无法立足。帮助帝国主义欺负中国的教徒不齿于人群……同时中国宗教界主流又不是狭隘的民族主义者，他们努力争取的是国家的复兴和民族的平等，反对的是以强凌弱，以暴欺善，他们愿意与世界上一切民族和宗教平等往来，友好相处，消解仇恨，反对战争，保卫世界和平与安宁。②

（4）中国宗教文化还具有与时俱进、勇于改革的优良传统。例如，

---

① 牟钟鉴：《继承和发扬中国宗教文化的优良传统》，《探索宗教》，宗教文化出版社 2008 年版，第 89 页。

② 同上书，第 90 页。

印度佛教进入中国后，在理论上不断创新，形成了具有鲜明中国特色的新宗派——禅宗。近代则随着时代的变迁而创建了“人间佛教”，从太虚法师到赵朴初居士，“人间佛教”薪火相传，不断丰富深化，为净化人心、改良社会做出了重要贡献。道教也是在不断的理论创新中续写历史的，从“外丹道的肉体长生说”到“全真内丹学的性命双修说”，从“新仙学”到“生活道教”，都表明了这一点。中国伊斯兰教在教义教理与教法礼仪上都不断有所创造，特别是淡化“圣战”的理念，强化和平、仁慈的精神，与中华文化相结合，开创出中国伊斯兰教的新天地。天主教和基督教传入中国后，一直面临本土化问题。明末清初，利玛窦及耶稣会采取尊礼俗融儒学的方针，得到中国人的好评；而多明我、方济各等教会欲用教皇神权限禁中国教民的宗教礼俗则遭驱逐。民国年间，社会上发生“非基督教运动”，基督教方面则提出了“中国本色化教会”，声明其宗旨为“一方面求使中国信徒担负责任，一方面发扬东方固有的文明，使基督教消除洋教的丑号”。20 世纪 50 年代以来中国基督教的“三自”爱国运动，90 年代以来的神学思想建设，也是不断改革创新的表现。

（5）注重自身人文素质的提高，为繁荣社会文化多做贡献，这也是中国宗教文化的一个优良传统。以佛、道二教为例，它们各有博大丰厚的文化体系，对于中国的哲学、道德、文学、艺术、科技、民俗和中外文化交流都产生了广泛而深远的影响，成为中国优秀文化的重要组成部分。在哲学上，佛教的体悟智慧和道教的性命之学各有特色，对于中国哲学宇宙论的扩展，本体论的深化，心性论的开拓，人生论的提升，认识论的推进，修养论的丰富和辩证法的发展，都起过重要作用。中国哲学史上有三个理论高峰：一是佛教的禅宗哲学，二是儒家道学，三是道教内丹学，佛、道有其二，而宋明儒学是融摄了佛、道二教的思想营养才得以创新的。在道德上，佛教的三报论、众生论、五戒十善论，道教的清静论、重生论、苦已利人论，都补充和丰富了儒家所弘扬的传统道德。在文学上，唐诗、宋词、元曲、明清小说，都深受佛、道二教的影响。在艺术上，佛、道二教对于中国的建筑、雕塑、绘画、书法、音乐等也起过巨大的推动作用。此外，佛教对于中印、中韩日的文化交流，道教对于中医药学和养生文化的发展，都发挥了积极而重大的推动作用。①

牟先生的上述看法并非一家之言，而可以说是我国老一代专家学者的共同见解。享誉国内外哲学界和宗教学界的方立天先生，在谈到宗教对于构建和谐社会的重要作用时，把中国宗教的优良传统概括为如下 4 点：

（1）宗教间互相包容的传统。中国宗教史表明，各宗教之间虽有对立的一面，但也有融合的一面，如佛教与道教就由冲突走向融合，道教与民间宗教也长期处于融合的状态。中国宗教并没有因为信仰价值的差异而导致长期冲突，更没有宗教之间的战争，相反是在长期的和睦共处中各得其所。

（2）爱人利他的传统。如佛教的平等慈悲，容忍布施的理念；道教的“齐同慈爱，异骨成亲”思想；基督教和伊斯兰教的爱人仁慈、慈善公益的主张，都有助于人与他人、人与社会的和谐。

（3）爱国爱教的传统。历史与现实都表明，中国宗教都主张把爱教与爱国统一起来，积极维护国家的主权、独立、荣誉和根本利益。如佛教提倡的“庄严国土，利乐有情”；道教的“弘扬道教，即所以救国”；伊斯兰教的“国家兴亡，穆民有责”等主张，都体现了中国宗教的爱国、护国的崇高精神。

（4）关爱自然的传统。例如，佛教的缘起共生论认为，人与自然万物都是由各种原因、条件而相待相成的；又如，道教视天、地、人为一个统一的整体，都十分尊重自然，主张善待万物，提倡人与自然的和谐。②

比较牟先生和方先生所做的概括总结，可留下两方面的深刻印象：一方面，虽然两位先生各自把中国宗教的优良传统总结为五点或四点，但显而易见，他们关于前三点的概括与论证是基本一致的，综合他们的提法，我们可把这三点优良传统称为“提倡兼容并包”“注重道德伦理”和“力主爱国爱教”；另一方面，两位先生分别讲的其他几点尽管不同，但它们因视角不同而各有道理，互为补充，可使我们更全面地认识与阐发中国宗

① 关于中国宗教对于中国文化和社会的历史贡献，牟先生在《中国宗教通史》（下）的总结部分有全面的论述，详见该书第十三章的“中国宗教的历史作用”一节。

② 以上 4 点概括，详见方立天《和谐社会的构建与宗教的作用》，《中国宗教》2005 年第 7 期。

教文化的优良传统。关于此项研究工作的重大现实意义，牟先生是这样解释的：

> 用跨文化的眼光和比较宗教学的视野来回顾和观察中国宗教文化的历程，我们就会发现，中国宗教文化有着与西方宗教文化很不相同的轨迹和特点，它的传统在许多方面都是很可贵的。尤其是在当今国际上民族宗教冲突日益加剧，以基督教为背景的美国与以伊斯兰教为背景的阿拉伯国家之间的对抗日趋激烈的今天，中国宗教文化的优良传统更显示出它特有的价值和长处，既值得我们自豪，更需要我们认真去继承发扬，这对于推动中国社会的稳定和繁荣，对于促进世界的和平与发展，都是非常重要的。[①]

笔者愿追随前辈学者的此种学术使命感来表达本章的立意：如果我们能把前述三方面的基础性研究工作结合起来，我们便能扎根中国文化传统，立足当今中国国情，跨入国际学术前沿，创建有中国特色的宗教哲学体系，为推动中国社会的稳定和繁荣，为促进世界的和平与发展，做出我们中华学子应有的学术贡献。

---

① 牟钟鉴：《继承和发扬中国宗教文化的优良传统》，《探索宗教》，宗教文化出版社 2008 年版，第 86 页。

第四章

当代宗教研究

罗伟虹　石　丽

第一节　当代宗教研究概况

当代宗教研究以研究中国社会主义时期的宗教为重点，力图以实事求是的态度和方法科学地、全面地、准确地认识已有千年以上历史并且至今仍有巨大影响的宗教现象。新中国成立以后，由于种种原因，在前30年内，宗教研究有许多禁区，宗教研究也处于空白。

我国的当代宗教研究起步于20世纪70年代末，1979年2月，全国宗教学研究规划会议在昆明召开时，罗竹风提出要研究社会主义时期的宗教，认为这是一个新的课题，要靠我们做系统的实事求是的研究。[①]他的意见得到部分代表的支持，郑建业提交了论文《建设我国自己的马列主义宗教学》。会议期间，上海、南京等地代表在进行座谈时，都认为不能抽象、教条地理解马克思主义宗教理论，而要以实事求是的态度，对中国宗教实际，中国宗教发展的特点和规律，尤其是社会主义社会中宗教存在的根源，宗教的社会功能，宗教与社会的关系等问题做出回答，提出要强调理论联系实际，实事求是的研究精神。这次会议孕育了上海社会科学院宗教研究所的成立（1981年）以及对我国社会主义时期宗教问题研究的注重。

20世纪80年代初，罗竹风首先要求上海宗教所研究人员走出书斋，

---

① 萧志恬：《理论与实际结合之树常青——学习罗竹风在宗教研究方面的治学精神》，载《罗竹风纪念文集》，上海辞书出版社1997年版，第88页。

深入实际，到全国十多个省市的农村和城市，进行广泛的社会调查，他提出要掌握500个宗教信仰者的实例，对他们的信仰动机、思想活动、宗教感情以及从宗教角度对客观世界、对现实社会、对人生价值的态度有所了解，窥豹一斑，然后分析研究，上升到理论高度。在1982年上海市宗教学会成立大会上，罗竹风提出：从实际出发，联系中国的现状，研究社会主义新中国的宗教问题，是当务之急，也是时代赋予我们的紧迫任务。为了说明这一点，他列举了一些富有启发性的问题，例如：在社会主义社会，为什么还有人信仰宗教呢？宗教存在的社会基础是什么？如果以宗教教义为动力，使助教信徒为社会主义四化建设做好事，面对这一现实，不信宗教的多数人应当抱什么态度？在当前，爱国主义具有哪些新的内容，它对宗教信仰者会产生什么影响？作为意识形态的宗教信仰，对社会主义新中国将起什么作用？等等，这些都是值得认真研究的新课题。他还说，在马克思、恩格斯、列宁所处的时代，还没有建成社会主义，作为一种社会历史现象，根本就不存在社会主义社会的宗教问题，而现在，这却是一个实实在在的、经常接触到的现实问题。必须依靠我们根据理论联系实际的原则，深入实际进行调查，掌握大量第一手材料以后，以马克思主义为指导，加以分析、归纳，才能探索其自身固有的规律，建立中国自己的宗教学体系。①

在20世纪80年代初期，宗教研究中“鸦片”论还有很大市场，宗教政策的落实阻力重重，当代宗教研究突破固有的传统思维模式和僵化的教条，把宗教作为多层次多要素的社会实体进行研究，从一开始就有很强的针对性和现实关怀，既注重学术价值，也关注政策走向。在研究方法上，既强调理论联系实际，又强调深入调查研究，从实际中总结提升理论。在研究队伍的组成方面，强调党政机关干部、学术机构研究人员、宗教信仰者三支队伍相互取长补短，共同研究。

罗竹风主编的《中国社会主义时期的宗教问题》（1987年）经上海宗教研究所全体研究人员长达5年深入全国城乡的社会调查以及反复思考讨

---

① 参见萧志恬《理论与实际结合之树常青——学习罗竹风在宗教研究方面的治学精神》，载《罗竹风纪念文集》，上海辞书出版社1997年版，第89页。

论，多方听取意见，集思广益而成，这是我国当代第一部从社会角度研究宗教的著作，具有开创性意义。以后出版的同类著作还有《社会主义与中国宗教》（戴康生、彭耀，1994 年）、《当代中国宗教问题的思考》（萧志恬，1994 年）等。20 世纪 90 年代，学术界普遍开展对当代宗教现状的研究，其中上海宗教研究所对上海、福建等地宗教现状，世界宗教研究所对天津、河南南阳等地宗教现状的调查研究，用了数量统计、问卷调查、个别访谈等方法，对各地宗教发展特点、信徒心理等都有较准确的把握和深入分析。在这一阶段中，虽然当代宗教研究刚刚起步，所运用的理论和方法都不成熟，但还是对一些传统的观点和政策有所突破。

经过 40 年的发展，当代宗教研究领域不断拓展，除了传统宗教外，新兴宗教研究也被纳入宗教研究视野。在理论和方法上更具科学性、客观性、学术性，不少学者，尤其是青年学者的知识背景丰富，田野调查中采访技术、观察能力都有很大提高，有的研究与历史学、人类学相结合，颇有理论深度，主要成果有著作《麦芒上的圣言——一个乡村天主教群体中的信仰和生活》（吴飞，2001 年）、《中国人的宗教心理——宗教认同的理论分析与实证研究》（梁丽萍，2004 年）、《当代北京的基督教与基督徒——宗教社会学个案研究》（高师宁，2005 年）、《转型期的中国基督教——浙江基督教个案研究》（陈村富，2005 年）、《乡村基督教的组织特征及其社会结构性位秩——华南 Y 县 X 镇基督教会组织研究》（李峰，2006 年）、《中国当代宗教的社会学诠释》（李向平，2006 年）、《边际的共融——全球地域化视角下的中国城市基督教研究》（吴梓明、李向平、黄剑波等，2009 年）等。还有一批研究报告和论文，内容涉及各地区佛教、道教、伊斯兰教、天主教、基督教等各宗教发展趋势，各地民间信仰、民间宗教活动情况，以及各阶层人士的信教状况，等等。

第二节　对马克思主义宗教理论的再认识

当代宗教研究应以马克思主义宗教理论为指导，但是在如何理解马克思主义宗教理论问题上，我们国家曾经走过一段弯路。长期以来，人们把马克思主义对宗教的看法归结为一句话，即“宗教是人民的鸦片”，有人认为，马克思的这一论断，深刻地反映了宗教的本质，而且是永远不变的，“在社会主义制度下，宗教本质并未改变，宗教作为颠倒世界观的本质没有变，谬误不会变为真理；天国的幻想永远是对人民意志的麻醉，对人民建设社会主义，改造客观世界的自觉性和积极性产生消极的影响。”①这种观点对宗教的评价是完全否定的，并由此认为宗教是社会主义社会的对立物，对社会是有害的，在这样的思想指导下，研究宗教只能从批判角度出发，限制、消灭宗教就有了理论根据。

党的十一届三中全会提出了“解放思想，实事求是”的思想路线，中国的理论工作和其他各部门、各领域一样，都开始拨乱反正。在宗教研究领域，如何准确理解马克思主义宗教理论，摆脱固有意识形态的禁锢和传统教条的束缚，关系到宗教研究能否正常开展，宗教政策能否真正落实，是重大的理论问题。自 20 世纪 70 年代末至 80 年代中期，国内学术界开展了一场关于宗教本质的争论，争论的根本分歧和争论焦点是：如何理解马克思关于“宗教是人民的鸦片”这一论断：这是宗教永远不变的、最深刻的本质，还是宗教局部的社会功能，或某一方面的属性。

在这场争论中，上海、南京等地的学者反对抽象、教条、僵化地理解马克思的论述，而主张联系具体的社会历史状况来进行研究，罗竹风说：“宗教研究工作者，一开头如果就以‘宗教是鸦片’作为指导思想，那么文章就没有什么好做的了。问题绝不会这样简单。马克思主义对宗教的论断，是离不开社会现实，离不开政治斗争，离不开特定的历史背景和各国国情的。”②他认为，“宗教作为一种极其复杂的社会历史现象，必须从它的实体及其相关联的许多具体条件，例如人们的价值观念、思维方式、心理特征、社会关系等方面着眼，加以考察，才能做出比较明晰的论证和结论。如果泛泛而谈，撇开特定的地点、时间和条件，只想寻求现成的药方，那是无济于事的。”“马克思、列宁的具体论述在当时的历史条件下

---

①　吕大吉：《正确认识宗教问题的科学指南》，《世界宗教研究》1981 年第 3 期。

②　罗竹风：《关于中国社会主义时期宗教的几个问题》，《宗教问题探索》1983 年文集，第 5 页。

是正确的，符合当时的实际情况，有些论述也适合于现在，但是不能生搬硬套，不能抱教条主义的态度，如果抓住经典著作的片言只语，关在书斋里大做文章，肯定不符合现在的实际情况。”①

郑建业指出：“马克思这句名言中所说的‘鸦片’，只是指宗教在一个方面的属性而言，而且是比喻式的说法。若不然，他在许多其他别的篇章关于宗教其他方面的许多不同论述就完全无法理解了。就连出现在该句名言的那一段中，也不是只讲了‘鸦片’而已，不是还讲了‘抗议’吗?”②

赵复三在“究竟怎样认识宗教的本质”一文中，首先对“宗教是人民的鸦片”的出处进行考察，认为在马克思之前的几十年间，在德国至少有十位学者、作家发表过类似观点，马克思不过是援引前人的话并注入新的内容。联系该话的前言后语，只不过说明宗教对无法解脱现实苦难的劳动人民所起作用的评价，而非宗教的本质。他还考察了列宁引用这句话的原文，认为其中的“麻醉”两字是中文译者所加。他认为，马克思只是把宗教比喻为不能治病的镇痛剂，并不能真正使人民从阶级社会的苦难中解脱出来，仅此而已。赵复三认为，宗教的社会作用是复杂的，要做具体分析，不能一概而论。他同时还指出对方逻辑的混乱和自相矛盾：“如果把宗教的本质简单的说成是‘鸦片’，就会认定它对人们只有‘麻醉作用’，从而闭眼不看它在历史上起了各种不同作用的复杂情况，也不看今日我国各民族绝大多数宗教徒，在中国共产党领导下，和广大人民一道建设社会主义的事实。如果坚持宗教是‘鸦片’而又承认我国各民族宗教徒的现实情况，那就会在理论上陷入这样的困境：说宗教没有麻醉作用吧，在理论上自相矛盾；说它同阶级社会中起同样的麻醉作用吧，也说不通。那么到底该怎样理解呢？是否同一个‘鸦片’，在社会主义社会的麻醉作用不同于在阶级社会中的麻醉作用呢？这在理论上也是很难自圆其说的。”③

---

① 转自萧志恬《理论与实际结合之树常青——学习罗竹风在宗教研究方面的治学精神》，载《罗竹风纪念文集》，上海辞书出版社 1997 年版，第 109 页。

② 谦学：《从宗教与鸦片谈起》，《宗教》1980 年第 1 期。

③ 赵复三：《究竟怎样认识宗教的本质》，《中国社会科学》1986 年第 3 期。

萧志恬在《再谈对“宗教是人民的鸦片”的认识》[1]一文中，从三个方面论述对马克思这句名言的理解：首先，“鸦片”是对宗教在阶级社会一定条件下所起消极作用的形象化的比喻；其次，历史上宗教的作用因时代、社会条件的不同而不同，不能一律用“鸦片”来概括；最后，社会主义社会里宗教的作用更不能用“鸦片”来说明。他还认为，如果说鸦片是泛指人们陷于现实苦难的困境不能自拔而向宗教寻求暂时的慰藉，这种作用是存在的，但是与旧社会剥削阶级利用宗教麻醉人民以维护自己的统治，是不可同日而语的。它们之间谈不到“共同性”。

对如何理解马克思的这句名言而引发的南北争论，是在学术层面上展开的，双方在理解上产生的差异，与各自的学术背景有很大关系，北方学者多是科班出身，理论功底深厚，但对中国宗教状况了解不多，与宗教信徒少有接触[2]，容易从概念到概念，书本知识丰富，对宗教实际的研究却明显欠缺。而南方学者中罗竹风、萧志恬等曾是宗教工作干部，丁光训、郑建业等均为基督教界人士，曾在南方学习工作的赵复三也有基督教信仰背景，他们都于新中国成立初期领导或参加了宗教界爱国主义运动，对中国宗教政治面目的变化，对宗教信徒的信仰心理、思想感情有深切了解，对宗教政策执行中正反两方面的经验教训有深切体会。“文化大革命”结束后，他们开始对宗教问题上极“左”路线所造成的危害进行反思，对宗教理论问题上一些传统的提法提出质疑，他们更多的是联系中国宗教的实际来理解名言，主张坚持马克思主义的精髓——实事求是的原则。马克思主义经典作家对宗教的本质和产生的根源做了许多精辟论述，这些论述对进行宗教研究具有深刻的指导作用，但如果不是结合实际，准确地和全面地来加以理解和运用，就可能产生歪曲，至少是误解原意，并造成现实危险，“这一口号特别在我国大大助长了极‘左’路线在宗教工作方面的

---

① 萧志恬：《再谈对“宗教是人民的鸦片”的认识》，《当代中国宗教问题的思考》（1994 年版，内部出版），第 104—109 页。

② 丁光训曾批评说，有些人“甚至连一名宗教信徒都不认识，更不用说进入他们的感情世界”，全凭主观想象，“把宗教徒用漫画的手笔勾勒成‘浑浑噩噩，目不敢视五色，耳不敢听五声’的钟楼怪人。”《丁光训文集》，译林出版社 1998 年版，第 419、420 页。

推行”①。林彪、“四人帮”横行时，其帮派爪牙们曾经引证马克思的话说，神父都是“地上警察的涂了圣油的警犬”，还有人把所有相信宗教的人都骂成“吸毒犯”，宗教界人士更是罪恶滔天的“毒品贩子”。“那条错误路线在宗教问题上的表现，很大程度上就在于但知鸦片二字，不问其他，把宗教的危害估计得太过头了，而且把危害的性质搞错了，即把世界观性质的是非同政治性质的是非严重地混淆在一起去了。对马克思这句名言的误解正好给极‘左’路线提供理论根据。”②在拨乱反正，落实宗教信仰自由政策初期，因坚持“鸦片”论而阻挠落实政策的力量还非常大，对极“左”路线流毒的肃清十分不利，因此，理论上的澄清就不仅仅是学术问题，还关系到能否落实宗教信仰自由政策，能否团结广大宗教信徒共同建设国家的重大实际问题。

经过近10年的“鸦片”之争，国内学术界深化了对马克思主义宗教理论的认识，达到了解放思想，拨乱反正的目的。这是中国宗教学理论的重大突破，标志着宗教研究旧传统的结束和新思维的开始。有学者指出这场论争的根本意义在于，“它开辟了或标志着我国宗教哲学发展的一个新的时代的开始，即我国宗教研究和宗教哲学研究开始从根本上跳出了政治化和意识形态化的藩篱，开始驶入了学术化的发展轨道。”③马克思主义宗教理论的拨乱反正，为当代宗教研究的繁荣发展奠定了良好的基础。

第三节　改革开放以来宗教发展状况研究

中国宗教发展现状，是当代宗教研究关注的重点课题。

中华人民共和国成立以来，宗教发展走过一条曲折的道路。自20世纪50年代末到60年代，由于行政手段的干预，宗教徒数量下降，1966—

① 丁光训：《与教外友人谈“鸦片”问题》，《丁光训文集》，译林出版社1998年版，第407页。

② 谦学：《从宗教与鸦片谈起》，《宗教》1980年第1期。

③ 段德智：《关于“宗教鸦片论”的“南北战争”及其学术贡献》，《复旦学报》（社会科学版）2008年第5期。

1976 年宗教活动完全停止。1978 年以后，随着宗教信仰自由政策的贯彻落实，各地陆续开放宗教活动场所，恢复宗教活动，各宗教信教人数有增无减，宗教场所拥挤不堪，宗教在新的形势下开始发展。

从 20 世纪 70 年代中期到 90 年代初，我国的五大宗教开始复苏，信教人数不断增长。这一时期宗教发展总体上是平稳的，但地区间不平衡，各教间不平衡。宗教发展较快的主要是在一些宗教历史悠久、传统深厚而又管理比较宽松的地区，以及经济比较落后的贫困地区，如温州、河南、福建等地。如河南基督教信徒在新中国成立初期仅 12 万人，“文化大革命”前下降到 7 万多人，但到 90 年代初，已达到 120 万人，其中有 90% 的信徒是在 1985—1994 年信教的，并且主要集中在农村地区。[①]再以福建为例，福建五大宗教都有悠久的历史和传统，此外还有一些地方性民间宗教和种类繁多的民间信仰，改革开放以来宗教政策比较宽松，各宗教都有较大发展，据 1990 年统计，与 1949 年相比，佛教僧尼人数略有减少，居士人数则增加很多，天主教从 9 万人增加到 20 万人，是增长最快的省份之一，基督教从 12 万人增加到 48 万人，民间信仰普遍兴旺。[②]而在城市或经济比较发达地区，宗教发展比较平稳，上海 1993 年与 1949 年相比，各宗教发展为：佛教僧尼仅为新中国成立初的 14%，天主教从 12 万人增加到 14 万人，基督教从 4.3 万人增加到 12 万人，发展比较平稳有序。[③]就全国而言，1949 年我国有天主教徒 270 万人，基督教徒 70 万人，伊斯兰教徒 800 多万人，佛道教人数难以统计，估计信教人数 1 亿多。据 1992 年我国政府《宗教白皮书》公布，全国共有天主教徒 350 万人，基督教徒 550 万人，伊斯兰教徒一千多万人，估计信教人数仍为 1 亿多人。如果考虑到人口增长因素，宗教信徒的比例反而有所下降。

这一时期宗教发展主要在农村，信徒中妇女、老人、文盲半文盲所占比例很高，大多属社会边缘群体。因病、因贫、医治心灵创伤、寻求人生价值是主要信教原因。

---

① 樊化江：《对河南近年来基督教发展的思考》，《宗教》1995 年第 3—4 期。

② 樊化江：《对福建宗教现状的调查和思考》，《当代宗教研究》1992 年第 2 期。

③ 樊化江：《上海宗教问题研究》，《当代宗教研究》1996 年第 4 期。

从20世纪90年代中期到21世纪末，中国的改革开放进入新的阶段，社会从封闭转向开放，宗教政策更加宽松，社会对宗教信仰更为宽容。进入21世纪以后，各宗教快速发展，且宗教信徒结构也有很大变化，主要表现为中青年和知识分子增多，信徒的年龄下降，学历提高，有许多是事业有成、经济富裕的中产阶级和企业家，宗教的影响在社会开始显现，并向各层面扩散，有学者指出，现在已经形成“精英宗教性”“大众宗教性”和“民俗宗教性”的多元景观和强烈反差。[①]、

长期以来，对我国宗教信仰者人数的统计主要依据各宗教团体所掌握的数字，社会学统计一直缺位。2005年华东师范大学童世骏教授主持的“当代中国人精神生活调查研究”课题，[②] 在全国所做5000人的抽样问卷调查（实际收回4568份），结果显示：中国的宗教信仰者占16岁以上人口的31.4%，约3亿人，是新中国成立初期1亿宗教徒的3倍。其中信仰佛教人数占宗教信徒总数的33.1%，信仰道教的占6.4%，信仰民间俗神和祖先保佑者占26.6%，以上3项可归为中国传统宗教及文化的信仰者，共有66.1%，约三分之二即2亿人；基督教徒为12%，天主教徒为6.1%，伊斯兰教徒为9.8%，另有其他宗教信仰者6%。该项调查与以往公布的数据相比，有很明显的差异，因而在海内外引起很大反响。作为第一次大规模社会学调查的成果，虽然它的准确性受到一些学者的质疑，但学术界普遍认为这些数据在一定程度上反映了我国宗教的发展状况，希望今后有更多的社会学调查对此进行补充或修正。

在五大宗教中，佛教、道教及民间信仰等中国传统宗教与信仰仍然是大多数中国人的精神归宿，各地烧香拜佛，塑像建庙，供财神，有愈演愈烈之势；祭祖、敬鬼、求签、算命等普遍被民间接受。近年来学术界对中国人信仰特点和民间宗教、民间信仰的研究有所加强，并促进了相关的政策研究。

基督教是五大宗教中信徒增长最快的宗教，基督教1807年传入中

① 卓新平：《全球化进程与宗教问题》，中央党校课题组编《现阶段我国民族与宗教问题研究》，宗教文化出版社2002年版，第56页。

② 该项调查部分成果发表于《瞭望东方周刊》2007年第6期，http://www.cnfxj.org/Html/liluntantao/2007-5-15-152345702_4.html。

国，到1949年的150年间，仅有70万信徒，新中国成立以后因各种原因，信教人数不断下降。但1978年以来增长迅速，据中国基督教两会和中国政府方面统计，1985年全国基督教徒为300万人，1990年为500万人，1996年为1000万人，2006年为1600万人，是新中国成立初期的20多倍。而据“当代中国人宗教信仰调查”显示，基督教徒占12%，约4000万人，可以说，自20世纪70年代末以来的30年中，中国基督教经历了快速发展，持续增长。

改革开放以来的宗教发展虽然与全球化的国际影响有关，但主要原因还在中国的社会变革，首先，政治环境的宽松和宗教信仰自由政策的全面落实，使宗教成为人们可以自由选择的信仰，体现了社会的进步。其次，社会主义市场经济体制的建立，使社会结构和社会利益格局发生复杂变化，产生许多新的矛盾和问题，如在社会转型过程中，由于体制不健全、法律不完备，会出现许多社会问题，如分配不公、官员腐败、贫富悬殊等，加剧了民众的心理不平衡感；经济高速发展把人们带入竞争时代，风险与机遇并存，人们普遍感到不能掌握自己的命运，心理的不安全感增加；城市化快速发展，人与人关系淡漠，产生了大批孤独人群；现代化发展过程中，传统的价值观和道德观失落，人的行为失范，原有的社会权威失效，出现了信仰危机。人们在生活水平提高，享受现代高科技带来的各种便利和时尚的同时，也会因不适应而感到压力增大，精神紧张，需要得到释放。再次，宗教作为传统文化和意识形态，通过其所特有的心理安慰、心理调节、道德约束、群体交往等功能，发挥了积极作用，重新成为人们寻找的精神家园。最后，我国仍处于社会主义初级阶段，宗教存在的自然、社会、认识、心理等根源仍将长期存在，当前民众信仰宗教的主要原因有：祈求身体健康、家庭平安、事业成功等现实功利型；寻求人生意义、终极关怀、死后归宿等精神寄托型；此外还有解脱心理困惑，约束道德行为，寻找群体交往等弥补缺陷型，也有各种原因交叉在一起的。由此可见，当前宗教存在和发展是一种正常的社会现象，既是社会现实的反映，也是宗教信仰自由、社会多元价值观的表现。

改革开放时期市场经济发展对宗教的影响，是近年来当代宗教研究关注较多的课题。刘仲宇认为，市场经济使民众的宗教需求有所提高，20年来接财神活动的趋热，是与市场经济发展同步的，市场经济在带来经济上成功或曲折动荡的同时，对人们的心理影响也显著表现出来，“在市场经济条件下，信众门向着财神祈求，从正面说，是要求的神灵的佑护，使自己心想事成，而从另一方面说，也是为投资行为的可能失利，预设了一种神不佑我的假定”。[①]陈村富及杭州大学基督教研究中心对市场经济发达的浙江地区各宗教做大规模社会调查，认为社会现代化和市场经济中虽有少部分寺庙的出家人更加注重宗教修养，但佛道二教的大部分场所向商业化和世俗生活靠拢，使其宗教内涵和教职人员灵修削弱，因此，相当一个时期内难有数十年如一日，潜心修炼的高超法师和道士。[②]他还通过问卷方法考察了被誉为中国“耶路撒冷”的温州基督教，认为在市场经济环境中基督教发生了许多变化，如教徒的经济地位和职业身份有很大改变，许多人从农民成为私营企业主，经济地位、经济收入、社会地位都有提高；教会资产大幅增长，新教堂一个个拔地而起；出现了一个以“老板教徒”为主的新型教徒群体；教徒素质提高，在社会观念方面发生适应世俗社会的变化。[③]温州基督教的变化只是个案，就全国而言，基督教发展总是与当地经济社会发展状况，与原有的宗教和文化传统相关，各地情况并不相同，有的更世俗，有的更保守，有的趋理性，有的显狂热，总体呈现多样状态。

此外，还有很多学者对近年来比较活跃的城市大学生和知识分子信仰宗教的状况进行调查，较多集中于他们的信教原因，宗教信仰对他们个人生活的影响，宗教信仰者的政治态度、道德追求、价值观念等方面。通过对各地、各宗教、各层次宗教现状的研究，大大丰富了当代宗教研究的内涵，使当代宗教研究与时代同步发展。

---

① 刘仲宇：《接财神不断趋热的原因与趋势分析》，《宗教问题探索》2005年文集，上海辞书出版社2006年版，第151页。

② 陈村富：《市场经济条件下当代中国各宗教的走向》，http：//www. xici. net/d23454509. htm。

③ 陈村富：《转型期的中国基督教——浙江基督教个案研究》，东方出版社2005年版，第46—64页。

第四节　宗教与社会主义社会相协调相适应问题

宗教与社会主义社会的关系问题，是一个全新的课题，“马克思、恩格斯、列宁没有提到过，我国老一辈无产阶级革命家也没有提出过，它是马克思主义宗教观运用于中国特色社会主义伟大实践得出的新论断。”①

我国社会科学界首先提出要研究宗教与社会主义关系问题的是胡乔木，在1982年10月召开的全国哲学社会科学“六五”规划座谈会上，胡乔木提出，要研究宗教现象在中国产生、存在、发展的根据是什么？在中国社会主义社会里，宗教怎样才能同社会主义社会相协调，起它应起的作用？当时参加会议的罗竹风敏锐地抓住这一课题，认为这是在新形势下需要突破传统观念才能阐述的理论课题，他于当年承接了国家社科基金“六五”课题“中国社会主义时期的宗教问题”，领导上海社会科学院宗教研究所展开研究，着重对宗教与社会主义社会的关系问题进行深入探讨。

新中国成立以后，宗教与社会主义社会的关系曾遇到重大考验。新中国成立初期，国内外局势非常复杂，天主教、基督教中部分教职人员和信教群众，在宗教内帝国主义势力和反动分子煽动下，对中国共产党的领导产生怀疑甚至抵制。这个时期党和政府依照马克思主义的宗教理论，并根据中国的具体实际认真处理宗教问题，坚持把政治与宗教信仰相分离，既要求基督教与帝国主义划清界限，又坚决落实宗教信仰自由政策，团结广大信教群众开展反帝爱国运动，摆脱帝国主义势力对宗教团体的控制，取得了很大成绩。宗教界人士拥护中国共产党领导，信教群众积极参加社会主义建设。遗憾的是，1957年以后由于“左”的思想逐渐增长，有些马克思主义者强调马克思主义世界观和宗教世界观的对立，视宗教为建设社会主义的障碍，党的宗教工作受到干扰，信仰自由政策遭到破坏，宗教界爱国力量被削弱，宗教界人士对党的宗教政策产生怀疑。新中国宗教工作

① 王作安：《中国的宗教问题和宗教政策》，宗教文化出版社2002年版，第142页。

正反两方面的经验证明，宗教与社会主义社会相协调相适应，不仅是必要的，而且是可能的，如果宗教与所处社会相协调相适应，可以发挥维护社会稳定的功能，反之，宗教也可能成为社会不稳定因素。

1985 年，萧志恬在《上海社会科学院学术季刊》上发表《试论我国宗教与社会主义社会相协调问题》，首次对相适应相协调问题进行论证，此文经修改后作为 1987 年罗竹风主编的《中国社会主义时期的宗教问题》中的一章，《中国社会主义时期的宗教问题》一书详细论述了新中国成立以后我国宗教在政治、思想等方面的根本变化，以及宗教长期存在的原因，其中关于“宗教和社会主义社会相协调”论证的主要观点为：①

1. 宗教与社会主义社会相协调的根据：从历史上看，宗教不是一成不变的，而是在适应社会的发展变化中不断变化的，不断调整其教义、组织和仪式等内容，发挥宗教在社会生活中的作用。进入社会主义时期以后，随着剥削制度和剥削阶级的消灭，我国宗教存在的阶级根源已经消失，宗教思想、组织和仪式、规诫等都相继发生且正在发生着适应社会的根本变化，宗教徒与非宗教徒之间的关系可能达到十分融洽的程度，为宗教可能和社会基本方面相协调奠定了基础。

2. 协调的含义是指各不相同的因素之间互相适当的配合，而不是要求各方放弃自身特点。宗教与社会主义社会相协调是以爱国主义和社会主义为基础，以宪法为准绳，而不是以唯物主义为标准，也不是以“消灭”或发扬宗教为目的。是政治上团结合作，信仰上互相尊重。

3. 协调的具体内容：宗教徒和非宗教徒在党的领导下结成广泛的爱国统一战线，为社会主义现代化建设服务；宗教界在坚持爱国主义、社会主义的共同基础上，使宗教的某些思想、信仰、道德和行为适应于新的社会要求，宗教徒在日常生活中爱国守法，服务人群，造福社会；宗教界在宗教学术研究和国际交往等领域发挥自己的专长和特点，为继承优秀民族文化遗产、丰富社会主义文化，为增进各国人民友谊、维护世界和平做出贡献；党和国家以及整个社会正确对待宗教问题，在法律上、政策上和实

---

① 罗竹风主编：《中国社会主义时期的宗教问题》，上海社会科学院出版社 1987 年版，第 128—145 页。

际生活中尊重和保护公民宗教信仰自由的权利。

4. 协调是双方的，既牵涉宗教如何适应社会主义社会的问题，也牵涉国家和社会如何对待宗教的问题。协调是有条件的，从宗教方面，是宗教徒爱国守法，积极为社会主义物质文明和精神文明建设而努力，尤其要发扬宗教道德的积极作用，引导信徒弃恶从善，维护社会安定团结；从党和政府方面，基本条件是坚决实行宗教信仰自由政策。

5. 协调是一个长期的过程，宗教的变化总是落后于社会的政治经济条件的变化，事实上也存在各种与社会不相适应的现象，因此，克服不协调也是一个长期的过程。

这是我国学术界首次从理论上对宗教与社会主义社会的关系问题进行系统论述，文章肯定宗教与社会主义社会的关系“以互相协调代替互相消灭”，尤其肯定宗教教义，宗教道德中的积极因素可以与社会主义精神文明相适应，肯定宗教在政治、思想、组织、教义、道德等各个层面均可以与当今的社会相协调相适应，无疑是重大的理论突破。

但是，相协调观点发表后曾遭到一些人的质疑，尤其在东欧剧变、苏联解体以后，有些人认为宗教是和平演变的基础，把宗教与社会主义社会对立起来，有些地区甚至在社会主义教育运动中动员信教群众退教。对此，萧志恬指出，“我们一向不赞成笼统地把我国宗教说成是和平演变的基础，主张划清政治渗透与宗教传播的界限。我们认为，肯定广大信教群众是拥护党拥护社会主义的，这一点不能动摇”。他在学习邓小平南方讲话精神后提出“宗教不信‘社’也不信‘资’，关键在于广大信教群众对社会主义社会采取拥护还是反对的态度，如果采取拥护的态度，宗教就可以和社会主义社会相适应、相协调，相反则不然”。他认为，周恩来在20世纪50年代提出的“让宗教还它个宗教的本来面目”，以及十九号文件强调的“信教群众和不信教群众在政治上、经济上的改变利益是一致的，思想信仰上的差异是比较次要的差异”，这些观点就是把政治问题和思想世界观问题严格区别开来，为宗教与社会主义社会相协调奠定了理论基础。①

① 萧志恬：《当代中国宗教问题的思考》（1994年版，内部出版），第114—116页。

学界、政界、教界对宗教与社会主义社会相协调相适应观点有不少正面回应，该课题成为当代宗教研究的热点问题之一。戴康生、彭耀在其所著的《社会主义与中国宗教》中说："我们讲协调，指的是具有不同特质的事物在一定条件下为达到或实现共同的目标，相互间得当的配合、调适、合作。这里，条件是前提，共同的目标是基础。协调本身就是一种双向关系，是互动的结果。同时协调也就意味着有不协调的地方，如果完全一致，也就无须协调了，协调是不断克服不协调才获得的，协调不协调是个矛盾的运动过程，是辩证的关系。当然，协调并不等于融合或合一，不是要求放弃各自的本质属性而趋同，是在求同存异的情况下达到共同的目标。"①钟国发认为："宗教作为一种社会意识形式，可以承载各种不同的内容，表现为各种不同的具体性状。历史上各大宗教，总是能够变换自身性状以适应社会发展不同阶段的需要；这种变换不免会有些滞后，但迟早总会发生；只要一种社会制度足够稳定，前代遗留的宗教就一定会来与它相适应。宗教本身既不姓'资'也不姓'社'，没有与社会主义社会不相适应的必然性。既然社会主义社会的存在是长期的，社会主义社会里部分群众的宗教需求是不可避免的，宗教在社会主义社会的长期存在是必然的，而宗教必须在自己的生存环境中扎根、吸取营养，才能保持活力不减，那么它怎么可能不走上与社会主义社会相适应的道路呢？共产党人只有积极引导这一过程，以减少适应过程中的摩擦成本和事故消耗，才更有利于社会主义社会的发展。"②王作安认为，宗教与社会主义社会相适应这一提法的理论依据为："一是宗教发展对社会发展的适应性；二是基于宗教长期存在的客观事实；三是基于求同存异的思想；四是基于我国具备的政治基础和宗教实践基础。……实践证明，宗教与社会主义社会相适应，是社会发展对宗教发展的客观要求，是宗教自身发展的客观要求，有着历史的缘由和现实基础，是我国宗教在社会主义历史条件下发展的正确发现和必由之路。"③

---

① 戴康生、彭耀：《社会主义与中国宗教》，江西人民出版社 1994 年版，第 49 页。

② 钟国发：《邓小平理论与社会主义时期的宗教工作问题》，上海市宗教学会编《宗教问题探索》1997 年文集（内刊），第 60 页。

③ 王作安：《中国的宗教问题和宗教政策》，宗教文化出版社 2002 年版，第 142—144 页。

经过学术界、宗教界和政府工作部门的不断研究、完善，宗教与社会主义社会相适应理论终被中央采纳。江泽民总书记在1993年全国统战工作会议上，在宗教问题上强调三句话：一是全面、正确地执行党的宗教政策，二是依法加强对宗教事务的管理，三是积极引导宗教与社会主义社会相适应。[①]在“三句话”的关系上，他指出：“贯彻党的宗教信仰自由也好，依法加强对宗教事务的管理也好，目的都是要引导宗教与社会主义社会相适应。”把宗教与社会主义社会相适应作为做好宗教工作的最重要目标。他对相适应的解释是：“这种适应，并不要求宗教信徒放弃有神论的思想和宗教信仰，而是要求他们在政治上热爱祖国，拥护社会主义制度，拥护中国共产党的领导；同时，改革不适应社会主义的宗教制度和宗教教条，利用宗教教义、宗教教规和宗教道德中的某些积极因素为社会主义服务。”“广大宗教信徒是拥护社会主义制度的，同全国人民在根本利益上是一致的，这是宗教能够与社会主义社会相适应的政治基础。”[②]经过将近20年的论证和实践，宗教与社会主义社会相适应命题，已经成为学界、政界、教界的共识和共同努力的目标。

第五节　新兴宗教研究

新兴宗教是指当代新发生的独立于传统宗教以外的教派（Sect）、膜拜团体（Cult）等“另类”宗教。虽然教派和膜拜团体的产生发展在任何历史时期都存在，但在世界范围内，20世纪50年代以后，教派和膜拜团体大量涌现并成为突出的社会现象，引起社会和学术界广泛关注。西方学术界对新兴宗教的研究开始于20世纪60年代。近半个世纪来，海外学者对新兴宗教的研究已取得丰硕成果，尤以美国的研究处于领先地位。

我国学术界对新兴宗教的研究起步较晚，于20世纪80年代才有所重

① 中共中央文献研究室综合研究组、国务院宗教事务局政策法规司编：《新时期宗教工作文献选编》，宗教文化出版社1995年版，第253页。

② 同上书，第254、255页。

视，至今约20年时间，大约可分为两个阶段，从20世纪80年代初到90年代中期为第一阶段；90年代中期以后则为第二阶段。

自20世纪80年代开始，国内有学者开始陆续介绍世界范围的新兴宗教及其活动，如巴哈伊教、摩门教、创价学会、统一教、灵仙真佛宗等新兴宗教，这些新兴宗教大多成立时间较早，信徒较多，社会影响较大，且已经与社会相融合，且世俗化程度较高，热心社会服务事业，是新兴宗教中比较成功的教派。这一时期主要关注新兴宗教的特点和活动，在地域上集中于美国和日本，文章显得较为零碎和分散，社会影响较小。

从20世纪80年代中期到新千年到来之际，世界范围内新兴宗教活动达到高潮，尤其是邪教活动增多，人民圣殿教、上帝儿女、统一教会、科学教派、奥姆真理教、大卫教派、太阳圣殿教等邪教引起广泛关注，1999年以后，由于国内形势需要，对新兴宗教尤其是其中极端派别——邪教的研究达到高潮，有关的文章和书籍大量出版，形成新兴宗教研究高潮，但除了一些学者的研究外，真正有学术分量的东西不多。

国内开展新兴宗教研究较早，且研究较深入的是中国社会科学院世界宗教研究所和上海社会科学院宗教研究所，这两个所都成立了新兴宗教研究课题组，分别获得国家社科基金和院内的重点课题基金资助。1998年8月，两个单位的研究人员在上海召开了“新兴宗教问题研讨会”，就有关问题进行讨论。①

到目前为止，学术界对新兴宗教研究的问题主要集中在新兴宗教的定义、特点、社会背景，新兴宗教与传统宗教、邪教的关系，新兴宗教的发展趋势等方面。

关于新兴宗教的定义与特点，戴康生主编的《当代新兴宗教》一书中，对新兴宗教提出了三个划分标准，第一是时间划分的起点，第二是地域涉及的范围，第三是不同于传统宗教的标准。根据这些标准，作者认为，“新兴宗教是一些随着世界现代化进程而出现的，脱离传统宗教的常

---

①　吴亚魁：《新兴宗教问题纵横谈——新兴宗教问题研讨会纪要》，《当代宗教研究》1998年第4期。

规并提出了某些新的教义或礼仪的宗教运动和宗教团体。”①

罗伟虹认为，“新宗教这一概念含义很广，一般指19世纪末以来出现的一批与传统宗教不同的宗教派别，至今共有三次高潮，当前人们较多关注的是20世纪60—70年代出现的新宗教派别，其特点是小型的宗教团体剧增，且价值观与主流社会和传统宗教相距较远，有许多是以反传统反社会的旗号吸引信众，其中有不少保守狂热的宗教组织。”②她还认为，“处于‘发生期’的新宗教，大约有以下几个特征：（1）有一个卡里斯玛式的教主，信徒相信他是救世主；（2）教义体系的混杂，吸收主流宗教以外的各种信仰；（3）强调超自然元素和对宗教的神秘体验，制造神圣和神秘的氛围，激发信徒的宗教狂热情绪；（4）强调个人的宗教经验，和内在意义的寻求；（5）强调宗教的现世效用，追求快乐、健康、财富，入世性强”。③

卢云枫认为，“作为一个社会学术语，‘新兴宗教’刚开始体现了价值中立的立场，避免了‘教派’或‘膜拜团体’所带来的贬损色彩，但是随着时间的流逝，‘新兴宗教’一词中立的意味逐渐消失了，因为媒体总是把它与‘洗脑’、自杀、非理性、狂热等词汇联系起来，特别是‘人民圣殿教’集体自杀以后，‘新兴宗教’一词变得臭名昭著，于是有人提出，‘新兴宗教’这个词本质上是论战性的，不能作为中性修饰词，它或许企图贬损某个宗教运动主张的严肃性。这种词性转变一方面可能反映了主流对边缘的拒斥和侮蔑，另一方面可能是由于，‘新兴宗教’一词从一开始就并不具有很明确的定义，人们在使用它时随意性很大。”④

晏可佳认为，“我们所讲的新兴宗教是有特定范围的，它是一个中性的不带贬抑性质的术语，……另外一个值得我们注意的事实是，新兴宗教这一术语主要流行于西方社会学家，因而人们往往把新兴宗教当作一种社会现象，用社会学的方法加以研究的。……第三点值得我们注意的是，在大多数情况下，新兴宗教这一术语乃是一个集合名词，其内涵甚广，包含

---

① 戴康生主编：《当代新兴宗教》，东方出版社1999年版，第2—3、9页。

② 罗伟虹：《末世邪教——世界新宗教热剖析》，《东方》1996年第3期。

③ 罗伟虹：《世界邪教与反邪教研究》，宗教文化出版社2002年版。

④ 卢云枫：《新兴宗教析论》，《当代宗教研究》2000年第3期。

了各种性质上几乎完全不同的宗教现象，不可一概而论。正是由于新兴宗教这个术语的歧义性，有些新产生的宗教并不承认自己是新兴宗教。如巴哈伊教，它更喜欢被称作世界宗教而不是新兴宗教。”①

关于新兴宗教与传统宗教、邪教的区别，吴云贵认为，传统宗教通常指那些在时间上产生很早、具有悠久、厚重的历史文化传统的宗教。传统宗教还有一个显著的特征，就是经过漫长的历史沉淀、社会整合，它们事实上已成为社会上层建筑的一部分，其主导方面与社会发展潮流是同一的，相吻合的，它们的生存和健康发展有益于社会的和谐、稳定和社会伦理道德的提升。新兴宗教是相对于传统宗教而言的，一般指那些较之传统宗教晚出并具有某些新的形态和特点的宗教。新兴宗教大多是从传统宗教中分化而出，作为独立的宗教信仰、派别组织和社会群体兴起后，一般都对原有的、母体的传统宗教采取某种批判、疏离或融合的态度。邪教是一个邪恶的、极端的派别。邪教与其他许多新兴宗教派别之间有某些共同之处，如产生时间较晚，借用和修改传统宗教的某些词语概念、教义思想（如末世论），以某些新奇的形式和内容招引信徒，带有强烈的功利主义目的性等。较之传统宗教，邪教以三大特征更加引人注目：其一，邪教所崇拜的对象是能施行各种“神迹”、近在身边、至高无上的教主；其二，邪教类似于帮会、黑社会性质的秘密组织系统；其三，邪教组织所宣传的歪理邪说是以反科学、反文明、反社会为本质特征和根本目的。②

高师宁认为，传统宗教都有上千年的历史，历经了制度化、模式化过程。新兴宗教的历史比较短，大多兴起于20世纪60年代后。从发展规模上说，也比较小，很难与传统宗教相比。但新兴宗教一般较之传统宗教包袱小，灵活性大，较有活力，发展迅速，变化也快。她还认为，新兴宗教的绝大部分是处于正常状态之中，邪教事件在新兴宗教运动中只是非常态的极端现象。③

戴康生主编的《当代新兴宗教》是国家社会科学基金“九五”规划

---

① 上海社会科学院宗教研究所编《世界新兴宗教100种》（内部资料），第14—15页。

② 吴云贵：《传统宗教·新兴宗教·邪教》，《光明日报》1999年11月5日。

③ 于光：《新兴宗教?!》，《世界宗教文化》1998年夏季号。

重点课题的成果，该书就新兴宗教的一些基本理论问题如新兴宗教的界定、特点、类型、产生的时代背景、未来走向等做了分析，并对世界主要的新兴宗教做了介绍，从时间上分为19世纪、第二次世界大战前、第二次世界大战后，从地域上主要为美国、日本，及各类本土的新兴宗教，并有专门一章介绍了当代邪教的主要教派。该书资料比较详细，并对一些典型的组织及事件做了剖析，帮助人们较全面地了解新兴宗教。

高师宁所著《新兴宗教初探》（香港道风书社，2001年）一书是一本对新兴宗教进行理论探索的专著，该书从宗教社会学角度，对新兴宗教做了较全面的理论分析，除了新兴宗教的定义、特征、类型外，详细分析了现代化、世俗化的社会环境对新兴宗教的影响，还分析了新兴宗教教主、成员的构成及其社会心理需要，等等。

新兴宗教的发展趋势是多元且不确定的。新宗教在产生初期，因为它的反叛精神和对传统神圣信仰的亵渎，往往与周围的社会组织和已有的传统宗教或意识形态形成一种张力，受到主流社会的指责。但是，新宗教在发展过程中却并非朝着一个方向，而是出现分化，呈现出不同的甚至截然相反的结局。“大致来说，新宗教的发展有三个方向：大部分新宗教规模很小，影响不大，不为社会所知，当教主去世或内部发生分裂后，便趋向消亡；一部分新宗教逐渐放弃或调整了自己的价值观和对社会的态度，向传统宗教靠拢，与社会相适应，不断发展壮大，现已成为拥有千百万信徒的中型教会；还有极少数的新宗教坚持其极端的教义和活动方式，不断爆发丑闻，引发事端，制造狂热，与社会的关系越来越紧张，最后发展到严重摧残信徒的身心健康，与社会为敌，酿成重大的集体自杀，或危害社会的邪教事件，这类邪教组织，是新宗教的极端产物，是新宗教恶性发展的结果。”①

对新兴宗教之少数极端教派——邪教的研究，虽然声势很大，但真正进行理论研究的著作并不多，罗伟虹著《世界邪教与反邪教研究》是一本理论研究专著。该书从各个角度对“邪教”做了界定，对邪教与新兴宗教的关系进行了探讨，并对卡里斯玛教主崇拜的形成、邪教与传统宗教

① 罗伟虹：《世界邪教与反邪教研究》，宗教文化出版社2002年版，第33页。

有关“末世论”的区别做了分析，特别对邪教发生发展的社会、心理原因进行剖析，还介绍了各国各界的反邪教举措，对其中的得失做了探讨。该书力求多方位、多视角地把握当代邪教的发展特点和趋势，为反邪教提供一种经验和思路。

目前国内学者研究新兴宗教主要集中于海外的新兴宗教及其理论，由于条件限制，对本土的新兴宗教和邪教的研究还处于起步阶段，没有专门队伍，没有系统研究，只是个别学者根据自身掌握的材料进行研究，如《气功与特异功能解析》(钟科文，1996 年) 中，专门有一章“新宗教在当代中国的存在是可能的吗?”对国内的某些气功活动进行质疑。此外研究国内新兴宗教的论文还有：方瑞志:《“观音法门”是披着新兴宗教外衣的邪教》(《当代宗教研究》1997 年第 1 期)，卢云枫:《有关非法组织“门徒会”的调查报告》(《当代宗教研究》1997 年第 4 期)，罗伟虹:《巫医神汉活动会不会发展成为新宗教?》(《当代宗教研究》1997 年第 2 期)、《“被立王”邪教组织活动真相》(《当代宗教研究》1998 年第 1 期)，刘元春:《“观音法门”信仰体系初探》(《当代宗教研究》1998 年第 3 期)，等等。

总体而言，我国学术界对新兴宗教的研究还处于起步阶段，所掌握的信息严重不足，缺少符合中国国情的原创理论，这是因为一方面，新兴宗教的大量出现不到 50 年时间，这是一个新开拓的研究领域，有许多问题还未解决；另一方面，由于新兴宗教种类繁多，形式不一，且有不少处于隐秘状态，目前还处在动态的发展阶段，增加了研究的难度。同时，新兴宗教研究涉及宗教学、社会学、政治学、法学等各个领域，需要学术界，宗教界，及社会各方人士的共同努力，建立一支新兴宗教的研究队伍，加大资金投入，推动研究逐渐深入。

第六节　2009—2019 年当代宗教研究发展

一　坚持宗教中国化方向

坚持宗教中国化方向，是积极引导宗教与社会主义社会相适应的深化，如果说，积极引导宗教与社会主义社会相适应的重点是解决党和政府如何正确看待宗教，那么，坚持宗教的中国化方向，就是解决宗教如何通过内在的改革和更新，更好地认同和融入中国社会。

宗教中国化讨论首先从基督教开始，2012 年，由北京大学宗教文化研究院、中国社会科学院世界宗教研究所基督教研究中心联合发起"基督教中国化"研讨会，开启了宗教中国化讨论的序幕。有四个问题与基督教中国化相关，一是基督教传入中国的历史与现当代交织纵横的问题；二是基督教作为外来宗教与中国文化的关系；三是马克思主义中国化与基督教中国化共生共变的问题；四是基督教教义需要中国化吗？如果需要，如何中国化？这些问题并不是单独存在的，而是共生共变的。

来自学界的主要观点为：卓新平认为"当代基督教在华的正常生存与发展，就是以消除西方侵华的历史影响为前提，由此也使基督教在中国必须'中国化'"。[①]他举例佛教进入中国以后，从强调"沙门不敬王者"的不合作，到"不依国法，则法事难立"的觉悟，基本理顺了与中国政治的关系，实现了华丽转身，成为真正的中国宗教。相比之下，基督教在中国的政治定位还有种种波折和反复，当前基督教的政治定位还没有彻底解决，在全球化背景下，基督教与西方社会发生了更直接、更频仍的联系，基督教原有国度的政治成为其强大支持，在政治观念、价值取向上以前没有解决的问题重新浮现。留存至今中西政治抗衡的现实、西方政治观念及其价值体系对当下中国政治思想及体制的否定和敌视，是夹在二者之间的中国基督教无法回避的问题。[②]基督教的"国际背景或西方后盾"，对独立自主自办教会原则形成冲击。而基督教内部的分裂，所谓的"地下教会"即不与政府合作的选择一直存在；基督徒在政治中的不同参与及其不同态度，正好说明基督教中国化在政治上仍任重道远。[③]

---

① 卓新平：《基督教中国化研究丛书》总序，载张志刚、唐晓峰主编《基督教中国化研究（第二辑）》，宗教文化出版社 2015 年版，第 2 页。

② 卓新平：《基督教中国化三要素》，《中国民族报》2015 年 3 月 24 日。

③ 卓新平：《关于基督教"中国化"的再思考》，载张志刚、唐晓峰主编《基督教中国化研究（第二辑）》，宗教文化出版社 2015 年版，第 5—6 页。

张志刚认为，基督教中国化所面临的主要历史难题就在于，由西方传教士所传入的基督教与中国文化、中华民族和中国社会的矛盾冲突，而这一历史难题也正是基督教之所以要实现中国化的根本原因。①他提出，基督教在当今中国社会所面临的主要问题与挑战，恐怕不在于“信徒的数量”，而在于“教会的质量”，即数以千万计的中国基督徒到底能对中国社会做出什么贡献?②他担忧基督教的快速发展，形成“一教独大”，甚至“一教独霸”，势必恶化中国的宗教生态环境，有损中华文化的多元性与主体性，影响社会和谐乃至国家安全。尤其是“地下教会”或“家庭教会”的大量存在，其所具有的“非法性与排他性”，不仅破坏了中国独立自主的办教原则，而且影响了基督教的本真形象。③

李平晔认为，“基督教中国化有三个层面的内涵：实践层面、学理层面、政治层面”。④中国基督教在这三个层面都做了一定的思考和实践，初步实现了中国化。20 世纪 50 年代发起的三自爱国运动，是基督教中国化的标志性事件。

牟钟鉴认为基督教中国化面临三个主要的难点：在政治层面，基督教与中西关系相纠结；在文化层面，基督教与中国固有信仰传统的差距较大；另外，中国基督教界中青年神学家队伍成长不理想。⑤

当前基督教中国化的具体目标是要逐步实现：即达到政治认同，社会融入，文化融合。⑥作为推进基督教中国化主体的中国基督教两会，在 2013 年基督教第九次全国代表会议上，首次提出“推进和实现基督教中国化”，2014 年 8 月，《天风》杂志发表特稿，选取了中国教会领袖关于“基督教中国化”问题的看法，主要讨论如何建立一个真正的中国教会。文章主要引用了吴耀宗、丁光训、沈以藩、罗冠宗、曹圣洁、陈泽民、汪

---

① 张志刚:《“基督教中国化”研究的三重视野》,《世界宗教研究》2013 年第 2 期。

② 同上。

③ 张志刚:《“基督教中国化”研究的三重视野》，载张志刚、唐晓峰主编《基督教中国化研究（第二辑）》，宗教文化出版社 2015 年版，绪言第 6 页。

④ 李平晔:《基督教中国化之浅见》，载赵晓阳、郭荣刚主编《近现代基督教的中国化》，中国社会科学出版社 2015 年版，第 28 页。

⑤ 牟钟鉴:《基督教中国化的难点及建议》,《中国民族报·宗教周刊》2012 年 4 月 17 日。

⑥ 卓新平:《基督教中国化三要素》,《中国民族报》2015 年 3 月 24 日。

维藩的基督教中国化的观点。其中，沈以藩认为：中国的神学思想要吸取民族传统文化的精华，这是重要的。但是更为迫切的应是，中国神学思想如何回应现代中国所处的政治、社会、经济、文化的巨大变革……中国基督徒在神学上的再思考，是建立在新中国信徒的灵性经验之上。随着灵性经验的深化，促进了神学思想的活跃。①

从2014年起，基督教全国两会结合重大纪念事件，召开了四次基督教中国化研讨会。在全国两会刊物《天风》上发表了几十篇基督教人士探讨中国化的文章，涉及历史、文化、礼仪、管理、牧养等各个方面。2018年3月，基督教全国两会制定了《推进我国基督教中国化五年工作规划纲要（2018—2022）》，是推进基督教中国化工作的重要依据和保证。

基督教中国化得到政府有关部门的支持，并把“中国化”从基督教推进到各个宗教，提出了“坚持宗教中国化方向”的宗教工作方针。习近平总书记在2015年5月召开的中央统战工作会议上指出：“积极引导宗教与社会主义社会相适应，必须坚持中国化方向，必须提高宗教工作法治化水平，必须辩证看待宗教的社会作用，必须重视发挥宗教界人士作用”。政府关于宗教中国化问题的主张，一是坚持用马克思主义立场、观点、方法认识和对待宗教，不断丰富和发展中国特色社会主义宗教理论。二是引导宗教与社会主义社会相适应，用社会主义核心价值观来引领和教育宗教界人士和信教群众。三是弘扬中华民族优良传统，支持各宗教在保持基本信仰、核心教义、礼仪制度的同时，深入挖掘教义教规中有利于社会和谐、时代进步、健康文明的内容，对教规教义做出符合当代中国发展进步要求、符合中华优秀传统文化的阐释。②

佛教是中国化成功的典范，道教是本土宗教，在弘扬传统时，也要有现代的更新，张风雷认为：“宗教的中国化主要有两大含义，既包括中国化，也包括现代化。其中，佛教、道教需要现代化，基督宗教需要中国

---

① 沈以藩：《建设一个真正的中国教会——中国教会领袖谈“基督教中国化”》，《天风》2014年第8期，摘自《中国教会在神学思考中》，1988年6月在香港基督教协进会宣教及神学委员会演讲会上的演讲。

② 引自2016年4月22—23日全国宗教工作会议上习近平讲话的部分内容。

化，伊斯兰教既要中国化，也要现代化。"[①]上海道教协会会长吉宏忠说，中国化"是一个随着时代的脚步不断发展的过程，是对当代道教的检验。如果无法适应这样的过程，在以后的发展中就会渐渐被边缘化，甚至被不可避免的竞争所淘汰"。[②]针对近年来伊斯兰教中某些"逆中国化"思潮，李林发表《"教法随国"——理解伊斯兰教中国化的新视野》一文，详细论述伊斯兰教法与国法的关系，指出中国传统"政主教从，以教辅政"的政教关系，认为"'教法随国论'既可抵御某些以实施'教法治国'为蛊惑的宗教极端思想，亦有助于消除社会上一些关于中国穆斯林的疑虑乃至杂音"。[③] 2018 年 9 月，中梵签署了"历史性协议"即主教任命临时性协议，表明中梵近 70 年来的历史关系进入一个新阶段，游斌认为这是天主教中国化的一个新起点。"中国天主教有必要掌握普世天主教会的这些新变化，并以中国传统的独特思想与文化资源加以融合贯通；以临时性协议为新起点，进一步推进天主教中国化的进程。"[④]

坚持宗教中国化方向，核心问题是神学思想建设，正如陈宗荣所说"要支持各宗教在保持基本信仰、核心教义和礼仪制度的前提下，深入挖掘教义教规中有利于社会和谐、时代进步、健康文明的内容，对教规教义作出符合当代中国发展进步要求、符合中华优秀传统文化的阐释"[⑤]。

二 宗教发展现状研究

近十年来各宗教都有较大发展，据 2018 年国务院新闻办发表的《宗教白皮书》公布，我国"信教公民近 2 亿人，宗教教职人员 38 万余人。佛教和道教信徒众多，但普通信徒没有严格的入教程序，人数难以精确统计。佛教教职人员约 22.2 万人。道教教职人员 4 万余人。10 个多数人信

---

① 张风雷：《佛教的中国化及其历史启示》，http：//blog. sina. com. cn/s/blog_ 628c9ff20102yahu. html。

② 吉宏忠：《关于坚持道教中国化方向的几点体会》，《中国道教》2017 年第 6 期。

③ 李林：《"教法随国"——理解伊斯兰教中国化的新视野》，微信公众号：文化纵横。

④ 游斌：《天主教中国化的新起点》，《中国民族报》2018 年 10 月 15 日。

⑤ 陈宗荣：《在北京市坚持我国宗教中国化方向座谈会上的讲话》，http：//www. sara. gov. cn/old/ldxx/czr/ldjhc/380440. htm。

仰伊斯兰教的少数民族总人口2000多万人，伊斯兰教教职人员5.7万余人。天主教信徒约600万人，宗教教职人员约0.8万人。基督教信徒3800多万人，宗教教职人员约5.7万人。中国还存在多种民间信仰，与当地传统文化和风俗习惯结合在一起，参与民间信仰活动的群众较多”。[①]

在五大宗教中，尤以基督教信徒人数的快速增长最引人注目，由于基督教的西方背景以及社会影响的扩大，出现了对基督教“一教独大”的担忧。现时中国到底有多少基督教徒，一直众说纷纭，海外最高估计中国有一亿多基督徒。近年来随着宗教社会学统计方法的引进和应用，对宗教的实证研究越来越受到重视，借助于几次大型基督教信徒抽样调查，对基督教信教人数的统计逐渐清晰。

近年来国内对基督教的大型调查有以下几次。

2010年零点公司（2007年抽样调查）发布的数据，通过7021个随机抽样，有18%、近1.85亿人自我认同为佛教信仰者，3300万人自我认同为基督信仰者，其中基督教新教徒约3000万人，天主教徒300万人。[②]

2010年中国社会科学院世界宗教研究所课题组在《宗教蓝皮书》发布了《中国基督教入户问卷调查报告》，有效问卷63680份，调查统计，中国有2305万名基督教徒，占总人口1.8%。[③]

北京大学中国社会科学调查中心2012、2014、2016年三次“中国家庭追踪调查”（CFPS）所得数据显示，我国公开的基督徒人数约为2829万人，隐蔽的基督徒约为1167万人，基督徒总人数约为3969万人。[④]

这些调查的权威性比较高，而且差距不大，因此，我国有约4000万名基督教徒，是一个相对可靠的数字。但是，“到底中国有多少基督徒”？仍是一个有争议的问题，海外一些基督教人士对调查的质疑，不仅仅是针对调查方法，更多是出于政治或信仰的考量。数字之争只有摆脱立场之争和意气之争，回归学术与理性的讨论，才能逐渐达成共识。

---

① http：//baijiahao. baidu. com/s？ id = 1596687246298444310&wfr = spider&for = pc.

② http：//tieba. baidu. com/f？ kz = 857071552.

③ 金泽、邱永辉主编：《中国宗教报告（2010）》，社会科学文献出版社2010年版，第191页。

④ 卢云峰、吴越、张春泥：《中国到底有多少基督徒？——基于中国家庭追踪调查的估计》，载《开放时代》2019年第1期。

总体而言，我国基督教信徒中女性多，文化程度低的多，老年人多的状况依然存在，[①]但是教会中青年、高学历、男性的比例也在增加，其中尤以青年大学生信徒增长较快。大学生信徒是教会的新生力量，为教会带来活力，青年又是国家未来的栋梁，这一群体信仰基督教的情况引起更多关注。近年来各地针对大学生信教情况的调查广泛开展，有些被纳入国家，各省、自治区、直辖市或教育系统的社科基金研究项目，发表的学术成果非常多，其中影响比较大的如杨慧林及其团队对中国人民大学及北京大学学生的调查（2004、2007 年），华桦《上海大学生基督徒的身份认同及成因分析》(2007 年)，上海社会科学院宗教研究所课题组《上海市松江大学城大学生宗教信仰状况调查报告》(2009 年）等。

综合大学生信教调查，可以看出几个特点：（1）大学生信仰基督教的比例在 3%—5%。（2）除了家庭有基督教背景的学生外，大部分人原来对基督教所知甚少，他们的信仰途径主要是通过接触有关基督教的书籍及文化艺术，以及身边师生好友影响；偶发性的困境是接触基督教的最初动因；多是在对基督教产生个人的、内在的心理体悟之后才做出皈依抉择。(3）信仰比较理性化，但总体上宗教知识还比较欠缺。（4）大部分人信仰虔诚，恪守教义。由此可见，大学生信仰基督教是个人的人生信仰选择，在大学生中所占的比例较小，并非如有些人担心的那么多。

目前对大学生信教的问卷调查基本是了解大学生信仰宗教的一些基本情况，如信教原因、信仰经历等，更深层次的问题还没有触及，如大学生信徒的神学思想倾向如何？他们对爱国爱教的态度，对宗教管理条例的看法，对基督教中国化的理解，以及大学生在教会中所占比例及所起作用，等等。大学生信徒人数的多少并不是主要问题，信教经历也都可以理解，青年学生信仰基督教后的思想变化才是值得关注的重点。

基督教在少数民族地区发展的研究。陈建明关注到从 19 世纪下半叶西方差会进入西南地区后，传教事业在少数民族中取得了长足的发展，其中文字布道起了重要的作用。很多出版物成为传教士传播福音的有力手

① 参见金泽、邱永辉主编《中国宗教报告（2010)》，社会科学文献出版社 2010 年版，第 191—192 页。

段。他在文末提到当代学者在对西南地区少数民族及其宗教状况的研究中，已经涉及基督教的文字布道活动，但或者论述一个民族的情况，或者略微提及文字活动，尚缺乏综合性的专题研究。[①]

唐戈从比较的视角进行研究，他观察到东正教在驯鹿鄂温克人中的传播和新教在拉祜族中的传播有着截然不同的方式，代表着两种不同的文化传播类型，其传播的结果和基督教在这两个族群中所发挥的作用十分不同。基督教在当代拉祜族的族群认同和族体层次的提高上发挥着深层作用，已经和正在有效地抵制着来自主流族群的涵化和全球化浪潮所带来的民族传统文化的消亡和民族认同的消亡。[②]

马居里和孙睿以从缅甸跨境迁移到瑞丽的缅甸克钦人为研究对象，以缅甸克钦人跨境迁移后的宗教生活为视角，对跨境民族的宗教信仰生活以及跨境流动进行了研究。他们认为，缅甸克钦人的跨境迁移主要是受经济理性的驱动，然后才是在宗教生活与社会文化等方面进行适应与调试，教会组织对于跨境缅甸克钦人而言具有正负两个功能。跨境民族之间基于个体层面的宗教互动对民族认同与国家认同的影响甚微。[③]徐祖祥在对云南少数民族地区的基督教本土化的深入研究后认为，基督教信仰逐渐代替传统宗教信仰，世界观和价值观呈现民俗化的取向，并在“生活化”和“入世化”的策略下重新建构少数民族的社会结构，教会组织的本土发育又为基督教的发展提供了重要的载体。[④]

在对云南的基督教研究中，傣族的基督教信仰值得特别关注。上座部佛教文化对傣族影响深远。近年来，随着佛教对傣族影响力的减弱以及基督教的传播，云南边境地区部分傣族群众放弃佛教信仰转信基督教，导致两种宗教文化之间的碰撞与冲突。侯兴华从文化冲突的视阈研究了云南部

---

① 陈建明：《近代基督教在西南少数民族地区的文字布道及其影响》，《世界宗教研究》2011 年第 6 期。

② 唐戈：《基督教在中国少数民族中的传播——鄂温克族与拉祜族比较研究》，《世界宗教研究》2010 年第 5 期。

③ 马居里、孙睿：《缅甸克钦人在云南瑞丽的宗教生活研究》，《世界宗教文化》2018 年第 3 期。

④ 徐祖祥：《消解、交融与嬗变：云南少数民族基督教本土化实践的动力与路径分析》，《宗教学研究》2018 年第 2 期。

分傣族改信基督教的表现，阐释了其动因，并论证了对云南边境社会稳定的影响。他认为在处理宗教问题时，一定要找准文化这一着力点。①

基督教在某些地区的快速发展曾引发学术界对“宗教生态平衡”的争论，基督教发展是抑制了其他宗教的发展，呈现“一教独大”的局面；还是基督教与中国传统宗教竞相发展，在不同地区有不同表现，很难用一种模式，或一种理论来概括。总体而言，中国传统的佛道教仍是民众信仰的主流，而长期被排除在主流宗教之外的民间信仰，正在悄然复苏和蓬勃发展。金泽于2008年就指出：“有关东北、华北、西南、东南地区的民族学、宗教学和民俗学田野调查报告，反映出民间信仰在整个中国并非个别现象，不仅具有一定的普遍性，而且在一些地区，无论从信众人数看，还是从宗教活动场所的数量上来说，甚至超过了当地的五大宗教。”②

相对于正统宗教或主流宗教，民间信仰没有系统的教义教规，主要在底层群众中流行，历史上常被当权者和主流宗教歧视或排斥，新中国成立后，民间信仰一度被视为愚昧落后、封建迷信而遭到禁止，但却禁而不止，生生不息。

2003年中国社会科学院世界宗教研究所在给中央有关方面提交的福建民间信仰报告中，首次强调政府要从“大宗教观”的视野来观察民间信仰问题并制定有关政策，认为应该引入“非制度化的宗教形态”概念来界定民间信仰。③这是宗教研究的又一重大突破。这个意见获得有关部门采纳，2005年国家宗教局设立了管理民间信仰的机构，意味着承认其存在的合法性，并尝试纳入管理。

近十年来，民间信仰的田野调查成为宗教学、民俗学、人类学等学科研究的热点之一，调查的内容主要有：民间信仰的神灵系统、礼仪习俗、相关的观念及崇拜活动；民间信仰的社会功能；民间信仰的组织结构；民间信仰的合法性问题，等等。中国地域广阔，文化传统各异，民间信仰的崇拜对象、组织形式、敬拜方式各不相同，许多调查生动描述了各地民间

---

① 侯兴华：《文化冲突视阈下云南部分傣族改信基督教与边境社会稳定——基于对德宏州、西双版纳州的田野调查》，《宗教学研究》2015年第1期。

② 金泽、邱永辉：《中国宗教报告2008》，社会科学文献出版社2008年版，第193页。

③ 金泽、邱永辉：《中国宗教报告2010》，社会科学文献出版社2010年版，第170页。

信仰活动的场景，考察其历史背景，现代走向，以及民众的拜神娱神活动，并引出一些深入思考。如欧大年和范丽珠从跨学科的宗教理论视角下，运用历史、文献和实地调查综合方法。观察中国北方农村的民间信仰，描述了北方乡村民间信仰的复兴及其策略，揭示了基层民众的精神生活及社会结构。[①]李天纲对上海青浦金泽镇的民间信仰做了十多年非常细致周密的个案考察，带领其团队多次参与香会活动，包括参与观察宗教现象、仪式和节庆，访谈相关的"仪式专家"和信众等，通过文本梳理和考察，其著作《金泽：江南民间祭祀探源》[②]"将经典研究与民俗考察、文本研究与田野调查、宗教学与人类学相结合，展示了活生生的江南民间信仰实情"，[③]提炼出江南祭祀及民间信仰的共性，探讨了中国民间祭祀和信仰系统的当代转型和改造进程及与现代化、现代性的关系等问题。

在民间信仰的田野调查中，对"仪式专家"，即香头、会头，乃至神汉、巫婆、灵媒的介绍比较少，这些人是神与人的中介，能知古今，卜未来，通鬼神，具有常人不具备的呼风唤雨、预测人生、知晓灾变等许多"怪力乱神"的能力，他们又是宗教场所与信徒联系的纽带，民间礼仪活动的组织者，是信仰群众活动的骨干，但是大部分调查采取了回避态度。如何评价他们的作用，是民间信仰研究中一个比较复杂的问题。一方面，民间信仰包含了对巫的信仰，目前还没有可替代他们的群众所认可的骨干人物出现，因此，肯定民间信仰的合法性就意味着对巫的肯定；另一方面，确实有些巫是属于自我神化，编造奇迹，以欺骗手段谋钱害命，危害社会。民间信仰的组织形式和骨干人物能否为社会接受，是关系到其生存、发展的合法性问题，应该予以认真研究，慎重对待。

民间信仰是乡村文化的重要组成部分，在乡村"熟人社会"中如鱼得水，各地区、各乡镇都有自己的"祭祀圈""信仰圈"或"文化圈"。随着城市化进程，乡村人口流动，民间信仰会发生怎样的变化，是发展、消失，或以新的形态出现，是值得关注的课题。

---

① 范丽珠、欧大年：《中国北方农村社会的民间信仰》，上海人民出版社 2013 年版。

② 李天纲：《金泽：江南民间祭祀探源》，生活·读书·新知三联书店 2017 年版。

③ 段玉明：《揭开中国民间信仰的底色——评李天纲〈金泽：江南民间祭祀探源〉》，《世界宗教研究》2018 年第 2 期。

三　网络宗教研究

近年来，随着全球范围内网络社会大规模、快速崛起，以宗教为主要内容的网站、博客、微博以及微信群、QQ 群等相继涌现。网络宗教处于宗教和互联网的交汇点，它在内容和形态上异化出新的特性，如开放性、虚拟性、随意性等。宗教网络化趋势日益显现，正在深刻改变着宗教传播和实践的传统路径、方式和效果。在自媒体时代，对网络宗教事务管理和网络宗教舆情的认识和研究非常重要。

目前，学界、政界、教界、企业界对网络宗教的概念界定不同，而这四界是网络宗教研究的重要组成部分。在学界，通常用网络宗教实践（活动或行动）的概念。这样的定义主要包括信仰者行动的目标、动机、意义和社会后果（预期的和非预期的）。从政府管理部门角度看，目前更关注的是网络宗教事务管理，也可以说，在这个阶段，需要清楚管理主体、管理内容、具体实施路径以及管理效果。在宗教界，网络宗教概念更多的是指宗教类的信息在互联网上的传播，也即关注自身宗教发展的需要。从企业角度看，则更多使用宗教舆情这个概念，更加强调由宗教信仰者和普通网民对于宗教类事件或者公共事务所表达出来的认知、态度、意见和情绪等表现的总和。

对网络与宗教结合起来的研究，最早由西方学者开始。这些研究围绕网络宗教与人们精神生活（Jeff Zales - ki，1997；Brenda E. Brasher，2001），网络宗教与公域、私域关系（Lynn Schofield Clark，2002）[①] 展开，还有一些研究涉及宗教界如何通过网络增强信徒信仰等。

国内在这方面的研究较早的是王建平 1997 年在《世界宗教研究》上发表的《电子网络会改变宗教吗?》一文和吴义雄 2000 年在《世界宗教文化》上发表的《互联网上的基督教新教》一文。国内将网络与宗教研究推向高峰的是 2004 年 10 月在复旦大学举行的首届网络和宗教研讨会。

其后，2008 年，唐名辉立足长沙市研究了基督徒的网络宗教生活，

① 里昂·斯科菲尔德·克拉克在 2002 年所著《在线宗教研究：前景与希望》一文中首次提出了“在线宗教”（online religion）与“宗教在线”（religion online）的概念。

他发现网络增加了信徒的宗教性水平。[①]他还对网络宗教兴起的社会机制进行探索，认为在网络技术范式的结构性动力和宗教本身的保守性力量的相互作用下，传统宗教经过一个改造和传播的过程，适应了网络化逻辑的要求，最终会在网络空间中生成一种新的宗教范式，即网络宗教。[②]

肖尧中则对佛教的网站研究后发现，虽然大多数的网络宗教属于实体宗教的网络化，但是也有局部属于在线宗教的特征。[③]左鹏以大学生为研究对象，把网络宗教传播放置到世俗化、去魅化的现实社会中，详细考察了基于互联网的基督教新教在他们中间传播的情况。研究主要涉及传播的主体、传播的基本方式、传播的主要内容，并对以上情况提出了相关的建议。[④] 赵冰较为全面地考察了中国宗教互联网的状况并做了分析，他对中国宗教互联网的状况、中国宗教互联网的发展前景进行了阐释和预测。[⑤]他还认为互联网传播手段对中国基督教的深度介入，为“基督教中国化”的深入推进带来了前所未有的机遇，同时在短期内，其面临的挑战也切实存在。[⑥]

郑筱筠和她的团队对互联网宗教与人类命运共同体进行了探讨，[⑦]并且对互联网舆情指数与互联网舆情评估体系建构做出了重要的学术贡献。[⑧]

综上所述，目前国内对于网络宗教的研究主要集中在五个方面。第一，以基督教为代表的西方宗教的网络传播态势及其影响研究。第二，互

---

① 唐名辉：《网络宗教生活对基督徒的宗教性的影响——以长沙市在线基督徒的宗教生活为实证研究基础》，《宗教学研究》2008 年第 2 期。

② 唐名辉：《网络宗教兴起的社会机制探索》，《宗教学研究》2004 年第 4 期。

③ 肖尧中：《试论网络视域中的宗教传播——以佛教网站为例》，《宗教学研究》2008 年第 4 期。

④ 左鹏：《基于互联网的基督教传播：以大学生为对象》，《社会管理创新与青少年工作研究报告》，2011 年，第 124—136 页。

⑤ 赵冰：《中国宗教互联网状况简析》，《理论界》2010 年第 4 期。

⑥ 赵冰：《互联网传播环境下的“基督教中国化”论析》，《世界宗教文化》2018 年第 1 期。

⑦ 郑筱筠：《互联网宗教与人类命运共同体》，《世界宗教文化》2018 年第 1 期。

⑧ 向宁、王于鹤：《佛教互联网舆情指数的构建与互联网舆情评估》，《世界宗教文化》2016 年第 4 期。

联网与境外宗教传播，尤其是对高校大学生群体的研究。第三，网络宗教与国际关系、宗教文化安全的研究。第四，网络宗教的兴起与社会机制探讨。第五，互联网宗教信息的舆情指数和评估体系建构。

在全球化的今时今日，网络宗教是宗教传播和实践的一种方式，它不仅仅是宗教界内部的事情，作为社会团体和组织，它也将关系到社会结构的组成和社会秩序的和谐。从宗教信仰与国内社会秩序的关系看，学者们对于网络宗教讨论主要是网络宗教的现状、功能与社会影响的探讨。另一个方面是网络宗教与国际关系、国家安全问题研究。这两大角度分别是从网络宗教的国内国际发展与影响两个方面进行研究的。

从网络宗教的研究来看，主要涉及以下几个重要的议题。一是从概念厘清方面看，学界尚未厘清和达成共识。概念是学术研究的基石，基于不同的概念内涵与外延会产生不同的学术语境、逻辑推演和研究结果。从管理者角度看，网络宗教事务通常指有实体依托的宗教场所、团体和院校在网络上发表的宗教类信息；网络宗教舆情是指网上有一定影响力和传播力的涉及宗教的言论，这些言论是以某个具体事情、长期运行账号和大V言论为抓手的，可能形成一定的宗教舆论导向或社会影响。研究者们会基于不同的研究目标与研究内容对此进行厘清。目前，学界对于网络宗教、互联网宗教信息、网络宗教舆情等概念还没有较为统一的认识。

二是从不同学科研究的角度看，各有所长，还未融合。社会学领域更加关注的是网络宗教与网络社会、社会治理研究。对于网络宗教而言，有四个重要特点值得注意。第一，网络宗教形成的场域与现实社会的结构、制度之间形成互动的关系，也可以反映出宗教与社会、国家与社会、个人与集体的关系。第二，网络社会中蕴含着某种权力构成，宗教中也蕴含着某种权力构成，两者共生互构，将形成新的权力场域与构成。第三，网络社会也有历史文化的特殊性，网络宗教也同样存在着这种历史和文化差异性。第四，网络社会中的无直接利益冲突的群体效应和演化机制在网络社会中起着重要的作用。总之，网络宗教作为研究对象，放在“网络社会”这一概念体系中，才展现出更加多维化的内涵与超越“宗教”边界的社会性特征，才能更好地进入社会治理的理论逻辑中去。

从当前社会需求角度看，管理学和政府危机应急研究领域更加关注网络宗教的舆情指数与舆情评估体系建构。2015 年 7 月 1 日，十二届全国人大常委会第十五次会议通过新的《国家安全法》。网络宗教事务和网络宗教舆情问题也涉及国家安全和社会稳定，网络宗教预警机制不完善，评估制度未建立，危机预案准备不够，是目前需要面临的主要问题。预警机制与评估机制相结合的治理体系需要在树立情报信息意识，健全情报信息网络，深度运用信息情报，合理引导舆论方向等几个方面下功夫，从而达到对网络宗教事实和事件的研判和防范。网络宗教危机应急机制的缺乏，会使一些网络宗教的负面信息得以广泛传播发酵，造成严重不良社会后果。这些研究与工作，现在还未得到政府、企业和宗教界的充分重视和有序推进。

另外，涉民族因素的网络宗教研究是我国网络治理中的重要一环，这个领域的研究更加复杂与艰难，涉及民族与宗教、国内与国外、线上和线下互动而生成的各类错综复杂的敏感事件。这些事件背后不仅仅是宗教因素，还有政治、经济、文化等因素所起到的明显或潜在的作用。刘建华指出涉民舆情的民族性、敏感性、政治性和跨境复杂性。[①]王秀丽认为我国西部少数民族地区网络舆情受到意识形态和文化因素的影响，面临着诸多困境。由于境外舆论场中大量虚假和带有煽动性的不良信息的影响，加之宗教极端势力利用网络媒体的隐蔽性进行渗透，增加了舆情引导的难度。[②]

党的十八大提出“加强网络社会管理，推进网络依法规范有序运行”。党的十九大报告提出要加强互联网内容建设，建立网络综合治理体系，营造清朗的网络空间。2014 年 2 月，中央网络安全和信息化领导小组宣告成立，并在北京召开了第一次会议。从 2019 年 2 月 1 日起，新修《中华人民共和国宗教事务条例》正式实行，其中第四十七、四十八、六十八条都涉及网络宗教管理；同年，9 月 10 日，国家宗教事务局发布《互联网宗教信息服务管理办法》，向各界广泛征求意见。发布后，反响

---

① 刘建华：《边疆民族地区网络舆情传播中的民族因素论析》，《云南民族大学学报》2015 年第 2 期。

② 王秀丽：《我国西部少数民族地区网络舆情引导中值得注意的问题》，《新疆警察学院学报》2015 年第 1 期。

热烈，意见纷呈。

宗教学和其他人文学科领域更加注重新媒体时代的宗教信息传播与人类命运共同体建构。这也是一个宏大而重要的议题。全球化的今天，互联网开始打破个体、群体与国家之间的物理界限，使人类的联结更加频繁和紧密。同时，也形成了各种基于不同宗教信仰、国家立场、社会属性和经济利益等要素的区隔。由于互联网有整合与区隔人群的双重属性，因此从人类命运共同体的角度看待网络宗教问题是一个值得借鉴的框架。郑筱筠研究员认为，作为网民人数比例较高的国家，中国应该参与到全球互联网治理体系之中，在互联网宗教的发展和治理方面，中国也会在网络空间命运共同体以及人类命运共同体的框架下，与世界各国合作，共同探索建立互联网的全球治理体系，共同为互联网宗教的健康发展生态贡献自己的一分力量。①

综上所述，网络宗教涉及社会各个层面和政府不同部门。对政府来说，网络宗教治理的目标是善治。对社会来说，网络宗教治理的目标是有序。对宗教信仰群体和个体来说，可以在网络社会中拥有发表言论的自由。社会系统中的各个组成部分如何相互影响、共同发展、和谐共生，有待更多的学者长期关注和研究。

---

①　郑筱筠：《互联网宗教与人类命运共同体》，《世界宗教文化》2018 年第 1 期。

第五章

宗教与当代国际关系研究

徐以骅

国际关系研究一直被看作社会科学中世俗且具实证性的研究领域，而超验的宗教以及向来与国际权力体制扯不上边儿的非国家行为体——各种类型的宗教组织在其中自然难有一席之地。20世纪下半叶以来的全球宗教复兴、宗教的政治化趋势以及国际关系的“宗教回归”，尤其是震惊世界的“9·11”事件，在很大程度上颠覆了世俗媒体和学界对国际关系中宗教作用的传统看法，引发和推动了国际关系研究的“宗教转折”甚至“范式转移”，使宗教与国际关系研究成为21世纪以来国际关系研究领域的学术热点和增长点。如何评价全球宗教复兴对当前国际关系的冲击，国际关系研究的“宗教转折”有哪些特点，以及我国宗教与国际关系的研究已取得了哪些成绩、还存在哪些问题、今后努力的方向是什么，本文将对此做初步讨论。

第一节　宗教对当代国际关系的冲击

目前学界对所谓“全球宗教复兴”现象有许多说法，其中比较准确的还是研究宗教与国际关系的学者乔纳森·福克斯·(Jonathan Fox)的界定，即“全球宗教复兴指宗教日益具有显要性和说服力，如在个人和公共生活中日见重要的宗教信念、实践和话语，宗教或与宗教有关的人物、非国家团体、政党、社区和组织在国内政治中日益增长的作用，以及这一复兴正以对国际政治具有重大影响的方式发生”。[①]从该界定来看，“全球宗教复兴”包含以下三个要素，即全球性的宗教增长、非疆域和跨国性宗教行为体的政治参与或宗教政治化，以及宗教复兴对国际关系产生了重要影响。

学术研究和学科发展通常是对某一运动和现象的滞后反应，宗教与国际关系研究也不例外。宗教研究和国际关系研究均为学术研究的“大户”，但过去两者以及与两者有关的分支研究如宗教与美国外交很少交集，被称为“两股道上跑的车”。宗教在威斯特伐利亚国际关系体系中没有地位，宗教研究在当代国际关系研究中自然也没有地位。[②]

然而宣称“放逐宗教”的威斯特伐利亚国际关系体系“拖泥带水”。尽管罗马教廷或罗马天主教被逐下神坛，退出了国际舞台，但因宗教改革运动所确立的“教随国定”原则而在欧洲一些国家取得国教或“国有化”地位。此后宗教（主要是基督宗教）在欧美地位每况愈下，今不如昔，在世俗化、现代化、城市化和工业化等浪潮的多重夹击下，渐次淡出公域而退居私域，而17世纪以来帝国主义和殖民主义的扩张，则将主权至上的民族国家体系扩展至世界其余地区。于是现代化和世俗化并驾齐驱，互为表里，席卷全球。“世界除魅”“上帝已死”“后世俗时代”等在20世纪60年代成了风靡一时的时代标签。

此种“宗教私人化”趋势尤以欧洲为甚，但即使在被视为世俗化“法外之地”的美国，基督教在美国的人口比例、社会影响和政治地位也在逐步下降，对其地位的描述从建国之初的“圣经共和国”、19世纪20年代的“第二次宗教非确立”、60年代的“三大宗教模式”（即基督教、天主教、犹太教三元熔炉，或犹太—基督教传统），一直到现在的“后基督教时代”，其所谓“白人—盎格鲁·撒克逊—新教”（WASP）传统文化根基发生了根本性的动摇。当然断言基督教在美国已日薄西山，成强弩

① 本文原题为《21世纪以来宗教与国际关系研究的发展》，载《国际政治研究》2017年第4期。此次发表有改动和增补。

② 关于宗教与国际关系研究的现状，可参见徐以骅《导论：当代国际关系的“宗教回归”》，载徐以骅等著《宗教与当代国际关系》，上海人民出版社2012年版，第1—28页；徐以骅《全球化时代的宗教与国际关系》，载《世界经济与政治》2011年第9期。

之末，仍为时过早。近30多年来美国基督教福音派和宗教右翼的大规模崛起和“政治觉醒”，就是对上述趋势的强势反弹。

上述宗教“国际化—国有化—私人化”发展趋势，主要还是适用于欧美，在许多非西方国家和宗教传统中，甚至在一些西方国家里，现代化并未导致宗教的边缘化和私人化。正如南非圣公会黑人荣休大主教图图（Desmond Tutu）所说，世俗主义如此充斥西方，令西方传媒和社会科学对非洲和其他发展中地区所习以为常的宗教视而不见。已故美国著名宗教社会学家贝格尔（Peter Berger）曾称，当代不可理喻的不是信守伊斯兰原教旨主义的伊朗的毛拉，而是死抱世俗化教条不放的美国大学教授。[①] 由此可见，忽视宗教的倾向主要还是“西方现象”，植根于社会科学的西方中心主义，而国际关系学在许多方面又是社会科学领域最以西方为中心的学科，因此国际关系学可说是“宗教无用论”的重灾区。

打破上述忽视宗教“西方现象”的是20世纪70年代以来全球性的宗教复兴运动以及宗教对国际关系中心舞台的“回归”。此次全球性宗教复兴尽管是不分地域和宗教的，但主要是发生于亚伯拉罕诸教的“三大跨国宗教运动”即伊斯兰教、基督教福音派和罗马天主教，而且主要发生于发展中国家。20世纪下半叶的全球宗教复兴源深流长，但如要确定一个标志性年份的话，那就非1979年莫属，该年发生的伊朗伊斯兰革命、阿富汗圣战运动、麦加大清真寺被占、波兰籍教宗首次回祖国访问、美国宗教（或基督教）新右翼崛起等一系列由宗教驱动和引发的重大事件，对20世纪后期以来的国际宗教乃至政治格局产生了深远影响，也对世界各大国和各地区在宗教领域的治理能力形成重大考验。[②]

---

① 转引自徐以骅《当前国际关系的“宗教回归”（代序）》，载徐以骅主编《宗教与美国社会》（第四辑上），时事出版社2007年版，第15—16页。

② 关于1979年所发生的重大宗教性国际事件及其影响，可参见 Christian Caryl, *Strange Rebels: 1979 and the Birth of the 21st Century*, New York: Basic Books, 2013，该书中文译本题为《历史的反叛：1979年的奇异变革及其阴影》，林添贵译，台北：八旗文化出版社2014年版。徐以骅《宗教在一九七九》，载徐以骅主编《宗教与美国社会》（第十三辑），时事出版社2016年版，第3—15页。

具体而言，1979 年发生的运动和事件对当代国际关系产生了如下影响。

第一，1979 年所发生的种种涉教事件和运动，标志着宗教对国际关系中心舞台的回归。在威斯特伐利亚国际关系体系形成后，主权至上取代了神权至上成为国际关系的准则。然而 1979 年的涉教事件以及具有全球性的宗教政治化趋势部分颠覆了威斯特伐利亚国际关系体系形成以来宗教在国际关系中的传统定位，使长期以来“沉默的宗教”变成了“反叛的宗教”，而频繁发生的暴力恐怖活动更是把反宗教极端主义提上了国际治理和各国国家安全的主要议程。

第二，20 世纪六七十年代全球范围的宗教复兴在某种程度上意味着意识形态或者更准确地说世俗政治意识形态控制力的下降和宗教认同影响力的上升，这便使许多国家和政权开始从宗教传统中寻找合法性依据和社会整合的资源，也使不少地区的广大民众放弃传统忠诚而转向宗教信仰。与 1789 年的法国大革命和 1917 年俄国布尔什维克革命等世俗政治革命不同，1979 年伊朗伊斯兰革命虽然有其经济和政治动因，但这场革命就主导意识形态、革命组织和领袖人物而言都是一场宗教革命。无论是革命前伊朗王室及其宗教反对派各自祭出居鲁士波斯帝国和第四任哈里发阿里的旗号、波兰关于其民族身份认同是基于天主教传统信仰还是依附政治意识形态的两军对垒，还是美国政治和宗教左右两翼之间关于如何界定美国社会性质和未来发展方向的“文化战争”，1979 年的宗教事件和运动都预示着全球范围“认同冲突”甚至“认同战争”时代的到来。在当前多元复合的认同结构下，宗教认同由于其作为具有广泛性、草根性、跨国性的强认同，有可能与国家认同产生对冲，从而成为各种国内和国际冲突的根源。在某种意义上 1979 年的涉教运动和事件所改变的全球地缘政治版图时至今日还大致存在。

第三，1979 年的涉教事件和运动催生了各种非传统国际关系行为体，打破了向来主导国际关系体系的国家行为体的一统天下。美国未来学家阿尔温·托夫勒（Alvin Toffler）曾将霍梅尼领导的以伊朗为代表的国际宗教势力与跨国公司、贩毒集团（可卡因帝国）等新型国际组织并列，称为“全球角斗士”。这些新型国际关系行为体“向全世界宣告，民族国家已不再是世界舞台上唯一的，甚至不再是最重要的角色了”。[①] 除了罗马教廷和伊斯兰革命后的伊朗，其他宗教非政府组织或以信仰为基础的组织自20世纪70年代末以来日益增长，俨然成为当前国际社会的一大组织景观。与各种国际经济组织一样，这些跨国宗教行为体也具有多元性，不仅包括国家间和政府组织，也包括各种非政府组织、传教组织甚至恐怖主义组织。它们在国家、地区和国际舞台上纵横捭阖，或具有助推“颜色革命”的能量，扮演着西方国家外交政策非正式执行者的角色；或在环保、发展、救援、健康等民生领域成为全球治理的重要力量；或因其道德权威、中立地位、国际联系、丰富经验和动员能力而构成世界维和力量，在各国对外关系中被作为“遗失的治国术”重新启用。宗教和宗教团体作为公共外交载体的作用，在20世纪70年代末就已经初露端倪，目前宗教公共外交早已成为各国外交工具箱中的必备工具之一。

第四，1979年以来的国际关系史再次告诉我们，在当前的国际关系背景下，各国尤其是地区性和全球性大国需要具有驾驭世界性宗教事务和妥善处理涉及宗教的国际性治理问题的能力。用美国前国务卿奥尔布赖特（Madeleine Albright）的话来说：“宗教是一种强大的力量，但其作用则完全取决于它激励人们所做的事。对决策者的挑战就是如何来利用宗教信仰团结的潜力，同时又限制其分裂的能量。”[②] 在处理国际性宗教问题上，尤其在应对宗教极端主义势力的兴起问题上，美苏两个超级大国均进退无据、举措失当，结果深陷战争泥潭，在很大程度上造成了当今中东地区的乱局以及自食宗教极端主义和国际恐怖主义坐大的苦果。

第二节　宗教对当代国际关系研究

全球宗教复兴以及极具宗教性的伊朗革命、东欧剧变尤其是震惊世界

① 阿尔温·托夫勒：《权力变移》，周敦仁、徐以骅、陈寅章等译，四川人民出版社1991年版，第414页。

② Madeleine Albright with Bill Woodward, *The Mighty & Almighty*, *Reflection on America*, *God*, *and World Affairs*, New York: Harper Perennial, 2007, p. 66.

的"9·11"事件，给予忽视宗教的国际关系理论以当头棒喝。在1979年后，国际社会已经无法漠视宗教和宗教冲突给国际秩序带来的冲击，或坐视宗教极端势力的肆意蔓延，而国际关系学界也开始对宗教"刮目相看"，摘下理性主义和启蒙主义的有色眼镜重新聚焦宗教。西方学术界如新自由制度主义者罗伯特·基欧汉（Robert Keohane）及乔纳森·福克斯等便称"9·11"事件对宗教与国际关系研究来说就像是开闸放水，从此宗教与国际关系便结下了学术上的不解之缘。[①]

在西方，宗教与国际关系的研究虽非始于当下，但长期以来宗教一直在社会、文化和认同等框架下，或作为现代国际关系的起源以及对国际关系研究奠基性人物如莱因霍尔德·尼布尔（Reinhold Niebuhr）等的思想启迪被加以讨论和研究，无论在作为上级学科的政治学专业还是在国际关系研究本专业领域均处于相当边缘的地位。2006年两位研究美国政治和宗教的学者在对美国政治学的旗舰期刊《美国政治学评论》（*American Political Science Review*）做了研究后指出，除了经济学和地理学外，人们还很难找到比政治学更不关注宗教的一门社会科学。[②] 亨利·基辛格（Henry Kissinger）在其1994年出版的900余页的皇皇巨著《外交学》[③] 一书中，竟没有"宗教"一词的索引，被指为国际关系研究中"宗教无用论"的经典例证。

率先打破这一忽视宗教现象的，是哈佛学者塞缪尔·亨廷顿（Samuel Huntington）1993年《文明的冲突?》[④] 一文的发表。该文虽未直面宗教，但把宗教作为理解国际关系要素的文明之基础，被视为国际关系研究非实证主义的"文化转向"的开端。1998年5月27日，伦敦经济学院的两位博士研究生F. 佩蒂多（Fabio Petito）和P. 哈兹波罗（Pavlos Hatzopoulos）在该院举办了题为"宗教与国际关系"的研讨会。5年后的2003

① 徐以骅：《全球化时代的宗教与国际关系》，载《世界经济与政治》2001年第9期。

② Kenneth D. Wald and Clyde Wilcox, "Getting Religion: Has Political Science Rediscovered the Faith Factor?" *American Political Science Review*, Vol. 100, No. 4, 2006, p. 523.

③ Henry Kissinger, *Diplomacy*, New York: Simon & Schuster, 1994.

④ Samuel Huntington, "Class of Civilizations?" *Foreign Affairs*, Summer 1993.

年两人还将有关论文结集为《国际关系中的宗教：从流放中归来》[①] 一书，作为帕尔格雷夫·麦克米伦出版社推出的“国际关系中的文化与宗教系列丛书”之一出版。该书从国际政治神学、多元文化主义、宗教信仰对国际冲突之影响等多重视角来讨论国际宗教问题，再度把宗教问题提上了国际关系的研究议程，可说是开启了国际关系研究“宗教转折”的先河。

在缓慢地起步后，目前西方学界对宗教与国际关系的研究已走上快车道，专门致力于该领域研究的有关论文、著作、期刊专号、系列论丛、学术会议、研究机构可说是层出不穷。前几年的有关数据表明，“9·11”事件发生后出版的有关伊斯兰教和战争的著作就超过了以往任何时期的总和，2011 年的统计表明有关宗教与国际事务的著作从 20 世纪 70 年代至 90 年代的平均一年一本上升至 2002 年以来的平均一年六本，在主要国际关系期刊上发表的有关宗教的论文也从“9·11”事件之前的每年 15 篇增至之后的每年 60 篇。[②] 学术界的大家如贝格尔、哈贝马斯（Jürgen Habermas）、威廉·康诺利（William Connoly）、查尔斯·泰勒（Charles Taylor）和何塞·卡萨诺瓦（José Casanova）等也纷纷介入，助推或者引导了国际关系研究的“宗教转折”及相关论辩。

关于宗教与国际关系的关联性，西方学者尤其是国际关系学者的分析虽不尽相同但大致接近。一般认为，宗教主要通过宗教世界观、合法性来源、机构和领袖、群体认同、外交软实力、跨国宗教运动等路径作用于各国对外政策和国际关系。宗教问题国际化的表现形式各异，交互重叠，宗教往往也并非单独发挥作用，但目前宗教这一通常在国际关系研究中被作为与恐怖主义和文明等世俗现象相关联的次类范畴或因变量来加以处理的议题在国际关系学界已登堂入室，开始成为一个相对独立的研究范畴。

宗教学和国际关系学都是各种学科均可介入的门槛较低的学科，宗

① Ravlos Hatzopoulos and Fabio Petito, eds., *Religion in International Relations: The Return from Exile*, New York: Palgrave MacMillan, 2003。该书中译本为［意］F. 佩蒂多、［英］P. 哈兹波罗著：《国际关系中的宗教》，张新樟等译，浙江大学出版社 2009 年版。

② 徐以骅：《全球化时代的宗教与国际关系》，载《世界经济与政治》2001 年第 9 期。

教与国际关系研究因此具有鲜明的跨学科研究的特色。对于当前国外学界对宗教与国际关系全方位、多形态的研究以及所产生的问题，我们可从以下几方面来加以归纳。

首先，正如有学者指出，国际关系研究的“宗教转折”是多重的，[①] 涉及各个不同的学科、理论、流派、路径，并且不分地域和宗教。此种“宗教转折”还是双向或多向的，其不仅促进了国际关系对宗教的研究，同时也推动了宗教学和其他相关学科对国际关系的介入。然而目前的宗教与国际关系研究主要还是偏重于亚伯拉罕宗教，而且以西方国家学者的研究居多。因此虽然国际关系的“宗教转折”因其与全球性冲突和暴力事件有关而引起了比此前国际关系研究的其他学术转折更大的关注，但此一转折远非充分，对其他全球性宗教如佛教、道教、印度教、锡克教、摩尔门教、巴哈伊教等的“国际关系回归”尚留有大片研究空白，更不用说遍及世界各地尤其是发展中国家的民间宗教和信仰了。

其次，如何将宗教融入国际关系理论的框架是宗教与国际关系研究的一大难题。国际关系理论的三大主流范式即现实主义、自由主义、建构主义以及英国学派尽管多少都能与宗教扯上点儿关系，但并不能为此种融入提供明确无误的指引，故诸多学者为促成此种融入而煞费苦心，甚至主张重起炉灶。哥伦比亚大学的国际关系学者杰克·辛德（Jack Snyder）在其所编撰的《宗教与国际关系理论》一书的“导言”中归纳了国际关系理论界对宗教的四种研究进路或态度：（1）在传统范式内讨论宗教对国际体系等的作用，可称为守旧派；（2）宗教应取代现有范式而成为透视国际关系的主要棱镜，可称为改造派；（3）主张因宗教而调整看待世界的基本观点，同时吸纳传统范式的见解，可称为折中派或修正派；（4）回避范式问题而研究宗教为其中自变量或因变量的较有针对性的假设，可称

① Vendulka Kubalkova, “The ‘Turn to Religion’ in International Relations Theory”, Dec. 3, 2013, http://www.e-ir.info/2013/11/03/the-turn-to-religion-in-international-relationa-theory/.

为实用派。[1] 改造派与其余三派的分歧，在于是借宗教因素而“重建学科”（即把宗教作为重新界定和改造国际关系学科的非实证主义导向，如建立国际政治神学等改造方案），还是国际关系应“正视”和“收编”宗教（即把宗教作为重要的研究对象，并使其在国际关系研究中“主流化”）。不过目前无论是“打补丁”“收编”“改造”还是“重建”，都还是说得多做得少，浅尝辄止，往往沦为空头支票，而国际关系学界我行我素，不承认宗教挑战或贬低宗教作用的仍大有人在。有学者就尖锐地质疑把宗教这种极为不同的观念融入国际关系理论的可行性，称如果一个理论什么都想管，结果将是什么也管不了。[2] 因此在有关学者宣布宗教已回归国际关系的十多年后，国际关系研究的“宗教转折”仍步履蹒跚，宗教作为当代国际关系中的自变量以及宗教与国际关系研究作为主流国际关系研究的重要分支的地位远未确立。

再次，笔者曾指出，宗教与国际关系研究可有狭义和广义之分：狭义的宗教与国际关系研究可单指基于国际关系或政治学学科对国际宗教问题的研究；而广义的宗教与国际关系研究则泛指国际关系学科与其他学科如神/哲学、宗教学、社会学、历史学、语言学等学科共享的，甚至由其他学科居主导地位的研究，或可称为宗教与国际问题研究。就议题而言，宗教与国际关系研究还可有“主议题”与“共议题”之分。“主议题”即狭义的宗教与国际关系研究包括宗教与当代国际制度、国际体系、国家/国际安全、各国外交、地缘政治等议题；“共议题”即广义的宗教与国际关系研究如宗教与全球治理、国际组织、全球化、互联网、后世俗化、国际法、国际冲突和对话等议题。做此类区分虽有武断成分，却有助于了解宗教与国际问题研究的现状和前景。[3] 总的来说，在西方目前上述狭义和

---

① Jack Snyder, "introduction", in Jack Snyder, ed., *Religion and International Relations Theory*, New York: Columbia University Press, 2011, pp. 2 - 3. 另参见 Eva Bellin, "Faith in Politics, New Trends in the Study of Religion and Politics", *World Politics*, Vol. 60, No. 2, 2008, pp. 313 - 347。

② Aminul Hassan, "Book Reviews", *Political Studies Review*, Vol. 14, Issue 2, May 2016, p. 260.

③ 徐以骅：《全球化时代的宗教与国际关系》，载《世界经济与政治》2001 年第 9 期。

广义两类研究可说是旗鼓相当，或者说后者还略胜一筹，事实上许多有关论著是此两类研究的共同结晶。目前西方两大出版社推出的宗教类系列学术论丛，即上述帕尔格雷夫·麦克米伦出版社的“国际关系中的文化与宗教系列丛书”，以及剑桥大学出版社的“剑桥社会理论、宗教与政治研究系列丛书”，也是上述两类研究的综合。

狭义的宗教与国际关系研究有助于推动国际关系理论的“范式转移”，但因理论储备不足且缺乏深入细致的个案研究而流于空泛，被称为宽泛路线（broad route）；广义的宗教与国际问题研究尽管对某一宗教运动或某一区域性宗教有详尽考察或个案研究，但未能举一反三，提出具有普适性和规律性的理论，被称为深窄路线（deep route）。鉴于上述情形，有政治学学者如罗恩·E. 哈斯纳（Ron E. Hassner）倡导折中路线即所谓厚实路线（thick route），意指在充分注重宗教个案研究的基础上归纳提炼出解释国际关系现象的较广泛理论，① 而伊娃·贝林（Eva Bellin）等则主张注重问题驱动的研究和中层理论的积累来实现国际关系研究的“宗教转折”。②

最后，某一学科或研究领域的成熟度往往是由标志性研究成果来代表的。就此而言，目前宗教与国际关系领域虽成果甚众，但一致公认的精品佳作却凤毛麟角，如果不是完全付之阙如的话。在狭义的宗教与国际关系领域，除上述《国际关系中的宗教：从流放中归来》《宗教全球复兴与国际关系的转型：争夺21世纪灵魂》《宗教与国际关系理论》《宗教、认同与全球治理：理念、案例和实践》等论著外，近十多年来陆续出版的值得关注的著作类成果主要有《宗教与国际关系》《把宗教带入国际关系》《宗教与国际关系导论》《当前国际体系中的宗教与政治》《上帝的世纪：宗教复兴与全球政治》《国际关系理论中的宗教：互动与可能性》《现代

① Ron E. Hassner, “Religion and International Affairs: The State of the Art”, in Patrick James, ed., *Religion, Identity, and Global Governance: Idea, Evidence, and Practice*, Toronto: University of Toronto Press, 2011, pp. 43 – 51.

② Eva Bellin, “Faith in Politics, New Trends in the Study of Religion and Politics”, pp. 317 – 318.

世界中的宗教与政治变迁》等。[①] 这些论著对国际关系“宗教回归”及国际关系研究“宗教转折”的意义、路径、模式、方法、趋势和议题等做了开拓性和基础性的探讨，但也遭至诸如编著多专著少、缺乏系统理论、实证性个案较弱以及对策目的过于明显等批评。如上述《宗教与国际关系理论》一书尽管扛起了宗教与国际关系理论研究的大旗，但其大部分内容却被专门从事宗教与国际关系研究的同行批评为既不涉及国际关系又与国际关系理论无关，[②] 颇令诸编著者尴尬。因此西方有论者指出，目前在国际关系研究领域的主要问题“并不在宗教议题被忽视，而在于宗教议题缺乏理论”[③]。

第三节　宗教与国际关系研究在中国

在我国，从新中国成立到“文化大革命”结束前的近 30 年的时间内，宗教学术研究基本陷于瘫痪局面。在只有宗教批判而无宗教研究的时代背景下，意识形态化的宗教策论便占据了宗教出版领域的主导地位。这些论述一般具有以下几个特点：有强烈的政策性或对策性、有鲜明的敌情观念和反境外宗教渗透立场，把具有西方背景的基督宗教作为主要防范对象、把宗教问题与安全问题挂钩或等同起来的安全化倾向，以及把宗教问题视为传统安全问题（这不仅指宗教安全问题在新中国成立后由来已久，

---

① K. R. Dark, ed. , *Religion and International Relations*, Bashingstoke, Hampshire: Palgrave, 2000; Jonathan Fox & Shmuel Sandler, *Brining Religion into International Relations*, New York: Palgrave MacMillan, 2004; Jeffrey Haynes, *An Introduction to International Relations and Religion*, England: Pearson Education Limited, 2007; Eric O. Hanson, *Religion and Politics in the International System Today*, Cambridge: Cambridge University Press, 2006; Monica Duffy Toft, Daniel Philpott and Timothy Shah, *God's Century: Resurgent Religion and Global Politics*, New York: W. W. Norton & Co. , 2011; Nukhet Sandal & Jonathan Fox, *Religion in International Relations Theory: Interactions and Possibilities*, Abingdon: Routledge, 2013; Jeffrey Haynes, ed. , *Religion and Political Change in the Modern World*, Abingdon: Routledge, 2014 等。

② Jeffrey Haynes, "Book Reviews", *Politics, Religion & Ideology*, Vol. 13, Sept. 2012, pp. 400 - 402.

③ Eva Bellin, "Faith in Politics, New Trends in the Study of Religion and Politics", p. 340.

而且指将宗教问题与国家主权以及意识形态和政权安全等量齐观）等。事实上，“反宗教渗透”成为讨论一般宗教问题的基调之一，而这些关于境外宗教问题以及宗教与我国国家安全的论述便构成了具有中国特色的“反渗透学”。目前，与涉及如何评价宗教的“鸦片论”一样，“反渗透学”在主流学术界已有所淡化，但其作为在宗教官方话语体系的一部分仍保持着重要的影响力。

自20世纪70年代末80年代初以来，国内的宗教研究逐步复苏并呈现较强劲的发展势头和极清晰的学术转向。不过，与其他学科如哲学、历史学、宗教学、社会学等领域相比，国内的国际关系学界对宗教与国际关系或国际问题的研究相对滞后，那些对国际宗教问题较全面的介绍，如《世界宗教问题大聚焦》[①]《当代世界民族宗教》[②]《当代世界宗教问题》[③]等论著也是到21世纪初才陆续问世的，并且主要还不是出自国际关系学者之手。

在上述全球宗教复兴、国际关系的“宗教回归”、西方国际关系学界的宗教转向尤其是非传统安全研究趋热的影响下，国内的国际关系学界已开始关注宗教与国际关系/政治问题，各种有关非传统安全的研究机构和研究项目应运而生，宗教和文化作为非传统安全问题被列入研究议程。21世纪以来，随着我国海外利益的全球化，尤其是“一带一路”倡议的实施，文化和宗教在中国国家外交和安全战略中的作用和影响进一步进入学界视野，宗教与国际关系研究获得新的推动力。这表现在有关论著的出版、国家社科基金及有关部委和省市社科项目的立项、有关研究机构和宗教类智库的建立、有关学术会议的召开，以及全国高校和社科院系统宗教与国际关系课程的开设等。在上述研究机构、项目、会议、成果、课程的推动下，国内对宗教与国际关系议题的关注进入学术化的新阶段。

就广义的宗教与国际问题研究而言，国内相关研究的重点领域或议题分别为宗教与全球化、世界民族与宗教、国际宗教热点问题、宗教与国际

---

① 中国现代国际关系研究所民族与宗教问题研究中心编著：《世界宗教问题大聚焦》，时事出版社2002年版。

② 李德洙、叶小文主编：《当代世界民族宗教》，中共中央党校出版社2003年版。

③ 国家宗教事务局宗教研究中心编著：《当代世界宗教问题》，宗教文化出版社2007年版。

和地区冲突、各国各地区宗教现状、国际宗教运动、比较宗教研究、国际宗教对话、宗教与国际法、新兴宗教、国际伊斯兰研究、文化与国际关系、宗教与外交、宗教与“一带一路”、宗教对外交流和公共外交、宗教与国家安全、反宗教极端主义及反恐怖主义等。除专业学术期刊如中国社会科学院世界宗教研究所主办的《世界宗教研究》和《世界宗教文化》等外，相关系列论丛和期刊多数归在诸如地区研究和战略研究的名下，如上海外国语大学中东研究所主办的“当代中东研究系列丛书”、上海高校智库复旦大学宗教与中国国家安全研究中心主办的“宗教与中国国家安全和对外战略论丛”，以及该中心与复旦大学美国研究中心合办的学术集刊《宗教与美国社会》等。上述领域的研究不胜枚举，[①] 其中著作类的包括《“全球化”的宗教与当代中国》[②]《美国与伊斯兰世界》[③]《国际政治关系中的宗教问题研究》[④]，以及《全球化背景下的宗教与政治》[⑤] 等。

相对而言，狭义宗教与国际关系研究的成果要少得多。2004 年 5 月复旦大学国际关系与公共事务学院成立宗教与国际关系研究中心，并于2010 年开始先后推出由上海人民出版社和远东出版社出版的“宗教与当代国际关系研究论丛”，目前已出版 14 辑，包括《宗教与当代国际关系》（徐以骅等著，2012、2015 年）、《美国基督教福音派及其对国际关系的影响：以葛培理为中心的考察》（涂怡超著，2010 年）、《国际社会中的国际宗教非政府组织》（李峰著，2013 年）、《宗教功能单位与地区暴力冲突——以科索沃冲突中的德卡尼修道院和希南帕夏清真寺为个案》（章远著，2014 年）、《后冷战时期的宗教与美国政治和外交》（徐以骅著，2014 年）、《爱德华·萨伊德与中东政治》（李意著，2015 年）、《全球治理中的巴哈伊国际社团》（吴正选著，2018 年）、《宗教非政府组织与国际法》（秦倩著，2018 年）等，目前尚有多辑待出版。与其他相关论著相比，章

---

① 有关成果参见《导论：当代国际关系的“宗教回归”》，国家宗教事务局宗教研究中心编著《当代世界宗教问题》，第 20—26 页。

② 卓新平著：《“全球化”的宗教与当代中国》，社会科学文献出版社 2008 年版。

③ 高祖贵著：《美国与伊斯兰世界》，时事出版社 2004 年版。

④ 张战、李海君著：《国际政治关系中的宗教问题研究》，中国社会科学出版社 2009 年版。

⑤ 刘义著：《全球化背景下的宗教与政治》，上海大学出版社 2011 年版。

远所著《宗教功能单位与地区暴力冲突》以及刘骞所著《后冷战时代的宗教文明与国家安全》（中国社会科学出版社 2017 年版）等较具国际关系研究气象，这与著者的国际关系学科背景有关，其他相关论著仍可归入宗教与国际问题研究或介于狭义和广义宗教与国际关系研究之间。国内国际关系研究权威期刊《世界经济与政治》在 2011 年第 9 期特设宗教与国际关系研究专栏，收入《全球化时代的宗教与国际关系》（徐以骅著）、《科索沃冲突中的宗教因素解读》（章远著）、《当代基督宗教传教运动与认同政治》（涂怡超著）、《互联网、宗教与国际关系——基于结构化理论的资源动员论观点》（黄平著）、《后冷战时期宗教与国家安全的关联性讨论》（刘骞著）五篇文章，可说是宗教与国际关系研究进入国内主流国际关系研究的“入门仪式”。宗教与中国对外文化战略、安全战略和公共外交、宗教与美国对外关系等是目前我国宗教与国际关系研究的重点议题，[①] 本人及其研究团队还先后提出了“信仰中国”“信仰周边”“地缘宗教”“大国宗教”“后传教时代”“宗教与中国公共外交”“大国宗教”“大国学术”等理念和分析框架对之加以阐述。[②] 但目前无论就成果还是影响而言，国内的国际关系研究只能说有某种“宗教关注”，还谈不上“宗教转折”。[③]

目前国内学术化的宗教与国际关系研究，似具有以下特点及问题。第一，“重文化轻宗教”以及“还圣为俗”：即把宗教现象作为文化之一部来加以讨论，这固然反映了国内宗教研究的滞后，也折射出国内学界在一

---

① 有关研究可参见卓新平《中国宗教与文化战略》，社会科学文献出版社 2013 年版；徐以骅、邹磊主编《宗教与中国对外战略》，上海人民出版社 2013 年版；蒋坚永、徐以骅主编《中国宗教走出去战略论集》，宗教文化出版社 2015 年版。

② 有关研究可参见徐以骅等著《宗教与中国国家安全研究》，时事出版社 2016 年版；徐以骅《从“信仰中国”到“信仰周边”——中国与周边国家的宗教互动》，载徐以骅主编《宗教与美国社会》（第十五辑），时事出版社 2017 年版，第 1—7 页；徐以骅《大国宗教》，载徐以骅主编《宗教与美国社会》（第十六辑），时事出版社 2018 年版，第 3—10 页；徐以骅《“大国学术”——作为学术研究的基督教中国化》，载徐以骅主编《宗教与美国社会》（第十七辑），时事出版社 2018 年版，第 3—14 页。

③ 根据对中国知网文献库的检索，从 1998 年出现第一篇相关文章到 2019 年 3 月，国内标题中含有“宗教”和“国际关系”两个关键词的已发表期刊论文共 28 篇（还有 1 篇译文）。该数据并不充分，而且其中有些论文只是略涉宗教与国际关系。

般宗教研究问题上仍未摆脱把宗教解释为某种社会存在（如政治、经济、种族等）的附带现象的传统研究套路、较为边缘化的学科处境，以及宗教研究领域本身“乍暖还寒”“下笔如有‘绳’”“犹抱琵琶半遮面”的羞涩局面。发表难、出版难、经费少是宗教研究领域的较普遍现象。

第二，“受宗教对国家安全威胁的驱动”：对各种宗教极端主义、民族分裂主义和国际恐怖主义，尤其是对由宗教驱动的恐怖活动、宗教冲突和民族宗教问题等特定议题的专门研究相对发达，成为反境外宗教渗透和反宗教极端主义研究的一个组成部分。这自然与我国国家安全的现实处境有关，不过在西方学界也有相同的“主要通过安全的棱镜来看待宗教”①的情况。宗教不能与恐怖主义画等号，但宗教和宗教组织往往为暴力、干涉和分裂活动提供了合法性依据和活动载体。宗教作为合法性途径具有多重性，它既可用来为国际调停及民族和解服务，但宗教教义也被认为是种族清洗和恐怖主义的“最通常的合法性依据之一”。② 目前西方的宗教与国际关系研究，虽然也提出“以信仰为基础的外交”等强调宗教维和、促和及调解冲突功能的理论和操作模式，但对宗教在国际舞台上的负面作用的研究还是要超过对其正面作用的研究，这被认为是国际关系研究“宗教转折”的主要偏差之一，而此种情况在我国的相关研究中不仅存在，而且更为明显。“多元融通、和合共生”是中国宗教思想和实践的优质资产。因此研究如何发挥宗教尤其是我国宗教及宗教团体在促进国际和平方面的正面功能以及可操作性，应成为我国宗教与国际关系研究的主要任务之一。

第三，“理论和实证研究的瓶颈”：缺乏地区乃至全球范围的大规模实地调查和资料收集工作、未充分具备建设数据库和处理数据的能力、专业课程开设不足和专业研究机构缺失、国际关系学界对宗教议题的普遍忽视，以及缺乏国际宗教对话的实际经验和相关人才等，是制约我国开展相关研究的软硬件瓶颈，而对跨国宗教和宗教现象（如宗教与地区和暴力

---

① “Editor’s Forward”, *Journal of International Affairs*, Fall/Winter 2007, pp. v - vi.

② Jonathan Fox and Shmual Sandler, *Bringing Religion into International Relations*, p. 38. 另参见徐以骅、章远《试论宗教影响中国国家安全的路径和范式》，载《复旦学报》（哲学社会科学版）2009 年第 4 期。

冲突）的数据处理、量化分析和实证考察，恰恰是目前西方有关研究的特点和强项。此外，国内学界对国外相关研究的现状和动态掌握不够，缺乏对国外有关成果作较全面介绍、翻译尤其批评的机制，也阻碍了该领域的学术进展，而这种机制在目前国内国际关系研究的其他领域已相当成熟。

第四，“对策研究与学术研究的平衡问题”：目前国内对宗教与国际关系研究的重点议题包括宗教与中国公共外交、宗教与中国外交和安全战略、宗教与“一带一路”尤其是“一带一路”沿线国家的宗教风险等，宗教问题日益被视为增进我国对外战略的完整性以及提升我国国际形象的重要因素。这种现实的智库性研究取向固然有助于提升我国宗教研究的地位，扩大宗教研究的空间，并且有可能较快取得成果，但宗教研究的“安全化”和“战略化”取向，也有使宗教与国际关系研究降至“短、平、快”时事报道和分析水准的隐忧。因此，我国的宗教与国际关系研究要处理好对策和学术研究之间的关系，在提升对当前国际宗教动态分析能力的同时，形成对全球宗教发展长期趋势的研究能力以及对国际关系研究“宗教转折”的原创性和统摄性理论，超越涉华议题、安全议题和描述性个案研究的局限，使宗教研究对国际关系研究产生学科性的贡献。①

总之，除涉华课题外，目前就整体而言国内的宗教与国际关系研究还处于介绍、积累和起步的阶段。不过近年来国内的宗教学研究和国际关系研究已经出现相互结合和相互转向的端倪，有着较大的发展潜力。假以时日，我国的宗教与国际关系研究将会有更充分的发展。

---

① 以上评论可参见《导论：当代国际关系的“宗教回归”》，国家宗教事务局宗教研究中心编著《当代世界宗教问题》，第22—24页。

第六章

古代基督教思想文化背景及其历史影响研究

王晓朝　陈越骅

“古代基督教研究”在学科分类中属于宗教学中的基督教研究的一个组成部分，它的研究对象是基督教的古代阶段，而其思想文化渊源及其历史影响则涉及更多的领域及学科。从基督教的创始人耶稣创教、传教开始算起，基督教已经有了近两千年的发展历程。时至今日，基督教是世界三大宗教之一，信徒人数占全球总人口的三分之一。从宗教与文化的关系来看，基督教是当代西方文化的底蕴，是构成未来世界文化的重要因素，当代基督教（包括中国基督教）思想的种种要素都可以追溯到它的古代阶段中去。这一研究对象的重要性决定了中国学术界必须加强对古代基督教的研究。在纪念改革开放30周年（1978—2008年）的时候，已有学者对此做了系统的总结，[①] 然而，时值下一个40年的新起点，回顾以往70年的研究成果，我们仍有必要对中国学术界古代基督教研究的发展状况做一些理论反思。

与宗教学研究的其他学科和基督教研究中的其他领域相呼应，中国学术界的古代基督教研究成功地实现了范式转换，从“以阶级斗争为纲”的研究模式转变为“宗教是文化的核心”“基督教是西方文化的核心”的研究模式，从而使一系列重要理论问题有了新的阐释，并在该领域中有了自己的建树。

在新中国成立以来的70年中，前30年的学术建树不多，而在后40

① 参阅卓新平主编《中国宗教学30年》，中国社会科学出版社2008年版。

年的历程中，中国学者在该领域把研究重点放在两个方面：一是古代基督教的历史；二是古代基督教的神学和哲学。与这两个重点相呼应，也涌现出一些从社会学、政治学、神话学、语言学、诠释学等角度切入该领域研究的论著。从已有成果来看，属于基督教历史方面的专著有4部，属于古代基督教神学与哲学的专著有17部。而同期中国学者翻译的基督教历史著作有6部，古代基督教神学与哲学著作有11部。[①] 由于著作分类的困难，上述统计数字不一定准确，但从中仍可看出中国学术界的研究路径是翻译与著述并重。中国学术界经过长期的努力，已经拥有了自己对古代基督教的阐释、理解和理论，与国外同行相比，亦有理论创新之处。

第一节　取得实质性进展的研究领域

在对历史研究的新发现和对重大理论问题的新阐释上，中国学术界的古代基督教研究在下列重大问题上取得了实质性的进展：

一　对耶稣生平及其历史真伪问题的研究

改革开放之初，19世纪德国的青年黑格尔派的相关论点对中国学术界影响最大。其代表人物大卫·弗里德里希·施特劳斯的《耶稣传》中译本虽然迟至1981年才出版，[②] 但它的影响可以从后来的一些中国学者的著作中看出来。“耶稣基督究竟是历史人物，还是宗教的幻想？十九世纪三十至四十年代，德国青年黑格尔派施特劳斯和布鲁诺·鲍威尔对圣经福音故事的批判，事实上就是对基督教神迹信仰的批判。施特劳斯认为福音书中记载的神话故事（神迹）绝不是历史事实，而是由于救世主观念在早期基督教社团中的流行而自然发生的结果，它是人的创造，但不是故事作者的故意捏造。”[③]

---

① 参阅卓新平主编《中国宗教学30年》，中国社会科学出版社2008年版，第258、269页。

② 施特劳斯：《耶稣传》，吴永泉译，商务印书馆1981年版。

③ 吕大吉主编：《宗教学通论》，中国社会科学出版社1989年版，第201页。

英国神话学派对中国学术界的影响也很大。英国学者罗伯逊所著的《基督教的起源》在中国较早就被译成中文出版。作者关于基督教创始人耶稣的基本看法是："与其说耶稣创立基督教，不如说是基督教描绘出一个耶稣，还较符合历史的真实。"[①] 在英国神话学派的影响下，日本学者幸德秋水（1871—1911 年）写成《基督何许人也——基督抹杀论》。该书列举福音书中的大量矛盾，提出它所记载的耶稣事迹只能"看作神话小说"，而不能"径直信为历史事实"。全书最后得出结论："耶稣基督不是历史上的真实人物，而只是以古代神话的糟粕渣滓、残骸断础拼凑起来的一个没有生命的偶像而已。"[②] 20 世纪 80 年代翻译出版的一些苏联学者的著作进一步强化了这种观点，如克雷维列夫的《宗教史》。该书作者在这个问题上持神话说，认为"基督是一个神话人物"[③]。

随着学术研究的深入，中国学者开始较为全面地分析这个问题。前杭州大学的胡玉堂先生较早指出："一种意见认为耶稣是真实的历史人物，确有其人，其依据有三：（1）公元一世纪犹太史家约瑟弗斯著作中曾提到耶稣，并说'他是基督'。这句话很可能是改写，不能作为不存在这一历史人物的依据。（2）罗马史家著作中说明了基督教是由一个称为'基督'的人所创立，而对基督徒来说，它是耶稣的专有称号。（3）福音书的资料来源可能包括从耶稣活动时期到成书时期有关耶稣各种传说的记载，故有一定的真实性。据此三方面说明耶稣是一个历史人物，他很可能是当时犹太社会群众运动的领袖，运动失败后，人民长期铭记他，奉为救世主。"[④] 到了 20 世纪 80 年代末，于可先生说："我认为在发掘出新的史料以前，从历史科学的角度，很难确切地说明其有或无。但根据目前的迹象和基督教的传说来看，我赞同证明耶稣无比证明耶稣有更困难。此问题的最终解决，尚有待于新史料的发现。"[⑤] 郭圣铭先生说："我们无法证明历史上究竟有无耶稣基督其人，但有一点可以肯定：历史上的耶稣基督，

---

① 罗伯逊：《基督教的起源》，宋桂煌译，生活・读书・新知三联书店 1958 年版，第 29 页。

② 幸德秋水：《基督何许人也——基督抹杀论》，马采译，商务印书馆 1986 年版，第 85 页。

③ 克雷维列夫：《宗教史》上卷，中国社会科学出版社 1984 年版，第 137 页。

④ 胡玉堂：《历史上的耶稣》，《历史研究》1981 年第 2 期。

⑤ 于可：《十年来我国基督教史研究的评估》，《世界史研究动态》1989 年第 7 期。

绝不同于神话传说中的耶稣基督。”[①]

进入20世纪90年代以后，中国学术界认为耶稣在历史上确有其人的观点逐渐占了上风。唐逸先生指出：“拿撒勒人耶稣是个历史上确实存在过的人物，这个‘拿撒勒人’反对犹太教祭司贵族的腐化生活，倡议改革，获得了一批追随者，成为犹太教的一个小宗教派——拿撒勒派。后来，他的门徒可能出于虔诚的信仰或宣传上的需要，根据犹太先知们的有关弥赛亚的预言，认定他就是弥赛亚，把他描绘成一个神奇人物，进而逐渐视其为崇拜对象——耶稣基督。”[②] 90年代后期翻译出版的两部耶稣更进一步加强了这种观点。1997年，中国社会科学出版社出版了由高师宁、段琪翻译的美国学者克罗桑的《耶稣传：一部革命性的传记》。作者写作这部书的立场是文化人类学的、历史学的、文献考据学的，而不是护教的。它只涉及作为历史人物的耶稣，而不涉及作为信仰对象的基督，只涉及作为人的耶稣，而不涉及作为神的基督。此书为中国学术界了解西方学术界在基督教起源和耶稣的生平提供了新的材料。由梁工教授翻译的法国学者欧内斯特·勒南的《耶稣的一生》[③] 虽是20世纪的作品，但作者对作为历史人物的耶稣的肯定及对其神性的彻底否定仍有重要影响。由中国学者自己撰写的耶稣传也涌现出来，如孙善玲的《走向神圣——耶稣传》。[④]

可以看出，自改革开放以来，中国学术界对耶稣的看法经历了一个从全盘否定到部分肯定，从完全不信福音书记载到部分相信福音书记载，从把历史与信仰混为一谈到区分历史与信仰这样一个过程。下一步，如何把二者统一起来，则还需要学术界付出更多的努力。笔者认为，这个问题只要能区分耶稣基督的“历史性的存在”与“精神性的存在”，然后在此基础上做进一步的说明，承认历史上的耶稣与作为基督徒信仰对象的基督的共在，这在理论上是能讲得通的。同时我们要看到，这一问题也仍旧是国际学术界关注的一个焦点。中国学者要及时收集相关信息，反映国际学术界在这一问题上的研究进展，在此过程中提出自己的阐释。

---

① 郭圣铭：《世界文明史纲要》，上海译文出版社1989年版，第426页。

② 唐逸主编：《基督教史》，中国社会科学出版社1993年版，第25页。

③ 勒南：《耶稣的一生》，梁工译，商务印书馆1999年版。

④ 孙善玲：《走向神圣——耶稣传》，中国社会科学出版社2000年版。

二　对基督教形成的社会历史背景及其思想文化渊源的研究

基督教形成的社会、历史、思想、文化背景就是罗马帝国。基督教的诞生与罗马帝国的建立几乎同步。希腊罗马世界是基督教的播种者耕耘的土地，种子的生长不仅依靠它本身具有的生命力，而且也取决于土壤的适宜与肥沃。对基督教与罗马帝国关系的正确理解，关系到对基督教历史与传统的正确把握。中国学术界在这个问题上受英国近代历史学家爱德华·吉本（Edward Gibbon，1737—1794 年）的影响很深，其焦点是罗马帝国衰亡的原因。改革开放以后出版的其他一些译著也涉及罗马帝国衰亡的原因，但影响都没有吉本的著作这么大。[①]

1997 年，商务印书馆出版了吉本的名著《罗马帝国衰亡史》的中译本。该书的中译本序言除了介绍吉本的简要生平、写作背景、写作动机以外，还介绍了吉本的主要思想。序言作者说："作者（指吉本）一再强调罗马帝国的灭亡实即蛮族与基督教的胜利。"[②] 从而给读者以强烈印象，以为吉本认为罗马帝国衰亡的原因是基督教。而实际上，吉本对基督教与罗马帝国关系的看法是一回事，吉本的著作在当时出版后在英国遭到来自教会方面的批评是另一回事，但中译本序言把二者混为一谈，说"《罗马帝国衰亡史》原文本在我国流传已久，近年来史学界有一些文章介绍和评论吉本及其巨著，可以吴于廑教授的《吉本的历史批判与理性主义思潮》（载《社会科学战线》1982 年第 1 期）为代表。这些文章的共同看法是'吉本的历史批判精神，与启蒙时代的理性主义思想是一致的，突出表现在对基督教传统教义、信条、教规等所持的批判态度'。这无疑是吉本此书的精华所在。"[③]

然而，此书中译本序言作者及大批史学界学者所转述的吉本对基督教的评价与吉本自己的看法差距更远。细读原著，吉本确实"始终相信《福音书》的传播和教会的胜利与罗马帝国的衰落是密切相连的，所以他

---

① 参阅策勒尔《希腊哲学史纲》，翁绍军译，山东人民出版社 1992 年版，第 222 页。

② 吉本：《罗马帝国衰亡史》，商务印书馆 1997 年版，第 10 页。

③ 同上书，第 13 页。

着重于这一变革的原因和影响，把基督教徒自己的著述和辩解同异教徒投向这一新教派的公正或憎恨的目光加以对照”,[①] 但他没有把基督教说成是罗马帝国灭亡的原因，对基督教也没有一笔抹杀，而是用理性主义的笔调描述了罗马帝国与基督教二者之间的复杂关系。这种关系不是简单的因果关系，而是互动关系。即使在中译本译出的由节编者 D. M. Low 所写的引言中也已经指出：“吉本对‘福音的简单、纯洁的观念’从未进行过攻击，对基督教的道德观念，他也从未像后来的某些不可知论者那样横加指责。他对真诚和勇敢追求理想的态度始终怀着崇敬之心。”[②] 可见，中译本序言作者的关注点与英文节编者的关注点有巨大差别，而这种关注点的差异也导致对此理论问题认识上的差异。

从 20 世纪 90 年代开始，浙江大学一些从事古代基督教研究的学者结合罗马帝国文化的变迁研究这个问题。他们指出，历史上任何一个大帝国覆灭的主要根源都在于帝国本身，而不能用其他外在的原因来解释，罗马帝国与基督教文化崛起有关联，但若将基督教视为罗马帝国衰亡的原因，认为基督教应当对罗马帝国的衰亡负责，那么既不符合历史事实，又过于狭隘。[③] 这些理论思考的成果对于我们深入理解基督教有积极的作用。

三　对基督教与希腊罗马哲学关系的研究

基督教作为一种起源于东方（近东）的一神教文化，其基本精神确实与以多神崇拜为特征的西方古典文化背道而驰。因此，基督教的兴起与扩张与希腊罗马古典文化发生过激烈的冲突与对抗。西罗马帝国灭亡之后，西方文化出现了低潮。因此，人们理所当然地认为基督教对西欧中古前期的文化低潮负有不可推卸的责任。希腊罗马哲学是西方古典文化的重要组成部分和代表者。看到古希腊哲学随着罗马帝国的灭亡也走向终结，因此基督教与西方古典哲学的关系也引起了中国学者的关注。正确把握这

---

① 吉本：《罗马帝国衰亡史》，商务印书馆 1997 年版，第 11 页。

② 同上书，第 5 页。

③ 参见王晓朝《希腊化与基督化的世纪之争》，《浙江社会科学》1997 年第 3 期。

一问题不仅能使我们了解基督教本身的发展，而且也有助于我们认清基督教在整个西方文化中的核心地位。

中国学术界通过对相关史料的详细研究，较为全面地阐述了这个问题。他们指出：基督教与希腊罗马哲学的关系在罗马帝国时期主要表现在基督教思想家对各种希腊罗马哲学所做的有选择的接纳。中国学者们常说"基督教思想家汲取希腊哲学的理解、辩护方式，为基督教的信仰作辩护。"然而，汲取就是有选择的接纳。基督教在其初始阶段并不具备一套抽象的神学理论体系。在与各种希腊罗马哲学思想的交锋中，基督教一方有虔诚的信仰，但无系统的神学理论；而希腊哲学一方有成熟的理性批判能力，但无统一的信仰，而且又在相互攻伐。在这样丰厚的理性批判精神的文化氛围下，基督教神学思想迅速地理论化、体系化，由此构成了罗马帝国精神文化领域内与希腊哲学家对峙的阵营。由基督教教父哲学家们确立的信仰至上原则和包含理解在内的信仰主义导致了希腊罗马哲学的全面终结。整个西方古代哲学向中世纪哲学过渡。

四　对古代基督教哲学历史地位的评价

古代基督教哲学亦即教父哲学。一些西方当代哲学史家否认有基督教哲学，进而否认早期基督教哲学的地位。比如英国哲学史家柯普斯登说："如果哲学是人类研究和知识的一个合法和自主的领域（自主的意思是哲学有自身方法和研究对象），那么，它不是、也不可能是'基督教的'。正如说'基督教生物学'或'基督教数学'是荒谬的一样，一个生物学家或数学家可以是基督教徒，但他的生物学或数学却不是基督教的。同样，一个哲学家可以是基督教徒，但他的哲学却不是基督教的。""基督教哲学一词的合法意义最多只是说符合基督教的哲学"，"我们并不因为一个科学命题符合基督教而称之为基督教命题。"①

对于这样的观点，中国学术界提出了自己的看法。有学者指出：柯普斯登的观点貌似有理，实际上钻了牛角尖。因为按照他的逻辑，不仅没有基督教哲学，而且也没有希腊哲学、拉丁哲学、罗马帝国哲学。这种说法

---

① Copleston, F., *A History of Philosophy*, Vol. Ⅱ, London, 1950, p. 280.

混淆了一般的哲学与个别的哲学，混淆了哲学与哲学史的区别。这种观点虽然将由基督徒创造的哲学纳入了哲学发展的总的历史，但却否认了基督教可以有自己的哲学和历史上已经存在的基督教哲学，从而将基督教哲学这个在特定文化环境下由特殊的社会群体创造的哲学支解了，化作个别基督徒哲学家的观点而从哲学史中淡出了。①

柯普斯登提出这样的观点有一个思想上的原因，这就是把宗教与哲学之间的关系视为全然分离的关系，基督教是宗教，因此不能是哲学；而基督教教徒可以有多重身份，可以既是基督徒，又是哲学家，但他们的哲学并不是基督教哲学。对宗教与哲学的关系做这样的理解是比较肤浅的。宗教与哲学的区分讲到底只是学科的界域划分，而它们的研究对象和研究方法则可以是共同的和共通的。在实际的历史中，特别是在古代西方的历史中，各种宗教团体和哲学学派可以具有类似的外观，也可以拥有相近的思想体系，只不过在宗教则为教义，在哲学则为理论学说。如果把宗教与哲学完全两分，进而否认基督教哲学的存在，那么我们所得到的思想图景是不完整的，有缺陷的，而且也是有违历史事实的。

第二节　在进一步开拓与发展的研究领域

上述重大理论问题的研究进展和新观点的提出，为中国学术界深入细致地研究古代基督教奠定了基础，开辟了道路。就笔者所掌握的研究动态来看，中国学界对古代基督教的研究将在下列方面有进一步的开拓与发展，乃至于取得重大突破。

一　对古代基督教文化背景的研究将扩展为对整个地中海文化圈的研究

近年来，“文化圈”的概念在中国学术界屡有使用。浙江大学陈村富

① 参阅王晓朝《教父学研究——文化视野下的教父哲学》第7章，河北大学出版社2003年版。

先生于《中国社会科学》2007 年第 1 期上发表专文《地中海文化圈概念的界定及其意义》。他指出："从公元前五世纪至公元前一世纪，在地中海域逐步形成同长江—黄河文化圈、印度河—恒河文化圈相呼应的环地中海文化圈。这个文化圈的中心首先是在地中海东部的西亚和埃及，尔后西移雅典，再至罗马。经过希腊化和罗马帝国近八百年的地中海域文化间的交融和碰撞，最终形成了地中海文化圈。"将环地中海区域视作一个文化圈，对于中国学术界推进古代基督教研究有重大学术意义。

以往学术界探讨古代基督教产生的文化背景，基本上是在罗马帝国的大框架下进行，思考基督教的诞生和早期发展，着重揭示希伯来与希腊两方面的文化影响。这样的解释虽然较好地说明了基督教诞生与发展的历史过程，但仍有部分现象不能解释。例如，基督教亚历山大里亚学派的形成、诺斯替主义的兴起、新柏拉图主义与基督教的关系，等等。克莱门和奥利金在亚历山大里亚创建了基督教的亚历山大里亚学派，利用希腊哲学制定基督教义的历史，然而亚历山大里亚同时也是犹太教、摩尼教及埃及本土宗教的聚散地。基督教的神学体系同样也受到这些宗教的影响。诺斯替主义的兴起无法在"两希文化"的框架中得到充分合理的解释，而要诉诸更大的文化背景。新柏拉图主义的创始人普罗提诺虽然与基督教没有什么直接的来往，但他的哲学体系却与基督教的创世论不谋而合。深入研究地中海文化圈的形成和发展，将影响我们对古代基督教的认识和理解。如果说我们在改革开放以前对基督教的源起的认识是一元的，即它的希伯来源起，那么在这 40 年中我们的看法从一元转向了二元，即基督教的希伯来与希腊的源起，随着我们对整个地中海世界的历史、政治、社会、伦理各方面细节的把握，我们可能会在这个问题上提出基督教的多元源起的看法。

二　古代基督教思想家将得到更加普遍的研究

中国学术界的教父学研究尽管已经获得了较多的研究成果，但我们对教父学的研究仍处于初步阶段。在历史上留下其史料的教父有数百人，而迄今为止，我们只研究了一些主要的教父思想家，甚至连对他们的研究也不够完整和深入。由于研究教父学的难度大，所需投入多，因此迄今为止，还有大量的教父学资料没有译成中文，许多研究亟待深入，许多理论问题亟待解决。要把这方面的研究持久深入地开展下去，我们既需要具备全球性的视野，又需要扎实的学术工作。

国际学术界在世纪之交对教父学的当代研究做过系统的回顾和总结。查尔斯·坎嫩吉塞尔（Charles Kannengiesser）在《教父学的未来》一文中说："20 世纪的这一教父学复兴具有两个主要特征：学科的全然综合性及其扩伸的社会维度。第一个综合性的特征使学者以一个新的方式去规定教父学，这个方式在本质上以学术专业化为标志。第二个社会维度的特征关涉到教父学突破它原来的牧师和神学圈子，并将它的吸引力扩伸至新门类的学者。它步入了同其他学科的合作，并且在世俗的大学中获得了认可。"① "这一复兴的基础是对全体古代基督教文献的科学控制，方法论和国际化的组织控制，依照这样的方式，数以千计的古代手稿的缩微胶卷能够得到前所未有的流传。与此同时，所有研究古典著作和古代历史的学生得到了钥匙，进入了古代晚期的文学和文献宝藏，他们现在能够带着新的眼光去审视这些材料。"② "教父学被视为一门边缘的和附属的神学学科的时代已经过去了，而且对基督教传统进行彻底的重新诠释的时代又一次到来。"③

关于教父学的未来，作者提出三个基本的论题："第一，在我们这个仍在迫切地追寻其自身身份的后现代时代，教父学界首当其冲地参与到西方根基的广泛恢复之中。" "第二，在这个后现代时代，教父学似乎不再被适切的现代意识形态所驱动，后者如果不是十足国家主义的，就是宗教的、告解的和欧洲中心主义的。然而，在实际成为非宗教的、多元告解的，并且在逐渐致力于西方和非西方文化相遇的过程中，教父学维持了其被恰当地规定的同一性。简而言之，通过这个真正的一致性，教父学成为诠释的一个根源，为了连续不断地对西方的历史根基进行解释，我们今天迫切需要诠释的根源。" "第三，教父学在后现代时代的破晓时刻具有新

① 坎嫩吉塞尔：《评注：教父学的未来》，香港道风书社《基督教文化评论》2008 年第 28 期。

② 同上。

③ 同上。

的地位……”[①]作者特别指出：“我的态度是乐观的。不像斯宾格勒的悲观的《西方的没落》那样，我期待西方在后现代时代获得重生。并且我相信在这样一个重生的过程中，教父学要发挥长久而积极的作用。”[②]他所概括的西方教父学的转型为中国教父学研究的发展创造了一个良好的国际环境。

对教父学这个学科的理解和处理上的不同曾经造成中外教父学研究路径上的差异，而且造成了研究成果交流上的障碍，而随着中外学术交流的扩展，这种障碍正在逐渐被打破。教父学在根子上是一门西方的学问，中国学者在研究这门外国学问的时候当然要扬长避短，不必要也不可能跟在西方学者后面亦步亦趋。我们应当找准突破口，花力气，搞出自己的特色来。西方教父学研究注重文献整理，中国的教父学研究应注重翻译，尽可能将经典式的教父学文献翻译出来，以便有更多的学者参与研究；西方教父学的经典式的研究注重学说整理，而中国的教父学研究在掌握了基本材料以后，要加强理论分析与综合，使之为我所用。要做到这一点，扩展研究者的文化视野是一个必要前提。

到目前为止，在教父学研究中，在方法论层面有所总结概括的是浙江大学的王晓朝。他对21世纪国际学术界若干种文化研究理论或研究趋势进行了初步综合与提炼，概括出“文化互动转型论”的理论框架。[③] 20世纪世界性的文化研究热为我们解决中西教父学研究“两张皮”的状况提供了一个契机，文化理论研究的新成果为我们综合西方传统的教父学研究成果和由中国学者从事的西方哲学史范畴下的教父哲学研究成果，并将这些成果置于文化视野下做新的检视提供了理论依据。我们以古代基督教的教父思想家为研究对象。但我们不是从传统的哲学史的研究角度切入教父们的思想，仅仅研究那些属于狭义哲学的本体论、认识论、方法论思想，或者仅仅涉及自然哲学、逻辑学、伦理学的内容，而是将古代教父们的思想纳入其生成、发展的罗马帝国文化的具体环境，视之为基督教文化

---

① 坎嫩吉塞尔：《评注：教父学的未来》，香港道风书社《基督教文化评论》2008年第28期。

② 同上。

③ 参阅王晓朝《文化互动转型论——新世纪文化研究前瞻》，《浙江社会科学》1999年第3期。笔者在文中提出了文化互动转型论的五条理论前提和五条基本立场。

成形的关键和西方文化转型的标志，由此探讨基督教神学和哲学思想的显现与发展，对其在古代各个重要时期所起的重要作用和文化意义做实事求是的评价。王晓朝指出：我们从文化互动转型论的基本立场作为研究教父学的起点，但并不否定和排斥以往从单一学科角度对教父学进行研究。我们所做的工作也绝不是抄袭和拼凑以往的研究成果，而是新的综合与创造。在下一步的研究中，文化互动转型论本身需要进一步发展完善，而在更加深入细致的具体研究中，相信新的方法论层面的成就也会涌现。

三　古代基督教研究与宗教学其他各分支领域之间交融将进一步强化

与中国改革开放之前学术界对古代基督教的学术研究相比较，这 40 年的古代基督教研究正趋向于完备、系统、扎实，学术积淀也越来越厚实。然而，古代基督教的情况十分复杂，中国学者要从事这方面的研究，不仅要克服资料关，还要克服语言关。现代学术发展到今天这个地步，中国学者们应当说都具备了较强的跨学科研究的自觉意识，然而要在个体层面全然做到对古代基督教进行跨学科的综合研究仍旧很难实现。一方面，限于个人知识背景和处境，研究者很难做到全面的研究，另一方面，现行学术体制也还存在着许多阻碍跨学科综合研究的地方。因此，加强学术交流仍将在弥补这种不足方面起重要作用。

改革开放 40 多年来，整个中国的基督教研究表现出宗教史学与比较宗教学研究的有机结合。在与其他宗教研究的合作上，基督教研究也最为典型地体现了对外开放、对内沟通的特点，并成为宗教学众多研究领域发展得最快的一个分支学科，并受到国际学术界的关注。古代基督教研究不仅与基督教研究的其他部分关系密切，而且与历史学、政治学、社会学、文献学、圣经批判学有着复杂的关联。由于中国学术界对古代基督教的研究至今仍是由文史哲不同背景的学者从不同的角度分别切入的，加强学术成果交流，吸取其他学科的研究成果就显得更为重要。但就现有成果而言，仍旧显得不够。

值得欣慰的是，经过这几十年的努力，中国学术界不仅涌现了大量的基督教研究的成果，而且研究力量大为增强。古代基督教研究虽然难度较大，但近年来以古代基督教为研究对象的博士论文还是呈增长的趋势，论文质量和研究水平有较大提高，青年学者成长迅速。这就为中国学术界的古代基督教研究增添了后备军和新生力量，也为该领域研究的可持续发展提供了基本保障。我相信，在下一个30年中，中国的古代基督教研究会在国际学术界占有重要地位，中国学者能在这个研究领域的国际学术讲坛上拥有自己的发言权，中国的古代基督教研究会以其独特的学术语言、独立的学术地位步入国际学术界产生重要影响。

第三节　2009—2019年的研究进展

正如前文所展望的，中国学术界的古代基督教研究在近年来取得了可喜的进展。大量重要思想家的经典文献比以往更多地得到了翻译和出版。在紧贴国际学术热点与国内学术需要的基础上，学术争鸣的问题意识得到了凝练和深化，出现了受到持续重点关注的思想家、文本和问题。学界从引介为主的阶段走向了方法论自觉与反思的阶段，开始尝试构建有中国风格的研究范式并参与国际学术对话。以专业学会、系列学术会议、丛书等为依托，古代基督教研究的中国学术共同体正在形成。

一　经典文本翻译：古代基督教思想家文献汉译的进一步夯实

因为对古代的科学研究必然依赖“证据”与“方法”两个基础，那么古代基督教思想研究的进步就非常仰赖古代文献和史料的坚实地基，尤其是对经典原著的汉译就成为具有优先性的题中应有之义。

早在1941—1961年，金陵神学院托事部陆续主持编译基督教历代名著集成，从英文转译而来给现代汉语读者奉献了：基督教早期文献、尼西亚前期教父、亚历山大学派、东方教父、拉丁教会、奥古斯丁选集等，同其他时期的经典译本一起描绘了一幅思想流变的巨大图景。1972年中国台湾的施安堂神父选译了《希腊拉丁教父神学选集》。自20世纪90年代以来，香港的道风山汉语基督教文化研究所邀请华人学者翻译出版了超过百部的历代基督教学术思想文库，其中的“古代系列”包含近20本教父经典，对于推动中国学界的教父学发展具有重要贡献。已出版译著举例如下：奥古斯丁的《上帝之城》和《论原罪与恩典：驳佩拉纠派》、奥利金的《论首要原理》、德尔图良的《护教篇》和《论灵魂和身体的复活》、狄奥尼修斯的《神秘神学》、克莱门的《劝勉希腊人》、拉克唐修的《神圣原理》、诺斯替派的《灵知派经书》、约翰·克利马科斯的《神圣攀登的天梯》、安布罗斯的《论责任》等。

21世纪以来，前述“两希文明经典”收录了奥古斯丁的《论灵魂及其起源》和《驳朱利安》、塔提安的《致希腊人书》、尼撒的格列高利的《论灵魂和复活》等。近十年来，何光沪教授主编的“基督教经典译丛”为我们提供了学术化的原典译本，丛书中包括了古代最重要的教会历史文献之一（也是历史上第一部完整教会史）的优西比乌的《教会史》。其中与教父有关的有：查士丁的《护教篇》、克莱门的《使徒教父著作》、奥利金的《驳塞尔修斯》、安东尼的《沙漠教父言行录》、安布罗修斯（安布罗斯）的《论基督教信仰》、巴西勒的《创世六日》、奥古斯丁的《论四福音的和谐》、《道德论集》和《论信望爱》、斐洛的《论摩西的生平》、纳西昂的格列高利的《神学讲演录》、阿塔纳修的《论道成肉身》。章雪富教授近年主持“希腊化和中世纪早期哲学经典集成”译丛，已出版石敏敏教授翻译的《奥古斯丁早期作品选》，相信以后还会有更多教父经典译本问世。在其他系列或者单独成册的还有奥古斯丁的《忏悔录》《论三位一体》《论自由意志》《独语录》《〈创世纪〉字疏》，等等。

从翻译上看，最受欢迎的教父当属奥古斯丁，这与他的地位和著作数量是一致的。他的巨著《上帝之城》就有三个译本；《忏悔录》除了学术译本更是有多个通俗译本。在西方读者中历来广受欢迎的波埃修斯的《哲学的安慰》在国内也有至少5个译本。

国外研究的经典著作也时有汉译出版，例如美国学者彼得·布朗的皇皇巨著《希波的奥古斯丁》、帕利坎的《基督教与古典文化》、威尔肯的《早期基督教思想的精神》、威廉姆斯的《重拾教父传统》《修道主义的兴起：从沙漠教父到中世纪早期》等。如果再加上国内每年都有的相关会议论文和专业期刊文章，仅在面上说，我们的研究触角已经基本触及每一位重要的古代基督教思想家。

二　宗教思想阐释：教父学研究的主题凝练与方法论反思

教父思想研究是近年来古代基督教研究的热门主题，吸引了来自多个学科特别是宗教学研究者的持续关注，因而在成果的积累与研究水平上令人瞩目。

中国教父学的研究群体和进路主要是来自西方哲学史领域，另外一大部分来自与哲学专业密切相关的宗教学领域。这可以说是中国教父学的特点，也是一种理论解释力度上的优势。[①] 以此为契机，有许多哲学学者或者他们的学生逐渐转向了基督教哲学、教父哲学、古代宗教思想史乃至教父学本身的研究。

20 世纪 80 年代以来，教父学进入中国学者的视野主要来自补齐西方哲学史研究短板的需要，或者更泛泛地说是认识西方文化的需要。一个有代表性的起点是范明生先生的专著，他早在 1985 年就在晚期希腊哲学的视野下接续介绍了作为“基督教神学的奠基人”的奥古斯丁的生平、著作和主要的宗教与哲学思想。[②] 教父思想家从原来只厕身于宗教或哲学通史中的一个小节甚或小词条，进入严肃而专门的学术研究层次。直到最近，汪子嵩先生等中国学者历时三十多年撰写的四卷本《希腊哲学史》最后一卷把早期教父的神哲学思想纳入研究视野也是以晚期希腊哲学与基督教的关系为主题，为的是解释希腊哲学最后的结局。[③]

笔者在国家图书馆检索“教父学”和“教父哲学”为整体研究对象

---

① 国外“教父哲学”研究主要集中在教父思想的（新）柏拉图主义，在“古代晚期”视野下，古代的哲学与神学其实并不区分而是互动发展。例如，E. P. Meijering, *God Being History: Studies in Patristic Philosophy*, Amsterdam: North - Holland Pub. Co., 1975; Kevin Corrigan, *Reason, Faith and Otherness in Neoplatonic and Early Christian Thought*, Farnham: Ashgate。在奥古斯丁时代，哲学与神学都是个人寻求通往真理与幸福的相互借鉴的道路，不是完全相互排斥，也没有今天的学科分化意识，对两者的关系研究需要新的范式与理论创新。见陈越骅《跨文化视野中的奥古斯丁：拉丁教父的新柏拉图主义源流》，浙江大学出版社 2014 年版。

② 范明生：《晚期希腊哲学和基督教神学——东西方文化的汇合》，上海人民出版社 1993 年版。

③ 汪子嵩、陈村富、包利民等：《希腊哲学史》第四卷，人民出版社 2010 年版。

的著作，仅找到两本。如果检索高校馆藏，则有甘兰写于1927年鲁汶大学的《教父学大纲》(译著）被反复使用。[①] 陈村富教授于2001年主编的文集里面收录了7篇相关文章，主题涉及学科方法论反思、斐洛、凯尔苏斯、奥古斯丁、尼西亚会议、拿戈玛第文集、波埃修斯等。[②]

中国学者系统而全面的教父学研究专著迄今只有王晓朝教授的《教父学研究——文化视野下的教父哲学》(河北大学出版社，2003年)。他主编的《信仰与理性——古代基督教教父思想家评传》(东方出版社，2001年）详细介绍了16位最重要的希腊与拉丁教父的生平、著作、神学成就、地位与影响等，至今仍是不可多得的参考资料。他在《基督教与帝国文化》(1997年）和《罗马帝国文化转型论》(2002年）等著作中提出文化转型论的视野，揭示了过去被哲学史视野遮蔽的哲学与宗教的互动关系，指出教父学对于追溯基督教思想的各种要素乃至解读西方文化的底蕴具有的重要意义。他自己就是教父经典翻译与研究的先行者和力行者。

在神哲学阐释上，笔者仅以奥古斯丁研究为例，可以看到国内青年学者对教父学研究的兴趣增长明显，在近20年迎来了一个厚积薄发的繁荣期。张荣的专著《神圣的呼唤：奥古斯丁的宗教人类学研究》(1999年)是国内奥古斯丁研究的拓荒之作。周伟驰的《记忆与光照：奥古斯丁神哲学研究》(2001年)、《奥古斯丁的基督教思想》(2005年）对奥氏的神学、哲学及思想发展有较为全面的阐释。许多著作的书名已经为自己做了最好的解释，在此仅略举如下：夏洞奇的《尘世的权威：奥古斯丁的社会政治思想》(2007年)；黄裕生教授《宗教与哲学的相遇：奥古斯丁与托马斯·阿奎那的基督教哲学研究》(2008年)；吴天岳的《意愿与自由——奥古斯丁意愿概念的道德心理学解读》(2010年)；张涵的《俗世的朝圣者：奥古斯丁人性论探讨》(2013年)；吴飞教授的《心灵秩序与世界历史：奥古斯丁对西方古典文明的终结》(2013年）获得了道风学术

① 甘兰：《教父学大纲》，吴应枫译，（上海）土山湾印书馆1954年版；（台北）光启出版社1964、1975年版；（北京）上智编译馆2007年版。

② 陈村富编：《宗教与文化——早期基督教与教父哲学研究》，东方出版社2001年版。

奖的“徐光启著作奖”；孙帅的《自然与团契：奥古斯丁婚姻家庭学说研究》；陈越骅的《跨文化视野中的奥古斯丁：拉丁教父的新柏拉图主义源流》（2014 年）。

从教父使用的语言看，拉丁教父或者说西方教父占据绝大多数，东方教父则屈指可数。罗跃军教授著有《基督教早期希腊教父思想中的三位一体问题初探》（2012 年）一定程度上弥补了研究上的遗憾。

在学科发展方向上，正印证了王晓朝教授之前指出的：中国学者要找准突破口做出自己特色的研究：应该拓展自己的文化视野，注重翻译经典，以便更多学者参与研究，特别是要在此基础上加强理论分析与综合，令教父学“为我所用”。[①]

我们还需要进一步思考教父学对现代中国的学术和文化的价值，找准思想转化的切入点。教父学很难有一个全球的范式或规划，中国学者要参与同行交流则必须从自身文化处境与生存体验带出独特的成果。我们现在认为，在已有著作质与量的基础上，教父学领域也已经进入范式与方法论的自觉反思阶段。我们提倡跨文化视野下的发生学的研究方法，镜鉴源流，促进中国文化资源的觉醒与开新。为此，笔者认为，对于教父学研究，“发生学方法与跨文化视野的结合是一种理论尝试，也是方法论自身不断发展的未来可能方向”。因为“‘发生学’方法把人类社会生活的现实理解为能动的连续体，对其作研究，不是为了按时间顺序堆砌历史证据，而是为了对‘现实事物’作历史根源的理解，从而具有很强的现实性”。[②] 教父学因而可以帮助我们构建文明传统的对话，帮助我们从根源上、从发生学上理解西方、理解宗教、理解信仰、理解文化乃至在他者之中理解自身。

三　相关学科建设：学术共同体逐渐壮大与成形

本领域的研究力量迅速壮大，至少在 30 多家研究机构与高校中有相

---

① 王晓朝：《教父学研究的若干方法论问题》，载陈村富编《宗教与文化》，第 145—160 页。

② 陈越骅、王晓朝：《古希腊罗马伦理思想传统的现代转化及启示》，载《中国社会科学》2018 年第 8 期。

关师生持续开展研究与交流，形成了健康有序的学术梯队。[①] 仅以笔者熟悉的浙江大学为例，该校早在20世纪90年代初就由陈村富教授建立了国内高校第一所研究基督宗教的研究机构，后续发展成为教育部“985创新基地”的“基督教与跨文化研究中心”，在教父学乃至整个基督教研究方面有计划地展开了系列研究。王晓朝教授是国内较早系统从事教父学研究的学者，他曾开设教父学研究生课程并出版了教父学综合性专著与编著。包利民教授和章雪富教授主编的“两希文明哲学经典译丛”收录了希腊哲学与希伯来宗教相遇的重要著作，他们本身也是重要的教父著作翻译者和研究者。整个学术群体培养了一批至今活跃的中青年教父学学者。其他同类机构也大多类似地经过多年的传承与人才引进形成了自己的研究队伍和特色。

前述机构与学者一起在近年来结成了各具特色又相互促进的学术交流网络，形成了常规性的学术活动和交流平台。例如，2013年浙江大学哲学系召开了“奥古斯丁研究国际工作坊”。2014年浙江大学召开“奥古斯丁经典及教父学研究的未来”青年学术沙龙，邀请了数位国内奥古斯丁研究的青年学者参与，取得良好交流效果，达成继续开展更大规模学术会议的基本共识。2015年11月，华侨大学召开“教父哲学青年论坛：奥古斯丁与罗马帝国”学术会议，进一步扩大了教父哲学研究的参与范围。2016年浙江大学举办教父哲学学术论坛，形成较为正式的学术共同体年会机制，2017年由中国人民大学哲学院举办，定主题为“古代晚期的思想转变”，2018年的年会纳入中国社会科学院基督教研究中心大会的“基督教哲学”分会场。值得一提的是，2018年6月北京大学召开了第一届全国中世纪哲学大会暨中国中世纪哲学专业委员会成立大会，将教父哲学纳入中世纪哲学的开端阶段，促进了学术共同体活动的进一步规范化。

总之，中国的古代基督教思想研究（特别是教父学研究）已经开始独具特色、形成风格、具备持续发展的格局，未来也足以参与到国际学界

---

① 根据笔者负责组织的会议信息所做的不完全统计，例如2016年5月13—15日，在杭州举办的“2016年浙江大学教父哲学学术论坛”，以及2018年12月8—10日，于杭州浙江大学紫金港校区召开的“西湖论道”学术论坛等。

的共建。其学术共同体仍在不断塑造自身，对比已经走了数百年的他国学界似乎还未真正成熟。我们还没有深入文献学、校勘学和原始文献整理的层次，尚未规划持续百年的翻译计划，对希腊教父等东方传统还未深入研究，尚未有独特的中国风格的研究范式或方法，可持续的人才培养协同中心还不足够……但是我们已经认识到这是一个中国学者学术共同体的事业，有了前辈学人的积淀与后起之秀的发扬，创新的机遇与变革的朝气在我们这边，我们的研究必定能够为中国人文学术的进步持续做出突出的贡献！

第七章

基督教发展研究

卓新平　唐晓峰

在新中国成立以来70年的宗教学术研究历史中，对基督教（亦称“基督宗教”）的研究占有较大比重，亦取得了重要成果。基督教因其在中西文化交流中的影响、在国际关系及国际政治中的作用以及在其自身宗教学术传统发展演变中的积淀而引人注目，吸引许多中国学者对之展开深入而系统的探讨。在新中国成立初期，这些研究主要为不同领域的相关学者所进行的学术引进和独立探索，多以翻译为主，而其侧重则在于翻译、介绍前苏东地区学者的研究成果和学说见解。1964年，中国科学院建立世界宗教研究所，中国学术界开始尝试对宗教研究力量的整合，并形成建制性研究机构的系统化、规范化、集体化研究，这对基督教研究亦带来了推动，使同一领域的学者有了更多的交流、沟通，逐渐营造出一种学术讨论的氛围。不过，至1977年之前的中国基督教研究主要是政治层面的思考和意识形态上的批判，在史料梳理和学术翻译上有所积累，但在深入研究、提出创见上则罕见高水平的学术著作问世。这种被动局面，随着1978年以来中国全面、深入的改革开放而被彻底打破，基督教研究在当代中国呈现出全新的走向，其成果累累、新意迭出已引起国际学术界的关注和评述。在众多学术流派、研究方法并存的当代中国学界多元格局中，强调客观、科学、“纯学术”意义的基督教研究成为其最大特色，也最为引人注目。历史上的基督教研究通常都为传统“神学”之探，主要是在基督教信仰范围之内的“在教言教”“弘教宣道”，而“悬置”基督教信仰、不以其为前提或传统的基督教研究则凤毛麟角、非常罕见。改革开放以来的中国学术界突破了这一研究上的传统局限，在整个世界基督教研究领域中独辟蹊径、标新立异，并回溯原初语义而对“神学”表述加以学术层面新的解读和诠释，故而形成了当代中国基督教研究的一枝独秀，体现出“敢为天下先”的气魄。尽管人们对这一研究的意义、作用和效果仍在观察、仍有异议，而且基督教界内外的学者彼此之间实际上也有着密切交流和深入沟通，形成了其研究的共有、共在之“场”，但与国外研究相比较，这一基督教研究突出学术的“中国特色”则已脱颖而出，展示出一种既具有挑战、又促进对话的全新学术发展。

从时间段来看，新中国成立以来的基督教研究恰好始于 20 世纪上半叶之终末和其下半叶之开端，由此产生了研究主体、立场、方法及对象上的重要变换和社会转型。二者之间虽有某种程度的衔接，但基本上是一种全新的发展，形成了其世纪之中上下有别的分水岭。如果说 20 世纪上半叶中国的基督教研究基本上具有神学的特色、主要为教会人士所展开，那么 20 世纪下半叶中国内地的基督教研究则基本上不再具有神学特色，而研究主体也由社会科学、人文学科领域的教育、研究人员来代表，他们基本上没有教会身份和背景，其研究立场、方法也不以基督教信仰为前提。由于百废待兴、重新起步，研究者有一个感觉找寻、处境适应之过程。为此，新中国成立最初的基督教研究以翻译、介绍国外著作为主。此间较有影响的译著包括考茨基著、叶启芳等译《基督教之基础》（1955 年），罗伯逊著、宋桂煌译《基督教的起源》（1958 年），孔波罗夫著、哲安译《十字军东征》（1959 年），恩格斯著、何封译《论原始基督教史》（1961 年），雅罗斯拉夫斯基著、谭善余译《圣经是怎样一部书》（1963 年）等。这些译著的挑选或是根据国际共运以来苏联、东欧学界的相关著作，或是从西方学界找出一些对基督教持历史批评、客观研究和独立见解的著作来加以译介，尚不具系统性和学术目的性。而 1949 年之前教会内部的研究则在此之后形成了中国港澳台地区及海外华人的基督教之探，构成了与中国内地学界的明显差别。

与其他研究相同，中国内地学界在这 70 年的基督教研究中大致可分为两个阶段，前一阶段截至 1977 年，不足 30 年；而后一阶段则真正始于 1978 年，迄今已稍多于 40 年。前一阶段的基督教研究基本上为起步、探路、寻找研究感觉，营造学术氛围。从总体来看，这一阶段的研究尚不系统，更谈不上深入，为数不多的研究著述和论文也主要侧重于政治层面，学理性并不突出。而进入“文化大革命”时期，基督教研究与其他研究一样都基本中断。后一阶段的基督教研究则开创了一个全新的时代。这是中国的基督教研究真正走入系统、深入、全面探讨的时期，其特点一是建立起基督教研究的学科体系，并形成了教会史研究、圣经研究、基督教神哲学研究、中国基督教研究、文化及文献研究等分支、分级学科研究；二是体现出跨学科、跨文化研究的意向，既有多学科的整合，亦有宗教研究上的突出。其独特意义则在于中国的基督教研究打破了国际上由基督教会及其神学界一统天下的局面，出现了以宗教学方法为基础、悬置基督教信仰、由教外学者为主体的研究态势。许多传统意义上的基督教神学命题和研究领域，在中国学术界得以从宗教学的立意上来重新考虑、重新探析。由此，当代中国基督教研究可谓另辟蹊径、独树一帜，而其学术成果自然也与众不同、令世界瞩目。在当代中国学术界形成的一些讨论和争辩，已经在国际上引起广泛关注，并导致了各种不同的学术回应和参与。

当代中国基督教研究 70 年的历程，是探索、反思、寻求、突破、发展的过程。其研究始于政治性的观察、批判，发展为学术性的分析、梳理，并形成在研究队伍上、研究意向上“宗教学”的基本立场和“悬置信仰”的学术特色。这样，基督教研究的问题意识得以保留，而其传统上的教会“神学”色彩则被扬弃。可以说，在当代世界基督教研究领域中，这种学术立意、宗教学方法的中国基督教研究乃异军突起，开辟了一种前所未有的全新研究局面。

第一节　基督教历史研究

70 年来，中国当代学术界对基督教历史的研究被作为整个基督教研究的基础、前提，因而得到特别的重视。不过，这种历史观和历史研究方法不只是为历史而历史，而是“以史为鉴”，旨在观古洞今，由此体悟、阐释其历史的意义，在其时间的纵向发展之流中寻踪溯源，领会、提炼出精神、文明、社会进程之历史辩证法。

一　早期基督教历史研究及相关思考

关于早期基督教的历史，中国学术界所关注的基本问题一是其社会性质，二是其文化传承，三是其发展演变。从其社会性质来看，早期基督教一般被理解为“被压迫群众的运动”，“是群众创造的”；作为“被压迫者的运动”，早期基督教具有“革命性”和“解放”意义，“它最初是奴隶和被释放的奴隶、穷人和无权者、被罗马征服或驱散的人们的宗教”；这种定位使早期基督教在当时具有“先进性”，“代表着宗教发展的崭新阶段，即行将成为人类精神史中最革命因素之一的阶段”。[①]就其具体社会、民族状况而言，早期基督教实际上为“犹太民族争取解放斗争的高潮中出现的一个犹太教新宗派”。不过，刚诞生的基督教作为“犹太教的私生子”在当时受到双重压迫：在社会、政治上，基督教从一产生就处于“地下教会”的地位，没有社会合法性，在政治上受着罗马帝国的严厉打压，有过遭受“十次大迫害”的经历；在民族、宗教上，基督教作为从犹太教之中的分化和异化而不被犹太民族所容纳，不被犹太教所承认，从而在其民族、宗教性上受到犹太民族及其宗教的排挤、否认。于是，早期基督教作为“另类”而异于罗马社会、不同于犹太民族，不得不走向自我发展的全新道路，形成其与众不同的“自我意识”。不过，早期基督教的“革命性”也只能相对而言。它不属于当时犹太民族坚决反抗罗马统治压迫的“激进派”，而是主张消极抵抗或基本放弃抵抗。这就给人们分析早期基督教的社会性质带来困惑和混乱，使一些人认为早期基督教不是革命运动而是具有“保守”“妥协”等消极性质。其实，从历史唯物论和历史辩证法的角度来分析，早期基督教更多为一种精神运动和精神革命，而不是直接面对罗马帝国并进行反抗的政治运动和社会革命；由于双方力量的悬殊，被压迫者的反抗和起义显得“徒劳”，一次又一次遭到镇压，以至于几乎“没有地方能立十字架，没有十字架能钉人”。正因为代表奴隶反抗的“斯巴达”失败了，所以“基督教”在当时才可能胜利。早期

---

① 恩格斯：《论早期基督教的历史》，《马克思恩格斯全集》第 22 卷，人民出版社 1965 年版，第 523—552 页。

基督教所选择的是另一种“解脱”、另一种“出路”，即以对“此岸”的“绝望”而迎来对“彼岸”的“希望”。从这一意义上，我们在早期基督教身上所看到的是反映“精神”解放和解脱的宗教运动，并不是社会政治运动。因此，不能简单地谈论宗教的“阶级性”或“进步”与“落后”，其真实反映的最基本特征是其“群众性”，而其“阶级”属性则是可能变化、转换的。

从其文化传承来看，早期基督教并不是“西方宗教”，而有着明显的“东方宗教”的根基和起源。作为从犹太教中分化出来的一个“变种”，基督教与犹太教等同属“亚伯拉罕传统宗教”，这一传统的文化遗传和精神基因包括有“绝对一神”的观念，相信“启示”对此岸、彼岸及人间、天上的沟通，从而提供了一种“超然”或“超越”之维度，以及用“先知”的出现来传递这种“启示”，形成“替神代言”“替天行道”的传统，结果使神人之间的“中介”“使者”亦被“神圣化”，故而有“神子”的观念涌现。可以说，早在“古希伯来”传统之中，基督教就已形成了其“三位一体”信仰的框架，在保留其“绝对一神”观念对外的排他性的同时，其“圣子”“圣灵”的观念实际上已在动摇，甚至肢解其“绝对一神”的“超越性”“统一性”和不可分割性。在“圣父”的观念中，显然已融入了“关系”的元素，有了“多元融合”“多元一体”的“东方色彩”。然而，仅靠“古希伯来文化”并不足以构成早期基督教的本真。早期基督教之所以被称为是“两希文明”的结晶，就在于其与古希腊文明的不解之缘。古希伯来文化的宗教、伦理因素得到了古希腊文明的哲学、逻辑、思辨体系的补充，由此才使后来的基督教亦宗教亦哲学，东西合璧、珠联璧合、优势互补、相得益彰。当然，这种“两希文明”的融合早在“希腊化时期”的犹太教中就已开始，这为基督教的双基因奠定了基础、创造了条件，促成了其“优生”。由此可见，基督教今天的“普世性”或“普世”因素势必会追溯到“两希文明”的开放性和包容性，而基督教则是其行之有效的实践者。在其基本元素中，可以看到古希伯来文化传承中的“绝对一神”观、“神人立约”的契约论、“神之选民”这种“特殊神宠”论在“教会之外无拯救”观念上的扩大，以及古希腊文化传承中的“逻各斯”概念、“爱智慧”意向、体认人之有限的

“自知”意识以及宗教灵修上的神秘主义等。这些因素在今天西方文明中仍依稀可辨。此外，其思想文化传统中的“救赎观”“受难论”和“末日审判”“千年王国”等观念，则已超出“西方”之界而以政治、文化理念形式影响全世界。

从其发展演变来看，早期基督教经历了从“非法”到“合法”、从“东方宗教”到“西方宗教”、从“被压迫者”的宗教到“统治者”的宗教这一复杂、巨大的变化。中国学者分析了德国杜宾根学派按黑格尔辩证理论体系而概括的早期基督教“彼得派”“保罗派”和“古代公教会”三阶段及其反映的所谓“正命题”“反命题”和“合命题”三段论，认为早期基督教发展的三个阶段可以划分如下：“原始基督教”是其第一阶段，即“初期基督教”或“初期基督教徒社团”的发展时期，以犹太人为主，在一定程度上仍属于犹太教的异端派别；“早期基督教会”是其第二阶段，即基督教完全脱离犹太社团而形成其“自我意识”，发展为“思想上组织上具有独立形态的基督教会”；这两个阶段的基督教乃由“被压迫者”所组成，在政治上仍“不合法”，受到罗马帝国的打压，地域上仍属“东方宗教”，影响范围有限；“教阶制”的教会及其“国教”地位的奠立是其第三阶段，即基督教社会性质、政治地位、区域影响发生重大变化的时期；在这一时期，基督教变成古罗马帝国的国教，从“被打击”的处境转变为“被扶植”的状况，从“被压迫者”的信仰变为“统治者”所用的宗教，从“非法”的宗教不仅变为“合法”，而且一跃而为至高无上，甚至唯一允许存在的“国教”；此外，古罗马帝国此时已扩张为地跨亚、非、欧三洲的帝国，且把基督教定为其官方意识形态和道德价值体系，基督教这时亦发生了从“东方”往“西方”的位移，因为帝国的中心在欧洲而不是在亚洲，这种地域嬗变使基督教在西方的影响逐渐扩大；而随着西罗马帝国的崩塌，作为西欧唯一意识形态和文化价值形态的基督教以其精神信仰来填补西罗马留下的政治、文化真空，结果成为“西方文化”的核心价值观和社会表现形态，由此完成了基督教从“东方宗教”到“西方宗教”的过渡；其“西化”本身乃是以自己的信仰价值体系来影响并支配西方的思想文化构成。从基督教这一发展演变来分析，则可看到宗教的“意识形态”“价值体系”“阶级成分”

“社会地位”以及地域、民族特色并非固定不变的，宗教作为一种信仰体系既会以这些因素体现其自我，也有其超越性而不受这些因素之限。基督教所展示的其“超越东西方”的发展，其实已在其早期历史阶段就基本上得以奠定。

早期基督教历史研究中的另一重大问题，则是对耶稣生平的评价及对其信仰本质意义的理解。有无耶稣其人，历史上已争论了千年之久，中国当代学术界亦没能避免这类争论。一方面，这种理解指向“神子”“人子”“先知”“创教者”之说，或是从具有“超凡魅力”的宗教领袖这一“人”之意义上来理解、评论耶稣，相信在古代犹太人的历史中确实出了这样一位宗教先知、领袖、创教者，掀起了这场信仰革命运动，因而“耶稣”作为希腊化时期犹太人中间常见的名称体现了世人历史之“常道”，而且也是可以“道”、可以言说的，能够以历史史料、口传来证明；或是从“道成肉身”这一角度来理解这一宗教史上的“神迹奇事”，耶稣的一生则成为人间“奥秘”、神圣“启示”，不可“道”、只可“信”，即成为宗教信仰的特殊表述，不能简单地用历史来说明，靠史料来论证。这样，对耶稣的理解就有了历史理解与信仰理解的分殊，其中最为典型的讨论就是将“历史上的耶稣”与“信仰中的基督”分开来谈，以其信仰上的关联来对照其历史、理性解释上的区别，让“耶稣”成为历史上的“伟人”，而“基督”则成为信仰中的核心价值、信徒崇拜的宗教对象“圣子”或“神子”，具有神圣象征的意义，此即“基督教”的灵魂、根基、核心。

另一方面，“耶稣基督”在中国学术界的宗教理解中还有更为深刻的蕴涵、更有哲理的解说。其一，耶稣基督作为“道成肉身”表现出的是“神圣”进入了“人间”，而其所要揭示、回答的哲学问题则是超然与自然、彼岸与此岸、绝对与相对、无限与有限、永恒与现实等对立范畴之间的关系问题。西方文化看似没有中国文化的模糊整体、一元宇宙的观念，上述对立关系乃“二元分殊”，之间似有鸿沟相隔、难以逾越。然而，“道成肉身”却打破了这种隔绝和界限，使西方“二元世界观”不再是铁板一块，其分割是相对的，“神子”的贯穿使之成为整体，故而不再与东方整体世界观绝对相悖或对立。其实，耶稣基督的这种“中介”意义及作用本乃东方遗产，在此遂成为沟通东西方、超越东西方的桥梁或媒介。西方宗教观念中的“神”与“人”绝对分离在此被相对化、被模糊化，从而又回到了东方宗教中“神”“人”一体、“梵”“我”如一的大一统境界，这个世界为“一”“唯一”，可以从“一”来界说“真”“善”“美”“圣”的宗教精神之本。这样，可以对“行走在历史中”的耶稣及其“升天”之超越加以综合性说明、整合性理解，而“圣灵”的“降临”则使所谓“有限世界”不再孤寂，有着更宏大的关联，折射出整体的共在。其二，耶稣的“神性”以其另类解释而说明了其信仰的伦理意义、历史观念、救赎本质。首先，耶稣不是凯旋般的“君临”人世，而是极为卑微的“降生”。其次，耶稣在人间的“为王”不是“统治”而乃“服事”，其“王者”风范及意义表现在“非以役人，乃役于人”之精神上。再次，耶稣在人间的结局为“失败”，被钉十字架而“死后复活”说明彼岸超越之维在现实的履行仍有难度、充满张力，由此来审视故而不能以“成败”来论“英雄”；在历史中“斯巴达”失败了，“耶稣”同样也失败了，这种历史辩证法给我们的“启示”是深刻的、独特的，结果是“启示”成为“历史”，而“历史”则作为“启示”来存在、来延续，人在“历史”和“启示”中“双重失落”，找不到历史的规律和必然，世人因为耶稣的“失败”而对历史失望，又在其“复活”的奇迹中燃起信仰意义上的希望。最后，耶稣的“拯救”以“自我牺牲”为“赎价”，用“自我的受难”来表现、实现对“他者”的救度、解放。这里揭示出的思想是非常深刻的、令人震撼的。做耶稣的门徒则必须付出“门徒的代价”，耶稣牺牲自我，拯救他人的信仰本真会让实用主义、功利主义、自我主义的“信者”汗颜，无地自容。不少人自称信仰耶稣，但并不敢真正“追随”耶稣，而只是相信“基督”作为“神”来对“人”实行拯救、解放。在基督教与马克思主义的对话思潮中，耶稣作为“无产者”的形象曾加深了人们对“无产阶级只有解放全人类才能最后解放自己”这句名言的理解。而其自我牺牲精神在对照中国文化精神时会让人联想起“先天下之忧而忧，后天下之乐而乐”之惊人警示。同样，在比较宗教中，“耶稣”形象也可以在大乘佛教的“菩萨行”中觅其身影、找到共鸣。

二 中世纪教会及其“黑暗时代”辨析

中国当代学术界对欧洲中世纪教会史的研究和评价亦颇为活跃，但长期坚持的观点之一即认为欧洲中世纪乃“黑暗时代”，代表着欧洲发展的一个“低谷”和一种历史“落后”或“倒退”。甚至有不少人也赞同欧洲中世纪有“千年黑暗”之说。不过，肯定这种观点的说法大多为人云亦云，缺少深入尤其是自我独立的研究。除了对中世纪经院哲学有所涉猎之外，20 世纪 80 年代之前的中世纪研究对这段历史基本上承袭了西方近代一些人文主义学者的观点，相关翻译也多为苏联学者的著述。这样，西方近代的发展与进步似乎与中世纪无关，“走出中世纪”的黑暗才有近代西方的复兴和崛起，这种观点几乎是当时学术界的“共识”。

不过，改革开放以来的系统、深入的中世纪历史文化研究，开拓了中国学术界的眼界，了解到国际上相关研究的一些进展和突破，同样中国学者自己也有解放思想、客观求实的研究创新。于是，从对中世纪的全盘否定到重新审视、科学研究，在认识上克服了以往的局限，使中世纪研究出现了不少亮点。从对整个西方基督教文化历史发展的纵览，中国学者指出了西方社会演进的阶段性及其关联性，西方近代的突破不是从古希腊罗马文明一下子跳跃到近代文明，而有着中世纪的丰厚积淀和长久准备，中世纪的兴起在摧毁、破坏古罗马社会的过程中，并没有灭绝其思想文化传承；在经过几百年的混乱、过渡之后，重新确立的中世纪社会秩序、理论体系仍明显反映了西方古典时期的思想传承和精神风貌，而且有着发扬光大的进步和创新。因此，中世纪的“黑暗”主要为中世纪早期社会转型过程中的纷争、战乱，它有几百年的经历却并无上千年的“漫长”。从中世纪欧洲社会的重建来看，“加洛林王朝文化复兴”实际上已标志着欧洲社会走出了其中古早期的“黑暗”，迎来了其全新发展的“黎明”。

中世纪社会重建的过程实际上是基督教会在西方文化中发挥主导作用的时期，因此人们习惯将这一时期的文化称为“崇拜上帝的文化”，视这一时期的政治为“神权统治”。正是由于这种宗教文化的特点，所以中世纪欧洲发生的大事均与宗教相关，其对外关系的大事“十字军东征”乃有着“宗教战争”的性质，其内部的革新、改革亦为“宗教改革”或

“宗教复兴”。欧洲中世纪的一切，似乎都浸润在宗教之中。以往对这种“宗教文化”通常只有负面的评价，如对“十字军东征”、“宗教裁判所”、反异端运动等往往是否定意见颇多，几乎不会从正面或积极意义上来论说。这种对整个欧洲中世纪的负面景观，使人们在解释西方历史的连续性、延续性上出现了矛盾，很难自圆其说。其实，如果对欧洲中世纪出现了误解和偏见，就不可能真正揭示西方文明进程的奥秘，也使人们对今天西方社会的迅猛发展、“硬实力”和“软实力”的协调感到一头雾水、百思难解。

改革开放所带来的对实事求是、具体问题具体分析等科学方法的恢复，使中国学术界重新梳理、反思、评说上述史实，从而带来了中世纪研究的新视角和新突破。大致而论，当代中国的“中世纪学”分为历史和哲学这两大层面，二者亦有内在的交织和互渗，如历史研究突出文化历史、有着历史哲学的寓意，而哲学作为神哲学亦有着向文化哲学的扩展，体现出强烈的历史感。应该承认，在对中世纪史料的占有和确认上并无太多新的突破或实质性进展，其学术创新意义乃体现在对这些公认史实的重新分析和评说上。例如，“十字军东征”问题是人们关注中世纪历史上的一个焦点，中国学者对这一“东征”亦常用“东侵”来表述，说明了对其性质的否定，以及对这一历史事件的批判谴责。然而，如果我们再往深层次上追究，则可挖掘出不少新的意蕴、悟出其新的意义：“十字军东征”八次的结局乃西欧天主教势力的失败，在其政治、经济、文化、宗教意义上，它既代表着西方天主教世界对当时阿拉伯帝国扩张的反抗和回击，尽管其最终为与穆斯林军队展开宗教战争较量中的“输家”，同时也在其宗教和世俗利益驱动下向东罗马帝国及其同宗教派东正教宣战，其攻陷君士坦丁堡之举实际上更深层地动摇了东罗马帝国的根基，并使之最终不敌穆斯林势力而导致帝国的崩塌，将原有的东正教文化让位给伊斯兰文化。从消极意义上，这次“东征”成为西方基督教与东方伊斯兰教正面较量的一个象征，而“东征”的失败给西方人留下了一个心结，使“十字军东征”之表述积淀而为西方政治家及其文化抗衡的“潜意识”，即潜化为一种文化“情结”或“情绪”，一遇机会则会流露，如美国前总统小布什在反恐动员时对这一表述的脱口而出，它演变为美国当今对外军事干涉的代名词。从积极意义上，中世纪的“十字军东征”间接推动了东西方文化，尤其是基督教文化与伊斯兰文化的交流、沟通，西方对这种文化多样性的接受和吸纳实际上为随后的文艺复兴提供了文化准备和思想舆论。与中东阿拉伯世界和犹太文化的再接触，使西方有机会看到并参与阿拉伯文化和犹太文化对古希腊罗马经典的发掘、翻译和引进，此即欧洲文艺复兴中的重要精神来源。此外，这段历史亦对土耳其的古今发展及其文化定位产生了深远影响。15世纪后，东罗马帝国的灭亡使君士坦丁堡易名为伊斯坦布尔，著名的索菲亚大教堂也先后以清真寺、博物馆的方式来存在。东罗马帝国的往昔年华使今天的土耳其对欧洲有着特殊、复杂的关联及情感，其对欧亚两洲的跨越亦使之有着定位上的模糊和犹豫。不过，其伊斯兰文化色彩却让欧洲对之有着种种的不放心，因而虽然欧洲让土耳其加入了作为西方军事联盟的“北约”，却对土耳其申请加入欧盟的要求掂量再三，一直拖延，迄今仍未解决。由此可见，一个以伊斯兰教作为主要信仰的欧亚之国，在其真想融入以基督教为主的欧洲共同体时会面临政治、经济、文化及宗教上的种种差异和困难，从而使其融入的“过程”势必缓慢且复杂。

在对中古欧洲“宗教裁判所”和反异端运动的分析、研究中，当代中国学术界亦克服了过去“简单化”的倾向而提出了新意。不可否认，“宗教裁判所”显露出中世纪欧洲政治上的黑暗和宗教上的高压，但它同样也折射出当时宗教与科学关系的错综复杂和曲折变化。从哥白尼、伽利略、布鲁诺等人的“公案”，则可看到中世纪的教会并非完全排斥科学的成果和进步，许多教会神职人员同时也是当时杰出的科学家，只是当其科学实验和发现出现与教会“核心价值观”相悖、抗衡的情况时，教会“主流意识形态”及其“核心价值观”尚跟不上这种科学创见和全新发现，于是就出现了科学与宗教的对抗、对峙，甚至发展为对科学家的打压和迫害。但这段史实并不说明宗教就与科学必然矛盾和水火不容，相反，中世纪教会也会在其局限中注意将社会已公认的科学原理及成就纳入其体系，成为其核心价值观的重要组成部分之一。至于中世纪的反异端运动和镇压女巫运动，则说明在其官方信仰之外也大有民间信仰及其宗教存在，揭示出基层社会的民俗文化及其与主流文化的张力。

引起中国学者更多关注的，则是改变中世纪欧洲历史进程的三次“文化复兴”运动。这种研习和认识大大丰富了以往对14世纪前后欧洲文艺复兴运动的了解和论说。这些研究认为，9世纪加洛林王朝确立，基本上结束了欧洲古代至中古转型之间的约四百年“黑暗时代”，以教会神权及宗教教育为特点的“加洛林王朝文化复兴”标志着西欧社会文化重建走入正轨，由此真正开始“基督教文化”时代。欧洲中世纪的第二次文化复兴即所谓“12世纪文化复兴”。中国学者在此特别关注美国哈佛大学哈斯金斯等人关于“12世纪文化复兴”的研究，并再版了中国学者杨昌栋的专著《基督教在中古欧洲的贡献》，对中世纪欧洲发展和教会在其中曾起到的积极作用加以正面阐述。人们的共识是，欧洲中世纪得以复兴主要得力于教育复兴和文化复兴，这使欧洲发展获得了重要的精神底蕴及动力。“12世纪文化复兴”的一个重要特征即中世纪大学教育的兴起，注重教育带来了实验科学的成熟、哲学思辨的发展以及各类人才的辈出。而这一切都与教会主导的宗教教育有着密切关联，12世纪的文化复兴进而奠立了13世纪欧洲经院哲学得以达到鼎盛的重要基础。而作为基督教会核心价值体系的“神学”，也是在这一时期才真正被教会认可、接受，从而由古希腊柏拉图的哲学术语正式转变为基督教会公认的思想理论术语，其正名之后才有了基督教传统的“神哲学”之说。对12世纪前后欧洲基督教文化的研究，使中国学者认知哲学、神学、经院哲学和神哲学等精神思想体系的视域更加开阔，对神学的理解亦更为开放。至于对14—16世纪欧洲“文艺复兴”的研究，中国学术界研究的深度和广度则在改革开放以来达到空前的发展。与以往观念不同的是，不少学者不再将之视为一种“世俗文化”的复兴，人们在其“回到古典”“回到古希腊罗马”的口号下仍看出是一场基督教文化内部复兴运动，并不是以“反教会”“非宗教”的身份来出现。因此，中世纪后期的欧洲文化及其向近代的转型，仍然是基督教文化的运动，留下了非常明显的教会印痕。

三　宗教改革与近代欧洲社会变迁研究

宗教改革被认为是欧洲“走出中世纪”的重大历史事件，受到中国学术界的特别关注。一般认为，欧洲的近代发展和社会进步始于其宗教改革，特别是马丁·路德、加尔文和英国自上而下的宗教改革运动有着独特的历史意义和深远的社会影响。为此，中国学术界对宗教改革运动评价很高，并希望以这种历史借鉴而带来对我们今天社会改革、思想解放的启迪。在西方的社会文化氛围中，中世纪教会地位的显赫及其影响的广远，使任何社会运动都必须以宗教思潮的方式来进行；因此，宗教改革势必与社会变迁相呼应、相关联，即以宗教革新的形式反映社会变革的需求。在中国学者的视线内，对社会转型、变化的考量是其专注宗教改革研究的重中之重。

首先，对马丁·路德宗教改革运动的研究占有突出地位。20 世纪 70 年代之前中国学界的宗教改革研究以马丁·路德为主，70 年代末 80 年代初得以复兴的当代中国学术研究在宗教改革选题下的关注首先也是想到马丁·路德。从马丁·路德“因信称义”的主张上，人们看到其思想在倡导、推动基督教从“神本主义”向“人本主义”、从“教会权威”到“圣经权威”（即依靠自我的经典文本阅读和理解）、从“外在信仰”向“内在体验”以及从“礼仪形式”向“心灵敬虔”的重大转变。这样，路德的改革被视为“人的发现”“自我的觉醒”“主体意识的凸显”和“人本主义的萌芽”而得到正面肯定。路德的改革不仅带来了社会政治的发展，而且也促进了语言文化的改进，从而为新的时代提供了新的社会生存方式和新的思想文化形式，表明了向中古社会的全方位告别。不过，中国学术界亦分析、批评了路德与闵采尔的分歧以及路德对德国农民运动的抵触和反对，指出其具有“温和”“妥协”色彩的宗教改革之历史局限。显然，路德改革正、反两方面的遗产都对近现代基督教会的发展产生了多重影响。

其次，对加尔文宗教改革的研究在改革开放以来的中国学术界获得了显著、重要的定位。人们认为，加尔文的影响涵盖许多方面，对近代西方的发展具有根本性触动和推进。在教会层面，加尔文的平等观念推动了教会的民主改革，形成了“长老”制等新的教会存在形式。在政治层面，加尔文的思想引发了英国“清教革命”，为英国近代资产阶级革命提供了温床。在经济层面，加尔文的“预定论”思想演化为“谋事在人、成事在天”“天道酬勤”的新教伦理，其“入世禁欲”“勤奋节俭”的社会实践为正在兴起的资本主义精神提供了最初模式；中国学者在此特别关注西方社会学家马克斯·韦伯在其名著《新教伦理与资本主义精神》中对加尔文革新思想的解读，并在中国社会学界和经济学界引起热议。当然，在宗教与社会互动关系的理解上，不少学者认为不只是应回到韦伯，还更应该回到马克思。在精神层面，加尔文的构思引发人们对社会、经济发展背后"潜在的精神力量"之联想，并进而将"硬实力"与"软实力"有机关联，思考到"精神力量"作为另外一种"看不见的手"对相关社会"可持续发展"的意义与作用。此外，加尔文思想遗产对当代教会"奋兴"发展中"福音"运动、"灵恩"运动的复杂影响，亦引起中国学界的高度重视和相关谈论。当然，在评价加尔文在瑞士日内瓦等地的宗教改革运动时，学者们同样也批评了加尔文在宗教、社会两个方面排斥异己、迫害见解不同的科学家、有貌似"新教教皇"之举等问题，论及其宗教改革仍存有的种种局限。

最后，英国自上而下的宗教改革或"改良"亦被中国学者加以多层面剖析、研究。其"国教"形式触及政教关系、民族关系、教内关系等方面，导致极为复杂的社会后果及影响。在政教关系上，改革产生的英国圣公会具有"国教"地位，国王成为其法定首脑，从此形成英国近代以来颇为独特的政教合一模式，影响到其政教格局及近现代发展。而随着英国殖民扩张和帝国主义侵略，曾作为"日不落国"的英国也在世界范围留下了庞大的、类似天主教的"大一统"圣公会宗教体系及网络。其教义上的保留和保守，与其政治上的强硬和强势形成鲜明对照，也为英梵关系、英国天主教发展等问题的产生埋下了伏笔。在民族关系上，英国宗教改革形成的"国教"体系在英国国内的推行却困难重重，在英格兰、苏格兰、爱尔兰等不同民族和地区中，这种"国教"之实行情况各不相同、差异颇大。苏格兰、爱尔兰等地在抵制圣公会作为国教上甚至引发了民族冲突和政治对抗，留下了种种隐患。例如，今天英国北爱尔兰地区新教与天主教之间的摩擦和冲突，就是这一历史遗产所产生的作用。在教内关系上，英国国教会对其他教派的排斥、对"不从国教者"的打压形成了影响极坏的"宗教迫害"。这直接导致了英国"清教"等向欧陆和北美"新大陆"的移民。以"五月花号"为标志，英国新教弱势教派越洋找寻

“宗教自由”的乐土，开辟了另一块天地，形成了今天北美新教发展的传统及特色。这样，对英国宗教改革的研究随之被不断扩大，引发了更新、更广的社会民族、政治、经济、思想文化、全球发展等研究。

与宗教改革运动研究相对应，中国学术界也开展了对天主教“反宗教改革运动”的研究，其中还突出了对其新型传教修会如“耶稣会”等组织及其活动的研究。颇有意义的是，随着研究的不断深入、认识的不断深化，中国学界基本上已不再用“反宗教改革运动”这一表述或直译，而更多倾向于采用“天主教革新运动”这一意译即更贴切的表述，对天主教革新的成效亦有了更为客观的分析、评价。

四 现代基督教发展研究

基督教在现代的发展出现了多元态势，其发展重心也有着明显的位移，呈现出一些新的增长点。从发展阶段来看，20 世纪以来的基督教经历了三次较大的震动，由此导致其分化和重组。第一次震动发生在第一次和第二次世界大战之间，社会的动荡带来了教会存在形式的动摇，在欧洲引起了较大的分化。特别是在纳粹统治下的德国和欧洲其他国家，曾出现了屈服于法西斯淫威的所谓国家教会和主张反抗的“自白教会”，教会中形成“抵抗还是服从”的两种声音，直接影响到教会的声誉、形象和生存。“二战”后德国教会的认罪忏悔，为这一阶段画上了句号。第二次震动发生在 20 世纪下半叶的五六十年代，不少国家、民族的独立和解放，带动了教会的自立运动，出现了教会本土化、地方化的趋势。“普世教会”运动面对这一新的形势而将工作重点转向“第三世界”，教会在亚非拉美趋于活跃，但欧美教会则不甘消沉。此间欧美教会发展的亮点有二：一是天主教在 20 世纪 60 年代第二次梵蒂冈大公会议之后所推动的改革，其“跟上时代”的口号带动了教会“走出去”的战略，天主教从此在社会各界的亮相明显增多。二是教会兴起的“与社会主义对话”“与东方对话”的“对话”思潮，从而使教会人士得以主动接触各种不同的意识形态、宗教信仰和文化体系，开始了解其“对话”伙伴。第三次震动则由苏东社会剧变所引起，出现在 20 世纪即将结束前的八九十年代。这一剧变带来的震撼前所未有，东正教在俄罗斯和不少东欧国家得到迅速恢复，基督教各派亦再次卷入社会动荡、重构的风浪之中，其后果、影响迄今尚不能明确定论。但值得关注的是，基督教传统意义上西强东弱、北盛南衰的格局正被改写。而西方学者詹金斯关于“下一个基督王国”将会从南半球崛起的预言亦引起了中国学术界的广泛讨论。

除了保持对传统形态教会的观察之外，中国学者更多地展开了对“基要派”“福音派”“灵恩派”“基督教右翼”的深入研究。在此，人们探究了西方主流教会的“世俗化”“地域化”“分化”和“边缘化”，同时开始具体分析非主流教会走向“主流”、扩大影响的“福音派”、五旬节派等“灵恩”运动，观察其在非传统基督教领域的扩展、扩散。在基督教的当代传播中，人们对其在拉美、非洲和亚洲韩国等地的崛起及迅猛发展有着特别的关注，并由此来对照、分析基督教在当代中国的存在、发展及影响。

现代基督教发展对中国学者而言唤起了相应的问题意识。与“世俗化”相呼应、相关联的，则是教会在“全球化”“互联网时代”的生存与发展。欧美社会正在孕育的“公民宗教”或“公共宗教”面对着“全球化”所带来的考验：基督徒是本国的“好公民”还是不为民族所限、不被国家所累的“全球公民”“地球村民”？是保持为恪守教会传统、规范的“好教民”还是捕捉多方信息、坚持独立分析的“网民”？互联网的穿透力使国界、教界和堂界不再那样清晰可辨，也不再像以往那样难以逾越，这就使人们对“网络教会”“网络宗教”的重视格外突出。

从现代教会适应现实与保持传统的张力中，人们察觉到教会存在形式的不同变化。但不同侧重的教会亦会寻求弥补或平衡，因而不能简单、轻率地谈论当今教会究竟哪些保守、哪些激进。例如，亚非拉美的教会在适应本国国情、融入其社会处境时似乎在远离基督教传统、对本土因素有更多的妥协或迁就，但这些教会在保持信仰的纯真、朴实上却远比发达国家的教会认真、执著。这些现代化教会的人士在入乡随俗、返璞归真的第三世界教会中却往往会感受到一种信仰的回归和原汁原味。而在发达国家的现代教会生活中，中国学者亦观察到一种奇特的对照而激发起探测其奥秘的兴趣：即通常被理解为开明、开放、激进的现代教会在力主思想的解放和教义的开明的同时，其宗教礼仪却相对保守，基本上是循规蹈矩而了无新意，严格遵守着礼仪传统以示其正统；但一般被认为保守、落后、守旧的福音派、灵恩派教会在坚守、捍卫其传统教义和规范之际在宗教礼仪上却会大胆创新、引入许多现代元素和流行文化，使其礼仪格外生动、活泼，对现代信徒，尤其是年轻信徒有着巨大的吸引力。在这种对比中，抽象的“保守”或“开明”之争则被悬置或扬弃，而其现实生活的处境与场景，则是找到揭开其秘密的钥匙之所在。所以，中国学术界在对现代基督教会发展的研究中强调不仅要有通常哲学意义上的分析、推断，更要有社会学、人类学意义上的田野调查、观察评议。

第二节　基督教思想研究

基督教思想研究主要指对基督教神学和哲学的研究，为当代中国学术界基督教研究中非常重要的领域。1949 年以来，这一研究同样经历了由教会神学家的研究到以研究所和高校为主的学术界相关研究的过渡，而其真正系统、深入、全面的研究则始于 20 世纪 70 年代末中国内地的改革开放。

在 20 世纪五六十年代，相关研究比较零散，对奥古斯丁、托马斯·阿奎那的思想有所触及，他们的一些著述被译为中文。其他研究则主要在基督教思想通史或简史方面的翻译、评论。在 1978 年之前，这一领域最有影响的成就是由香港基督教辅侨出版社（现为基督教文艺出版社）自 1955 年至 1976 年前后推出的“基督教历代名著集成”译丛。这一工程组织了中国教会最知名的学者和神学家担任翻译工作，前后共完成 32 卷基督教名著的汉译和出版。20 世纪下半叶，港台学者在这一领域亦先后推出了台湾天主教辅仁大学编辑的“辅大神学丛书”和“神学论集”，新教方面则有“宋泉盛神学译丛”和“基督教社会思想丛书”等。1978 年以来，中国内地学术界在神学、思想理论方面的系统翻译也迅速发展、规模空前，如中国基督教界的“神学教育丛书”，中国天主教界的“光启神学丛书”，上海人民出版社推出的“西方学术译丛”，生活·读书·新知三联书店编辑的“历代基督教学术文库”，北京大学出版社发行的“基督教文化译丛”和“未名译丛”，中国人民大学出版社出版的“历代基督教经典思想文库”，中国社会科学出版社编辑的“维真基督教文化丛书”“宗教学研究文库”和“世界宗教研究译丛”，上海三联书店推出的“20世纪思想家文库”“基督教学术研究文库”和“当代基督宗教译丛”；此外，与基督教思想研究相关联的丛书还包括宗教文化出版社组织的“第二轴心时代文丛”，中国致公出版社发行的“西方神秘主义哲学经典”，华夏出版社推出的“现代西方思想文库”和浙江人民出版社编辑的“俄罗斯宗教哲学译丛”等。在这些系统译丛中，规模最大、影响最广、出版最多的则属香港汉语基督教文化研究所组织、道风书社出版的“历代基督教思想学术文库”，目前翻译出版的著作已逾百卷，在中国翻译史上亦属重大的翻译项目。

一　古代基督教思想研究

中国大陆学术界对古代基督教思想的研究是以奥古斯丁为重点，由此探究古希腊文明与古希伯来思想结合的方式及结果，以及西方思想文化体系的形成，尤其是基督教在这一形成过程中所发挥的作用，并通过这些历史背景研究来说明或阐述为什么奥古斯丁被视为“第一位西方的思想家”，而且也是基督教思想体系的最早构建者。在20世纪五六十年代，对奥古斯丁的研究以翻译为主，如1954年出版的吴应枫译本《忏悔录》和1963年出版的周士良重译本《忏悔录》等。尽管基于传统理解，奥古斯丁的“忏悔录”写作方式成为著名的“自传”体，但不少中国学者仍然认为用“忏悔”来翻译奥古斯丁这一名作并不准确，如能译为“敬神自白”则更能传神，体现出奥古斯丁在该著作中所要表达的基本思想。自20世纪80年代以来，对奥古斯丁的研究得以拓展，其重要著作陆续得以翻译出版，其传记和研究著作也不断增多。例如，《忏悔录》的新译本包括1986年台北志文出版社出版的徐玉芹译本，2003年北京华文出版社出版的何云常译本和2004年北京出版社推出的任晓晋等人所译的《忏悔录》前10卷。其他重要译著还有吴宗文译《天主之城》（台湾商务印书馆，1971年）、王晓朝译《上帝之城》（上中下，香港道风书社，2003年）、王秀谷译《论自由意志》（台南碧岳学社，1974年）、成官泯译

《独语录》（上海社会科学院出版社，1997 年）、石敏敏译《论灵魂及其起源》（中国社会科学出版社，2004 年）、周伟驰译《论三位一体》（上海世纪出版集团，2005 年）等。大陆学术界此间对奥古斯丁展开专门研究的著作则包括张荣著《神圣的呼唤——奥古斯丁的宗教人类学研究》（1999 年）以及周伟驰著《记忆与光照——奥古斯丁神哲学研究》（2001 年）和《奥古斯丁的基督教思想》（2005 年）等。研究奥古斯丁之所以被中国学界所重视，乃是奥古斯丁在西方思想史和基督教思想史上都为“里程碑式的人物”，代表着在这两大发展史上出现的重要转型和开拓性创新。奥古斯丁归纳、综合、总结了其之前的“两希文明”思想精华，使之体系化、基督教特色化，从而又开创和迎来了西方思想发展的全新时代，尤其是使“西方思想”真正有了其整体模式和基本框架，使“基督教思想”成为西方社会的主流意识形态和核心价值观。由此而论，研究基督教神学和哲学，了解西方精神的本真，不可能绕过奥古斯丁及其理论体系。

以奥古斯丁为主要代表和标志，在古代基督教思想研究中的重点领域即“教父学”研究。这些“教父”被视为基督教思想界最早具有“自我意识”，作为一个群体而出现的代表人物，他们的思想成为基督教思想体系的最早模式，对于基督教神学和哲学所探究的范围、体现的问题意识，亦基本上由此而奠定了基础。在“教父学”的理论形态中，中国学者认为基督教思想发展的两大传统已大致形成，即理性主义传统和神秘主义传统；前者突出理性之思，强调逻辑、推理、演绎、论证，体现出思之秩序、辩证；后者则突出神秘之感，强调情感、意志、体验、心境，故而突破思想习有的理性秩序以显示内在体验和心醉神迷的越常化境。宗教思维不离神秘主义，从基督教思想早期既有的这两大分殊则可看出其神学内容从其形成起就已涵括了哲学和心理学这两大领域。“教父学”的特点是既“述”又“作”，因此留下了大量文献。他们因地域、文化、语言之别而以其不同文字的写作方式分为“拉丁教父”和“希腊教父”两大流派，并逐渐形成了基督教思想领域的东、西方传统，而且在后来还影响到天主教与东正教的分道扬镳。在《圣经》文献的基础上，“教父学”文献成为基督教思想家释经、论道、构建其理论体系的最早文献。除了奥古斯丁之外，中国学者对古代教父思想的研究还涉及德尔图良、奥利金、亚大纳西、安布罗斯、哲罗姆等人，对整个“教父学”体系也有初步的系统梳理。

二　中世纪基督教思想研究

中世纪基督教思想研究即中世纪神哲学研究。不过，基督教思想界对“神学”的接受和运用直到中世纪中期才基本上尘埃落定，而对“哲学”的应用则主要体现在“经院哲学”的形成及鼎盛上。

长期以来，中国学术界存在一种误解，即认为“神学”是基督教会的“专利”，基督教自古以来就在使用“神学”这一表述，并将之作为基督教思想的标志和招牌。其实，这是一个漫长历史发展过程之后的结果，原初的情况并非人们所想象的那样清楚、简单。在古希腊思想传统中，毕达哥拉斯最早提出了“哲学”这一表述，而柏拉图则是第一个使用“神学”术语者。在基督教形成后，其早期思想家最初都避免使用“神学”一词，而多用“知识”“智慧”“学理”等词语来表达其思想内容及体系。4 世纪时希腊教父克里索斯托开始使用“基督教哲学”这一表述，随之亦有拉丁教父奥古斯丁用“基督教哲学”“基督教教义”来解释基督教世界观及其思想体系。在中世纪初期，最早是承袭神秘主义传统的东方教会基督教思想家于 6 世纪前后开始用“奥秘神学”的表述来讨论“上帝”的“本体”“本性”，探究人的灵魂与上帝的结合。包括这类术语的《伪丢尼修著作》于 9 世纪被埃里金纳译为拉丁文，教会才开始将“神学”与其思想理论直接挂钩。在此之前，教会思想家只是在论及古希腊罗马思想时偶尔提及“自然神学”，而且是将之作为对古代思想的泛指，并无将之用作基督教思想专指之意。只是到了 12 世纪初，法国思想家阿伯拉尔才率先说明“神学”就是“对全部基督教义作逻辑性及辩证式的探讨”。他为此写有《神学导论》，但此书曾一度遭到教会谴责和禁止。而阿伯拉尔的弟子们仍坚持对“神学”术语的使用和推广。这样，13 世纪时“神学”终于成为基督教思想体系的专指，用以表达基督教的主流意识和信仰体系。

对中世纪基督教思想表达最常用的术语则为“经院哲学”（亦称“士林哲学”），此即“基督教哲学”在中世纪最形象、最普遍的表述。所谓

“经院哲学”本指在中世纪兴办的学校中所教授的学问，其用法源自“加洛林文化复兴”时期创办的宫廷学院和教会学院，特别是大教堂学院，由此而演化为专指中世纪基督教学校，尤其是大学中所讲解、流传的神学和哲学思潮。“经院哲学”的特点是用理性形式、逻辑推断来论述基督教信仰，证明上帝的存在，凸显逻辑、思辨的意义。但“经院哲学”又分为唯名和实在两大流派，彼此在共相与个别、理性与信仰等关系上看法不一、争论激烈。对此，中国学术界特别关注其唯名论与实在论的区别，但在对二者的解释以及对各自社会、历史及思想意义的评价上也存有理解的不同，认知的分歧。

中世纪基督教思想研究除了通史性研究之外，集中在其早期、鼎盛时期和晚期的研究。对于中世纪早期的研究比较注重从古代到中古的过渡，为此有学者认为这一时期的思想特色体现为“黑暗时代的哲学”生存和“经院哲学的诞生”两个阶段。在转型时期的“黑暗时代”，研究的重点为鲍埃蒂和“伪丢尼修”。鲍埃蒂被称为“最后的罗马人”和“中世纪第一位哲学家”，其因政治而死于非命，在思想上却留下了“哲学的慰藉”，为中古早期的“黄金宝典”。“伪丢尼修”则为中世纪早期的神秘人物，但其基督教神秘主义思想引起了中国学术界的浓厚兴趣，故而对之多有专论。对“经院哲学的诞生”之研究通常是与对“加洛林文化复兴”的研究相结合。这一“复兴”标志着西方文化形成了其基督教文化的特色，由此中世纪哲学具有了基督教会意识形态的身份，并成为基督教文化精神构建的核心内容。对这一时期基督教思想家的研究，乃主要集中在对埃里金纳的研究。

中世纪鼎盛时期的基督教思想研究为这一领域研究中的重中之重，有着独特的意义。一般认为，安瑟伦代表着中世纪经院哲学的真正奠立，他是其实在论的主要代表，提出了“信仰而理解”的认知原则及顺序，阐述了上帝存在的“本体论证明”，并主张教权应高于王权。对于安瑟伦在经院哲学领域中的奠基作用，人们通常以称他为“最后一名教父和第一名经院哲学家”来评价。中国学术界已将安瑟伦的主要著作《天主为何降生成人》《独白篇》和《论道篇》译为中文，并对其上帝存在的“本体论证明”有较深入的讨论和评说。在唯名论传统方面，中国学者比较关注阿伯拉尔的思想，其相关研讨还涉及洛色林、索尔兹伯里的约翰、大阿尔伯特等人。必须指出，中国学者在中世纪基督教思想研究中最为关注且研究最多的是托马斯·阿奎那。阿奎那以其代表作《神学大全》《反异教大全》（亦称《哲学大全》）而成为中世纪经院哲学鼎盛时期最突出、最著名的人物。目前，台湾学者所译《神学大全》已出版发行，大陆由武汉大学和北京大学的学者联合译出的《神学大全》和《哲学大全》也正在编辑出版之中。此外，中国学者研究阿奎那的专著也是在这一领域中最多的。当代大陆学界最早系统研究阿奎那且取得较多成果的学者是傅乐安。他认为，阿奎那在基督教思想史上是继奥古斯丁之后又一里程碑式的人物，为中世纪经院哲学的最突出代表。傅乐安评论说，“在西欧中世纪哲学史上，托马斯虽然不是唯一的最大哲学家，可是他的哲学思想不仅对基督教哲学界起了极大作用，而且对整个中世纪哲学界也产生了巨大影响，他在西欧哲学史上占有一定的位置，他的不少理论迄今为近现代哲学史家和哲学家所评述。”[①]在基督教思想与西方古典哲学的关系上，中国学者一般认为柏拉图主义和亚里士多德主义形成了基督教思想扬弃与发展的两条主线，奥古斯丁的成功在一定程度上在于其对柏拉图主义的继承和创造性发挥，而阿奎那对奥古斯丁的继承与超越则在于重新运用亚里士多德主义来构建其经院哲学体系，取得了意想不到的成功和传至今天的影响。不过，中国学者亦强调指出，阿奎那的成功和影响还在于他死后天主教官方教会对他及其思想体系的推崇、提倡，使之获得官方神学和官方哲学的权威。而在阿奎那生活的时代，经院哲学则主要处于百家争鸣的状态之中，至少与阿奎那可以双雄并立，双峰对峙的则还有波纳文图拉。近些年来，中国学术界也加强了对波纳文图拉思想的研究。

对中世纪晚期基督教思想的研究则主要围绕爱克哈特、但丁、邓斯·司各脱、奥卡姆、库萨的尼古拉等人来展开，涉及神秘主义思潮、文艺复兴思潮、后期理性主义、政教分离思想、泛神论和“奥卡姆剃刀”等内容。其中研究较多，亦较深入的则是库萨的尼古拉，对之有“中世纪的最后一位哲学家，新时代的第一位哲学家”的高度评价。不

① 傅乐安：《托马斯·阿奎那基督教哲学》，上海人民出版社1990年版，“绪论”第8—9页。

少学者认为，他的思想具有超越其时代的意义，对欧洲近代精神的形成影响深远。其理论贡献一是提出了“对立面的一致”之辩证思想，乃近代“对立统一”观念之始；二是认为宇宙是上帝的“复写”或“缩影”，从而以上帝乃绝对极大、宇宙为相对极大来表述对宇宙无限的认知；三是以“有学识的无知”这一认识途径来开拓从有限认识无限，从相对体悟绝对的思想推理方式及其逻辑进路；四是通过“上帝在万物中，万物在上帝中”而间接达到了近代泛神论的思想；五是以各种宗教都是“一种宗教的多种崇拜方式”而揭示出各宗教平等、宗教间可以比较、对话的开放、开明精神。库萨的尼古拉以其丰富而深邃的思想既为中世纪经院哲学画了一个句号，又开启了欧洲近代思想的全新发展。因此，不少学者认为，从库萨的尼古拉社会生涯及其思想轨迹，可以看到欧洲中古与近代的密切关联，其近代发展的一些重要社会及思想因素已经在中世纪的土壤中酝酿、发育和逐渐成熟，这种转变因而是符合历史发展规律的、渐进的、阶段性的，并不是从古典时期直接跨越千年中世纪的“飞跃”。

三　近代基督教思想研究

近代基督教思想始于马丁·路德等人推动的欧洲宗教改革运动，这就使正在经历社会改革的当代中国学人对宗教改革运动有特别的关注和研究，其范围以德国、瑞士和英国宗教改革为主，但形成了各不相同的侧重。对于马丁·路德的宗教改革运动，中国学术界的关注更多集中在基督教会内部的革新和新的宗教派别基督新教的诞生上。尽管人们也注意到其社会政治、经济环境，将路德的改革与随之发生的闵采尔所领导的德国农民战争相比较，其研究中心仍在于宗教革新、精神解放和人的灵性奋兴。在宗教革新方面，基督新教与天主教的分道扬镳在此显然有着特别的强调，教会结构的变化、教会传统的破裂、教会组织的重建在这一研究中体现出颇为系统性的阐述，并使之达到了一定的深度，由此凸显宗教改革思想所带来的教会本身的巨变。在精神解放方面，中国学者突出了宗教改革中“人的发现”这一主题，重点研究了路德的神学主张从教会权威到圣经权威、从“神本”到“人本”、从外在形式到内在精神等系列转变的历史意义和思想意义。这一视角的研究使宗教改革不再停留在教会内部的改革，而是一场震撼整个欧洲的思想解放运动，从而为欧洲近代的精神生活提供了一个新的生长点。在人的灵性奋兴方面，中国学者则注意到与宗教改革相伴随的敬虔运动、神秘主义在西方近代宗教生活中发展的意义，并从中找出一条从 16 世纪宗教改革到 20 世纪普遍兴起的“灵恩运动”之间的连线，述说宗教改革精神遗产对当今教会生存与发展的影响。所以说，对于路德的宗教改革之研究，形成了侧重教会性、精神性、宗教性的特点，主要为一种内涵式研究。

对于加尔文的宗教改革运动，其研究则从教会层面走向社会层面，更多关注其带来的社会变革以及新的经济结构、商贸秩序和伦理精神，从神学、哲学意义上扩大到社会学、经济学的意义。中国学术界在 20 世纪八九十年代曾一度形成“韦伯热”，受马克斯·韦伯《新教伦理与资本主义精神》一书基本观点的影响，中国学者也习惯性地将加尔文的宗教改革与新教伦理的构建结合起来，并顺着韦伯的思路看到这种新教伦理所孕育的近代西方资本主义精神。不过，中国学术界由此亦引发了一些联想和思考，即从更大的范围、从不同的民族、国度及其文化中来看待社会经济“实力”或“硬实力”与思想文化“软实力”的关系及关联，由此窥探推动一个社会或民族“可持续性发展”的“潜在精神力量”，从而以宗教学、社会学的眼光来审视另一种意义的“看不见的手”。对加尔文宗教改革的研究在当代中国引起了许多讨论，而且其关注具有更广远的社会视域。相比之下，尽管不少学者也注意到加尔文改革思想给近现代教会发展、神学理论所带来的变化，人们更多的注意力却是社会的、经济的、文化战略的。

对英国自上而下的宗教改革研究则使中国学者主要从政治层面来分析、研究近代政教关系，以及在宗教改革旗帜掩护下所进行的“资产阶级革命”。这一研究大致分为三个方面，一为英国国教会的形成及其较为保守的神学特色，二为英国新教为躲避宗教迫害而横渡大西洋到北美生存发展所导致的宣道神学、处境神学之新动向、基督教思想“全球”意识的萌芽等，三为英国资产阶级革命为近代政治神学的发展所埋下的伏笔。不过，这一方面的研究更多是政治学或政治哲学的，而政治神学的探究则仍不够深入。

对近代宗教改革思想的研究与整个宗教改革史的研究密切关联，因此许多问题意识和研究话语都是相同或相似的。与中世纪神哲学的研究不同，中国学者在研究宗教改革思潮时视域更加开阔，有更多的政治学、社会学和经济学方面的考量。而与近代欧洲社会发展相关联，对宗教改革思想的研究自然有着与“文艺复兴”思潮研究和政治革命思潮研究的结合。自近代基督教思想研究始，这种思想史与政治史、社会史的联系和交织已越来越密切，从而超出了传统“神学”的范围及意义。

从总体来看，我国对近代基督教思想的研究相对薄弱，尚留有一些空白领域。例如，对欧洲“启蒙”运动、浪漫主义思潮与基督教的思想关联或分歧，近代理性思潮冲击下基督教神学的嬗变与发展，基督教神学领域中宗教学观念的兴起及其与基督教思想研究的分道扬镳，近代欧洲宗教哲学、宗教心理学与基督教思想的联系与脱离，康德的理性神学与实践神学之构思，黑格尔思辨体系在基督教神学中的地位、青年黑格尔派尤其是杜宾根学派的圣经批评理论，以及近代危机思潮的萌生和其促动的近现代基督教思想转型等，都还缺少比较深入、系统、全面的研究。在近代基督教思想家中，比较被中国学者重视并得到一定研究的有笛卡尔、帕斯卡尔、康德、柯勒律治、施莱尔马赫、黑格尔、爱德华兹、克尔凯郭尔、奥托等人。结合近代社会文化思潮，相关研究还触及莱辛、莱布尼茨、费希特等人的思想。这些研究除了与近代社会文化思潮的结合之外，还体现出基督教神学与宗教哲学、宗教学、宗教批评等理论的思想交锋及双向互动。

四　当代基督教思想研究

对当代基督教思想研究是中国改革开放以来基督教研究方面比较活跃的一个领域。而且，自 1949 年以来，中国学术界对当代基督教思想就高度重视。这种研究一般会与对西方当代哲学的研究结合起来，一些当代西方神学家也被视为当代西方哲学家。关于当代基督教思想的分期，一般认为第一次世界大战的爆发为当代基督教思想兴起的早期，体现为“危机神学”的特色。第二次世界大战前后的 20 世纪四五十年代则为基督教思想的“现实主义”发展阶段，神学思考与严峻的社会现实处境有着密切关联。而自 20 世纪 60 年代以来，当代基督教思想则走向其多元发展的时代，传统的神学权威受到挑战，思想界则群星灿烂、新秀辈出，形成了当代基督教神学领域的空前繁荣。而 20 世纪基督教思想的发展又与当代国际社会政治、经济、文化的发展有着非常密切的联系。因此，这一领域受到中国学术界的特别关注也是理所当然的。总体来看，对当代基督教思想的研究涉及三大方面，即当代新教思想、当代天主教思想和当代东正教思想的研究。

应该说，对于当代新教思想的研究是当代基督教思想研究领域的重中之重。新教“危机神学”的兴起标志着当代基督教思想的全新开端，中国学界突出对“危机神学”的评价，在于对西方社会“危机”的关注和思考，由此探究这种宗教“危机意识”在当时的社会及精神影响。人们研究较多的是巴特的思想，从其对《圣经》的重新诠释到《教会教义学》的推出，既有着教义思想发展层面的分析，亦有着其社会关联的研究。巴特神学代表着西方精神从自由资本主义时期的“乐观主义”往帝国主义时期的“悲观主义”之蜕变，由此引发了对西方信仰传统、宗教功能的多层面思考。在此，巴特的思想亦代表着自由主义神学时代的结束。人们在“危机”中呈现的思想百态也带来了对西方基督教灵性传统的反思、反省和批判。不过，从思想与社会的关联上，“危机神学”仍以一种悲观的审视、以特别悲愤之情反映出西方思想界和宗教界仍尝试以回归传统、重读经典来为西方社会摆脱“危机”提供其精神资源、宗教智慧。这样，亦引发了中国学术界讨论在资本主义危机时代西方批判理论究竟是为之敲响了“丧钟”还是“警钟”这一问题。巴特的思想在当时很有感染力，但西方思想界对其回应却是多种多样的。在当时，悲观主义逐渐被现实主义所取代，在回归传统中形成了“新正统派”神学主流，中国学者研究当代基督教早期思潮的视线也由巴特而移往朋霍费尔、蒂利希以及北美尼布尔兄弟的神学思想，其讨论的热点包括“现实主义神学”“存在主义神学”“抵抗与服从”“社会世俗化”“非宗教性解释”“上帝之死”等命题。当代西方神学从“危机意识”到现实主义态度的过渡，在其“既不悲观、也不乐观”的表述上得到了典型体现。危机神学结束了一个旧的时代，也迎来了多元化的新时代。现代西方神学异彩纷呈，给中国学术界提供了研究当代西方思想的一个极好机会。在其观察中，中国学者特别强调现代神学与现代哲学以及与现代社会批判理论的紧密结合，注意到西方神学家在这种处境中的多重身份、多种形象。在关注20世纪下半叶的新教神学发展上，中国学者的研究课题有更多的涉及。例如，西方当代神学的重建刺激了其系统神学的发展，其中特别引起中国学术界关注的一是蒂利希的系统神学，二是潘能伯格的系统神学；在前者中人们注意到其与文化神学的结合，并对其具有超越意义的“终极关怀”之说多有谈论；在后者中人们也看到了其神学人类学和历史神学的基本构思，更察觉到德国黑格尔唯心主义思辨传统在神学体系中的继承和延续。第二次世界大战结束后东西方世界处于“冷战”时期，但基督教思想界曾尝试打破这种互不往来的僵局，在20世纪60年代曾出现“与马克思主义对话”“与无神论对话”“与东方对话”的尝试，其特点一是东西欧的哲学、神学对话，尤其是产生了以布洛赫为代表的“希望哲学”和以莫尔特曼为代表的“希望神学”；二是普世教会运动的发展，“普世神学”的努力使这种“对话”从西方推到了东方，在第三世界引起了反响及回应，并形成了跨宗教、跨文化的“对话神学”。此外，在现代神学与现代哲学的关联上，中国学术界比较关注的有过程哲学与过程神学的交织，尤其对怀特海的研究就有多方审视、不同侧重；而20世纪对语义的重视和语言哲学及哲学解释学的发展则在神学解释学、叙述神学等领域得到充分反映，其触及的问题大都也被中国学者所研究。当代新教神学发展多元化趋势，自然也形成中国学术界的多层次探讨。在与社会关联方面，中国学者系统研究了“世俗化”社会中神学的“祛魅”和重建，其重点有“上帝之死神学”“公共神学”“激进的世俗神学”“女权神学”“生态神学”等发展。在神学的反思与回应方面，20世纪下半叶的神学对19世纪末20世纪上半叶的神学均有梳理、批判、反省或扬弃，从而形成了“后现代神学”“后自由主义神学”“激进正统派神学”等，而对世俗化倾向的批判和“回到传统”的努力则在“福音派神学”“灵恩运动”及“灵修神学”等发展上得到充分显示。这些新动向、新思潮已成为中国学者的研究领域，而已出版的众多成果也反映出中国学者相应的观点和思考。洞悉当代新教神学的发展，中国学者认为，这些思潮虽然仍属基督教会各派的思想运动，却有更多、更广的社会涵括，它们既是对当代社会发展的反映、是社会思潮的反射，同样也对社会本身产生广远而深刻的影响。与以往传统不同，基督教思想对现代社会的反映和参与，在其“政治神学”“革命神学”等“实践”神学上体现出来，神学不再仅为“言述”，而且也以“行动”来表达。而当代基督教对民族、文化等问题的关注，则以“文化神学”“本土神学”“处境神学”的构设和提倡而凸显出来。在与传统哲学命题的对应及结合的基础上，基督教思想对语言、语义的侧重使神学的语义解释得以加强，从而使“理解的艺术”更加哲理性、分析性地运用到对“终极实在”或“终极神圣”的解释上来。在现代科学及其方法对传统教会观念的冲击下，科学与宗教、科学与神学成为神学讨论中的重大话题，如“过程神学”所涉及的进化论、宇宙发展观等方面的理论思考和逻辑推理，正是反映出对过去神学命题中缺乏科学因素这种弱点的设法弥补。而方兴未艾的“灵修神学”则显然有着对深蕴心理学、现代心理治疗等理论及手段的吸纳、运用。在对西方新教思想展开系统研究的同时，中国学者亦全面开展了对亚、非、拉美即“第三世界”基督教思想发展的研究，并以其对“自我意识”“本土处境”“全球化”态势的考量而注意到当代基督教思想对中国社会复杂、多元的影响及其带来的问题，从而使上述研究不再仅限于书斋之谈，而是结合中国当代社会转型、对外开放的现实来分析、思考、研究。

对当代天主教思想的研究可以从三大重点来分析。其一，中国学者非常关注对19世纪与20世纪之交兴起的新经院哲学的研究，其中以对新托马斯主义的研究为主。从哲学和神学两个层面，中国学术界对新托马斯主义的主要代表马利坦进行了深入研究。围绕这一研究，中国学者一是对从新经院哲学立场、方法对中世纪经院哲学史的代表人物如麦西埃、德·伍尔夫、吉尔松、梵·斯亭贝根、格拉布曼等人展开了分析、研究，以此形成该研究领域的历史视域和传统反思；二是对新托马斯主义中开放、进步和封闭、保守这两种不同趋势加以分析、指出保守倾向的“古托马斯主义”在新托马斯主义中的地位及影响和其对所谓“永恒哲学”的强调及其对开明天主教思想家的打压；三是对有独特影响的

“超验托马斯主义”进行了专门研究，主要探究了马勒夏尔和罗纳根的思想，尤其是罗纳根及其代表著作《洞见》被中国学界所重视。针对新经院哲学的发展，中国学者分析了其兴衰的社会文化背景，并对20世纪上半叶较有影响的天主教现代派神学家卢瓦齐、布隆代尔，以及具有创新意识的神学家舍勒、德日进、瓜尔蒂尼等人有相应研究，其中因为德日进在中国参加过“北京猿人”的考古发掘而受到中国学者更多的关注，对其研究也从其宇宙“进化”的理论而扩大到“新人道主义”“宇宙基督”论以及地质学、古生物学等自然科学范围的研究，在中国先后专门召开过多次纪念德日进的学术研讨会。其二，中国学者对20世纪60年代天主教以“梵蒂冈第二届大公会议”（以下简称“梵二”会议）为标志的现代革新运动进行了系统探讨；除了对会议本身及会议文件的研究之外，中国学者更加关注其以“跟上时代”为口号而带来的教会内部革新和对外形象的改变，指出天主教由此而走向其融入现代社会、参与时代发展的全新之路。在教会内部革新方面，中国学者认为天主教乃体现出内涵式发展与外延式发展的结合，对内推动了神学革新、礼仪革新和教会组织机构革新，对外则调整了自己的形象，从以往的封闭性教会一改而为开放性教会，并积极协调和改善与其他教派或宗教的关系，这表明其改革中“开放”和“对话”的有机关联。在思想观念方面，“梵二”会议制定了新的政治策略和文化战略，如对国际政治的重新关注和相应参与，在国际交往上实施的“走出去”对话方式，在科学问题上的“认错”、纠偏，以及对自然科学研究的肯定、扶持，而在神学理论上也放弃以往保守、僵化之态，有了新的思路、新的举措，如其带来的“上帝”意义的现代探究、基督论的重构、解经释经上的重新思考以及道德神学的推崇和彰显等。“梵二”会议所带来的另一大突破，则是天主教社会学说的崛起。为此，中国学者对天主教的“社会训导”、社会学说及相应的社会实践，也展开了相应研究，并提醒人们高度重视当代天主教在社会领域理论及实践上的突破和动向。其三，对20世纪下半叶涌现的天主教多元思潮开始了全面研究，所涉及的当代天主教思想家包括普茨瓦拉、吕巴克、歇努、龚加尔、拉纳尔、巴尔塔萨、马塞尔、麦茨、特雷西、拉辛格（本笃十六世）、孔汉思、施莱比克斯、斯威德勒、毕塞尔、卡斯培、瓦尔登菲尔斯以及拉美“解放神学家”古铁雷斯等人。在这些研究中，应该说对拉纳尔、巴尔塔萨和孔汉思的探究最为深入和系统。不少中国学者认为，拉纳尔在当代天主教思想界是最重要的承前启后者，他以对天主教神学的重新思考而突破了新经院哲学之界；通过对存在主义哲学的深入研究而重新开始对“在”的神学之思，并进而开创了其“先验神学”体系；而在反思近代基督教从“神本主义”到“人本主义”的转型历史时，他则构设了天主教的“神学人类学”体系。尤其被中国学者所探究和评论的，则是拉纳尔所提出的“匿名的基督宗教”及“匿名基督徒”的思想；这在不少中国学者眼中乃是当代天主教的一种“对话”神学体系，即以其传统模式而表示了天主教的现代“开放性”和与其他宗教及文化的对话意向。中国学术界对巴尔塔萨的重视，则主要集中在其“神学美学”的建构及影响，人们从哲学、文学、语言、宗教等不同方面切入，对其“神学美学”有不同阐述，也多有积极评价；与这种“神学美学”相关联，中国学者对巴尔塔萨关于“爱”“美”“善”“真”的系统阐述亦有所探究，由此勾勒出其神学美学、神学戏剧学和神学逻辑学的体系结构。孔汉思最初被中国学界的关注乃是因为他与罗马教廷之间的公开争论和他对教皇“永无谬误”信条的尖锐批评。自 1979 年以来，孔汉思多次访问中国，其著作亦陆续被译为中文；于是他在中国的影响不断扩大。中国学者对孔汉思的研究集中在他对神学新范式的探讨和对全球伦理的倡导，认为其“范式”转变之说受到美国科学家库恩相关理论的启发，用以打破教会中因循守旧的惰性和抵制改革的保守；在此，孔汉思的“范式”说反映出一种历史发展观，强调教会要随时代变迁而相应变化，与时代发展相协调、相吻合；他所言基督教历史发展分为六个时代范式即“第一，早期犹太——基督宗教的启示范式，第二，教父时代希腊化——拜占庭范式，第三，中世纪罗马——天主教范式，第四，宗教改革时期福音派——新教会范式，第五，启蒙时期之现代范式，第六，目前尚在形成中的后启蒙、后现代范式”，[①]说明教会不能一成不变，

① 孔汉思：《基督教往何处去？——教会和神学的新模式》，《世界宗教资料》1987 年第 3 期。

必须与时俱进。他以此来批评天主教自“梵二”会议后进步不大，在有些方面甚至出现倒退。孔汉思被剥夺天主教神学教席后转向“普世宗教”及“普世神学”的研究，随之自1990年开始倡导全球伦理，发表“世界伦理构想”，并先后两次来中国组织召开关于全球伦理的研讨会，因而使中国学者也积极参加了全球伦理的讨论。在这种讨论中，也有中国学者批评了孔汉思全球伦理构设中的问题，指出其操作实施中的不现实性。此外，随着拉辛格当选为新一任天主教教宗，成为本笃十六世，中国学术界对其关注和研究也在不断加强，推出其相关神学译著和研究论述。而本笃十六世的辞职和2013年新教宗方济各的当选，中国学者亦开始对之加以专门研究，其耶稣会背景和拉美教会的出身也成为研究重点，特别是耶稣会本土适应的思想和拉美解放神学的兴衰，都成为颇值探究的课题。与之相关联，中国学术界最近还推出了研究教宗史的专著和相关译著。

对当代东正教思想的研究以俄罗斯东正教为主，形成其哲学和神学研究的交织。从总体来看，相关翻译出版已初具规模，但系统、深入的研究不多。在希腊东正教思想研究方面尚刚刚起步，仅在其思想与文化的关联上有一些初步探讨。中国学者对俄罗斯东正教思想的研究侧重于其宗教哲学、神人类学、宗教神秘主义等思潮或思想流派，并注意到其灵修神学和礼仪神学的独特之处。中国学者研究较多的东正教思想家包括洛斯基、陀思妥耶夫斯基、别尔嘉耶夫、索洛维约夫、舍斯托夫、弗洛罗夫斯基、罗赞诺夫、梅列日科夫斯基、布尔加科夫等人。在近期研究中，中国学者在圣像神学、神人类学和礼拜神学方面的关注较为突出。随着东欧剧变，苏联解体，相关研究在俄罗斯神学的民族意义、社会作用以及当代俄罗斯神学之路上显示出强烈的问题意识。东正教思想的发展在当代涉及面较广，中国学者所关注的一为俄罗斯东正教思想，在这一领域已有相应的研究；二为西方社会的东正教思想，这与“十月革命”后一些俄罗斯东正教思想家离开苏联、在欧美发展其思想体系有着直接关系；三为东欧其他国家东正教思想的发展，中国学术界对之有所观察，但谈不上具体研究；四为希腊语世界的东正教思想发展，这一传统历史悠久，今天仍非常活跃；对此，已有少数中国学者开始从拜占庭文化及其思想沿革这种视域来展开探究。

第三节　《圣经》等基督教经典及文献研究

《圣经》的翻译和研究在当代中国学术界也受到一定程度的重视。在《圣经》翻译领域以港台学者和海外华人学者为主，如新教所译汉语圣经有1952年吕振中的《新约新译修稿》在香港出版，其汉译《旧约》于1970年出版；萧铁笛所译《新译新约全书》于1964年在香港出版；此后由汉译《活泼真道》而成的《当代福音》新约于1972年出版，其新旧约合印的《当代圣经》于1979年出版；由许牧世、周联华、骆维仁合译的《现代中文译本圣经》于1975年出版新约，1979年出版新旧约全书；由"中文圣经新译委员会"汉译的《圣经新译本》于1976年出版新约，1992年出版旧约；此外，由《中文标准译本圣经》和《现代标点和合本圣经》对照双排版的《新约圣经》也于2008年出版。天主教汉译圣经亦有耶稣会徐汇总修院所译《新译福音初稿》于1954年在香港出版；狄宗仁编译的《简明圣经读本》于1955年在香港出版；萧静山所译《新经全集》于1956年在台湾出版；而天主教著名的《思高圣经译本》也于1962年在香港出版新约，1968年出版新旧约全书；此外，附有灵修注释的《牧灵圣经》也于1999年出版。

《圣经》汉译在中国大陆七十年来也有一定进展。新教方面由丁光训主教出面于1979年组织了王神荫、陈泽民、骆振芳等人修订、重译《和合本》圣经，已完成"诗篇""四福音""使徒行传""保罗书信"等。而天主教方面也由金鲁贤主教主持于1985年开始根据《耶路撒冷圣经》汉译新约部分经卷。此外，内地学者还进行了对《圣经后典》和《死海古卷》的汉译工作，如1987年出版的张久宣译《圣经后典》、1995年出版的王神荫译《死海古卷》等。

而在《圣经》的注释及诠释版本的翻译出版上，亦推出了许多新的成果，其中比较典型的如华东师范大学出版社组织翻译出版的"剑桥圣经注疏集"（译丛）等，包括田海华译《〈出埃及记〉释义》（2009年），敬华译《〈雅各书〉〈犹大书〉释义》（2009年），郜元宝译《〈哥林多前后书〉释义》(2010年)等。

中国学者对《圣经》的研究目前仍处于初始阶段，其涉及的范围大致包括如下一些方面。

一是圣经文学研究和圣经文化解读，这类研究既是对《圣经》本身文化、文学内容的探讨，也是跨文化、比较文学意义上的研习；从研究《圣经》文本内含的意义上，中国学者强调深入《圣经》的世界之内探赜索隐，读经解经，了解圣经的结构、历史和蕴涵；从跨文化的意义上则是扩大到对《圣经》文本背后的意义之系统探索，并进而研究《圣经》文本在其形成及发展演变过程中所面向的世界、面对的多元文化。在此，中国学者特别关注对《圣经》这类经典的阐释与人类文化传播的关系问题，正如2002年“全国‘经典阐释与文化传播’学术研讨会”的组织者所言，这类研究“有对经典阐释与文化传播问题的哲理思辨，有对圣经文本的个案剖析，有对圣经的文学观照和文化透视，有对圣经与世界文学和中国现当代文学相互关系的梳理，有对圣经与中西方文化的平行比较，也有对古往今来的释经理论、释经史和译经理论、译经史的探讨。……这种多元跨越式研究的学理根据依存于圣经内容的博大精深和会通百科特质，以及圣经与世界文化交融互渗的复杂多样性。”①围绕这一主题研究的著述颇丰，但以宏观把握为主，体现出一种“大文化”和“跨文化”的特色。在这种“宏观叙述”的氛围中，相关研究及其出版还包括圣经词典的编纂、圣经概论和导读的撰写、圣经历史及相关民族发展的勾勒等。

二是对圣经语言、经文奥义的深层剖析和追溯还原，这涉及对《圣经》的微观研究和专题研究。为此，中国学者一方面从学习、掌握《圣经》原典语言入手，通过学会希伯来文、希腊文和拉丁文来阅读、研习《圣经》原典，弄清其词义和语义之本真；另一方面则大量翻译、引进海外学者对《圣经》“释义”、“注疏”著作，从章句之考到深层次解读，基于还原来诠释、联想。应该说，在这一领域进展较快的是对希伯来圣经的深入研究，而且在方法论上也有着“怀疑的释经学”与“认可的释经学”之有机结合。通过与香港中文大学等学术机构合作培养圣经希伯来

① 梁工、卢龙光编选：《圣经与文学阐释》，人民文学出版社2003年版，“前言”第3页。

语专业学生和引进海外回国的留学人员，中国内地已经有了一批能用希伯来文直接阅读圣经旧约的学者。他们开始了对这一领域相对系统、深入的研究，并从对希伯来圣经的探讨扩展到对希伯来社会文化的分析与论说，由此与研究“以信立族，因信而生”的犹太民族及其犹太教联系起来。

三是在释经与理解上的认知及方法创新，中国学者在经文“诠释”的探究上结合哲学解释学的理论与方法，以跨文化、跨时代的“理解”来“伴随”对《圣经》的诠释。显然，中国学者注意到《圣经》解释上“语言”的“弹性”和“限制”，既运用“语言”与“意义”之间的沟通作用，亦把握二者之间的“异质性”张力，在不同文化、不同时代之处境来认识《圣经》“诠释”及“理解”的实际背景，从而使“诠释”成为“理解”，而“理解”亦为具有创意的“诠释”。这里，中国学者突出其《圣经》探究上“借助语言”又“逃离语言”的辩证方法，深入其“世界之内”的蕴涵同时也看到在其“世界之外”建立“世界之意义”的可能。[①]在这种深层次研究上，中国学者也进行了《圣经》与其他宗教经典，尤其是与中国古代宗教经典的对照、比较研究，并在这些不同经典的比较中从其“文本辩读”深化到“经文辩读”，以打通处于不同文化之中的人类精神世界，把握人的灵性奥秘。不过，对《圣经》深层次的研究尚处于开创阶段，有待于今后的创新和突破。

除了《圣经》研究之外，中国学术界也开展了对基督教其他典籍的整理与研究。这些典籍研究除了对西方基督教学术名著的翻译、评论和探讨之外，更多的是对中文基督教典籍的搜集、整理和出版。例如，对唐朝、元朝“景教”文献的搜集与整理；对自元代以来天主教入华传教文献典籍的研究，特别是对明清天主教典籍的整理和研究，其中以耶稣会士来华文献为重点，尤其是对利玛窦、艾儒略等人文论的研习；与之相关联的则是对明清信奉天主教的中国士大夫相关文献的研究；对于自“鸦片战争”以来基督教典籍的研究，在中国学术界有着突破性发展的则包括对中国教会大学史文献的搜集，对与基督教相关联的报刊及翻译、出版物的重点研究，对边疆地区、中国少数民族地区基督教传教资料的收集、研

① 参见《基督教文化学刊》第13辑，中国人民大学出版社2006年版，第349—350页。

究，以及对华人神学家文献的研究等。此外，对“教案”资料的整理、研究，以及对关涉太平天国、义和团运动的相关文献研究，在改革开放以来的中国学术界已经取得突出成就。

第四节 中国基督教研究

中国基督教研究是中国学术界研究基督教领域中的重点所在。由于基督教尚未彻底解决其在中国的“定位”及“身份”问题，因此这一方面的研究也最为敏感、最为复杂。不可否认，中国学者在研究中国基督教问题上反映出强烈的“本土意识”，其关心的焦点即基督教在华的“本土化”“中国化”，相关分析亦包括其“华化”的可能性、途径与障碍。由于基督教的“中国”自我意识尚未完全成熟，因此中国社会及其公共舆论在很大程度上仍把基督教视为“洋教”或“外教”。与之相对立，基督教在设法保持其信仰的“本真”和宗教的“纯洁”时亦表现出在某种程度上对中国社会及其政治文化的“逆反”。因此，“文化的冲突”在基督教的入华传教历史过程中显得格外突出。加之政治、经济、外交诸方面的因素，使中国基督教的处境及发展也愈亦复杂化；这样，“敏感的宗教”在基督教身上就有着最为典型的体现。不过，基督教由此而给中国学界带来的“问题意识”，也吸引或刺激了不少中国学者对之加以全力研究、潜心探讨，这样遂使中国基督教的研究更富有挑战性，并推动它达到一种在常态下难有的深度。概言之，中国基督教研究涉及历史、意义和文化等层面；如果从其历史发展的分期来看，这一探讨则可从中国基督教发展通史、景教和也里可温、明清天主教尤其是耶稣会士、中国东正教、清末及民国以来基督教各派、中国基督教的本土化或其嬗变以及基督教与中国思想文化的关系等方面来分析。

一 中国基督教发展史研究

中国基督教发展史研究基于对中国基督教的通史性研究，体现出从“历史”的纵向及“时间”的范围来对基督教在华经历的整体、宏观把握，因而属于一种“宏大叙事”的研究方式。不过，对中国基督教整个历史较为翔实、系统的通史性著作仍付之阙如，一般都是以“简史”的方式来给出中国基督教历史发展的粗略轮廓，让人颇有“历史剪影”的模糊之感。所以说，中国基督教通史研究的理想成果，尚待中国学界下大功夫，以便能在不久的将来有较大突破。

关于中国基督教的历史分期，中国学术界一般仍沿袭陈垣 1924 年所写著作《基督教入华史略》中的说法，即认为中国基督教史可分为四个时期，第一时期为唐朝景教，第二时期为元朝也里可温教，第三时期为明清天主教，第四时期为清朝“自马礼逊起”的新教来华传教史。虽然大体上可以认可这种四阶段分期法，不少中国学者仍认为其存有不少问题。例如，东正教的传入很难用这种分期来准确描述，而新教传入台湾地区也远远早于第四时期即自 1807 年新教传入之说；此外，第四时期的情况极为复杂，涉及基督教三大教派等在华传播的历史，以及与中国社会政治的复杂关联。

中国基督教的历史，既是基督教世界传播整个历史的一个部分，也是中国宗教史的重要构成。对这同一种历史，人们看待、评价的角度、结论却大不一样。从基督教世界传教史的角度来看，不少西方学者更多强调的是基督教的对华“传入”、对中国社会生活及中国人精神生活的“影响”。但这种从传教角度觉得理所当然、顺理成章的“传入”在中国却多被视为“强迫”“渗透”，是外来势力“己之所欲必施于人”之举，要想“拯救”中国人的传教士并没有给中国人带来“拯救”，反而增添了不少“灾难”，造成种种“创伤”。中国学者在分析、评价这一张力颇大、分歧犹存的基督教在华传教史时，从积极意义上也主要将之作为中西交通史、中外文化交流史的重要组成部分来看待。在中国学者看来，“作为一种外来的宗教，基督教自始至终存在着一个如何与中国本土的社会与文化互相沟通、适应与融和的问题”。[①]综观历史，中国学者认为基督教在华做得很不成功，遗留下许多问题。这种历史积淀迄今仍影响、制约着基督教在华传播及其与中国文化的关系；可以说，这一历史影响了中国多数人对基督教

① 顾卫民：《基督教与近代中国社会》，上海人民出版社 1996 年版，“自序”第 2 页。

的看法。作为一种文化、价值体系，基督教尚没有被中国人所理解、认可或接受，没有完成与中国社会文化真正“融合”的基督教使这种“相遇”远未结束，而力争“中国化”“本土化”的中国基督教也仍有着种种别扭，为获得一种恰当的信仰及文化“自我意识”而在苦苦挣扎。由于上述原因，一部中国基督教史很容易写成中西政治冲突史，而难以被准确描述为中外文化交流史。其结果，在所有中国宗教史的撰写中，中国基督教史是最难写就，且被大家所公认的。因此，中国学者在撰写这一历史时会有种种考虑和反思，下笔不易，结论难定。在目前已经完成且获出版的诸种“简史”中，对许多重大问题的评价或是回避绕过，或是语焉不详。这样看来，在中国基督教史研究上迄今仍无鸿篇巨制问世，自然也就在情理之中了。

基于这种状况，“一切历史都是当代史”，中国基督教史的研究遂有其鲜明的时代性和当下性，并与当前政治认知、文化审视密切交织。在新中国成立后的前三十年，对中国基督教史的研究多体现为对“旧世界”的“破”，因此对基督教传华历史的评价和描述往往会与对“帝国主义侵华史”的思考联系在一起。而在后四十年中国改革开放时期，对中国基督教史的研究则开始注意一种新的历史、世界视域的“立”，故而越来越多地从中西交通、中外交流的角度来撰写中国基督教史，以往“政治史”的色彩在淡化，而现在“文化史”的意蕴则在突出。不过，在对这段历史的回顾、总结中，“前事不忘、后事之师”的警钟依然长鸣。对中国学者而言，研究中国基督教史的视角如何调整、对其在华社会、文化性质如何定位，都与基督教如何在华存在的选择和意向密不可分。“史”以“实”为基础、为依据，对基督教在华历史的理解和展示必须基于其实际发展和实际影响，而基督教在华的客体性向中华基督教的主体性之定位转换以及以哪一种“主体意识”或“自我意识”来表露及表现，都是撰写中国基督教历史所不能回避、必须深思的。

二　景教与也里可温教研究

唐朝景教和元朝也里可温教研究属于中国基督教古代史研究的范围。由于中国基督教的历史“自景教始”，因而对唐朝景教的研究相对较多，著述甚丰。不过，鉴于史料的局限和新的发展凤毛麟角，想要达到质的突破也实属不易。对景教研究标志着汉语基督教文献探究之始，由此亦有人称景教文论为“汉语神学”的肇端。从基督教在华传播初始、源头而言，唐朝景教研究被视为中国基督教史最为基础的研究，是整个中国基督教史研究的真正起步。

中国学术界在关注、借鉴国际学术界景教研究的成果、结论的同时，主要开展了以发掘、分析国内景教文献为主的独立研究。这些研究一是对“景教碑”文的诠释研究，重点在于对大秦景教流行中国碑和与之相关的大秦寺的讨论、深究；二是对唐代景教文献，特别是对敦煌文献的梳理、辨析和解读；三是对其他考古及文献发现的甄别、考证和研习，其最新突破则是对最近洛阳发现的景教经幢的研究和讨论。相关成果收集在葛承雍主编的《景教遗珍——洛阳新出唐代景教经幢研究》之中。由于年代久远、资料奇缺，对唐朝景教的研究中疑问不少、分歧颇大，但总体来看，人们关注较多、引起深入讨论的研究著作相对集中，其中以 1931 年出版的冯承钧著《景教碑考》、1993 年出版的朱谦之著《中国景教》、2003 年出版的林悟殊著《唐代景教再研究》和 2009 年出版的葛承雍主编《景教遗珍》最具有代表性，这些著述反映出中国当代景教研究的几个不同阶段以及各自取得的学术进展。

在唐朝景教研究中，中国学术界研讨较多的问题包括如下一些方面：其一，关于“景教”之名的来历及对景教性质的界定，中国学者在此特别注意到“景”字所具有的中国文字及文化特色，以及由“景”字汉译古代基督教聂斯脱利派所展示的其受到波斯宗教之影响，尤其是古代波斯宗教关于“光明”“火”“日光”的体认。其二，关于景教碑出土的年代和地点，其出土年代说法为五，即明万历年间（1573—1620 年）说，明崇祯年间（1628—1644 年）说，明天启三年（1623 年）说，明天启五年（1625 年）说，明天启三年至五年说，这最后一种说法被大部分学者所认可；其出土地点说法为三，即长安说、盩厔说、长安与盩厔之间说，由此亦引起人们对大秦寺遗址的探究及对其真伪之辨析。其三，关于景教碑真伪的讨论以及对其性质的认定，如谁人所立、为何而立、立于何处等。其四，关于景教传播所涉及的国家、民族、人种等问题，如景教士身份有来自叙利亚的景教士，有“源出中亚昭武九性的胡裔景士”，以及在汉族、少数民族、粟特移民中的传播等。其五，关于景教文献的研究，除了对大秦景教碑文的辨析、确认之外，还有对敦煌景教文献真伪、流散情况的探究。其六，对景教考古发现的注目，其中洛阳景教经幢的出土为其亮点；其研究者评价说，“2006 年洛阳景教经幢重现人间，无疑是一件具有重大意义的事件。有人说它是基督教东传史上最重大的发现之一，有人说它是近年来世界级的文化发现之一，还有人说它是洛阳丝绸之路起点最宝贵的力证。……洛阳景教经幢的出现确实为学术界提供了新的材料，有益于对唐代景教、丝绸之路、粟特移民、洛阳墓葬、宗教艺术以及社会诸问题进行专题研究，对千年以前景教在中国传播的研究是一次极为重要的推动。”①其七，对于景教兴衰及其在中国社会文化影响的分析，认为景教实际上已代表了基督教在华本色化的最初尝试，但由于其在融入佛道中过早失去了“自我意识”，没有凸显其主体性而不被中国人所特别关注，并最终导致其作为佛教宗派遭禁而消失。

元朝景教研究则与元朝也里可温教的研究同构一体，共同展开。这一领域的当代成果可以追溯到陈垣 1918 年发表的《元也里可温考》，此后译著颇丰，专著不多，一般为综述性、通史类著作相关章节的叙述，如罗香林的《唐元二代之景教》（1966 年）、江文汉的《中国古代基督教及开封犹太人》（1982 年）、罗光的《教廷与中国使节史》、顾卫民的《中国与罗马教廷关系史略》中所载。在近十年来，这一研究取得一些重要突破，其代表性成果包括牛汝极于 2008 年出版的专著《十字莲花：中国元代叙利亚文景教碑铭文献研究》等。

元朝也里可温研究的范围要大于唐朝景教所涉，因为“也里可温”既包括唐以来延续的景教，也包括元朝时新传入的天主教。这一研究涉及以下重点问题：一是关于“也里可温”名称的真实意义问题；传统上一般倾向认为“也里可温”为蒙古语“有福缘之人”的音译，但这一说法并非学界共识，其分歧较为明显地表现在陈垣、张星烺和朱谦之等人的论述上。陈垣认为“也里可温”应作“有福分”“有缘人”之解，而且同

① 葛承雍主编：《景教遗珍——洛阳新出唐代景教经幢研究》，文物出版社 2009 年版，第 1 页。

一发音还有不同的“伊噜勒昆”之汉语拼写。张星烺坚持“也里可温”实乃唐景教碑上“阿罗诃”之转音，故为“上帝教”“信奉上帝之人”的蕴涵。而朱谦之则指出“也里可温”还可解释为基督教教士、司铎、修士的尊称，有宗教“长老”之义。此外，牛汝极综合国外学者的研究而说明“也里可温”本为突厥语和蒙古语的发音，但均源自希腊文，原为“领袖”“教主”“上帝”等词义，“该词在中亚和蒙元时代专指‘基督教’”。[①]二是关于元朝景教的分布情况；在元朝早期景教主要分布在边疆地区，如蒙古和中亚突厥部族的克烈、乃蛮、汪古等族。蒙古人入主中原后景教先是在元大都及周边地区活动，形成一定规模的发展；今天北京房山地区景教遗址的考证、发掘使这段历史依稀可辨。而在元朝鼎盛时期，景教也在江南获得发展，“景教七寺”的文献和相关考古发现则为其明证。三是关于元朝天主教首次传入的问题；尤其是天主教各修会沿着古代丝绸之路的东传史和西方“使者”的东行探险及其留下的“游记”等记载，如马可·波罗、柏朗嘉宾、鄂多立克、鲁布鲁克等人；最后以方济各会的成功传入和孟德高维诺在元都汗八里建堂立教而形成了“也里可温”的另一部分重要内容。其涉及的问题包括中西交通和文化交流，天主教在华成立总主教区和在南方泉州（“刺桐”）等地的发展，以及元代景教与天主教的矛盾冲突等。四是关于元朝叙利亚文景教碑铭等文献的研究；对此，牛汝极在其新著中指出：“中国发现的叙利亚文景教碑铭的文字属景教体字母，其记录的语言是中世纪叙利亚语和回鹘语。大部分铭文都是叙利亚语—回鹘语双语性质的。这些铭文中的叙利亚文和叙利亚语及回鹘语与中亚七河流域发现的叙利亚文景教徒墓碑大致相同。”“关于墓碑的族属，我们认为应为元代的畏吾儿、回鹘后裔汪古或其他突厥语部族如乃蛮等，其中多数为畏吾儿，这也包括泉州发现的墓碑。”“这一批叙利亚文景教徒墓碑的发现和解读对也里可温在中国元代的传播和发展具有极高的史料价值和学术意义，为基督教在中国北方少数民族，尤其是操突厥语部族传播的研究提供了弥足珍贵的第一手资料。此外，这批碑铭文物

① 牛汝极：《十字莲花，中国元代叙利亚文景教碑铭文献研究》，上海古籍出版社 2008 年版，第 2 页。

是我国珍贵的文化遗产，对其进行抢救、整理并尽快研究，不仅对学科建设和文物保护有积极促进作用，对当地的文化旅游资源开发也有现实意义。”[①]从总体来看，对元朝也里可温的研究仍很薄弱，近些年来中国学术界在这一领域已有所加强，发现了一些新的研究热点。

三 明清天主教研究及中国东正教研究

天主教于明末清初重新大规模传入，东正教也自清朝传入中国。这些研究在中国基督教历史研究中占有很大的比重，也是中国学术界取得较多成果的领域。大体而言，这一历史时期的研究涉及许多重要问题，如天主教与中西政治、文化交流及冲突，以“中国礼仪之争”为重点；来华传教士的评价，以利玛窦为重点，其他被关注的重要人物还包括汤若望、南怀仁、卫匡国、艾儒略等；中国天主教人物研究，集中在徐光启、李之藻、杨廷筠、王徵等人；天主教与中国宗教文化关系研究，尤其是天主教与儒教、佛教的关系；以及明清天主教文献史料整理研究等。而对东正教的研究则相对滞后，相关专论不多，但在史料整理和相关历史研究上也取得了一些进展。

关于明末天主教的传入，中国学术界关注的是其传入的时机、意图，传播的方法、策略，以及中国社会对其排拒和吸纳的历史背景与社会状况。对此，中国学术界在认知上显然存在一定分歧。一种观点认为，明末中国国力强大，西方资产阶级虽然处于上升阶段，但对远东的影响因时空之限而鞭长莫及，所以来华天主教传教士基本上是抱着一种“平等”交流的态度，故而并未形成政治上的张力和彼此对抗的张势。但另一种观点则指出，天主教明末来华这一“史实”看似清楚却实在并不简单，因为当时西方处于所谓对外“发现”“探险”的“大航海时期”，欧洲天主教受到宗教改革运动的重创而决心“在欧洲所失、在海外夺回”，这种传播实质上已具有海外“殖民扩张”的政治背景及相应意图，其在美洲的“征服”、扩展和对“新发现”区域的争夺、控制已经充分说明了这一点；

① 牛汝极：《十字莲花，中国元代叙利亚文景教碑铭文献研究》，上海古籍出版社 2008 年版，第 4—6 页。

不过，16 世纪下半叶的明朝中国仍很强大，其严厉的“海禁”亦使西方势力无机可乘，加之耶稣会传教士在日本的经历和受挫、碰壁的教训，也使得这些传教士在中国必须小心行事；从这一意义上讲，天主教传教士在明末采取的“适应”中国策略乃是被迫的、别无选择的，但并不代表其主观意图。对此，中国学者最近在西班牙等地亦有新的档案等史料发现。据说西班牙在海外扩张的计划中也包括对中国等远东地区的“武力”解决方案，而其下属的天主教传教士则被安排有翻译、向导的用场，如利玛窦等精通汉语的传教士正是其理想的翻译人选；只是 1588 年西班牙无敌舰队被英军打败，其远征东方的计划才不得不放弃，因为当时不再有实力与中国抗衡，然而西方刚刚崛起的资本主义国家对中国的觊觎也仅仅才开始。而中国方面对这种企图亦有所警惕和防范，明清两朝对欧洲人在澳门的集结和屯兵之举都非常敏感和关注。一些西方传教士依赖西方政治和宗教权威对中国政治、文化的无视、无知和傲慢，对所谓西方“规矩”的坚持和强求，也令一些中国官员、知识分子及百姓颇为反感。因此，这一时期并非纯然平等的文化交流，其政治、文化、思想的矛盾冲突已端倪渐显。不过，由于客观条件的限制，西方天主教明末来华在事实上仍以“文化适应”为主；尽管这是一种“被适应”，却为其“打开”中国的大门创造了条件。在这一研究中，中国学者的视域一是关注天主教“远东开教”的实践，对与之相关的印度果阿和日本天主教传播史都有系统研究，尤其对天主教“远东开教”的“先驱”方济各·沙勿略有较深入的探讨；二是关注澳门的独特地位及其社会文化现象，因为澳门自 1553 年之后形成其特殊地位以来，澳门发展史就与基督教在华传播史密不可分，澳门文化有着浓厚的天主教文化色彩，并且在与中国内地社会接触过程中逐渐形成其中西合璧的文化特色，而澳门天主教所创办的圣保禄学院也被人为“拔高”地评价为“远东第一所大学”。这样，在中国学者的倡导下和积极努力下，一种时空特色明显的“澳门学”正在形成，并为国际学术界所重视。

对来华天主教传教士的研究以利玛窦为主。尽管利玛窦迄今在中西双方都仍然是颇有争议的人物，但中国学术界对于其“适应中国”的策略和由此在华取得的成功多持肯定态度和积极评价。当然，这一认知有着明显的发展变化，人们不只是针对利玛窦，而是对以他为代表的整个在华耶稣会士群体有着整体的评价。必须指出，从1949年至1978年，中国内地学术界对来华耶稣会士及其传教活动基本上持否定态度，认为他们反映出“基督教的殖民制度”之背景。不过，朱谦之等人也曾不顾被人批评而坚持认为对传教士带来的先进科学和思想文化及其当时对中国需要之满足不能简单否定。对此，也有人强调明清传教士带入的西方科技并非当时欧洲“最先进”的成果，其在欧洲已显陈旧和落后。而相应的反驳意见则指出应遵守历史客观事实，不能强求来华传教士带来当时在西方都尚未被“认可”和得以普及的最新科技成果，传教士所引入的西方科技及其方法和理论体系已让中国明清的知识界耳目一新、大为震惊，故而有着积极的文化交流效果。自1978年以来，随着中国对外开放、中西关系改善，中国学术界对明清来华传教士的评价逐渐趋于积极，客观和肯定的论述明显增多。在这类评述中，不少学者认为，虽然不能否认耶稣会等西方传教修会与当时西方国家海外殖民侵略的复杂关联，明末清初来华的传教士实质上却并没有起到对中国殖民侵略的作用，而客观上则促进了中西科学文化、思想、信仰的交流，这与清朝后期“鸦片战争”以来的传教性质乃明显不同的，不可简单地相提并论，因此，人们对“礼仪之争”之前的明清来华传教士研究更多集中在“西学东渐”“东学西传”的意义上。林金水在论及利玛窦等来华传教士对中国社会所带来的重要变化时指出了如下几点：“1. 对当时士人谈玄蹈空的习风以很大的冲击；2. 议、学、传、用西法的经世致用的风气，开始在一些士大夫中出现；3. 在西学的影响、刺激下，中国学者开始整理、发掘湮没已久的中国古代科技遗产；4. 随着西方某些先进的科学技术和‘奇器’的输入，出现了议办‘洋务’的端倪。”①这种客观、冷静的评价，亦出现在对汤若望、南怀仁、卫匡国、艾儒略等著名传教士的研究上。

在研究明清间中国天主教著名人物上，最受关注的则是对徐光启的研究。这种探究早在20世纪60年代就已开展，但多集中在徐光启作为科学家的身份定位上。而自1978年以来，对徐光启的分析探究遂更为全面、

① 林金水：《利玛窦与中国》，中国社会科学出版社1996年版，第282页。

系统和开放。与来华传教士利玛窦相对应，中国明代知识分子的典型代表则为徐光启，在中西思想文化及信仰交流、沟通上故有“利徐”并称之说，近代中国科技思想和经世致用之学的发展按梁启超之言乃“受利徐诸人的影响不小”。徐光启对外的开放态度和学习先进文化的进取精神，使他能够高瞻远瞩，超越其所属时代。为此，不少学者对他评价颇高，视他为近代以来“中西文化会通第一人”“中西文化交流第一人”；如李天纲、江晓原认为，“1600 年的中国，徐光启才是真正的‘睁眼看世界的第一人’。徐光启身体力行，与利玛窦等欧洲学者如切如磋，融合会通，更确切地说，他是‘中西文化交流第一人’”。朱维铮也指出，“晚明的西学，涵泳着文艺复兴以后欧洲的神哲学、伦理学、数学、天文学、地理学、美学和工艺学等”，而“徐光启在明崇祯六年（1633 年）去世以前，已成为晚明的西学领袖”。[①]中国学术界对于作为早期中国天主教会“三大柱石”的其他两位名士李之藻和杨廷筠也有相应的研究，其中对李之藻的研究较为偏重其合作译书和编纂出版《天学初函》之举，其才气和学识被陈垣评价为“博学多通，时辈罕有其匹”。而对杨廷筠的研究则更多注意他所展开的中西宗教对话，特别是耶儒对话，认为他在强调天主教与儒家“脉脉同符”之际亦有着对佛教相应的存异之论，故而实为一种特殊处境中的三教对话。

搜集、整理明清天主教文献、史料，是中国学术界这一研究领域中所特别关注的。这方面的文献浩如烟海，且分散在海内外多处，包括耶稣会档案、书信，梵蒂冈文献，北图等藏北堂天主教文献，中国礼仪之争中西文文献、天主教著译以及中国天主教徒的相关文字记载等。在近四十年的研究进程中，上述文献的搜集、整理和研究取得突破性进展，不仅系统出版了国内所搜集到的相关文献，翻译出版了耶稣会书信、著述等西文史料，而且还在罗马、梵蒂冈、里斯本、马德里、巴黎、北美等地以复印、收藏缩微胶卷等形式获得了境外档案馆、图书馆所保存的珍贵史料。基于新发现的相关补充文献，中国学术界对早期耶稣会入华传教、中国礼仪之

---

① 参见宋浩杰主编《中西文化会通第一人——徐光启学术研讨会论文集》，上海古籍出版社 2006 年版，“综述”第 17 页、第 1 页。

争等问题的研究都获得了新突破、新成果。

中国东正教研究以俄罗斯正教在华传播史为主，并密切结合了中俄政治、经济、文化、宗教关系的研究。其重点包括对俄国使华使节团的研究，对东正教在东北、北京、天津、上海等地发展的研究，对东北、内蒙古、新疆等地东正教现状的研究，以及对阿尔巴津人发展演变历史的研究及其人类学意义上的田野调查。但整体观之，其研究在中国基督教史的研究中比例不大，成果不多。

对明清基督教的研究自然也带动了对海外汉学研究的重视和深化。其实，海外汉学的奠立关键在于传教士汉学的形成与发展。这种研究正好能弥补以往对“东学西传”研究之不足。中国学者指出，“传教士汉学”实际上乃最早表现出“汉学”作为一门专有学问的深入性、专业性和系统性，其特点一方面在于它以西方语言来翻译、介绍、研究中国思想文化经典，从而在西方学术界开辟了一块全新领域；另一方面还在于西方学者尝试用汉语来翻译西方经典，写作表达自己的比较研究心得及体会。在宗教思想意义上，这种汉语著述也被看作“汉语神学”的早期成果结晶。西方学术史上一般以利玛窦为西方汉学的奠基人，但一些中国学者则认为西方汉学真正的“第一人”应为最早带着利玛窦到肇庆的罗明坚，因为罗明坚更早就已尝试编纂中外词典、写作中文著作、西译中国经典，他用汉语写成的《天主圣教实录》被视为天主教在华出版的第一部著作，而且也是西方人最早用汉语写成的天主教教义纲要。只是因为罗明坚在华传教仅有五年就被派回欧洲述职，于 1588 年离开中国后而不再返回，故其影响才远远逊于利玛窦。

四 清末、民国时期的基督教研究

清末、民国时期是中国社会发生剧变的时期，基督教则因“鸦片战争”后“不平等条约”的签订及其“保教权”条款而重新全面进入中国，从而卷入了与中国社会政治、文化的矛盾冲突。所以，对这一时期的基督教研究也颇为复杂，学术界观点不同、见解不一，但也因此形成“百家争鸣”的学术兴盛景观。从清末到民国时期，中国历史经历了从近代到现代的转型发展，基督教在这一过程中也有着复杂变化。在此，中国近代基督教指19世纪初，特别是1840年“鸦片战争”以来至1911年辛亥革命推翻封建王朝这一时期基督教在华的存在及发展；而中国现代基督教则泛指从1911年至1978年即20世纪主要时期的基督教在华的存在与发展，其中1911年至1949年为民国时期，但其政治文化自20世纪50年代以来仍在台湾地区发展延续，故与基督教在华的现代发展密不可分；而1949年至1978年这近三十年的时期则主要为中华人民共和国时期基督教在中国内地的生存及演变，因此与1949年之前有着对照鲜明、差别颇大的时代及地域特色。对清末、民国时期基督教研究所涉及的范围较广、问题较多，如对第一位到中国内地传教的新教传教士马礼逊的研究，以及与之相关联的欧美新教早期来华传教士研究，包括对马礼逊之前来中国台湾地区传教的欧洲新教传教士研究；对“解禁”之后天主教重新入华传教的研究；与此相联系，中国学术界还重点研究了“不平等条约”与基督教入华传教的关系、各种反对“洋教”的“教案”研究，以及基督教与中国近现代政治关系的研究；从中国本土发展来看，则有对拜上帝会及太平天国运动的研究，对中国教会大学史及在华教会教育史的研究，对传教士“适应”中国文化和“耶儒对话”的研究，对教会社会事业、慈善医疗、新闻出版的研究，对中国基督教思想家及其理论著述的研究，以及对基督教“本土化”“中国化”和“三自爱国运动”的研究等。而对1949年以后中国基督教的研究则已超出其历史范围，相应的引申研究乃明显侧重于中国教会的“三自爱国运动”及其对中国现代社会的适应和由此带来的自身革新发展。

清末基督新教传入中国的研究以首位来华新教传教士马礼逊为重点。由于他在19世纪初入华，“鸦片战争”之前就已去世，因而关涉他的社会政治及文化意义评价则颇为复杂。有学者认为马礼逊因就职于英属东印度公司，所以至少是间接卷入了西方国家对中国的鸦片商贸活动，在近代帝国主义侵华史中仍脱不了干系。但也有学者指出，马礼逊来华传教活动应与“鸦片战争”后受“不平等条约”保护下的基督教传教有性质上的区别，不可简单将之归为“帝国主义文化侵略”的范围。马礼逊来华标志着基督教第四次入华传教的开端，也是新教首次传入中国内地。本来，马礼逊的传教立意和与中国社会文化接触的方式选择应会代表基督教在华的一种新开端、新探索，因为自“中国礼仪之争”以后明清以天主教来华传教士为媒体的中西文化交流已基本中断，而马礼逊主动接触中国文化、研习中国语言已表示出其重新寻求对话、沟通的新姿态。不过，历史的发展并没有沿着这一方向行进，而恰恰走向了相反之途，故而使人们对基督教第四次入华传教批评最多、评价最低。所以，基于这段历史及其戏剧性嬗变，我们今天仍然可以通过审视马礼逊的来华经历而为中西文化交流与对话这一艰巨任务总结过去、展望未来。以研究马礼逊为基准，对清末、民国时期来华传教士的评价都基本上有着政治的审视、历史的反思。

对新教来华传教士的评价始于马礼逊，结束于司徒雷登。近四十年来，对司徒雷登的研究明显增加，成果甚丰。司徒雷登“籍贯浙江，生长杭州，祖墓在西湖”，出生于中国，受教育于美国，重返中国后历任新教传教士、南京金陵神学院教授、燕京大学校长、美国驻华大使，结果成为美国当时“扶蒋反共”政策的执行者和人物象征，也给人们留下了基督教在华政治的负面形象。其实，中国学术界的最新研究也论及司徒雷登在南京解放后并没有离开南京，而是通过黄华准备北上面见毛泽东和周恩来，有着与新中国合作的意向，只是因为美国政府的反对才不得不放弃这一努力、离华返美；毛主席为此写了《别了，司徒雷登》一文，给这段历史画上了句号。司徒雷登回美后也被边缘化，且受到审查，幸亏得到中国人傅泾波一家的照顾才得以安度晚年。2005 年，杭州司徒雷登故居以纪念馆方式开放；2008 年 11 月 17 日，司徒雷登的骨灰从美国运来安放在杭州半山安贤陵园文星园，也算是一种“魂归故里”“落叶归根”吧。从这一意义上讲，中国学术界对司徒雷登的评价已更为客观、全面，对其在华历史和政治、宗教作用也有一种综合性评价。

在评价清末、民国时期来华传教士上，中国学术界仍有争议的问题一是基督教近现代在华传播与帝国主义侵华的关系问题，二是在此阶段基督教在中西文化碰撞与交流中所扮演的角色问题，三是传教士和教会在华政治及宗教定位问题，四是中国基督教会的“本色化”及其政治、文化意义问题。一般而言，中国学者会从政治、文化的不同层面做出不同的评价。在政治层面，一般认为这些传教士处于西方列强侵华的时代背景中，他们中不少人自觉或不自觉地卷入了这一过程，但不能简单地认为所有传教士都是“帝国主义分子”，因为其中的确有一些人也为中国现代发展、社会改善与进步做出了贡献和牺牲；基督教虽有这些政治关联却毕竟是宗教而不是政治，对帝国主义、殖民主义侵华时代的否定并不必然带来对基督教本身的否认。在文化层面，则有不少传教士积极介绍、引进了西方先进科学技术、理论方法和西方各民族博大精深的思想文化，并将中国悠久的思想文化及其经典译介传布到西方，因此，他们中许多人是中西思想文化交流的使者，起过积极的作用。从这一文化交流层面，中国学术界对译介颇丰、影响广远的理雅各、傅兰雅、尉礼贤等传教士的研究则较多，相关评价亦较为积极、正面。

在对中国基督教领袖人物的研究上，其焦点则集中在民国时期，尤其是对赵紫宸、吴雷川、王治心、谢扶雅等人多有涉及。而对中国天主教著名人物之探则以马相伯、徐宗泽、吴经熊等人为主。有学者认为 20 世纪初中国新教人士对待现实社会的态度可分为三种基本模式，包括“基要主义的模式”“激进自由主义的模式”和“温和自由主义的模式”，这三种模式都曾对 20 世纪初中国基督教会的发展产生过深刻影响。在对中国基督教思想家的研究中，最受人关注的应该是赵紫宸。不少学者指出，在中国现代基督教历史上，积极沟通中西思想文化且取得卓著成果的应首推赵紫宸，他的人品和思想有三大特色，一是学贯中西、沟通中西，二是爱国爱教、执著本色，三是神学造诣颇深，而且在形成其中国特色时匠心独到、多有心得。随着《赵紫宸文集》的陆续出版，这一研究将会更加深入。近些年来，对吴雷川、王治心、韦卓民、谢扶雅的研究也出现新的突破。而在对天主教著名人物马相伯的研究中，则有学者强调马相伯属于清末以西学为背景而出现的改革家中最早的一批，其西学基于耶稣会的神学教育传统，并秉承了耶稣会沟通中西的志向，因而使他在中国近代社会变迁中得以脱颖而出。马相伯曾涉足政治、宗教和教育这三个领域，而且都产生过积极影响：在政治上他有“爱国老人”之称，在宗教上主张“以华言言教理”、倡导“学术传教”，而在教育上则先后创办了上海震旦大学、复旦大学，并协办北平辅仁大学，甚至最早提出了建立“函夏考文苑”这种中国式科学院的设想。对徐宗泽的研究侧重于其在天主教史料、文献整理上的成就，而对吴经熊的研究则涉及政治、文学、神学和灵修等领域。

关于基督教在中国社会被吸纳或遭排拒以及出现种种流变的研究，则主要体现在“教案”研究、“太平天国运动”研究和“非基督教运动”研究这三个方面，而且都达到相当的深度。“教案”研究以相关史料整理为主，辅以必要的翻译，然后有不少个案研究和整体的把握。对“教案”发生的原因、发展的过程以及其后果影响的评价，反映出学者们的不同立场和态度。虽有少数学者指出“教案”中也有中国民众盲目排外的因素或误解，甚至从同情教会的角度称有些“教案”为“教难”，但多数学者都是从中国人民反抗帝国主义、抵制政治及文化侵略这一立场来分析、研究和评价“教案”。在相关教案研究中，义和团的研究最为突出，成果也最多。“太平天国运动”的研究显然会触及受基督教传教影响而形成的“拜上帝会”或“拜上帝教”问题。“太平天国运动”是中国近代史研究中的重要内容，其中离不开宗教的因素；在此，对于基督教的“正传”或“异化”、基督教与中国农民运动的关联以及基督教与中国民间宗教的混合等问题，都吸引了学界的注意。“太平天国运动”包含着中国民间宗教的内容及性质，却朝着反对中国主流文化的方向发展；基督教的正统派被中国社会所广为排斥，而其“异端”或“流俗”形式却在中国基层、民间颇受欢迎，大有影响；这些现象引起了中国学术界的极大兴趣，并导致了各种解释和评说。“非基督教运动”则从政治抗争深化到文化冲突，这在20世纪初中国兴起“新文化运动”时颇引人注目。为此，中国学者对这一运动及其文化蕴涵有着种种反思，并进而引发对“新文化运动”之政治性、社会性和文化性的深入研讨和敏锐分析。在一定意义上，“非基督教运动”与“新文化运动”的关系和关联已在很大程度上影响到现代中国文化的发展走向，及其对待宗教的态度；可以说，“非宗教运动”与“非基督教运动”如影随形，共同影响着现代中国社会知识精英和普通民众对宗教的看法，特别是对基督教的警惕及防范。

应该说，在对中国教会大学史的研究中，以积极、肯定的评价为主流，尽管也有一些学者从“文化侵略”“奴化教育”的角度来理解或批评。教会学校的研究已与中国近现代教育发展密切结合起来，学者们认识到教会学校及其新型教育模式对中国传统教育体制的冲击和扬弃，从而对教会学校的办学理念、课程设置、师资构成、学生群体以及社会反响等都展开了系统研究。教会大学研究领域的资深学者章开沅指出，应该将教会大学作为主体的教育功能与日益疏离的宗教功能及政治功能相区分，将作为教育机构的教会大学与西方殖民主义本身相区别，客观评价其宗教、政治和教育功能，以及这些功能在不同历史时期、不同发展阶段的变化，由此才能恰当、准确地评价教会大学及其社会作用。从总体来看，多数学者认为教会大学的创办虽与西方列强文化侵略有着复杂关联，却在其实践中客观上促成了我国传统教育制度的转变和转型，顺应了当时中国社会维新变法、思想进步和教育革新的需要。此外，学者们也从教会大学相对“开放”的办学中看到宗教院校本身亦有不同的性质和格局，其培养出的学生在社会行业、发展上会有着较大的扩散性、多样性和实用性。这样，中国学术界进而对宗教与教育的关系、宗教教育的功能和作用等也开展了相关的比较研究。

五　中国当代基督教研究

中国当代基督教研究主要涉及中国教会自身发展和“神学建设”及“神学理解”这两大方面。在中国教会自身发展方面，以研究20世纪50年代以来的基督教“三自爱国运动”和天主教爱国运动及自选自圣神职人员的发展为主。对于“三自爱国运动”的研究，自然也包括对其主要发起人、中国基督教会领袖吴耀宗等人的研究。一般认为，从“三自爱国运动”开始的中国教会自立、本土化发展已取得重大突破，形成过去七十年来中国教会的全新发展和基本模式。不过，也有学者指出“三自爱国运动”在社会政治的“适应”上比较成功，而在宗教、文化意义的“适应”上却尚待努力，仍面临重重困难。这种政治适应的侧重使教会本身多少出现了一些嬗变，而其宗教色彩的淡化也对当前宗教呈现的多元发展有着一定影响。可以说，中国“三自爱国”教会在一定程度上已经融入了当代中国的政治形态，但其真正融入中国社会、有机结合中国文化的任务还远远没有完成。因此，基督教在中国尚未真正成为“中国基督教”，其与中国社会文化的相遇仍是“没有结束的相遇”。在当代中国改革开放的社会处境中，中国学术界更加关注“全球化”时代的中国基督教发展演变，除了继续观察研究“三自爱国”传统的基督教主流教会之外，也特别注意到新出现的“家庭教会”现象，并对之有着相应的观察描述和田野调查。

在中国教会的“神学建设”方面，学术界特别关注教会领袖丁光训的神学思想发展。不少学者认为他所倡导的“中国神学”建设与西方神学的“思辨”“抽象”迥异，明显有着“伦理”及“社会”侧重，因此在朝着具有“伦理神学”或“道德神学”特征的“实践神学”方向发展，甚至在某种程度上体现出“政治神学”的意向。当然，也有学者指出，在改革开放以来的中国当代社会处境中，方兴未艾的“神学建设”首先会更多体现“政治神学”“社会神学”“伦理神学”的特点，如丁光训神学的基调“上帝是爱”，所要追求和突出的正是“爱的神学”，以基督教传统中大爱无疆的“博爱”来适应中国社会，形成“爱”的和谐。以“爱的神学”为主旋律，中国学术界还对当代中国教会神学的其他重要代表如陈泽民、汪维藩的神学思想有所探讨。这里，人们将陈泽民视为当代中国教会“本色化”“中国化”的积极倡导者和实践者，认为他既有理论建树亦在身体力行。陈泽民在长达半个多世纪的探索中形成了其“本色神学”的特点，这就是以解决中国教会在社会适应中的现实问题为旨归；为此他强调“实际先于理论，见证重于玄想”，积极在“求索”中做“见证”，立足于探求新的教会生活，以此为目的来解决相关的神学问题。此外，中国学者对汪维藩的“生生神学”也产生了浓厚兴趣，并从中看出《周易》中的“生生”理念乃是其得以构建这一思想体系的灵魂和创意。汪维藩注意到基督教信仰与中国古典思想的结合，因此其以一种“协和的神学”构建来争取“出新意于法度之中”。当代中国教会神学家的理论努力不离中国社会现实处境，因而被中国学者称为“处境化的智慧”。

在中国教会神学之外，在过去四十年中悄然出现了一种“汉语神学”，但学界对之评价分歧较大。其与此前的“中国神学”“华人神学”的不同，就在于对“汉语”作为神学探究之语言的强调，而不再突出“华人”或“中国”的身份认同。不过，“汉语”在此是否作为“母语”，人们的认识尚存有分歧，因为一些海外学者甚至包括外国学者并不以汉语为“母语”，却仍用汉语来写作神学论著，参与汉语神学的构建。对于

“汉语神学”现象的出现，中国学术界高度重视，并有着密切观察和研究。由于“汉语神学”的参与者大多为中国内地学者，主要在高校和研究机构工作，加之其中有少数人本身也体现出了基督教认信的态度，因而也使“汉语神学”被人争议，甚至引起了“宗教”“神学”进入国家高等院校和研究机构的批评。实际上，这种批评中的“宗教”“神学”包含着两层意思，一是作为“信仰”的宗教及其“认信神学”，这在客观、科学、学术研究的场所显然有其不合适性；尽管研究者本人作为国家公民有其“信教自由”，但在科学研究上仍需“悬置”其信仰，不能用其“信仰”作为研究前提或指导思想。二是对“宗教学”和“神学研究”的误解，这种科学、客观、学术的宗教学和神学研究进入国家高等院校和研究机构不仅重要，而且必要、必须。不了解、不研究宗教及其神学，则会失去对宗教问题的话语权，处于盲目、无知的状况，这对于我们今天党和国家的宗教工作之开展、宗教理论及政策之制定显然是不利的。所以，不能简单、随意地说高等院校和研究机构从事宗教研究就是“宗教神学进入国家教育系统和科研机构”之“问题”。不可否认，基督教的确有在高等学校传教现象，而“汉语神学”也有着介乎“认信基督”和“信仰中立”之间的模糊态度，但这毕竟并非普遍现象，其问题的解决一方面在于强调“宗教不得干预学校教育和社会公共教育”的规定，依法制止在高校的非法传教活动，另一方面则应促使高校中的“汉语神学”从“信仰神学”转向“人文神学”，即保持“信仰中立”或“悬置信仰”的基督教学术研究态度。在此，神学研究与神学批判是相关联的。其实，中国学术界也不乏对“汉语神学”中“信仰”立意的批评，强调在宗教信仰中可以保持认信神学的因素，而在学术研究领域则必须树立科学、客观、“中止”信仰的学术原则和标准。

至于对“神学”表述的理解和运用，中国学术界也有着“百花齐放”的争鸣、商讨。诚然，在中国传统认识上曾把“神学”视为一种信仰理论，即认为是宗教的“专利”，尤其是基督教的专利。然而在推动“汉语神学”的学术转换中，有学者从“学术神学”“学问神学”的意义上重新追溯了“神学”之词的来源、本义及其在宗教中被运用的历史，从而在探讨以“神学”问题意识来构建客观、系统研究之学科体系的可能性及其合理性，即针对“汉语神学”所带来的问题而使“神学”在研究领域真正“学术化”“非信仰化”。这种研究探明，“神学”并不是“宗教”、更不是“基督教”的“专利”，而最初是源自古希腊哲学家柏拉图的“哲学术语”，其原义指对“神”的“言述”或“逻辑表达”；就其词源来说，“神学”实际上指人们“关于神的言述”或“关于神的理性言说”，即一门关于“神”的“学问”。从这一意义上来看，“有神论”和“无神论”都是关于“神”的“理论”或“学问”，即原初意义上的“神学”，指一门研究“神”之本质的“学问”；对“神”的学究、理论并不必然以信仰或“信神”为前提或基础。至于基督教对于“神学”的态度和应用，也是经历了漫长而复杂的演变。基督教最初乃对“神学”一词敬而远之，并不轻易使用，更不将之作为自己理论体系之名。只是到了 12 世纪，也就是“神学”一词发明将近一千五百年之后才被中世纪经院哲学家阿伯拉尔所使用，将之作为“对全部基督教义作逻辑性及辩证式的探讨”，此后逐渐被基督教会所接受，并运用为自己信仰理论之名。基于这一分析，一些学者认为没有必要对“神学”做僵死、封闭、固定不变之解，而应该有着辩证、客观、开放、历史性研究、分析和应用的空间。因此，没有必要谈“神”色变。更不必将“神学”仅仅理解为“信仰之学”。于是，以“学术神学”作为中国学术界以宗教学的立场、观点、方法和成果为基础和条件来专注于对基督教神学基本命题的客观研究，仍然是可以商榷，甚至是可以肯定的。离开对“神”这一根本问题的探究，任何宗教学、无神论探究都是无的放矢，无从谈起。这一学问的基本立意，就是要回归客观、学术、科学的研究，使当代中国基督教研究回到学术正道，因此不必望文生义、随意解读。从这些考虑和讨论中，也充分说明中国当代学术界在基督教研究上已经形成了“开放性”“比较性”“对话性”的发展态势，有着令人乐观的前景。

第五节　2009—2019 年的基督教研究

2009 年以来，基督教历史文献、基督教哲学思想、圣经研究、跨文化比较研究这些基督教传统研究领域仍然是大陆学界基督教研究的重中之重，这些研究为该学科近十年的发展奠定了坚实的基础。同时，随着中国的宗教政策日益强调发挥宗教界在和谐社会及经济社会中的地位与作用，基督教各界在文化与社会中的影响力逐渐凸显，加之前30年基督教在团体数量与信徒人数上的增长这个既成事实被纳入考量，如何将基督教转化成为中国社会文化建设的和谐的、有机的组成部分，成为宗教学界关注的热门话题，宗教生态论视域中的基督宗教、作为整体的中国基督教会建构、基督教中国化等问题相继受到学术界关注，产生了众多代表性的学术著作，这些研究为中国基督教的良性发展趋势及宗教工作的有效开展提供了理论支撑。下面我们分主题将中国大陆近十年来的基督教研究状况加以总结。

一　历史研究

基督教史的研究分为世界史与中国史两大门类。在世界历史研究领域，自中国社会科学院世界宗教研究所王美秀、段琦等人合著的《基督教史》（江苏人民出版社，2006年）出版之后，由中国学者编著的此方面专著在最近几年并不多见。2010年初，由游斌撰写的《基督教史纲》一书补此缺憾，该书隶属北京高等教育精品教材，由北京大学出版社出版，书中以基督教与西方社会文化的关系为主线，简洁明了地勾勒出了基督教的历史脉络。马超群的《基督教二千年》（云南大学出版社，2014年）也为该领域的代表性著作，该书系统地论述了基督教的起源及其两千年的发展演变史，全书分三章，第一章介绍基督教的起源及其早期历史；第二章讲述中世纪的基督教历史；第三章讲述近代基督教史。2012年还再版了中国神学家徐怀启先生的遗著《古代基督教史》（上海人民出版社，2012年）。

值得一提的是，以神学发展作为脉络来梳理基督教的发展，这在中国的学术界并不多见，香港学者林荣洪的《基督教神学发展史》（全三册）（译林出版社，2013年）可谓其中的代表作；这方面的重要著作还包括一些断代史、国别史专题研究，比如林中泽的《早期基督教及其东传》（上海古籍出版社，2011年）、田明的《罗马—拜占廷时代的埃及基督教史研究》（天津人民出版社，2009 年）、朱孝远的《宗教改革与德国近代化的道路》（人民出版社，2011 年）、王加丰的《西欧 16—17 世纪的宗教与政治》（北京师范大学出版集团、安徽大学出版社，2010 年）、刘城的《英国教会史论文集》（首都师范大学出版社，2014 年）、王德硕的《北美的中国基督教史研究述论》（上海人民出版社，2016 年）等著作。在东正教研究方面，徐凤林教授所著的《东正教圣像史》（北京大学出版社，2012 年）一书可谓中国学者研究东正教圣像艺术的首创之作。而《拜占庭史研究入门》（陈志强，北京大学出版社，2012 年）一书亦为中国学界展开对东正教的研究提供了可贵的背景资料。

中国基督教史的研究最近十年持续了之前的研究热度，研究成果最为丰硕，涉及通史、断代史、区域史、史学专题、史料整理等多个领域。其中通史以罗伟虹主编的《中国基督教（新教）史》（上海人民出版社，2014 年）最具代表性，该书对基督教传入中国近 200 年（1807—2002 年）的历史进行系统梳理，按基督教在华传播时中国的时代变迁，分为清末时期（1807—1911 年）、民国时期（1911—1949 年）、社会主义时期（1949—2002 年）进行论述。断代史研究包括殷小平的《元代也里可温考述》（兰州大学出版社，2012 年），唐晓峰的《元代基督教研究》（社会科学文献出版社，2015 年），赵晓阳的《近现代基督教的中国化》（中国社会科学出版社，2015 年），姚伟钧、胡俊修的《基督教与 20 世纪中国社会》（广西师范大学出版社，2014 年），胡建华的《百年禁教始末——清王朝对天主教的优容与厉禁》（中共中央党校出版社，2014 年）等著作。区域发展史是中国基督教史研究的重点区域，近十年来的研究涉及中国境内多个省份及地区，其中包括吴梦麟、熊鹰的《北京地区基督教史迹研究》（文物出版社，2010 年），杨清筠的《北京天主教史》（宗教文化出版社，2009 年），左芙蓉的《基督教与近现代北京社会》（四川出版集团、巴蜀书社，2009 年），李榭熙等人的《圣经与枪炮：基督教与潮州社会（1860～1900）》（社会科学文献出版社，2010 年），胡卫清的《苦难与信仰——近代潮汕基督徒的宗教经验》（生活·读书·新知三联书店，2013 年），孙顺华的《基督教传播与近代青岛社会文化研究》（中国社会科学出版社，2010 年），龚缨晏的《浙江早期基督教史》（杭州出版社，2010

年)，陈伟的《杭州基督教史》、张先清的《17—19世纪福安乡村教会的历史叙事：官府宗族与天主教》(中华书局，2009年)，孟德卫、潘琳的《灵与肉：山东的天主教，1650—1785》(大象出版社，2009年)，黄有福的《东北朝鲜族地区基督教传播史》(中央民族大学出版社，2014年)，郑永旺的《俄罗斯东正教与黑龙江文化》(黑龙江大学出版社有限责任公司，2010年)，邱广军的《基督教与近代中国东北社会》(中国社会科学出版社，2014年)，刘海涛的《河北基督教史》(宗教文化出版社，2016年)，颜小华的《广西基督宗教历史与现状研究》(社会科学文献出版社，2014年)，董延寿的《基督新教在河南的传播与发展研究（1883—1949)》(人民出版社，2014年)，吴宁的《没有终点的到达——美南浸信会在华南地区的传教活动》(宗教文化出版社，2013年)，谭厚锋、林建曾、伍娟的《贵州基督教史》(中央民族大学出版社，2017年）等。

在众多有关中国基督教史的研究主题中，中国基督教的本土化及教育史尤其得到学者们的关注，由赵士林和段琦主编的《基督教在中国：处境化的智慧（上、下册)》(宗教文化出版社，2009年）一书融合了赵紫宸伦理的神学、吴雷川折中的神学、谢扶雅辩证的神学、吴耀宗实践的神学、丁光训博爱的神学、陈泽民和好的神学等诸多处境化神学思想评介，呈现出多元一体的中国基督教处境化神学的面貌。陶飞亚教授所著的《中国的基督教乌托邦研究：以民国时期耶稣家庭为例》(人民出版社，2012年）及左芙蓉的《民国北京宗教社团：文献历史与影响（1912—1949)》(宗教文化出版社，2011年）以区域个案详尽解读了这一处境化进程。在中国基督教教育研究方面，以往的学者更多的是从史的角度加以研究，在2010年问世的《中国基督教教育史论》(该书由广西师范大学出版社出版）一书中，复旦大学的徐以骅教授，史论结合，探讨了教会大学的神学教育、基督教神学教育家、神学教育与中国教会、外国宗派等诸多主题，虽然内容多为论文形式，但详细的史料考订、逻辑严谨的论述，仍使本部著作成为同类论著中之佼佼者。此方面的著述还有章博的《近代中国社会变迁与基督教大学的发展：以华中大学为中心的研究》(华中师范大学出版社，2010年)、肖会平等人的《合作与共进：基督教高等教育合作组织对华活动研究（1922—1951)》(山东教育出版社，2009年)、王树槐的《基督教与清季中国的教育与社会》（广西师范大学出版社，2011 年）、周东华的《民国浙江基督教教育研究》（中国社会科学出版社，2011 年）、陈晶的《上海基督教会学校女子音乐教育研究》（上海音乐学院出版社，2016 年）、谢竹艳的《中国近代基督教大学外籍校长办学活动研究（1892—1947）》（福建教育出版社，2015 年）、张龙平的《国家·教育与宗教——基督教教育会与近代中国》（中国社会科学出版社，2015 年）、戚印平的《澳门圣保禄学院研究——兼谈耶稣会在东方的教育机构》（社会科学文献出版社，2013 年）、孙秀玲的《近代中国基督教大学社会服务研究》（山东人民出版社，2013 年）等。

除教育史研究外，基督教医疗史、社会工作、与不平等条约的关系、边疆服务史也得到学者们的系统研究，最近十年的著述包括李传斌的《条约特权制度下的医疗事业：基督教在华医疗事业研究（1835—1937）》（湖南人民出版社，2010 年）、刘天路的《身体·灵魂·自然：中国基督教与医疗、社会事业研究》（上海人民出版社，2010 年）、左芙蓉的《基督宗教与近现代中国社会工作》（民族出版社，2016 年）、黄海波的《宗教非营利组织的身份建构研究——以（上海）基督教青年会为例》（上海社会科学院出版社，2013 年）、杨天宏的《救赎与自救：中华基督教会边疆服务研究》（生活·读书·新知三联书店，2010 年）、陈建明的《近代基督教在华西地区文字事工研究》（巴蜀书社，2014 年）等。在该领域尚有多部针对特定群体和历史事件的作品，这以康志杰的《基督的新娘——中国天主教贞女研究》（中国社会科学出版社，2013 年）、周伟驰的《太平天国与启示录》（中国社会科学出版社，2013 年）、吕实强的《近代中国知识分子反基督教问题论文集》（广西师范大学出版社，2011 年）为代表。

传教士与差会研究是中国基督教史研究的另一个热门话题，其中，关于在华传教士及差会的研究著作有张铠的《庞迪我与中国》（大象出版社，2009 年）、查时杰的《马礼逊与广州十三夷馆》（广西师范大学出版社，2010 年）、孟德卫、陈怡的《奇异的国度：耶稣会适应政策及汉学的起源》（大象出版社，2010 年）、章开沅的《贝德士文献研究》（广西师范大学出版社，2011 年）、林美玫的《追寻差传足迹：美国圣公会在华差传探析（1835—1920）》（广西师范大学出版社，2011 年）、林美玫的《妇女与差传：19 世纪美国圣公会女传教士在华差传研究》（社会科学文献出版社，2011 年）、黄妙婉的《卫理公会与台湾社会变迁（1953—2008）》（合肥工业大学出版社，2011 年）、《传播学视角中的艾儒略与〈口铎日抄〉研究》（上海古籍出版社，2012 年）、《清代中叶巴黎外方传教会在川活动研究》（学苑出版社，2012 年）、《传教士与中外文化交流：李明中国近事报道研究》（浙江大学出版社，2012 年）、王鹰的《试析艾香德的耶佛对话观——基督教与佛教的相遇和互动》（宗教文化出版社，2015 年）、潘凤娟的《西来孔子艾儒略——更新变化的宗教会遇》（天津教育出版社，2013 年）等。

2017 年度该领域共出版专著 4 部，译著 2 部，分别为伍玉西所著的《明清之际天主教书籍传教研究（1552—1773）》，该书是对明清之际天主教传教士在中国采取的一种称为“书籍传教”的传教新方法的全面研究；薛理勇的《西风落叶：海上教会机构寻踪》，该书比较系统地介绍了上海与天主教和基督教有关的教堂、教会医院和教会学校等机构的分布和变迁的历史，另外，由黄光域主编的《基督教传行中国纪年（1807—1949）》也在本年度出版，该书从 1807 年英国伦敦会传教士马礼逊抵达广州写起，至 1949 年停笔，涉及在华基督教相关人物和团体机构近 19000 个。所收内容包括：（1）各国来华布道的差会——名称、国别、宗派、开教、立会设堂等；（2）历年来华的传教士——姓名、身份、驻在地、调转及相关事工等；（3）教会所办医院、学校、慈善机构、报纸杂志及社会文化团体；（4）相关教案；（5）编者认为应该收录的其他资料。这几部著作具有极其重要的史料价值。

在中国基督教史研究领域，史料辑刊始终是一项基础性工作，近几年，“中国基督宗教史料丛刊”“中国基督宗教重要文献汇编”等丛书陆续问世。张西平、任大援、马西尼主编的《梵蒂冈图书馆藏明清中西文化交流史文献丛刊》（大象出版社，2014 年）、吴小新等主编的《满洲公教月刊（全 6 册）》（广西师范大学出版社，2013 年）、《英敛之集（上、下册）》（广西师范大学出版社，2013 年）、朱维铮、李天纲主编的《徐光启全集》、周岩编校的《明末清初天主教史文献新编（全三册）》（国家图书馆出版社，2013 年）、唐晓峰、王帅主编的《民国时期非基督教运动重要文献汇编》（社会科学文献出版社，2015 年）均具一定学术影响力。

二 基督教哲学思想研究

在基督教哲学思想研究领域，近十年的研究主要集中在基督教思想家思想研究、基督教神学思想研究、基督教与跨文化互动等多个领域。西方基督教思想家思想研究曾一度为大陆学界基督教研究的主体，近十年亦有多部专著问世，其中包括斐洛、奥利金、阿塔那修、奥古斯丁、尼撒的格列高利、埃瓦格里乌斯、波爱修斯、托马斯·阿奎那、马丁·路德、加尔文、茨温利、C. S. 路易斯、克尔凯郭尔、别尔嘉耶夫、弗兰克、科拉科夫斯基、斐奇诺、朋霍费尔、保罗·利科、约翰·纽曼、施莱尔马赫、莱茵霍尔德·尼布尔、布尔特曼、拉纳、蒂利希等神学家或哲学家的思想及相关主题都得到了深入阐释。关于中国基督徒思想家的著述有唐晓峰等人主编的《夜鹰之志："赵紫宸与中西思想交流"学术研讨会文集》（宗教文化出版社，2010 年）、袁益娟的《生生神学：汪维藩神学思想研究》（金城出版社，2010 年）、李韦的《吴雷川的基督教处境化思想研究》（宗教文化出版社，2010 年）、丁锐中的《王徵评传》（宗教文化出版社，2016 年）等，此外，《赵紫宸英文著作集》即《赵紫宸文集》（第 5 卷）由宗教文化出版社在 2009 年 2 月出版。

关于基督教神学和教义、仪式方面的著作主要有张旭的《上帝死了，神学何为？——20 世纪基督教神学基本问题》（中国人民大学出版社，2010 年）、许列民的《沙漠教父的苦修主义：基督教隐修制度起源研究》（世纪出版集团、上海人民出版社，2009 年）、佘碧平的《中世纪文艺复兴时期哲学》（人民出版社，2011 年）、康志杰的《基督教的礼仪》（宗教文化出版社，2011 年）、谢炳国编著的《基督教仪式和礼文》（宗教文化出版社，2013 年）等。同时一些基督教的神学思想议题，比如灵肉观、人性论等都得到深入解读。

从哲学与文化的视角研究基督教问题是自 20 世纪 80 年代以来大陆学界研究基督教的重要路径，最近十年也出版了多部相关著作，包括徐龙飞的《形上之路——基督宗教的哲学建构方法研究》（北京大学出版社，

2013年)、赵林的《基督教与西方文化》(商务印书馆,2013年)、李思凡的《基督教文化概览》(武汉大学出版社,2014年)、孙艳燕的《世俗化与当代英国基督宗教》(社会科学文献出版社,2013年)、张雅平的《东正教与俄罗斯社会》(社会科学文献出版社,2013年)、张龙妹的《东西方文学交流研究——东亚各国对基督宗教文化的接纳》(知识产权出版社,2013年)等。

三 圣经研究

近十年来,圣经研究摆脱了以往研究的颓势,成为基督教研究领域的显学,主题涉及圣经导论、圣经注释、跨文本对读、重要范畴诠释、圣经辞书编写等多个方面,并有多个系列丛书出版,这其中以2011年梁工、卢龙光主编的“圣经文化解读书系”最具代表性。该套丛书由6卷构成,第一卷综述圣经形成的背景、其正典化过程、内部结构、在后世的传播和阐释,及其对后世文化的深远影响;第二卷至第六卷将圣经卷籍分成5种类型依次评述。全书的理论深度和文字风格力求做到雅俗共赏,既从基本常识谈起,又尽量体现西方学术界的最新成就和作者的研究成果,使一般读者和学者都能从中受益,其中包括卢龙光著的《使徒行传和使徒书信解读》、梁工等著《圣经解读》、刘光耀和孙善玲等著的《四福音书解读》、梁工、郭晓霞等著的《诗歌书智慧文学解读》、赵宁著的《先知书启示文学解读》、梁工等著的《律法书叙事著作解读》,该套丛书于2011年由宗教文化出版社出版发行。除以上著作外,下面我们分类将近年来圣经研究的专著罗列如下:(一)导论类。包括王新生的《〈圣经〉精读》(复旦大学出版社,2010年)、杨克勤和赵敦华的《圣经文明导论:希伯来与基督教文化》(宗教文化出版社,2011年)、李福钟的《感悟圣经》(宗教文化出版社,2011年)、陈贻绎的《希伯来语〈圣经〉导论》(北京大学出版社,2011年)、柯君的《圣经的奥秘》(新世界出版社,2011年)、刘洪一的《圣经叙事研究》(商务印书馆,2011年)、张存远的《认识圣经》(世界知识出版社,2011年)、游斌的《希伯来圣经导论》(上海三联书店,2015年)、梁工的《圣经指南》(北方文艺出版社,2013年)。(二)圣经史学类。包括吴涤申的《使徒保罗传》(世界知识出版社，2011 年）、张晓梅的《使徒保罗和他的世界》（社会科学文献出版社，2012 年）、赵敦华的《圣经历史哲学（修订版）》（江苏人民出版社，2016 年）。（三）跨文本阅读类。包括田海华主编的《经典与诠释》（四川人民出版社，2011 年），舒也的《圣经的文化阐释》（江苏人民出版社，2011 年），常俊跃、李文萍、赵永青的《〈圣经〉与文化》（北京大学出版社，2011 年）。（四）重要范畴研究。包括杨克勤的《夏娃大地与上帝》（华东师范大学出版社，2008 年）以及《经宴：罗马书论神意》（宗教文化出版社，2010 年）、陈廷忠的《苦痛与智慧：〈约伯记〉与生命难题》（宗教文化出版社，2010 年）、田海华的《希伯来圣经之十诫研究》（人民出版社，2012 年）、南宫梅芳的《圣经中的女性，创世纪中的文本与潜文本》（社会科学文献出版社，2012 年）、程小娟的《God 的汉译史——争论、接受与启示》（社会科学文献出版社，2013 年）、杨克勤的《圣经人伦——行在光与爱的人性》（宗教文化出版社，2013 年）、李炽昌的《跨文本阅读——〈希伯来圣经〉诠释》（上海三联书店，2015 年）。（五）圣经注释类。在这类著作中，“天道圣经注释”系列是目前第一套集合全球华人圣经学者撰著、出版的全本圣经注释，也是当今汉语世界较为深入详尽的圣经注释本之一。该套丛书包括邝炳钊的《创世记注释（全五卷）》（上海三联书店，2010 年）、钟志邦的《约翰福音注释（上下卷）》（上海三联书店，2010 年）、鲍会园的《罗马书注释（上下卷）》（上海三联书店，2012 年）和《歌罗西书注释》（上海三联书店，2012 年）、黄朱伦的《雅歌注释》（上海三联书店，2013 年）、冯荫坤的《腓立比书注释》（上海三联书店，2013 年）、曾祥新的《士师记注释》（上海三联书店，2014 年）、罗伟的《启示录注疏（上下卷）》（上海三联书店，2015 年）、唐佑之的《约伯记注释（上下卷）》（上海三联书店，2015 年）、梁康民的《雅各书注释 》（上海三联书店，2016 年）、黄浩仪的《腓利门书注释》（上海三联书店，2017 年）等，其他注释类著作包括刘意青、李小鹿的《〈圣经〉故事名篇详注》（中国人民大学出版社，2011 年）、冯象译注的《摩西五经》（生活·读书·新知三联书店，2013 年）以及李勇的《寓意解经：从斐洛到奥利金》（上海三联书店，2014 年）等。

四　经典著作译介

最近十年，大陆学界在有关基督宗教的外文经典译介方面取得了丰硕的成果。内容集中在基督教史、基督教思想、圣经注释与研究、在华传教士以及与此相关的研究，出版了“基督教经典译丛”“基督教文化译丛”“来华基督教传教士传记丛书”“基督教历代名著集成系列”等多套丛书。

（一）基督教史及神学思想研究

2009年，被誉为20世纪英美神学经典之作的美国基督教思想家帕利坎（Jaroslav Pelikan）的五卷本《基督教传统》首卷《基督教传统：大公教的形成》由华东师范大学出版社出版。古巴裔美国教会史权威胡斯都·L. 冈察雷斯的《基督教思想史》（三卷本）一书也在2010年10月由译林出版社公开发行，该书是神学家冈察雷斯多年研究的成果和代表作，也是基督教思想研究的一部权威著作。冈察雷斯的《基督教史（上下卷）》一书也在2016年由上海三联书店出版。此外，玛格丽特·迈尔斯的《道成肉身：基督教思想史》（杨华明、李林译，中央编译出版社，2012年）一书也被译介过来。“基督教文化译丛”系列中多部著作得以再版，比如布鲁斯·L. 雪莱的《基督教会史》（刘平译，上海人民出版社，2012年第三版）、艾利克森的《基督教神学导论》（陈知纲译，上海人民出版社，2012年第二版）等，这方面的著作还包括《教父时期与中世纪神学研究》（中国社会科学出版社，2012年）、约翰·福克斯的《殉道史》（生活·读书·新知三联书店，2011年）、约翰·亨利·纽曼的《论基督教教义的发展》（生活·读书·新知三联书店，2014年）、阿利斯特·麦格拉思的《宗教改革运动思潮》（中国社会科学出版社，2015年）、戴维·D. 霍尔的《改革中的人民：新英格兰清教及公共生活转型》（译林出版社，2016年）、耶格尔的《早期基督教与希腊教化》（上海三联书店，2016年）、马文·韦尔森的《亚伯拉罕：基督教的犹太根源》（中西书局，2013年）、罗伯特·路易斯·威尔肯的《早期基督教思想的精神》（中国社会科学出版社，2017年）等。翻译的神学思想著作包括G. K. 切斯特顿（G. K. Chesterton）的《回到正统》和《异教徒》（生活·读书·新知三联书店，2011年）、英国学者大卫·福特（David F. Ford）著的《基督教神学》（译林出版社，2011 年）、卡斯培著《现代语境中的上帝观念：耶稣基督的上帝》（罗选民译，华东师范大学出版社，2011 年）、科林·布朗的《基督教与西方思想》（上海人民出版社，2016 年）、祁斯特拉姆·恩格尔哈特的《基督教生命伦理学基础》（中国社会科学出版社，2014 年）、戴维·福特的《基督教神学》（译林出版社，2014 年）、小约翰·威特与弗兰克·S. 亚历山大的《基督教与法律》（中国民主法制出版社，2014 年）、葛伦思等著的《二十世纪神学评介》（上海三联书店，2014 年）、詹姆斯·利文斯顿、弗兰西斯·费奥伦查的《现代基督教思想（上下）》（译林出版社，2014 年）、阿尔文·J. 施密特的《基督教对文明的影响》（上海人民出版社，2013 年）、库比特的《神学的奇异回归——基督教在后现代思想中的变迁》（社会科学文献出版社，2013 年）等。

（二）重要神学家著作翻译

由吴飞翻译的奥古斯丁名著《上帝之城：驳异教徒》一书由上海三联书店在 2009 年 1 月出版。2010 年，16 世纪最具影响力的宗教改革家、神学家之一——约翰·加尔文（John Calvin，1509—1564 年）的代表作《基督教要义》有两个译本问世，并分别由生活·读书·新知三联书店（针曜诚等译）和宗教文化出版社（徐庆誉、谢秉德译）出版；此外，生活·读书·新知三联书店还出版了“基督教经典译丛”系列，除了《基督教要义》属于此译丛外，还包括奥古斯丁的《论信望爱》《道德论集》《论四福音的和谐》《驳朱利安》、马西尔的《创世六日》、尼撒的格列高利的《摩西的生平》、安波罗修的《论基督教信仰》及优西比乌、保罗·L. 梅尔合著的《教会史》、阿塔那修的《论道成肉身》、纳西盎的格列高利的《神学讲演录》、查士丁的《护教篇》、爱德华兹的《宗教情感》、劳威廉的《敬虔与圣洁生活的严肃呼召》、理查德·巴克斯特的《圣徒永恒的安息》、J. C. 莱尔的《圣洁》、G. K. 切斯特顿的《方济各传》《阿奎那传》等著作。除了该丛书外，“基督教历代名著集成”系列著作中的《奥古斯丁选集》《路德选集》《基督教早期文献选集》，圣伯尔拿、肯培多马等的《中世纪灵修文学选集》《教父及中世纪证道集》《中世纪基督教思想家文选》《虔诚生活：许革勒文选》也均由宗教文化出版社出版。2009 年，中国社会科学出版社推出的由章雪富、孙毅、游冠辉主编的

“历史与思想研究译丛”，近些年来出版了 D. H. 威廉姆斯的《重拾教父传统》(2011 年)、威尔肯的《早期基督教思想的精神》(2011 年)、阿利斯特·麦格拉思的《加尔文传：现代西方文化的塑造者》等著作。此外，该类译作还有陈建洪等译的《七重阶梯：吕斯布鲁克文集（卷 1）》(华东师范大学出版社，2011 年)、被誉为近代自由派先驱的德国神学家施莱尔马赫的《论宗教》(人民出版社，2011 年)、荷兰改革宗重要神学家赫尔曼·巴文克（Herman Bavinck）的《我们合理的信仰》(南方出版社，2011 年）等。2011 年，华夏出版社的“新教著名人物传记译丛”继续出版了钟马田（D. Martyn Lloyd - Jones）著的《清教徒的脚踪》、拉尔夫·C. 汉考克著的《加尔文与现代政治的基础》，该出版社的“西方传统经典与解释”系列丛书则出版了文森的《无执之道——埃克哈特神学思想研究》(2016 年)、沃尔德伦（Jeremy Waldron）的《上帝、洛克与平等——洛克政治思想的基督教基础》(2015 年）等诸多基督宗教研究作品；另外，商务印书馆“汉译世界学术名著丛书”中出版了库萨的尼古拉的《论隐秘的上帝》(2012 年)、伪迪奥尼索斯的《神秘神学》(2012 年)、德尔图良的《护教篇》(2012 年)、斐洛的《论〈创世记〉：寓意的解释》(2015 年）等著作，除此之外商务印书馆还出版了托马斯·阿奎那的《神学大全》第一集，“上海三联人文经典书库”中还出版有费弗尔的《马丁·路德的时运》(2014 年)、麦克吉佛特、龚伟英的《优西比乌：生平、作品及声誉》(2015 年)、别尔嘉耶夫的《自由精神哲学——基督教难题及其辩护》(2016 年）等著作。

（三）圣经注释与研究译介

在圣经研究译介方面，上海三联书店推出了“摩根解经丛卷”，已经出版的作品有《以赛亚书》《路加福音》《马太福音》《罗马书》《希伯来书》《哥林多书信》《约翰福音》《耶利米书》《马可福音》《使徒行传》《诗篇》这十一部作品，还出版了华理克（Rick Warren）的《华理克读经法》、戴维·莱尔·杰弗里（谢大卫）的《英语文学与圣经传统大词典（上中下）》(2014 年)。其他重要书籍还有华夏出版社出版的约翰·加尔文（John Calvin）的《加尔文文集：罗马书注释》(2011 年)、汉密尔顿的《上帝的代言人——〈旧约〉中的先知》(2014 年)、霍金斯的《但丁的圣约书：圣经式想象论集》(2011年)、马太·亨利的《四福音注释》(2012年)。上海人民出版社出版的W. 克莱恩等著《基督教释经学》(2011年)，巴刻、卡尔·亨利、康福特等的《圣经的来源》(2011年)，W. 克莱恩的《基督教释经学》(2012年)、戈登·菲和道格拉斯·斯图尔特的《圣经导读·解经原则（第三版)》(2013年)，斯图尔特的《圣经导读：按卷读经》(2013年)。华东师范大学出版社出版的西蒙·巴埃弗拉特（ShimonBar - Efrat）的《圣经的叙事艺术》(2011年)、巴瑞·班德斯塔的《今日如何读旧约：希伯来圣经导论》(2014年)、安德鲁·劳斯的《古代经注》(2014年)。中央编译出版社出版的斯蒂芬·米勒、罗伯特·休伯的《圣经的历史：〈圣经〉成书过程及历史影响》(第二版，2012年)，华尔顿、麦修斯、夏瓦拉斯的《新/旧约圣经背景注释（全二册)》(2013年)、莱特的《基督教旧约伦理学》(2014年)、海斯的《基督教新约伦理学》(2014年）等著作。此外，有关圣经研究的译作还有特伦佩尔·朗文的《旧约导论》(同济大学出版社，2014年)、J. 斯科特杜瓦尔（J. Scott Duvall）和J. 丹尼尔海的《圣经释经之旅：阅读、诠释和应用》(同济大学出版社，2015年)、莫里斯的《新约中的十字架》(宗教文化出版社，2013年)、埃尔曼的《错引耶稣——〈圣经〉传抄·更改的内幕》(生活·读书·新知三联书店，2013年)、霍桑（Gerald F. Hawthorne）和马挺（Ralph P. Martin）主编的《21世纪保罗书信辞典(上下册)》(团结出版社，2015年）等。

（四）在华传教士评传

在传教士传记类书籍中，广西师范大学出版社推出了“来华基督教传教士传记丛书”，包括吉瑞德（Norman J. Girardot）的《朝觐东方：理雅各评传》(2011年)、伟烈亚力著的《1867年以前来华基督教传教士列传及著作目录》(2011年)、贝奈特（Adrian A. Bennett）的《传教士新闻工作者在中国：林乐知和他的杂志（1860—1883)》(2014年)。其他有关中国基督教史研究的译作包括邓恩的《一代巨人——明末耶稣会士在中国的故事》(社会科学文献出版社，2014年)、简亨特的《优雅的福音——20世纪初的在华美国女传教士》(生活·读书·新知三联书店，2014年)、利玛窦的《耶稣会与天主教进入中国史》(商务印书馆，2014

年）、狄德满的《华北的暴力和恐慌：义和团运动前夕基督教传播和社会冲突》（江苏人民出版社，2011 年）、史维东的《中国乡村的基督教：1860—1900 年江西省的冲突和适应》（江苏人民出版社，2013 年）、章开沅和马敏编译的《贝德士：中国基督教史著述选择》、柏理安的《东方之旅：1579—1724 耶稣会传教团在中国》、谢和耐和戴密微等著的《明清间耶稣会士入华与中西汇通》（东方出版社，2011 年）、托马斯・H. 赖利（Thomas H. Reilly）著的《上帝与皇帝之争：太平天国的宗教与政治》（上海人民出版社，2011 年）等。

（五）与基督教研究相关的其他翻译

与基督教相关的交叉学科研究有：约翰・艾兹摩尔（John Eidsmoe）的《美国宪法的基督教背景：开国先父的信仰和选择 》（中央编译出版社，2011 年）、罗德尼・斯达克（Rodney Stark）《理性的胜利——基督教与西方文明》（复旦大学出版社，2011 年）、威廉・席崴克（William Schweiker）的《追寻生命的整全：多元世界时代的神学伦理学与全球化动力》（孙尚扬译，华东师范大学出版社，2011 年）、安德鲁・迪克森・怀特的《科学：神学论战史》（鲁旭东译，商务印书馆，2011 年）、伯尔曼的《信仰与秩序：法律与宗教的复合》（中央编译出版社，2011 年）、杰伊・赛库洛的《美国大法官的法理及信仰》（牛玥等译，中央编译出版社，2011 年）、米歇尔・艾伦・吉莱斯皮的《现代性的神学起源》（湖南科学技术出版社，2012 年），耶罗斯拉夫・帕利坎的《基督教与古典文化：基督教与希腊主义相遇中自然神学的转化》（中国社会科学出版社，2012 年）、美国学者玛戈・托德（Margo Todd）的《基督教人文主义与清教徒社会秩序》（中国社会科学出版社，2011 年）、约翰・托兰德的《基督教并不神秘》（商务印书馆，2011 年）、罗森斯托克・胡絮的《越界的现代精神：基督教的未来》（华东师范大学出版社，2011 年）。

五　基督教与跨文化对话

在基督教与中国传统文化的比较、融通研究方面，近年出版的专著主要有庄祖鲲的《说禅论道：基督教与儒、释、道之对话》（世界知识出版社，2009 年）、杜小安的《基督教与中国文化的融合》（中华书局，2010

年）、刘树森的《基督教在中国：比较研究视角下的近现代中西文化交流》（上海人民出版社，2010 年）、李志刚等人的《文明对话：儒学与基督教》（四川出版集团、巴蜀书社，2009 年）、龚道运的《近世基督教和儒教的接触》（上海人民出版社，2009 年）、罗秉祥和谢文郁等主编的《耶儒对谈：问题在哪里?》（广西师范大学出版社，2010 年）、吴义雄的《地方社会文化与近代中西文化交流》（上海人民出版社，2010 年）、特木勒的《多元族群与中西文化交流：基于中西文献的新研究》（上海人民出版社，2010 年）、林滨的《儒家与基督教利他主义比较研究》（人民出版社，2011 年）、杨克勤的《庄子与雅各》（华东师范大学出版社，2012 年）、马敏的《基督教与中西文化的融合》（华中师范大学出版社，2013 年）、张先清的《跨文化接触：基督教与近代中西对话》（中国社会科学出版社，2016 年）、马深的《英格兰精神与基督教文化透视中华文明》（知识产权出版社，2013 年）、齐宏伟的《启示与更新：基督信仰与中国文化真诚的对话与沟通》（华夏出版社，2015 年）、梁燕城的《儒、道、易与基督信仰》（宗教文化出版社，2013 年）和《当基督遇到儒道佛：中国文化与基督信仰的对话》（宗教文化出版社，2016 年）、陆耀明的《基督教、儒家与中国社会主义市场经济》（上海交通大学出版社，2013 年）、李鹏的《上帝与祖先——东北汉人社会的基督教与亲属制度》（世界图书出版公司，2015 年）、范正义的《众神喧哗中的十字架：基督教与福建民间信仰共处关系研究》（社会科学文献出版社，2015 年）。

此外，专门讨论基督教与佛教、伊斯兰教对比研究的著作包括一行禅师的《心的交会：佛陀与基督的生命教导》（海南出版社，2012 年）、梁兆康的《耶稣也说禅》（译林出版社，2012 年）、朱丽晓等的《佛教和基督教伦理在现代中国社会的实践价值研究》（四川大学出版社，2014 年）、张文木的《基督教佛教兴起对欧亚地区竞争力的影响》（清华大学出版社，2015 年）、刘义的《全球化公共宗教及世俗主义——基督教与伊斯兰教的比较研究》（上海人民出版社，2013 年）等。值得一提的是，游斌主编的比较经学系列著作堪称其中的代表作，它们在宗教文化出版社得以陆续出版。以上很多著作是由海外基督徒学者完成并在大陆出版的，其本身的宗教信仰，加之其传统文化的造诣，让这些研究具备学术深度的同时，亦具个体体验。

六　基督教现状与交叉学科研究

最近十年来，受国内外有关基督教发展事件的影响以及政治系、社会学、人类学方法的引入，学者们的理论研究多了些许现实关切的视角。比如当代世界的基督宗教、美国的政教关系以及中国的基督教现状成为学界关注的热门话题。在当代世界的基督教研究方面，卓新平、竺易安(Elisa Giunipero)、刘国鹏主编的《当代世界中的基督宗教》概要描绘了当代基督宗教三大派系在当代世界史和宗教史中的地位、作用及影响。还有多篇论文关注了俄罗斯的东正教与国家政治间的互动、韩国教会的海外传教风波、巴基斯坦的基督徒群体、拉美的解放神学、东南亚华人基督教、日本及非洲等地的教会方面的议题。在美国政教关系方面，涂怡超、徐以骅等人撰写的《美国基督教福音派及其对国际关系的影响：以葛培理为中心的考察》(上海人民出版社，2010 年)、董江阳的《美国政教关系研究》、张惠玲的《新基督教右翼与当代美国政治》均为其中的代表作。在中国基督教现状研究领域，近十年来，除了大量调研报告问世外，亦有多部专著问世，其中涉及基督教与当代中国社会、基督教与国际关系、基督教现状调研等多个主题，代表作包括欧阳肃通的《转型视野下的中国农村宗教——兼以乡村基督教为个案的考察》(中国社会科学出版社，2009 年)、吴梓明和李向平等撰写的《边际的共融——全球地域化视角下的中国城市基督教研究》(上海人民出版社，2009 年)、朱峰的《基督教与海外华人的文化适应》(中华书局，2009 年)、李向平的《基督教中国化的社会学研究》(宗教文化出版社，2016 年)、吴飞的《麦芒上的圣言——一个乡村天主教群体中的信仰和生活》(宗教文化出版社，2013 年)、黄剑波的《地方文化与信仰共同体的生成——人类学与中国基督教研究》(知识产权出版社，2013 年)、黄剑波和艾菊红主编的《人类学基督教研究导读》(知识产权出版社，2014 年)、卓新平和蔡葵主编的《基督教与和谐社会建设》(中国社会科学出版社，2015 年)、卓新平的《基督教与中国文化处境》(宗教文化出版社，2013 年)、谢必震和吴巍巍的《闽台基督宗教关系研究》(福建教育出版社，2016 年)、郭思嘉的《基督徒心灵与华人精神：香港的一个客家社区》(社会科学文献出版社，2013年)、李华伟主编的《三十年来中国基督教现状研究论著选》(社会科学文献出版社，2016年)、唐晓峰的《中国基督教田野考察》(社会科学文献出版社，2014年)、唐晓峰的《改革开放以来的中国基督教及研究》(宗教文化出版社，2013年) 等。

“宗教生态论”是国内宗教学界近几年热议的话题之一，宗教生态论者认为宗教生态失衡是中国基督教快速发展的重要原因或说是根本原因，而这种失衡表现在中国传统宗教的式微，尤其是乡村社会中民间信仰的衰落为基督教在此发展提供了足够空间，甚至让基督教一教独大。① 2008年以来学术界另外一个热议的话题是基督教中国化，自2012年初春，北京大学宗教文化研究院与中国社会科学院基督教研究中心携手举办“首届‘基督教中国化研究’专家座谈会”，正式启动“基督教中国化研究项目”，并陆续编辑出版“基督教中国化研究丛书”以来，这一既有理论价值又有现实意义的重大研究课题，在国内外学界、教界和政界引起了热烈而持续的反响。据不完全统计，近几年举办的专题研讨会有：“近现代基督教的中国化国际学术研讨会”暨“第二届中国基督教本土化研究国际学术研讨会”(中国社会科学院近代史研究所与福建师范大学社会历史学院主办，2013年11月，武夷山)；“中国基督教三自爱国运动委员会成立六十周年暨基督教中国化研讨会”(全国基督教两会主办，2014年8月，上海)；“基督教中国化研讨会”(江苏省基督教两会主办，2014年8月，南京)；“基督教中国化专题研讨会”(中国社会科学院世界宗教研究所主办，2014年10月，温州)；“第二届基督教中国化研究专家座谈会”(北京大学宗教文化研究院与中国社会科学院基督教研究中心主办，2014年

① 参阅李向平《“宗教生态”，还是“权力生态”——从当代中国的“宗教生态论”思潮谈起》，载《上海大学学报》(社会科学版) 2011年第1期。近年来，讨论“宗教生态论”的文章还有牟钟鉴的《基督教与中国宗教文化生态问题的思考》，载《当代中国民族宗教问题研究》(第4集)，甘肃民族出版社2009年版；张志刚的《当代中国宗教关系研究刍议——基于国内外研讨现状的理论与政策探讨》，载《北京大学学报》(哲学社会科学版) 2011年第2期；段琦的《宗教生态失衡与中国基督教的发展》，载《当代中国民族宗教问题研究》(第4辑)；马虎成的《基督教在当今中国大陆快速发展的原因辨析——由“宗教生态失衡”论引发的思考》，载《当代中国民族宗教问题研究》(第4辑) 等论文。

10月，北京）；“‘基督教中国化之路’国际学术研讨会”（中国社会科学院世界宗教研究所、中国宗教学会、北京市基督教两会合作主办，2014年11月，北京）；“全球化视野下的近代中国与世界基督教国际研讨会”暨“第三届多学科视野下的基督教中国化研究学术研讨会”（中国社会科学院近代史所与福建师范大学中国基督教研究中心主办，2014年11月，福州）；“纪念中国基督教三自爱国运动委员会成立六十周年、浙江神学院建院三十周年暨基督教中国化神学研讨会”（浙江省基督教两会举办，2014年12月，杭州）；“神学思想建设暨基督教中国化研讨会”（黑龙江神学院举办，2015年6月，哈尔滨）；“中央民族大学宗教研究所江西分所成立大会暨基督教中国化读本研讨会”（江西省基督教两会举办，2015年7月，南昌）；“基督教中国化研讨会”（山东省基督教两会举办，2015年8月，威海）；“第二届‘基督教中国化’神学研讨会”（江苏省基督教两会、江苏神学院主办，2015年8月，南京）；“纪念中国基督教三自爱国运动委员会成立60周年暨基督教中国化座谈会”（天津市基督教两会举办，2015年8月，天津）；“深化神学思想建设暨基督教中国化研讨会”（四川省基督教两会举办，2015年8月，成都）“纪念丁光训主教诞辰100周年暨基督教中国化研讨会”（全国基督教两会主办，2015年9月，北京）；“‘基督教中国化’研讨会”（福建省基督教两会举办，2015年9月，福州）；“湖北省基督教第十一次神学思想建设暨基督教中国化研讨会”（湖北省基督教两会举办，2015年9月，武汉）；“中国基督教三自爱国运动发起65周年纪念会暨基督教中国化研讨会”（广东省基督教两会举办，2015年9月，广州）；“‘基督教中国化’神学思想研讨会”（中南神学院举办，2015年9月，武汉）；“‘基督教中国化：历史与文化’学术研讨会”（汕头大学文学院基督教研究中心与福建师范大学中国基督教研究中心联合主办，2015年11月，汕头）；“‘基督教中国化’神学思想研讨会”（宁波市基督教两会举办，2015年11月，宁波）；“‘基督教中国化’研讨会”（浙江省基督教两会举办，2015年12月，杭州）；“现代中国本土基督教神学之发展学术研讨会”（台湾政治大学华人宗教研究中心主办，2013年12月，台北）；“基督教中国化论坛”（北美中华福音神学院、基督教与中国研究中心、亚洲研究中心联合举办，2016年2月，美国加利福尼亚州洛杉矶）。

与基督教相关的交叉学科的兴起也颇为引人瞩目，其中以基督教文学最为突出，此类专著有任光宣等人主编的《俄罗斯文学的神性传统：20 世纪俄罗斯文学与基督教》（北京大学出版社，2010 年）、朱维之等人的《基督教与文学》（吉林出版集团有限责任公司，2010 年）、季玢的《野地里的百合花：论新时期以来的中国基督教文学》（中国社会科学出版社，2010 年）、陈奇佳的《被围观的十字架：基督教文化与中国当代大众文学》（中国社会科学出版社，2010 年）、齐宏伟等人的《目击道存：欧美文学与基督教文化》（辽宁教育出版社，2009 年）、丛新强的《基督教文化与中国当代文学》（山东文艺出版社，2009 年）、刘锟的《东正教精神与俄罗斯文学》（人民文学出版社，2009 年）、李正栓的《邓恩诗歌研究：兼议英国文艺复兴诗歌发展历程》（商务印书馆，2011 年）、马林贤的《英国文学与基督教文化论稿》（四川文艺出版社，2013 年）、肖四新：《欧洲文学与基督教》（暨南大学出版社，2013 年）、刘建军的《圣俗相依：刘建军教授讲基督教文化与西方文学》（中央编译出版社，2014 年）、林季杉的《T. S. 艾略特基督教思想研究》（人民出版社，2017 年）等。在基督教与中国文学关系研究方面有区应毓、权陈、蒋有亮等合著的《中国文学名家与基督教》（九州出版社，2011 年）、旅居海外的刘再复也在 2011 年推出了其力作《罪与文学》（中信出版社，2011 年）、季玢的《中国当代基督教文学与新世纪文化建设》（上海三联书店，2016 年）。基督教艺术类研究著述包括杨超的《人文主义的辉煌：文艺复兴艺术》（陕西人民美术出版社，2011 年）、苏喜乐的《中国基督教艺术》（五洲传播出版社，2011 年）、褚潇白的《圣像的修辞：耶稣基督形象在明清民间社会的变迁》（中国社会科学出版社，2011 年）、崇秀全的《耶稣图像的象征艺术研究：以意大利 12—15 世纪被钉十字架耶稣图像为例》（浙江大学出版社，2011 年）、何琦的《基督教艺术纵横》（宗教文化出版社，2013 年），其他交叉学科的著作包括林洁珍、黄元山的《经济、金融与基督教视角》（上海社会科学院出版社，2015 年）以及许正林的《基督教传播与大众媒介》（上海人民出版社，2015 年）。

七 工具书编写及期刊发行

在辞书及工具书的编写方面，这两年亦有优秀成果问世。由基督教会界、学界联手主编的《基督教大辞典》由上海辞书出版社在2010年10月出版，它是目前大陆学界出版的字数最多、内容也最为系统的基督教辞典，该辞典在某种程度上可视为大陆基督教研究的阶段性总结的成果。此外，由张先清、赵蕊娟主编的《中国地方志基督教史料辑要》（东方出版中心，2010年）一书从数千种明清至民国的各级地方志中，梳理、辑选出各种有关基督教的资料，汇集成册，达到近80万字，是中国基督教近代史研究领域不可多得的资料性著作。另外，由鄢华阳等人主编的《中国天主教历史译文集》也由广西师范大学出版社在2010年出版。该资料包括多位天主教传教士的笔录、资料，其中涉及四川、澳门等多个地区，资料内容包括当地天主教起源、本土化、神职人员情况、与教廷及中国政府关系等。圣经研究领域还出版了两部重要的辞书，一是梁工编著的《圣经百科辞典》（辽宁人民出版社，2015年）的再版，另一部是白云晓编著的《圣经词典》（中央编译出版社，2015年），其中《圣经百科辞典》是一部反映圣经文化内涵与外延的大型学术工具书，初版于1990年，由梁工主编，著名学者朱维之先生担任顾问。全书共收词5655条，分为20部类100科，从各个角度全面地提供有关圣经文化的基本知识。相关的辞典工具书还包括雷立柏编著的《教会史图表教程》（宗教文化出版社，2016年）等。2009年以来，尚有多部以书代刊类杂志及会议论文集出版，其中包括由卓新平等主编的《基督宗教研究》（宗教文化出版社）、中国人民大学基督教文化研究所主编的《基督教文化学刊》（宗教文化出版社）、许志伟等主编的《基督教思想评论》（上海人民出版社）、张庆熊和徐以骅主编的《基督教学术》（上海古籍出版社或上海三联书店）、刘光耀和杨慧林主编的《神学美学》（上海三联书店）等。

在历史性、思想性、现实性、评介性、工具性的著述之后，有些学者开始着眼于更深入的思考，将视线转到研究成果综述及“研究之研究”上，这可以陶飞亚、杨卫华撰写的《基督教与中国社会研究入门》（复旦大学出版社，2009年）为代表。虽然该书定位为“入门手册”，但在有限的篇幅内，探讨了中国基督教研究的源流开端及当代中国基督教研究的成果与不足。类似的著作还包括吴小新的《远方叙事——中国基督宗教研究的视角、方法与趋势》（广西师范大学出版社，2014 年）、陈俊伟的《基督教研究方法论》（宗教文化出版社，2014 年）、陶飞亚和杨卫华的《宗教与历史：汉语文献与中国基督教研究》（上海大学出版社，2016 年）、王潇楠的《宗教学研究论著与文本解读：当代宗教研究、基督教研究专辑》（中国社会科学出版社，2015 年）、陈驯的《当代中国的基督教神学方法》（宗教文化出版社，2010 年）等著作。

结 语

在中国近代史上，对于基督教的存在与传播不乏一些零星的考证，但基督教真正作为一个学科的出现可能要迟至 20 世纪 80 年代初，以一些高校和研究机构成立宗教学这个专业作为开始。经过“文化大革命”十年“宗教是人民鸦片”洗礼的人们，应该如何来重新认识宗教在社会中的合理存在，信徒们自身的辩护在这种政治氛围中往往是无力的。首批基督教研究的学者在论证了此合理性的同时，也给予了宗教政策以合理性支持。学者们论证依据便是“基督宗教是西方文化的一种表现形态”。尽管对于宗教的负面评价仍具相当影响力，但此时学者们已经成功地将基督教转化为一种外来文化或西方哲学的一部分加以引介，西方宗教文化导论、西方宗教哲学类的著作接踵问世，成为 20 世纪八九十年代之交引人关注的一股学术热潮。一批拥有哲学、文学及外语学科背景的学者主导了这一研究潮流。伴随着改革开放的深入，正如基督教获得蓬勃发展一样，基督教这一学科也在研究西方文化热潮中逐渐在宗教学，乃至人文学科中站稳脚跟，大批年轻学子、青年学者纷纷加入这一研究队伍中来。

如果说在前一阶段，基督教信仰与学术研究是沿着两条独立的路径进行的，此时，两者的交汇开始显现，其中的黏合剂多发自日益频繁的国际学术交流，这其中海外的基督教研究机构起到至关重要的作用。中国基督教界与境外的友好交往从改革开放之初便如火如荼地进行了，学界的对外交流自20世纪90年代初才得以普遍展开。视野的开阔、研究对象的接触让学者们很快认识到基督教并不仅仅是一种文化，它更应该成为一种信仰，应该从信仰本身对其加以研究。基于神学教义和信仰本身的诠释在这个阶段成为基督教研究的主流，神学关注的话题、教会关注的主题成为基督教学界研究的对象范围，大量的神学著作、教会史著作成为基督教研究的素材。基督教研究因为这种立场的转变及其国际交流的视角达到一种外表的繁荣，以至于引起个别极“左”人士和极端民族主义者的不满，将基督教研究与基督教信仰混为一谈，基督教研究因为基督教的敏感而变得敏感，这种将“基督宗教作为一种信仰”的研究持续到21世纪的前十年。直到将“基督宗教作为一种社会团体”的研究倾向出现，这个阶段以社会学、人类学方法的“侵入”作为标志，基督徒作为社会群体中的个体、教会被作为社会团体中的一员，其认信体验、运作机制、社会功能、信仰价值得到深入剖析与周密审视。基督教成为真正意义上的“研究对象”，目前这一研究趋向已经逐渐放缓。基督教研究学科起步较晚，三个阶段的成果往往交叉重叠于整个学术界的研究，让中国基督教的研究呈现出一种多元化的面貌。值得一提的是，随着学者对于中国现实问题及处境本身的关注，基督教研究在此领域必将摆脱外在的社会学、人类学单一的方法论进路，进入一种深层次的理论思考，在这种发展趋向中，中国基督教思想史的研究将成为热门话题。

基督教研究在此有其基本立场和发展目标，与宗教学的定位和话语产生共鸣。宗教学的学科方法强调宗教研究的客观性、公正性，正所谓“只知其一，一无所知”，宗教学应该通过不同宗教比较、不同境遇相互参照、将具体宗教置于政治经济文化发展的大背景中，运用跨学科的视域来研究宗教问题与现象，探讨宗教发生、发展的一般规律。通常来说，作为主观的人进行客观研究时，脱离不了辩证的和历史的这两个维度，基督教研究是宗教学研究的重要门类之一，人们要正确认识其发生、发展及未来趋势自然离不开历史的、辩证的原则和方法，这些原则和方法至少包括以下几个方面：对于基督教的认识和研究应该结合其产生发展的社会关系；辩证地看待基督教作为人类的精神信仰现象在人类发展史上的正负社会作用；科学理性地看待其教义教理。脱离了这种辩证、历史的研究立场，基督教研究必将失去其客观立场，也失去其认识问题、解决问题的利器。同时，在研究过程中，保留人文社会科学研究的社会关怀视角、综合性视角以及学科整体发展的视角至关重要。

（一）基督教研究应具备社会关怀视角

人文社会科学的研究不仅仅是满足人们的求知欲，也不仅仅是陶冶性情的闲情逸致，更不仅仅是一份养家糊口的工作，还应该有其社会关怀的视角。改革开放以来，尤其是20世纪90年代以来，学术界有关基督教的研究成果颇多，学术会议相继举行，论文集更是一本接一本地问世，是不是这些努力只是为了呈现学界的研究现状，仅仅记录学者们对于某一问题的考证、分析与诠释，还是想尽力弥补基督教研究这个学科在人文学科发展中的劣势与不足。事实上，每一位参与基督教研究的学者都很清楚，在梳理、考证、分析、调研、写作的过程中，他们参与了一种意义的构设，基督教与个体的福祉、与社会的和谐构建、与文化发展格局有着千丝万缕的联系，这既体现于基督教在中外发展史中的脉络流变、也体现于基督教在中西文化交流交融中的地位与作用、亦体现于基督教在中国社会中的现实存在与发展。无论是理论的探讨、历史的考证还是文本的探索，亦或田野的访谈，学者们总是力图探究基督教在其所处历史背景、社会文化中的“真”，寻找“真实”背后所蕴含的文化及社会意义，即其善的维度与内涵，并怀抱一种美好的预期畅想基督教及其研究在未来的种种可能。从这点上说，基督教的研究者都是理想主义者，都在宣讲一种“福音”。基督教作为世界精神文明不可或缺的一部分，与世界多国多族的历史文化发展有着密切关联，尽管其在具体处境中有着种种艰难与龃龉，但总归有其潜在的精神价值、文化意涵及现实功能，更不应该成为一种负面的意识形态。所幸，我们当今已经没了有形的十字架，学者们的理想与憧憬得以继续。

（二）基督教研究应是综合性的、跨学科的

精神实质虽为一，表现形式却是多样的。孤立的基督教研究是不存在的，无论是历史还是文本、无论是人物还是现实领域的研究，都很好地说明了这一点。基督宗教是一种社会文化脉络中的存在，是政治考量中的重要组成部分，同时信仰基督教的信徒又是公民中的一员，这一切决定了基督教研究无法静态孤立地进行。在中国的特定语境中，这种综合性表现得更为突出。举例来说，基督教研究成果往往成为政府宗教部门参考的重要资料，通过这些研究他们分析基督教在中国社会历史中发展的规律、定位区域基督教在整体格局中的存在，预测其未来的发展格局及走向；而反之其政策走向又将影响到基督教在现实社会中的存在样貌，这种影响又会反作用于学界的基督教研究，成为学者关注的主题。同时宗教政策也会影响到学术外在制度层面的构设、研究方向乃至成果出版。学者们的努力在改变着基督教存在样貌的同时，也在改变着自身及学科的发展处境。脱离基督教本身研究的宗教批判毫无根据，反之脱离基督教所处政治文化环境的研究，也注定会成为无源之水。鉴于此，努力建构政、教、学三界交流的学术平台对于中国语境中的基督教研究就显得十分必要。宗教学研究某种程度上面临着“不识庐山真面目，只缘身在此山中”及“隔山看山”的两难，学者很难获得第一线的宗教工作经验，同样当研究教义教理时，学者又不可能参与到信仰体验中，任何一种体验来说，某种程度上都反映了站在其立场上的真实性，对某一主题的看法，在学术研究上，往往起到一定的互补性。学术理论只有应用到具体的宗教工作实践中，以及付诸对信仰的观察及研究中才能检验其有效性，才能做出客观公允的评判，而政、教界则可获得学界的支撑及理论的升华。此外，无论是政界、还是教界，均储备有很多研究人才，突出表现在语言的禀赋、文本研究、教义神学研究等方面，政界的优势在于宗教现状的研究、政教政策的领会以及马克思主义宗教观的研究。无疑这些研究力量的整合对于中国学界基督教的研究是件幸事。

人类精神现象的多样性决定了人的超越性信仰同样多元。基督教信仰便是其一。宗教学作为一门学科，本身便有比较研究的意味。只有在这种比较研究的基础之上，宗教发生、发展及未来趋势的基本规律才得以总结和呈现，基督教只是宗教学研究的一个对象，而不是目的，从学术层面来说，通过对基督教这一信仰现象的研究，我们旨在丰富宗教学的学科方法及体系，因此对于基督教的研究需要与其他宗教信仰的研究相互借鉴、贯通，不但如此，还应该将基督教置于其所处社会文化处境中加以分析、了解，进行一种跨宗教跨文化的研究，而不是就宗教本身谈宗教，就基督教本身谈基督教，陷入一种神学研究的藩篱，基督教的研究不能因为基督教与其他宗教分殊而将自己孤立。宗教的产生有其深刻的社会背景、历史遗传、文化处境、艺术表现、政治制度、法律形态的影响，因此基督教的研究还应该引入多学科的方法，社会学、人类学、政治学、法学、历史学、考古学、语言学、心理学、文学、艺术学均能成为基督教研究的重要组成部分。

（三）基督教研究应着眼于学科整体发展

研究基督教的学者应始终反思这样一个问题：究竟基督教研究的学科属性是什么？如果有关基督教研究的历史性考察只是历史学、考古学的一部分，对于基督教思想的研究只是哲学的一个门类，对于其个体及团体的追踪、审视、评价只是人类学和社会学研究的对象，或者基督教只是政治考量的一种因子，那么基督教研究这个学科也就沦落成因着各个学科的施舍而拼凑起来的"临时建筑"，其交叉学科的实质似乎根深蒂固。终有一天这一建筑会因为缺乏发展的根基而土崩瓦解。对于基督教研究来说这一属于自己的体系、学科方法究竟何在？基督教蕴含的精神义理是人类精神文明的重要组成部分，它几千年的延续与其说是因为其所传播的独特"福音"的普世性，毋宁说是其所体现出来的人类共同的精神价值及其历史与现实层面的实效性使然，这是任何政治势力、社会处境、文化格局所无法限定的，他已经镶嵌在人类历史文明发展的长河之中，它的核心义理、处境嬗变、未来发展绝不能仅仅从一种对象性的角度进行发掘，还应该在特定的文化格局中进行内蕴式的反思。历史的研究将演变成内在思想史的探讨，社会学、人类学在将基督教作为研究对象的同时，更因为其不可或缺的终极视域而获得自身的方法论升华，游离于"信"与"非信"之间、而作为哲学一部分的基督教研究将转向为从社会文化格局中的个体生存处境出发的基督教哲学反思与考察，而非单纯思想个案和概念的表述与阐释。事实上，这一学科的自觉性与主体性在最近几年已经开始显现了，并会在不久的将来开花结果，这预示着中国基督教研究某种意义上的重生。

中国的基督教研究已经跨越了以翻译介绍为主的阶段进入一个独立的方法论建构转型时期，研究队伍在日益壮大的同时，也日益年轻化、国际化，研究内容涉及教义思想、重要人物、历史文献、经典研究等方方面面，研究方法涉及社会学、人类学、历史学、心理学、哲学、文学、法学等多个领域，形成了诸多交叉学科，在此基础上形成了诸多有待研究的学术领域，有待整合的研究力量及方法，有待阐明的学术立场以及亟待构建的学术平台，面对这些新文化、新动态、新挑战，中国的基督教研究者应基于宗教学研究的经验与现实，结合中国具体的社会文化处境，努力构建中国基督教研究的学问体系及学科方法，为丰富中国宗教学学科发展，为民族团结、社会稳定、文化繁荣贡献应有的力量。

第八章

伊斯兰教研究

李　林

第一节　引论

清代学者顾炎武曾将为学之道比作铸钱，谓古人铸钱乃采铜于山，今人铸钱则“买旧钱名之曰废铜以充铸而已”。其意不外乎慨叹于前人学问之上，求新求变之难。然而，学问之道犹如薪火相传，贵在前后相继，绵绵不绝。因此，不仅应注重创新，亦需珍视传统。创新需在继承传统的基础上发展而来。此一经过恰似取旧铜而铸新钱，钱之名目虽新，但铜则新旧相掺，故曰无旧铜则不足以成此新钱。学术研究也是如此，只有在总结前人成果的基础上，才能迈步向前。这一工作正是学术史的天职。所谓“学术史”是以某一学科或系统知识的发展与演变为研究对象的专门学问，即“研究的研究”。其宗旨在于总结以往研究之得失，为当前的学术研究提供借鉴。

本章主旨正是力图从学术史角度对当代中国的伊斯兰教研究进行归纳与总结。其目的一是为当代学人从事伊斯兰教研究总结经验、奠定起点，二是为后来学者提供关于这一时期伊斯兰教研究的文献资料。如此，学者对于前人对这一领域内相关问题做过哪些研究、达到了何种程度便可了然于胸，才能够在前人研究的基础上有的放矢、循序渐进。否则，若一味师心自用、闭门造车，则难免叠床架屋，出现毫无价值的重复，造成无谓的损耗。当代中国的伊斯兰教研究学科自草创以来取得的成绩有目共睹，但近年来也有个别领域出现了徘徊不前的情况，究其原因，不重视学术史研究、不善于总结已有研究成果这一弊病难辞其咎。有些研究被讥为“炒冷饭”，即指那些既缺乏新材料，又不能开辟新途径，只是不断地回到原始水平上重新开始、不断地重蹈前人已做过工作的“无效研究”。其中，个别成果甚至还达不到以往的研究水准，更遑论超越前人与学术创新了。这一现状不仅不利于个别学者自身的学术研究，更势必危及伊斯兰教学科的整体发展。要解决这一问题，唯有对症下药，加强对学术史的研究。此举一方面可以为当代学者的研究提供借鉴，便于他们在学术史的长河中，为自己的学术研究觅得一席之地；另一方面，其更为深远的意义在于能够使学者们充分认识到梳理和总结已有学术成果乃是研究过程中不可或缺的关键环节，从而增强学术史研究的意识、树立学术研究之规范。

从方法上看，中国历史上早已有总结前代学说的传统，萌芽于先秦时代，以《庄子·天下篇》《韩非子·显学篇》《荀子·非十二子篇》为代表。中国传统的学术史大致有两种形式，即目录式与学案式。现代中国学术史研究则以梁启超所著之《中国近三百年学术史》为典范。在此书中，梁启超突破了传统的学术史研究方式，一方面开始关注社会环境变迁、心理感召对学术思想的影响；另一方面从佛教关于一切世间法皆有生住异灭之递相流转的说法中受到启发，提出学术思想也是一个由启蒙、全盛、蜕分和衰落等阶段组成的演变历程。[①]

毋庸置疑，从事当代学术史研究必由继承传统而来，但也不可囿于传统方法，尤应避免将学术史写成书目问答、学者传记或学术流派的简单罗列，而须注意从以下几个方面整理成绩、检点得失。第一，不仅要列举曾经出现过哪些学术著作、研究专题，而且还要高屋建瓴地对它们加以归类，找出它们的相似点或分水岭。第二，须辨明宗旨各异的研究进路和学术派别之间究竟有何种关系？是前后相继，还是相互影响，从而描绘出一幅关于该学科如何从无到有、由小变大、从简单到复杂，繁衍流变、开枝散叶的学术谱系图。第三，应重视学术制度演变对学术研究的影响。大到国家对各个学科的等级设置、发展规划，小到各个院校相关专业的培养方向、研究机构的设立都会对学术研究产生一定影响。第四，还应关注整个

① 梁启超：《中国近三百年学术史》，上海三联书店2006年版，第10—11页。

学术氛围以及相关学科的发展对本学科的影响。第五，既要关注不同时期学术思想和研究倾向的演变与兴衰，又应从宏观考察历史环境和社会心理的变迁对学术思想演变的影响。简言之，既要重视内在理路，更不能忽视重视外缘影响。

基于以上认识，本文的主体部分由以下五节组成。

第一节“引论”；

第二节“当代中国伊斯兰教研究的四个分期”侧重以历时性的视角，从社会环境、学术气氛等外缘影响分析各个时期国内伊斯兰教研究的特点；

第三节“当代中国伊斯兰教研究的三条进路”力图从学术发展的内在逻辑展现各种研究进路之间内部衍生与彼此关联，体现出一种共时性的视域；

第四节“当代中国伊斯兰教研究的四个阶段性标志”；

第五节“当代中国伊斯兰教研究：为何与如何”则力图揭示当代中国伊斯兰教研究面对的主要问题与困难。

中国有“他山之石，可以攻玉”的古训，西方也有“巨人肩上矮子”的箴言。我们有理由相信，如果善于借鉴已有成果，站在前人的肩膀上看问题，则自身虽小却能远瞩高瞻，必将促使中国的伊斯兰教研究发生一场质的飞跃。

第二节　当代中国伊斯兰教研究的四个分期

本节以时间发展为线索，力图为当代中国伊斯兰教的学术史提供一个纵向坐标，并尝试将从中国人对伊斯兰教的初识到当代中国伊斯兰教学科的最终确立这段漫长时期划分为四个阶段，又进一步将该学科从草创至今这 70 年时间分为三个时期。在概述学术史分期的同时，本节还注重从社会环境、学术气氛等外缘影响分析各个时期国内伊斯兰教研究的特点。简言之，本节的叙述重点即是以时间分期与外部环境两者为经络重叠而成的纵向坐标。

一般而言，“中国伊斯兰教研究”泛指由中国学者对伊斯兰教进行的学术性研究之总和，即所谓“中国人的伊斯兰教研究”，而非“对于中国的伊斯兰教之研究”。就范围而言，前者囊括后者。这是因为，一方面，众所周知，伊斯兰教进入中国距今已逾千年，在这漫长的历史中，早已在中国生根发芽、开花结果，形成了特有的“中国伊斯兰教”。它不仅从形式上附着于中国这片土地，更在血脉深处与中国文化一脉相承，已成为中华文明的一个不可或缺的组成部分。另一方面，中国学者研究伊斯兰教的基本出发点是将其视为一种跨文化、跨地域的宗教传统与文化现象，因此，其研究范围不仅涵盖对“中国的伊斯兰教”之研究，也包括对世界其他地区伊斯兰教的学术研究。

从时间上看，“当代中国”一般指1949年新中国成立以来的这一段时期，距今已近70年，但中国人对伊斯兰教的观察记载、研究考证早已开始。如果将当代中国伊斯兰教研究学科的建立视为这一历史趋势生根发芽、开枝散叶结出的最终果实，则不妨借用乾卦“四德”来划分这一演变过程中的始、长、遂、成等阶段。所谓乾卦“四德”典出《周易·文言》，即元、亨、利、贞。有人将此“四德”解释为事物从生长到成熟的四个阶段。如宋代理学家程颐在《程氏易传》中提出：“元亨利贞，谓之四德。元者，万物之始；亨者，万物之长；利者，万物之遂；贞者，万物之成。”朱熹也持类似看法，他举梅花为例说：“梅蕊初生为元，开花为亨，结子为利，成熟为贞。物生为元，长为亨，成而未完为利，成熟为贞。”[①] 与之相应，笔者将中国学人对伊斯兰教的认识与研究分为四个时期，即元始期、亨长期、利遂期与贞成期。

一　元始期

这是中国人接触认识伊斯兰教并将其形诸文字之滥觞。从时间上，覆盖从唐代至宋元这段漫长时期。倘若按照学界公认的看法，将唐高宗“永徽二年”，即公元651年定位伊斯兰教传入中国之初始年代，那么，迄今为止，伊斯兰教进入中国已历经1350余年。在此过程中，贯穿着中

---

① 《朱子语类》（卷六十八）。

国人对伊斯兰教由“初识”“再会”到“相识”“相知”的认识过程。唐代便已出现了一些记载着伊斯兰教初兴及其概况的文献，如成书于开元年间的慧超《往天竺五国传》、贞观年间的杜佑《通典》、贾耽《四夷述》以及后来的杜环《经行记》等。此后数百年间，又陆续出现了如《程史》《岭外代答》《诸蕃志》《萍洲可谈》《岛夷志略》《星槎胜揽》等著述。这些著述大多出自中国文人、士大夫的手笔，其中有些属道听途说，难免以讹传讹；有些则是耳闻目濡，诉说亲身经历。其中不乏由观察、辨识、分析、反思构成的认识与理解，这些著述或可视为中国人研究伊斯兰教的滥觞。

二　亨长期

这一时期跨越明清两代。在此期间，中国学人对伊斯兰教的研究已收成效，主要体现在大批伊斯兰教汉文译著的出现。明清之际，在中国穆斯林中兴起的“经堂教育”与“汉文译著”被视为伊斯兰教中国化的标志。以王岱舆、马注、刘智和马德新为代表的一批中国穆斯林学者著书立说，发挥、评介伊斯兰教教义思想、制度仪式。他们的著述活动可以从两方面进行评价。

一方面，从文化属性来看，中国伊斯兰教学术从一开始就兼具中国文明和伊斯兰文明两大文明的学术传统的优点。这些学者不仅是信仰虔诚的穆斯林，也是深受中国传统文化熏陶的士人。他们从事汉文译著的宗旨乃是要借用中国传统的思想观念移译、编撰、阐释和发挥伊斯兰教的学说和教义，其著述当然可以被视为早期那些由中国文人、士大夫撰写的介绍伊斯兰教概况著述之延续与深化。

另一方面，这些中国穆斯林学者投身汉文译著活动之目的有二：对内，是为了解决穆斯林内部“教义不彰、教理不讲”的信仰淡化倾向；对外，则是为了赢得统治者与士大夫的理解与宽容。其出发点大多立足教内，撰述者仅限于穆斯林学人。因此，长期以来，“汉文译著”影响始终局限在穆斯林内部，未能在主流社会中产生多少影响。概言之，这些著述的特殊性在于它们属于由“圈内人”（insider）进行的主位研究，这也说明，长期以来，在中国穆斯林社会内部形成了一个源远流长的伊斯兰教研究传统。这一学术传统代表着来自信仰者的声音，它既可被视为当代中国民间伊斯兰教研究的先声与“黄金时代”，也堪与“利遂期”以后出现的现代学院派研究相辉映。

三　利遂期

真正现代意义上的中国伊斯兰教研究肇始于20世纪之初，截至新中国成立，横亘半个世纪。它上承汉文译著之余绪，又能在研究视角、研究方法、研究宗旨等方面锐意进取，开聋启聩。究其原因，其一，以陈垣为代表的一批教外学者加入了伊斯兰教研究者的行列，改变了明清以来伊斯兰教研究以教内学者为主，教外乏人问津的局面。其二，这也是社会环境和时代风气使然。乾嘉以来的考据学风与西方科学的实证方法本有相通之处，在西学东渐的时代背景下，带有现代学术研究的科学、客观、实证等特征的研究方法被引入中国的伊斯兰教研究领域，从而催生了现代中国的伊斯兰教研究。

20世纪上半叶，中国学界研究伊斯兰教的知名学者主要有：陈汉章、陈垣、金吉堂、白寿彝、达浦生、王静斋、哈德成、马以愚、傅统先、马坚等。其中，陈汉章《中国回教史》（载于《史学与地学》1926年第1期）和陈垣《回回教入中国史略》（初载于《北京大学研究所国学门月刊》1927年第一卷第六号，题为《回回教进中国的源流》，后刊于《东方杂志》1928年第25卷第1号，改为今名）两部专著堪称中国现代伊斯兰教研究领域内的开山之作。随后，一批伊斯兰教研究的奠基之作也相继问世，如金吉堂《中国回教史研究》（1935年）、傅统先《中国回教史》（1940年）、马以愚《中国回教史鉴》（1940年）、马良俊大阿訇在民国时期撰写的《考证回教历史》（1939年）以及著名历史学家白寿彝《中国回教小史》（1943年）和《中国伊斯兰史纲要》（1946年）等，这些专著集中代表了这一时期中国学者在中国伊斯兰教史研究领域内取得的可观成就。

除了这些代表性的专著之外，在为期30年的中国穆斯林“新文化运动”中，也有一批伊斯兰教研究论文问世，特别是著名史学家顾颉刚主办的《禹贡》杂志贡献尤多。在白寿彝的积极参与下，顾颉刚于20世纪

30 年代后期在他主编的《禹贡》上刊出两期《伊斯兰教研究专号》（1936 年第五卷第十一期；1937 年第七卷第四期）。白寿彝接连发表在该刊物的《从怛逻斯战役说到伊斯兰教之最早的华文记录》（1936 年）、《宋时伊斯兰教徒底香料贸易》（1937 年）等论文。此外，《禹贡》杂志还登载了陈垣和其他一些穆斯林学者或经师的众多文章，如先后发表在《禹贡》上的赵振武《三十年来之中国回教文化概况》、庞士谦《中国回教寺院教育之沿革及课本》、王静斋《五十年求学自述》等。其中，不乏译介国外中国伊斯兰教研究成果的尝试。例如，牟润孙翻译日本学者桑原骘藏《创建清真寺碑》（载于《禹贡》1936 年第 5 卷第 11 期），反映了当时中国伊斯兰教研究界与国际学术界接轨的尝试。这一时期发表在其他刊物上的伊斯兰教研究论文还有：刘风五先后撰写的三篇文章《回教传入中国时期》《回教徒与中国历代的关系》和《回教徒对于中国医药的贡献》、薛文波《明代与回民之关系》、杨志玖《“回回”一词的起源和演变》、李俨《伊斯兰教与中国历算之关系》、刘铭恕《回回与元代之戏曲》、王静斋《中国回教经堂教育的检讨》等。这些文章或梳理古籍、考证历史，追溯伊斯兰教进入中国的脉络；或关注现实，调查中国各地穆斯林生活和清真寺状况，描述中国穆斯林社会状况；或记载著名的宗教人物掌故；或介绍各教派、门宦的历史源流。这些文章各自从不同的侧面，反映了民国时期伊斯兰教学术研究的概貌，具有较高学术价值。

现代中国的伊斯兰教研究之学术成果不啻一笔珍贵的遗产，对当代中国的伊斯兰教研究，特别是对“中国伊斯兰教史”研究产生了持久不衰的影响。可以说，经过了这一时期的积累，中国伊斯兰教史研究的基本框架已经初显轮廓。但同时暴露出该时期中国学界伊斯兰教研究的薄弱环节所在。这至少体现在两个方面：一是研究领域主要还是集中于中国伊斯兰教史一隅，兼及伊斯兰教经典和中国伊斯兰教文化研究，未能在开辟新的研究门类方面做出更多突破。二是研究视角和方法大多局限于历史考据之学，尚未从广义的文化角度、以多种学科方法对伊斯兰教包含的丰富内涵展开研究。然而，这些缺憾未可苛求于前人，当归之于历史的局限。若论虑精思微、分门别类，开启一时风气，建立洋洋大观的学科体系，还需留待当代伊斯兰教研究崭露头角之后。

四　贞成期

20 世纪下半叶乃是中国当代伊斯兰教研究学科最终确立的阶段。从时间上看，应以 1949 年新中国成立为标志。但由于新中国成立以来各种政治运动的干扰，中间曾经出现了长时间的停顿。直至“文化大革命”结束前，并没有在真正意义上展开研究工作。因此，若以严格的学术标准看，中国当代的伊斯兰教学术研究其实要到改革开放以后才取得长足进步。这一时期的伊斯兰教研究可划分为以下三个时期，即“草创—停滞”时期、“重兴—繁荣”时期、“发展—转型”时期。必须说明的是，上述几个时期都经历极为复杂的纠葛，甚至在同一时期竟会出现截然相反的嬗变趋势，仅使用某一个词语难以概括出其特征。试举一例，仅 1949 年新中国成立到 1977 年“文革”结束这一时期，中国的伊斯兰教研究乃至宗教学研究便经历了一段大起大落之过程。先是因意想不到机缘草草创立，后又因政治形势急转直下戛然而止。中国的伊斯兰教研究乃至宗教学研究命运之多舛实在难以用一两个字来形容。有鉴于此，笔者只得“杜撰”几个复合词以求尽可能反映出这一时期的主要变化和基本特征。

（一）“草创—停滞”时期

从时间上，“草创—停滞”时期指 1949 年新中国成立到 1977 年这段时间，是新中国成立后伊斯兰教研究的初始阶段。这一阶段可以比作中国的伊斯兰教学术研究的童年期，此后一个阶段乏人问津。

从现实环境来看，1958—1960 年，各地开展了宗教制度民主改革，主要目的是废除宗教中存在的封建特权和剥削制度。但在当时“左”倾思想的影响下，一些地方的宗教制度民主改革打击面过宽，甚至演变为消灭传统宗教的激进运动。在这种紧张的气氛之下，伊斯兰教研究几乎无法进行，只有在论证中外友好关系，特别是中国与第三世界国家的兄弟友谊以及追述中国人民反封建斗争历史的文章中才能偶见只言片语。

就思想氛围而论，20 世纪 50 年代末至 60 年代，中国大陆理论界曾发生一场围绕宗教政策、宗教信仰自由与宗教与迷信之关系的争论。[①]这场辩论既可视为20年代“非宗教运动”的延续，又深受当时意识形态影响，以“宗教消亡论”为基调。因此，尽管这场争论在当时社会颇有影响，但显而易见，它给伊斯兰教研究带来的影响只能是弊大于利。

然而，当代中国伊斯兰教研究并非白手起家，而是有所继承。在“草创”之前，仍有一段现代中国伊斯兰教研究向当代中国伊斯兰教研究的过渡阶段，即20世纪50年代至60年代中期。这段时间，虽然风雨不断，但总体而言，学术气氛仍较为宽松，伊斯兰教研究也并未戛然而止，而是作为“利遂期”现代中国伊斯兰教研究在当代的延伸，不绝如缕。据统计，20世纪50年代，中国学者发表的关于伊斯兰教研究的各类文章共计百余篇。[②]

但这一时期的伊斯兰教研究仍不免有所局限，主要体现在以下三个方面。第一，虽然不少有分量的译著接连出版，但这些译著大多是在1949年之前就已出版的旧作，此时只是再版而已，并无创新。第二，虽有不少名家亲自执笔撰写一些刊登于报刊上的普及性文章，但真正严肃的学术论文，却凤毛麟角。第三，当时从事伊斯兰教研究的绝大多数是早在现代中国伊斯兰教研究便已声名鹊起的学者，而在20世纪五六十年代，由于当代中国伊斯兰教研究的学科体系或人才培养体系尚未建立，后继乏人。基于以上原因，笔者倾向于将这十余年的时间视为现代研究到当代研究之间的一个“过渡时期”。在此“过渡时期”中国伊斯兰教研究有两大特点：一是发表于报刊上的普及性文章多于学术论文；二是译著接连出版，但其中多为“旧作新版”，而罕有新作刊行。

就文章而言，马坚撰写的一系列文章堪为代表：《〈古兰经〉的纂集和流行》《穆罕默德的宝剑》《伊斯兰文化的光芒——纪念阿维森纳诞生一千周年》《伊斯兰哲学对中世纪时期欧洲经院哲学的影响》《中国与阿

① 卓新平、曹中建：《20世纪的中国宗教学发展》，中国社会科学院世界宗教研究所编《宗教研究四十年》，宗教文化出版社2004年版，第3—4页。

② 中国伊斯兰教协会全国经学院统编教材编审委员会编：《中国伊斯兰教发展史简明教程》，宗教文化出版社2008年版，第164页。

拉伯各国之间有古老又年轻的友谊》先后发表于《人民日报》《光明时报》《历史教学》《中国穆斯林》等刊物上，在当时社会上产生了较大影响。此外，其他学者纷纷发表文章，介绍伊斯兰信仰或穆斯林生活。例如苏北海《一千年来伊斯兰教（回教）在新疆的发展》（《历史教学》1952年第9期）、林干《伊斯兰教（回教）是怎样产生的》（《历史教学》1953年第12期）、马立克《中国穆斯林的人口问题》（《中国穆斯林》1957年第2期）、纳忠《清代云南回族人与伊斯兰文化》（《云南日报》1957年3月14日）、白寿彝《中国元明时（1280—1661年）几个阿林》（《中国穆斯林》1958年第1期）。

在译著方面，虽有个别新作，但多为再版1949年之前的已有之作。20世纪50年代出版的几部马坚译作，如《古兰经》上册、《回教真相》、《伊斯兰教哲学史》等，皆属此例。《古兰经》于1949年12月由北京大学出版部出版。但实际上，译者自1940年就已着手移译，积十年之功方才面世。《回教真相》原名《伊斯兰教真相论文集》，作者为侯赛因·吉斯尔，马坚所译中文译本初版1937年。1951年，由商务印书馆再版。《回教哲学史》作者为荷兰东方学家第·博尔。马坚所译中文本最早于1944年由重庆商务印书馆初版，1958年又由中华书局再版，并更名为《伊斯兰教哲学史》。

这一时期，同为“旧作新版”的译著还有：（一）陈裕菁翻译的《蒲寿庚考》1929年中华书局初版，1954年中华书局再版。（二）纳忠翻译的《阿拉伯文化的黎明时期》最早于1937年在埃及告竣，1939年由商务印书馆初版，名为《黎明时期回教学术思想史》。1958年由商务印书馆再版时，为适应教学的需要，更名为《阿拉伯文化的黎明时期》。（三）《天方诗经》。《天方诗经》是埃及诗人卜西里所著《伽绥达—布尔达》的中译本名。光绪年间，由马德新译，马安礼、马学海二人整理、注释。此书于1957年由人民文学出版社出版。

虽然再版译著与普及文章构成这一过渡时期的主流，但与此同时，个别具有独立精神的著述虽寥若晨星，但光芒难掩。1951年1月，陈克礼综论伊斯兰教的专著《从穆罕默德看伊斯兰教》一书，由北京市回民学会铅印出版。接着他又出版了三部译著：《回教与社会》（1952

年）、《回教信仰基础》（1952 年）以及《圣训经》上册（1954 年）。然而，克礼前辈后来的际遇委实令人哀叹。他先是被打成右派，后又身陷囹圄。1970 年 7 月，竟至身罹碧血黄沙之难，含冤逝世。具有类似经历的何止陈克礼一人。1962 年 7 月，当时于宁夏文教厅任职的杨怀中完成了《回族和伊斯兰教历史资料调查研究设想》① 一文，洋洋万言。文中提出了两点建议：组织力量在民间抢救近百年来的回族历史资料、研究中古时期伊斯兰文化和伊斯兰民族文化。尽管今天看来这一万余字的建言，本属再正常不过的学术言论，但在当时"非常"的社会环境下，却被诬为宁夏树立起的"三大反动尖端"之一，可谓"一文获罪"。②

总体而言，这段过渡时期里，中国大陆地区的伊斯兰教研究几乎处于停滞的状态。一方面，真正的学术研究寥寥无几，而且就连这一点少得可怜的成果也往往被划归文、史、哲的范围；另一方面，受"左"的影响，以往学者的成果也被视作糟粕加以批判和抛弃，得不到应有的重视。但令人万万料想不到的是，就是在这万马齐喑的时期，新中国的伊斯兰教研究机构还是草草创立了。其标志是世界宗教研究所的成立，这也是此段时期内唯一值得称道的"典型事件"。其起因出自当时最高领袖毛泽东的一段批示：

> 这个文件很好。但未提及宗教研究。对世界三大宗教（耶稣教、回教、佛教），至今影响着广大人口，我们却没有知识，国内没有一个由马克思主义者领导的研究机构，没有一本可看的这方面的刊物。《现代佛学》不是由马克思主义者领导的，文章的水平也很低。其他刊物上，用历史唯物主义的观点写的文章也很少，例如任继愈发表的几篇谈佛学的文章，已如凤毛麟角，谈耶稣教、回教的没有见过。不批判神学就不能写好哲学史，也不能写好文学史或世界史。这点请宣

---

① 杨怀中：《回族和伊斯兰教历史资料调查研究设想》，甘肃省民族研究所编《伊斯兰教在中国》，宁夏人民出版社 1982 年版，第 396—416 页。

② 参见杨华《杨怀中先生访谈录》，《回族研究》2006 年第 4 期；《杨怀中，50 年间的"五个一"》，宁夏新闻网，http：//www. ycen. com. cn。

传部同志们考虑一下。[①]

尽管有学者认为，“毛泽东的这一指示对中国宗教学术研究发生了重大作用，既有积极方面，又有消极方面。”[②] 但在当时无疑引起了上上下下的高度重视。1964 年，在周恩来总理亲自指导下，迅速成立了世界宗教研究所筹备处，由当时的北大校长陆平兼任主任，任继愈负责具体筹备工作。北大哲学系东方哲学室的原班人马几乎全部照搬，成为世界宗教研究所草创之初的主要班底。[③] 这一事件影响深远，标志着当代中国宗教学学科的建立。

遗憾的是，好景不长，1966 年 6 月 1 日，《人民日报》发表了陈伯达炮制的社论《横扫一切牛鬼蛇神》，文中第一次明确提出“要年底破除几千年来一切剥削阶级所造成的毒害人民的旧思想、旧文化、旧风俗、旧习惯”，即所谓的“四旧”。宗教也被列为“四旧”，必须予以彻底清除。各地清真寺被关闭，阿訇被遣散，文物古迹、经书古籍遭焚毁。风雨欲来，人人岌岌可危、自顾不暇，谁还敢惹火烧身，再去研究被打成“四旧”的宗教呢？正处于萌芽状态中的伊斯兰教研究从此停滞不前。由于“文革”旋踵即至，世界宗教研究所的初创并未来得及促使中国的伊斯兰教研究正式起步，但也进行了一些关于世界各大宗教的信仰人数、地区分布等基础资料的搜集和整理工作。此外，当时世界宗教研究所的研究人员还曾创办了一份刊物《世界宗教动态》，但随着“文革”的开始，一系列政治运动接踵而来，如“打派仗”“抓 5・16 分子”“下干校”等，所有研

---

① 这个批语写在中共中央 1963 年 12 月 30 日转发中央外事小组、中央宣传部关于加强研究外国工作的报告的指示稿上。参见《毛泽东文集》第八卷，人民出版社 1999 年版，第 353 页。

② 吕大吉：《中国现代宗教学术研究百年来的回顾与展望》，《宗教研究四十年》，宗教文化出版社 2004 年版，第 293 页。

③ 由于时隔多年，关于世界宗教研究所成立之初的这段历史说法不一，其中不乏似是而非之处。通常认为 1964 年为世界宗教研究所成立之年。事实上，当时只成立了世界宗教研究所筹备组，负责筹建工作，由任继愈具体负责。由于当时任继愈的人事关系还在北京大学，便由北大校长陆平兼任筹备组主任。坊间流传陆平任所长，任继愈任副所长之误，大约由此而来。实际上，直到 1977 年，世界宗教研究所才正式挂牌成立，而在此之前一直使用“筹备处”之名。（吴云贵、段琦、牟钟鉴诸先生曾根据回忆就世界宗教研究所成立的这段历史更正了笔者原先的几处错误，在此谨表诚挚谢意。）

究工作都被迫中断，这份刊物只得无疾而终。

从1966年至1977年，全国范围内发表“介绍”伊斯兰教的文章只有屈指可数的数篇而已。不消说，这些由“战斗的无神论者们”撰写批判有神论的文章自然是火药味十足。其中，与伊斯兰教直接有关的文章仅有两篇：一是《穆罕默德和伊斯兰教》，发表在昆明师范学院出版的《教育革命》杂志1975年第2期；二是作者署名“方思一”的《伊斯兰教史话》连续刊登在《中央民族学院学报》1975年第2期、第3期以及1976年第1期。全文总计5万字，后由新疆人民出版社1977年12月出版单行本，内部发行。除了这两篇“凤毛麟角”以外，还有四五篇从考古学和人物考证的角度发表在《文物》杂志上的有关伊斯兰教的文章，但都不可避地带有了那个时代的烙印。[①] 值得一提的是，早在“文革”全面结束之前，从1972年开始世界宗教研究所的部分研究人员就已陆续返回北京，逐渐恢复研究工作，并取得了一定成绩。这为1978年以后，伊斯兰教研究的恢复和繁荣奠定了基础。但就全国范围而言，直至“文革”后期，伊斯兰教研究依旧毫无任何起色。

真正拨乱反正，百废俱兴则要留待“文革”结束之后。当时出现的拓荒之作包括：第一，1976年10月，世界宗教研究所编成了《马恩列斯论宗教》一书的“试编本”。1979年7月，重新改编后，又由中国社会科学出版社内部发行。第二，新中国成立以来第一本专业研究宗教的学术期刊《世界宗教研究》1979年8月正式创刊。第三，黄心川、戴康生等编著的《世界三大宗教》于1979年8月出版发行。第四，宗教学原理室也陆续编辑出版了《宗教·科学·哲学》和《宗教·道德·文化》两部论文集。

世界宗教研究所草创之初，当研究者“小心翼翼”地步入伊斯兰教研究这块学术领域中初经开垦的“新大陆”时，却发现自己面对的竟是一片困难重重、荆棘丛生的“荒野”。虽然早在20世纪上半叶之初，无数学者的心血揭开了现代中国伊斯兰教研究的序幕，但1949年至1964年这15年的风风雨雨，老一辈的学者凋零散落，他们的呕心沥血之作也不

① 桑荣：《我国伊斯兰教研究文献述评》，《新疆社会科学信息》2005年第4期。

能幸免，或被付之一炬，或正躺在图书馆的某个黑暗角落经受着“老鼠牙齿的批判”。世界宗教研究所的第一代研究人员面对的是这样一个局面：对于影响着广大人口的世界三大宗教，当时国内却没有一个专门研究机构，没有一本学术性甚至普及性的刊物。更为严重的是，政治运动接踵而来，导致学术研究无法正常进行。在此期间，只有世界宗教研究所的草创才算是漫漫长夜中的一点亮色，当被视为当代中国的伊斯兰教学术研究之起点。

（二）“重兴—繁荣”时期

“重兴—繁荣”时期指1978年至2000年这约20年的时间，可以被比作中国的伊斯兰教学术研究的青春期。当时的中国正处在一个百废待兴、欣欣向荣的阶段，从各种政治运动中解放出来的人们如同处于青春期的少年一样似乎有着无穷的活力，却又有些躁动不安。

这一阶段，在宗教学界影响最大的两种理论是“宗教鸦片论”和“宗教文化论”。20世纪80年代初，如何理解马克思关于“宗教是人民的鸦片”这一表述，引起学术界的广泛关注，被冠以“第三次鸦片战争”之名。又由于南北方学者在此问题上所持观点针锋相对，故也称为“南北战争”。争论的一方坚持不能将这句话视为马克思对宗教的定义和简单否定，宗教有其积极的一面；而另一方则力主马克思的这段名言指出了宗教的精神麻醉作用，揭示了宗教的负面影响。到了20世纪80年代晚期至90年代，随着对宗教的认识逐渐深入以及“文化热”的兴起，“宗教鸦片论”之争告一段落，取而代之的是“宗教文化论”。中国学界开始尝试从文化层面而不是像过去那样从政治和意识形态层面来反思宗教现象，提出了“宗教是文化”“宗教是一种社会文化现象”等观点。不仅从根本上改变了过去视宗教为异己力量的观念，而且开始正视宗教本身，将其视为一种广义的文化现象加以研究。“宗教文化论”很快在宗教学界掀起了一个研究宗教文化的高潮。

理论界从“鸦片论”到“文化论”的争论，对伊斯兰教研究的影响不容忽视。“宗教文化论”的确立实际上已成为当代中国学者研究伊斯兰教的一个公认的基本出发点。对中国的伊斯兰教研究而言，“宗教文化论”的意义不仅在于它补偏救弊，祛除了意识形态因素在认识宗教方面的偏见，更为重要的是，它为伊斯兰教研究开辟了新风气、新门类和新方法。从此，伊斯兰教研究不再仅仅局限于对伊斯兰教历史的研究，而是将其视为一种体系庞大、内涵丰富的文化现象，从思想、制度、物质等多个角度，以多种学科方法进行分析研究。可以说，正是“宗教文化论”带来了改革开放后中国伊斯兰教研究的重兴与繁荣。

回顾20世纪80年代后伊斯兰教研究的重兴历程，不难发现，从“美学热”到“文化热”这些大大小小的热潮是那个已逝去的时代给人们留下的深刻记忆，而与当时的求知热、文化热的社会风气相一致，伊斯兰教研究迎来了重新崛起的发展佳期。在伊斯兰教工具书、历史、教派、古兰学、哲学思想、国际政治、历史人物、文学艺术等领域都获得了巨大进展，其研究的广度和深度远远超出了以往任何一个时期。在这一阶段，伊斯兰教学术讨论极为活跃，从1980年到1986年，相继在银川、兰州、西宁、西安、乌鲁木齐等城市召开全国性的伊斯兰教学术研讨会。这些会议被视为中国当代伊斯兰教研究的一座座里程碑，对奠定和促进全国的伊斯兰教学术研究的开展起了关键的作用。各种学术出版物如雨后春笋般层出不穷，无论是史料整理还是研究论著的发表都达到了空前规模，呈现一派生机勃勃的重兴景象。

这一时期中国伊斯兰教的繁荣集中表现为学术成果与学科建设两方面成绩昭著，粲然可观。从学术成果来看，在20世纪最后20余年的伊斯兰教研究中，中国学者采用多层面、多角度的方法来分析和阐述了伊斯兰教历史潮流、现状及特点。例如，在《古兰经》的翻译和伊斯兰教工具书的编纂方面，出版了权威性的《古兰经》汉译本和维吾尔语译本，推出了一系列介绍研究《古兰经》的专著，从而使古兰学获得重大发展，而伊斯兰教辞典、百科全书的出版也为人们认识伊斯兰教提供了丰富知识。在伊斯兰教综述和世界伊斯兰教研究方面，学者们比较关注阿拉伯世界和伊斯兰教现状问题，其重要研究涉及当代伊斯兰复兴运动、伊斯兰教原教旨主义倾向、伊斯兰教与国际政治的关系等问题。在伊斯兰教历史研究方向，其重点乃中国伊斯兰教，所涉及的领域包括中国伊斯兰教派门宦历史、伊斯兰教与中国传统文化的关系、伊斯兰教史料整理等方面。此外，在伊斯兰教历史学、教法学、哲学思想、人物评传、伊斯兰文化、文学、科学、艺术等研究方面亦成绩斐然，令人瞩目。这些研究不仅提高了中国宗教学的研究水平，而且有较好的社会影响。对民族文化的继承与弘扬、民族团结与合作亦产生了积极的推动作用。

就学科建设而言，这一时期的繁荣表现为除了原有的世界宗教研究所伊斯兰教室一家之外，各地方高校和科研机构也结合自身特点，纷纷开始设立伊斯兰教研究培养专业和研究机构。北京、上海以及地方特别是西北的部分高校和科研单位逐渐设立宗教学研究专业，成立了数所从事伊斯兰教研究的学术机构。其中影响较大的有：宁夏社会科学院的回族伊斯兰教研究所、上海社会科学院宗教研究所、西北民族学院宗教研究中心等。此外，还有不少高校的相关宗教学系或研究所也纷纷增设伊斯兰教研究方向或专业，开展研究，培养人才。如中国社会科学院研究生院世界宗教系的伊斯兰教专业、北京大学宗教学系的伊斯兰教专业、中央民族大学哲学与宗教学学院的伊斯兰教研究专业等。

（三）“发展—转型”时期

“发展—转型”时期包括从 2001 年至 2019 年这将近 20 年的时间。较之前两个阶段，这一时期当代中国伊斯兰教学术研究的特点是逐渐步入成熟期。具体而言，进入 21 世纪以来，国内社会环境与思想氛围的变化主要体现为市场经济的影响与日俱增。不但市场经济的体制日渐根深蒂固，而且市场经济的意识也逐渐渗透到社会的各个角落，用“深入人心”来形容，毫不为过。学术界内，昔日的理想与激情开始褪色，取而代之的是以一种经营企业的方式和心态进行的“学术运作”。随着综合国力的增强，政府不仅逐渐加大对学术研究的投入，而且也开始以市场的方式向学者购买他们生产的“学术产品”。在这种情况下，学术研究越来越多地受到市场这只无形的手掌控，各种科研课题和调研项目形同指挥棒，有意无意地引导着学术热点的此起彼伏。典型例证之一是，近年来，国内伊斯兰教研究界内田野调查之风盛行，而传统的强项中国伊斯兰教史研究却颇受冷落。究其原因，固然有学术发展的内在原因，即因顾虑超越前辈学者史学功力和建树之不易，不得已才由文献考证转向实地考证，但另一方面，各级政府的积极鼓励与大力支持也是不容忽视的外在诱因。不难看出，这一时期，尽管国内伊斯兰教研究在前二十年研究的基础上继续发展，按照既定的轨迹运行，一切似乎风平浪静，但在这些表面的平静下，酝酿着新的变化。这些变化揭示出中国的伊斯兰教研究正处在一个转型阶段。由于“身在此山中”，我们尚不能完全概括出这一转型的“庐山真面目”，在此只扼要点明其中值得关注的一些新动向，主要有以下两个方面。

第一，学科意识的明确化与研究理论的多样化。

在上一个阶段，即 1978 年至 2000 年这长达 20 余年的“重兴—繁荣”时期，中国学者就以多学科、多层面、多角度的方法来描述和解释伊斯兰教。迈入第三阶段以后，中国伊斯兰教研究呈现出研究方法多样、范围拓宽、研究内容细化等特征。在前人打下的坚实基础上，中国的伊斯兰教研究在 21 世纪结出了累累硕果，呈现出欣欣向荣、朝气蓬勃的景象，特别是近年来培养出一批青年学者逐渐成为中国伊斯兰教研究的骨干力量。他们大都拥有博士学位，曾系统学习和掌握本学科的理论与方法，有明确的学科意识和方法论倾向，并且能够自觉运用历史学、哲学、宗教学、民族学、人类学、社会学、语言学、文化学、政治学等各学科的理论与方法来解读和分析伊斯兰教的典籍思想、历史现象和现实问题。例如，近年来一些青年学者运用民族学、社会学、人类学理论对当代中国伊斯兰教所面临的问题，特别是对中国信仰伊斯兰教的少数民族社群在现代社会中的处境进行了研究。这些研究多以田野调查为基础，立体地反映了中国伊斯兰教多元化的面貌，具有一定的现实意义。

第二，研究群体的扩大。

当代中国从事伊斯兰教研究的群体的扩大来自纵横两个方面，即“内部造血”与“外部输血”。“造血”喻指在本学术传统内部通过学术传承，培养后继人才，使学术之火代代相传，以叠加累积的方式增添新鲜血液；“输血”则指由于各种机缘，外来人才加入现有研究群体，从横向上扩充了研究群体。

就学术传统内部纵向的薪火传承而言，从 20 世纪 60 年代当代中国伊斯兰教研究草创算起，至今这一领域内的研究者至少涵盖了三代学者群体。第一代是 20 世纪 40 年代及此前出生的老一辈学者。他们目前大都已退休，但还有少数仍然活跃在学术舞台上。第二代是20世纪五六十年代出生的“中间代”学者。他们受惠于上一代学者，现在大多已成为中国伊斯兰教研究的中流砥柱。第三代则是20世纪70年代前后出生、已经崭露头角的青年学者。这几代学者先后承担着“传道、授业、解惑”的重任，但较大规模地培养专门人才应是第二阶段末至第三阶段才开始的。随着国内伊斯兰教学科的发展，各个大学和科研研究机构有规划地招收学生，设立了不少硕士和博士点，吸引了莘莘学子参与这一研究领域，人才培养和队伍建设进入良性循环，研究梯队初具规模，这也是中国伊斯兰教学科多年发展和积累至此阶段必然结出的硕果。

而从横向的输入看，近年来加入伊斯兰教研究的外来人才主要来自以下两个群体：其一，随着国内伊斯兰教研究朝多学科方向发展，引起了部分相关学科研究者的兴趣和参与，这是促使我国伊斯兰教研究队伍的横向扩大的因素之一。其二，从20世纪80年代起，国内学子赴国外学习，学成归国后其中个别佼佼者或直接、或辗转，带着语言和理解经典方面的优势进入国内伊斯兰教研究领域。

第三，从注重发展到调整转型。

2000年进入“发展—转型”时期之后，国内伊斯兰教研究经历了从发展到转型的变化。例如，2000年以后，各地建立专门伊斯兰教研究机构的势头有增无减。其中有代表性的研究机构有：2004年，陕西师范大学宗教研究中心正式挂牌成立，下设伊斯兰教研究方向；2005年，西北民族大学在原有的伊斯兰教研究专业的基础上成立了的伊斯兰文化研究所；兰州大学哲学社会学学院于2006年成立了伊斯兰文化研究所。而近年来随着形势变化，因种种原因，在“重兴—繁荣”时期以及2000年以后的发展时期成立的伊斯兰教研究专业，发生了一些调整和变化，大致有几种情况：（1）更改名称，比如宁夏社会科学院的“回族伊斯兰教研究所”改为“宁夏社会科学院回族研究院”；（2）裁撤合并，比如西北民族大学宗教研究中心的伊斯兰教研究专业；（3）活动减少，陷入停滞，如一些原先有伊斯兰教专业的研究机构，因新老交替、研究力量不足等原因，研究趋于停滞。

第三节　当代中国伊斯兰教研究的三条进路

本节力图发现中国伊斯兰教研究学术演变的“内在理路”。如前所述，学术史研究的重点不在于简单罗列成果或仅仅以书目问答或学者小传的方式总结本领域内出现过的学术著作或研究专题，而是要从学术史的高度对其加以分类，将之归纳为几个主要的学术流派或研究进路，并试图从学术发展的内在逻辑，揭示各种研究进路的纵向衍生或横向关联，特别是学术的前后繁衍流变，即每一代人从事学术研究的特点以及学术火炬从一代人传到另一代人手中时发生了哪些变化，产生了哪些新的研究方法和研究热点。如果说，第二节的考察重点是学术发展各个阶段的时间划分与外部环境，那么这一节则更倾力于揭示学术嬗变的内在逻辑与相互联系，从而为刻画出当代中国伊斯兰教研究的横向坐标。

众所周知，由于学术背景的差异，不同的学者分析同一宗教现象的角度和方法各具特色。有的善于搜集文献，甄别梳理；有的长于分析哲理，洞明幽微。前者更多体现史学的进路，后者则是哲学之专长。而在史学进路的统一旗帜下，亦有不同。高屋建瓴，汇集文献，使之融为一体，构成概论性著作，是通史研究之长；条分缕析，旁推反勘，从细微之处发现问题，为专题研究独擅。有鉴于此，笔者提出，若从方法论着眼，当代中国伊斯兰教研究主要由三种研究进路组成，即“历史—考证之路”“哲学—思想之路”以及“语言—文化之路”。这三条进路不仅可以在不同的研究者身上找到明显的印记，而且与各个研究结构和高校的学科设置具有密切关系。由此引出的问题是，同一宗教现象或曰研究专题，经过不同的研究者之手，可能会呈现不同的面貌。这是由于每个学者的学术背景、理解方式和分析方法各有特色。在他们的解读过程中，无论是对现象的描述，还是对意义的分析都会大相径庭。特别值得关注的是，上述三种研究进路不但历来各自拥有独特的学术背景与学科依托，而且在进入当代中国伊斯兰教研究的“重兴—繁荣”时期以来，在传统的研究方法之外，又进一步分化出一些新兴的次级学科和研究专题，反映出当代中国伊斯兰教研究未来走向。下文将依次对当代中国伊斯兰教研究的三种主要进路的起源、发展及其变化加以回顾与分析。

一　历史—考证之路

中国学者历来重视史学，这一治学传统在伊斯兰教研究领域可谓深得人心。伊斯兰教史研究，特别是中国伊斯兰教史研究，一直是国内学者研究伊斯兰教最为得心应手的“专擅之所”，也是目前中国伊斯兰教研究的众多分支中，能够赢得国际学界认可的“传家宝”。从史学进路研究伊斯兰教堪称该领域内的“嫡系正宗”。这一流派起步最早，人才最盛，成就也最为可观。自从20世纪之初，中国伊斯兰教研究进入“利遂期”以来，国内研究伊斯兰教的知名学者几乎全部都云集在史学领域内，如陈汉章、陈垣、金吉堂、白寿彝、马以愚、傅统先等。随着21世纪的到来，当代中国的伊斯兰教研究也进入了“发展—转型”时期。在“历史—考证”之路内部也出现了一些新的变化。一方面，从文献考证的研究方法来看，曾经一度繁荣的中国伊斯兰教史研究似乎显得有些后继乏人。随着第一代学者，即20世纪40年代及此前出生的老一辈学者，年事已高，逐渐淡出学术舞台。而第二、三代学者既罕有老一辈学者扎实的史学功底，在市场大潮的冲击下又不甘像上一代人一样“板凳须坐十年冷”。另一方面，与文献考证之冷形成鲜明对比，现实考证的方法逐渐占据上风。

（一）文献考证

1. 中国伊斯兰教研究

从文献考证角度，对中国伊斯兰教探本穷源是“历史—考证”进路题内应有之意。历史研究与实证研究的根本区别在于历史研究的旨归不外乎发掘历史的真相与事实，其途径则是通过烦琐的考证，在浩若烟海的历史文献中探赜索隐、钩隐抉微。而实证研究更关注当下生活中活生生的宗教现象，力图通过深入实地的观察，描述宗教现象。有的实证研究更进一步强调除了通过田野调查来获取一手资料以外，还要对调查得来的现象和数据加以高屋建瓴的理论分析。总体而言，进入“重兴—繁荣”时期以后，当代中国的伊斯兰教研究凭借改革开放的春风，再次迸发出勃勃生机，研究领域不断扩大，学术成果接连面世，在中国伊斯兰教研究方面，形成一个有点有线、历史与专题并重的相得益彰局面。既注重对中国伊斯兰教史的研究，也在中国伊斯兰教的专题研究方面取得长足进步。可将已问世的研究成果归纳为以下几个方面：第一，中国伊斯兰教史研究；第二，教派与门宦研究；第三，经堂教育研究；第四，地区伊斯兰教研究；第五，民族伊斯兰教研究；第六，中国伊斯兰教文化研究；第七，政教关系研究等。

（1）中国伊斯兰教史研究

对于中国伊斯兰教史的研究又可进一步划分为通史研究与断代史研究两类。

甲、通史研究

就通史研究而言，编写一部中国伊斯兰教通史，既是陈垣的建议，也是白寿彝的夙愿。自20世纪80年代，中国的伊斯兰教研究进入“重兴—繁荣”时期以来，中国伊斯兰教研究的蓬勃发展，为从新的视角编写详尽的科学的通史，提供了初步的基础。1998年，李兴华、秦惠彬、冯今源、沙秋真合著的《中国伊斯兰教史》的问世，就是前十多年学术发展的反映。该书有70多万字，内容丰富、资料翔实、体系庞大，是新中国第一部中国伊斯兰教史专著。全书共5编22章，按五个不同历史时期叙述了伊斯兰教在华的初期传播、普遍传播、发展完善和成形、在不同地区的本土化和民族化过程中产生的历史变化，以及在不断衍变中所凸显的中国特色和伊斯兰教自身作为一种信仰文化和生活方式而保留的基本特质。该书卷帙浩繁，内容庞大，屡屡可见填补学术空白的亮点，如在第五编叙述了伊斯兰教在新中国成立后的基本概貌，虽然过于简略，但毕竟有开拓之功。该书也不为学术窠臼所局限，如在伊斯兰教东传时间上，该著作没有采用传统的“永徽二年”说，而是选择了唐肃、代二宗即公元8世纪中叶的说法。另外，对历朝各代的伊斯兰教政策有比较系统而概括的论述，也颇具新意。当然，因多人合著而产生的缺憾也在所难免，如各编体例、撰写的风格、文字表达等方面都不同程度地存在着差异。另须一提的是，此书出版之前，冯今源《中国的伊斯兰教》（宁夏人民出版社，1991年）、秦惠彬《中国的伊斯兰教》（商务印书馆，1994年）已分别发表，各有侧重，特色鲜明。例如，在《中国的伊斯兰教》一书中，作者冯今源对中国清真寺的名称、社会职能、建筑风格所做的研究，别具一格，观点鲜明。此书在有关教派问题和中国各族穆斯林在历史的贡献上，也有独特见解。

直到21世纪来临，中国伊斯兰教研究进入“发展—转型”时期以后，致力于中国伊斯兰教通史研究者仍不乏其人，近年来出版的代表之作包括：周燮藩、沙秋真合著《伊斯兰教在中国》（华文出版社，2000年）、米寿江《中国伊斯兰教简史》（五洲传播出版社，2004年）、马平主编《简明中国伊斯兰教史》（宁夏人民出版社，2006年）、杨桂萍与马晓英合著《清真长明》（宗教文化出版社，2007年）。这些著作各具特色，提出了各自对于中国伊斯兰教历史的理解与诠释。

不难看出，进入“发展—转型”时期后，中国伊斯兰教通史的研究方面出现了一些新的变化。就其可嘉一面而言，这一时期的研究更注重从与中国伊斯兰教具有密切关联的民族、文化等多重线索综合论述中国伊斯兰教的演变历史。较之以往以朝代变迁为主的单线模式无疑在研究视角上更为宽广。但这种研究模式亦有其不利因素。“发展—转型”时期内涌现出的这一系列通史著作，若与李兴华等合著近70万字的《中国伊斯兰教史》相比，在篇幅上则无一例外，都大为缩减。而与此同时，这些著作所论述内容往往又是多个线索齐头并进，这意味着在深度上这些著作较之《中国伊斯兰教史》必定有所逊色。这或许情有可原，诗仙李白也曾感慨：“眼前有景道不得，崔颢题诗在上头。”既然有这样一部大部头的研究性专著在前，无论在篇幅，还是在深度上，后人实在难以超越。因此，若要成一家之言，为读者接受，只能转换角度，或以宽度之广弥补深度之不足，或以内容概括性之强、涵盖面之广取胜；或以文笔优美，引人入胜见长。这大概是近年来中国伊斯兰教通史研究多为面面俱到的“概论性”研究，而缺少有深度的通论性专著之内在原因。

尽管上述通史著作各有专美，但并不意味着对中国伊斯兰教史的研究只能止步于此，再也无法推陈出新。实际上，即便《中国伊斯兰教史》这样的鸿篇巨制也是按照朝代变迁的先后次序，划分为“唐宋”“成吉思汗西征至明中叶”“明中叶至清末”“民国时期”“中华人民共和国成立之后”五个时期。由编到节，层层递进，逐步深入。如果说从整体上超越前人巨著千难万难，但若能够批亢捣虚，攻其一点，集中精力对某个朝代、时期做深入研究，那么，即使前人的上乘之作，也并非高不可攀。更进一步，若能将这些对不同时期的专门研究融会贯通、合为一体，具有深度的通史研究自然水到渠成。然而，正如荀子所言："不积跬步，无以至千里"。此项构想必由扎扎实实的断代史研究入手。

乙、断代史研究

除通史研究外，中国伊斯兰教的断代史研究方面有不少文章问世。李林《伊斯兰教在唐代活动述略——兼议伊斯兰教在中国早期文化传播的性质》（《回族研究》2001 年第 4 期）在考察伊斯兰教在唐代活动轨迹的基础上，分析了伊斯兰教在中国早期文化传播的性质问题。作者提出，伊斯兰教在中国的早期文化传播活动具有作为伊斯兰世俗物质文化传播客观结果的"随生性"。从这个意义上讲，伊斯兰教在中国的早期文化传播似乎是一种"无心插柳柳成荫"的意外结果。但如果站在不同社会文化系统之间相互交往和文化传播的高度来审视这种特殊的文化现象，就会发现隐藏在历史偶然性背后的乃是早期来华的穆斯林先民在主动适应一种完全陌生的社会文化环境的漫长历程中，作为弱势文化群体所表现出的一种"适者生存"的非凡智慧和苦心孤诣。秦惠彬在《伊斯兰教在五代时期的发展》（《世界宗教研究》1989 年第 1 期）一文中提出五代时期，中国伊斯兰教的传播重心已由西部（长安一带）转移到了南部。他在文章中提出存在着一个信仰阶梯的观点，即中国穆斯林的信仰心态呈现出由西向东渐次下降的阶梯。此外，专门以某个朝代的伊斯兰教为主题的文章还有：周耀明《试论宋代伊斯兰教在河陇地区的传播》（《甘肃民族研究》2004 年第 4 期）、邱树森《元代伊斯兰教在中国北京和西北的传播》（《回族研究》2001 年第 1 期）、刘成有《地位上升而又明确附儒的元代伊斯兰教》（《湖北民族学院学报》2002 年第 1 期）、葛壮《明代社会中的伊斯兰教和穆斯林》（《世界宗教研究》2002 年第 1 期）、陈国光《清代维吾尔族中的伊斯兰教》（《新疆社会科学》2002 年第 2—3 期）。

这些文章上至唐、五代，下至宋元明清时期，描绘出了一幅伊斯兰教在中国演变的全息图。然而，中国伊斯兰教的断代史研究多是论文，极少专著。这说明断代史研究的重要性尚未引起足够重视，不禁令人惋惜。其实，中国伊斯兰教史研究中有些朝代和专题的史料本来就为数甚微，如唐宋时期的伊斯兰教，经过几代人钩沉索隐基本已经穷尽。除非从新的视角重新审视这些耳熟能详的旧史料，或独辟蹊径发掘新资料，否则发挥余地不大。而有些时期，如民国时期，其时距今不远，研究者又寥寥无几，若能综合各种材料，从断代史角度撰写一部“民国时期的中国伊斯兰教史”则不难别开生面，自成一家。就此而言，断代史研究理应成为未来中国伊斯兰教研究的一个重点。

（2）教派与门宦研究

分宗立派、开枝散叶是任何宗教传统在发展过程中都不可避免的自然现象，也有人将其视为宗教发展成熟的标志。在长期的发展过程中，中国伊斯兰教也逐渐演化出了自己特有的教派体系，素有“三大教派”与“四大门宦”之说。所谓“三大教派”，即格底目、伊赫瓦尼和西道堂。“四大门宦”或曰“四大苏菲学派”则包括虎夫耶、嘎德林耶、哲赫忍耶、库布忍耶。马通先生最早在《中国伊斯兰教派与门宦制度史略》中提出“三大教派、四大门宦”之说。这一“认识范式”在学界广为接受，已成为公认的说法。近年来，也有学者提出新的观点，如马平主编《简明中国伊斯兰教史》（宁夏人民出版社，2006 年）提出“四大教派、四大门宦”之说。最近，丁士仁撰写《中国伊斯兰教门派划分的新视角》也就此问题提出新的见解，认为中国伊斯兰教从整体上可以划分为“四个教派”，即格底目、门宦、伊赫瓦尼与赛莱菲耶。[①] 尽管新的看法层出不穷，但本文仍沿用“三大教派”“四大门宦”之说，并以之提纲挈领，概述中国学者对教派门宦的研究。

教派与门宦研究是进入“重兴—繁荣”时期后，当代中国的伊斯兰教研究最先取得突破，产生学术专著的领域。除了前文提及以马通和勉维霖为代表的以实地调查方式研究教派门宦途径以外，还有不少学者从文献资料入手对苏菲门宦进行研究，涌现出了一批在文献资料的收集和整理方面取得较大进展的论文和专著，并引起国际学术界的重视。代表性论文

① 丁士仁：《中国伊斯兰教门派划分的新视角》，刘义章、黄玉明主编《不同而和：基督教与伊斯兰教在中国的对话与发展》，香港建道神学院 2010 年版，第 187 页。

有：杨怀中《论十八世纪哲赫忍耶穆斯林的起义》、马辰《马元章与哲赫林耶教派的复兴活动》、马福海《嘎的林耶门宦杨门始末》、冯今源《关于门宦教派问题的刍议》等。①

从对教派的研究来看，人数居“三大教派”之首的格底目在中国称“老教”“遵古派”，指保持伊斯兰教入华后形成的传统，与明末清初后产生的门宦及新教派有别的中国穆斯林社团。相关的论文有：冯增烈《“格底目”八议》(《西北民族学院学报》1984 年第 1 期)、冯今源《中国伊斯兰教教坊制度初探》(《世界宗教研究》1984 年第 1 期)、李兴华《格底目史初探》(《甘肃民族研究》1985 年第 1、2 期)，等等。

第二大教派伊赫瓦尼在中国称“新兴教”“遵经派”。指产生于 19 世纪末以“凭经行教”“尊经革俗”为号召的新教派。早期发表的相关研究论文有：马克勋《中国伊斯兰教伊赫瓦尼派的倡导者——马万福》、马占彪《试论马万福及其依赫瓦尼教派》、刘德文《中国伊斯兰教伊赫瓦尼派在西宁的传播》等。也有人追溯其思想渊源，如冶青卫《试论伊赫瓦尼与瓦哈比派的关系》等。进入“发展—转型”时期后，对伊赫瓦尼的研究层见叠出。影响较大的有马斌《萧德珍与西安伊赫瓦尼教派》(《西北民族研究》2001 年第 1 期)。其他相关论文还有：马强《瓦哈比运动与中国的伊赫瓦尼和赛莱菲耶——兼议国外伊斯兰思潮对中国教派形成的影响》(《西北第二民族学院学报》2001 年第 3 期)、马景《伊赫瓦尼派在西北发展原因探析》(《青海社会科学》2005 年第 6 期)以及敏文杰的两篇文章《临潭县伊赫瓦尼教派的传播与发展调查》(《西北民族研究》2008 年第 1 期)与《二十世纪中国伊赫瓦尼教派维新运动回眸》(《宁夏社会科学》2008 年第 2 期)。

在“三大教派”中，有关西道堂的资料整理和研究文章较多。西道堂是中国伊斯兰教中形成较晚的一个派别。清光绪年间，由马启西创立于今天的甘肃省临潭县旧城。因其创始人重视用刘智等汉文译著家撰写的《天方至圣实录》等“汉克塔布”(汉文经典)宣传教义，故又有“汉学派”之称。早在 20 世纪三四十年代就有范长江、顾颉刚、王树民等人在

① 上述论文均载西北五省区伊斯兰教学术会议论文集。

西道堂做过实地考察，并进行介绍与研究。从 20 世纪 40 年代末到 70 年代末这近 40 年的时间内，对西道堂的研究处于停滞状态，直到 20 世纪 80 年代的“重兴—繁荣”时期之后才重新启动。20 世纪 90 年代前后，学界形成了一股研究西道堂的热潮，主要有以下几个方面的原因。

第一，马通先生在《中国伊斯兰教派与门宦制度史略》一书中将西道堂列为中国伊斯兰教三大教派之一，做专章介绍之后，引起了学界对西道堂的关注，围绕西道堂的教权组织、宗教活动、经济建设、教派属性等问题展开了热烈讨论。例如，西道堂特有的“大房子”制度被视为是早期伊斯兰教历史上出现的穆斯林公社“乌玛”在近代中国穆斯林社会中的实践，一直是学界关注的热点。再如，马通先生最早提出西道堂是中国伊斯兰教“三大教派之一”，但也有人认为，从教派属性上看，西道堂应属苏菲门宦，而非教派。时至今日，对于西道堂究竟属教派还是门宦，学术界仍争论不休。

第二，1987 年由青海民族学院民族研究所、西北民族学院西北民族研究所合作编辑的《西道堂史料辑》一书以内部资料名义印行，这也是至今唯一一本专门论述西道堂的论集。书中辑录了自民国时期至 20 世纪 80 年代有关西道堂研究的资料和文章共 16 篇，内容涵盖西道堂历史、宗教信仰、马启西和历代教主生平、教育、清真寺、刘智思想对西道堂的影响、大事记等方面，为研究西道堂提供了必读和有重要参考价值的工具书。

第三，西道堂素有重视学术与教育的传统。1994 年 5 月和 1995 年 7 月，先后邀请两批专家学者赴西道堂进行为期半个月的学术考察，考察的成果陆续发表，影响至今。相关的论文有：陆进贤、陆聚贤《中国伊斯兰教西道堂》(《阿拉伯世界》1994 年第 2 期)、马德良、于谦《刘智思想对西道堂影响浅析》(《世界宗教研究》1995 年第 1 期)、金宜久《刘智思想在中国穆斯林中的影响》(《甘肃民族研究》1996 年第 3—4 期)、马平《中国回族的“普埃布洛”——甘南临潭西道堂尕路提大房子研究》(《回族研究》1997 年第 2 期)、《甘南藏区拉仁关回族“求索玛”的群体研究》(《伊斯兰文化论集》，中国社会科学出版社 2001 年版，第 273 页)、丁宏《西道堂模式——一个宗教派别的社会实践及带给我们的思考》

（《中央民族大学学报》1996 年第 5 期）等，均对西道堂早期的历史问题做了分析与研究。

20 世纪 90 年代以来，在对西道堂的介绍中，高占福的成果比较集中，连续发表《刘智宗教思想对西道堂教派的影响》（《宁夏社会科学》1990 年第 2 期）、《马明仁与西道堂经济的发展》（《西北民族研究》1993 年第 1 期）、《甘肃伊斯兰教西道堂历史与现状调查——以伊斯兰教与社会发展相适应为主》（《西北民族研究》1994 年第 2 期）、《关于西道堂“大家庭组织”的调查与研究》（《甘肃民族研究》1999 年第 2 期）等文章。就刘智宗教思想与西道堂的渊源关系、马明仁振兴西道堂的经济活动、西道堂的历史与现状等问题做了评述。值得一提的是，西道堂现任敏生光教长也曾先后撰写了《刘智思想与西道堂》（《回族研究》1991 年第 4 期）、《伊斯兰教“乌玛”制度对西道堂的影响》（《世界宗教研究》1995 年第 1 期）等文章探讨伊斯兰教的制度、思想与西道堂形成与发展的关系。

进入“发展—转型”时期后，对西道堂的研究仍在继续，但也表现出一些新的变化和特点。主要体现为相关研究开始注重从西道堂与中国传统文化的融合、与建设和谐社会中的积极作用等角度阐发思想，反映现实。这既与目前主流话语强调宗教对话、构建和谐社会有关，也说明西道堂宗教思想与实践中本身就包含这方面的积极因素。相关论文有：马晓军《中国伊斯兰教教派西道堂的特点》（《兰州大学学报》2004 年第 2 期）、马志丽《伊斯兰文化与中国传统文化融合与适应的典范——以西道堂为例》（《青海民族研究》2008 年第 3 期）、敏贤麟《从西道堂创建看中伊文化的和谐交融》（《西北第二民族学院学报》2008 年第 6 期）、康春英《对中国伊斯兰教西道堂的最新调查与思考——兼谈宗教参与和谐社会建构的具体形式与实现方式》（《西北民族大学学报》2009 年第 1 期）。

（3）经堂教育研究

中国的经堂教育为明嘉靖年间伊斯兰教经学家胡登洲开创，他有感于当时教内“经文匮乏，学人寥落”的衰微，遂“慨然以发明正道为己任”。在家中讲经论道、授徒课业，培养了众多弟子。可以说，经堂教育是伊斯兰教在清真寺内传授知识、培养宗教人才的传统在中国结合私塾特色而形成的教育制度。以清真寺为场所的经堂教育制度，在中国穆斯林中代代相传，为培养经学人才和伊斯兰教的传播起到了相当大的作用。经堂教育在历史上一直受到穆斯林的重视。在20世纪30—40年代已有王静斋《中国回教经堂教育的检讨》、庞士谦《中国回教寺院教育之沿革及课本》、希拉伦丁《经堂用语研究》等文章以及马坚译《回教教育史》等。自1989年《经学系传谱》整理出版后，明清之际经堂教育的兴起、传承、流派等问题有了宝贵的资料可借参照，特别是苏菲主义对于经堂教育以及后来的汉文著译的影响，有准确、明晰的叙述。

然而，时至今日，相对于学校教育和家庭教育来说，经堂教育在现代教育体系中的地位大大下降了。在学术研究中，穆斯林教育问题固然一直受到重视，但关于经堂教育的文章却不多，这或许反映了难以被主流教育体系接纳的前提下，经堂教育困窘的现状。早期的文章中，有一些颇具代表性。如冯增烈《明清时期陕西伊斯兰教的经堂教育》（《清代中国伊斯兰教论集》，宁夏人民出版社，1981年）、王永亮《回族经堂教育的产生和早期形态》（《回族研究》1993年第1期）。冯增烈在论文中阐明经堂教育的渊源和兴起，讨论了清真寺的组织与经堂教育结构的关系，还对经堂教育教授的课程，中国形式的宗教术语“经堂语”和经堂文字“小儿锦”，包括经堂教育代表人物胡登洲及其弟子相传等历史情况做了较清晰的介绍。从文章涉及面来看，该文是一篇对中国伊斯兰教教育制度进行较为全面探讨的代表性佳作。晚近的则有：王伏平《海思福对中国经堂教育的贡献》（《回族研究》2007年第4期）、杨文炯《女学：经堂教育的拓展与文化传承角色的重心位移——以兰州、西安、临夏调查为个案》（《回族研究》2002年第1期）等。此外，《中国穆斯林》杂志发表了大量有关经堂教育和著名经师的介绍、研究文章。1990年在济南召开的第六次全国回族史讨论会侧重于回族教育史，会议论文由山东省民委以《中国回族教育史论集》（山东大学出版社，1991年）为名编辑出版，其中有不少文章涉及经堂教育。2007年在兰州召开了“中国经堂教育问题研讨会”。与会代表提交了一批关注中国经堂教育的发展历程、问题、对策以及未来发展方向的论文和发言。例如，《创制与文化振兴——伊斯兰教中国本土生长的历史启示》《经堂教育的百年发展》《经堂教育的现状与思考》《经堂教育未来发展的方向》《经堂教育发展的新理论、新视角、新境界》，等等。

另需一提的是，随着经堂教育而发展出来的“小经”近年来也逐渐引起人们的关注。“小经”是中国穆斯林用阿拉伯语字母拼写记录经堂语和汉语的一种表音文字，也称“消经”“小儿锦”。中国穆斯林将阿拉伯语和波斯语典籍称为大经，与之相对，这种拼记文字就称为“小经”。而所谓“消经”则取“消化经典”之义，在中国伊斯兰教经堂教育中广为采用。大约从 2000 年起，南京大学历史系刘迎胜教授组织“小经”课题研究组多次赴西北实地搜集了多件具有代表性的“小经”文献资料，并有一批后续研究成果出现，例如，刘迎胜《关于我国部分穆斯林民族中通行的“小经”文字的几个问题》（《回族研究》2001 年第 4 期）、韩中义《试论穆斯林经学文献的印行及其对知识传播的影响——以小经〈开达尼〉为例》《小经文献与伊斯兰教相关问题研究》（《世界宗教研究》2005 年第 3 期）、《小经文献的语言学相关问题初探》（《西北民族研究》2007 年第 1 期），等等。这些研究成果的发表在该领域内引起了一番热烈讨论。虎隆撰写了《“消经”日记〈正大光明〉与普洱马阿訇》（《回族研究》2006 年第 3 期）、《也谈“消经”开以达尼》（《回族研究》2007 年第 1 期）。虎隆在后一篇文章就韩文中涉及的一些问题和关键词提出了不同看法，引起了学界广泛关注。

（4）地区伊斯兰教研究

进入“重兴—繁荣”时期后，中国伊斯兰教史研究的深入，带动了地区伊斯兰教研究。20 世纪 80 年代，关于一些地区伊斯兰教的论文和调查报告陆续出版，如泉州海外交通史博物馆和泉州历史研究会联合编纂《泉州伊斯兰教研究论文选》、甘肃民族研究所编《西北伊斯兰教研究》。进入 20 世纪 80 年代以来，地区性伊斯兰教研究在原有基础上又取得长足进步。其重点有两个方面：一是对内地伊斯兰教的研究，二是对边疆地区伊斯兰教之考证。

内地伊斯兰教研究方面代表性专著包括《南京回族、伊斯兰教史稿》和《中国南方回族历史人物资料选编》。值得注意的是，这两本著作都涉及中国南方回民的历史和文化，而南方的伊斯兰教研究以前总是受到忽略，产生的研究成果不多，传统上只注重西部地区的伊斯兰教。这两本书的出现说明中国伊斯兰教研究开始克服注重西部轻视东部的现象，这当属一个新的现象。近年来，随着经济发展大批来自西部的穆斯林商人涌入南方城市，如广州、深圳、义乌等地，从事商贸活动，在当地形成了被称为“新蕃坊”的穆斯林聚居区。也引起了研究者对这些地方伊斯兰教新变化、新趋势的兴趣，出现了一些相关的文章，如郭成美《当代“蕃坊”的崛起》(《回族研究》2007 年第 2 期)、季芳桐《东部城市流动穆斯林人口的结构特征与就业状况研究》(《西北第二民族学院学报》2008 年第 4 期)。

此外，在近年内地伊斯兰教研究中，值得一提的是李兴华撰写的“中国名城名镇伊斯兰教研究”系列文章，陆续发表于《回族研究》等刊物。该研究专题把中国的一些穆斯林聚居的中心如临夏、朱仙镇、大同、南京、西安、开封、兰州等作为研究目标，每个城市写一篇论文，详细论述了每个城市伊斯兰教的历史与现状以及该城市伊斯兰教与整个中国伊斯兰教历史与现实的意义。作者厚积薄发，显示了对材料的驾驭能力和深厚的史学功底，是近年来本领域中比较见实力和功夫的研究。

地区伊斯兰教的另一个重点是对边疆地区伊斯兰教的研究。其中，以对新疆的伊斯兰教研究取得的成绩最为显著。刘正寅和魏良弢合著《西域和卓家族研究》、李进新著《新疆伊斯兰汗朝史略》等。值得一提的是，新疆社会科学院的学者从 1979 年开始，就着手组织人员翻译、整理了大量资料，进行实地调查和学术研究。在此基础上编写的《中国新疆地区伊斯兰教史》(全两册）已经出版（新疆人民出版社，2000 年)，是地区伊斯兰教史研究的一项重大成果。

除此之外，还有不少对新疆地区伊斯兰教派研究的文章。其中一些论文由研究苏菲教团到苏菲主义学说的研究，从而与世界伊斯兰教的研究汇合；另一些则由西北门宦溯源至新疆依禅派，进而揭示其与中亚苏菲教团的道统渊源，代表性论文有：王守礼《新疆依禅派研究》、金宜久《苏菲派与中国门宦》、陈国光《回回 25 世到中原考——关于新疆伊斯兰神秘主义在内地传布问题》《新疆伊斯兰教史上的伊斯哈克耶—兼论我国哲赫忍耶门宦的来源》《中亚纳合西班底教团与我国新疆和卓、西北门宦》、周燮藩《伊斯兰教苏菲教团与中国门宦》、王怀德《苏菲派的演变与门宦制度形成的特点》《略论依禅派的形成及其特点》、潘志平《中亚和新疆和卓的兴衰》、刘正寅《和卓家族兴起前伊斯兰教派在西域的活动及其政治背景》、陈慧生《试论清代白山派和黑山派之间的斗争及其影响》等。此外，涉及新疆伊斯兰教派的文章还有付禹与谭吴铁合作撰写的《新疆回族哲合林耶门宦历史的调查报告》（《新疆社会科学研究》1986 年第 2 期）、石磊《哲赫忍耶教派创始人马明心的遗孀和女儿在新疆的遭遇》（《甘肃民族研究》1989 年第 1 期）、马志福《马良骏及其著述与研究》（《回族研究》1992 年第 4 期）、陈国柱《乌鲁木齐回族二十三坊》（《回族研究》1994 年第 2 期）、戴良佐《新疆盖斯拱北探讨》（《回族研究》1996 年第 2 期），等等。

迈入 21 世纪以来，新疆地区的伊斯兰教研究出现了一些新的变化。一方面，历史研究仍在继续；另一方面，更多的研究开始以史为鉴，通过文献考证和实际调查关注现实问题，特别是如何发挥伊斯兰教及穆斯林群体在新疆社会稳定、地缘政治等方面的积极作用成为屡屡出现的议题。近年出现的文章包括：阿比孜·尼亚孜《当前新疆反分裂斗争与伊斯兰教关系的几个问题》[《新疆师范大学学报（哲学社会科学版）》2004 年第 2 期]、潘向明《清代新疆伊斯兰教教派问题刍议》（《清史研究》2004 年第 3 期）、李建生《关于引导新疆地区伊斯兰教与社会和谐的思考》（《新疆师范大学学报》2006 年第 1 期）、汤夺先《伊斯兰教的群体整合功能论析——以地缘政治格局中的新疆地区为例》（《宁夏师范学院学报》2008 年第 1 期）、杨红《对新疆伊斯兰教宗教教职人员队伍建设的思考》（《中共伊犁州委党校学报》2008 年第 2 期）、张敬全与李进新等合作撰写的《试论伊斯兰教协会的桥梁纽带作用——对新疆各级伊斯兰教协会的调查与思考》（《甘肃社会科学》2008 年第 5 期）、谢贵平《试论新疆伊斯兰教的双重社会功能与和谐社会构建》（《塔里木大学学报》2008 年第 3 期）、潘欣颂与龙群合撰《试论宗教因素对新疆族群稳定的影响》（《黑龙江民族丛刊》2008 年第 6 期）、任红《新疆伊斯兰教教育现状研究》（《中国穆斯林》2009 年第 2 期）、胡欣霞《新疆伊斯兰教宗教人士的宗教心理分析》（《新疆社会科学》2009 年第 1 期）等。

（5）民族伊斯兰教研究

在民族伊斯兰教研究方面，以对回族伊斯兰教的研究最具代表性，成果也最为丰富。20 世纪 80 年代，在对伊斯兰教和回族关系研究中，曾发生过一场影响深远的争论，即伊斯兰教在回族形成中的作用问题，成为讨论热点之一。部分学者认为伊斯兰教在回族形成的过程中起到了决定作用、关键作用和主导作用；而另一部分学者坚持伊斯兰教所起的是纽带作用、联系作用。中央民族大学林松教授是“决定论”一方的代表。他撰写的《试论伊斯兰教对形成我国回族所起的决定性作用》（《社会科学战线》1983 年第 3 期）一文从 9 个方面进行了缜密论证，旗帜鲜明地主张伊斯兰教对回族形成起着决定性的作用。但也有学者支持另一种观点即所谓“纽带论”。其代表者如马汝邻在《再论伊斯兰教与回回民族形成的关系》（《宁夏大学学报》1984 年第 3 期）一文中，坚持认为在回族的形成过程中，民族意识起着主导作用。这一争论到 20 世纪 90 年代仍然余波未平。例如，南文渊《论伊斯兰文化在回族形成中的主导作用》（《回族研究》1991 年第 3 期）一文从伊斯兰教在中国发展的历史考察中论证了元末明初伊斯兰教在中国的兴盛发展直接促成了回回民族的形成。并从回族的自我意识、民族性格、风俗习惯等方面论证了伊斯兰文化在回族的形成中起到了主导作用。此后，研究范围逐渐扩展到伊斯兰教对回族社会经济、文化、风俗习惯、居住特点等各方面的影响，部分取得了共识，即回族的形成和发展离不开伊斯兰教。基于这一认识，伊斯兰教研究也成为回族研究的一个极其重要的组成部分。

据统计，改革开放以来，回族研究领域内以伊斯兰教为主题的文章和论文多达 780 篇。[①] 这些文章和论文除了直接属于对伊斯兰教的研究以外，其余则关注伊斯兰教对回族在方方面面的影响研究。主要论文有：丁明俊《略论伊斯兰教对回族艺术的影响》、南文渊《伊斯兰教对回族教育的影响》、梁向明《略论伊斯兰教道德及其在回族传统道德形成中的作用》、肖芒《伊斯兰文化对回族商业活动的影响》、丁宏《从回汉民族关系角度谈加强伊斯兰文化研究的重要意义》、陶红与白洁合撰《回族服饰

---

① 董知珍：《1979—2004 回族文化研究综述》，《甘肃民族研究》2006 年第 1 期。

文化与伊斯兰教》等。

相关方面的著作也接踵而至。比如，中国社科院民族所和中央民族大学民族所合编《回族史论集（1949—1979）》（宁夏人民出版社，1984年）、杨怀中《回族史论稿》（宁夏人民出版社，1991年）、林松与和龚合著《回回历史和伊斯兰文化》（今日中国出版社，1992年）、李松茂《回族伊斯兰教研究》（宁夏人民出版社，1993年）、邱树森《中国回族史》（宁夏人民出版社，1996年）、杨志玖《元代回族史稿》（南开大学出版社，2003年）。在地方回族史方面，先后出版了《云南回族史》（杨兆钧主编，云南民族出版社，1989年）、《甘肃回族史》（马通著，甘肃民族出版社，1994年）《新疆回族史纲要》（韩斌、马苏坤、王平等合著，乌鲁木齐1995年刊印）、《西北地区回族史纲》（王伏平、王永亮合著，宁夏人民出版社，2003年）等著作。此外，还有两部由著名历史学家白寿彝主编的鸿篇巨制：一是宁夏人民出版社从1985年到1997年陆续出版的四卷本《回族人物志》，二是两卷本《中国回回民族史》（中华书局，2003年）。这两部著作集多位学者之长，呈现了回族学研究的新成就。

（6）中国伊斯兰文化研究

或许有读者会质疑，此处将“中国伊斯兰文化研究”单独列为一个研究专题，与前文以回族为主的“民族伊斯兰教研究”似有交叉重叠之嫌。因此，有必要对之加以界定和说明。所谓“中国伊斯兰文化研究”主要涉及以下两个领域的研究：

一是探讨伊斯兰教与中国传统文化的互动关系。一方面，既要着重研究伊斯兰教如何从一个外来宗教演变为中国传统文化的一个有机组成部分，即“伊斯兰教在中国”到“中国伊斯兰教”的“本土化”历程。另一方面，既然强调“互动关系”，则也需特别留意中国文化对伊斯兰教的种种回馈与反应，从正面的宽容、接纳，到负面的疑虑排斥都应一视同仁加以探究。

二是世界各地穆斯林的信仰“同中有异”，其共通之处表现为皆具伊斯兰信仰，而殊异之处表现为受当地文化的影响而烙上各自的文化印记，即伊斯兰信仰的“共性”与“个性”特征、伊斯兰文化的“统一”与“多元”样态。基于这一认识，扎根于中华大地的中国穆斯林又如何借助特有的中国伊斯兰文化来成就和表达各自的信仰，就成为一个值得深入研究的课题。

“中国伊斯兰文化研究”与“民族伊斯兰教研究”的主要区别在于，前者着眼于殊相，观察已融入中国文化的伊斯兰信仰在中国穆斯林生活中的种种表达；后者强调共相，以伊斯兰教的基本教义、教法为准绳，从宏观上考察伊斯兰教对相关民族的影响。

进入“重兴—繁荣”时期后，论及伊斯兰教文化的文章明显增多，在研究的广度与深度方面也都有新的进展。其中，既从有宏观的历史和文化角度出发探讨中国伊斯兰文化的属性与特征，也出现了不少从微观上探讨伊斯兰文化各个具体而微的方面的文章。前者的代表有：马启成《论中国伊斯兰大文化属性》(《中央民族学院学报》1992年第6期)、葛壮《伊斯兰教和中国传统文化》(《探索与争鸣》1992年第3期)、纳麒《从回族角度谈伊斯兰教的中国化》(《回族研究》1999年第4期)；后者则是琳琅满目，涉及饮食、婚姻、服饰、丧葬、礼仪、节庆、建筑、医学、天文、伦理、文学、心理等诸多领域，在此不一一列举。

除了这些专题论文以外，也出现了一些重要的代表性著作。主要有杨怀中、余振贵合著《伊斯兰与中国文化》(宁夏人民出版社，1995年)。此书旨在探索伊斯兰文化渊源成就及其在中国的传播发展、内涵、特点及其在中国文化史上的地位和影响。秦惠彬所著之《中国伊斯兰教与传统文化》(中国社会科学出版社，1995年) 较为系统地介绍了伊斯兰教融入中国的过程，并分析了伊斯兰教对中国文化的反作用与影响，从而生动地再现了伊斯兰文化与中国文化的精神。此外，马通《丝绸之路上的穆斯林文化》(宁夏人民出版社，2000年) 也是一部反映伊斯兰文化研究成果的力作。该书主要考察对象是中国境内“丝绸之路”沿途各地的穆斯林文化，通过描述不同地区、民族穆斯林文化的形态与特征，揭示了伊斯兰文化的多样性。

近年来，这方面还出现了一些中青年学者撰写的专著，如马明良《伊斯兰文明与中华文明的交往历程和前景》(中国社会科学出版社，2006年)、马进虎《两河之聚——文明激荡的河湟回民社会交往》(甘肃民族出版社，2006年)。两书视角各具特色，一个从宏观着眼于伊斯兰文明与中华文明的历史交往与前景，另一个从微观入手分析多种文明在河湟地区穆斯林社会的激荡。然而，两者的相同之处更是显而易见，两书都是以西北大学中东研究所彭树智先生的“文明交往论”为基本理论，并将之运用于不同个案。在此意义上，可谓“棠棣之华”。若以“文明交往论”这一宏大题目作为观照伊斯兰文化与中华文化之间相互影响的切入点，稍有不慎会陷入“大而化之”的泥沼。若想避免陷入这一窘境，唯有仰赖当事人驾驭主题的功力和拿捏分寸的本领。笔者认为，在探讨中国伊斯兰文化这一主题时，与其高屋建瓴，不如具体而微，从文化的多样性中反观伊斯兰传统的内在统一。

（7）政教关系研究

“以古为鉴，可以知兴替。”探究伊斯兰教与中国历代政权之间的关系，不仅要总结历朝历代施政利弊，更须将中国穆斯林的回应纳入研究视野。如此，方可为后来者制定相关政策、处理突发问题乃至从理论高度反思伊斯兰教与中国社会、中国文化的关系等提供可贵的参考依据。可以说，这是一个集理论与现实意义于一身的特殊领域。

遗憾的是，到目前为止，该领域的代表性著作屈指可数。出版较早、影响较大的专著当属余振贵《中国历代政权与伊斯兰教》（宁夏人民出版社，1996年）。此书依时间顺序，从唐代初期到20世纪中叶，阐述了各个朝代及民国等历史时期伊斯兰教与历代政权间发生的各种纠葛与关系。该书以分析评估中国历代政权处理伊斯兰教事务的治理策略和实际效应为主线，揭示伊斯兰教在中国社会政治发展史上不可忽视的重要作用。在探研历代政权对伊斯兰教的政策时，还分析其对穆斯林民族的态度及后者的反应，并深入阐述了历代政权的民族观与宗教观。此书突出贡献就是从历代关于伊斯兰教的政策这一特殊视角入手，开拓了一个全新的研究领域。

20世纪80年代，曾出现过一些探讨历代政府对待伊斯兰教政策的文章，特别集中在清政府在民族边疆地区的施政措施。如陈国光《清政府统一新疆前对伊斯兰宗教民族问题的态度与政策》（《西部学坛》1987年第9期）、《清政府统一新疆后对伊斯兰教的政策》（《新疆宗教研究资料》第17辑）以及苗普生和潘向明等撰写的《试论杨增新督新的伊斯兰教政策》（《西北史地》1982年第2期）。

到了“发展—转型”时期后，仍然有不少探讨历代政权与伊斯兰教关系的文章，例如：张秀丽《中国历代封建政权处理伊斯兰教问题的政策策略》（《河南社会科学》2000年第5期）概括了历代封建政权对伊斯兰教的管理政策，如怀柔抚纳以收其心、输出儒学以谙教化、笼络上层以回制回、专设机构加强管理等。刘春英《东北沦陷时期日本殖民政权的伊斯兰教政策》（《日本学论坛》2004年第1期）探讨了抗战时期日伪政权对中国伊斯兰教的政策。钱鹏《清朝回族立法政策初探》（《西北民族大学学报》2005年第3期）从法哲学角度对清王朝针对回族所做立法的基础和具体制度进行了探究。李进新《蒙古统治西域时期的宗教政策》（《新疆师范大学学报》2005年第3期）指出蒙古法律与伊斯兰教法的矛盾曾经导致西域地区反抗蒙古贵族统治的斗争绵延不断。杨虎德、张钟月合撰《清朝伊斯兰教政策探析》（《青海师范大学民族师范学院学报》2008年第2期）分析了清政府对待伊斯兰教政策由宽至严的嬗变过程，指出清政府在处理伊斯兰教问题方面所犯的最大失误乃是对甘青地区教派矛盾处置不当。徐干、李建生合撰《关于清代新疆伊斯兰教政策的现实思考》（《实事求是》2008年第3期）概述了清代针对新疆伊斯兰教制定的政策。这些论文以史为鉴，总结经验，为新疆地区制定伊斯兰教政策或处理重大突发问题提供了宝贵的依据。

尽管取得了这样的成绩，但遗憾的是，在这一领域始终未能出现如《中国历代政权与伊斯兰教》一样有分量的专著。其实，该领域大有可为。理由之一是，与其他宗教相比，伊斯兰教的特殊之处在于它强调“两世并重”，没有所谓的“神圣”与“世俗”的二元对立，这决定了它与现实政权的关系绝不可能只是单向的被管理或被处置，而是能够做出强有力的回应。因此，总结历代政权在处理相关问题方面的得失经验具有重要的现实意义。

理由之二是从目前的研究现状来看，学者们对于其他宗教，如佛教、基督教，与历代政权的关系之研究已遥遥领先于伊斯兰教。一方面是研究意义的极为重要，又迫在眉睫；另一方面却是研究现状不尽如人意，落后于现实要求。这足以说明，今后的研究应当重视伊斯兰教与中国历代政权关系的研究，不仅需要有通论性著作，更应针对每一朝代、不同地区甚至某个重大事件撰写出专门著作。

2. 伊斯兰教中国化研究

“伊斯兰教中国化”是近年来国内学术界研究伊斯兰教所聚焦的关键词。2017 年以“伊斯兰教中国化”为主题的检索结果共有论文 56 篇，2018 年有 37 篇。[①] 值得一提的是由张志刚、卓新平总主编的宗教中国化丛书之一的《“宗教中国化”研究论集》[②] 一书收录 5 篇关于“伊斯兰教中国化研究”的论文，它们分别是金宜久的《三论伊斯兰教在中国的地方化和民族化》、杨发明的《宗教中国化方向是中国伊斯兰教的必由之路》、高占福的《从外来侨民到本土国民——回族伊斯兰教在中国本土化的历程》、李林的《“教法随国论”：伊斯兰教法中国化的本土经验与普遍意义》、杨文炯的《伊斯兰教在中国的本土化：适应、创新与根植》，这几篇文章的研究从历史与现实、本土性和民族性的多元视角充分揭示了中国伊斯兰教的“中华性”，发掘了伊斯兰教中国化的根深蒂固的历史文化基础。

李林从国法与教法的角度，撰写了系列文章阐明伊斯兰教的中国化。第一篇《教法何以随国法？——从国法与教法关系看伊斯兰教的中国化进程》，提出伊斯兰教法在中国经历了“由俗而制，由制而礼”的演变，它在唐宋、蒙元、明清以及近现代分别被视为习俗、通制、礼法和信仰。“教法随顺国法”是国法与教法关系的主线，其实质是“教随人定”，即穆斯林遵从国法，国法规范教法。中国历史上从未出现“教法大于国法”的情况，更多是国法对教法的主动包容和吸收。理解两者关系，应以实际为准，就事论事，切不可从概念出发，将虚作实。本文提出的“教法随国论”即是对此历史经验的总结和升华，其当代作用在于理顺政教关系，整合国家认同与宗教认同，抵御“教法治国论”等极端思想。

第二篇《“教法随国论”——伊斯兰教法中国化的本土经验与普遍意义》提出，伊斯兰教法中国化的本土经验可概括为“教法随国论”即教

① 2018 年伊斯兰教类论文发表的统计数字引自杨文炯《坚持宗教中国化：2018 年中国伊斯兰教的主流话语》。

② 张志刚、张祎娜主编：《“宗教中国化”研究论集》，宗教文化出版社 2018 年版。

法随顺国法。所谓“随顺”乃“教随人定，法顺时行”。本文通过六个问题予以探讨：①何谓“教法随顺国法”，②如何理解“国法与教法之关系”，③中国社会是否存在国法与教法之争，④“教法随顺国法”如何理顺中国社会的政治权威与宗教权威之关系，⑤“教法随顺国法”如何整合现代民族国家的国家认同与宗教认同，⑥如何以伊斯兰教中国化的“教法随国论”化解宗教极端主义的“教法建国论”。最后，“教法随国论”可总结为以下七个要点：“随顺国法论”“教随人定论”“法顺时行论”“信仰在地论”“政教互动论”“认同统一论”以及“多元共体论”。“教法随国论”的本土经验亦具有普遍意义，揭示了在非伊斯兰的政治实体中，伊斯兰教法如何随顺适应社会的问题。在长达千年的伊斯兰教法中国化进程中，形成了以教辅政的传统。历史上教法曾以习惯法形式为国家接纳，并在穆斯林群体内部发挥作用，从社会层面而非政治层面参与社会关系协调与秩序构建。这对于界定现代民族国家中伊斯兰教与国家关系，乃至伊斯兰教的现代转型等问题都是可资借鉴的宝贵经验，具有普遍性的启发意义。该文与《教法何以随国法？——从国法与教法关系看伊斯兰教法的中国化》为姊妹篇。一为史，一重论；一为历史进程，一为理论探讨，相互发明。《教法何以随国法》一文刊于《世界宗教研究》2016 年第 6 期，后为《人大复印报刊资料·宗教》2017 年第 2 期转载。

第三篇《礼法、教道与法律——伊斯兰教法中国化的传统方向与现代挑战》，尝试将伊斯兰教法中国化的传统方向及其现代转型概括为五个环节：法即教、教崇礼、礼通道、道有规、规生法。“法即教”指宗教教法化。即伊斯兰教以教法形式表现出来，这在世界宗教之林中较为特殊。“教崇礼”指教法礼法化，即伊斯兰教法与中国特有的礼法相融合，形成了礼法化的伊斯兰教法。“礼通道”指礼法教道化，中国化的伊斯兰教法不仅是礼法，还是修持之道。这既符合伊斯兰教特有的教道真“三乘”之说，也为伊斯兰教与中国文化的深层融合开辟了道路。“道有规”即教法清规化，既为修持之道，必有修道之人，中国化的伊斯兰教法衍生出新的内容即“清规戒律”。其典型代表是中国的苏菲教团即门宦制定“清规”，用以协调修道团体的内部关系。“规从法”即法治化，近代以来，不仅中国传统的礼法发生了艰难的现代转型，世界各国伊斯兰教法均面临现代法律的挑战。教会法与世俗法并行，是现代西方法律与政教分离关系的基石。而教会法实则源于对教会内部关系的协调，在此意义上，教会法乃是教会内部的清规戒律。这一思路不仅可以为理解伊斯兰教法的现代化提供特殊视角，而且有助于促进我国伊斯兰教坚持中国化方向。

第四篇《六和合：伊斯兰教构建健康宗教关系之路》提出，中国伊斯兰教构建“健康宗教关系”应从“六和”即心和、意和、政和、教和、身和、体和入手，处理好党和政府与宗教、社会与宗教、国内不同宗教、我国宗教与外国宗教、信教群众与不信教群众五种宗教关系。①以心和：政主教从、以教辅政，从前提上处理好政治权威与宗教权威、执政党与宗教的关系。②以意和：教随人定、法顺时行，从认识上处理好国法与教法（教规）的关系。③以政和：教非国教、政教分离，从组织上处理好社会与宗教的关系。④以教和：普遍与特殊、源与流、初传与回传，从根本上处理好我国宗教与外国宗教的关系。⑤以身和：三教会通、五教同光，从格局上处理好国内不同宗教的关系。⑥以体和：天道人道、敬近合之，从文化上处理好信教群众与不信教群众的关系。

（二）现实考证

1.“重兴—繁荣”时期的“实际调查”

自20世纪80年代进入“重兴—繁荣”时期以来，中国伊斯兰教研究竟是在现实考证这条道路上迈出了破天荒的一步。那时的现实考证，还没有“田野调查”这样时髦的名称，只是简单地称为“实际调查”。早期实际调查的代表作品首推马通、勉维霖关于中国西北伊斯兰教派门宦的经典之作。

有学者认为，改革开放40多年来“最具有学术价值的扛鼎力作”[①]当推马通先生的《中国伊斯兰教派与门宦制度史略》（宁夏人民出版社，1983年）以及其后付梓的姊妹篇《中国伊斯兰教派门宦溯源》（宁夏人民出版社，1986年）。作者积数十年之功，在第一手珍贵资料基础上叙述各门宦的历史及特点，主要以西北的伊斯兰教各教派门宦支系为对象，对格

---

① 葛壮：《20世纪国内有关伊斯兰教历史的重要研究论著及其影响》，《当代宗教研究》2004年第4期。

底目（老教）、伊赫瓦尼（遵经派）、西道堂（汉学派）三大教派以及虎夫耶、嘎德林耶、哲赫忍耶、库布忍耶四大门宦及其数十个支系的源流、发展、衍生的历史过程，包括各重要教派门宦的宗教领袖人物，各派的宗教思想和礼仪特征，都做了详细的介绍。如果说《史略》旨在揭示一个支系纷繁、内涵复杂的中国伊斯兰教内部世界；《溯源》则重在分析各主要教派门宦的演变过程和相互关系。这两部姊妹篇为中国伊斯兰教教派门宦的研究奠定了坚实的基础，也将其推进与国际学术界接轨，已成为中国伊斯兰教研究史上的丰碑。马通先生的研究受到学术界同行的高度评价，并被视为填补了中国伊斯兰教历史方面的空白，有筚路蓝缕之功。著名史学家白寿彝先生评价此书："经过多年辛勤努力，搜集了有关的丰富材料，为中国伊斯兰教史和回族史开拓了一个新的园地，在史学工作上是有贡献的。"①

在此之前，勉维霖的《宁夏伊斯兰教派概要》（宁夏人民出版社，1981 年）业已出版。书中以作者在 20 世纪 50 年代末期的调查为基础，对宁夏伊斯兰教的格迪目、虎夫耶、哲赫林耶、尕德林耶、伊赫瓦尼五个教派、门宦做了介绍②，并对其分布特征、历史演变、教义修持及与世界伊斯兰教的关联做了精辟分析，故被视为当代教派门宦研究"开山之作"。但由于篇幅较小、发行量少等原因，一直未能受到应有的重视。此书中的主要内容后来收入勉维霖主编《中国回族伊斯兰宗教制度概论》（宁夏人民出版社，1997 年）一书中。

如果用今天的眼光来看，《史略》一书不仅在篇幅上更胜一筹，而且在方法上更完备。既以实际调查为主要方法，又采用了口述史和文献考证。从方法上看，尽管作者谦称此书虽以"史略"命名，距"史"的要求尚远，但实则深受晚清以来传统史学的实地考证与文献勘对等方法之影响。同时，由于作者生于 20 年代末，其教育背景和社会氛围也决定了科学主义的实证精神必然在作者身上留下深刻的印记。作者称："至于教派门宦的宗教理学和修持理论，我认为是属于另一范围讨论的问题，在本文

① 马通：《中国伊斯兰教派与门宦制度史略》，宁夏人民出版社 2000 年版，"白寿彝先生序"。

② 这里的门宦名称沿用了原书作者的用法。——笔者注

中很少涉及。”[①] 这说明，在此书中作者始终以客观描述宗教现象为研究准则，而对所涉及教派信仰的意义与价值抱存而不论的态度，属于典型的实证研究。此外，就研究宗旨而言，由于作者本人出生于一个属于哲赫忍耶门宦教下的家庭中，自幼目睹教派之间的纷争，由此萌发了研究中国伊斯兰教教派与门宦的夙愿。从青年时代起，开始注意搜集资料，积三十年之功，最终完成了教派门宦研究的奠基之作。这种关注现实问题的学风既与传统史学经世致用之说若合符节，又不乏新史学倡导的科学意识。了解了这些，或许就不难理解为什么著名历史学家白寿彝对此书评价甚高，赞扬作者不仅在史学工作上做出了贡献，而且为中国伊斯兰教史开辟了新领域。

2. “发展—转型”时期的“田野调查”

尽管同属“现实考证”之路，但倘若将“重兴—繁荣”时期的“实际调查”与“发展—转型”时期的“田野调查”摆在一起略加比较，就会发现两者的差异不只体现在名称上，其实际内涵也相去甚远。这至少体现在以下几个方面。第一，在研究方法上，实际调查主要通过观察、访谈等方式来收集、勘对资料。而田野调查则在此基础上，增加了新的方法，如问卷调查、定量分析等。第二，就研究宗旨而言，实际调查的目的是通过充分地掌握资料，追溯历史，还原真相；而田野调查则更多关注当代的现实问题。第三，从学科依托看，实际调查与历史学的联系更为紧密，而田野调查则被视为民族学、社会学、人类学研究中获取一手资料的基本方法。

从近年的研究情况看，进入“发展—转型”以来国内伊斯兰教研究界涌现出一批学术成果，其共同特点是既通过田野调查的方法获取资料，又具有明确的学科意识，自觉运用民族学、社会学及人类学理论对所获一手资料加以分析，而其作者又多为中青年学者。这方面具有代表性的成果为数不少。例如，杨文炯《互动调适与重构——西北城市回族社区及其文化变迁研究》（民族出版社，2007 年）从城市族群社区研究的角度出发，以西北地区的四个省会城市西安、兰州、西宁、银川市的回族社区为

① 马通：《中国伊斯兰教派与门宦制度史略》，宁夏人民出版社 2000 年版，作者序第 1 页。

重点，试图在国家和社会关系历史演变的宏观视域中、在大传统与小传统以及城市多元文化的互动中全面探讨城市回族社区及其文化的变迁。又如，哈正利的博士论文《族群性的建构和维系——一个宗教群体历史与现实中的认同》（中央民族大学，2005 年）以西道堂为研究对象，尝试性地将人类学的族群认同理论运用于中国伊斯兰教研究，对西道堂集体认同建立、发展和延续做出分析和阐释。再如，罗惠翾《宗教的社会功能——几个穆斯林社区的对比调查与研究》（中央民族大学出版社，2008 年）从宗教人类学的角度出发，选择云南沙甸、甘肃兰州以及位于甘南州临潭县等三个典型的穆斯林聚居地作为研究地点，通过调查问卷、深度访谈等田野调查方法，获取了大量的一手资料。在此基础上，证明了自己的理论假设：即以宗教信仰、宗教仪式与宗教组织三个方面为核心的宗教，其主要社会功能在于实现社会的“制序化”。

从实证研究的角度考察中国穆斯林现状的著作还有：马宗保《多元一体格局中的回汉民族关系》（宁夏人民出版社，2002 年）、丁明俊《中国边缘穆斯林族群的人类学考察 》（宁夏人民出版社，2006 年）、马强《流动的精神社区——人类学视野下的广州穆斯林哲玛提研究》（中国社会科学出版社，2006 年），等等。这些著作各具特色，如《中国边缘穆斯林族群的人类学考察 》一书以生活在蒙、藏、傣、彝、白等少数民族中的穆斯林边缘群体为研究对象，借鉴人类学的族群理论，考察他们在与信仰其他宗教的人群长期杂居的过程中如何保留自身宗教信仰与共同历史记忆，得出的结论是：宗教认同和源于《古兰经》的共同食物禁忌认同乃是这些边缘化穆斯林认同的主要因素。

不难看出，近年来以民族学、社会学、人类学等社会科学为学科依托的实证研究正在中国伊斯兰教研究界引发一场“范式转换”，大有后来居上，超越传统史学文献考证的趋势。但笔者认为，在这场轰轰烈烈的“革命”背后，还应注意以下问题：

首先，尽管民族学、社会学、人类学一致强调以田野调查获取一手研究素材，但这并不意味着完全否认文献考证可作为获取资料的手段之一。相反，严格的田野调查方法都强调在正式实地考察之前，须以充分的文献收集作为准备工作。在获取资料的方式上，两者只是强调的侧重点有所不同。

其次，尽管新的理论和方法层出不穷，但不可否认，在崭新的名目之下，有些研究确有新意，有些只是“新瓶装旧酒”。其中的关键在于，不少研究只是将田野调查当作文献考证之外获取资料的一个新途径，却并未真正地把握相关学科的研究方法，更遑论升华到理论层面了。所以，就实质而言，这样的研究仍然属于“描述性研究”，而非“阐释性研究”；更似基础性的调研报告，而非真正意义上的社会学或人类学研究。

二　哲学—思想之路

从方法上看，无论是“历史—考证之路”的历史追溯，还是“哲学—思想之路”的哲理探求，都必须以搜集和整理文献资料为研究的基本步骤。然而，两种研究进路的差异则更为明显。史学研究偏重对历史、传承和仪式等外在方面进行现象描述，发掘这些宗教现象背后隐藏的历史规律；而哲学—思想研究则力求透过对思想、学说的理论分析，探索隐含在思想之中的意义与真谛。从学术史观之，早在20世纪三四十年代，马坚就已翻译了荷兰学者第·博尔的《回教哲学史》（商务印书馆，1944年）以及穆罕默德·阿布笃的名著《回教哲学》（商务印书馆，1946年），堪为当代中国的伊斯兰哲学研究之先声。即使在20世纪50年代以后，中国的伊斯兰教研究一片萧条的情况下，伊斯兰哲学的研究在事实上也未完全中止，而是以阿拉伯哲学的面目出现。就所涉及内容而言，伊斯兰信仰相关的思辨至少应包括以下三项内容，即伊斯兰自然哲学、伊斯兰教义学以及苏非神秘主义思想；就研究方法而言，有哲学史与思想史之别。笔者以此“三项内容、两条进路”为线索，来梳理当代中国的伊斯兰哲学—思想研究的成果。

（一）伊斯兰哲学—思想研究

现代中国的伊斯兰哲学研究早在20世纪三四十年代就已崭露头角。然而，当代中国伊斯兰教研究在“草创—停滞”时期并未取得实质性进展，仅仅翻印了一些新中国成立前出版的著作，如前文提及马坚翻译的第·博尔《回教哲学史》本于1944初版，此书于1958年由中华书局再版，并更名为《伊斯兰教哲学史》。书名由“回教”变为“伊斯兰教”

虽属细枝末节，但背后反映的却是当时对于伊斯兰教认识的一大转变，堪为历史的见证。此外，1958年2月，马坚还发表了论文《伊斯兰哲学对于中世纪时期欧洲经院哲学的影响》，刊登在《历史教学》1958年2月号上。在此之后，无论是以伊斯兰哲学为题的专著，还是论文，都极为罕见，几成“凤毛麟角”。大部分相关研究都转而投入“阿拉伯哲学研究”的麾下。例如，1963年，北京大学哲学系曾组织王太庆等人翻译伊本·西那的名著《治疗论》第六卷《论灵魂》。但由于译者“不能阅读阿拉伯文”，该译本只得从法文译本转译。更为重要的是，翻译者乃是站在东方哲学的角度，而非伊斯兰哲学的角度来为伊本·西那的这部名著定位。

进入20世纪80年代“重兴—繁荣”时期之初，由于上承“草创—停滞”时期之余绪，当代中国的伊斯兰哲学—思想研究仍未能从“阿拉伯哲学研究”的窠臼中独立出来。据学者总结，20世纪80年代，国内学者在《哲学研究》《哲学译丛》《文史哲》等14种期刊上发表阿拉伯哲学方面的论文、译文多达70篇。主要围绕以下主题展开：第一，有无独立的阿拉伯哲学；第二，什么是阿拉伯哲学，它是否等同于伊斯兰哲学；第三，阿拉伯哲学史的分期及其特点；第四，中世纪阿拉伯哲学的历史地位；第五，阿拉伯哲学家研究的重点对象是铿迭、法拉比、伊本·西那、伊本·鲁世德、伊本·哲勒敦等人。[①] 可见，这一时期，伊斯兰哲学—思想研究深受前文重点阐述的两个问题，即“阿拉伯哲学”与“伊斯兰哲学”之辩以及“哲学”与“思想”之争的影响。不仅“阿拉伯哲学”与“伊斯兰哲学”的区分上升为研究的主题之一，而且这一争论的后果也体现在具体研究内容之中。可以看到，此时的研究还是延续以往那种将“伊斯兰哲学”等同于“受古希腊哲学影响的伊斯兰哲学”的老路，研究对象也以深受古希腊哲学影响的哲学家为主，即“从铿迭到伊本·鲁世德”。然而，却对伊斯兰哲学—思想的其他内容，特别是伊斯兰教义学和苏非思想的研究，置若罔闻。这足以说明，原有的认知模式制约着学术的发展，倘若不能对“伊斯兰哲学”与“阿拉伯哲学”做出区分、不能打破“从铿迭到伊本·鲁世德”的旧框架，那就无法在伊斯兰哲学—思想

① 钱黎勤：《中国阿拉伯哲学研究概述》，《宁夏社会科学》2002年增刊。

研究领域取得进一步突破。可以说，时代的发展正在召唤新的范式诞生。

直到20世纪90年代的“重兴—繁荣”时期，中国学界才出现了一个伊斯兰哲学研究的高潮，出版了不少专著。而这短短十年时间，竟也形成了个性鲜明的前后两个不同阶段。

前一阶段肇始于1992年，多以移译在国际学界具有一定影响的名著为主，较少出现中国学者自己的声音。有意思的是，较早出现的两部重要译著同时出版于1992年，它们是：日本学者井筒俊彦的《伊斯兰思想历程——凯拉姆·神秘主义·哲学》（秦惠彬译，今日中国出版社，1992年）和阿拉伯裔美国学者马吉德·法赫里的《伊斯兰哲学史》（陈中耀译，上海外语教育出版社，1992年）。这两部译著的另一个共同之处是，它们打破了中国学界将“伊斯兰哲学”等同于阿拉伯哲学或伊斯兰自然哲学的传统认知模式，具有振聋发聩之效。在《伊斯兰思想历程》一书中，作者井筒俊彦干净利落地将伊斯兰思想划分为三大块，即伊斯兰教义学、伊斯兰神秘主义和经院哲学。而马吉德·法赫里的《伊斯兰哲学史》虽未做出如此清晰明快的划分，但在实际内容中，也按照类似方式，将教义学和苏菲思想视为与伊斯兰自然哲学并驾齐驱，乃至对立的思想倾向。此外，此书还论及近现代一些伊斯兰思潮，无疑有助于拓宽中国学者的研究视野。这两部著作中关于伊斯兰哲学—思想的类型划分无疑有助于中国学者突破原有的认识范式。同一时期，中国学者也有类似著作出版，虽仍多以“阿拉伯哲学”为题，如蔡德贵《阿拉伯哲学史》（山东大学出版社，1992年），但其内容已不再局限于所谓的“阿拉伯世俗哲学”，而是注意到了阿拉伯的另一大分支，即其宗教哲学。这不能不说是一种突破与进步。这三部作品接踵而来，预示着伊斯兰哲学研究的繁荣即将到来。

后一阶段指20世纪90年代的下半叶，实际在1994年就已开始。主要以中国学者的专著为主，译著所占比例明显下降。这一现象实际揭示出当代中国伊斯兰哲学思想研究的经历，即前期以向外国学者学习为主，通过翻译名家名作，完成知识累积。待水到渠成之后，自然具备撰写专著的功力。陈中耀的学术经历堪称这一为学之道的范例。前文提到，陈中耀曾于20世纪90年代初将马吉德·法赫里的《伊斯兰哲学史》译为中文。在此基础上，他又于1995年出版了专著《阿拉伯哲学史》。虽然从撰写体例看，《伊斯兰哲学史》基本按照纵向的时间线索展开，而《阿拉伯哲学史》则属于根据内容与主题进行的横向分割。但从前一部译作的“译者的话”以及后一部著作的“前言”中，可以获知两书都属同一“阿拉伯哲学研究”课题的组成部分。显然，前一部译著是阶段性成果，而后一部专著才是此课题的最终成果。两者的内在联系不言而明，前者乃是为后者出现所做的铺垫与准备工作。

自 1994 年开始，伊斯兰哲学—思想领域捷报频传。先是秦惠彬出版了普及性的专著《伊斯兰哲学百问》（今日中国出版社，1994 年）。本书作为“伊斯兰文化丛书”之一，以问答方式就伊斯兰哲学的内容、派别、主张以及代表人物的生平、著作和思想等 123 个问题进行了介绍。仅仅一年之后，又有三部专著相继问世，包括：沙宗平的《伊斯兰哲学》（中国社会科学出版社，1995 年）、陈中耀的专著《阿拉伯哲学》（上海外语教育出版社，1995 年）以及李振中和王家瑛等多位学者合作撰写的《阿拉伯哲学史》（北京语言文化大学出版社，1995 年）。紧随其后，蔡德贵、仲跻昆主编的《阿拉伯近现代哲学》（山东人民出版社，1996 年）旋踵而至。而这一时期，最后一部较有影响的作品是张文建、王培文合作将巴格达大学哲学教授穆萨·穆萨维《阿拉伯哲学——从铿迭到伊本·鲁世德》（商务印书馆，1997 年）译为中文。在此，笔者无意面面俱到，对上述研究成果一一评述，而只将分析重点放在三部通论性专著之上。

作为“伊斯兰文化丛书”之一，沙著《伊斯兰哲学》篇幅虽小，但却以时间为主线，概述了伊斯兰哲学的形成、发展与近况。作者动笔之前显然经过深思熟虑，不仅意识到“伊斯兰哲学”的含义要大于“阿拉伯哲学”；而且认识到“伊斯兰哲学”不仅包括所谓“宗教哲学”，还包括所谓“世俗哲学”，甚至更进一层，指出伊斯兰教中不存在通常所说的“世俗”与“神圣”的二分。① 显然是针对蔡德贵《阿拉伯哲学史》中将“阿拉伯哲学”分为“世俗哲学”与“宗教哲学”的做法有感而发。尽管有如此清醒的认识，但从实际内容上看，此书的主要篇幅集中于叙述伊斯兰自然哲学，而对于其他伊斯兰哲学—思想，如“凯拉姆思潮”和

① 沙宗平：《伊斯兰哲学》，中国社会科学出版社 1995 年版，“前言”第 2 页。

“塔沙乌夫哲学”并未充分展开。这可能是受篇幅所限，但也可能另有隐情。因为，在同一套“伊斯兰文化丛书”中，还策划有另外两部专著分别论述“伊斯兰教义学”与“伊斯兰教的苏菲神秘主义”。“不可越俎代庖”，这或许就是作者难言的苦衷吧！

相比之下，陈著《阿拉伯哲学》单是标题就耐人寻味。因为早在1992年此书作者就已将马吉德·法赫里的《伊斯兰哲学史》翻译为中文，而且从内容上看，全书的主体部分由第二章与第三章组成，而此两章的标题分别是："经院哲学与神秘主义哲学”与“受希腊哲学影响的阿拉伯哲学家”。这说明，作者明确地认识到，教义学、苏菲思想与自然哲学三项是构成伊斯兰哲学—思想的主要内容。但为何作者宁愿选择“阿拉伯哲学”，而放弃使用更为贴切的“伊斯兰哲学”作为本书的题目呢？结合此前作者翻译《伊斯兰哲学史》时表达的观点来看，这也许是因为在作者看来，“阿拉伯哲学”就等同于“伊斯兰哲学”。这其中，既反映了作者自己对此问题的认识与立场，[①] 也有来自《伊斯兰哲学史》作者马吉德·法赫里的影响，法赫里认为：“伊斯兰哲学是一个复杂的智力过程的产物。……然而，其中阿拉伯的成分占压倒的优势，因此尽可以简便地称之为阿拉伯哲学。”[②] 同时，译者精通阿拉伯语，又在阿拉伯语系任教的个人背景对此也具有不容忽略的影响。但是，最为重要的原因，恐怕还是作者因“阿拉伯逍遥学派客观上具有唯物主义和无神论倾向”而产生的偏爱与好感以及由此而来的对“保守的经院哲学”的心理抗拒。[③]

平心而论，在李振中、王家瑛主编的《阿拉伯哲学史》中，伊斯兰宗教思想的地位最为明确。该书第五编便以“宗教哲学”为名，内容不仅涉及教义学，也包括苏菲思想。然而，此书仍然以“阿拉伯哲学”为题，原因之一固然正如作序者之一所言，两位主编“皆为资深的阿拉伯语和东方语言文学家”，[④] 但更多是出于两位主编对阿拉伯哲学的定位：

---

① ［美］马吉德·法赫里：《伊斯兰哲学史》，陈中耀译，上海外语教育出版社1997年版，“译者的话”。

② 同上书，第1页。

③ 陈中耀：《阿拉伯哲学》，上海外语教育出版社1995年版，“前言”第2页。

④ 李振中、王家瑛：《阿拉伯哲学史》，北京语言文化大学出版社1995年版，“序二”。

即中世纪阿拉伯哲学保存并发展古希腊哲学的承上启下以及在东西文明交流中的中间环节作用。而这一认识无疑深受恩格斯等马克思主义经典作家的影响，这一点在译者为此书撰写的“导言”中表露无遗。[①]

经过短暂的沉寂之后，当代中国的伊斯兰哲学—思想研究在刚刚迈入21世纪“发展—转型”时期的第一年便接连出版了三部著作，即蔡德贵主编《当代伊斯兰—阿拉伯哲学研究》（人民出版社，2001年）杨启辰和杨华《伊斯兰哲学研究》（宁夏人民出版社，2001年）以及刘一虹《当代阿拉伯哲学思潮》（当代中国出版社，2001年）。在接下来的几年里，马通《伊斯兰思想史纲》（宁夏人民出版社，2003年）、王家瑛的三卷本《伊斯兰宗教哲学史》（民族出版社，2003年）、马福德《近代伊斯兰复兴运动的先驱——瓦哈卜及其思想研究》（中国社会科学出版社，2006年）、张秉民主编《简明伊斯兰哲学史》（宁夏人民出版社，2007年）陆续面世，为读者展示出一个缤纷复杂、色彩斑斓的伊斯兰思想世界。

最近几年来，相关著作逐渐增多，代表作有吴云贵的《近当代伊斯兰宗教思想家评传》、张维真的《穆斯林思想家评传》、王希的《安萨里思想研究》、丁俊的《伊斯兰文明的反思与重构——当代伊斯兰中间主义思潮研究》；译著《跨文明对话：葛兰的伊斯兰理念与人文主义话语》、周传斌的译著《穆斯林三贤哲：哈佛大学伊斯兰哲学讲座》及其主编的《传统与现代之间：伊克巴尔哲学思想研究》、丁士仁的《阿拉伯哲学名著译介》、吴雁的《伊斯兰文化中的新柏拉图主义研究》等，这些论著探讨了伊斯兰历史上各个时期穆斯林思想家的生平、著作、思想，特别是通过探究他们在历史关键时刻的心路历程，加深对近现代伊斯兰思想发展的理解和认识，以及对伊斯兰文化传统及其社会的认识。此外马玉秀的《伊斯兰经济思想概论》，比较系统地阐述了伊斯兰经济思想。王希、王俊荣合译的《〈智慧珍宝〉翻译、注释与研究》则是对知名苏非学者伊本阿拉比苏非思想的阐述和译介。

这一时期的特点在于：第一，研究开始向纵深发展，在原有通论性专著的基础上出现了关注现当代哲学思潮的倾向。第二，更为重要的是，细

① 李振中、王家瑛：《阿拉伯哲学史》，北京语言文化大学出版社1995年版，“导言”。

心的读者可能已经留意到，这一时期由中国学者撰写的绝大部分著作不仅在内容上将教义学与苏菲思想等宗教性内容囊括进来，而且学者们更倾向于以“伊斯兰哲学”“伊斯兰思想”甚至“伊斯兰宗教哲学”这样的字眼来为自己著作命名。那么，是什么原因催生了这种转变？

正如前文所述，学术发展绝非孤立事件，而是与社会环境、学术气氛等外缘影响息息相关。众所周知，21世纪之初中国学界掀起了一股“宗教研究热”，各种宗教研究机构和专业纷纷上马。宗教学从过去人人避之不及的“险学”一跃为众人追捧的“显学”。而作为宗教学的一个分支或曰次级学科，伊斯兰教研究显然也从中受惠不少。其明证便是，“伊斯兰哲学”已经不再是学者讳言的敏感词，反而成为研究的热点与时尚。这一领域的学者们也不再像以前那样“犹抱琵琶半遮面”，而是抛却顾虑直接以“伊斯兰教”来命名自己的研究。

最后仍需指出，尽管经历了如此巨大的变化，但目前中国学界通行的做法仍然是以“哲学”一词来囊括所有与伊斯兰相关的宗教、哲学与社会思想。这实际上显示了目前中国学科设置仍受传统体制影响颇深。下文中提及的不少著述虽都以伊斯兰哲学为名，但其内容可能却是教义学、苏菲思想等，读者需当留意。此外，上述著作虽多名为“伊斯兰哲学”，但其内容却不仅限于阿拉伯亚里士多德学派，而是通论性著作。然而，或许是因为受古希腊哲学影响的阿拉伯哲学更具哲学思辨色彩，在不少著作中，“亚里士多德式”的伊斯兰自然哲学仍然占据了较大篇幅。有鉴于此，在下文中，笔者将伊斯兰教义学和苏菲神秘主义单独列出，以期引起读者更多关注。

（二）中国伊斯兰哲学与思想研究

中国伊斯兰哲学与思想研究主要指“汉文译著”研究。所谓“汉文译著”是中国穆斯林学者使用汉文译著伊斯兰教经籍和介绍伊斯兰学术文化的活动。明代以前，中国穆斯林经师主要依据原本阿拉伯语和波斯语经典，借助特有的经堂语来宣讲和授课。明代后期，不少穆斯林后裔信仰淡化，兼之语言隔阂，导致一些地方出现了“教义不彰、教理不讲”的情况。而当时的教外人士又多不理解伊斯兰教，多有歧视。在此历史背景下，为了在教内宣讲教义，同时，也是为了向教外消除误解，扩大影响，明清之际，在江南和云南等地遂出现了一些穆斯林学者，开始使用中国传统思想特别是宋明理学的概念、词语和表达方式来翻译和解释伊斯兰教经典，阐发伊斯兰教的宗旨，证明伊斯兰教的主张并不比儒家思想低下，故也称“以儒诠经”。其代表人物有王岱舆、张中、伍遵契、马注、刘智、马德新以及马联元等一大批穆斯林学者。时间跨度从明末开始直至“中华民国”为止，历时约 300 年。经过他们的努力，使伊斯兰教与中国传统思想巧妙地结合起来，建立了中国特有的伊斯兰文化，成为一笔宝贵的精神财富。

这些“回而兼儒”“学通四教”的穆斯林学者的著述和思想一直是当代学术界关注的焦点，特别是在文明对话、回儒对话的刺激下，更加引起了人们的兴趣。较早研究成果中具有代表性的论文有：伍贻业《从王岱舆到刘智的启示和反思——17 世纪中国伊斯兰教思潮》(《中国回族研究》第 1 辑，1991 年)、余振贵《从〈清真大学〉试论王岱舆宗教哲学思想的特点》(《中国伊斯兰教研究》，青海人民出版社，1987 年)、冯今源《〈来复铭〉析》(《中国伊斯兰教研究》，青海人民出版社，1987 年)，金宜久《论刘智的“复归”思想》(《世界宗教研究》1990 年第 1 期)、罗万寿《试析中国伊斯兰哲学的“真一”说》(《西北民族研究》1996 年第 1 期）等文章。

近年来，一些国外学者已经开始把王岱舆、刘智等“汉文译著”代表人物的著作纳入研究范围。作为中国传统文化与伊斯兰文化相交融而产生的汉语伊斯兰教文献典籍受到越来越多的关注。更有学者提出，鉴于汉语伊斯兰教文献对于多元化的伊斯兰思想做出的贡献，理应享有与其他语种文献同样重要的地位和更多的重视。不少中国研究者一直致力于对中文伊斯兰教文献典籍的研究，先后出版了不少具有一定深度的研究成果，但较少对汉文译著运动的通论性专著，而是多集中于人物为主题的专题性研究。且所选人物多为王岱舆、马注、刘智与马德新等“汉文译著四大家”，其中又以对王岱舆、刘智的研究频率最高。

刘智的生活时代虽然较之王岱舆为晚。王岱舆主要活动于明清之际，即约 1570 年至 1660 年，而刘智则生于清康熙年间，卒于雍正初年。两人在汉文译著运动中应划归哪一阶段说法不一，但一般都以“王前刘后”为序。例如，白寿彝在《中国回教小史》一书中，将汉文译著划分为两个阶段，第一阶段以王岱舆为始，刘智为终。与之不同，李兴华等人将汉文译著运动划分为三个阶段，王岱舆被视为汉文译著活动第一阶段的开创者，而刘智则被纳入汉文译著的第二阶段。① 但当代中国学者对刘智的研究无论是在时间上，还是程度上都超过了对王岱舆的研究。这与刘智作为汉文译著集大成者的地位不无关系。早在“重兴—繁荣”时期，已有学者开始关注这些汉文译著代表人物，但直到“发展—转型”时期前后才开始出现一批相关专著。对刘智的研究起步较早，成果最丰。代表之作有：金宜久《中国伊斯兰探秘——刘智研究》（东方出版社，1999 年）、沙宗平《中国的天方学——刘智哲学研究》（北京大学出版社，2004 年）以及梁向明《刘智及其伊斯兰思想研究》（兰州大学出版社，2004 年）。

对王岱舆的研究不仅时间上略晚，而且著作也远不如前者为丰。自 2000 年，孙振玉《王岱舆及其伊斯兰思想研究》（兰州大学出版社，2000 年）一书出版以来，虽不乏论文，但专著却迟迟未见出现。直到金宜久《王岱舆思想研究》（民族出版社，2008 年）出版，才改变了这一冷清局面。金宜久的《王岱舆思想研究》从内外两方面入手，不仅探讨王岱舆的思想内涵，而且注意从外缘环境揭示其思想产生的社会现实与渊源关系。

至于其他汉文译著学者更是门庭冷落，少人问津。即便同为汉文译著四大家的马注、马德新也难逃厄运。专论性著作因数量稀少，更显难能可贵。如杨桂萍《马德新思想研究》（宗教文化出版社，2006 年）。书中通过马德新对儒家文化和伊斯兰教的比较研究、伊斯兰教的天道思想、人道思想、神秘主义思想以及对异端思想的批判五个方面系统评述了马德新的思想。并将其思想主旨概括为：“务实的民族观、理性的宗教观和宽容的文化观”。这些学术著作的相继问世，不仅证明中国伊斯兰哲学—思想研究正在成为当代中国伊斯兰教研究中一个众人瞩目的新亮点，也提醒后来者，尚有未开垦的领域留待有缘人。

① 参见李兴华等《中国伊斯兰教史》，中国社会科学出版社 1998 年版，第十二章。

（三）伊斯兰哲学—思想专题研究

1. 苏菲思想研究

前文在“伊斯兰教专题研究”时曾提及，当代中国学界对苏菲主义的研究有三项内容，即中国西北苏菲门宦和新疆依禅派的调查研究，阿拉伯、波斯神秘主义文学研究以及苏菲思想研究。从研究进路看，上述三项内容各有偏重。门宦、教派源流多从历史—考证之路着手，神秘主义文学以语言—文化研究为专长，只有苏菲思想研究才属于哲学—思想研究。而苏菲思想研究又有“内外”“专通”之别。

所谓“形诸于外”的研究旨在探讨苏菲思想在其他文化中，特别是在中国的衍化与影响。“重兴—繁荣”时期以来，由于对中国西北苏菲门宦的文献考证与实地调查起步较早，属最早取得突破的领域，也带动了相关的中国苏菲思想研究。这一时期，出现了一些探讨苏菲思想对中国伊斯兰教影响的文章，代表之作有金宜久撰写的《苏菲派与汉文伊斯兰教著述》与《苏菲派与中国门宦》。而“发之于内”的研究重在研究苏菲思想内部各种学说及其发展。中国学者较早撰写这方面文章的有杨克礼《伊斯兰教苏菲派哲学思想初探》①。

所谓“通学”是对苏菲思想的通论研究。如前所述，由于在“哲学史与思想史之争”中，“哲学史”始终稳居上风。因此，目前为止，绝大多数关于苏菲思想的通论研究“有实无名”，只能以《伊斯兰哲学史》或《阿拉伯哲学史》之中的“一章”或“一编”的形式面世，尚无独立成册的苏菲思想通论出现。另一方面，进入“发展—转型”时期以来，近年来中国学者已经认识到苏菲思想研究的重要意义所在，对苏菲思想史上一些代表人物的思想学说进行专门探讨，即所谓的“专论”研究。近年来，这种以人物为中心的“学案”式研究屡见不鲜，已演变为一种流行的研究方式，个别具有世界影响的苏菲学者也成为众人争相追捧的热门人物。

就生活时代较早的苏菲思想家而言，中国学者较多关注的人物有安萨

---

① 杨克礼：《伊斯兰教苏菲派哲学思想初探》，甘肃省民族研究所编《西北伊斯兰教研究》，甘肃民族出版社 1985 年版，第 160—186 页

里、伊本·阿拉比以及毛拉·萨德拉等。但目前为止，这一领域仍是论文较多，专著稀缺。但也不乏例外，如王俊荣《天人合一、物我还真——伊本·阿拉比存在论初探》(宗教文化出版社，2006年)。此书就是以生活在12—13世纪上半叶的苏菲神秘主义哲学家伊本·阿拉比之思想为主题的“专论”式研究。作者借助伊本·阿拉比本人的代表作《麦加的启示》以及阿卜杜·凯利姆·吉里撰写的权威注释《开启神秘之门》这两部阿拉伯文原著，对研究对象加以介绍与评述，使中国学术界对伊本·阿拉比的研究获得了突破性的进展。

一些当代思想家也是中国学者关注的对象。例如，当代著名伊斯兰学者赛义德·侯赛因·纳赛尔（Seyyed Hossein Nasr)[①] 以其在苏菲道统传承中的特殊地位以及阐释传统伊斯兰思想的独特视角而吸引了不少中国学者的目光。进入21世纪以来，涌现出一批介绍和阐释纳赛尔思想的著述，如郭晶《神圣的“传统”——当代伊斯兰学者纳斯尔“传统”观引介》(《宁夏社会科学》2003年第1期)、丁克家《全球化进程中精神性资源的开掘：文明对话的源头活水——论杜维明和纳斯尔文明对话资源的阐发及其价值取向》(《回族研究》2006年第1期)、马效佩《纳斯尔教授的“圣道伊斯兰教”观初探》(《西北民族研究》2006年第1期)、马效佩《伊斯兰精神性全书简介》(《西北民族研究》2008年第1期)、周传斌《凿通今古汇融东西——纳斯尔教授的伊斯兰哲学史观述评》(《回族研究》2008年第3期)、任军《神圣传统和神圣知识中的多样统一——纳斯尔〈知识与神圣〉述评》(《回族研究》2008年第3期)、任军《纳斯尔在〈知识与神圣〉中的宗教比较观》(《西北民族研究》2008年第3期)。这些文章大多汇入最近出版的论文集《神圣与传统：纳塞尔哲学思想引介》(黄河出版传媒集团、阳光出版社，2010年)。

2. *伊斯兰教义学研究*

伊斯兰教义学是伊斯兰教传统学科之一，是穆斯林在使用理性思辨和逻辑推理的方式阐释伊斯兰教信仰过程中产生的思想学说。

自中国伊斯兰教研究进入“亨长期”以来，教义学一直是明清以来

① 学界目前对Seyyed Hossein Nasr的译法不一，如还有纳斯尔、纳塞尔等译法。——笔者注

经堂教育和汉文译著的主要内容。流行最广的教义学经典是《奈赛斐教典诠释》，即中亚穆斯林学者赛尔顿丁·太弗塔萨尼用阿拉伯语撰写的欧麦尔·奈赛斐的名著《奈赛斐教典》注释本。此书乃中世纪伊斯兰教逊尼派教义学的一部经典之作，不仅在中亚等地流传颇广，也被中国穆斯林奉为经典。它是中国穆斯林经堂教育教材之一，即《尔歌一德》。该书自16世纪末传入中国以来，各地经师十分重视，并普遍作为经堂教育的教本。刘智曾将该书列入他的《天方典礼》的参考书目，称为《教典释难》。同治九年（1870年），马德新刊印此书，称为《教典释难经解》。光绪十九年（1893年），马联元刊印了此书的节本，称为《天方释难要言》。较有影响的中译本有以下几种：1924年，北平秀真精舍出版了杨仲明最早翻译的古汉语译本，称为《教心经注》。1945年马坚在昆明翻译出版了白话文汉译本，称为《教义学大纲》。1951年上海文通书局再版时，马坚将其改名为《教典诠释》。近年来学者对《教典诠释》采用新的诠释，代表作有马文才的译本《伊斯兰教教义学大纲新解》、刘世英编译的《伊斯兰教教义学十讲》。此外还有探讨真主的属性译著《真主的尊名与属性》《伊斯兰的精神和形式》以及《信仰与人生》等。

就“贞成期”的当代中国伊斯兰研究而言，自20世纪80年代的“重兴—繁荣”时期以来，教义学研究才逐渐恢复。同时，由于学科体制等原因，“重兴—繁荣”时期的伊斯兰教义学研究通常被纳入伊斯兰哲学研究名下。中国学界对伊斯兰教义学最早的系统叙述见于金宜久主编的《伊斯兰教概论》（青海人民出版社，1987年），书中将教义学视为伊斯兰教传统学科的一支，介绍了教义学的由来、历史与基本论题。从现代学术角度，从事伊斯兰教义学研究的学者主要有吴云贵等人。吴云贵的论文《伊斯兰教义学的阶段性特征》（《世界宗教研究》1993年第4期）、《伊斯兰教义学的三部早期文献》（《回族研究》1993年第4期）都是相关的专题论文。前者从宗教思想史的角度，回顾了教义学的历程，概括了不同阶段、各个教义学派如穆尔吉阿、穆尔台齐勒、艾什尔里、经院教义学以及苏非认主学的基本特征。后者通过介绍在印度海德拉巴发现的三部署名阿布·哈尼法的文献，即《教义学大纲书·之一》《阿布·哈尼法遗嘱》以及《教义学大纲书·之二》，解答了教义学史上的一个问题，即在各教派关于教义的早期争论与后来完备的思辨教义学之间是否存在过渡性的中间环节。此后，吴云贵又出版了当代中国学者研究教义学第一部专著《伊斯兰教义学》（中国社会科学出版社，1995 年）。该书是作者在之前研究基础上所做之扩展。书中教义学的形成、派别以及相关文献皆有评述。此书篇幅不长，只有近 7 万字，但地位特殊，是标志当代中国伊斯兰教义学研究形成的奠基之作。

继吴云贵之后，投身这一领域的学者寥寥无几，专门成果亦不多见。在“重兴—繁荣”时期，只有沙宗平《从凯拉姆思潮到凯拉姆学：伊斯兰哲学初探》（连续刊登在《阿拉伯世界》1993 年第 3 期及 1994 年第 1 期）一文颇具代表性。然而，该文内容虽为伊斯兰教义学，但却以“伊斯兰哲学”为题，似尚未摆脱将教义学归类于“哲学研究”的旧框架。这正是前文所说“哲学史与思想史”之争的折射，当归咎于学科体制与时代的局限，未可苛求作者。进入“发展—转型”时期以来，伊斯兰教义学研究略有起色，其表现有三。

一是个别中青年学者开始撰写文章，致力于伊斯兰教义学研究。例如，马秀梅《伊斯兰教义学及其在中国的传承系统》（《回族研究》2004 年第 3 期）、贾建平《哈瓦利吉派与伊斯兰教义学》（《世界宗教研究》2005 年第 4 期）、《“凯拉姆”和伊斯兰教义学》（《中国社会科学院研究生院学报》2005 年第 6 期）。二是这些文章大多直接以“教义学研究”为名，就宗教论宗教，而不再受哲学研究的辖制，这也从侧面反映了宗教学科自身的壮大与发展。三是一些教内人士和机构始终关注教义学的发展。前述《奈赛斐教典诠释》自 16 世纪传入中国以来，很受中国穆斯林推崇，故其传播与翻译工作一直由教内人士承担。这一传统在当代得到发扬。最新出版的一部教义学著述是由中国伊斯兰教经学院组织编写的《伊斯兰教教义简明教程》（丛恩霖、沙宗平编撰，宗教文化出版社，2009 年）。这部教材不仅介绍了教义学的源流、学说与派别，更具有别于同类著述的特点，即将教义学与穆斯林的宗教生活联系起来，论述了信仰的定义、信仰断法、信仰与道德等具有实践意义的问题。可谓特色鲜明，体现出教内人士教义学研究特有的宗旨与关怀。但总体而言，伊斯兰教义学研究在当代中国学界仍未引起足够重视，尚属乏人问津的殊方绝域。

李林《当代中国伊斯兰教义学研究的问题与反思》是我国伊斯兰教义学领域比较新的成果，文章指出当代中国学者对于伊斯兰教义学的研究直至20世纪80年代才逐渐恢复，其研究方法局限于“哲学研究”的框架内。自2000年进入“发展—转型”期以来，伊斯兰教义学研究出现了新的变化，不仅出现了一批新成果，而且逐渐正视伊斯兰教义学的宗教特质，而不再单纯局限在哲学研究范围内，其中一些研究体现出教内人士教义学研究特有的宗旨与关怀。但总体而言，伊斯兰教义学研究在当代中国学界仍未引起足够重视。其原因在于：第一，伊斯兰教义学在传统伊斯兰学科中的地位；第二，伊斯兰教义学与教法学的复杂关系；第三，现代学术体制导致当代中国的伊斯兰教义学研究往往囿于“教义学史”；第四，伊斯兰教义学仍未能完全摆脱“阿拉伯哲学”或“伊斯兰哲学”的影响。其他传统伊斯兰教以及现代人文学科与社会科学都对当代伊斯兰教义学及教义学研究提出了重大挑战，但这些挑战蕴含着自我超越与自我转化的契机。

3. *伊斯兰政治思想史研究*

伊斯兰政治史研究，包括伊斯兰政治制度、政治思想，是国际伊斯兰教研究的一个重要主题，我国学者有意识地从政治思想史、政治制度史等角度进行的相关研究尚不多见。李林《谁之继承人，谁之代治者：从哈里发学说的演变看当代中东政治继承与换代问题》（《国际政治研究》2011年第1期，《人大复印报刊资料·国际政治》2011年第8期全文转载）是这一领域的代表性成果。

“哈里发学说”在伊斯兰教思想史上，与真主的属性、前定和自由意志等问题一样，属于传统伊斯兰教义学探讨的一个重要主题。在伊斯兰教义学经典之作《教典诠释》中就将其列为一个重要问题。《谁之继承人，谁之代治者：从哈里发学说的演变看当代中东政治继承与换代问题》一文的独创之处在于，它从伊斯兰教义学的角度审视在伊斯兰教历史上以及当代伊斯兰世界的领袖继承，成功地揭示出伊斯兰教传统其实一直都在无形地影响着当代中东地区的政治继承与换代问题。文章分为三个部分。

首先，该文提出，在伊斯兰教史上，围绕权力交接、政权更迭所产生的哈里发学说不仅反映了伊斯兰教的教派分化与教义演变，而且与伊斯兰世界的政治继承与政权更迭具有密切关联。“哈里发”（Khalīfa）一词有两个主要含义，即继承人和代治者。哈里发的继承权与代治权的来源问题是论证其领袖地位与政权合法性的关键。

其次，该文对伊斯兰教历史上哈里发学说的演变进行了考察，揭示出“哈里发”一词的核心含义如何从“继承人”变成了“代治者”以及这种变化背后所隐含的政治意图。四大正统哈里发认为他们对穆斯林社团的领袖地位继承自伊斯兰教的封印先知穆罕默德；伍麦叶王朝的哈里发认为，他们的领袖权力继承自第三任哈里发奥斯曼；阿拔斯王朝的哈里发最初的哈里发地位继承自先知本人，后来又提出其统治权直接来自真主，带有强烈的“君权神授”色彩；逊尼派乌莱玛阶层针对哈里发名存实亡，乃至被废黜的现实处境，提出了不同的哈里发学说。安萨里认为，哈里发和苏丹都可以称为“真主的代治者”，而伊本·泰米叶则认为，只有宗教学者乌莱玛才是“先知的继承人”。

最后，文章指出哈里发学说的历史演变与内在逻辑，揭示出伊斯兰世界政治继承与换代中的潜在规律。第一，伊斯兰教虽然不主张政教二分，但“哈里发”一词的含义注定政治权威与宗教权威的分化必然成为伊斯兰社会不可避免的趋势。第二，哈里发的当选依据从宗教理想变为政治实力，表明宗教理想与政治现实的较量是伊斯兰社会领袖产生过程中的两种主要博弈力量。第三，哈里发的产生制度由最初的选贤制发展到世袭制。世袭制能够在伊斯兰世界历久不衰，是因为历史上的哈里发学说在解释哈里发合法性的来源时将判断标准从统治者的权力来源转换为统治者如何统治。这三组矛盾不仅是影响伊斯兰教史上历次政治继承与政权更迭的关键因素，而且在当代中东政治继承与换代过程中仍具有不可忽视的影响。

4. 伊斯兰学术史研究

李林《中国伊斯兰教研究学术史分期刍议》（《当代宗教研究》2011年第2期）是这一领域的代表作。在此之前，更多是学术综述性研究，而较少有意识地从学术史角度进行研究。该文来自作者近年来进行的“中国伊斯兰教学术史”研究的一部分。其目的一是为当代学人从事伊斯兰教研究总结经验、奠定起点，二是为后来学者提供关于这一时期伊斯兰教研究的文献资料。如此，学者对于前人对这一领域内相关问题做过哪些研究、达到了何种程度便可了然于胸，才能够在前人研究的基础上有的放矢、循序渐进。然而，近年来国内伊斯兰教的一些领域出现了徘徊不前的情况，究其原因，不重视学术史研究、不善于总结已有的研究成果这一弊病难辞其咎。有些研究被讥为“炒冷饭”，即指那些既缺乏新材料，又不能开辟新途径，只是不断地回到原始水平上重新开始，不断地重蹈前人已做过工作的无效研究。个别成果甚至还达不到已有的研究水准，更遑论超越前人与学术创新了。这一现状不仅不利于个别学者自身的学术研究，更危及伊斯兰教学科的整体发展。要解决这一问题，唯有对症下药，加强对学术史的研究。正是抱着这一目的，笔者才决定从事中国伊斯兰教学术史研究，希望为我国伊斯兰教研究学科的发展奠定一个坚实的基础。

《中国伊斯兰教研究学术史分期刍议》一文以时间发展为线索，力图为中国伊斯兰教的学术史提供纵向坐标。尝试提出中国人对伊斯兰教从初识到当代中国伊斯兰教学科的最终确立这段漫长时期可划分为四个阶段，即元始期、亨长期、利遂期、贞成期。从 1949 年草创至今长达 70 年的当代中国伊斯兰教研究学术史又可进一步划分为三个时期，即“草创—停滞”时期、“重兴—繁荣”时期、“发展—转型”时期，并对各个时期的研究内容与特点进行了概括与总结。此外，李林还撰写了伊斯兰教学术史系列文章，包括：（1）《西方的中国伊斯兰教研究百年》，刊于《世界宗教评论》辑刊，宗教文化出版社 2014 年版；（2）《传统与变革——中国现代伊斯兰学科体系的造就》，载于《中国社会科学院世界宗教研究所建所 50 年发展历程》，中国社会科学出版社 2014 年版；（3）《从史学到实学：当代中国伊斯兰教研究的实证主义转向》，刊于《世界宗教文化》2011 年第 6 期；（4）《试析当代中国伊斯兰教哲学—思想研究的问题与主线》，刊于《世界宗教研究》2011 年第 5 期；（5）《当代中国伊斯兰教义学研究与反思》，刊于《中国穆斯林》2011 年第 3 期；（6）《当代中国伊斯兰教法学研究与反思》，刊于《世界宗教文化》2013 年第 4 期。这些系列研究标志着我国伊斯兰教学术史研究体系渐见成效。

三　语言—文化之路

从语言工具上看，一般而言，伊斯兰教研究离不开以下两种语言系统：一是用以撰写伊斯兰教原始文献的阿拉伯语、波斯语等“伊斯兰语言”。二是伊斯兰教研究起步较早的西方世界主要语言，如英语、德语、法语等。甚至一些研究中国伊斯兰教史著述，也援引西文文献。尽管如此，对于那些以史学或哲学为学科背景的研究者而言，语言只是获取资料的辅助手段，而非根本性的研究进路与方法依托。这与笔者所说的第三条进路即“语言—文化之路”仍有本质不同。在“语言—文化之路”中，研究者不仅能够通过外语专长来获取研究所需的资料，而且能够从语言层面升华到文化层面，以文化的视角反观宗教问题。

“世界伊斯兰教研究”与前文所述“中国伊斯兰教研究”同属历史考证之路。因此，既有迥然相异之处，也不乏异曲同工之妙。就其区别而言，有以下两点值得注意。一是从研究对象看，“世界伊斯兰教”虽名为“世界”，但涉及范围只包括除中国以外，其他国家和地区的伊斯兰教。而“中国伊斯兰教”则顾名思义以中国境内的伊斯兰教为研究对象。就区别而言，两者关系仿佛两个没有交集的同心圆，这种泾渭分明实则构成一种互异互补关系。二是从研究材料看，“世界伊斯兰教研究”的原始文献主要以相关国家地区的文字写就，即便二手的研究文献也多以英语等现代西方语言撰写。可见，“世界伊斯兰教研究”引证的史料大多来自外语文献。在资料来源上，与以中文文献为主的中国伊斯兰教相比，可谓各有倚重。

然而，既然同属历史考证之路，在方法上，这两种在研究范围上迥然有别的分支学科又必然具有相通之处。这表现在两个领域的研究者大多具有历史学的学科背景，在研究方法上更是一脉相通，皆以梳理文献、描述现象见长。更深一步的研究，则是在还原事实本来面目的基础上，希冀发现其中隐藏的历史规律。

在此，笔者将“世界伊斯兰教研究”划为两类：一是“世界伊斯兰教史研究”，即通史、断代史和概论研究；二是“世界伊斯兰教专题研究”，其涉及面较广，除与伊斯兰教相关的政治史、社会史外，还包括宗教的传播与发展、教派的分化与演变、神秘主义与民间宗教、社会思潮与社会运动、宗教文化和艺术等林林总总诸多专题。

（一）世界伊斯兰教通史概论研究

世界伊斯兰教史原属中国学者研究伊斯兰教的薄弱环节，恰好与中国伊斯兰教史研究实力之雄厚、人才之鼎盛形成鲜明对比。20 世纪 20—40 年代，仅有水子立《世界回教史略》（1923 年）和袁东寅《回教发展史略》（1946 年）两种著作问世，且篇幅较小，影响甚微。经过数十年的沉寂，直到 20 世纪 80 年代，国内才开始从翻译国外著作入手，逐步展开对世界伊斯兰教的研究。

1978 年，王怀德和周祯祥翻译的《伊斯兰教简史》出版，作者昂里·马塞是法国学者。该书是以史为纲的一部概论性读物，颇能反映国际学界的通行观点。1979 年，美国学者菲利普·希提的经典之作《阿拉伯通史》由马坚翻译出版，此书材料翔实，译笔流畅，至今仍是伊斯兰教研究者案头必备的参考书。布罗克尔曼《伊斯兰教各民族与国家史》也是一部名著，于 1980 年由商务印书馆出版中译本，可惜译文错误较多。1981 年，吴云贵等人合译《伊斯兰教简史》面世，原作者马茂德是巴基斯坦学者，此书代表了穆斯林学者的观点。同时面世的还有马肇椿、马贤合译的《历史上的阿拉伯人》，作者是当代著名中东学家伯纳德·路易斯。此前，还有纳忠等人翻译的多卷本《阿拉伯—伊斯兰文化史》问世。该书作者艾哈默德·艾敏为埃及学者，此书资料丰富，内容详尽。由于卷帙浩繁，后人续译部分只能陆续出版，跨越时间较长。

在此基础上，中国学者厚积薄发，陆续撰写出几部能够反映中国学者观点的奠基之作。最早出版的是金宜久主编《伊斯兰教概论》（青海人民出版社，1987 年）。该书内容翔实，吸收近年来东西方学术界研究的精华，对伊斯兰教全貌做了较全面的概括。其历史意义在于，该书是中国学者集体撰写的首部世界伊斯兰教通论性著作，标志着当代中国的世界伊斯兰教研究迈出了重要的一步。

与此同时，中国学者在编撰《宗教词典》伊斯兰教词条时，缺乏一部关于伊斯兰教史的基本著作所带来的不便就已暴露无遗。从学术角度而言，伊斯兰教的通史著作实际上是中国世界伊斯兰教研究的基础著作，其研究水平的高低直接关系到伊斯兰教学科的建设。当时，编写一部伊斯兰教通史就成为众望所归之举。

在此背景下，金宜久主编《伊斯兰教史》于1990年出版，这是中国学者编著的第一部世界伊斯兰教通史著作。该书在编写过程中，既重视借鉴、吸纳国际学术界的研究成果，又注意学术研究的独立性、科学性，在伊斯兰教的起源、伊斯兰宗教制度和各分支学科的形成、近现代伊斯兰教的发展趋势等问题上，都参照最新的学术成果做出了自己的分析。该书全面系统地评述和介绍了各个不同时期伊斯兰教在世界各地的传播、发展、演变的过程。有人评价："本书内容丰富、立论稳妥、叙述简明、吸收了中外伊斯兰学者近10年来的最新研究成果，其作用远远超出教科书的范围，是当代中国学者了解伊斯兰教历史的较佳读本。"①

1992年，王怀德、郭宝华合著《伊斯兰教史》（宁夏人民出版社，1992年）出版。总体而言，这是一部以史为纲的概论性著作。该书的独特之处在于，在对研究内容的界定上，一反以往那种将伊斯兰教视为"包容一切"的思想体系、社会制度和生活方式的理解，而是着重阐述伊斯兰教的核心内容，其他方面的内容则尽量删繁就简，以保证条理清晰，主题突出。因此，在编写体例上既以历史发展脉络为主线，又能照顾到宗教知识的系统性、完整性，对教义、教法、礼仪、教派等内容，皆单辟专章，遵循其自身发展过程加以论述，从而与传统的伊斯兰教史著作有所不同。

继之而来，又出现了一批学术著作，其佼佼者首推金宜久主编的《伊斯兰教》（宗教文化出版社，1997年）。此书以1987年出版的《伊斯兰教概论》为底本，加以扩充和深化，从伊斯兰教的起源、经典、教法、教派、教义学、苏菲神秘主义、伊斯兰教与社会生活的关系、近现代伊斯兰教思潮与运动、中国伊斯兰教的发展演变以及对伊斯兰教发展演变规律的认识等十二章，将伊斯兰教视为一种"社会历史文化现象"，对其包含的丰富内涵和变化发展加以叙述和概括。此外，还出现了一些学术质量上乘的通史著作，如马明良《简明伊斯兰教史》（经济日报出版社，2001年）等。

断代史研究方面的代表之作当属由吴云贵、周燮藩合作撰写的《近现代伊斯兰教思潮与运动》（社会科学文献出版社，2001年）。该书实际上是一部近现代伊斯兰教史。此书抱着以史为鉴的初衷，力图通过追溯近代以

---

① 余振贵、杨怀中：《中国伊斯兰文献著译提要》，宁夏人民出版社1993年版，第398页。

来在殖民主义背景下伊斯兰世界产生的种种思潮和运动，找出历史与现实的关联，从而为深刻理解当代伊斯兰复兴运动的倾向和特点提供参照。

伊斯兰教史的研究和著述，有助于深化研究者的历史意识和宏观意识，从整体把握和发展眼光开展专题研究。换言之，伊斯兰教史的学术水平愈高，愈能为研究者提供丰富的研究资料，帮助开阔视野和提高分析能力，从而促进相关专题研究的发展。中国的伊斯兰教专题研究正是在教史研究的基础上积铢累寸，逐步展开。

（二）世界伊斯兰教专题研究

此处“伊斯兰教专题研究”限定为以史学进路对伊斯兰教的相关专题所做之学术研究。伊斯兰教作为一种绵延千年的宗教传统和内涵丰富的文化现象，其所涉及的学术研究可谓洋洋乎大哉。其中，有些研究以问题为中心，任他弱水三千，只取一瓢饮，做解剖麻雀式的研究；也有些研究体大思精，发展为一门相对独立的学科或领域。这些次级学科或研究领域的共同之处在于，其研究对象通常是那些在伊斯兰教这个“多面体”中占有重要地位的“一面”，如经典、教法、教义、教派、苏菲主义等。在此基础上，以现代学术研究的方法加以条分缕析、归纳总结从而衍生出相应的学科，如教法学、教义学等。此一过程，既包含胡适之所谓“动手、动脑找材料”（傅斯年索性将此语改作“上穷碧落下黄泉，动手、动脚找材料”）的经历；也必须面对如何将原有的教内研究转化为现代学术研究的痛苦“蜕变”，其不二心法与江西诗派“灵丹一粒，点铁成金”的“夺胎法”或有异曲同工之处。

这也许可以解释为什么同样都是对于伊斯兰教的学术研究，有些就可冠名为“学”，而有些却只能勉强称为“研究”，如《古兰经》研究、圣训研究、苏菲主义研究等。其中的奥妙在于，在现代学者眼中，这些研究对象尽管完全有资格独当一面，但既然尚未完成脱胎换骨“洗礼”，那就不能被“尊称”为现代意义上的“科学”。[①] 由于伊斯兰教专题研究囊括

① 这种现象绝非偶然，就连伊斯兰教的上一级学科宗教学本身也一直无法摆脱究竟该被称为“宗教学”，还是“宗教研究”的困扰。此问题背后流露出的是作为一种以人类宗教性及其外在形式为主要研究对象的宗教学科在以科学主义为主导的现代学科体制下所处之困境。

的问题和学科为数众多，在此无法一一列举，只能以点带面，借苏菲主义研究来管窥伊斯兰教专题研究的全貌。

1. 经训、典籍研究

（1）古兰经学

自从1981年中国社会科学出版社出版了马坚汉译《古兰经》以后，围绕着该译本，民间有不同的声音。基于此，中国伊斯兰教协会组织人员对马坚译本进行修订，并于2015年再版。除了《古兰经》译本外，还有注释《古兰经》的学科，即《古兰经》注释学。主要译著有马金鹏的《古兰经译注》、马仲刚的《古兰经译注》、孔德军的《伊本·凯西尔古兰经注》、洪炉的《古兰经降示背景》。研究专著有金忠杰的《〈古兰经〉注释研究》、伍特公的《汉译古兰经第一章详解》、顾世群的《〈古兰经〉伦理思想研究》、马辉芬的《经堂语汉译〈古兰经〉词汇语法研究》等。

（2）圣训学

自从康有玺的《布哈里圣训实录》出版以后，圣训的翻译逐渐提上议程，2008年祁学义的《布哈里圣训实录全集》出版，此后宁夏的余崇仁先后翻译并出版了《奈萨仪圣训集》《提尔米兹圣训集》《艾布·达乌德圣训集》《伊本·马哲圣训集》《穆斯林圣训实录全集》，至此，逊尼派公认的六大圣训集全部被翻译成汉语，此举被学界称为弥补了中国伊斯兰教的历史空白，将中国的圣训学基础研究向前推进了一大步，是中国伊斯兰发展史上的一件大事，对中国伊斯兰文化的研究、宗教文明对话都将发挥十分重要的作用。圣训研究自从丁士仁的《简明圣训学》出版后，尚有祁学义的《圣训研究》以及马建康译著的《寻根定律圣训简析》等。此外蒋敬还将美国学者塔里格·拉玛丹的名著《使者：先知穆圣生平事迹及现实意义》翻译成汉语。马效佩的译著《心灵的良丹》，该书旨在以教法学、《古兰经》注释学、圣训学和认主学的角度刻画穆罕默德的形象。

2. 伊斯兰教法研究

（1）“利贞之际”的教法研究

从“利遂期”的现代中国伊斯兰教研究所取得之成果来看，在伊斯兰教法方面的研究，仅有屈指可数的数种译著堪为代表。如，王静斋翻译的《伟嘎业》，天津伊光月报社于1931年、1935年分别印行了上、下集（该书于1986年经马塞北重新整理后由天津古籍出版社出版）、丁蕴辉翻译《欧母戴》（天津清真南寺，1934年石印）、穆楚帆、穆子清编译《汉译伊雷沙德》（北平清真书报社，1934年印行）、林兴智翻译《回教继承法与其他继承法之比较》（二不都·木台二滴著，商务印书馆，1946年）、庞士谦阿訇翻译《回教法学史》（埃及学者胡祖利著，月华文化服务社，1950年）。

这些成果表现出的一些共同之处不可忽视，因为正是这些“共性”才能反映出这一时期教法研究的特点：第一，上述作品较少中国学者撰写的专著，而是多由国外著作翻译、汇编而来。这一事实反映出“利遂期”中国学者的教法研究羽翼未丰，尚无力推出自己的专门之作。第二，这些译著的译者大多是具有信仰背景的穆斯林，甚至不乏德高望重的宗教人士，他们所移译的作品不是传统的伊斯兰教法经典之作，就是出自伊斯兰教法学家之手，其目的也主要是满足国内穆斯林宗教生活的现实需要，具有明确的实用意图，而非供纯粹的学术探讨之用。以上种种情况表明，这一时期，中国的现代伊斯兰教法研究学科体系尚不完备、学术成果屈指可数。更为重要的是，此项研究还未迈出穆斯林内部，升华为学术公共话语的关键一步。

（2）“重兴—繁荣”时期的教法研究

直到20世纪80年代以后，当代中国伊斯兰教研究才进入“重兴—繁荣”时期。伊斯兰教法研究取得了一系列突破，标志着当代中国的伊斯兰教法研究体系正式成立。较早系统论述伊斯兰教法的著述是金宜久主编的《伊斯兰教概论》（1987年）。而在此之前王静斋编译、马塞北整理的《选译详解伟嘎业》（天津古籍出版社，1986年）业已出版，但这是一部翻译国外教法成果研究的译著，而非中国学者的专著。

在此之后，马忠杰、吴云贵、周燮藩等学者先后发表一系列论文与专著，他们撰写和翻译的一系列教法学著作对该领域的发展起到了重要的推动作用，将伊斯兰教法研究从原先仅限于穆斯林学者内部的“一家之言”升华为能够为社会所认可的“学术公器”。其中，当属吴云贵的成果最丰。他从事伊斯兰教法研究的早期代表性成果是一部译著，即《伊斯兰教法律史》（库尔森著，中国社会科学出版社，1986 年）。这部译著向中国学界展示了国际学术界研究伊斯兰教法的最新成果，也从侧面说明翻译乃是中国学者在面对一个全新问题时，时常采取的治学之道，这一经验堪为后人借鉴。1993 年，吴云贵撰写的《伊斯兰教法概略》面世。作为中国学者首部系统研究伊斯兰教法的专著，该书以史论结合的方法，全面系统地论述了伊斯兰教法的起源、发展和演变，介绍了教法体系的具体内容，分析了近现代法制改革对教法理论和体系的影响。此后，他于 1994 年又出版了《真主的法度——伊斯兰教法》一书。

除此之外，这一时期该领域出版的学术著作还有：赛生发编译《伟嘎耶教法经解——伊斯兰教法概论》（宁夏人民出版社，1993 年）、高鸿钧《伊斯兰法：传统与现代化》（1996 年 10 月社会科学文献出版社初版，2004 年 9 月清华大学出版社出版修订本）、马正平翻译《伟嘎耶教法经》（宗教文化出版社，1999 年）。

（3）“发展—转型”时期的教法研究

迈入 21 世纪，伊斯兰教法学研究进入“发展—转型”时期，出现了一些具有理论深度和时代特点的论著。其中，论文可分为以下三类。

第一类是关于伊斯兰教法本身的理论探讨，如教法的渊源、派别、内容、特点等。这些文章占较大比例，例如，马玉玲、哈宝玉《〈古兰经〉立法的基本思想》（《中国穆斯林》2000 年第 3 期），马明贤《伊斯兰法渊源的整合机制》（《西亚非洲》2002 年第 2 期），杨经德《伊斯兰法与伊斯兰教法关系辨析》（《云南民族大学学报》2003 年第 3 期），刘云《伊斯兰法源探微》（《西北师范大学学报》2003 年第 4 期），耿龙玺《浅谈伊斯兰法的法源理论》（《甘肃政法学院学报》2003 年第 5 期），敏敬《伊斯兰法的早期特征与作用》（《中国穆斯林》2004 年第 3 期），周忠瑜、马旭东《罗马法与伊斯兰法比较初探》（《青海民族研究》2005 年第 4 期）。

第二类是关注与伊斯兰教法相关的重大理论与现实问题。此类文章多集中于探讨近现代以来伊斯兰教法的改革与现代化。其中，一些文章属于理论探索，如吕耀军《“伊智提哈德”与伊斯兰教法的形成、发展及变革》（《西北第二民族学院学报》2005 年第 3 期）、马进虎《伊斯兰法创制困难的思想渊源》（《长安大学学报》2005 年第 2 期）、马明贤《当代伊斯兰法的复兴与改革》（《西亚非洲》2005 年第 1 期）等；另一些文章则紧密联系现实，总结分析各国的伊斯兰教法改革经验，如马明贤《传统规则的现代化尝试：伊斯兰法律的法典化》（《回族研究》2004 年第 3 期），冯璐璐《近现代土耳其伊斯兰教法的世俗化改革》（《新疆社会科学》2004 年第 6 期），洪永红、贺鉴《伊斯兰法与中东伊斯兰国家法律现代化》（《阿拉伯世界》2002 年第 1 期），朱虹《面对法律全球化的伊斯兰法形态》（《人权》2003 年第 4 期），等等。

第三类是探讨伊斯兰教法在中国社会中的本土化历程。代表文章包括：邱树森《唐宋“蕃坊”与“治外法权”》（《宁夏社会科学 》2001 年第 5 期）、王东平《明清时代汉文译著与回族穆斯林宗教法律文化的传布》（《世界宗教研究》2002 年第 2 期）、王东平《元代回回人的宗教制度与伊斯兰教法》（《回族研究》2002 年第 4 期）、马宗正《宗教法文化中的神学法治理念——兼及伊斯兰教法中国本土化对法治理念建构之影响》（《西北民族研究》2006 年第 1 期）等。

著作方面，张秉民主编《伊斯兰法哲学》（宁夏人民出版社，2002 年）尝试从法哲学的角度解读伊斯兰教法，从伊斯兰法的外在个性入手，探索蕴含于其中的哲学共性。紧随其后，吴云贵《当代伊斯兰教法》（中国社会科学出版社，2003 年）一书出版，这是结合当代伊斯兰教复兴论述伊斯兰教法的一部力作。其突出特点是述源与论流、言史与议变相结合，从当代伊斯兰教世界的实际发展中解析伊斯兰教法的变革，以宏观和微观相结合的方式呈现出一个全新的学术思考。这两部著作的接踵而至似乎为“发展—转型”时期的教法研究开了一个好头。但谁能料到，十年之后才等到新的著作问世。2011 年，两部教法研究的专著几乎同时出版。哈宝玉《伊斯兰教法：经典传统与现代诠释》（中国社会科学出版社，2011 年）一书可分为伊斯兰教法概论与重要问题的专论两部分。概论部分涵盖从宗教义务到民法、刑法等伊斯兰教法的主要内容，专论部分对教法中关于战争与和平、人权这两大问题的规定进行了探讨。马明贤《伊斯兰法：传统与衍新》（商务印书馆，2011 年）分为纵横两编，纵向以时间为线索，分析了伊斯兰教法从兴起到不同历史时期发展的社会原因、基本特征；横向以问题为主线，选择了伊斯兰教法与创制、伊斯兰教法的现代化、伊斯兰教法的法典化、伊斯兰教法与人权民主等几个当代伊斯兰教法的发展中较为突出的问题加以分析。

从这些成果看，中国的伊斯兰教法研究已经初具规模，由最初的起步阶段发展为具有一定规模的专门研究领域，并且形成了以注重中国特色与现实纬度为主要特点的伊斯兰教法研究学科体系。在肯定这些成绩的同时，亦须承认当代中国的伊斯兰教法研究存在着一些潜在问题。

其一，从论文来看，虽有不少关于伊斯兰教法的文章发表，其中也不乏佳作，但大多都是各领域的学者从自身所学出发，抒发各自关于教法的一得之见，较少成体系、专门性的著述。

其二，从著作来看，从2001年至今十余年时间，仅出版了四部著作，而其中两部又集中出版于2011年，中间有十年的空白时期。为什么伊斯兰教法研究如此少人问津？要知道“教即法，法即教”，在伊斯兰世界，教法学历来是伊斯兰宗教学科的基石，而在现代学术中，教法研究也被视为打开通往理解伊斯兰教之门的一把金钥匙。这或许是由于现有专著多为对于教法的宏观综览与全面概括，新的研究若是立意于概论性专著，既无意重蹈前人覆辙，又想写出新意，的确难度不小；而若想就教法的某一子题进行深入的专题研究，但在概论性研究尚在积累、基础尚未牢固的情况下，不易找到切入点。如此种种导致专门投身伊斯兰教法研究的人才不足，甚至有后继乏人之虞。“发展—转型”时期出现的“十年空白”并非偶然，背后隐藏的是新老交替的漫长过程。更遑论，在传统的伊斯兰教法研究和作为现代学术的伊斯兰教法研究之间还存在着巨大的方法论困境亟待解决。

其三，从方法来看，今时今日的伊斯兰教法研究正处在一个转型关头，亟待解决一个关乎其未来走向的问题，即如何使伊斯兰教法研究从一门古代学问转变为现代学问？实际上，这一问题是进入现代世界以来，所有从事伊斯兰教法研究的学者，无论是来自伊斯兰世界、西方还是中国，都必须面对的问题。反观国内现状，虽然不少研究者都有意或无意地涉及这一问题，但真正能将此问题上升为“问题意识”者，却寥寥无几。有人认为，实现这一转型的关键在于主体，即前现代时期从事教法研究的研究主体是穆斯林学者，他们的特点是在教言教；而现代世界研究主体则转变为非穆斯林学者，他们在研究中恪守客观中立的原则。这样的研究虽不排斥穆斯林学者的参与，但前提却是，穆斯林学者必须以各种“科学的”方法如现象学，将自己的“先入之见”悬置起来。然而，笔者认为，问题关键不在主体，而在解释。如果说，“沙里亚”（Shari'a）是“真主的大道”，是“经定法”，那么，“菲格亥”（Fiqh）则是伊斯兰教法学家创制的法律制度，是“人定法”；而“教法研究”则是后来人对伊斯兰法律制度，即“菲格亥”的研究，属于“人研法”。“菲格亥”是对“沙里亚”的解释，而“教法研究”则是对“菲格亥”的解释，属于“解释的解释”。三者关系可以用下表来表示。

“沙里亚”（Shari'a）	经典	天启	教法	“经定法”
“菲格亥”（Fiqh）	解释	理性化	教法学	“人定法”
“教法研究”	解释的解释	学术化	教法学研究	“人研法”

（4）伊斯兰教法研究的两大学术传统

众所周知，伊斯兰教法研究离不开以下两种语言系统：一是与伊斯兰教关系密切的阿拉伯语、波斯语等所谓“伊斯兰语言”；二是英语、德语、法语等西方语言。实际上，这一现象折射出近代以来伊斯兰教法研究中两大学术传统，即传统的伊斯兰教法学家与现代西方伊斯兰教法研究学者之间的力量消长与话语权更替。

首先在伊斯兰教的传统宗教学科体系中，教法学是与经注学、圣训学并列的三大学科。由于教法堪称伊斯兰教的核心与精髓，被穆斯林认为是“真主对于人类生活的全部诫命”。从某种意义上讲，伊斯兰教法就是伊斯兰教，而不懂伊斯兰教法，就不懂伊斯兰教。因此，在传统的伊斯兰宗教学科体系内，教法学历来众星璀璨、人才辈出。仅逊尼派内部就涌现出以艾布·哈尼法（699—767年）、马立克·艾奈斯（715—795年）、沙斐仪（767—820年）、伊本·罕百勒（约780—855年）等权威学者为楷模的众多教法学家。传统的伊斯兰教法学不仅拥有众多的教法学派，在法学理论上也独树一帜。因此，伊斯兰教法学又有“法学家法”之誉。

其次，自19世纪下半叶以来，随着西方殖民主义的扩张，带动了“东方学”兴起。不少西方学者开始致力于伊斯兰教法研究，其学术历史以20世纪30年代为界，分别以匈牙利籍犹太学者伊格纳兹·戈德齐赫（Ignaz Goldziher）[①] 与约瑟夫·夏赫分别为前后两个阶段的代表与佼佼者。尽管众多西方学者对伊斯兰教法的研究各擅坛场、源殊派异，但若站在学术史的高度看，它们最终都指向同一方向，即按照现代西方学术方法与学术规范建立起当代西方的伊斯兰教法研究体系。

毫无疑问，这两种不同学术传统之间必然存在极大张力。如果从现代西方伊斯兰教法研究者的角度观之，中世纪穆斯林学者留下来的可能只是大量凌乱和未经整理的原始资料；而若站在传统伊斯兰教法学的立场，则现代西方学者的伊斯兰教法研究存在明显的弊病，即他们惯于套用现代法学术语来描述和分析伊斯兰教法，难免有隔靴搔痒、削足适履之嫌。面对这一学术背景，作为既不属于西方传统，也不属于伊斯兰传统的当代中国伊斯兰教法研究就面临一个如何自我定位问题。究竟是该归宗于嫡传正宗的传统伊斯兰教法学，还是在西方学者身后亦步亦趋？事实上，不难发现，在当代中国的伊斯兰教法研究领域，可以同时找到这两种学术传统的“影子”。

一方面，由于当代中国的学科设置和学术规范更多受到现代西方学术体系的影响，因此，西方的伊斯兰教法学研究的影响更多地体现在国内高校与研究机构的“学院派”身上。其研究之长是善于借鉴、吸收西方伊斯兰教研究的成果，并运用现代社会科学与人文学科的理论、术语对伊斯兰教法进行系统化的理论分析，其成果在学术界，乃至整个社会的影响较大。

另一方面，还有不少传统伊斯兰教法学的继承者，可将其称为“传统派”。他们中既有部分高校学者，特别是近年来从沙特、叙利亚、巴基斯坦等地留学归来的穆斯林子弟，还有一些原本就是各地伊斯兰教协会或清真寺的教内人士。其宗教信仰和教育背景令他们倾向于以传统伊斯兰教法学的方式从事教法研究。其特点与长处是注重与穆斯林日常生活息息相关的教法细则，尽力将学术研究与穆斯林的现实生活紧密结合在一起。但

---

① 伊格纳兹·戈德齐赫（1850—1921年）：现代西方伊斯兰教研究的奠基人之一，其代表作是1921年出版的《伊斯兰神学与法学导论》。

其不足也恰恰与此有关，即其研究常常陷于探讨教法的个别细枝末节而缺少理论反思。

不难想象，这两种研究旨趣迥然相异的学术传统之间必然是圆凿方枘、格格不入。在学院派看来，不少传统派的研究难以达到现代学术规范的要求；而传统派则不满于一些学院派学者过于依赖西方学者的研究成果与研究方法，无法真实反映伊斯兰教法的本来面目。尽管目前为止，研究方法的“殊途”虽未导致这两个研究群体之间形成针锋相对、聚讼纷纭的局面，但明眼人却不难看出这两种不同研究进路，乃至研究群体之间的张力。除了这两种学术传统以外，是否还可能走出一条超越这两者的“第三条道路”呢？这或许正是作为具有“第三方身份”的中国学者所具备的得天独厚的条件，这条道路有可能开启具有“中国风格”“中国气派”的伊斯兰教法研究之门径。

所谓“第三条道路”不仅要求人们正视当代西方与传统伊斯兰这两种学术传统的争锋中处于“弱势话语”地位的传统伊斯兰教法学之学术价值，还应洞悉当代西方学术研究方法的局限性所在。这就要求既不对传统伊斯兰教法学做简单肯定，同时也要对当代西方伊斯兰教法研究做批判性反思。以往对传统伊斯兰教法学的批判集中于因研究者的信仰背景导致其带有过多主观因素。与此同时，不少当代学者都已认识到，现代学术所标榜的“客观中立”也并非全然可靠。就连资深的“学院派”学者在多年的研究中也体会到，当研究者刻意强调以现代西方的社会科学或人文学科话语来描述和分析伊斯兰教法时，往往会强烈地感到表述上的困难，甚至有陷入失语境地之虞。究其原因，乃是因为，此项工作乃是企图用现代的、源自西方规范的话语去捕捉另一个全然不同的他者。

有鉴于此，笔者主张，尽管研究中无法避免地会出现一些现代法学或宗教学的术语，但不应忘记教法研究的目标乃是将伊斯兰教法的“本来面目”与“深层结构”如实地呈现在读者面前。一方面，就还原教法的“本来面目”这个首要目标而言，如实描述教法的原貌，既离不开“学院派”学者以现代科学精神为准则的外部观察与客观描述，更需熟知作为当事人的“传统派”用于描述教法的“内部话语”与主观体验。这是因为，作为一门现代学术，所谓的“伊斯兰教法研究”呈现在人们面前的仅仅是伊斯兰教法的一个“剪影”，即经过现代学术改造的“知识化的教法”。只有将教法还原到它所生长的“生活世界”中时，才能恢复教法的原貌，并产生真正的理解。另一方面，若要达到深层结构，研究者关注的焦点不应仅仅停留在教法的表象层面，更需留意发掘教法的内部结构、发展逻辑与潜在张力。换言之，教法不仅仅需要描述性的研究，更需更上一层楼进行阐释性研究。而中国学者独有的优势在于，既无必要亦步亦趋甘为西方学者的“忠实拥趸”，也可超越传统伊斯兰教法学家“只缘身在此山中”而无法认识到的盲点。有鉴于此，中国学者在今后的教法研究中，须打破“学院派”与“传统派”、“圈内人”与“局外人”、参与者与观察者、穆斯林与非穆斯林之间的隔阂与对立，超越学院派与传统派的分歧、客观性与主观性的二元对立，建立一种通过相互参与来构建认识主体与认识对象之间的统一关系，从而超越主客二分法，达到主观与客观交融的境界。如此，中国学者方能以与“学院派”“传统派”不同的研究视角与分析方法，融合各家之长，形成具有自身风格的当代中国伊斯兰教法研究体系，在国际领域占有一席之地。

3. *伊斯兰文化研究*

自20世纪80年代以来，在宗教文化热浪的冲击下，一些以伊斯兰教文化为主题的文章陆续发表。其中，除了探讨伊斯兰教文化在中国的历史衍变过程，也有不少文章就世界伊斯兰文化本身进行探讨的。例如，陆培勇《伊斯兰文化及与文明的关系》(《阿拉伯世界》1989年第1期)、刘靖华《伊斯兰传统价值的复兴与超越》(《西亚非洲》1989年第4期)、吴云贵《伊斯兰文化的共性与个性》(《世界宗教文化》1996年春季号总第5期)，就是颇具特色的文章。

除了论文以外，还出现了一批颇具代表性的著作。如，中国社会科学院世界宗教研究所伊斯兰教研究室合编的《伊斯兰教文化面面观》(齐鲁出版社，1991年)、秦惠彬主编《伊斯兰文明》(中国社会科学出版社，1999年)、王俊荣与冯今源合著《伊斯兰教学》(当代世界出版社，2006年)、纳忠《传承与交融：阿拉伯文化》(浙江人民出版社，1993年)、马明良《伊斯兰文化新论》(宁夏人民出版社，1999年)、丁俊《伊斯兰文化巡礼》(甘肃民族出版社，2002年)，等等。

特别值得一提的是，20 世纪 80—90 年代编的两套丛书：“宗教文化丛书”（王志远主编）中“伊斯兰教百问”系列以及中国社会科学出版社出版的“伊斯兰文化丛书”（吴云贵、周燮藩、秦惠彬主编）。两套丛书涉及内容全面系统，论述新颖独到，有一些书至今仍有较高学术价值。如陈广元、冯今源、铁国玺编著《古兰经百问》，刘一虹、齐前进《伊斯兰艺术百问》，吴云贵《伊斯兰教典籍百问》，元文琪《伊斯兰文学》等。这些集中论述各项伊斯兰教文化专题的书籍林林总总，几乎囊括了伊斯兰教文化的方方面面，对人们从不同的角度重新审视伊斯兰教文化，具有不容小觑的意义。从未来发展趋势看，尽管宗教文化热还会促使一些学者继续从事伊斯兰文化研究，但泛泛的研究恐怕还不能满足各方面的需求，专题研究的成果还须待以时日。

进入“发展转型期”以来，这方面的成果还有：王新生的《古兰经与伊斯兰文化》、敏贤麟的《蒙古游牧文明与伊斯兰文明的交汇》、张志忠的《伊斯兰文化史略》、马贤的《碧海探珠：努尔曼·马贤存稿》、马云福的《伊斯兰文化：探索与回顾》、刘月琴的《伊斯兰文化与社会现实问题的考察》、马丽蓉的《中东国家的清真寺社会功能研究》、冯璐璐的《马克斯·韦伯的伊斯兰教理论及其哲学之维》、冶福东的译著《今日伊斯兰》等。

4. *伊斯兰教派与宗教运动研究*

苏菲主义作为对伊斯兰教的神秘体验和实践，渗透在穆斯林日常宗教生活的各个方面，在不同的时期和不同的地区呈现出不同学说、主张、实践、制度和组织，是一种复杂的社会现象。中国学界关于苏菲主义的研究则属起步阶段，近 30 年陆续有一些学术著作面世。最早涉及苏菲主义研究的内容见于一些对中国伊斯兰教的门宦教派研究著作中，例如马通所著之《中国伊斯兰教教派门宦溯源》（宁夏人民出版社，1986 年）从追本溯源的角度，揭示了中国特有之苏菲门宦的学理功修及其与中亚、西亚苏菲教团的关系。

紧随其后，金宜久主编《伊斯兰教概论》第七章中，以“伊斯兰教的神秘主义派别”为名，对苏菲主义做出专门论述。此外，在阿拉伯文和波斯文苏菲著作译介中，也有人展开神秘主义研究。金宜久《伊斯兰教的苏非神秘主义》（中国社会科学出版社，1995 年）一书，就苏非派的起源、发展过程，苏非神秘主义学说体系，苏非功修道路，苏非派与逊尼派、什叶派的区别等，做了全面系统的论述。书中的许多内容，为作者多年潜心研究的成果。李琛《阿拉伯现代文学与神秘主义》（社会科学文献出版社，2000 年）是一部研究苏非主义对当代阿拉伯文学影响的力作，具有重要的参考价值。元文琪、穆宏燕等人翻译的《波斯经典文库》则为研究苏非主义神秘诗，特别是鲁米的《玛斯纳维》提供了可贵的资料。2002 年先后问世的两部专著：唐孟生《印度苏非派及其历史作用》（经济日报出版社，2002 年）和张文德《中亚苏非主义史》（中国社会科学出版社，2002 年）都是在这个学术领域中的新突破。

近期的代表性研究是由周燮藩主编的《苏非之道——伊斯兰教神秘主义研究》其内容涉及苏非主义的历史、思想和新苏非主义的发展。既有对中国伊斯兰苏非主义的探讨，诸如苏非派的传入、苏非思想在中国的传播、新疆的依禅派等问题进行了详细的探讨，也有对新苏非主义的研究。其研究旨在对苏非主义历史、思想、仪式、组织、影响等作全方位、多角度的梳理和研究。这项综合性的研究成果，将为中国学者对苏非主义的后续研究奠定基础。

近期还有姑丽娜尔·吾甫力的《苏非主义与维吾尔文学》，译著有潘世昌的《伊斯兰苏非概论》《古篩勒苏非论集》，马仲荣的《初期女性苏非研究》，马效惠的《开释福：苏非之觉兆》等。这些专著和译著对于全面了解苏非主义的渊源、历史、概念、术语、发展、变化、思想特征具有重要的学术价值。从上述成果看，国内已有对苏非主义的研究按其性质可分为三类：一是对苏非主义的思想学说研究；二是对西北门宦和新疆依禅派的调查研究，以 20 世纪五六十年代的调查资料为主；三是对阿拉伯、波斯文学中的神秘主义研究，包括苏非著作和诗歌的译介。尽管有上述成就，但不可否认，中国的苏非主义研究尚属权舆之初。一方面，从研究格局看，苏非主义研究的学科规模尚未形成。学术界重视不够，苏非主义研究目前在国内伊斯兰教研究界尚属于少人问津的殊方绝域。展开分门别类、井井有条的研究还有待时日。另一方面，倘若换个角度，从未来发展趋势观之，可以断言苏非主义研究这个全新课题将引起越来越多学者的关注，势必成为中国伊斯兰教研究的一个重要领域。

什叶派的研究。什叶派主义以伊朗、伊拉克等国为主，学界关于什叶派的研究专著主要有王宇洁的《宗教与国家：当代伊斯兰教什叶派研究》、程彤的《正统观念与伊朗什叶派——从旭烈兀到阿巴斯一世之间的伊朗》，译著有姚继德的《伊斯兰教什叶派》以及阿米尔的《伊斯兰伊斯玛仪教派简史》等。

赛莱菲耶研究。赛莱菲耶是近代以来形成的伊斯兰教派别，迄今亦未有系统研究该派的专著，只有杨桂萍等人翻译的《伊斯兰教新兴宗教运动：全球赛莱菲耶》，该书亦以论文的形式，探讨了赛莱菲耶在全球的传播及不同的表现形态。

第四节 当代中国伊斯兰教研究的四个阶段性标志

一 “以会议推动研究”：四个阶段

总结1979年来国内召开伊斯兰学术研讨会的情况可以发现，这段时期国内有关伊斯兰教学术研讨会经过了“开端”“继续”“变化”和“承续”这四个阶段的历程。大体而言，每个阶段中都有一些比较突出的系列专题会议，推动着伊斯兰教的学术研究。

第一个阶段是1980年至1986年。

这一时期，分别在宁夏、甘肃、青海、陕西和新疆召开的5次“西北五省区伊斯兰教学术讨论会”，与会者累计达到551人次，收到论文将近300篇，编撰论文集4部，提交会议的3本专著已经出版。5次讨论会在探讨伊斯兰教在我国各地的传播及其特点和规律，中国伊斯兰教思想史，清真寺研究，穆斯林人物研究，伊斯兰教研究和实际工作中的一些重大理论问题和实践问题等方面，有了比较大的收获。打破了伊斯兰文化研究长期沉寂的局面，对我国伊斯兰文化的研究起到了积极的推动和促进作用。这5次会议的召开，标志着我国伊斯兰文化研究进入了一个全新的阶段。

第二个阶段是1987年至2000年。

由中国社会科学院世界宗教研究所推动的连续召开三届全国伊斯兰学术讨论会（1987—1990 年）是这一时期召开伊斯兰教研究的学术研讨会的前期主要动力。此后的动力来源还包括 1983 年至今的全国回族学学术讨论会以及 1996 年至 1999 年在西安举行的三届伊斯兰文化研讨会。

1996—1999 年，西安市伊斯兰文化研究会在西安召开了三届伊斯兰文化研讨会。这三次会议议题和论文基本上体现了当时伊斯兰文化研究的成果。第一届伊斯兰文化研讨会（1996 年）的议题是“伊斯兰文化与现实生活”，主要讨论了当代穆斯林民族文化、教育、科学、人物等，收到论文 30 篇。会议后论文选编《伊斯兰文化论丛》，由北京宗教文化出版社出版。第二届伊斯兰文化研讨会（1997 年）正值我国经堂教育创始人胡登洲忌辰 400 周年。为纪念胡太师在经堂教育方面的杰出贡献，会议议题集中在经堂教育、伊斯兰教育方面。此次研讨会可以说是对经堂教育首次比较全面、系统的讨论和研究。会议共收到论文 71 篇。会后选编为《伊斯兰文化研究》，由宁夏人民出版社出版。第三届伊斯兰文化研讨会（1999 年）由西安市伊斯兰文化研究会和中国社会科学院世界宗教研究所联合召开。会议得到西安三宝双喜集团公司资助。会议的中心议题是“二十一世纪与伊斯兰文化、伊斯兰教研究、伊斯兰与中华民族”。来自国内的专家学者约 70 人参加了会议，提交论文 60 余篇，会议就回族和伊斯兰文化的历史、现状和未来展开讨论。会后有《伊斯兰文化论集》出版，编入论文约 40 篇。这届会议的一个特点是，许多论文立足于现实，探讨了穆斯林大众关注的经济、教育等问题。在西安召开的 3 届伊斯兰文化研讨会先后有近 200 名专家学者与会，共收到论文 163 篇，对我国的伊斯兰教研究也起到了积极的推动作用。

全国回族学（史）讨论会从 1983 年开始至今，每两年或一年举办一次。从 1983 年至今已在银川、昆明、兰州、承德、郑州、济南、西安、乌鲁木齐、黄山、南京、吴忠等地先后召开了十几次大规模的全国回族学（史）讨论会，并且几乎每次会议都把收到的论文选编成册。其中，“第 13 次中国回族学研讨会”于 2001 年 9 月在南京举行，由中国回族学会、江苏省伊斯兰教协、江苏省委党校联合举办。“第 14 次全国回族学研讨会”于 2003 年 9 月在宁夏吴忠召开。160 多位专家学者和相关人士参加了研讨会。本次会议的主题是“全面建设小康社会与回族学”，共收到国内外学者的学术论文160余篇，学术专著近10种。共有30多位代表按“当代回族现代化发展”“回族经济文化教育发展”“回族历史与文化”“回族学学科建设研究”“回族小经文字研究”“回族伊斯兰教研究”六个专题做了大会发言。值得一提的是，此次会议适逢“第一次全国回族史研讨会”在银川召开20周年之际，总结了20年来召开回族学研讨会的经验。截止到第14次全国回族史学术讨论会，历届与会者累计已逾千人，收到论文、专著700余篇，可谓佳作不断，对国内伊斯兰教研究起到了极大的推动作用。

第三个阶段是2001年到2010年前后。

这十多年时间，可以明显看到，以伊斯兰教研究为主题的学术研讨会日趋减少。仅有的几次会议主要由中国伊斯兰教协会主办。在学术界的公共话语中，“伊斯兰教”似乎成了一个敏感词，这不能不引起有关部门和学界的重视。作为一个倡导“宗教和谐关系”的大国，不应忽视对伊斯兰教的学术研究。这不仅是对内建构和谐民族关系的需要，也是迈入国际舞台必备的知识储备，甚至也是中华民族重建宇宙观、生命观和价值观不可或缺的参考依据和智慧来源。与伊斯兰教研讨会的寥落冷清不同，一些相关主题的会议如火如荼地召开。其中有很大一部分是有关“文明对话”“宗教对话”的研讨会。这些以“对话”为主题的会议意味深远。它们既具有深刻的现实背景，更蕴含着朝向未来的目标，为我们揭示出了伊斯兰教研究的新领域和新方向。

第四个阶段是2013年至今。

从全国范围来看，伊斯兰教会议召开仍然很难，甚至在20世纪80年代对我国伊斯兰教研究繁荣起着关键作用的“西北五省区伊斯兰教研讨会”难以接续召开，而以另一种更广泛的形式被接续下来，这就是由中国社会科学院世界宗教研究所伊斯兰教研究室发起主办的“全国伊斯兰教系列学术研讨会”。除此之外，伊斯兰教研究室还主办了“伊斯兰学术高峰论坛系列”。这一阶段的会议主题，多结合“一带一路”等国家发展大战略、“宗教坚持中国化方向”等国家宗教工作的大方向以及“欧洲穆斯林问题”等国际社会重大问题等，会议的主题更加集中，这些都体现了新时代的特点。

二　四组标志性会议

（一）开端："西北五省区伊斯兰教学术讨论会"

1978年，走过"文革"的停顿和倒退，随着中国宗教学研究的重兴，伊斯兰教研究也经过艰苦跋涉，逐渐走出禁区，走向学术的春天。1979年2月，世界宗教研究所在昆明组织召开了全国宗教学研究规划会议。根据这次会议的精神，1979年8月在乌鲁木齐召开了西北五省区伊斯兰教研究工作座谈会，世界宗教研究所与西北五省区相关机构商定，今后每年轮流召开一次伊斯兰教学术研讨会。

1980年11月10日至20日，首届"西北五省区伊斯兰教学术会议"（银川会议）在宁夏回族自治区召开。会议由宁夏社会科学研究所主办，主题是"清代中国伊斯兰教"。来自全国各地的80余名学者、专家与会，提交论文、资料47篇。会后选编成《清代中国伊斯兰教论集》一书，1981年12月由宁夏人民出版社出版。第二届西北五省区伊斯兰教学术会议于1981年10月10日至21日在兰州召开，即兰州会议。会议由甘肃省民族研究所主办，着重探讨了伊斯兰教在中国传播、发展的特点及其历史作用。151名专家、学者出席会议，提交论文、资料65篇。会议论文选编为《伊斯兰教在中国》于翌年由宁夏人民出版社出版。1982年8月18日至26日，第三届西北五省区伊斯兰教学术会议在西宁召开，即西宁会议，由青海省宗教局主办。会议围绕四个主题展开讨论：第一，中国伊斯兰教的特点；第二，伊斯兰教教派、门宦的演变、分化及其社会影响；第三，历史上的民族教育；第四，伊斯兰教与民族关系。120余名专家、学者与会，提交论文、资料80余篇。会后论文选编《中国伊斯兰教研究》，由青海人民出版社出版（1987年7月）。第四届西北五省区伊斯兰教学术会议于1983年11月22日至26日在西安召开，即西安会议，由陕西省社会科学院主办。会议以伊斯兰教研究如何为两个文明建设服务为主题。88名专家、学者与会，提交论文、资料102篇。论文选编《中国伊斯兰教研究文集》，于1988年5月由宁夏人民出版社出版。第五届西北五省区伊斯兰教学术会议延后三年，于1986年8月22日至27日在乌鲁木齐召开，会议以“伊斯兰教在我国的传播和发展史”为中心议题。6 个民族的 112 名专家、学者与会，提交论文、资料 79 篇。

现在回顾，这种形式上以西北五省区为主，实际上是全国性的伊斯兰教学术研讨会，在当时的条件下确是一种睿智的创举、一次大胆的尝试。事实上，这五次会议也是一次成功的实践、一种意义深远的学术活动。人们评价这是我国伊斯兰教研究发展史上一段辉煌历程，一块重要的“里程碑”。从学科建设和学术研究的角度而言，有四点明显的效果。第一，形成国家与地方，科研机构、大专院校、地方政府、宗教界和个人通力合作的框架，在宗教学发展的总体规划下，为尽快发展伊斯兰教研究的学科建设奠定了一个广阔而又坚实的基础。第二，将伊斯兰教研究的学术活动起点放在西北五省区，使学术研究与社会实践，基础研究与应用、对策研究的结合，成为我国伊斯兰教研究的主导方向，保证此后的伊斯兰教学术研究能更好地为现实服务。第三，宣传伊斯兰教的学术活动，引起社会重视，得到宗教界认可，从而有助于纠正对宗教的片面看法，更好地理解宗教信仰自由的政策；同时也有利于活跃研究气氛，鼓励学者努力，对深入发掘整理资料，迅速产生学术成果，起到促进作用。第四，通过六七年的学术活动，逐渐训练和形成一支由专业科研机构、政府有关工作部门和宗教界三方面为主的研究队伍，掀起中国伊斯兰教研究的一次高潮。尤为可喜的是，一批青年学者被这五次会议吸引进来，得到熏陶和成长，成为今日我国伊斯兰教研究的骨干队伍，是学科继续发展和提高的保证。

（二）继续：三届伊斯兰学术研讨会

虽然学术界多方呼吁，第二轮西北五省区伊斯兰教学术研讨会始终未能启动。中国社会科学院世界宗教研究所为接续学术发展的势头，推动伊斯兰教研究的发展，从 1987 年至 1990 年连续召开三届伊斯兰学术讨论会。

1. 第一届于 1987 年 8 月 21 日至 26 日在北京召开。会议以中国伊斯兰教史研究的学科化、第二次世界大战后伊斯兰教的发展趋势、中国伊斯兰教的教派问题为主要议题，有来自北京、天津、上海等地近 60 位专家学者以及宗教工作部门干部与会，收到论文、资料 20 多篇。会后，《世界宗教研究》杂志以“北京伊斯兰学术会议专辑”形式，将 20 余篇论文结集发表（1988 年第 2 期）。

2. 第二届以“中国伊斯兰教史研讨会”为名，于 1990 年 9 月 12 日在北京召开，约 40 名专家学者与会。会议主要讨论了伊斯兰教入华后，如何丰富和发展了民族文化、如何接受中国各民族传统文化的影响等问题。

3. 1990 年 10 月 19 日至 21 日，中国社会科学院世界宗教研究所和西亚非洲研究所在北京联合召开第三届伊斯兰教讨论会。有来自全国各地的专家学者和宗教、民族统战等有关部门代表 80 余人出席会议。会议分为国际和国内伊斯兰教研究两组，分别讨论了战后伊斯兰教的形态、趋向和特点，战后伊斯兰教发展阶段的划分问题，中国伊斯兰教研究的相关问题等。

与此同时，从 1988 年至今，随着伊斯兰教的学术研究向深广两方面的发展，还召开了一系列专题研讨会。其中重要的有以下几种。

“伊斯兰复兴运动”学术讨论会。1988 年 4 月 25 日至 26 日在北京召开。会议由中国社会科学院西亚非洲研究所、中国亚非学会和中国中东学会联合举办，全国 20 多个单位的 50 余名专家学者与会，就伊斯兰复兴运动兴起的历史背景、深刻的政治和经济原因、现状和表现特点，以及该运动产生的影响展开深入研讨。会后印有《伊斯兰复兴运动论集》(内部资料)，收入论文 18 篇。

“伊斯兰教与中国西北地区现代化建设”国际研讨会。1991 年 10 月 8 日至 11 日，西北大学和德国阿登纳基金会联合在西安举办。会议围绕伊斯兰教与西北地区的对外开放和穆斯林民族的发展、伊斯兰教的经济思想和现代化、国外伊斯兰改革运动与现代化三个问题进行讨论，共提交论文 20 余篇。

“伊斯兰文化与中国”学术讨论会。1991 年 10 月 14 日至 17 日，由济南市伊斯兰教协会、山东大学哲学系和山东省东方哲学研究会联合发起，在济南市杆石桥南大寺举行。会议中心议题是伊斯兰教与中国。来自全国各地的专家学者和宗教界人士与会，就伊斯兰教传入中国及其发展过程、伊斯兰教在中国生存和发展的原因、中国伊斯兰教传播和发展中所遇到的问题展开讨论。

“海上丝绸之路与伊斯兰文化”国际学术研讨会。1994年2月21日至26日，联合国科教文组织丝绸之路项目机构、中国联合国科教文组织全国委员会、中国海上丝绸之路研究中心等8家机构联合在福建泉州召开，有来自18个国家的约80名代表与会，提交论文38篇。会议讨论了伊斯兰文化在海上丝绸之路沿岸国家的传播及影响，中国与其伊斯兰信仰的国家的友好关系，穆斯林对航海、贸易的贡献等问题。

“当代伊斯兰复兴运动”学术研讨会。1995年6月16日至18日，由上海国际问题研究所中东研究中心主办，20余名专家学者齐集安徽马鞍山市，共同研讨了冷战后伊斯兰复兴运动发展的形势、伊斯兰复兴运动的性质与特点、伊斯兰复兴运动对国际形势的影响、伊斯兰复兴运动的发展趋势等问题。

伊斯兰—阿拉伯哲学学术研讨会。1996年10月6日，由山东大学哲学系、山东省东方哲学研究会和济南市伊斯兰教协会联合在济南市召开。会议讨论了伊斯兰—阿拉伯哲学的思想特征、历史影响等问题。

“当前回族学、伊斯兰教研究现状研讨会”。2004年9月21日，由宁夏社会科学院主办。来自国内专家、学者、民族宗教工作者以及日本、澳大利亚等国学者共70多人参加了此次研讨会。会议就“回族学伊斯兰教研究动态”和“当前回族伊斯兰教研究的其他问题”进行了探讨。

与此同时，一系列专题的、跨学科的学术研讨会相继举行。比如自1983年至今在全国各地召开的东南沿海伊斯兰文史工作座谈会、1983年至今每隔一两年召开的全国回族史学术讨论会、1996年至1999年在西安举行的三届伊斯兰文化研讨会等。

（三）变化：伊斯兰教学术研讨会减少

进入21世纪以来，以伊斯兰教研究为主题的会议较之以往有减少的趋势。例如，中国伊斯兰教协会曾在北京举办“中国伊斯兰教历史与发展学术研讨会”（2001年12月）、“伊斯兰教与构建和谐社会学术研讨会”（2007年10月）以及宁夏社会科学院主办“当前回族学、伊斯兰教研究现状研讨会”（2004年9月）。总体而言，以伊斯兰教为标题的学术研讨会并不多见。

与之形成鲜明对比，相关领域的会议依旧接踵而来、蒸蒸日上。这些会议以其跨学科的新颖理论、跨宗教的开放视野吸引了众多学者参加，支撑和推动着国内伊斯兰教研究的发展。其中重要的有以下几个。（1）“郑和下西洋与文明对话国际研讨会”。2005 年 6 月 30 日—7 月 3 日，由宁夏社会科学院与伊朗驻华大使馆文化处在银川共同主办。（2）“南京大学·哈佛—燕京文明对话论坛”国际学术研讨会。2006 年 6 月 16—18 日在云南昆明召开，由南京大学、哈佛大学、云南大学联合举办。本次会议的主题为“本土知识的全球意义”，围绕五个子论题展开，即“文明对话的全球意义”“全球化背景下的中国回儒对话”“全球发展中的东亚知识”“中国穆斯林社会本土知识的全球意义”“本土知识与文化创新”。来自国内外的众多学者参加了此次会议，鼓励年轻的穆斯林学者和非穆斯林学者与会对话研讨则是此次会议的一个亮点。（3）“第二次回族学国际学术讨论会”。于 2006 年 9 月 3—6 日在宁夏沙湖召开。会议围绕以下主题展开讨论，“全球化语境中的回族学”、“文明对话”与“回儒对话”、“回族学学科体系与方法论”、“中亚回族历史与现实研究”、“中国穆斯林与中亚西亚穆斯林交往史研究”，来自国内外的百余名学者参加了此次会议。（4）“宗教对话与和谐社会”学术研讨会。2007 年 6 月 5—6 日在兰州召开，会议由兰州大学哲学社会学院、基督教文化研究中心、伊斯兰教文化研究所主办、加拿大文化更新研究中心协办。围绕“宗教对话与和谐社会”“多元宗教与和谐社会”“西北基督教的历史与现状”“宗教对话”“西北伊斯兰教的历史与现状”五个议题展开。来自加拿大、中国香港及全国各地高校和科研院所的 60 余位专家学者参加了这次研讨会。（5）“中国经堂教育问题研讨会”。2007 年 1 月 21—22 日，由兰州大学主办，兰州大学伊斯兰文化研究所承办在兰州召开。本次论坛的研讨主题主要围绕“中国经堂教育的发展历程”“中国经堂教育的问题与对策”以及“中国经堂教育的发展方向”这三个方面展开，约有 160 人参加了此次研讨会，先后有十多位来自高校的专家学者和 30 余位阿訇在会议上做主题发言。这一系列学术会议的召开，标志着伊斯兰教研究的学术领域不断进步，研究课题逐步深化和总体水平迅速提高，而且继续活跃学术气氛，带动人才成长，推介学术成果，拓展合作领域，在伊斯兰教研究的学科建设和发展中起到积极作用。

（四）承接：四届“全国伊斯兰教学术研讨会”

中国社会科学院世界宗教研究所伊斯兰教研究室是1949年以来我国成立的首个专门性的伊斯兰教研究机构，迄今已有五十余年历史。作为国内最为权威的伊斯兰教研究机构，在我国伊斯兰教学科建设过程中发挥着极为关键的奠基、引领和推动作用。

2014年以来，鉴于伊斯兰教学术会议召开难的现实情况，以及我国伊斯兰教学科发展的迫切需要，伊斯兰教研究室决定将搭建引领性和导向性的全国性学术平台作为工作重点之一，发起创办了“全国伊斯兰教学术研讨会系列”，成为目前伊斯兰教研究领域最具代表性、参与人数最多、层次最高、规模最大的伊斯兰学术会议，被评价为上接20世纪80年代以来在西北五省区召开的伊斯兰教学术研讨会，重启了全国伊斯兰教学术研讨会的帷幕，具有承上启下的作用和里程碑式的意义。

同时，伊斯兰教研究室还创办了“伊斯兰学术高峰论坛系列”，包括“伊斯兰教与丝绸之路经济带”“伊斯兰教与国家安全战略”“伊斯兰教与中国社会”“伊斯兰教与新疆社会发展”“伊斯兰教与欧美社会”等，收到非常好的学术效果和社会反响。

1. “第一届全国伊斯兰教学术研讨会：伊斯兰教与中国社会”学术研讨会，2015年10月27日在北京召开。全国人大原副委员长许嘉璐等百余位学者参加，研讨会围绕主题“伊斯兰教与中国社会”，分“伊斯兰教与中国化”“伊斯兰教与本土化”“中国伊斯兰教与对外交流”“伊斯兰教与当代中国社会”“伊斯兰教与中国地方社会”“伊斯兰教与地方知识”“伊斯兰教与中国文化”“伊斯兰思想与文化”8个分论题展开，与会专家学者发表了《本土化视域下近代回族教育传承与革新》《伊斯兰教与“一带一路”交往的共同体价值共识》《中国伊斯兰教的本土化：一般与特殊》《关于中国伊斯兰教及其现代转向的思考》等40余篇论文。此次会议学术和社会反响重大，被与会学者评价为“上接20世纪80年代以来在西北五省区召开的伊斯兰教学术研讨会”，重启了全国伊斯兰教学术研讨会的帷幕，必将写入中国伊斯兰教研究史，具有承上启下的作用和里程碑式的意义。

2. “第二届全国伊斯兰教学术研讨会：伊斯兰教与‘一带一路’”学

术研讨会，2016 年 12 月在北京召开。此次会议由中国社会科学院世界宗教研究所、中国宗教学会、中国社会科学院西亚非洲研究所、中国中东学会主办。本次会议打破学科界限，联合宗教学界、中东学界两大领域共同探讨“一带一路”的伊斯兰教因素，是一大创新之举。中国中东问题原特使吴思科等近百名专家和学者参加此次会议。会议围绕伊斯兰教与“一带一路”倡议、中国穆斯林与“一带一路”、中东局势与“一带一路”、丝绸之路上的伊斯兰教、中华文明与伊斯兰文明、“一带一路”沿线经济文化以及青年学者论坛七个主题和场次展开讨论。与会专家一致认为，伊斯兰教是“一带一路”建设中不容回避的重要因素，对其影响应有充分认识与考量，方能发挥优势，防范风险，促进区域共同发展，维护社会繁荣稳定。

3. “第三届全国伊斯兰教学术研讨会：伊斯兰教与中国文化”于 2017 年 11 月 19—21 日在北京召开。会议由中国社会科学院世界宗教研究所伊斯兰教研究室、中国宗教学会主办，来自全国各地一百多位专家学者出席会议。会议从以下七个议题深入探讨了伊斯兰教中国化问题：(1) 伊斯兰教与中国传统文化，(2) 经堂教育的传统与衍新，(3) 伊斯兰教与中国社会，(4) 回儒会通与汉文译著，(5) 中国穆斯林与近代新文化运动，(6) 宗教本土化的理论与实践，(7) 宗教本土化的国际视野。本次会议取得的成果与亮点体现在以下七个方面。(1) 第三届全国伊斯兰教研讨会主题定为“伊斯兰教与中国社会”，旨在响应中央号召，坚持宗教中国化方向，探讨在新时代伊斯兰教如何与时俱进，如何在新时代开拓伊斯兰教研究的新格局、新气象。这是本次会议的第一大亮点。(2) 本次会议弘扬回儒传统，促进伊斯兰教与中华优秀传统文化的结合。中国优秀传统文化不仅限于“儒释道”，还应包括以“回”为标志的中国伊斯兰教传统。从而开创我国宗教以“儒释道回耶”五教同光、五教共辉为特点的新时代宗教格局与宗教关系。这是本次会议的第二个亮点。(3) 本届全国伊斯兰教研讨会的第三个亮点是，伊斯兰教研究与中国传统文化研究两大领域知名专家学者共聚一堂，共同探讨伊斯兰教如何借宗教中国化的难得历史机遇，在新时代实现与时俱进、实现与中国优秀传统文化融合。(4) 本次会议的第四个亮点是，在新时代倡导新格局、新发展，秉持与时俱进、开放包容的学科理念。伊斯兰教研究不应成为小圈子、少数人关起门来的研究，而是应有广阔的视野和格局，应作为中国特色哲学社会科学体系的一门学科，关注中国社会现实的呼声，由来自各个学科的学者共同参与，形成“一门多学”，即一个主题，多个学科的开放格局。从学科构成看，本次会议的发言人不仅有来自宗教学、宗教哲学、宗教社会学领域的权威大家，如卓新平、张志刚、李向平等，而且还有来自哲学、历史学、文学、语言学、社会学、民族学、人类学、新闻学等学科专家出席。充分展现了我国学者从事伊斯兰教研究所具备的中国特色、中国气派与中国风格，揭开了新时代中国伊斯兰教学术体系的崭新一幕。（5）本次会议的第五个亮点是，与会代表不仅来自学术界的国内知名高校、科研院所，还来自政界和宗教界，覆盖面广、代表性强。伊斯兰教中国化不仅是学术问题、理论问题，更是现实问题、实践问题，不仅是象牙塔内的理论探讨，更涉及在现实中如何落地生根，结出成果。伊斯兰教中国化，政界有支持、引导之责，学界有扶持、研究之任，教界有坚持、落实之功。实现这一宏伟目标，必须“三界”同心、“三界”齐力。（6）第六个亮点是有一批青年学者脱颖而出。这批青年学者具有各自学科背景，具有良好的学术训练，是我国伊斯兰教研究的生力军。他们登上学术舞台，给伊斯兰教研究界带来了新气象、新希望。（7）第七个亮点是伊斯兰教中国化要有具体落脚点，本次会议集思广益，为伊斯兰教中国化指明了具体路径，这是第七个亮点。包括：倡导伊斯兰教与中国文化的融合，阐发独特的中国伊斯兰教传统，构建新时代中国特色经学思想体系，从政治认同、社会认同与文化认同等三个认同入手实现伊斯兰教中国化等。

4. 2018 年 10 月 20—21 日，“第四届全国伊斯兰教学术研讨会：新时代的伊斯兰教研究”在西安隆重召开。本次会议由中国宗教学会伊斯兰教专业委员会、中国社会科学院世界宗教研究所伊斯兰教研究室、陕西师范大学中国西部边疆研究院共同举办，会议主题为“新时代的伊斯兰教研究”。来自全国各地共计 200 余人参加了本次会议，为全国伊斯兰教研讨会中规模最大的一次。

全国人大原副委员长许嘉璐先生致本次研讨会的贺信认为，本次研讨会开的恰逢其时，积极响应了习近平新时代中国特色社会主义思想对我国宗教必须坚持中国化方向的时代要求，许嘉璐先生在贺信中指出，重视伊斯兰教研究是怀有历史使命感的中国人，为中华民族的复兴和福祉，所不能不发出的呼吁。今天的世界不应是一个大国与文明之间彼此制裁、彼此冷战、彼此孤立的世界，而是迫切需要在更深层次上相互开放，相互合作。霸权主义曾经给中国和伊斯兰世界造成深重的灾难，今天，全世界应该携起手来，一致反对霸权主义，反对丛林法则式的零和思维。中国与伊斯兰文明、阿拉伯文明之间的互学互鉴源远流长，历久弥新，为不同文明之间的交往交流提供了榜样。中国特色的伊斯兰文化是中华优秀传统文化不可分割的一部分，伊斯兰文明与中华文明两大文明相互交融，开创、造就了一个有别于国外伊斯兰教的、独特的传统——中国伊斯兰传统。中国优秀传统文化不仅限于“儒释道”，还应包括以“回”为标志的中国伊斯兰教传统，进而开创我国宗教以“儒释道回耶”五教同光、五教共辉为特点的新时代宗教格局与宗教关系。伊斯兰世界的中心在历史上曾经多次变迁，时至今日，是否可以大胆地说：在一些方面，中国伊斯兰教也可以承担起引导伊斯兰世界的作用！通过倡导中庸中和中道，反对极端暴力，为世界和平与发展，做出独特贡献。新时代“一带一路”建设任重道远、意义重大，伊斯兰教研究应在其中发挥不可缺少的作用。中国学者主导的伊斯兰教研究应具备大格局、大气象，应成为一门“大学问”“大研究”，应努力突破学科划分的局限，形成“一门多学”的开放格局，即一种研究、多门学科，由来自各个学科的学者共同参与伊斯兰教研究，秉持与时俱进、开放包容的学术理念，逐渐形成我国伊斯兰教研究特有的中国特色、中国风格、中国气派乃至中国学派。会议主旨演讲分别由全国政协文史和学习委员会副主任、国家宗教局原局长叶小文先生和中国社会科学院世界宗教研究所原所长、第十三届全国人民代表大会常务委员会委员卓新平先生主讲。

本次研讨会成果丰硕，集中表现在以下三个方面。第一，本次会议共设立 12 个议题、3 个分会场，紧紧围绕新时代的伊斯兰教研究主题展开研讨，包括：新时代中国伊斯兰教的本土特色、新时代“一带一路”与伊斯兰教、新时代人类命运共同体与伊斯兰世界、新时代伊斯兰教研究的新视野、新时代伊斯兰教研究的新资料、新时代伊斯兰教研究的新景观、新时代中国伊斯兰教的发展模式、新时代中阿战略合作伙伴关系、当代伊儒相通的互动模式、中华文明与伊斯兰文明的互学互鉴、反对西方话语霸权与历史虚无主义等。第二，本次研讨会的举行标志着中国宗教学会伊斯兰教专业委员会（以下简称专委会）正式启动，这是伊斯兰教专业委员会自 2018 年 7 月在中国宗教学会威海会议上宣布成立以来主办的首次学术活动。专委会的宗旨定位为：坚持习近平新时代中国特色社会主义思想，坚持马克思主义宗教观，遵循“百花齐放，百家争鸣”的方针，坚持实事求是的原则，发挥跨学科、多层面的综合优势，组织协调国内外学者开展与伊斯兰教有关的历史典籍、思想哲学、语言文化、国际政治、区域国别、现状调研等领域的研究，开展多种形式的学术交流，为繁荣发展我国哲学社会科学事业做贡献。专委会的启动意味着，进入新时代以来我国伊斯兰教研究也登上了一个新台阶，迈入了一个新阶段，在整合学术资源、开展学术活动、深化学术研究等方面的协调与合作，必将大幅提升，为我国伊斯兰教研究的转型与深化带来新的契机、新的思路。第三，本次研讨会上各种反映新时代伊斯兰教研究特点的新思路、新观点、新资料层出不穷，这些情况说明，我国的伊斯兰教研究已经到了一个关键时期。原有的条块分割型的学科体系，已经无法反映时代的需要，因此，亟待在学术视野、学术格局、学术组织上有所突破与升级，打破现有的科学（人文社会科学和自然科学）碎片化的种种壁垒，从多个角度、用多种方法、联合众多学科、学人、学派共同研究。中国学者主导的伊斯兰教研究应具备大格局、大气象，尽快升级为一项“大学问”“大研究”，应打破学科的隔阂，反映时代的呼声，唯其如此，方能跟上新时代的步伐，方能服务于国家发展的“大战略”“大布局”。作为一项“大研究”，我国的伊斯兰教学科当萃集民族宗教、国际关系、语言文化、区域国别、安全反恐等领域的专家，服务于国家发展的大战略。因为任何研究、学科只有在投入到时代发展的潮流中，才能找准自身定位，实现自身价值。

同时，伊斯兰教研究室还创办了“伊斯兰学术高峰论坛系列”。目前召开过四次不同主题的研讨会，包括“伊斯兰教与丝绸之路经济带”“伊斯兰教与国家安全战略”“伊斯兰教与新疆社会发展”“伊斯兰教与欧美社会”等，收到非常好的学术效果和社会反响。比如，“伊斯兰教与新疆社会发展”学术研讨会，2015 年 9 月 9—10 日在北京召开，这次会议受到学术界和政府相关部门好评，全国政协、中央统战部、国家宗教局、中央新疆办等部门都派人出席本次会议，为深化新疆地区伊斯兰教研究，为国家长治久安、为“一带一路”倡议的顺利推进、为新疆社会的可持续发展提供了一定理论和政策依据。再如，“伊斯兰学术高峰论坛·伊斯兰教与欧美社会”学术研讨会，2017 年 5 月 25 日在北京召开。会议围绕伊斯兰教与欧美文化、伊斯兰教与欧美社会、伊斯兰教与欧美移民、伊斯兰教与欧美政治四个专题展开研讨。召开此次论坛基于以下考虑：因穆斯林移民等相关问题，近期欧美一些国家出现了如“禁穆令”、右翼民粹等现象。欧美社会如何对待穆斯林、伊斯兰教，其未来走向如何等问题都已成为举世瞩目的热点。此问题既有历史背景，也有现实困境；既关涉理论，也有鲜活的实践；既有文明冲突的视角，也有文明共融的阐释。此次研讨会的意义在于，从不同视角深入研讨欧美伊斯兰教的历史与现实，推动中国社会对这一问题的理解与认识。

此外，自 2015 年全国宗教工作会议召开以来，“伊斯兰教中国化”成为近年来伊斯兰教会议使用频率最高的主题词。

比如，福德论坛——京津冀“坚持伊斯兰教中国化方向”目前已举办两届。第一届福德论坛——京津冀“坚持伊斯兰教中国化方向”学术研讨会于 2017 年 10 月 30 日在北京开幕，论坛由北京市伊斯兰教协会与中国社会科学院世界宗教研究所伊斯兰教研究室联合举办。本届福德论坛历时 2 天，分为 5 个专题：“和平中道——传承伊斯兰教优良传统”“文明互鉴——伊斯兰教中国化的历史进程”“互融互通——伊斯兰文化与中国传统文化”“对外交流——‘一带一路’与中国伊斯兰教研究”“传承发展——近现代伊斯兰文化发展之路”。第二届福德论坛 2018 年 12 月 15 日至 16 日在北京召开。由北京市伊斯兰教协会、北京市伊斯兰教经学院、中国宗教学会伊斯兰教专业委员会、中国社会科学院世界宗教研究所伊斯兰教研究室联合主办。来自京津冀三地学术界、宗教界的专家学者共 100 余人参加论坛。本次论坛共收录 43 篇论文约 32 万字，举行了主旨演讲和五场专题研讨，与会专家学者结合各自研究专长，紧紧围绕“坚持伊斯兰教中国化方向”这一主题，以学术的眼光、严谨的态度，从不同角度、不同层面对“传承与发展——伊斯兰教中国化的历史进程；方向与道路——伊斯兰教中国化的当代探索；和合共生——中国传统文化与伊斯兰文化的交融；中正之道——伊斯兰教中国化的思想理论；筚路蓝缕——伊斯兰教中国化的典籍文献及人物史志”五个分议题进行广泛的交流和探讨。福德论坛的特点是，秉承历史福德“回汉相帮，伊儒互融”的民族团结精神，坚持中国化方向，立足京津冀三地，荟萃政教学三界。专门为教职人员设立“阿訇论坛”也是福德论坛的一大特点。

再如，“伊斯兰教中国化”论坛，2016 年 8 月 17—19 日在银川召开。会议由宁夏统一战线理论研究会、宁夏社会主义学院、中国社会科学院世界宗教研究所、中国宗教学会主办。论坛以习近平总书记“我国宗教应坚持中国化方向”为指导，以伊斯兰教中国化为主题，多视角、多维度探讨了伊斯兰教中国化的历史与现状、理论与实践、成就与经验，是我国学术界贯彻全国宗教工作会议精神的具体体现。

第五节 当代中国伊斯兰教研究:为何与如何

以上从学术史的角度，总结了 70 年来当代中国伊斯兰教研究的丰硕成果和演进轨迹。不仅从学术史薪火相传、绵延不绝的意义上将当代中国伊斯兰教学科的成立视为此前包括非穆斯林学者与穆斯林学者在内的中国学人孜孜以求，乃至高蹈发扬伊斯兰学问之道上一个承上启下的段落与转折；并且以研究进路为畛域，呈现出当代中国伊斯兰教研究中的丰富多彩、蔚然大观的学术流派与可贵成就。但无论是着重外缘影响的分析，还是致力梳理内在理路，最终还是百川归海、殊途同归，其宗旨仍是总结学术发展的成绩与不足，实现以史为鉴，知兴替、明得失的初衷。关于当代伊斯兰教研究内部诸流派与各分支的得失利弊，文中已在总结以往成绩时一并论及，故在此不赘。作为本章尾声，此处只是试图从整个学科发展着眼，点明一些可能影响和制约学科整体发展的问题，并对学科未来做出展望。

一 当代中国伊斯兰教研究：为何？

(一) 关乎世界

美国皮尤研究中心2012年10月公布的一份调查报告《全球穆斯林人口分布》(Mapping The Global Muslims) 显示，全世界穆斯林超过16亿人，接近世界总人口的25%，遍布全球200多个国家和地区。超过60%的穆斯林居住在亚洲，仅有大约20%的穆斯林生活在中东和北非地区。在一些国家，穆斯林所占人口比例虽为少数，但其总数却相当可观。以印度为例，穆斯林人口仅占五分之一，但是数量超过1.6亿人，为印度第三大群体。再如，俄罗斯的穆斯林人口已超过2300万人，超过约旦和利比亚穆斯林的总和，占全国总人口的15%。甚至有人预测，到21世纪中叶，俄罗斯的穆斯林人口比例将达到总人口四分之一，超过东正教信徒人数。仅从穆斯林人口的分布范围及其在全球的人口，特别是亚洲人口中所占比例就可以看出，穆斯林是当今世界舞台一个不容忽视的群体，具有举足轻重的影响。

值得注意的是，穆斯林在世界不同宗教族群中，是平均年龄最年轻的一组。全球的人口总体平均年龄是28岁，而穆斯林的平均年龄是23岁，年轻五岁，半数穆斯林都是23岁以下的年轻人。他们在未来的世界舞台上将散发更大活力。撒哈拉非洲地区穆斯林平均年龄为17岁；中东与北非为23岁；亚太地区为24岁；美洲为26岁；欧洲为32岁。北美与欧洲出现人口老年化现象，穆斯林平均年龄在美洲是26岁，与当地人37岁相比，欧洲则是32岁与40岁相比。在人口众多的亚洲太平洋地区，双方平均年龄是24岁与28岁相比。穆斯林的年轻化，意味着这个群体具有巨大的潜在人口红利，是未来的生产者和消费者，同时也是影响穆斯林世界的动荡不安的一个重要因素。

同时，由于地缘政治、资源储备、历史争端、民族教派等因素，伊斯兰世界往往处于国际冲突和争端的前沿，形形色色的组织、派别和主张，汇成一股“伊斯兰潮”，不但冲击国际政治舞台且震撼全世界。2010年初西亚北非地区发生的政治剧变、“9·11”事件以来各种恐怖主义和极端主义滋生与演变等在伊斯兰世界引发的冲突以及伊斯兰世界与西方关系，等等。这一切都在提醒中国学者：伊斯兰教发展趋势不仅关乎地区局势，而且关乎世界。不但对基础理论研究提出严峻挑战，其所不断产生的“热点”和“难点”更在应用理论和对策研究层面激发了加强伊斯兰教学术研究的迫切要求。

（二）关乎中国

唐高宗永徽二年（651年）伊斯兰教传入中国。元代至明初是伊斯兰教在中国广泛传播和发展的重要时期。元代，随着大批中亚、西亚穆斯林来华，伊斯兰教在中国已经形成相当的规模，《明史·撒马尔罕传》中说：“元时回回遍天下。”明清之际，伊斯兰教又兴起一场蓬蓬勃勃的“汉文译著”运动，借用传统儒释道三教的术语来翻译、阐释和发挥伊斯兰教思想，涌现出了以王岱舆、马注、刘智和马德新为代表的一批中国穆斯林学者。此时的中国穆斯林早已不是最初的“住唐”“藩客”，而是中华民族的一分子。他们对伊斯兰教经典的翻译、编撰，乃至创造性地使用中国传统哲学中的术语、观念对之进行的诠释，代表着一大巨变，即伊斯兰教中国化的完成。

纵观历史，伊斯兰文化与中国文化的共融使得中国伊斯兰教这个“亚文化系统”在中国生根发芽、开花结果，成为中华民族的“实质传统”（substantive tradition）一个不可或缺的构成部分，至今在哲学、数学、天文、医药、武术、建筑（如北京城的布局）等领域都可以看到中国伊斯兰文化的影响。

历史上，伊斯兰教进入中国以后，所面临的最大挑战就是如何实现在中国的“本土化”。穆斯林先民成功地回应了这一挑战，其标志是从“伊斯兰教在中国”发展为“中国伊斯兰教”。使伊斯兰教从一个外来宗教演变为中国传统文化的有机组成部分，而穆斯林群体也被作为一个少数群体而被中国社会所接纳。时至今日，伊斯兰教对本土化挑战的回应并没有结束，而是随着社会的变化而出现了新的发展、赋予了新的意义。

第一，对外而言，在传统社会，穆斯林需要考虑的是如何处理好“忠于真主”与“忠于君主”的关系，而在现代社会，这一问题演变为如何解决好“宗教认同”与“国家认同”的关系。这两者之间具有一定联系，但并不完全等同。可以说，新的社会形势，对中国穆斯林提出了新的问题，亟待解决。

第二，对内而言，世界各地穆斯林的信仰“同中有异”，其共通之处表现为皆具伊斯兰信仰，而殊异之处表现为受当地文化的影响而烙上各自的文化印记，即伊斯兰信仰的“共性”与“个性”特征、伊斯兰文化的“统一”与“多元”样态。特别是在今天个别激进的“瓦哈比”过于强调回到伊斯兰教的源头而忽视了伊斯兰文化在漫长历史中发展出的多样性与丰富性的情况下，如何阐明伊斯兰教多样性的一面，阐明扎根于中华大地的中国穆斯林如何借助特有的中国伊斯兰文化来成就和表达各自的信仰，无疑就成为一个值得深入研究的课题。

第三，进而言之，中国文化正处在一个大转型的关键时刻，亟待一场类似欧洲文艺复兴的文化运动，因此，文化之大繁荣与大发展对于实现中华民族伟大复兴之意义、之重要不言而喻。在此过程中，来自其他文化的刺激、对照以及在此基础上的借鉴、吸收都不可或缺。伊斯兰文明不仅在历史上对中国文明产生过重要影响，至今我们在哲学、数学、天文、医药、武术、建筑（如北京城的布局）等领域都可以看到，而且在未来中国文化的复兴过程中也必然起到积极的作用。中国穆斯林身兼两种文化之长，在未来促进中华文化与伊斯兰文化的交流与融合将成为历史赋予他的使命。

（三）关乎当前

中国目前主要信仰伊斯兰教的民族有十个，包括回族、维吾尔族、哈萨克族、乌孜别克族、柯尔克孜族、塔塔尔族、塔吉克族、东乡族、撒拉族、保安族。根据 2011 年 3 月官方公布的第六次人口普查数字显示，与伊斯兰教有关的十个少数民族总人口达到三千万人。此外，在汉族、藏族、傣族等民族中也有少量穆斯林。从分布来看，中国穆斯林人口分布历来具有“大分散，小集中”的特点，遍布全国各省（区）的大多数城乡，主要聚居于西北、华北以及西南等地，台湾、港澳地区亦有穆斯林分布。伊斯兰教研究涉及的民族问题、宗教问题、教派问题、边疆问题、反恐问题等都不容忽视。

从当前国家安全战略的思考而言，伊斯兰教研究对于中国当前发展也有其必不可少的重要性。2014 年 4 月，习近平主席在中央国家安全委员会第一次会议上指出，要准确把握国家安全形势变化新特点新趋势，坚持总体国家安全观，走出一条中国特色国家安全道路。与此同时，国际与国内形势表明，伊斯兰教在我国构建新型国家安全战略过程中，必将是一个不可忽视的因素。这可以从以下三个方面加以阐释。

第一，目前全世界穆斯林人口是16亿人，占全世界总人口四分之一，而从我国发展战略来看，无论是西进、南下，还是国家近期提出的“一带一路”倡议都绕不开伊斯兰教与国家安全战略这个主题。伊斯兰文明与中华文明是相邻的两个文明板块，从此意义上讲，伊斯兰世界对中国国家安全的影响必然是持续的，不可避免，不仅涉及政治、军事等传统安全，也涉及思想、文化乃至生态等非传统安全。对此要有充分的认识和思想准备，将其视为一个历久弥新的“新常态”来看待。

第二，宗教极端主义对我们国家的影响究竟是长期的，还是短暂的？从根本而言，各种意见出发点都是一致的，即都是出于维护国家安全的角度抵御宗教极端、反对暴恐、实现国家的长治久安，区别在于对具体问题和举措的认识不同。大体而言，有的人强调下猛药，保持高压态势；也有人主张，不可操之过急，只能文火慢炖，徐徐图之。治理宗教极端主义不仅要治标还要治本，不仅要治症还要治病。而要做到标本兼治、长治久安的关键在于，治理举措应走向多元化而非单一化、具体化而非简单化。

第三，传统对伊斯兰教与国家安全关系的理解亟待有所突破，实现从单向度的国家安全观到总体的国家安全战略，从消极防御的国家安全观到积极布局的国家安全战略。传统的国家安全观在取向上带有“负向与防御”的被动含义，而新型国家安全观不仅涉及我国边疆民族地区的安全问题，还从更广范围涉及中国和周边国家的安全合作，乃至伊斯兰世界在中国的全球安全战略中所具有的意义，超出了狭义的国家安全的范围。可以说，狭义的“国家安全”属于单向范畴，而广义的“国家安全”则上升到国家安全战略的角度，属于双向甚至是多向的范畴。就此而言，这种安全战略观更符合“总体的国家安全观”。

伊斯兰教是中国构建新型国家安全战略过程中一个必须认真研究的重要因素。应打破以往单向、被动的国家安全观，从广义的国家安全战略的高度，以辩证的视角，综合考察、衡量伊斯兰因素在构建“一带一路”

过程中所可能扮演的多种角色以及所具有的多重含义。

（四）关乎未来

从中国未来发展战略目标来看，无论在经济建设、文化繁荣、社会稳定、国家安全，还是在处理民族问题、宗教问题、边疆问题、反恐问题等方面都不可忽视伊斯兰教的影响。

2013 年 9 月，习近平主席在哈萨克斯坦扎尔巴耶夫大学演讲时提出，为了使欧亚各国经济联系更加紧密、相互合作更加深入、发展空间更加广阔，可以用创新的合作模式，共同建设“丝绸之路经济带”。“一带一路”倡议是以“丝路精神”为前提，体现着共赢、平等、包容的新理念，改变了国际秩序建构中的“零和”思维。

建设“一带一路”的意义超出一般认为的经济含义，而是具有促进文明交往、文化互鉴、政治合作、安全战略等多重复合内涵，可谓意义深远。历史上的丝绸之路从来就不是简单的商贸之路，而是同时兼具文明交流之路的功能。今日中国提出的“一带一路”不仅是一个经济构想，而是兼具文化、政治与安全等多重内涵。历史上，穆斯林商人为海上与陆路丝绸之路的贸易与文化往来做出过不可磨灭的贡献，而今天建设“一带一路”必须对伊斯兰世界采取开放共赢的态度，才能真正令丝绸之路重现昔日之辉煌。

从“一带一路”倡议和目标来看，无论在经济建设、文化繁荣、社会稳定、国家安全，还是在处理民族问题、宗教问题、涉疆问题、反恐问题等方面都不可忽视伊斯兰教的影响。由此引申出在我国“一带一路”建设、在中阿经贸合作、在预防和遏制宗教极端主义的过程中，如何评估伊斯兰教这种客观存在可能带来的实际影响，如何才能发挥其本身蕴含的“正能量”，做到扬正祛邪，为我所用。而这一切都必须建立在对伊斯兰教这种社会现象及其内在规律充分认识和理解的基础之上，这正是摆在当代中国伊斯兰教研究者面前的历史使命。

伊斯兰教是世界性宗教之一。在穆斯林人口数量居世界前十位的国家中，不是与中国毗邻，就是与中国的发展战略关系重大。

特别是近年来，与伊斯兰教关系密切的热点与现实问题屡屡出现，这一切都在提醒中国学者：在未来的一个时期，各种与伊斯兰教相关的热点与现实问题必然层出不穷。特朗普执政后美国系列政策调整以及西亚、中亚、南亚、东南亚等地各国局势的变化，都在提醒我们：中国文明将越来越多、越来越直接地与伊斯兰文明、伊斯兰世界打交道。在此背景下，如果对伊斯兰宗教、对伊斯兰世界缺乏了解，不仅“一带一路”等国家重大发展战略将受到影响，甚至就连我们国家在国际社会的发展空间也可能受到不应有的压缩。因此，学术界提出“是到了重视与伊斯兰文明对话的时候了！”必须通过强强合作，综合国内各个领域的学者共同从事对伊斯兰教、伊斯兰文明和伊斯兰世界的研究。

当代伊斯兰教的变化，不但对基础理论研究提出严峻挑战，其所不断产生的“热点”和“难点”更在应用理论和对策研究层面激发了加强伊斯兰教学术研究的迫切要求。它不仅关乎地区局势，更关乎世界；不仅关乎世界的前途与命运，更关系到中华民族的崛起与复兴。可见，无论从近期的社会管理，还是从长远的发展战略来看，对当代伊斯兰教重大问题的研究，对于民族问题、教派问题、边疆问题、反恐问题乃至中华民族的伟大复兴都具有不可忽视的意义。

二 当代中国伊斯兰教研究：如何？

（一）如何重新理解伊斯兰教研究

当代中国的伊斯兰教研究不仅关乎世界，更关乎中国；不仅关乎当下，更关乎未来。当代伊斯兰教的变化，不但对宗教学基础理论研究提出严峻挑战，其所不断产生的“热点”和“难点”更在应用理论和对策研究层面激发了加强伊斯兰教学术研究的迫切要求。

20 世纪 80 年代初，如何理解马克思关于“宗教是人民的鸦片”这一表述，引起学术界的广泛关注，被冠以“第三次鸦片战争”之名。又由于南北方学者在此问题上所持观点针锋相对，故也称为“南北战争”。到了 20 世纪 80 年代晚期至 90 年代，随着对宗教的认识逐渐深入以及“文化热”的兴起，“宗教鸦片论”之争告一段落，取而代之的是“宗教文化论”。

理论界从“鸦片论”到“文化论”的争论，对伊斯兰教研究的影响不容忽视。“宗教文化论”的确立实际上已成为当代中国学者研究伊斯兰教的一个公认的基本出发点。对中国的伊斯兰教研究而言，“宗教文化论”的意义不仅在于它补偏救弊，祛除了意识形态因素在认识宗教方面的偏见，更为重要的是，它为伊斯兰教研究开辟了新风气、新门类和新方法。从此，伊斯兰教研究不再仅仅局限于对伊斯兰教历史的研究，而是将其视为一种体系庞大、内涵丰富的文化现象，从思想、制度、物质等多个角度，以多种学科方法进行分析研究。可以说，正是“宗教文化论”带来了改革开放后中国伊斯兰教研究的重兴与繁荣。进入21世纪以来，伊斯兰教研究出现了新的变化，表现为学科意识的明确化与研究理论的多样化。在1978年至2000年这20余年的“重兴—繁荣”时期，中国学者就运用多学科、多层面、多角度的方法来描述和解释伊斯兰教。迈入新的阶段以后，中国伊斯兰教研究呈现出研究方法多样、范围拓宽、研究内容细化等特征。在前人打下的坚实基础上，中国的伊斯兰教研究在21世纪结出了累累硕果，呈现出欣欣向荣、朝气蓬勃的景象，特别是近年来培养出的一批青年学者逐渐成为中国伊斯兰教研究的骨干力量。他们大都拥有博士学位，系统学习和掌握本学科的理论与方法，有明确的学科意识和方法论倾向，并且能够自觉运用历史学、哲学、宗教学、民族学、人类学、社会学、语言学、文化学、政治学等各学科的理论与方法来解读和分析伊斯兰教的典籍思想、历史现象和现实问题。例如，近年来一些青年学者运用民族学、社会学、人类学理论对当代中国伊斯兰教所面临的问题，特别是对中国信仰伊斯兰教的少数民族社群在现代社会中的处境进行了研究。这些研究多以田野调查为基础，立体地反映了中国伊斯兰教多元化的面貌，具有一定的现实意义。

可以说，正是“宗教文化论”带来了改革开放后中国伊斯兰教研究的重兴与繁荣。时至今日，时代的发展，呼唤新的认识范式再次赋予当代中国伊斯兰教研究新的活力。然而，由于受到一些旧有观念和认识范式的影响，宗教学基础理论的发展未能尽如人意，尤其在捕捉当代伊斯兰教的剧烈变化面前显得力不从心，集中表现在以下几个方面。

首先，随着时间推移，“宗教文化论”的一些弊病日渐明显。“宗教是文化”这一命题，在为宗教研究赢得理论空间的同时，也使“宗教”

的含义因过于泛化而变得模糊不清。其次，与“文化”一词相伴的是一种居高临下的旁观与欣赏心态。然而，宗教学作为人文学科的一支，其特殊之处在于要求研究者不要委身相应的宗教，却应该至少具备参与式观察与同情式理解的态度与能力。也就是说，宗教研究必须接触其研究对象，深入实际，对之加以具体的社会学、人类学等层面的调查研究。最后，将宗教强命之为文化，流露出“宗教”仍是一个人们不愿直接触碰的敏感词，只得借用“文化”一词加以调和。可见，泛化、异己化与敏感化是“文化论”赋予宗教活力的同时带来的负面含义。“宗教文化论”既反映时代变化的趋势，又在无形中制约了宗教学的发展。

时至今日，时代的发展，呼唤新的认识范式再次赋予当代中国伊斯兰教研究新的活力。笔者认为，这种新的认识范式应该具备以下特征。

第一，它将以中国化的马克思主义理论而非僵化的教条主义为基础，以实事求是为基本原则，不仅承认宗教是一种客观存在的社会和文化现象，更注重发扬改革开放以来形成的有中国特色的社会主义理论，突出“实践是检验真理的唯一标准”，发挥宗教在社会主义建设中的积极作用。

第二，它应合理吸收中国社会传统“政主教从”“三教合一”的管理经验，还原国家与宗教关系的本来面目，使国家成为宗教事务管理者，具有高屋建瓴的引领和驾驭功能，避免国家针对宗教展开“无神论”与“有神论”的直接争论。

第三，它将以国家利益而非单一思想意识作为宗教管理的最高原则，其最高目标是服务于国家利益。社会契约和集体共识将代替纯意识层面的管理或国家宗教的统摄，维护国家利益将成为社会各阶层的基本共识。

第四，宗教研究不再纠葛于“经验”与“先验”、“客观”与“主观”、“有神”与“无神”的无休止的争论，而是直接面对宗教现象本身，承认宗教是由可观察到的客观之物组成的集合，而不是陷入由概念构成的世界。宗教学作为一门人文学问和社会科学，其最终目标不仅包括“如何认识”这些外在可见之物所构成的“现象世界”，而且包括“如何理解”这些事物在信仰者心目中所构成的“意义世界”。其关键是对之加以积极引导。

（二）如何在国际学术界占有一席之地

众所周知，由于学术积累和语言工具等问题，目前大多数从事伊斯兰教研究的中国学者尚无力直接阅读以阿拉伯语、波斯语或乌尔都语等“伊斯兰语言”书写的伊斯兰教典籍。文中述及，目前当代中国伊斯兰教研究界主要由三代学者群体构成，即20世纪40年代及此前出生的老一辈学者、20世纪五六十年代出生的“中间代”学者以及20世纪70年代前后出生的青年学者。由于不同时代的社会氛围与教育环境不同，这三代学人在研究中所倚仗的语言各有侧重。老一辈学者大多依靠中文文献，而能够精通伊斯兰语言者或西方语言者寥寥无几。特殊的历史境遇使他们无法奢望能像出生于20世纪之初的那一代学者一样，获得远赴伊斯兰国家长期深造的机遇。然而，这一代学者在对中国典籍之熟悉与中国社会之洞彻等方面的优势则是他们的晚辈所无法企及的。这恰恰解释了为何当代中国伊斯兰教在“草创—停滞”时期，乃至“发展—繁荣”时期的大多数成果都集中在历史—考证之路，特别是中国伊斯兰教研究一隅。这种语言的困境直到“中间代”和“新生代”学者崛起后才有所改善，其中当然不乏个人的努力，但更多当归功于国力的增强与社会的进步。然而，新的环境在带来改变的同时，又凸显出新的问题，即目前多数中国学者只能掌握英语为主的西方语言，而阿拉伯语等伊斯兰语言往往付之阙如。这一缺陷造成的弊端不容忽视。其典型正是前文所述那些致力于伊斯兰教与国际关系研究的政治学家们。他们苦于语言的局限无法倾听到当事人的声音，只能片面依赖西方文献，往往陷于西方话语罗网而不自知。

但是，仅仅解决了西方语言与“伊斯兰语言”的双重局限就可万事大吉了吗？事实并非如此。正如我们所知，在当代伊斯兰教研究的学术圈内不乏既精通伊斯兰语言，又通晓西方语言的学者，集中在以下两个群体之内：一是出身于各高校阿语系或东语系的学者，他们往往选择西方语言作为第二外语，故精通西、伊双语者大有人在；二是各地经学院和阿语学校培养的穆斯林子弟，经过远赴各个伊斯兰国家长期深造，阿、英皆通者不乏其人。尽管在语言的世界里，这两个群体中确有某些学者能够达到运用自如的境界，但他们也有各自的“苦衷”。

语言学家的局限，已为一些圈内有识之士所忧，在于“大多数理论修养不足”[①] 以及人数之稀少。而穆斯林学者常常为人所诟病之处在于其“强烈的信仰倾向”。然而，信仰并非决定学术水平高下的标准，学术著作的价值与学者的信仰背景没有必然联系。具有宗教委身的信仰者完全有可能撰写出不朽的经典之作，此类范例不胜枚举。且不论王岱舆等融会伊儒、学通四教的先贤，就是马坚、纳忠等当代学术名家也都是虔诚的穆斯林。或许有人会说，成就“大师”需要时间的积累，现在还为时过早。但不可否认，还存在另一种可能，即某些先天不足制约着这一群体的发展。较之马坚等成长于20世纪上半叶的那一代人，今天这一代穆斯林学者不仅在中国传统文化修养方面大为逊色，甚至就个别学者而言，其人文底蕴单薄、思想深度不足、学术视野有限，对现代学术话语隔膜，甚至无法超越自身的家族、地域和教派背景的“地方情结”，等等，都可能成为阻碍其成长的重要因素。

可见，若要在国际学界赢得一席之地，不通晓外语固然行不通，但语言优势并不是解决一切问题的法宝，有时反而沦为导致负面效应的“累赘”，难免自误误人。上述重重困境刺激我们认真思考，中国学者的优势究竟在哪里，未来的方向在何方？笔者认为，应当注意以下几个方向。

首先，中国伊斯兰教研究是中国学者最能发挥自身所长的地方。不仅中国伊斯兰教史、教派门宦、汉文译著研究这些历来中国学者在国际学界赢得一席之地的传统强项需要发扬光大；而且还应筚路蓝缕，开启山林，寻找新的主题，以扩大中国学者的优势空间。

其次，扩大语言工具的种类，掌握更多一手资料。就现状而言，多数学者都能参考英文资料，但对于从事一些专门领域如世界伊斯兰教研究的学者而言，若无法参阅以伊斯兰语言撰写的一手资料，其结论的可靠性必定大打折扣，自然无法得到国际学界的认可。除伊斯兰语言之外，还应注意掌握英语之外的西方语言，如法语、德语。这是因为这些欧洲国家的伊斯兰教研究起步较早，积累深厚，可堪借鉴。但仅仅这些人才还不够，还需要精通其他语言的人才。例如，日本学者从20世纪之初就开始关注中国伊斯兰教，积累颇丰，出现了以田坂兴道《中国回教的传入及其弘通》

---

① 林丰民：《神秘面纱后面的真实》，《读书》2003年第11期。

为代表的上乘之作。若能通晓日文，有所借鉴，对促进中国伊斯兰教研究必然有所裨益。

再次，尽管中国学者在语言方面存在先天不足，但不必妄自菲薄。这是因为较之西方学者与伊斯兰世界的学者而言，中国学者拥有独特优势，即身后有中华文化作为砥柱。前贤有言：东圣西圣，心同理同。中国学者不妨尝试在伊斯兰教与中国传统文化的比较与会通中，摸索一条出路。对诸如比较宗教学、比较哲学等“比较”研究投入更多关注。其实，这条道路上已有先行者，如日本学者井筒俊彦曾撰写《苏菲与道家：其关键哲学概念的比较研究》（*Sufism and Taoism*：*A Comparative Study of Key Philosophical Concepts*）一书，分述伊本·阿拉比与庄子之学，揭示异同，相互发明，颇具成效。

最后，中国学者的另一项优势在其自身独特的分析视角与学术定位。因为中国学者既不像伊斯兰世界的学者那样因自身的信仰预设而在探讨宗教问题时有所顾忌，也没有西方学者那种透过伊斯兰世界反观自身的“东方主义情结”，因此，在分析问题时，不像前两者各执一端，反而易于做到不偏不倚，客观公正，从而显示作为第三方之中国学者的特殊价值。更为重要的是，如果能够在此基础上，融会诸家之长，像中世纪的阿拉伯学者那样，从翻译的“初级阶段”进入创造的“高明境界”，那么，“中国特色”“中国风格”“中国气派”自然会水到渠成。

（三）如何培养后续人才

就现状而言，当前中国学界从事伊斯兰教研究者为数不少。但其中又有几人是真正愿意将此项研究视为一项值得为之奉献终生的事业呢？事实上，不少人正是在求学和就业的压力下，不自觉地一步步踏上了学术之路。而对功利主义者而言，学术只是养家糊口的工具。更有甚者，将学术当作牟取一己之私的捷径。试想，如果一项事业充斥着缺乏理想与“激情”的“米蠹”，甚至“禄蠹”的话，又何谈发展？孔子有言：“知之者不如好之者，好知者不如乐知者”。只有真正倾心学术者，才是学术发展的未来希望。在以后发展中，注意发现和培养既学有专长，更有志于伊斯兰教研究的后续人才应被列为学科发展的重中之重。

（四）如何建立学科方法论体系

然而，目前仍有部分中国学者尚无法做到自觉使用相关理论作为研究中的“攻玉之石”，这不能不说是一个缺憾。因此，有必要加强人文与社会学科相关理论的研习，并将这些理论用之于实践，相关学科包括宗教学、民族学、社会学、人类学、国际政治、语言学等。

以宗教学为例，可以尝试“伊斯兰教研究的宗教学进路”。众所周知，伊斯兰教研究通常被视为宗教学或宗教研究的一个分支学科。而宗教学的各种理论都是以往学者在研究过程中积累和探索出的宝贵经验，堪称研究者的智库与百宝囊。如果能够主动借鉴、掌握乃至拓展现有的宗教学理论，对于中国伊斯兰教学术研究的飞跃将有莫大的帮助。以西方学界为例，身兼伊斯兰教研究专家与宗教学家二职于一身的学者不乏其人。其佼佼者有曾任哈佛大学世界宗教研究中心主任的威尔弗雷德·史密斯（Wilfred Cantwell Smith）、《宗教学经典进路》（*Classical Approaches to the Study of Religions*）的作者雅克·瓦登伯格（Jacques Waardenburg）等。他们将宗教学研究与伊斯兰教研究两方面研究结合在一起，相互发明，收效甚佳。哈佛大学宗教学博士培养项目规定：凡欲取得博士学位者，必须在自家宗教传统之外再选修一门关于其他宗教的课程。这一做法倘若原样照搬，恐与中国现实不符。但是否仍可设想，未来做某一宗教研究的中国学者须兼顾一门相关学科的理论研究。例如，研究伊斯兰教者应当熟悉宗教学或社会学、人类学的学术历史与理论方法。由此将具体研究与理论研究这对天造地设的“有情人”结合在一起，既可为研究者找到明确的学科依托与方法，更能提升他们的理论深度与思辨能力。

（五）如何突破原有的认识范式

如前文所述，发生在20世纪80年代从“宗教鸦片论”到“宗教文化论”的认识转型带来了中国宗教学的复兴与繁荣。然而，江山代有人才出，时至今日，曾一度为宗教学研究带来生机与活力的“宗教文化论”是否也将面对因不能适应时代发展而过时的命运？

笔者认为，随着时间推移，“宗教文化论”的一些弊病日渐明显。如前所述，“宗教文化论”既反映时代变化的趋势，又在无形中制约了宗教学的发展。因此，需要一种新的理解方式来取而代之。在此，笔者尝试提出“宗教传统论”，以替代“宗教文化论”。

所谓“传统”指宗教信仰的各种外在表达在历史中积淀而成的聚合体。由此定义出发，可知传统具有以下特征，即客观性、历史性、人文性、聚合性与神圣性。将宗教理解为“传统”其积极意义体现在以下几个方面。第一，宗教由可观察到的客观之物组成，这敦促研究者直面活生生的宗教生活，而不是陷入由无数概念构成的逻辑世界。第二，传统的历史意蕴揭示出，宗教在特定信仰群体中的地位来自长期的历史传承，往往意味着最为珍贵的物质与精神遗产。这从侧面说明，那些通过外力而强行打断宗教传统的做法，往往事与愿违。第三，宗教的人文性提醒研究者，作为一种人文学术，宗教研究的最终目标不是那些外在之物，而是它们在信仰者的生命中所具有的意义。第四，传统由众多单元聚合而来。如果将整个人类宗教生活视为一个由众多分支组成、延绵不绝的河流的话，那么，人类历史上出现的各种宗教都是此信仰之河中的一脉。由此证明宗教之间的彼此关系是你中有我，我中有你的关系，而非势同水火的对立。诸宗教多元一体的认识模式可借此得以确立。第五，传统具有一定的神圣性。这是因为传统本身虽由客观之物组成，但由于宗教信仰者对神圣维度的回应离不开传统。因此，传统本身虽不能等同于神圣维度本身，但在向神圣维度的开放中，却被赋予了一定的神圣性。将宗教视为传统，这意味着在今后的学术研究中，“神圣性”将作为一个开放性预设而存在，而不再被刻意忽略。一旦宗教研究者实现了方法论上超越由现象学“悬搁”演变来的“方法上的不可知论”,[①] 他们就不仅能够认识到“神圣”深深地渗透在宗教的各个层面，而且可以正视这一事实，即观察者在与信仰者互动过程中其实正在参与“神圣”。就其最低限度而言，这种“宗教传统论”带来的益处在于，它使研究者不再纠葛于“经验”与“先验”、“客观”与“主观”、“有神”与“无神”的无休止争论，而是直接面对宗教生活的本真。

---

① ［英］菲奥纳·鲍伊：《宗教人类学导论》，金泽、何其敏译，中国人民大学出版社 2004 年版。

（六）如何处理学院研究与民间研究的关系

所谓学院研究是主要存在于政府设立的各种科研院所与各大高校之内，属于体制内研究。因此，相对而言，与宏观政治话语与现代学术体制联系紧密。其长处在于经过严格学术训练，熟知现代学术规范。整体而言，学术底蕴与理论素养较高。在研究过程中，往往强调价值中立与客观公正。而民间研究是主要由民间学者自发进行的学术研究，其中主要是具有信仰背景的穆斯林学者。

民间研究游离于国家科研体制之外，多寄托于民间社会。从学术传承看，它与传统的经堂教育渊源甚深。民间研究的特点在于突出主位研究，但往往过于强调信仰预设，因带有过多感性色彩，而导致理性分析深度不足。这些饱为诟病的问题令不少民间研究的学术价值大打折扣。尽管存在诸多不尽如人意之处，但民间研究仍有其特殊的学术价值。

众所周知，直到“贞成期”的当代中国伊斯兰教学科建立之前，传统社会中的伊斯兰教学术活动皆属于“民间研究”。当时虽有相当于今日之“学院研究”的“官学”，但其范围相对狭隘得多，仅限于当时占据统治地位的儒家学说。就连刘智、金天柱等汉文译著大师的著作都被当时的主流话语斥为“鄙俚书籍”，而难登大雅之堂。然而，时移世易，时至今日刘智等先贤的著作无论在民间还是学院，都已成为学者必读的经典。因此，我们有理由做出这样一个大胆的设想，即今日民间学者的著述是否也有可能成为未来的学院学者案头必备的读物?!

事实上，一直以来，民间学者对伊斯兰教研究都抱有极大热情。他们坚持不懈以撰写文章、办报纸、刊物、学校等多种方式和渠道表达着对伊斯兰教研究的参与和关注。涌现出以阮斌、康有玺等为代表的一批当代民间学者。但或许是由于在研究的出发点、立场、视角、思路等方面存在较大差异，象牙塔内的“学院派”与民间学者之间仍存在一定距离与隔阂。

但目前为止，除了个别特例以外，学院派与民间学者大多各行其是，相互间交流与互动明显不足。但从长远看，由于双方在研究视角、研究方法等方面存在互补的可能，因此，在今后的研究中，学院派与民间学者应当超越彼此畛域，加强交流与合作，相互补充，取长补短。

结 语

在撰写当代中国伊斯兰教学术史的过程中，在笔者脑海中萦绕不已的不是一册册毫无生命、没有知觉的故纸，而是那一个个活生生、形象鲜明的人物。通过对当代中国伊斯兰教研究走过70年历程的认真梳理与回顾，笔者深深体会到前辈学者筚路蓝缕、开启山林的艰辛。虽有个别域外学者质疑：经历了70年的发展，当代中国伊斯兰教研究何以仍然未臻大成，尚未形成一个传承有序、历史悠久的学术传统？但如果真正了解了这段历史，就不难发现中国学者致力于这一领域的“有效时间”到目前为止其实不过才数十年。而在这短短数十年里，中国学者不仅开启了当代中国伊斯兰教研究的学科体系，而且在众多领域，齐头并进取得了如此丰硕的成果，这怎能不令人惊叹。因此，尽管目前仍有种种不如意与问题困难摆在面前，但笔者相信，既然老一辈中国学者能够克服重重阻力，建立起当代中国的伊斯兰教研究学科，那么，这一代人也应该有信心，在这片肥沃的土地上，收获更加丰硕的成果。

第九章

佛教研究

魏道儒　纪华传　冯　川

新中国成立以来我国佛教学科发展的70年，是继往开来，从寂寞、停滞走向繁荣兴旺的70年，是取得前所未有辉煌成就的70年，是为社会主义精神文明建设做出重要贡献，发挥多方面积极社会作用的70年。

作为宗教学一个分支的现代佛教学术研究，是从20世纪初年开始。截止到1949年新中国成立的数十年，是我国佛教研究的一个承上启下的重要历史阶段。在这个阶段中，学术界在资料积累，专业人才培养，学术传统等许多方面为当代佛教研究奠定了坚实的基础。

第一节　20世纪上半叶佛教研究回顾

在我国历史上流行过的各种宗教中，佛教一直是信众人数最多，与中国传统文化结合最紧密，社会影响力最大的宗教。这种在漫长历史过程中形成的宗教存在状况和发展态势，为佛教研究提供了深厚的社会基础和紧迫的现实需要。这是推动佛教研究持续发展的直接社会动力。

我国的佛教研究历史悠久，是一门古老的学科。自两汉之际佛教传入汉地，一直到21世纪的今天，佛教研究几乎没有长时间中断过。在20世纪之前的漫长历史过程中，传统的佛教研究有明确的政治、宗教目的，或者是为了满足树立信仰和弘扬佛法的需要，或者是为了达到批判甚至取缔佛教的目标。中国的传统佛教研究经历了曲折艰辛的发展过程，积累了丰富的资料，从多方面提供了经验和教训，成为整个中国学术史的最重要内容之一。到了20世纪初年，在中国学术界继承传统的同时又不断吸纳西方学术成果的大背景中，佛教研究也开始呈现出不同以往的新面貌。

20世纪上半叶我国佛教研究的兴起，是与各界志士面对西方列强侵略，希望从佛学中寻求挽救民族危亡的思想资源相联系的，是与接受西方思潮的影响，对传统文化进行深刻反思相联系的，也是与振兴佛教、振兴传统文化以对抗西方文化侵略相联系的。在这个阶段中涌现出的著名学者，有代表性的著作，至今仍然产生着重要影响，发挥着重要作用。

在这个阶段，从佛教界、居士界和学术界中涌现出了一批有影响的学者。他们或独立探索，或相互交流，或相互帮助，共同推动佛教研究的发展。杨文会为了复兴佛教，从多方面展开工作。他曾建立金陵刻经处，创立"祇园精舍"，组建"佛学研究会"，为佛教学术研究的展开积累资料、培养人才，开辟道路。近现代史上众多的著名佛教学者，或者因为受到他的佛教思想影响，或者因为他的指引而从事佛学研究。他的弟子欧阳竟无、太虚分别主持支那内学院、武昌佛学院，使上述两处成为佛教研究的最重要的基地。曾经接受过杨文会影响或者曾经在这两处教学、研究、学习和参访的僧俗学者有几百人，著名的如谭嗣同、梅光羲、李证刚、章太炎、谢无量、印顺、吕澂、唐大圆、王恩洋、梁启超、胡适、陈寅恪、汤用彤、黄忏华、梁漱溟、熊十力、虞愚、法尊、大勇、持松等。另外，韩清净在北京创立三时学会，以研究法相唯识学为重点，在全国范围内形成影响，著名弟子有周叔迦等。从这个列举不完备的著名学者群可以看到，20世纪上半叶的中国佛教研究，是在信仰者和非信仰者的共同努力下进行的，是在振兴佛教的背景下发展的。佛教界和学术界之间在学术研究上相互尊重、借鉴、帮助、合作和交流，是推进中国佛教研究在继承传统的基础上推陈出新，不断发展的动力。这个鲜明的特点，在新中国成立后的佛教学术界仍然能够看得到。

这一历史阶段的佛教研究，有着理论探索与史料挖掘并重，哲学分析和史学考证并重的特点。西方和日本等国的近代科学研究方法持续引入，为中国佛教研究带来了新气象。这种新气象的出现，是与一批有国外留学或参访经历的学者分不开的。例如，自1918年至1925年，梁启超共发表了三十余篇佛学论文。这些论文分别从史学、文学、目录学、心理学等角度，对汉地佛教、西域佛教、佛教经典等进行研究，推出了有原创性的系列成果。胡适自 1925 年发表《从译本里研究佛教的禅法》开始，在很长一段时间内从事禅宗史的研究，他通过广泛搜集新的材料，先后撰写了《菩提达摩考》《论禅宗史的纲领》《禅学古史考》《〈坛经〉考之一》等论文，后来又整理出版了《神会和尚遗集》等。虽然他在资料考证方面有欠严谨之处，在立论方面有武断之嫌，但毕竟有开风气之功。

汤用彤把中国传统治学方法与西方近代研究方法结合起来，在印度哲学、中印佛学、魏晋玄学，以及西洋哲学等方面都有开创性研究。他于 1938 年出版的《汉魏两晋南北朝佛教史》，以资料翔实、辨析精细，论证严密，结论稳妥著称，至今仍是研究该历史阶段必读的经典之作。吕澂在借鉴古今中外佛学研究成果的基础上，独立创新，在印度佛学、中国汉地佛学和西藏佛学方面都取得丰硕成果。他的《中国佛学源流略讲》《印度佛学源流略讲》，至今仍然是研究中印佛教思想必读的经典之作。

另外，治学范围十分广泛的著名学者陈垣、陈寅恪，分别在研究佛教史和佛教文化等方面做出了重要贡献。陈垣的《释氏疑年录》《佛教史籍概论》《明季滇黔佛教考》《清初僧诤记》等，都是有持续生命力的著作。陈寅恪在研究敦煌文献、佛经语言与汉语史、梵呗转读与汉语音韵学等方面有突出成就，所提出的许多创见，对后来的研究者有启发、指引的作用。

20 世纪上半叶参与佛教研究的杰出学者们所表现出的高度社会责任感，严谨的治学态度，他们所留下的被奉为学科经典的著作，以及他们所培养的人才，直接影响着当代佛教研究的整体精神和风貌。

第二节　70 年来佛教研究概述

佛教学科的发展历程与整个中国宗教学的进程步调一致，所呈现出的阶段特征也完全相同。卓新平在《中国宗教学 30 年 · 序言》中曾对中国宗教学的百年历程有一个概括："中国宗教学的形成是 20 世纪中国现代学术史上的一个重要突破，但宗教学真正系统化、专业化全面发展，则是

1978 年以来中国改革开放的产物和成果。30 年前中国宗教学研究领域处于‘早春二月’的状况，成建制、有规模的宗教研究机构仅有中国社会科学院世界宗教研究所一家，乃是当时‘一枝独秀’的奇特景观。30 年来，中国宗教学蓬勃发展，姹紫嫣红，蔚为大观。”① 当代佛教学科的 70 年，也同样经历了前 30 年和改革开放以来的 40 年这样两个境况不同的时期。

新中国成立以来的 70 年，佛教研究大体可以 1978 年的改革开放为界，划分为两个阶段。这两个阶段的情况有很大的不同。第一阶段是从 1949 年到 1978 年的 30 年。佛教研究与整个宗教学的境况是完全一致的，处于从比较沉寂到完全停滞的过程中，远不是文史哲学科方面的重点和热点。在这个阶段，不少主要从事中国历史、哲学研究的著名学者也涉及佛教研究，并且取得重要成果，如冯友兰、侯外庐、范文澜等。他们的佛教研究成果有的是包括在历史、哲学史或思想史的著作中，有的是撰写的专题论文和著作。这个时期佛教研究取得的最显著的成就，就是确立了以辩证唯物主义和历史唯物主义为指导理论。这方面最有成就和最具影响力的是任继愈。他在 20 世纪 50 年代中期到 60 年代初发表的一系列佛教论文，不仅成为学术发展中具有里程碑意义的经典之作，而且产生的影响也远远超出了学术领域。从 1967 年到 1974 年，整个中国大陆没有发表一篇完全意义上的佛教学术论文，佛教研究处于停滞状态。

第二个阶段的 40 年，佛教研究出现了天翻地覆的变化。与我国社会主义文化建设事业的发展步伐相一致，佛教研究学科呈现出迅猛发展的良好态势。佛教研究机构、人员和刊物都不断增加，研究领域不断拓展，科研成果数量成倍递增。在这个阶段，佛教研究学科为我国的社会主义精神文明建设，为对内构建和谐社会、对外构建和谐世界，做出了不可替代的重要贡献。佛教学科发挥的这种积极社会影响，是前所未有的。在总结、理解和欣赏佛教研究取得的辉煌成果之前，先从研究机构、学术刊物、专业人才、学术交流、成果特点五个方面介绍佛教研究进展的基本情况。

① 参见卓新平主编《中国宗教学 30 年（1978—2008)》，中国社会科学出版社 2008 年版。

一　专业学术研究机构从无到有，从少到多

1964 年以前，我国还没有成立专门的宗教学术研究机构。从事佛教研究的学者是分散在不同单位和部门的。1964 年在毛泽东、周恩来等党和国家领导人的直接领导下，成立了世界宗教研究所，集中了以任继愈为所长的一批优秀宗教研究学者，其中也包括了老中青三代优秀的佛教研究学者。直到 20 世纪 80 年代，世界宗教研究所在积累资料、培养人才、发表成果、推动宗教学研究健康发展方面做出了不可替代的贡献。改革开放以后，尤其是 20 世纪 90 年代以后，在各地社会科学院、大专院校，不仅成立了专门的宗教研究机构，还成立了专门的佛教研究机构。在佛教界，也成立了专门的佛教研究所。

到目前为止，大陆的佛教研究机构基本上分属四个系统。一是社会科学院系统，除了中国社会科学院世界宗教研究所之外，其他一些研究所也有主要研究宗教文化的研究室。在上海、陕西、浙江、新疆、西藏等地方社科院中，相继成立了宗教研究所，集中了数量不等的佛教研究学者。二是高校系统，如北京大学、中国人民大学、南京大学、复旦大学、中山大学、武汉大学、四川大学、中央民族大学、西北大学等，相继成立了宗教系、宗教研究所，有的系所是以研究佛教为主，有的院校还有佛教研究所或佛教研究中心。三是中央和各地政府宗教管理部门的研究机构，如统战部门下属的研究机构，宗教研究中心、藏学研究中心，等等。四是隶属于各级佛教协会的佛教研究所和佛学院，还有一些大寺院成立的佛教研究组织。比如，隶属于中国佛教协会的中国佛教文化研究所，成立于 1987 年。还有普陀山的佛教文化研究所，河北柏林禅寺的禅文化研究所，苏州西园寺的戒幢研究所等。

二　各级各类佛教刊物不断增加

在改革开放之前，宗教类的刊物很少，发表的文章也有限。当时比较有影响的宗教学术杂志是世界宗教研究所主办的《世界宗教研究》《世界宗教资料》（现为《世界宗教文化》），还有中国佛教协会主办的《法音》《现代佛学》等。20 世纪 80 年代以后，由各级研究机构、大专院校、佛

教协会和寺院主办的各级各类佛教杂志相继问世。有的是以刊登学术论文为主，有的是以普及佛教基础知识为主，有的是以发布佛教学术信息为主，分别面向不同的读者群。到现在为止，除了上述几家历史悠久的定期出版的杂志以外，还有定期或不定期出版的杂志，以及以书代刊的杂志，形式多种多样。曾经和正在发行的佛教类刊物大约有六七十种，例如《佛学研究》《中国藏学》《禅学研究》《五台山研究》《广东佛教》《禅》《佛教知识》《浙江佛教》《宁波佛教》《法源》《正法眼》《显密》《人海灯》《重庆佛教》《福建佛教》《佛教文摘》《广西佛教》《中国禅学》《菩提道》《菩提心》《东北佛教》《杭州佛教》《金陵佛教》《觉群》《报恩》《弘法》《慈缘》《妙莲华》《鸡鸣》《九华山》《甘露》《戒幢佛学》《净土》《玄奘研究》《禅露》《普陀山佛教》《东北佛教》《丛林》《杭州佛教》《佛教文化》《晋阳佛教》《净业》《闽南佛学院院报》《上海佛教》《台州佛教》《洛阳佛教》，等等。

除了专门刊载佛教方面的学术论文、一般文章、消息等杂志以外，还有一些比较多的刊载佛教方面文章的杂志，比如，《敦煌研究》《宗教学研究》《西藏研究》《云南宗教研究》《四川宗教》《福建宗教》《中国西藏》《中国宗教》等。

在众多的宗教学术刊物中，由中国社会科学院世界宗教研究所主办的《世界宗教研究》是国内最著名的纯学术性杂志，这个杂志每期都发表佛教方面的论文，一般都是有一定学术价值的。每年出版一期的《佛学研究》，是专门刊载佛教学术论文的杂志，很具有代表性。佛教刊物的不断增加，特别是审稿严格，以刊登有学术创见的高质量文章为宗旨的刊物的存在，对佛教学科的健康发展有着重要促进作用。很多佛教杂志因为能够不断推出高质量文章而赢得盛誉，而高质量稿源的枯竭，也是一些刊物停刊的重要原因之一。

三　重视人才培养，优秀科研工作者不断涌现

改革开放之前，佛教学科的人才培养工作并没有得到高度重视，1978年以后，随着我国研究生教育制度的恢复，中国社会科学院世界宗教研究所率先招收硕士生和博士生，其中也包括以佛教为研究方向的硕士、博士

研究生。稍后，北京大学、中国人民大学、南京大学、武汉大学、清华大学等高等院校也开始招收佛教研究方面的研究生。特别是近十几年来，招收佛教研究生的单位越来越多，培养出来的青年学者数量大幅度增加。我国的佛教研究事业能够走向繁荣，与研究生培养工作是分不开的。

在改革开放之前，从事佛教研究的专业学者人数不多。但是，从 20 世纪 90 年代之后，不断有新人推出高质量的论文和著作，标志着优秀学者的大量涌现。许多比较优秀的中青年学者，都是在前辈老师的精心指导下成长起来的。在当前的大陆佛教研究领域，已经形成了较有成就、有影响的学者群，这个学者群可以从高质量的论著中反映出来。

四 学术交流日益频繁，交流范围不断扩大

改革开放以前，大陆学术界几乎没有举行过成规模的佛学讨论会。1980 年 9 月，由中国宗教学会、中国南亚学会、陕西省社会科学院以及西北大学等单位，在西安联合召开了新中国成立以来的第一次全国性佛教学术会议，出席会议的老、中、青学者 32 人，提交论文 26 篇。这次会议的举行，标志着中国佛教学术交流进入了一个新时期。从此以后，各研究机构和教学单位每年都要举办多次各种议题的国内或国际佛学研讨会，据不完全统计，从 1980 年到 1995 年，全国共召开各种佛学研讨会 40 余次，从 1996 年到 2005 年，共召开佛教学术会议 100 多次，自 2005 年到 2007 年的三年间，每年举办的国内国际佛教学术会议都有数十次。

历次学术研讨会都有不同的议题，形成不同的影响，对佛教学术研究工作起到程度不同的积极推动作用。在二十多年中，由中国社会科学院世界宗教研究所与日本《中外日报》联合主办的“中日佛教学术会议”，是具有标志性的国际佛教学术交流会议。首届会议于 1985 年 11 月在日本京都召开，中心议题是“中日两国佛教的特点和古代中日佛教文化的交流”。中方的正式代表是任继愈、杜继文、方立天、楼宇烈、杨曾文；日方正式代表是中村元、道端良秀、牧田谛亮、盐人良道、镰田茂雄。这次会议被誉为“历史的盛会”。以后，“中日佛教学术会议”每两年举办一届，总共举办了十届。这个学术会议延续时间之长，参与的优秀学者之多，提交的论文之有价值，产生的影响之大，至今还是难以打破的纪录。

国际学术交流的加强，增进了中国与世界各国学者的了解，加深了彼此的友谊。

五　研究成果不断增加，研究视野不断拓展

70 年来，佛教研究的各类成果出版呈现两个阶段。改革开放以前成果较少，甚至出现过没有论文发表的年份。改革开放以后，成果出版呈现快速递增的态势。

根据王雷泉《中国大陆宗教文章索引》的统计，从 1949 年到 1966 年，大陆共发表佛教方面的文章 1003 篇，平均每年发表 58 篇左右。从 1967 年到 1974 年，学术界没有发表过一篇佛教研究文章。从 1978 年开始，佛教研究文章呈现逐年递增的趋势。到 1992 年，一年发表的论文达到 1125 篇，超过 1949 年到 1966 年发表数量的总和。1996 年到 1998 年的 3 年时间里，各种报刊发表与佛教相关的文章 3300 多篇，各种著作 400 余部。到现在为止，佛教研究成果的确切数量很难统计，用统计加估计的方法来估量，佛教各类文章大约有数万篇，著作大约有数千部。

随着科研成果的增多，研究范围也逐步扩大。学术界不仅加强了对佛教历史、宗派、义理、人物、哲学、文献等方面的研究，也逐渐加强了对佛教经济、语言、文化、艺术等领域的探索。近些年来，跨学科的比较性研究也不断取得进展。

第三节　佛教研究的主要成果

新中国成立 70 年来，有价值的佛教研究成果数量众多，不胜枚举。即便是列举有影响的专著类成果，也难免挂一漏万。以下仅是分类列举一些著作，以便说明我国学术界佛教研究所涉及的范围，所具有的特点，所走过的路程，以及大致的发展趋向。一来限于本人的水平和见闻，二来限于分类不尽合理，所列举的著作中肯定有一些学术价值不大的书籍，而未提及的著作中一定有不少上乘佳作。

一　中国佛教史

在研究与中国佛教相关的各类著作中，佛教历史方面的著作最多，包括各种通史、断代史、思想史、地区史、专题史、宗派史等。这是佛教研究领域中一个最重要的方面。

第一，通史和断代史。

杜继文主编的《佛教史》（1991 年），是国内唯一一部世界佛教的简明通史著作。本书比较系统地叙述了世界范围内佛教的产生与发展过程，既比较充分地吸收了当时学术界的最新成果，又有编著者的个人研究心得，长期作为国内各教学单位的重要参考书。

在中国佛教史的研究领域，至今还没有一部严格意义上的叙述整个中国佛教历史的通史性著作，只有一些通史类的著作。其中，吕澂的《中国佛学源流略讲》（1979 年），是叙述中国佛教思想发展和演变的重要著作，在许多方面对以后的研究者起到了引路的作用。任继愈主编，杜继文、杨曾文、丁明夷等人参与撰写的《中国佛教史》（已出版三卷，1981 年开始出版），是以唯物史观为指导，系统论述汉魏两晋南北朝佛教的著作。本书把这一阶段的重要佛教译著进行了系统、详尽的剖析，是完全创新性质的工作。本书在国内外都产生了较大的影响，是研究本阶段佛教不可缺少的重要参考书。郭朋从 1981 年开始先后推出《隋唐佛教》《宋元佛教》《明清佛教》《汉魏两晋南北朝佛教》《中国近代佛教思想史稿》等著作，后来作者又把它们浓缩为三卷本的《中国佛教思想史》，这些著作都是有影响的。在断代史方面，史金波的《西夏佛教史略》（1988 年）具有填补学术空白的作用。比较重要的各类通史或断代史著作还有方立天主编、华方田副主编的《中国佛教简史》（2001 年），潘桂明的《中国居士佛教史》，高振农的《中国佛教源流》（2006 年），江灿腾的《晚明佛教改革史》（2006 年），陈永革的《晚明佛教思想研究》（2007 年），等等。

第二，地区佛教史。

从 20 世纪 80 年代开始，各地方政府相继重视开发当地的佛教文化资源，为经济建设服务。在这种情况下，各地社科院、大专院校以及佛教界的学者也撰写了本省、本市或本地区的佛教史著作。几乎可以说，在佛教盛行过的地区，都有学者推出相关佛教历史著作。20世纪80年代初，陕西省社会科学院的学者撰写了长安佛教宗派祖庭的专门著作。地区佛教史的著作如冷晓的《杭州佛教史》（1993年）、《近代杭州佛教史》（1995年），韩丽霞、董允合著的《云南佛教》，崔正森的《五台山佛教史》（2000年），王荣国的《福建佛教史》（1997年），韩溥的《江西佛教史》（1995年），何建明的《澳门佛教》（1999年），严耀中的《江南佛教史》（2000年），陈荣富的《浙江佛教史》（2001年），胡恩厚的《甘肃佛教简史》（1993年），蒲文成的《青海佛教史》（2001年），昆明宗教局和昆明佛教协会编的《昆明佛教史》（2001年），王路平的《贵州佛教史》（2001年），徐荪铭、王传宗主编的《湖南佛教史》（2002年），王亚荣的《长安佛教史论》（2006年）、《陕西·中国汉传佛教祖庭研究》（2006年），等等。这些研究的一个共同特点，是充分利用了一些当地特有的资料，对相关佛教问题进行了尽可能细化的描述，有助于对当地佛教的深入认识。

第三，佛教专题史。

在中国佛教制度、佛教寺院、佛教礼仪、佛教事务管理等方面，重要的著作有郭绍林的《唐代士大夫与佛教》（1987年），谢重光、白文固合著的《中国僧官制度史》（1990年），张弓的《汉唐佛寺文化史》（1997年），郝春文的《唐后期五代宋初敦煌僧尼的社会生活》（1998年），白文固、赵春娥的《中国古代僧尼制度》（2002年），宿白的《中国石窟寺研究》《藏传佛教寺院考古》，李芳民的《唐五代佛寺辑考》（2006年），侯旭东的《五、六世纪北方民众佛教信仰》（1998年），何孝荣的《明代南京寺院研究》（2001年），圣凯的《中国汉传佛教礼仪》（2001年）、《摄论学派研究》（2006年），杨健的《清王朝佛教事务管理》（2008年）。以上著作大多受到重视和关注。

二 中国佛教宗派研究

隋唐时期产生的中国佛教宗派，标志着中国佛教的理论创造达到了高峰，标志着中国佛教成为世界佛教的中心。凡是研究隋唐及其以后的中国佛教都要涉及佛教宗派问题。但是，改革开放以前，有关佛教宗派的研究成果以论文为主，多数成果包括在与研究隋唐佛教有关的著作中，还没有出现篇幅较大的专门著作，包括通史类著作。有关各宗派历史、人物、典籍思想的专著也很少。任继愈的《汉唐佛教思想论集》（1962 年）、吕澂的《中国佛学源流略讲》、汤用彤的《隋唐佛教史稿》、郭朋的《隋唐佛教》、严北溟的《中国佛教哲学简史》等，都对中国佛教宗派有程度不同、篇幅不等的论述。这些成果为以后佛教宗派研究的深入和提高或者指示了方向，或者奠定了基础，或者提供了借鉴，是有持续影响力的。从 20 世纪 90 年代开始，陆续出版了研究各宗派的专著。江苏古籍出版社历经十几年的努力，推出了中国佛教宗派研究系列丛书，可以作为中国佛教宗派研究实质性进步的重要标志。

第一，禅宗研究。

在中国佛教研究中，学术界对禅宗的研究长期以来都是投入人力最多，取得成果最丰富，研究视野最开阔的领域。尤其是近二十年来，出现了研究禅宗历史、思想、流派、人物、典籍以及禅宗文化、禅与艺术等方面的大批论文和著作，出现了所谓的“禅宗热”。直到今天，这种热度似乎仍然没有降温的迹象。

这种情况是由多方面的因素促成的。首先，是禅宗自身特点所决定的。在中国佛教各宗派中，无论是对整个佛教还是对整个中国哲学，禅宗都是影响最大的一派，并且至今有重要的社会影响，从而激发了研究的热情。其次，国外因素的促动。自“二战”以后，以日本学僧铃木大拙等为主，把东方的禅学传到西方，不仅逐渐为西方学者所关注和研究，而且产生了一定的社会效用。中国的“禅学”被西方重新发现和重新解释，甚至被作为“东方文明”的一个重要代表，当成了对抗西方文明——实指近现代科学和思维理性的根据和资源。一些心理学家和精神病理学家，注重禅在调节心理平衡和治疗精神性疾病中的作用；某些社会学学者和哲学家，把禅当作反科学、非理性和直觉主义的古典模式，希望由此引导人们回归人性和自然；某些新兴小型宗教团体力图在禅中发掘信仰治疗的功能，并当作开发超自然、超心理诸种“神通”的有效方法。最后，国内的社会需要。随着国内佛教的发展，把禅引入心理治疗，或作为消除烦恼，修身养性的一种方法，引起社会各界的重视。同时，有些地方政府出于发展经济和旅游的原因，积极支持禅宗文化建设，对学术界的禅宗研究起到了推动作用。

关于禅宗方面的论文数以千计，不胜枚举。有规模的著作也是数以百计，其内容涉及哲学、历史学、语言学、伦理学、宗教学、文学、心理学等领域。其中，杜继文、魏道儒的《中国禅宗通史》(1993 年) 是一部禅宗通史著作，叙述从印度禅学到清末禅宗的流变历史。撰写本书的初衷，是为了将神化了的禅宗还原它的世俗基础，将它被描绘得虚玄模糊的面目清晰起来。比较有特点的著作有顾伟康的《禅宗：文化交融与历史选择》(1986 年)，葛兆光的《禅宗与历史文化》(1987 年)、《中国禅思想史——从六世纪到九世纪》(2001 年)，正果的《禅宗大义》(1989 年)、洪修平的《禅宗思想的形成与发展》(1992 年)，潘桂明的《禅宗的历程》(1992 年)，邢东风的《禅悟之道——南宗禅学研究》(1992 年)，魏道儒的《宋代禅宗文化》(1993 年)，陈兵的《禅学与东方文明》(1994 年)，麻天祥的《中国禅宗思想发展史》(1997 年)，杨曾文的《唐五代禅宗史》(1999 年)、《宋元禅宗史》(2004 年)，吴立民主编的《禅宗宗派源流》(1998 年)，吴言生的《禅宗思想源流》(2001 年)、《禅宗哲学象征》(2001 年)、《禅宗诗歌境界》(2001 年)，徐文明的《中土前期禅学思想史》(2004 年)，龚隽的《禅史钩沉——以问题史为中心的论述》(2006 年)，纪华传的《江南古佛——中峰明本与元代禅宗》(2006 年) 等。

除了禅宗通史、断代史之外，还有专题性质的研究，例如对禅宗某个支派、某个地区禅系或国外禅学的研究等。例如，洪修平的《东山法门与禅宗》(1996 年)，邢东风的《禅悟之道——南宗禅学研究》(1992 年)、《石头希迁与曹洞宗》(1997 年)，方广锠的《印度禅》(1998 年)，洪修平、孙亦平的《如来禅》(1997 年)，董群的《祖师禅》(1997 年)，梁晓红的《日本禅》(1997 年)，苏树华的《洪州禅》(2005 年) 等。还有比较性质的禅宗文化研究，例如洪修平、吴永和的《禅学与玄学》(1992 年)，徐小跃的《禅学与老庄》(1992 年)，陈兵的《佛教禅学与东方文明》(1992 年)，赖永海的《禅宗与中国文化》《佛道诗禅》(1990 年)，谢思炜的《禅宗与中国文学》(1993 年)，黄河涛的《禅与中国艺术精神的嬗变》(1994年)，季羡林主编的《禅与中国园林》《禅与东方文化》(1996年)，孙昌武的《禅思与诗情》(1997年)，等等。

第二，天台宗研究。

在佛教宗派研究中，有关天台宗的成果之丰富，仅次于禅宗。王志远的《宋初天台学窥豹》是第一本天台学方面的专门著作，其后有影响的通史性著作有潘桂明、吴忠伟的《中国天台宗通史》(2001年)，董平的《天台宗研究》(2002年)，朱封鳌的《天台宗史迹考察与典籍研究》(2002年)、《中华天台宗通史》(2001年)等。研究天台宗人物的专著有张风雷的《智顗评传》(1995年)，潘桂明的《智顗评传》，李四龙的《天台智者研究——兼论宗派佛教的兴起》(2003年)，俞学明的《湛然研究——以唐代天台宗中兴问题为线索》(2006年)。此类研究天台人物著作的共同特点，是不局限于传主的历史、思想，而是研究视野开阔，联系到佛教史以及哲学史上的很多重要问题进行论述。关于天台宗历史、教义、人物的论文很多，并且出版了相关的论文集，如黄心川主编的《光山净居寺与天台宗研究》(2001年)，收集了中日学者相关论文44篇，附录15篇。

第三，其他佛教宗派。

在华严宗研究方面，发表的关于本宗历史、人物、思想、典籍的论文很多，所论述的问题各有侧重和特点。方立天从1980年开始发表了多种华严宗的论文和著作。其中，《华严金师子章校释》分析了华严宗理论产生的社会根源和特点，以及与中国传统思想的关系。台湾贤度有《华严学专题研究》(1988年)，《华严学讲义》(2001年)等著作，王颂有《宋代华严思想研究》(2008年)。本宗通史方面的著作有魏道儒的《中国华严宗通史》(1998年)。贯穿本书的整体思路有四：其一，华严支品、本部和眷属经典分别代表了华严经学的不同发展阶段，支品最能反映华严经学的最初形成面貌，本部最能反映华严经学的成熟形态，眷属经最能反映华严学与其他部类大乘经典和思潮的关系；其二，从域外传入的华严经学向华严宗学的过渡，本质上是形象描述的宗教文学向概念分析的宗教哲学的过渡；其三，禅宗中的华严学本质上不是华严学，而是禅学；其四，华严宗学不仅在佛教内部促成了多种净土信仰形态的形成，而且深深影响了宋明理学。

净土宗没有师徒传承法系，并不是严格意义上的宗派。但是净土信仰在僧俗信众中流传广泛，是仅次于禅学的佛教信仰体系。净土宗重修持轻说理，关于本宗的哲学探讨不多，而对于本宗历史、人物的研究论文比较多一些。陈扬炯的《中国净土宗通史》（2000 年），是首部净土宗的通史著作，论述了翻译的净土经典，中国历代弘扬净土教义的高僧事迹、思想和社会影响。魏磊的《净土宗教程》主要论述净土信仰的修持方法和过程等，刘长东的《晋唐弥陀净土信仰研究》是一部断代史性质的净土信仰流传史。

密宗以重视密法修行和坛场仪轨为特点，在唐、宋、元等朝代分别有兴盛时期。由于密宗的一些修行规定曾引起消极的社会影响，受到多方面的批评和抵制，有些著名学者甚至不承认从印度传来的密教属于佛教。因此，在密宗研究方面，改革开放以前的研究成果相对较少，没有比较系统的专门著作。除了研究密宗历史、人物、思想的论文之外，研究本宗修行仪轨、艺术等方面的成果比较集中。中国佛教协会编的《中国佛教》（1982 年）第二辑所载高观如的《密宗》，是百科全书的词条，篇幅虽然不长，比较清晰地介绍了中国密宗的历史演变历程、主要教理和特点。吕建福的《中国密教史》（1995 年）是密宗研究的代表作，系统全面地梳理了密教在我国的发展演变历史。

三论宗存在的时间比较短，出现的重要人物比较少，产生的社会影响比较小，因此，研究成果也并不很丰富。各类成果的研究重点，是在本宗的创始人吉藏及其弟子、本宗的理论特点，以及本宗所注重的典籍等方面，所涉及的范围相对要小一些。研究本宗人物的专著有华方田的《吉藏评传》，研究本宗历史的著作有杨永泉的《三论宗源流考》、李勇的《三论宗佛学思想研究》（2007 年）。董群的《中国三论宗通史》（2008 年）是一部通史著作，比较系统地考察了三论宗的兴盛与沉寂历程，代表人物与重要典籍，以及重大事件与文化影响等。

唯识宗存在的时间并不长，但是从 20 世纪初开始，就有不少学者重视对该宗人物、典籍和思想的研究。在玄奘及其著作《大乘起信论》、唯识基本理论等方面，有很多论文。从 20 世纪 50 年代开始，就出版了这方面的著作，20世纪90年代以后，出版的专著种类更多。杨廷福的《玄奘论集》(1986年)，田光烈的《玄奘哲学研究》(1986年)，是研究玄奘历史和思想的重要著作。周贵华的《唯心与了别——根本唯识思想研究》(2004年)、《唯识心性与如来藏》(2006年)，利用汉文和藏文的资料，对唯识学重要学说发展脉络进行了系统分析，是近年来受到重视的新成果。还有释正刚的《唯识学讲义》(2006年)，韩廷杰的《唯识学概论》(1993年)、《唯识宗简史简论》(1999年)等。杨维中的《中国唯识宗通史》(2008年)是一部真正意义上的唯识宗通史著作，比较系统地论述了该宗兴起、发展和衰微的历程。

在律宗研究方面参与的学者并不多，成果相对较少。除了一些有关本宗人物、思想的论文之外，还有劳政武的《佛教戒律学》等。王建光的《中国律宗通史》(2008)是国内第一部律宗通史著作，详述了自东汉以来的律学传入，律宗从唐代直至民国发展的历史轨迹及各个时期的主要特征等。

三　佛教文化、哲学等方面的研究

佛教是中国传统文化的重要组成部分，与文化艺术的各个门类水乳交融。对佛教文化及其佛教与中国传统文化的比较研究，在改革开放以后蓬勃发展，除了发表很多论文之外，也推出众多著作，其内容涉及文化艺术的各个门类。如方立天的《中国佛教与传统文化》(1988年)，汤一介的《佛教与中国文化》(1999年)，赖永海的《中国佛性论》(1988年)，洪修平的《中国佛教文化历程》(1995年)，周齐的《明代佛教与政治文化》(2006年)，孙昌武的《佛教与中国文学》(1988年)，普慧的《南朝佛教与文学》(2002年)，魏道儒主编的《普贤与中国文化》(2006年)，赖永海的《中国佛教文化论》(2007年)，佛教与语言方面的著作有陈允吉的《唐音佛教辨思录》(1998年)，梁晓虹的《汉魏六朝佛经意译词研究》(1982年)，朱庆之的《佛典与中古汉语词汇研究》(1994年)，周广荣的《梵语悉昙章在中国的传播与影响》(2004年)，李涛的《佛教与佛教艺术》(1989年)，吴焯的《佛教东传与中国佛教艺术》(1994年)，宁云龙的《古代佛造像真伪鉴别与价值评估》(2007年)等。丁明夷、张总重视从艺术考古角度对国内佛教造像艺术进行研究，各类成果比较多。丁明夷著有《中国美术全集·云冈石窟》（2010 年）、《中国石窟·克孜尔石窟》（2018 年）、《中国石窟·伯孜克里克石窟》（1989 年）、《中国美术分类全集·北方石窟》（2000 年）、《中国美术分类全集·南方石窟》（2000 年）、《佛教艺术百问》（1992 年）等。张总有《中华名寺》（1997 年）、《永恒的寺庙——石窟艺术》（1999 年）、《青州龙兴寺佛教造像艺术》（主撰稿，2014 年）、《地藏信仰研究》（2003 年）等。李利安的《印度古代观音信仰研究》（2005 年），是众多同类研究成果中比较有特点的。王志远的《中国佛教表现艺术》（2007 年）是有特点的新成果。

在世界各种宗教中，佛教以典籍浩瀚，教理繁多，理论体系庞大著称。探索佛教的哲学思想，或者对佛教教义进行哲学分析，是佛教研究中的一个重要方面。在佛教哲学研究方面，有很多见解深刻，影响较大的文章。许多研究中国哲学的著作、学者，都涉及佛教哲学的内容。尤其是改革开放以来，出版了许多佛教哲学方面的专门著作，标志着佛教哲学研究取得了重要进展。

在佛教哲学研究方面，可列举的成果很多，近年出版的两部重要著作尤其具有代表性，其一是方立天的《中国佛教哲学要义》（2002 年）。本书以中国哲学思想及印度哲学思想的发展为参照系，以哲学观念和范畴的研究为核心，追寻了中国佛教哲学的全部体系结构，把它分为人生论、宇宙论和实践论三大部分，首次从整体上构建起中国佛教哲学的完整体系。本书被誉为“标志着我国佛教哲学研究达到了新的高度”。其二是杜继文的《汉译佛教经典哲学》（2008 年），本书通过分析原始佛教与部派佛教的基本教义和经典，大乘佛教思潮和大乘佛教经典，勾勒出整体佛学思想的内在逻辑关系，还佛学之真面目。本书被誉为“在研究思路和方法上完全是创新的，是迄今为止此类研究中最有分量的一项成果”。

在佛教逻辑研究方面有石村的《因明述要》（1981 年），沈剑英的《因明学研究》（1985 年），杨化群的《藏传因明学》（1990 年），巫寿康的《〈因明正理论〉研究》（1994 年），郑伟宏的《佛教逻辑通论》（1996 年），沈剑英主编的《中国佛教逻辑史》（2001 年）等。另外在佛教伦理、美学等方面也有一些重要著作，例如，业露华的《中国佛教伦理思想》

(2000 年)，董群的《禅宗伦理》，王月清的《中国佛教伦理研究》(1999 年)，释昭慧的《佛教规范伦理学》(2003 年)，邓子美的《超越与顺应——现代社会学观照下的佛教》(2004 年)，祁志祥的《佛教美学》(1997 年)，王志敏的《佛教与美学》(1989 年)，王海林的《佛教美学》(1992 年) 等。

四　文献整理、典籍研究与工具书

佛教文献的整理出版工作一直受到学术界的重视和关注，70 年来出版了为数众多的标点、校勘、现代语翻译的佛教文献，包括影印敦煌佛教文献等。把许多重要的佛教典籍，特别是新发现的珍贵资料进行整理出版，不仅有助于学术界研究工作的深入进行，同时也具有普及学术成果的作用。此类书籍数量很多，大约在千种以上，仅举几例。石峻、楼宇烈、方立天、许抗生、乐寿明编辑的《中国佛教思想资料选编》从 1981 年开始出版，是比较系统的中国佛教思想资料集，长期成为高校的重要参考书籍。任继愈任主编的《中华大藏经》上编，共 106 册，于 1997 年全部出齐。这部藏经是目前收罗最为宏富、校勘最为精良的一种大藏经版本，代表了大陆佛教学者在佛教文献整理方面的最高成就。在佛教写本大藏经和刻本大藏经的研究方面，都取得了重要新成果。方广锠的《中国写本大藏经研究》(2006 年)，李富华、何梅合著的《汉文佛教大藏经研究》(2005 年)，张士强的《大藏经总目提要》等，都是代表研究新阶段的有价值成果，受到广泛关注。佛教的工具书也出版了许多种，其中，任继愈主编、杜继文副主编的《佛教大辞典》，堪称新中国成立 70 年来我国学界推出的最有代表性的大型佛教工具书，学术性、科学性、可读性、实用性，是这部工具书显著的特点。

五　近现代中国佛教研究

中国近现代佛教成为中国学者的关注对象，是从 20 世纪 80 年代以后才开始的。近现代佛教，尤其是当代佛教成为学术界的一个热点，既与学术研究发展的内在规律有关，更与当代佛教的蓬勃发展，与佛教在与社会主义社会相适应的过程中出现的新情况、新问题分不开。关于现当代佛教的研究论文大约有数千篇，著作可能不下百部。即便关于一个重要人物、重要寺院、重要事件、重要思想，也往往形成数百万字的著作。比如，关于“人间佛教”问题的探讨，规模不等的专门学术会议有数十次，文章上千篇。研究对象的过于雷同自然会造成资源浪费，但是，从事这些研究的大多数学者在关注现实问题，为当代佛教健康发展贡献力量中表现出的社会责任感，是值得充分肯定的。

从已有的相关著作看，绝大多数是在20世纪90年代以后出版的，研究范围涉及历史、人物、思想等方面。有郭朋的《中国近代佛学思想史稿》（1989年）、《太虚思想研究》（1997年），郭朋、廖自力、张新鹰合著的《印顺佛学思想研究》（1991年），高振农的《佛教文化与近代中国》（1992年）、《近现代中国佛教论》（2002年），麻天祥的《晚清佛学与近代中国》（1992年）、《20世纪中国佛学问题》（2001年），李向平的《救世与救心——中国近代佛教复兴思潮研究》（1993年），于凌波的《中国近现代佛教人物志》（1995年），邓子美的《传统佛教与中国近代化》（1996年），陈兵、邓子美的《20世纪中国佛教》（2000年），何建明的《佛法观念与近代调适》（1998年），徐荪铭的《世纪佛缘》（1998年），江灿腾的《明清民国佛教思想史论》（1996年），葛兆光的《西潮又东风——晚清民初思想、宗教与学术十讲》（2006年），等等。另外，黄夏年主编的《近现代著名学者佛学论文集》（1985年）、《民国佛教期刊文献集成》（2006年）、《民国佛教期刊文献集成·补编》（2008年），为研究近现代佛教提供了资料方便，有助于研究工作的深入开展。

六　藏传佛教研究

“藏传佛教”是20世纪80年代之后才出现的名称，以前习称“喇嘛教”。藏传佛教研究从20世纪上半叶就开始了，并出现了重要的著作，比如妙舟的《蒙藏佛教史》（1934年），法尊（1902—1980年）的多种著作和译作等，为以后研究的深入奠定了基础。改革开放以后，参与藏传佛教研究的学者逐渐增多，研究成果也呈现逐年递增的态势，尤其是出版了一些很有影响的著作。王森的《西藏佛教发展史略》（1987年），王辅仁的《西藏佛教史略》（1982年），索南才让的《西藏密教史》（1998年），

《拈华微笑——藏传佛教哲学境界》(1996 年)，李冀诚的《西藏佛教密宗艺术》(1991 年)、《西藏佛教·密宗》(1992 年)、《西藏佛教密宗仪礼窥密》(1991 年) 等。尕藏加的《吐蕃佛教——宁玛派前史与密宗传承研究》(2002 年)、《西藏佛教神秘文化——密宗》《西藏宗教》《藏传佛教与雪域高原》(2003 年)、《雪域的宗教》(上、下，2004 年)，德吉卓玛的《藏传佛教出家女性研究》(2003 年) 等。班班多杰的《藏传佛教思想史纲》(1992 年)，以分析、梳理藏传佛教思想发展、演变为主，是有特色的成果。王世镇译注的《藏传佛教格鲁派史略》(2002 年)、《藏传佛教噶举派史略》(2002 年)。另外，研究明清时期藏传佛教特殊制度，藏传佛教与政治关系方面的文章与书籍很多，集中讨论和介绍的内容有活佛转世、金瓶掣签、达赖与班禅制度等。

七　国外佛教研究

在改革开放之前，国外佛教研究是比较薄弱的领域。从 20 世纪 80 年代开始，随着对外文化交流和学术交流的日益频繁，国外佛教研究不断加强，从事研究的学者也不断增加。除了发表了许多有价值的论文之外，也不断有研究著作、翻译著作出版。总的说来，中国大陆学者对印度佛教和受汉文化熏陶的日本、韩国佛教研究比较深入，对东南亚一些国家的佛教研究有待进一步加强，对亚洲之外的佛教，有的处在简单介绍阶段，有的仍旧是未开垦的处女地。

我国学者在印度佛教研究方面是有传统的，所以有质量的专著比较多。吕澂的《印度佛学源流略讲》是一部有持久生命力的著作，本书利用汉文、藏文、梵文等资料，系统论述了印度佛学发展的各个阶段，是中国学者研究印度佛学的代表作。黄心川的《印度佛教哲学》(任继愈主编《中国佛教史》第一卷附录)、《印度哲学史》(1989 年)，都是有影响的著作。另外，还有季羡林的《中印文化关系史论文集》(1982 年)、《佛教与中印文化交流》(1990 年)，巫白慧的《印度哲学与佛教》(1991 年)，李志夫的《中印佛学之比较研究》，崔连仲的《从佛陀到阿育王》(1991 年)，方广锠的《渊源与流变——印度初期佛教研究》(2004 年)，郭良鋆的《佛陀和原始佛教思想》(1997 年)，吴汝钧的《印度佛学研究》(1995

年)，姚卫群的《佛教般若思想发展源流》，另外还有王世安翻译的《印度佛教史》(1987年)，杨曾文、姚长寿翻译的《印度佛教史概说》，宋立道翻译的《大乘佛教》(1995年)、《小乘佛教》(1995年)、《佛教逻辑》(1998年)，等等。

在日本、韩国佛教研究方面，20世纪90年代以后出版了多部重要著作。杨曾文的《日本佛教史》(1995年)及其主编的《日本近现代佛教史》(1996年)，是中国学者研究日本佛教的代表作，反映了中国学者在一定阶段内认识整体日本佛教所能达到的水平。高洪的《日本当代佛教与政治》(1995年)，何劲松的《日莲论》(1995年)、《创价学会的理念与实践》(1995年)，张大柘的《当代神道教》(1999年)等，都是研究日本佛教的重要著作。另外，张大柘还翻译有《宗教与日本现代化》(1990年)。在韩国佛教研究方面，何劲松的《韩国佛教史》(上下卷，1997、1999年)是一部韩国佛教的通史著作，另有《近代东亚佛教史》，均为这方面研究的新成果。陈景富的《中朝佛教文化交流史》《中韩佛教关系一千年》(1999年)，是中韩佛教关系方面的著作。另外，柳雪峰译有《韩国佛教史概说》(1993年)、《韩国宗教史》(1992年)等。

在东南亚佛教研究方面，有邓殿臣的《南传佛教史简编》，净海的《南传佛教史》(2002年)，宋立道的《神圣与世俗：南传佛教国家的宗教与政治》(2000年)、《从印度佛教到泰国佛教》(2002年)、《传统与现代：变化中的南传佛教世界》(2002年)，这是三部观察角度新颖的著作。韩廷杰从巴利文翻译的《大史》(1996年)、《岛史》(1996年)，是关于南传佛教的重要历史典籍。

包括欧美在内的亚洲之外佛教方面，研究明显薄弱，并且滞后于西方学术界。在大陆学者中，李四龙致力于欧美佛教研究，发表过一些重要论文。在一些涉及亚洲之外佛教的著作中，有相关的内容介绍。迄今为止，大陆学者还没有出版一部亚洲之外国家的佛教国别史专门著作。在佛教的国别史方面，应该填补的学术空白还不少。由于国外佛教已经引起学术界的关注，随着对世界佛教通史研究的展开，这种局面已经出现明显改变。

第四节　2009—2019年的佛教研究

自2009年以来，最近十年在佛教研究上又取得了巨大进展，使中国的佛教研究在整个世界学术界呈现耳目一新、蒸蒸日上之状。现综述如下。

一　佛教史研究

在近十年佛教史研究中，其通史、断代史研究领域的如下成果颇值一提。

（一）佛教通史研究

孙昌武的《中国佛教文化史》（中华书局，2009年）全书分上、中、下三编，180万字，是一部全面、细致描述中国佛教文化发展历史，阐发中国佛教文化成就、总结中国佛教文化发展规律的著作。作者把中国佛教文化的历史发展划分为四个阶段：两汉至两晋为中国佛教草创阶段，南北朝为佛教逐步实现“中国化”的时期，隋唐两宋为佛教“中国化”的完成期，元明清为中国佛教发展的第四期。本书全面总结了中国佛教文化的成就、价值和意义，对于中国佛教史、一般的宗教史、思想史以及诸多相关学科的教学、研究都具有参考价值。

潘桂明的《中国佛教思想史稿》（江苏人民出版社，2009年），全书共3卷6册，全面论述了中国佛教思想的发展历程。从时间上看，包含了自佛教传入至近代两千年的时间跨度，从内容上讲，涵盖了佛教思想史上的主要人物、学派、宗派，及其相关的重要哲学范畴和命题；同时，阐述分析了这些范畴、命题的演变过程，揭示了在这个过程中体现的文化内涵、思维特征和知识取向。本书既为学术界提供佛教思想研究的必备知识，又为深化中国思想史、哲学史的研究提供新视角、新思路。

赖永海主编的《中国佛教通史》（江苏人民出版社，2010年），全书15卷650万字。该丛书的撰写历时5年，集中了全国众多高校和研究所的22位专家。全书洋洋大观，内容丰赡，梳理出佛教从两汉初到1949年近2000年的历史脉络，将中国佛教史分为汉魏两晋南北朝、隋唐五代、宋辽夏金元、明清民国四个时段加以叙述。“通史”各卷在论述特定历史时期佛教时，不仅详细梳理该时期佛教的历史与理论，分析制约佛教发展演变的各种社会要素，而且对佛教文学艺术、仪轨制度、传播流布等方面的问题也都予以关注，尽量描绘出有立体感的、动态感的佛教全景图。应当说，这套《中国佛教通史》的出版，无论在内容上还是形式上，都填补了我国佛学研究的空白。

由季羡林、汤一介担任总主编，并会聚一大批佛教研究专家学者共同编纂的《中华佛教史》（山西教育出版社，2014年）历时15年完成。全书共11卷，上起汉魏下及近代，涵盖了佛教在我国多民族的传播，以及汉传佛教在日本、朝鲜等国的发展，而且对佛教文学、艺术等方面进行了专题论述。

魏道儒主编、国内外20多位老中青佛教研究学者参与撰写的《世界佛教通史》（中国社会科学出版社，2015年）共800多万字，历时8年完成，是中国社会科学院创新工程重大科研成果，论述佛教从起源到20世纪在世界范围内的兴衰演变主要过程，在国内外学术界属于首创。本套书由14卷15册构成：第一卷，印度佛教（从佛教起源到公元7世纪），周贵华著；第二卷，印度佛教（公元7世纪至20世纪），周广荣著；第三卷，中国汉传佛教（从佛教传入至公元6世纪），魏道儒、李利安著；第四卷，中国汉传佛教（公元7世纪至公元10世纪），魏道儒等著；第五卷，中国汉传佛教（公元10世纪至公元19世纪中叶），魏道儒等著；第六卷，中国汉传佛教（公元19世纪中叶至公元20世纪），纪华传著；第七卷，中国藏传佛教（上、下）（从佛教传入至公元20世纪），尕藏加著；第八卷，中国南传佛教（从佛教传入至公元20世纪），郑筱筠、梁晓芬著；第九卷，日本佛教（从佛教传入至公元20世纪），王颂著；第十卷，韩国佛教（从佛教传入至公元20世纪），何劲松著；第十一卷，越南佛教（从佛教传入至公元20世纪），［越］释清决等著；第十二卷，斯里兰卡与东南亚佛教（从佛教传入至公元20世纪），郑筱筠著；第十三卷，亚洲之外佛教（从佛教传入至公元20世纪），杨健著；第十四卷，世界佛教大事年表，夏德美编著。

《世界佛教通史》以辩证唯物主义和历史唯物主义为指导，坚持历史与逻辑相统一的原则，以史学和哲学方法为主，并且借鉴考古学、文献学、宗教社会学、宗教人类学、宗教心理学、宗教比较学、文化传播学等相关学科的理论和方法，全方位、多角度对世界范围内的佛教进行深入研究。全书各卷本着“原始察终，见盛观衰”的史学原则，对每一研究对象既进行梳理脉络的纵向贯通，又进行考察制约该对象变化的多种因素的横向贯通。在论述不同国家和地区的佛教时，始终联系制约佛教兴衰变化的政治、经济、民族、科学技术和思想文化等因素，始终将宏观把握和微观探索结合起来，系统阐述众多的佛教思潮、派系、典籍、人物、事件、制度等，并且兼及礼俗、典故、圣地、建筑、文学、艺术等。在绝大多数卷中，都不同程度涉及佛教和平传播问题，佛教本土化问题，佛教教义体系、礼仪制度和文化艺术的关系问题，中国佛教在世界佛教中的地位等问题。本部书所取得的具有原创性、基础性、创新性成果更为丰富多彩，不仅对于以后的佛教研究有重要价值，对于研究其他宗教，对于研究宗教学基本理论也有重要启发和借鉴意义。本部书所采用的资料文本主要来自汉文、梵文、巴利文、藏文、西夏文、傣文、日文、英文、法文、越南文等语种，有些分卷在运用田野调查资料，实物资料方面做了比较多的工作。全书的所有叙述、说明、分析和评论都建立在经过考证、辨析可靠资料的基础上，切实做到把资料的权威性、可靠性和多样性结合起来，统一起来。

（二）佛教断代史研究

杨曾文的《隋唐佛教史》（中国社会科学出版社，2014 年 5 月）分隋朝佛教、唐朝佛教两编。隋朝编有两章，首章为隋朝社会和佛教，介绍隋朝社会及佛教政策、佛教概况、僧官制度等；次章为隋代佛教宗派，介绍天台宗、三论宗和三阶教。唐朝编也有两章，首章是唐朝社会和佛教；次章是唐代佛教宗派。魏道儒的《唐宋佛学》（中国社会科学出版社，2017 年）一书集中收录了作者近年来研究中国唐宋时期天台宗和禅宗的论文，是一部致力于佛教哲学和中国佛教宗派研究的著作。[美] 斯坦利·威斯坦因著、张煜译《唐代佛教》（上海古籍出版社，2015 年）广泛利用各种世俗与佛教文献，对佛教的兴衰演变进行了编年式的研究。佛教界与唐王朝不断变化的关系是《唐代佛教》关注的焦点，具体讨论的议题包括为了裁抑佛寺权力所进行的各种尝试，对教界的行政管理，利用佛教来获得实际的政治利益，以及武宗的灭佛与唐末帝王对佛教的复兴。

张文良的《日本当代佛教》（宗教文化出版社，2015 年）从历史和社会两个维度，对日本当代的传统佛教宗派、新佛教团体以及日本佛教的民间信仰和学术研究等进行了全方位的考察。梁明霞《近代日本新佛教运动研究》（宗教文化出版社，2015 年）以明治政府新政下的宗教社会状况为背景，集中考察了明治中期兴起的由新佛教徒同志会发起的新佛教运动。

台湾学者陈玉女所著的《明代的佛教与社会》（北京大学出版社，2011 年）是一本论文集，收录了作者近年来研究明代佛教的多篇论文，对明代佛教与政治权力的关系、佛教与地方经济环境的相互影响、佛教因应政治、社会的需求而发生的变化、佛教信仰所反映的明代女性的精神生活与社会地位，以及佛教医学的发展等多个论题进行了深入讨论。《明代的佛教与社会》不仅是研究明代佛教的力作，也是一部研究明史、明代社会史的佳作。

周齐的《清代佛教与政治文化》（人民出版社，2015 年）是一部以政治文化为考察视角来系统研究清代佛教的学术专著。作者依据史料和佛教典籍文本，不仅对清前期的顺、康、雍、乾四朝帝王包括朝廷提出的佛教政策与佛教的关系进行了梳理和探讨，而且对清代佛教与社会政治文化诸因素相互交织的诸问题进行了归纳和综合分析，并通过一些典型个案，具体分析了处于清代君主极权和文化专制体制下的士人对于佛教的认识态度及其影响，特别是对清代佛教日益世俗化的趋势中佛门高僧所表现的处世之道做了介绍和阐释，从而比较丰满地探讨了清代佛教以及佛教与社会主要因素间的关系，也在一定程度上揭示和展现了中国佛教与传统政治文化的密切关系。

姚彬彬的《现代文化思潮与中国佛学的转型》（宗教文化出版社，2015 年）把中国近现代佛教的发展史归纳为从宗派佛教向学派佛教的转型历史，并从这个角度出发认识整个中国近现代佛教，认为 20 世纪中国佛教开展的思想背景是启蒙文化思潮。存德《印光法师佛学思想研究》（宗教文化出版社，2015年）系统研究了近代净土宗大师印光的佛学思想，展现了近代中国佛教和中国文化的艰难转折和开展。

（三）佛教史学史研究

近年来，不仅佛教史的撰作有重大成果出现，佛教史学史的研究也渐受学界青睐，关于佛教中学史的研究既有论文，也有专著。宋道发《佛教史观研究》（宗教文化出版社，2009年）对以往学界不太重视的佛教史观进行了研究。作者采用从内入手，以佛解佛的方法，将佛教史观概括为“一本六支”，即以“缘起论”为本，以本迹史观、感应史观、神通史观、业报史观、末法史观、正统史观为六支，以独特的眼光比较全面地论述佛教史观。

纪赟《慧皎〈高僧传〉研究》（上海古籍出版社，2009年）以梁慧皎《高僧传》为研究对象，分别论述了《高僧传》的作者、成书背景、版本、分科、史源等，并将《高僧传》与正史、笔记、史地作品进行了比较，最后对《高僧传》所描写的神异、法术，《高僧传》的文学、史学风格进行了深入探讨。其中对梁传史源的分析、与史地作品的比较等方面多有创获。

（四）藏传佛教研究

近十年来，藏传佛教研究所涉及的研究领域和研究范围得到了极大的拓展，所运用的研究方法也进一步丰富和多样化，无论是藏文佛教文献的整理、出版，还是藏传佛教哲学、教义的探究，乃至藏汉佛学文化的比较、藏传佛教现代文化价值的发掘和弘扬等方面都越来越成为当代佛教研究的热点。《青史（足本）》（中国社会科学出版社，2012年）成书于明成化十二年至十四年（1476—1478年），详述藏族史及藏传佛教传播史，是藏族最重要的历史宗教文化经典之一。国内之前的汉译本有不少缺陷，学术界对新的更为完整的足本翻译期盼已久。王启龙教授等以四川民族出版社出版的藏文本为蓝本，在参考海外英译本的基础上，完整重译了这部史学名著。乔根锁、魏冬、徐东明所著的《藏汉佛教哲学思想比较研究》（上海古籍出版社，2012年）通过对藏、汉佛教的哲学思想、宗派、教义等内容的探究，及其形成因素、发展特征和修行实践等方面的考察、梳理和对比研究，论述了藏、汉佛学的共性和差异及差异形成的原因。王尧、王启龙、邓小咏合著的《中国藏学史（1949年前）》（修订版）（中国社会科学出版社，2013年）是关于中国藏学研究史的首部学术史专著。该书在大量文献搜集、整理和分析研究的基础上，对传统藏学的相关文献以及1949年前藏学研究各个阶段的成果作了系统整理，分门别类地加以评介，全面总结了1949年前中国藏学研究的学术成果。王启龙、阴海燕合著的《中国藏学史（1950—2005）》（中国社会科学出版社，2013年）是首部全面介绍新中国成立以来藏学发展的史书。它将新中国成立以来的藏学分为五个时期分别介绍。西藏人民出版社2013年11月出版的“吉祥萨迦文库”共20种23册，对西藏萨迦地方政权的历史、重要人物、社会文化、宗教教义、萨迦寺的建寺历史、制度、仪轨、法事等做了详细的叙述。

“西藏宗教历史文化丛书”（西藏人民出版社，2013年）是在西藏宗教研究领域具有权威的人员撰写的一套全面综合性的西藏宗教丛书。丛书共8册，即《本教》《宁玛派》《噶举派》《噶当派》《希杰派》《觉囊派》《萨迦派》和《格鲁派》。该丛书以客观的视角、还原主义的研究方法，对西藏的原始宗教苯教以及藏传佛教各教派的教法起源、发展和现状，以及它们对藏族传统文化的意义和影响进行简单明了的阐述。

德吉卓玛的《藏传佛教觉域派通论》（中国藏学出版社，2014年）对觉域派的开宗立教、流派传承、教义思想体系、修行理念与特点、仪轨的表述与象征等进行深入的探讨。她的《藏传佛教觉域流派探究》对觉域派教法在宁玛、噶举、萨迦、觉囊、格鲁各派中的流传进行了梳理，并探讨了觉域派教法的苯教传统及其民间表达与实践。沈卫荣主编的《他空见与如来藏：觉囊派人物、教法、艺术和历史研究》（北京大学出版社，2014年）是研究觉囊派教法、历史的具有代表性的学术论文集。尕藏加的《清代藏传佛教研究》（中国社会科学出版社，2014年）根据丰富的藏文和汉文资料，系统论述了清王朝统治时期中国藏传佛教的发展、流布与演变，对清代藏传佛教的仪轨制度、政教合一制度、活佛转世制度、金瓶掣签制度、册封赏赐制度、度牒制度、僧团管理方式等进行了较为细致的阐述，还原了各教派重要人物活动的历史背景。该书新见迭出，资料翔实，不仅是对前人研究的补充，也纠正了过去一些因史料不足带来的错误判断。因此该书不仅对藏传佛教研究具有重要意义，对于地方史、政治学、民族学等的研究都具有重要意义。

侯慧明的《胎藏曼荼罗研究》（中国社会科学出版社，2014 年）对《大日经》各品之“大悲胎藏大曼荼罗”做了比较研究，阐释了“胎藏曼荼罗”的特点，同时对《大日经疏》以及善无畏所传“大悲胎藏大曼荼罗”及四大仪轨、日本流布之各种“大悲胎藏大曼荼罗”做了较为全面而细致的考察。尕藏加的《文化时空与信仰人生》（西藏人民出版社，2014 年）运用多种学科的理论与方法，对我国藏族地区的传统文化与生态环境、多元共荣之区域文化传承、多元共存之宗教文化历史、多元文化中的宗教信仰生态、大众僧尼与宗教生活、当代僧侣与宗教职业、寺院教育与文化传承、高僧大德与宗教人生、宗教信仰与文化理念、宗教信仰与生活模式等做了全方位、多角度的研究、解析和归纳，并提出了许多具有创新意义的学术观点。

秦萌的《民国时期真言宗回传中的显密之争》（宗教文化出版社，2015 年）在清末民初以杨文会为代表向日本求法及真言宗回传的历史背景下，以真言宗自日本回传过程中的显密之争为研究对象，梳理争论的缘起，整理、分析、评价争论的主要内容，探讨发生原因，并总结了这些争论对现代中国佛教发展的影响和启示。

沈卫荣、侯浩然合著的《文本与历史：藏传佛教历史叙事的形成和汉藏佛学研究的建构》（中国藏学出版社、北京大学出版社，2016 年）从对藏文文献的介绍和研究入手，通过对各种类型的藏传佛教文献分别在不同时期的出现、形成和发展的描述，来讨论藏传佛教之各种历史叙事的内容及其建构和变化的过程，从而说明藏传佛教文本的形成与藏传佛教历史的建构之间的紧密关系。同时从对源自西夏、元、明时代的汉译藏传密教文本的研究出发，运用以通过多语种佛教文本的对勘和分析来构建历史的学术方法（History through Textual Criticism），成功地构建了藏传密教于西夏、元、明三代传播的历史，并为汉藏佛学研究这一新学科的建构建立了一个可以效仿的榜样。此外，本书还对国际藏学界于近二三十年来对藏文文献和藏传佛教历史的研究及其成果，做了全面的介绍和评论，可以为相关从事藏学研究的学者开展研究提供一个翔实的参考和明确的起点。

尕藏加《西藏宗教》（五洲传播出版社，2017 年）一书从整体上对西藏宗教状况进行了梳理。从苯教开始，以藏传佛教为重点，并对伊斯兰教和基督教进行介绍，以体现中华传统文化“和”“合”的统一性。本书对西藏宗教概况的阐述深入浅出，在宏观视野下对藏传佛教各宗派起源、形成、发展历程介绍的基础上，特别对相关寺院具体情况做了详细的叙述。本书亦有朱建廷、李莉、王丽所译的英文版本，由五洲传播出版社出版发行。

（五）南传佛教研究

伴随着国家“一带一路”倡议的提出与实施，东南亚与南亚各国的宗教尤其是南传佛教也受到越来越多的关注。发挥南传佛教的独特优势，增进中国与南亚、东南亚的文化交流合作，助推“一带一路”建设，也就成了这些年来佛教研究中的重要议题。

宋立道的《传统与现代——变化中的南传佛教世界》（中国社会科学出版社，2002 年）、《神圣与世俗》《从印度佛教到泰国佛教》（台湾东大图书公司，2002 年）、净海的《南传佛教史》（宗教文化出版社，2002 年）等专著研究了南传佛教在当代的种种情况。［泰］梵智长老《法王论：佛教法王观念的历史考证》（宗教文化出版社，2015 年）从社会背景方面着手，探究王、法王、素可泰法王这三个名词的来源，以及在不同时代其含义扩展的情况。郑晓筠《跨界与融合：佛教与民族文化的云南叙事》（中国社会科学出版社，2015 年）指出在长期的历史发展过程中，佛教与民族文化都以不同方式参与了云南民族文化体系的建构。佛教经由不同的路线和地点传入，与云南固有的民族文化冲突、斗争、融合，最终沉淀下来，与民族文化融为一体。作为介绍南传佛教的普及性著作则有邓殿臣的《南传佛教史简编》。

围绕南传佛教这一主题，2015 年以来召开了数次重要的学术会议，出版、发表的著作和论文等学术成果也颇为可观。2016 年 2 月 18 日，由中国社会科学院世界宗教研究所、云南省佛教协会主办，西双版纳傣族自治州民族宗教事务委员会、西双版纳傣族自治州佛教协会、西双版纳总佛寺承办的“首届南传佛教高峰论坛”在云南西双版纳傣族自治州举行。

论坛以“慈悲济世，和平共荣”为主题，来自中国、泰国、缅甸、斯里兰卡、美国、德国、澳大利亚等国家的僧侣与专家学者围绕南传佛教发展与文化交流、南传佛教与社会发展、南传佛教理论研究和南传佛教传播与教育等议题展开讨论。与会人士一致认为，应积极探讨开展中国与南亚、东南亚佛教文化合作途径，通过文化合作来深化经济合作，发挥好南传佛教所具有的“民间外交功能”，促进中国与南亚、东南亚国家的合作与和谐发展。郑筱筠、康南山主编的《首届南传佛教高峰论坛文集》汇集了该论坛的学术研讨成果，于 2017 年 3 月由中国社会科学出版社出版。

《世界宗教文化》2016 年第 2 期发表了一组南传佛教的研究文章，集中探讨南传佛教的历史地位、现实意义与社会功能。宋立道的《南传佛教的历史地位与现实社会意义》主要讨论南传佛教在佛教史上的重要理论与实践价值、南传佛教的社会政治功能，以及南传佛教对现代化潮流的适应三个方面的内容。黄夏年在其《重视云南南传佛教工作，更好地为我国经济文化发展服务》中指出，南传佛教是中国佛教重要的组成部分，与东南亚泰国、缅甸的佛教有着相同的法脉关联。让云南南传佛教背靠世界佛教中心的中国佛教，最终形成北传佛教与南传佛教两条黄金纽带，将亚洲佛教南北打通，为中国经济与文化发展做好现实的服务，实现中国佛教崛起的理想。郑筱筠在《试论南传佛教的区位优势及其战略支点作用》一文中提出，在亚洲命运共同体的建构中，南传佛教具有鲜明的区位优势。在与“一带一路”沿线各国的交往过程中，要发挥南传佛教的宗教正能量，发挥南传佛教的文化战略支点作用，依托南传佛教的宗教网络组织，以世界文明之间的平等、宽容理解和交流互鉴为文化合作机制的前提，在世界文明交流对话的平台上，打造南传佛教的文化软实力，建立深层次的世界文化交流合作机制，形成平等包容的国际对话模式。同时，努力以宗教力的区位优势来持续打造文化区位优势，补充经济区位动力的不足，形成文化与经济区位优势互补的交流机制。

（六）区域佛教史研究

杜斗城《河西佛教史》（中国社会科学出版社，2009 年）对于古称河西，今指甘肃、宁夏、青海等地的佛教进行了全面而深细的研究。全书自两晋叙起，直至明清，对河西佛教的经典、人物、石窟、写经、义学进行了论述。赖建成《吴越佛教之发展》（台湾花木兰文化出版社，2010 年），从吴越的佛教政策、佛教宗派、寺院、吴越佛教对文化的贡献等几方面，对吴越佛教的发展进行了全面的考察与论述，填补了吴越佛教研究的空白。崔红芬《西夏河西佛教研究》（民族出版社，2010 年），对河西地区留存的西夏时期的石窟、碑刻、出土佛教文献等进行了系统梳理。本书还利用黑水城、凉州和敦煌等地出土佛教文献探讨了河西地区高僧及其相关佛事活动，并对西夏僧尼管理机构、僧官设置、僧人师号和赐衣体系等进行了研究。于洪的《北京藏传佛教史》（宗教文化出版社，2011 年）是北京宗教史系列丛书中的一部，作者在查阅大量文献、档案资料，参考前人著述和实地调查的基础上，以藏传佛教在北京地区的传播、发展为主线，较为深入地探索了元、明、清、民国时期对藏传佛教的政策，介绍了不同时期的名僧和名寺、经书刻印、佛事活动和造像艺术，展现了不同时代北京藏传佛教的发展脉络、作用和文化特点。

受正统史学的影响，以往学界往往重视正统王朝和统一王朝佛教史实的梳理，而对分裂时代、非正统王朝佛教史的研究相对薄弱，尤其是以往较少关注的辽金佛教已引起广泛关注，2011 年以来相继召开了三次有关辽金佛教的专题研讨会。2011 年 5 月，释迦塔佛教文化与辽金佛教研讨会在山西应县举行，被历史尘封的辽金佛教开始进入学人研究的视野，2012 年 4 月结集出版了会议论文集《释迦塔辽金佛教与舍利文化》（宗教文化出版社）。2011 年 10 月，在北京广化寺举行了“辽金佛教学术研讨会”，2012 年 5 月，“第二届河北禅宗文化论坛”在邢台举行，论坛的主题是“辽金元时期的华北佛教”。辽金佛教学术研讨会的论文集《辽金佛教研究》于 2012 年结集出版（金城出版社）。

邓家宙的《香港佛教史》（中华书局，2015 年）介绍了香港佛教如何由山林郊野步入繁华都市，由隐居自修到深入社会，由扎根本地到连接国际，具体展现了香港佛教由出世到应世的发展情态。郑群辉《潮汕佛教研究》（暨南大学出版社，2015 年）围绕“佛教与潮汕社会文化建构的关系”这一中心论题，对潮汕佛教历史文化做了全景式描述，凸显了佛教对潮汕历史文化的深远影响。李利安主编的“中国汉传佛教八大宗派及其祖庭丛书”（西安电子科技大学出版社，2016 年 11 月）由 8 册组成，每册约15万字，共计约120万字，分别从域外渊源、传入与初期流播、创宗立派、历代传承、祖庭历史沿革、祖庭现状与当代价值六个方面展开论述，既注重历史与现实的统一，也照顾时间和空间的不同维度，形成内涵饱满、客观准确、图文并茂、通俗有趣、富含哲理的宗派及其祖庭丛书。此外，区域佛教研究的著作还有：包世轩《北京佛教史地考》（金城出版社，2015年），任颖卮、王东升的《青岛佛教研究》（中央编译出版社，2015年），刘正刚《佛教与佛山文化》（齐鲁书社，2015年），吴道军、纳光舜、马虹《贵州佛教文化史》（贵州人民出版社，2015年），赵伟《崂山道教与佛教研究》（人民出版社，2015年）等。这些研究促使中国佛教的研究范围更广、其探究亦更加深化和细化，这充分说明我国的区域、地方佛教研究已经进入一个新的阶段。在将来的学术进程中，这种地方性佛教的研究会持续发展，保持住其在佛教研究中热点话题的重要地位。

二　佛教哲学思想研究

龚隽、陈继东合著的《中国禅学研究入门》（复旦大学出版社，2009年10月），该书分别对中、日、英三大语系禅学研究的成果进行了比较详细的介绍，提供了许多有用的资讯，同时，作者还试图本着辨章学术、考镜源流的宗旨，把禅史写作放到具体的思想史和学术史书写的脉络中去分析其流变。杨文斌的《一心与圆教——永明延寿思想研究》（四川出版集团巴蜀书社，2011年）一书以永明延寿的佛学主旨为研究对象，以《宗镜录》所立“一心”范畴为考察基点，系统辨析了延寿佛学的核心精神和理论特征。全书分五部分，分别探讨了永明延寿佛教思想的生成、永明延寿的“一心”说、圆教观、与隋唐佛教的比较、永明延寿对宋及后世思想的影响等方面的内容，同时客观评价了延寿在禅宗思想史、中国佛教史乃至中国哲学史上的地位和影响。［美］马克瑞著，韩传强译的《北宗禅与早期禅宗的形成》（上海古籍出版社，2015年）在大量文献尤其是敦煌文献的基础上，论证了北宗禅在中日早期禅宗发展中的作用与地位，尤其是对神秀历史地位的评价，一反传统扬慧能抑神秀的习惯。净慧《禅宗心性论》（湖北人民出版社，2015年）从存在、思想和语言三个维度阐明了惠能禅思想的构成，提出要以参禅的方式进入对禅宗美学的理论建构。

姚为群《印度婆罗门教哲学与佛教哲学比较研究》（中国大百科全书出版社，2015 年）是对婆罗门教哲学和佛教哲学中的主要思想进行的系列专题比较研究，主要包括发展线索与远古圣典，事物根本与基本构成，思维方法与逻辑推理，伦理观念与修行理论，恒常变化与轮回解脱以及思想交锋与文献记述等。研究中涉及的婆罗门教哲学的主要文献是吠陀奥义书、婆罗门教六派哲学中的根本经典及古代的相关注释等。研究中涉及的佛教哲学的主要文献是印度早期佛教、部派佛教、大乘佛教和后期佛教中的有关经论等。本书对两教中的这些文献的主要哲学思想进行了认真梳理，选择了其中一些相对有代表性或较为重要的思想观念进行对比研究。谈锡永《佛典密意系列：龙树二论密意》（复旦大学出版社，2015 年）选出龙树论师《六正理聚》中《六十如理论》及《七十空性论》两篇，加以疏释，用以表达龙树说“缘起”、说“性空”、说“真实义”、说“法智”，以至说“无生”的密意。刘正平《如来藏与本觉思想比较研究》（宗教文化出版社，2015 年）从譬喻的角度，从语言的结构性上把握如来藏概念的梯度和广度，以摄受诸法的因果时间序列来阐述如来藏，使得如来藏哲学的大乘意义更加清晰化和条理化。

江泓的《真妄之间：作为史传家的禅师惠洪研究》（宗教文化出版社，2013 年）、韩传强的《禅宗北宗研究》（宗教文化出版社，2013 年）、白光的《〈坛经〉版本谱系及其思想流变研究》（宗教文化出版社，2013 年）等。

龚隽的《禅史钩沉——以问题史为中心的论述》（生活·读书·新知三联书店，2006 年），针对 20 世纪 80 年代以来的汉语禅学界的禅史写作匮乏无趣和研究方法陈旧，援引当代西方禅学研究的观点，展开了新的讨论，显示出作者相当广阔的理论视野和理论自觉，其处理禅宗历史与思想的思路和方法颇值得注意。评论者认为：本书“对禅宗史提出了一些与国内学术界相当不同的看法，给重新书写禅史提供了一个新的脉络。这些新见解对于相对比较沉闷的佛教学界，会有一定的冲击力量”（参见该书封底）。净慧《圆顿止观行法述略：以智者大师在当阳玉泉寺所述〈摩诃止观〉为中心》（湖北人民出版社，2015 年），张利文的《〈成唯识论〉识变问题研究》（宗教文化出版社，2013 年）以唯识今学“八识现行”与唯识古学“一种七现”的分别为基础，对唯识今学中一些晦涩难解的术语进行了卓有成效的解释，诸如把“因能变”“果能变”还原为“因变”与“果变”；将种子的新熏放入种子流变中进行解读；对“影像相分”与“本质相分”做出界定；由相分的判定而厘清三类境。这些梳理扩大了概念知识范围，对推进唯识学研究具有积极意义。［美］托马斯·伍德著，晏可佳、罗琤、黄海波译《万法唯识——唯识论的哲学与教理分析》（上海古籍出版社，2015 年）是对唯识宗哲学、逻辑的分析。

三　佛教教派及其中国化研究

（一）佛教教派研究

在净土宗研究方面，此前通史性的著作有陈扬炯的《中国净土宗通史》（江苏古籍出版社，2000 年），魏磊的《净土宗教程》，吴信如的《净土奥义》（中国藏学出版社，2004 年），对净土宗做了较为全面的介绍。有关净土经典注释的有黄念祖《佛说大乘无量寿经》（中州古籍出版社，1994 年），于凌波的《净土与唯识》（佛陀教育基金会，1997 年）；而近十年以来的新成果中，道坚的《净土宗概论》（宗教文化出版社，2015 年）等；都是较有分量的专著。

李玲的《华严十地修行体系》（宗教文化出版社，2012 年 1 月）一书首次把华严十地的起源、基本内容、主要特点和在大乘佛教中的运行状况结合起来进行贯通性研究，并对“华严十地”修行学说的起源、修行体系方面提出了新观点。张文良《东亚佛教视野下的华严思想研究》（国际文化出版公司，2017 年）着重从“东亚佛教”的视野出发，对近年在日本、韩国新发掘的思想史料进行考辨。围绕华严学的核心概念“心”“性”“法界”“缘起”“一乘”“圆融”等展开论述，通过考察这些概念的内涵及嬗变，透视东亚华严思想的结构特征及内在逻辑。

值得注意的是，近年来出现了对三阶教研究的成果，填补了该领域的空白。张总的《中国三阶教史》（社会科学文献出版社，2013 年）论述了中国三阶教的创立、发展、被禁，最后湮灭的史实。长期以来，由于资料缺乏等原因，中国佛教史领域关于三阶教的研究比较薄弱，系统全面的研究成果更是没有出现。本书在既有研究基础上，充分利用敦煌遗书中的相关文献资料，并结合近年来新发现的有关考古资料和作者本人田野调查搜集到的资料对三阶教进行了比较系统的研究。全书从历史梳理到思想分析，从修行实践到社会影响，对三阶教做了较好的研究，是三阶教研究方面的“开荒之作”。

（二）佛教中国化研究

佛教在本土化的过程中不断吸收中国传统文化以充实自身，同时佛教也深刻地影响着历史上各个时期的雕刻、音乐、舞蹈、绘画等各方面的文化艺术。越来越多的学者从不同的学科领域出发，研究了历史上佛教与传统的文化艺术交流和相互影响。2011—2012 年这方面出现了许多新的专著。刘晓英的《佛教道教传播与中国文化》（学苑出版社，2012 年）一书陈述了佛、道两教在中国本土的传播和发展的过程，重点探讨了佛教文化在传播过程中逐渐中国化的历程。书中选取了一些典型案例，如贾平凹、戴厚英以及部分娱乐明星信佛的信佛热现象分析，从中国信仰文化大传统和小传统两个方面切入，由浅入深地探讨与分析了佛、道教传播对中国文化以及中国人的信仰方式和生活方式的影响，为人们理解中国传统信仰文化提供了一个独特的新视角。韩焕忠《佛教四书学》（人民出版社，2015 年）既给出了佛教四书学基本的历史线索和学术内容，还具体展示了儒佛两种不同思想文化传统间彼此互动的历程，对中国佛学史研究具有充实和深化的重要意义，对中国儒学史研究也具有积极推进作用。有关这些问题的论文也有不少。洪修平《儒佛道三教关系与隋唐佛教宗派》（《佛教文化研究》第一辑，江苏人民出版社，2015 年）指出隋唐佛教宗派是隋唐多元文化格局中与儒佛道三教关系下中国佛教发展的新成果。中国佛教宗派的理论具有儒学化、道学化的特色，但并不能由此而否认或不承认其对印度佛教的继承及与之根本上的一致。孙昌武的《北方民族与佛教：文化交流与民族融合》（中华书局，2015 年）集中讨论了曾南下汉地并创建起政权的信仰佛教的民族的活动。全书共九个章节，论述了十六国时期、北魏、西夏、金、元、清这些少数民族政权领导下的佛教政策、佛教发展状况，以及佛教在文化交流、民族融合方面所起的作用。［美］柯嘉豪《佛教对中国物质文化的影响》（中西书局，2015 年）从与佛教相关的器物入手考察它们在印度的起源以及流传到中国的过程，尤其注重它们传入中国以后产生的变化，在流传、发展过程中本身意义的变化，以及它们与中国文化之间所产生的互动影响。从文化传播和文化交流的角度审视佛教中的器物，描绘出了一幅佛教中主要器物发展史的历史图景。

魏道儒、纪华传主编的《佛教护国思想与实践》（社会科学文献出版社，2012 年）是在“佛教护国思想与实践”研讨会基础上修订编纂而成，收录论文 28 篇，涉及内容广泛，研究视野开阔，提出了不少有价值的新观点，具有较高的学术价值。佛教的护国思想和实践内容丰富，源远流长，不仅有重要的学术价值，也有积极的现实意义。本书收录的论文涉及面广，关于佛教护国思想的起源、发展过程、主要内容、经典依据、基本特点、历史地位、社会影响、现实意义以及和中国传统文化的关系等问题均有涉及。

此外，佛教信仰方面的研究也受到越来越多的关注。邵育欣《宋代妇女的佛教信仰与生活空间》（中国社会科学出版社，2015 年）结合宋代佛教信仰的时代特色与宋代家庭生活状况和相关秩序理念，站在女性的立场，以“生活空间”作为观察视角，分析宋代佛教女信徒在现实生活中的活动空间及想象与思维的精神空间，进而探讨佛教信仰对妇女物质、精神生活带来的影响。刘淑芬《慈悲清净：佛教与中古社会生活》（商务印书馆，2017 年）对中国中古时期（三至十世纪）在佛教强烈影响之下，人民生活的各个层面予以研究。在讲述中古时期中国佛教信仰组织、佛教团体所参与的社会事业和社会救济的同时，还对唐代实施“年三月十”（佛教的三长斋月和每个月的十斋日）、天下普断屠杀问题进行讨论、分析了宦官的佛教信仰及其对佛教发展的影响。

2016 年 7 月 21 日至 22 日，“普陀山观音文化学术研讨会”在中国佛学院普陀山学院国际会议中心召开。本次学术研讨会由普陀山佛教协会主办，中国佛学院普陀山学院承办，华东师范大学中国佛学院普陀山学院教研实践基地、华东师范大学宗教文化研究中心、中国佛学院普陀山学院国际观音文化研究中心协办，国内外近三十名高校的专家学者参与，内容涉及观音文化的现代诠释，观音信仰方式与观音学体系，民间观音信仰及其在文学艺术中的表现，观音信仰的民族化与地域化，域外的观世音信仰等。同年12月13日至14日，“观音文化：从信仰到生活——第四届中国观音文化”研讨会在河南平顶山召开，200多位专家、学者和法师参加了会议，共收到论文近百篇。本次会议分为三个方面的议题。一、观音信仰的历史与思想，内容主要包括观音信仰的感应与传说；观音信仰与平顶山文化及旅游开发；观音信仰的特点与演变；观音信仰的研究角度与方法；观音信仰的价值与现实意义。二、观音文化题材的文学与艺术，内容主要包括对观音文化的研究与宣传；千手观音的文化定位，如善、孝、爱、仁等；观音题材的文学与创作；观音文化的代沟与传承。三、观音文化的保护与利用，内容主要涉及观音文化旅游产业化、平顶山观音文化的价值、观音文化与和谐社会、香山寺观音文化等，主要突出观音文化的保护与旅游开发价值，发言内容有较强的地域性与指导性。

王雪梅《弥勒信仰研究》（上海古籍出版社，2016年）系国内首部研究弥勒信仰的专著，本书主要从汉译佛教文献入手，结合弥勒图像及其历史遗迹，同时借鉴民间传说资料，通过分析、比较、归纳，探讨弥勒信仰的形成、发展与演变，既有对弥勒信仰形态的纵向发展分析，也有对弥勒信仰特质的探讨以及与佛教其他思想信仰关系的横向比较研究。通过弥勒信仰在本土的变迁历程来解读弥勒信仰的内涵与特征，为理解弥勒信仰的中国化历程及当代弥勒信仰的流行提供了一个广阔的背景。2016年12月10日至11日“2016义乌双林佛教文化论坛”在浙江省义乌市举行，来自中国社会科学院世界宗教研究所、清华大学、中央美术学院、浙江师范大学等院所的二十余名专家学者共同探讨义乌弥勒信仰的源流演变和现代意义，尤其是对作为弥勒化身的义乌籍佛教居士——傅大士的思想内涵、佛学成就与价值做了多方面探讨，如魏道儒对华严经典与华严宗中的弥勒信仰做了深入而清晰的阐发，纪华传对傅大士与儒、释、道三教关系逐一论列，颇具启发性。

四　佛教文献研究

浙江大学于2016年3月成立的佛教资源与研究中心，以及该中心着力打造的“佛教通用数字档案馆”（Buddhist Universal Digital Archive,

BUDA）将结合浙江大学的佛教学术研究、综合学科优势与国际文献保护基金会以及哈佛大学多位教授三十多年来保存、编目的大量数据与丰富经验，建设百科全书式的佛教电子图书馆，致力于保存和共享承载佛教思想与文化的多语种文献、多形态文物。其工作主要有将佛教典籍与文物数字化以长久保存，将数字资料编目并整理为现代电子图书馆模式，建构佛教文献与文物的全方位互通检索，研发数字资源的综合运用，积极找寻稀有典籍与文物，通过网络分享与硬盘拷贝，让世界各地的人们都能够便捷地使用各种佛教资料。

2009 年以来，佛教文献，特别是汉文佛教文献的整理撰集成果丰硕，形式上、内容上、涵盖面等都取得了进一步的突破，既有原有藏经的翻印，又有新的佛教文献丛书的撰集；整理撰集者既有学界的专家学者，更有教界的高僧宿德。而对于汉文佛教文献的理论，学界也有一些讨论。

《开宝藏》为我国最早的雕版大藏，然而世变时异，《开宝藏》全藏基本亡佚，所存零卷又分藏各地，难得一见。2010 年 11 月文物出版社出版了由方广锠、李际宁搜集主编的《开宝遗珍》，为我们了解《开宝藏》提供了最为详细而可信的资料。《开宝遗珍》为卷轴装，共 12 卷，将分别珍藏于中国、日本、美国等三国八个单位收藏的 12 卷《开宝藏》汇为一编，原样影印，这无疑是一件造福学界教界的盛事。

除了影印原藏外，这两年教界学界重新编撰的佛教丛书蔚为大观。由中佛协会长传印法师主编的《中华律藏》2009 年 1 月由中国书店出版。全藏共 60 巨册，集戒律文献之大成，涵盖了历代律部文献及相关著述。主要包括：各大藏经律部、律宗藏外文献（包括敦煌遗书、黑水城文献、应县木塔辽代秘藏中所出之律书与著作）、清规类文献、近现代高僧学者讲律文献及戒律实用文献。并附百年佛教戒律相关大事年表。此书的出版为研究佛教戒律的发展演变提供了丰富的资料。传印长老尚编有《中国佛教护国文献集成》（中国书店，2010 年），全书共 8 册，全面收录了与佛教有关的护国文献。主要包括三部分内容：第一，佛教经典中的护国经论，如《仁王护国般若波罗蜜多经》《金光明最胜王经》等；第二，中国古代的佛教护国史料，主要从古代史传、专著及方志中辑出；第三，近现代佛教界护国史料。这些史料为我们了解佛教界的爱国、护国的热情与事迹提供了珍贵的史料。

与《中华律藏》相呼应的是净慧长老编撰的《历代禅林清规集成》(中国书店，2009年)，全书共8册，收录了自宋迄今的禅宗清规，是佛教界有史以来第一次对历代禅林清规的结集。全书包括以下几部分：第一是单行本的清规，第二是各种地方志、佛寺志中所载录的禅门清规，第三是民国期刊文献中收录的清规。这些清规文献的结集，一方面可为教内道风建设提供资鉴，同时，也为禅宗史的研究提供了不可或缺的史料。

延藏法师主编《古今图书集成：佛道教文献汇编》，全62册，由中国书店2009年11月出版。此书将《古今图书集成》中关于佛教、道教的文献分类辑出，内容涵盖了佛经、道教典籍、佛道教建筑、佛道教人物以及佛道教其他相关内容。在正文顺序的排列上依照原书次序，始于《神异典二氏部》，终于《神异典异境部》。本书的出版对于搜集世典外书及佛藏中的佛教史料具有一定的参考价值。翁连溪主编《中国佛教版画全集》(中国书店，2010年)，全书共40册，收集各类佛教版画近万幅。分为各大藏经版画、佛教专题版画、佛经版画、单幅佛教版刻、佛教民俗版画等数编。此书的出版为研究中国版刻史、佛教艺术史提供了不可多得的资料。

田奇选编的《民国时期佛教资料丛编》(国家图书馆出版社，2010年)，全书30册，收录了民国时期与佛教有关的文献50种，内容涉及佛学图书目录、佛教语言工具书、法会记录、佛教仪轨、高僧文集、佛教组织章程、佛教特刊、报告、佛教院刊、论文集、诗集、高僧传记、年谱等，对于了解和研究民国时期的佛教状况有一定的参考价值。

宿白《汉文佛籍目录》(文物出版社，2009年)一书对汉文佛教典籍进行了总体介绍，主要讲述了汉文佛教典籍的版本问题、目录问题以及汉文佛籍目录以外的工具书。此书对于了解、检索、使用汉文佛教典籍有非常重要的指导作用。

王志远主编的“百年佛教高僧大德丛书”(华夏出版社，2012年)是近年来规模最大的一次文化典籍整理工作的优秀成果，集佛学、哲学、史学内容于一身，强调佛教文化是中国传统文化的重要内容，本着“取其精华，去其糟粕”的原则挖掘和保护佛教文化遗产，此书的出版，对促进两岸统一、团结海外华人、增加民族凝聚力有着十分重要的意义。全书共22册，包含了百年来佛教名僧及著名居士、佛教学者共22人的文汇。

杨旭主编的《宜春禅宗祖师语录》（宗教文化出版社，2012年）整理汇编了宜春境内佛教祖庭历代高僧大德的语录，时间跨越唐、宋、元几个朝代，人物涵盖马祖、百丈、希运、义玄、灵祐以及五家七宗二十多位重要的祖师，内容丰富，校读精准，为人们了解宜春丰厚的禅文化底蕴和研究区域佛教史提供了可靠的资料。

梁建楼整理编撰的《法舫文集》（金城出版社，2011年）收录了近代杰出高僧法舫法师的论著共计约二百万字。全书以《海潮音》月刊、《正信》半月刊等佛学杂志，以及有关法舫法师的各种著述编集而成。

谯达摩、姚天恩编著的《慧远大师文集》于2011年1月由九州出版社出版。

高力宝的《蒙古文佛教文献研究》（人民出版社，2012年1月）用文献学理论和版本学研究方法详尽地考证了蒙古文佛教文献的起源、发展、版本类型和载体特点、收藏以及研究概况；重点剖析了蒙古文《甘珠尔》和《丹珠尔》的起源、翻译、雕版刊行和版本流行；阐述了蒙古文佛教文献对蒙古史以及蒙古文学的影响。

2013年3月，国家图书馆出版社出版了《中国地方志佛道教文献汇纂》。该丛书分为三大系列，是迄今为止对中国地方志进行的最大规模的专题文献选编和整理。全书分寺观卷、人物卷和诗文碑刻卷三大系列，涉及港澳台地区在内的全国各地历代地方志中的各种佛教文化和道教文化文献。

何梅的《历代汉文大藏经目录新考》（社会科学文献出版社，2014年）分校释、校勘记、对照表、附录及经目索引五大部分。它在收录汉文大藏经的种数上，做到尽可能周全，既包括中国古代至清朝的诸版大藏经，又涵盖了近代以来以至近期中外学者编辑的新版大藏经，其总数达31种。作者将已收录于大藏经的内容全部作为考释的对象，收经总数包括附目达5495部，超越了之前同类著作所收经目的数量。该书是同类著作中规模最大的一部，收录的佛教经籍最多，考释也最为详尽，倾注了作者十余年的心血。基本完整的佛教典籍的信息资源必将裨益于佛教及相关学科的研究者，其学术价值与资料价值不言而喻。

纪华传的《明清鼓山曹洞宗文献研究》（社会科学文献出版社，2014年）整理、收录了明清时期极具版本价值和文献价值的鼓山刻经。此类刻经中，不少内容未被传世大藏经收录，本身即可归入善本之列，有的文献未收藏于国内外图书馆，属于孤本。此外，以永觉元贤、为霖道霈为代表的曹洞宗鼓山法系在明清佛教史上极具研究价值。该书利用鼓山刊刻的珍稀文献以及其他传世文献，对鼓山涌泉禅寺的历史沿革及明清曹洞宗传承进行了梳理，并重点对明清鼓山刊刻文献进行了系统研究。此成果具有填补空白的学术价值，推动了明清佛教史的研究。

释源博《敦煌遗书二十卷本〈佛说佛名经〉录校研究》（宗教文化出版社，2015年）分三大部分进行论述：第一部分阐述二十卷本《佛说佛名经》产生的由来；第二部分论证二十卷本《佛说佛名经》产生的历史年代，介绍此经的内容和结构；第三部分主要就十八卷本问题以及二十卷本在《佛名经》体系演化中的历史地位进行探讨。熊娟《汉文佛典疑伪经研究》（上海古籍出版社，2015年）依据存现状态、语料性质对疑伪经进行分类，梳理了疑伪经在汉语史上的价值。同年，整理出版的佛教文献还有于海波点校《净土十要》（中华书局，2015年）、富世平《大宋僧史略校注》（中华书局，2015年）、王孺童《〈瑜伽师地论〉注疏三种》（宗教文化出版社，2015年）、杨之峰点校《阅藏知津》（中华书局，2015年）、俞信芳《四明尊者教行录校注》（浙江大学出版社，2015年）等。

方广锠主编的《国家图书馆藏敦煌遗书》于2016年全部出版，这套书以中国国家图书馆收藏的16000多件敦煌遗书为底本影印出版，是迄今为止披露该馆敦煌遗书藏品最大最全的一部大型图录。整套书分为146册，其内容分为四个部分：（一）目录，依编号次序列于册首；（二）图版，上下两栏，黑白影印，这是全书的主体，每幅图版下标明馆藏编号、文献名称、图版序号；（三）条记目录，对本册所收内容逐号详细解说；（四）对照号，对馆藏历史上使用过的各种编号与“北敦号”（全称“北京图书馆藏敦煌遗书编号”，汉语拼音简称“BD”）互检对照。

在藏文佛教文献的整理与研究方面，西北民族大学才让编著的《菩提遗珠——敦煌藏文佛教文献的整理与解读》（上海古籍出版社，2016

年）堪为近年来的代表性成果。本书是作者在其编纂的《法国国家图书馆藏敦煌藏文文献》《英藏敦煌西域藏文文献》基础上，对其中的敦煌藏文佛教经典进行的系统整理与研究，涉及的佛教文献目前多半尚未被学界所触及。全书分为前言、五辑十七个章节，各章均以流通最广、最典型的佛教文献为入手点，对于文献现存版本卷子进行整理比较，并将其全文全部录文汉译，呈现藏文原文、转写、汉译完整的语文学研究成果。此外，作者又进一步对于各文献的内容、性质、版本源流、译者、流通情况以及其反映的藏族历史与人物、藏传佛教信仰、社会生活等领域的内容进行深度解读。

释真定《〈金光明经玄义〉译解》（上海古籍出版社，2017 年）对智顗大师《金光明经玄义》进行解读，通过题解介绍全书内容、版本源流、历代注疏等问题，译解部分为全书主体，逐段解读经文。王招国《佛教文献论稿》（广西师范大学出版社，2017 年）收录了作者近年来撰写的十四篇论文，所研究的文献种类有敦煌遗书、日本古写经以及一些珍稀刻本。每篇论文均从文献学的角度进行论述，涉及内容包括考订文献作者、追溯版本源流、分析文本系统、评述文献价值等方面。

五 佛教文化及比较研究

近十年来，佛教文学的研究颇为繁荣，参与佛教文学的研究者既有学界前辈，更多新进后学；既探讨佛典本身的文学性，又关注佛教对中国文学的影响。陈允吉先生多年从事佛教文学的研究，2010 年将其多年研究心得结集为《佛教与中国文学论稿》（上海古籍出版社）。全书除自序、附录外，共收文章 40 篇。所选论文涉及佛学对中国文学影响的诸多方面，如佛经行文结构对文学体制的影响，佛经故事、寓言对中国文学的影响，佛经翻译对中国文学风格的影响，佛教人物、古印度神话人物对中国文学的影响，佛传文学、佛教叙事诗对中国文学的影响以及佛典本身文学性的探究。此书不仅是作者研究成果的展示，对佛教与中国文学研究更具方法论意义。佛教文体的研究向为佛教文学研究的薄弱环节，李小荣《汉译佛典文体及其影响研究》（上海古籍出版社，2010 年）的出版，填补了这方面研究的空白。全书共十一章，全面论述了汉译佛典的各类文体及其对中国文学的影响。吴光正等编《异质文化的碰撞：二十世纪“佛教与古代文学”论丛》（黑龙江人民出版社，2010 年）收录 20 世纪研究佛教与中国古代文学的论文 90 余篇，略按时代为序分为四编，比较全面地展示了 20 世纪佛教与中国古代文学研究的重要成果。陈引驰《文学传统与中古道家佛教》（复旦大学出版社，2015 年）以中国古代文学史及其中的大家、名作为研究对象，分析其中的佛道元素，展示佛道思想在中国文学发展中所起的重要作用。其他同类的专著尚有张培锋《宋诗与禅：禅的智慧》（中华书局，2009 年）、谭洁《南朝佛学与文学：以竟陵“八友”为中心》（宗教文化出版社，2009 年）、刘晓珍《宋词与禅》（人民文学出版社，2010 年）、吴正荣《佛教文学概论》（云南大学出版社，2010 年）、宝力高《蒙古文佛教文学研究》（人民出版社，2012 年）等。

在佛教艺术研究领域亦有新的拓展，其最新成果包括桑德诺瓦、巩海蒂编著的《云南藏传佛教音乐文化》（宗教文化出版社，2013 年），新疆龟兹研究院主编《龟兹佛教艺术史》（上海文化出版社，2013 年），王敏庆的《北周佛教美术研究：以长安造像为中心》（社会科学文献出版社，2016 年），王贵祥的《中国汉传佛教建筑史：佛寺的建造、分布与寺院格局、建筑类型及其变迁》（清华大学出版社，2016 年），以及永悟禅师的《中国梵呗传承法要》（宗教文化出版社，2016 年）等。

佛教文化的比较研究在近十年来也有突破，其研究成果包括刘淑芬的《慈悲清净：佛教与中古社会生活》（商务印书馆，2017 年），李四龙的《欧美佛教学术史：西方的佛教形象与学术源流》（北京大学出版社，2009 年），王鹰的《试析艾香德的耶佛对话观——基督教与佛教的相遇和互动》（宗教文化出版社，2015 年），王松、宣立品合著的《雍正皇帝与迦陵禅师》（北京燕山出版社，2015 年），侯冲的《汉传佛教、宗教仪式与经典文献之研究：侯冲自选集》（台北博扬文化事业有限公司，2016 年）等。

此外，近年来佛教人物研究受到了学界的广泛关注，使佛教文化的研究得以深入和细化。这方面的研究成果颇多，其中方瑾的《中国佛教里程碑：道安法师贡献之研究》（湖北人民出版社，2015 年）从中国佛教在道安之前的状况、道安在他的时代所做的工作，以及道安对其后中国佛教发展的影响三个方面展开论述，使道安作为中国佛教及佛教文化中国化方向发展之构建者的地位一目了然。王亚荣《道宣评传》（宗教文化出版社，2017 年）则全面研究介绍了道宣的生平事迹。全书以时代变迁和佛教发展为双重背景，以道宣的著作作为主要的资料依据，分十章评述，书末附有道宣年谱。林有能《禅宗六祖慧能迹址探真》（商务印书馆，2017 年）以考察慧能一生求法、弘法的行迹和现存遗址为重点，力求"厘清六祖慧能迹址的来龙去脉和变化"。

这些研究成果，代表着近十年来中国学术界佛教探究的主要旨趣和走向，既有以往研究的延续，亦有新问题意识和新研究领域的拓展，其学术成就为新时代中国佛教研究的深入发展奠定了重要基础。

第十章

道教研究

李　刚　李天啸　李志鸿

新中国成立70年来，我国道教研究已取得了一定成就，对道教的历史、经典、教理教义等方面的研究均取得重要成果，在道教现实问题调查研究方面亦取得了一些成果。形成了老、中、青相结合的科研梯队，出版了一大批高质量的学术专著，发表了一大批优秀的学术论文。对道教研究人才的培养和学科领域的开拓，有着重要的贡献和积极的影响。道教研究在为党政部门的政策决策提供咨询、为解决现实的宗教问题提供专业支持方面也取得了一定的成绩。教育部建设了宗教学学科有关道教的人文社会科学重点研究基地。道教研究在不同程度上加强了与港澳台及国外的学术交流和相互的实地考察，这对我国的道教研究走向世界、让世界了解我国的道教研究均有着深远的影响和意义。随着信息技术的发达和学术交流的频繁，国外的道教研究和中国的道教研究将有越来越多的沟通，并展开真正意义上的对话。我们相信，通过中外学者以及道教界有识之士的共同努力，道教文化将会在更深的意义上走向世界，道教或有可能成为一种世界宗教。① 对于

---

① 有关20世纪道教研究发展和成就的扼要总结，可参看《20世纪的中国宗教学发展（代前言）》“三　道教研究与道教学”，卓新平、曹中建主编《宗教研究四十年》（上册），宗教文化出版社2004年版，第6—7页。关于20世纪道教研究的具体成果，请参看卿希泰《道教文化与现代社会生活研究·百年来道教研究的回顾与展望》，巴蜀书社2007年版。朱越利、陈敏《道教学》第十一章“中国道教学成果”，当代世界出版社2000年版。卿希泰《百年来道教研究的回顾与展望》、孔令宏《近百年来道教思想史研究述要》，曹中建主编《中国宗教研究年鉴（2001—2002）·研究综述·道教研究》，宗教文化出版社2004年版。胡百涛《纪念王明先生百年诞辰学术研讨会综述》，《世界宗教研究》2011年第4期。刘玲娣《陈垣与20世纪中国的道教研究》，《宗教学研究》2013年第1期。

新中国成立以后70年的道教研究具体成果上的回顾，已经有学者做过大量相应的工作，本文也就不拟在此做类似或重复性的工作，本文更不打算进行报流水账式的综述，而拟将关注点放在对这一历史时期的“道教研究”做一个总体走势上的把握，并反思存在的问题。①

第一节 近现代“道教研究”的原生情境和元问题

2019年，适值“五四新文化运动”100周年，也是新中国成立70周年的大喜日子，尽管这100年（1919—2019）的后70年发生了天翻地覆的变化，但是在很多方面，我们也必须看到前30年乃至自晚清至“五四”的这段时间对其后的历史发展产生的巨大影响。

因此，尽管我们以1949年新中国成立这个新的历史起点作为观察总结“道教研究”发展的起点，但是我们仍需了解1949年之前与“道教研究”相关的历史背景和文化走势，仍需追溯“道教研究”产生的原生情境，如此才能够看到学术自身的发展脉络以及存在的问题。

“宗教”这个概念乃是晚清至五四时期“西学东渐”至中国的外来

---

① 关于21世纪近20年来道教研究的具体成果，请参阅芒仁《2001—2002年我国道教研究综述》，曹中建主编《中国宗教研究年鉴（2001—2002）·研究综述·道教研究》，宗教文化出版社2004年版。曹中建主编《中国宗教研究年鉴》（全7册）之“2003—2008年道教研究综述”，宗教文化出版社2010年版。曹中建主编《中国宗教研究年鉴2011—2012》，《2011—2012年中国道教研究论文综述》，中国社会科学出版社2013年版。李志鸿《2013年度道教与中国民间宗教研究综述》，曹中建主编《中国宗教研究年鉴2013》，中国社会科学出版社2015年版。张维祺《2015年度道教与民间宗教研究综述》，曹中建主编《中国宗教研究年鉴2015》，中国社会科学出版社2017年版。詹石窗主编《百年道学精华集成》相关21世纪研究成果，上海科技文献出版社、上海图书馆2018年版。陈明、吕锡琛《全真道研究综述》，《世界宗教研究》2010年第5期。张广保《当代道教研究的新动向：区域道教研究——兼评孔令宏、韩松涛著〈江西道教史〉》，《世界宗教研究》2012年第4期。吕鹏志、谭伟伦《〈中国宗教研究〉英文季刊2018年道教专号述要》，《世界宗教研究》2018年第4期。邹定霞《从〈宗教学研究〉看20年来中国的道教文学研究》，《宗教学研究》2014年第3期。詹石窗、褚国锋《改革开放四十年来的道学研究》，《中国宗教》2018年第10期。

词，是日本人翻译英文“religion”的译词，被中国接受而沿用至今，但也一直存在问题。“西学东渐”这个过程绝不仅仅是一些具体概念、知识的东渐，而是一个包含具体知识、分类体系、认知方式等在内的一个“新文化”体系的东渐，其对中国而言，甚至可以说是一个文化上之“三千年未有之大变局”。

在“救亡图存”的历史紧迫情势之下，一批有识之士纷纷看到，“夫彼族之所以强且智者，亦以人各有学，学各有科，一理之存，源流毕贯，一事之具，颠末必详。而我国固非无学也，然乃古古相承，迁流失实，一切但存形式，人鲜折衷，故有学而往往不能成科。即列而为科矣，亦但有科之名而究无科之义……窃谓科学不兴，我国文明必无增进之一日。”[①]因此，我们自然看到“西学东渐”的过程，即是一个抛弃“经史子集”，废除“科举”，以新的“分科体系”“办学模式”兴办新式“学堂”“大学”的过程，一个以“新的学科”“新的学术”来“取代旧学”“整理国故”的过程，一个高举“民主”“科学”大旗，反对“封建”“落后”的过程。

从学术层面而言，给中国造成最大冲击力者是与中国传统迥异的“学科体系”和“学术方式”，简言之即“学科”与“科学”，并且在“救亡图存”的历史情势下，中国学人自觉或不自觉地形成了一种“学科—科学”的隐蔽“逻辑回环”，即对“学科”赋予“科学”的意义，而同时对“科学”赋予“正确”“真理”的意义，这一思维至“五四新文化运动”达到高潮，如胡适先生对当时“科学”地位的描述，“在国内几乎做到了无上尊严的地位，无论懂与不懂的人，无论守旧和维新的人，都不敢公然对它表示轻视或戏侮的态度”。[②]

“宗教”以及“宗教学”的问题，自然不能脱离这个大的历史背景和文化背景。

“宗教”一词，中国古代已有之，而“宗教”概念所指的文化内容层面，自古便存在着中外交流，但以“宗教”翻译“religion”这一“概

① 陈黻宸：《京师大学堂中国史讲义》，陈德溥《陈黻宸集》，中华书局1995年版，第675页。

② 《胡适哲学思想资料选》(上)，华东师范大学出版社1981年版，第282页。

念”及其对应的“学科”门类，则是因西学东渐而来的。梁启超在其1896年刊发的《西书书目表序例》中曾言：“译出各书，部为三类：一曰学，二曰政，三曰教。”[①] 其中所谓“教”，即当指“宗教”而言。此外，康有为在1889年刊印的《日本书目志》中，以15个门类划分整理日本书目，即“生理门、理学门、宗教门、图史门、政治门、法律门、农业门、工业门、商业门、教育门、文学门、文字语言门、美术门、小说门、兵书门”。[②] 其中，已经把“宗教”单独列为一个门类，显示其与政、法、农、工、商、文等的并列地位。

1905年，刘师培发表《周末学术史序》，该序可以视作其“周末学术史”的研究规划，该序的最大特点，即是体现了新的学术分科和新的研究方式，其研究规划中包含了“心理学史、伦理学史、论理学史、社会学史、宗教学史、政法学史、计学史、兵学史、教育学史、理科学史、哲理学史、术数学史、文学史、工艺学史、法律学史、文章学史”等十七部分，从不同的研究视角可以看到刘师培以及当时学界对“学科”以及“新的研究方式”的认识情况，也反映了当时学人运用“新的研究方式”来研究“中国传统”或者“整理国故”的这样一类学术方向。值得我们注意的是，其中已经出现“宗教学史”这一类。

1912年，国民政府颁布《教育部公布大学令》[③]，其中第二条将大的学科门类划分为七类，即“文科、理科、法科、商科、医科、农科、工科”。于1913年颁布的《教育部公布大学规程令》[④] 第二条规定，“大学之文科分为哲学、文学、历史学、地理学四门”，在第二章“学科及科目”中规定了“大学文科科目”，哲学门之下划分为中国哲学类和西洋哲学类，两类中均包含了“宗教学”这个科目，这应可视作“宗教学”正式进入新式学科体系的标志。但是，中国学人接受、认识“宗教”这个

---

① 梁启超：《西书书目表序例》，《饮冰室文集一》，华东师范大学出版社1981年版，第282页。

② 《鲁迅全集》第11卷，人民文学出版社2005年版，第363页。

③ 璩鑫圭、唐良炎编：《中国近代教育史资料汇编（学制演变）》，上海教育出版社1991年版，第663页。

④ 同上书，第698页。

概念、学科的过程是漫长复杂的，而且这种复杂性一直延续至今，这也就是本文认为，我们非常有必要回顾新中国成立之前这段历史的原因。

这种复杂性主要体现于两个层面，一个是“学科”层面，一个是“科学”层面，此二者也正是“西学东渐”所存在问题的核心层面，且这两个层面不是截然割裂的，而是内在关联的。比如在“学科”层面，就产生过诸如“儒家是不是宗教”，“佛法是不是宗教，是不是哲学”，“宗教与哲学的关系”，“科学与玄学的关系”等这样的讨论，且这些问题，今天亦仍然没有定论。尽管这些问题是在“学科”层面呈现出来的，但反映的绝不仅仅是“学科”的问题，而是其背后引入、整合、构建“新式学科体系”，并试图将“旧学问”装入“新学科”这种带有“削足适履”之嫌的“文化变革”“学术变革”所产生的“新学科”与“旧学问”之间的“枘凿不合”，因而遭到了来自“文化”“学术”本身的“文化根性”“历史惯性”的应激抵抗。或者换句话说，“学科”仅为表象，而究其实质，是以“科学”为内含的“新知识”“新认知方式”与中国的“国粹”“旧学问”“传统认知方式”之间的不合与冲突。关于这种不合与冲突，表达较激烈者如鲁迅先生针对1918年《国粹学报》计划复刊一事的态度，“中国国粹，虽然等于放屁，而一群坏种，要刊从编，却也毫不足怪。该坏种等，不过还想吃人……”①。尽管这样的表态，并非出于一种十分严谨的“学术”之争，而是来自私人信件，用词也不怎么雅驯，但却也较为真实地反映出了站在新文化立场上对待传统文化“中国国粹”的激烈抨击。

如果单就“道教”方面而言，或许新旧文化、新旧知识与认知方式之间的冲突，能够被更加典型地呈现出来。鲁迅先生在1918年写给许寿裳的信中有这样的话头：“《狂人日记》实为拙作，又有白话诗署唐俟者，亦仆所为。前曾言中国根柢全在道教，此说近颇广行。以此读史，有多种问题可以迎刃而解。后以偶阅《通鉴》，乃悟中国人尚是食人民族，因成此篇。此种发现，关系亦甚大，而知者尚寥寥也。”② 关于其中“中国根

① 《鲁迅全集》第11卷，人民文学出版社2005年版，第363页。

② 同上书，第365页。

柢全在道教”一句的理解和使用，存在一些争议。依本文浅见，若就鲁迅先生对中国传统文化的总体价值评判而言，应当说是负面的，不过“中国根柢全在道教”并不是在价值判断这个层面而言的，而是在事实判断的层面而言的，因为“以此读史，有多种问题可以迎刃而解”一句，明显是在佐证前曾言“中国根柢全在道教”，而其后“偶阅《通鉴》”一句，又可佐证“以此读史”一句“迎刃而解”“多种问题”的内涵。因此，无论此言是否出自鲁迅先生本人之口，还是其引用“近颇广行”的观点或思潮，均不影响“鲁迅先生认同此言”的结论。至于其在认同此言的基础之上进一步去做何文章，又是另一个问题，不能将鲁迅先生对“道教”的价值判断态度与其对“中国根柢全在道教”这个事实判断的态度混淆。综合鲁迅先生的新文化立场和此处引文逻辑，可以说鲁迅先生是站在“新文化”的价值判断立场，认为若欲深入骨髓地认识中国历史和批判中国传统文化，就要紧紧抓住“作为中国根柢的道教”，但其对“传统文化”或“道教”的价值立场不仅不会影响其对“中国根柢全在道教”的历史认同，反而恰恰是在逻辑上疏通了其“认同”的理由。此处，关键的问题不是鲁迅先生对“道教”的态度是肯定还是否定，而是鲁迅先生对“中国根柢全在道教”这个历史事实判断的肯定。

在“新文化运动”的背景下，如果这个历史事实判断成立，必然使得“道教”首先成为新、旧知识与认知方式之间激烈交战和伤亡惨重的阵地。“道教”中包含的传统文化以及与之相关的很多文化现象均难逃以“科学”为代表的“新文化”的审查和批判。比较有代表性的是在道教文化氛围中生长和发展的“中国传统医学”所遭遇的“质疑”“取缔”“丑化”“西化”。鲁迅先生虽然“弃医从文”，但其批判文章却并未放弃“医”的主题。就在写下“中国根柢全在道教”之信件的第二年，亦即1919年4月25日，鲁迅先生写了《药》这篇小说，并在“五四新文化运动”期间发表。北大温儒敏教授曾在《深刻的思想特异的构想——读鲁迅的〈药〉》一文中有如是评价：“《药》在描写上不但做到简洁传神，还做到了蕴藉含蓄，给读者留下丰富的思索余地。这跟作者在写实的基础上采用某些象征手法是有关的。如描写两个年轻人的坟‘宛然阔人家里祝寿时候的馒头’，既是实写，又是象征，暗示着他们的死，都是封建统治者'吃人'的恶果。如前所述，华、夏两姓也是象征，他们的命运代表着中华民族的命运。甚至以'药'作为全篇的情节发展的契机与标题，也有其象征含义，暗示着革命者需要寻求真正能拯救中华的'药'。"[①]除温教授所分析的象征含义，实际上"药"这一主题和情节，在其最基本的层面上或仍是一种批判现实主义的"实写"，其情节描写或欲直接反映民间百姓的医疗思维，亦间接折射出传统中国的医疗状况，这在实然层面形成了对中国传统"医药"的尖锐批判，也相当于是间接对"道教"乃至"中国传统文化"的尖锐批判，鲁迅先生对"中国传统文化"的愚昧落后、封建迷信，乃至"吃人""食人"的认知就此形成并逐步强化。

同时在更深层面，"医疗"并不仅仅是"治病"的问题，而是关系到国家的文化、制度等更深层面。因此，"新文化"影响下取缔"中医"的言论和行动绝不仅仅是"医疗"范围内的事，而是事关整个国家从文化到制度上的"弃旧转新"也即"现代化"的进程。杨念群教授的《再造病人》便是通过"医疗史"来反映中国"现代进程"的深刻之作。"当代'医疗史'的写作任务不但应该描述现代帝国的'殖民品格'在中国逐步取得合法性的过程，而且也应该自觉地描述和分析中国知识分子和政治人物如何运用'颠倒的想象'，并通过与本土资源的协调配合，使医疗行为本身成为建构中国'现代传统'之要素的过程，更应深究医疗行为是如何帮助促成'现代中国'合法性之建立的。在本书中，近现代政治变革发生重大或微妙变异的历史，往往纠葛于医疗模式选择的反复权衡之中，从而也使之成为近代政治实践过程的重要组成部分。"[②] 如杨教授所论，科学的"医疗行为"乃是"现代中国"之合法性建立的"促成要素"，而这必然是要伴随以"新文化"的"科学"立场对"传统中国医疗行为"之不合法性的猛烈批判。因此，实际上作为"传统中国医疗行为"之文化根基的"道教"必然成为"新文化"和"现代化"进程中的批判对象和牺牲对象。而如果"中国根柢全在道教"成立，那么"道教"在"新文化"浪潮中的"文化变革""制度变革"中所遭受冲击的激烈

① 温儒敏：《文学课堂·温儒敏文学史论集》，吉林人民出版社2002年版，第75—76页。

② 杨念群：《再造病人》，中国人民大学出版社2006年版，第409—410页。

程度是可想而知的。

因此对于研究道教的学者而言，最应当敏锐把握和深入追究的是：何以是道教承当这样的中国历史与传统文化的地位角色？“中国根柢全在道教”这个判断何以能够得出？何以能被认同？或者说：“何以中国根柢全在道教”？

这个问题，可以说是近代以来研究“道教问题”的“元问题”，因为这不仅仅是一个研究“道教”的问题，而更是一个如何认识“中国传统文化”以及如何处理“传统与现代的关系”的重大问题。这个“元问题”不仅关系着我们今天“道教研究”的方向与方法，而且关系着“道教文化”在“中国文化”中的地位认知和作用发挥的问题，更关系着当下及未来“中国文化”乃至“国家社会”发展的战略选择和政策规划。其不仅仅是历史的问题，更是现实的问题、未来的问题。

第二节　新中国“道教研究”的总体走势与存在问题

近现代意义上的道教研究从19世纪末到20世纪初分别在欧洲和日本产生，此后道教研究逐渐成为国际汉学的重要方面军之一。自20世纪70年代末开始，国际汉学界出现了一股如火如荼的道教研究热潮，形成了法国、日本和美国三个道教研究中心。由于文化传统、知识背景及研究兴趣不同，欧美和日本的道教学术研究存在诸多差异。日本汉学家早期似乎比较侧重于“大传统”，侧重研究道教经典及其思想，采用的方法主要是文献学和历史学方法。早在“二战”前，日本学者就已注意到法国学者的道教研究，“二战”中也曾经有出于非学术目的对中国乡村道教与生活的大规模调查，但学术界的真正转向却是在近几年。有相当一部分道教学者转向了所谓“小传统”的研究，学者们逐渐转向注重道教的仪式、技术和方法，关注道教在现代社会的实际状况。由于欧美与中国在文化上有巨大的差异，因此欧美学者常常从一开始就能超出中国经典的笼罩，注意到经典之外的道教现象，因而在方法上常常采取社会学和人类学的方法来研究中国道教。在这种背景下，作为中国普通老百姓日常生活中重要内容的道教，尤其是道教的仪式、方术、伦理、戒律和鬼神信仰等就从研究视野的边缘变成了中心。西方世界对道家道教文化的兴趣正日益增浓，世界上出现了一股道家道教热，这股热浪还有升温的趋势。他们研究老庄思想与道教的关系、道教和佛教、道教与科学技术、道教历史、道教音乐及仪轨等，召开了多次有关道教的国际学术研讨会，发表了为数可观的论著，大大丰富了海外汉学研究的内容。近现代以来中国学者对道教的研究，起步晚于西方学者，对研究道教的关注，也可以说是受到西方学者的刺激和启迪。

当然，不可否认，研究道家道教的主力队伍还是在中国，特别是改革开放四十多年来形成了力量雄厚的群体。国内道教研究起步较国外晚一些，1949 年以前，专门从事道教研究的学者凤毛麟角，研究工作集中于考察《道藏》和道教历史，发表的文章和专著都不多。1949 年到改革开放以前，如众所周知的原因，道教研究工作在内地难以开展，未能打开局面，成果尚不如港台地区。待到改革开放以后，忽如一夜春风来，春回大地，春光明媚，道教研究从此走进了拨乱反正和春华秋实的新时代。道教研究内容纳入国家社科研究课题，成立了专门的道教研究机构，[①] 形成了专业研究队伍，有了以发表道教研究文章为主的学术杂志，这些都使道教研究的发展势头渐入佳境。

自 1996 年以来至今，研究工作又取得新进展，呈现出全面展开的新气象，成果令人目不暇接，前所未有。在数量上是大大增加了，从研究的质量来看，也在逐步完善和提高，尤其在道教历史和思想史的研究方面取得了突破性进展，使所谓“道教在中国，道教研究在国外”之说不攻自破。就研究内容而言，道教史（含道派、人物）和道教思想研究依然占有最大比重，其次是道教与文学艺术的研究，此外一般道教文化、修炼、养生、医学、符箓、斋醮、术数、戒律、道教与民俗、地志、旅游、道教文献、文物等方面的论文，所占的比重也较大。东汉早期道教史曾经是道

---

① 从“六五”规划开始，道教研究课题史无前例地列入国家社科基金项目。1980 年，以道教研究为主的四川大学宗教研究所建立；1981 年，中国社会科学院世界宗教研究所设立道教研究室。

教研究初期讨论最多的话题，近年来这方面的论述有所减少。东晋南北朝是道教上层化、定型化和大发展的时期，国外研究者对此期道教史研究历来十分重视。相比较之下，在我国则是一个薄弱环节。唐宋间道教史仍然是国内学术界关注的焦点，金元明清道教史研究也较多，而对民国以后的道教则很少有人论及。最近几年，有关断代道教史和区域道教史的著作在陆续出现，但这方面的研究仍应进一步充实。道教思想研究，这方面的论述，仅就新课题、新观点而言，都有程度不等的参考价值。《太平经》思想研究则一直是久热不退的课题。符箓、斋醮、术数的研究近年来也开始升温，修炼、养生与医学的论述也较多，但关于内丹和气功主要集中在1998年以前。有关道教与社会、政治的论述不够多。道教心理是近年来开辟的研究新领域，但论述仍不多。敦煌道教（含道经）历来是道教研究的薄弱环节，但近几年来出现了转机，除了刊物登载的论文外，《道家文化研究》所出第13辑《敦煌道教文献专号》集中收入许多学者的专论，涉及若干种道书及道佛关系；还有2004年王卡《敦煌道教文献研究》的出版。特别要提到的是，不少学者已指出近几十年的考古资料（如碑文和出土文物、艺术品）非常重要，它们很有可能解决道教史上的不少难题。四川大学考古系的张勋燎、白彬教授较早开始系统整理和研究有关道教的考古材料，2006年出版了六册《中国道教考古》巨著，为教育部人文社会科学重点研究基地——四川大学道教与宗教文化研究所2002—2003年度重大项目的成果，也是中国道教考古研究的标志性成果。相信道教文物与考古这一领域将会成为道教研究的热点之一。另外有一个资料宝库是地方志，特别是宫观志和山志。目前有研究者利用这类资料研究中国的宗教地理及其与道教的关系。在当前普遍重视民间信仰和地方宗教的背景下，这一领域还是很有发展前途的。进入21世纪以来，道教研究在道教史和道教文献等研究的基础上大大扩展，形成了道教与哲学、伦理学、美学、文学、科技、考古等学科结合的众多分支学科。这些研究成果的增多，除了专著，也表现在论文上。中国社会科学院世界宗教研究所主办的《世界宗教研究》发表了不少重要的、颇具创新意义的道教研究论文。《宗教学研究》（四川大学道教与宗教文化研究所主办）开设专栏发表道教研究论文，充分发挥其作为教育部重点研究基地刊物的优势。

随着道教研究向纵深的开展，培养研究人才提上议事日程。社科院系统的研究机构和大学的宗教系、宗教研究所都先后招收以研究道教为专业方向的硕士生、博士生，[①] 培养出一批又一批年轻有为的研究人员，打破了改革开放初期人才青黄不接的局面，使道教研究队伍日益扩充，人才辈出，后继有人。一大批中青年学者也在研究实践中脱颖而出，形成各自的研究个性和研究领域，取得某些有创见的成果，在方法论上也做了有益的探索。

若从总体走势上来看，朱越利、陈敏二位教授曾将20世纪中国道教学研究分成三个历史阶段，即：从20世纪初到1949年为第一阶段，从1950年至1966年为第二阶段，从1977年至1999年为第三阶段。[②] 这种阶段划分有相当的合理性，本文亦基本赞同。

本文尝试在此指出的是，尽管三个阶段在相应的划分标准下是清晰合理的，但是我们也需要看到三个阶段之间的内在联系以及起伏转折，特别是把握其中关键乃至追溯追究其背后的历史原因和文化隐线，这对于今天而言，应当是极其必要的。

本文拟将新中国成立70年来“道教研究”的第一阶段，也即1949年至1976年，作为继承性、适应性发展但起起伏伏的阶段，第二阶段，也即1977年至2019年作为回溯性、学科化发展但内含隐忧的阶段。

在第一阶段，所谓“继承性”是相对于20世纪前半叶的道教研究而言的，所谓“适应性”，是就适应于新中国成立后新的政治、文化环境而言的。

20世纪初的1910年，刘师培在北京白云观阅读《道藏》，并做笔记，即为《读道藏记》。但是因为刘师培英年早逝，我们无缘充分知晓刘师培对“道教”的真实看法及其在阅读《道藏》的基础上对“道教研究”有怎样的设想或规划。不过，刘师培阅读《道藏》的行为及其阅藏笔记在《国粹学报》的发表（1911年），应当是有其影响的。其距鲁迅写给许寿

① 1978年，任继愈教授招收中国社会科学院世界宗教研究所第一届也是中国国内最早一届的道教专业研究生；1983年，卿希泰教授招收四川大学宗教研究所第一届道教专业研究生。

② 朱越利、陈敏：《道教学》，当代世界出版社1999年版，第46页。

裳的书信言及“前曾言中国根柢全在道教，此说近颇广行”的1918年，时隔并不算久远。同时，基于刘师培“周末学术史”的研究规划，我们或许可以猜想在阅读《道藏》的背后，是否可能有一个类似于“周末学术史”那样的“道教研究规划”？不过无论如何，对新的学术分科和新的研究方式有所认知，并欲以其方法“整理国故”的刘师培对《道藏》的关注，在一定程度上或可视作中国近现代“道教研究”的先声之举。

此后，鲁迅先生书信中“前曾言中国根柢全在道教，此说近颇广行。以此读史，有多种问题可以迎刃而解”的话，无论鲁迅先生本人对“道教”的价值立场如何，还是能在一定程度上反映当时文化界、学术界对“道教”的认识，而且即使学者对“道教”持批判的价值立场，但“中国根柢全在道教”一说的存在，反而是更加彰显了道教在中国历史与传统文化中的地位以及“道教研究”的必要性。

但是就在相近时代，也有学者发出了不同的声音。比如，梁启超先生在讲授“中国历史研究法”时即认为：“就中国原有的宗教讲，先秦没有宗教，后来只有道教，又很无聊。道教是一面抄袭老子庄子的教理，一面采佛教的形式及其皮毛，凑合起来的。做中国史，把道教叙述上去，可以说是大羞耻。他们所做的事对于民族毫无利益，而且以左道惑众，扰乱治安，历代不绝。讲中国宗教史若拿道教做代表，我实在很不愿意。但道教丑虽很丑，做中国宗教史又不能不叙。他于中国社会既无多大关系，于中国国民心理又无多大影响，我们不过据事直书，略微讲讲就够了。”[①] 梁先生这种观点来自1926年10月至1927年5月在清华大学的讲课，其后整理成《中国历史研究法补编》。梁先生讲课的目的是教授“历史研究方法”，但梁先生所言“先秦没有宗教，后来只有道教，又很无聊”；“他们所做的事对于民族毫无利益”；“他于中国社会既无多大关系，于中国国民心理又无多大影响”等这样的观点，显得梁先生对道教认识肤浅，研究很不足，而没有充分研究就给道教定性，既有些随意表达看法，更有些“意气用事”下结论，而或有失历史学的学术严谨。传统意义上的儒家士大夫，对研究道教很少给以关注，梁先生应该是秉承了

① 梁启超：《中国历史研究法》，上海古籍出版社1998年版，第279页。

传统儒家学者的偏见。尽管这些缺乏史料依据也缺乏严密论证的观点已经被相近时代以及后来的“道教研究”所否定，但至少这也是一种观点。同样是产生于1926年的顾颉刚先生的《古史辨自序》便表达了不同的观点：“一部《道藏》，用实用的眼光看固然十之八九都是荒谬话，但若拿它作研究时，便是一个无尽的宝藏；我们如果要知道我们民族的信仰与思想，这种书比了儒学正统的《十三经》重要的多。”[①] 尽管顾颉刚先生也认为《道藏》中“十之八九都是荒谬话”，但是，他看到了《道藏》对于“我们民族的信仰与思想”的深刻意义，以及其在“学术研究”上的重要价值。1934年出版的许地山先生的《道教史》也曾指出：“从我国人日常生活的习惯和宗教的信仰看来，道的成分比儒的多。我们简直可以说支配中国一般人的理想与生活的乃是道教的思想；儒不过是占伦理的一小部分而已。”[②] 顾颉刚与许地山二位先生的观点与当时颇为广行的“中国根柢全在道教”的观点十分相近，而这种观点对于后来学者的“道教研究”意义重大。

或可以说，自20世纪二三十年代开始，至新中国成立70年以后的“道教研究”，基本上完全抛弃了梁先生的观点，而都或多或少地受到了顾、许二先生这类观点的深深影响。这既是一种文化走势和学术脉络，也是“中国根柢全在道教”这种观点积极方面的历史影响。

本文所谓新中国成立后第一阶段道教研究的“继承性”即是就此而言。不过，第一阶段的这种“继承性”，在人生经历和学术生涯横跨了以新中国成立为中心的前后两个历史阶段的学者，以及身居台港澳和海外的学者身上表现得相对“一贯”。比如陈撄宁、陈垣、陈寅恪、汤用彤、蒙文通、王沐、萧天石、王明、陈国符、饶宗颐、柳存仁等诸位先生。1961年，陈撄宁先生在全国道教第二次代表大会被推选为中国道教协会会长，陈先生主持下的第二届理事会制定了《中国道教协会研究工作及培养道教知识分子计划大纲》，并成立了“道教研究室”。其中研究工作制定了如下规划：（1）编写《中国道教史》；（2）编辑《道藏分类书目》定稿；

① 顾颉刚：《古史辨自序》上册，河北教育出版社2000年版，第87页。

② 许地山：《道教史》，华东师范大学出版社1996年版，第177页。

(3）编写《道藏未收书目提要》；(4）汇编《现存道书目录》《历代中国道教大事记》《历代道教名人传记》《历代道教碑记》《道教论丛》，注释、标点道教重要书籍；(5）专题研究全真、正一、南宗、北宗道学家思想和道教关系；(6）调查明清以来著名道观的历史沿革；(7）搜集或拓印名山道观重要碑文。[①] 从这份研究规划来看，其明显存在与20世纪上半叶的道教研究的承继关系，比如编写《中国道教史》以及对《道藏》相关问题的研究，其主旨所在，即是在20世纪上半叶学者们所做的开创性工作的基础上，进一步向深入、细化的方向推进。这份研究规划，既反映了新中国成立后道教研究第一阶段的总体努力方向，也对第二阶段的道教研究具有极其重要的引导性意义。我们之所以说，这份研究规划只是第一阶段的总体努力方向，首先，其本身应当就是一个难以在短期内完成的长远规划；其次，由于各种历史原因，使其难以顺利进行甚至中断。而这些无法回避、亟待解决的研究课题，也就顺理成章地留给本文所谓的第二阶段。

在“适应性”方面，新中国的成立，是近代以来中国最具深远影响之事，政治、文化等国家、社会的方方面面均发生了翻天覆地的变化，“学术研究”自然也会受到相应影响。表现为“研究主题”“理论工具”“方法结论”等方面对新中国成立后的政治、政策、思想、文化等方面环境的“适应”。正如朱越利、陈敏二位教授对该时期“道教史研究”方面进行总结时所言：“本阶段内地学者对太平道、张鲁政权以及其他早期道教与农民起义的关系，道教与封建统治阶级的关系等作了较多的研究。学者们争论比较激烈的是《太平经》的政治思想。”[②] 同时，“适应性”还体现在另一个重要方面，即“与科学技术有关的道教问题研究”。新中国成立，百废待兴，发展“科学技术”，既能提高社会生产力，又能增强国家和人民的自信心，因此尤其重要。另外，1954年，李约瑟的《中国科学技术史》第一卷在剑桥大学出版社出版。这在当时的国际形势之下，对中国而言是一个政治、文化等多方面的利好。或正因此，李约瑟夫妇在

① 李养正：《当代道教》，东方出版社2000年版，第64—65页。

② 朱越利、陈敏：《道教学》，当代世界出版社1999年版，第342页。

1964年访华之时，受到了毛泽东主席和周恩来总理等国家领导人的亲切接见。在这些因素的促使下，一些科学领域尤其是化学方面的学者，注意到了“道教”在中国科技史上的重要影响，对“炼丹术”“炼丹家”“炼丹史”进行了一系列研究。同时，亦有学者从“医学药学”方面，对道教相关人物葛洪、陶弘景、孙思邈在中国“古代医学药学”方面的贡献进行了相关研究。

这个方面的“适应性”尤其值得重视，因为在这种“适应”中，包含着文化认知和学术研究上的巨大转机。因为曾经“五四新文化运动”中激进的“科学”立场，对“宗教”尤其是“道教”，大多持负面的定性与评价，认为其代表着“愚昧落后”“封建迷信”，这是一种把“科学与宗教对立”起来的认知倾向，而且其影响极为深远。20世纪30年代，陈撄宁先生“仙学”的提出，似乎就有规避冲突、调和科学与宗教的折中之意，但总体来看，似乎依然存在着靠近“科学”，而疏离“宗教”的倾向，或者说是欲吸取“科学”之长，规避“宗教”之短，其间仍然暗含着“科学与宗教对立”这种认知的深刻影响。这种影响在后来非常态的“文化大革命”中便走向了极端。新中国成立后，国家采取积极的“宗教信仰自由政策”，“宗教”领域也积极配合国家的政策进行“社会主义改造”，以适应社会主义“新中国”、建设“新中国”。不过，此一阶段，对于马克思主义论述的无神论、唯物主义与宗教的关系，以及马克思主义经典著作中“宗教是人民的鸦片”这种解释评价，乃至对于马克思、恩格斯对宗教的相对成熟全面的认识，难免存在理解尚不充分甚至不正确的极“左”情况，因此，该阶段对于“宗教”的认识也难免存在尚不充分甚至不正确的极“左”情况。当然，这种情况是难免的，毕竟人的认识总是在不断深入和纠正，但每一个阶段性认识的“局限”，均为后来的历史发展埋下伏笔，赢得进步。尽管近年来学界已经针对“宗教是人民的鸦片”这句话进行了从文本到义理的讨论和辨析，[①] 但是，曾经尚不充分甚至不正确的极“左”认识，已然酿成了“效果历史”。然而，也就是

① 林贤明：《马克思文本研究的方法论思考——基于“宗教是人民的鸦片”的文本解读》，《世界宗教研究》2015年第4期。

在此一阶段，能够认识到“宗教”的积极方面，甚至是在学术上研究“宗教”中包含的“科学”，而且是潜心研究曾被认为是“大羞耻”“对于民族毫无利益”“左道惑众”的“道教”中的“科学技术”，这是文化认知上一个极大的转变，也是“道教研究”上一个极大的转机。正是因为这样一种转变，对“科学”“宗教”，以及“科学与宗教的关系”的认识，才有了向更加深入的方向和程度推进的可能。正是因为这样一种转机，对于“中国根柢全在道教”这个判语的理解才有了向着更为积极深入的方向发展之可能，“道教”也才有了逐渐摆脱那种中国“愚昧落后”的集中代表者的文化印象之可能。然而，在走向这些正能量的可能之前，还要经历一场“炼狱”式的“考验”。值得特别一提的是，在“文化大革命”这样的非常历史时期，李约瑟的《中国科学技术史》中文翻译本居然能于1975年由科学出版社出版。这或许也可视作是一个“新生”的预示或者象征——“新的历史阶段”就要开启了，这或许也是一个良好的“信号”，道教研究的春天就要来了。

本文将1977年至今的第二阶段，称为回溯性、学科化发展但内含隐忧的阶段。1978年党的十一届三中全会以后，国家社会的方方面面都发生了极大变化。学术研究也开始回归正常轨道，具备了重新接续此前规划但未完成或中断的学术任务，本文所谓“回溯性”，即是在这个层面而言的。具体来看，一是回溯“新文化运动”时期“中国根柢全在道教”这种历史文化认识，乃至其后的顾颉刚、许地山这类学术观点；二是回溯上文论及的新中国成立后第一阶段的学术规划、学术问题以及认识的转变、学术的转机。正是这种“回溯性”，才使得道教研究在“文革”之后，能够迅速地找准定位，抓住问题，重整旗鼓，齐心合力地繁荣发展起来。

比如，1961年陈撄宁先生主导下的第二届全国道协理事会制定的《中国道教协会研究工作及培养道教知识分子计划大纲》，其“研究工作”规划的第一项即是“编写《中国道教史》”，但在第一阶段并未完成。然而，这一“历史”重任也恰恰成为第二阶段的学者们重整旗鼓、继往开来的一个难得的契机。卿希泰先生承担国家社科基金课题主编了四卷本的《中国道教史》，分别于1988年4月、1992年7月、1993年10月、1995年12月由四川人民出版社出版，后又有修订本。任继愈先生也主编了一卷本《中国道教史》，于1990年6月由上海人民出版社出版。这两种体现中国道教研究学者群体研究成果结晶的《中国道教史》，可以说是对自近代道教研究开始以来最基础性、最具代表性的研究任务——“道教史”，交出的一份迟来但厚重的答卷，是对20世纪30年代许地山先生《道教史》和傅勤家先生的《中国道教史》的极大充实，也是对20世纪60年代陈撄宁先生主导下的“道教史”编写规划之夙愿的初步完成。其既实现了“承前继往”，也发挥了“启后开来”的作用。更具有重要意义的是，这项研究工作走在了国际道教研究学界的前沿，占领了国际道教研究学界的高地，相形之下，西方学者在这方面的成绩显然不足以比，最近几年这种状况仍然没有发生改变，可以说，道教史这一领域的研究中国学者是完胜于西方的，这毫无疑问是对所谓“道教在中国，道教研究在国外”说法的有力回击。以任继愈、卿希泰先生分别担纲主编的这两种大型《中国道教史》的出版为标志，道教研究迈入空前繁荣的阶段。有了任继愈、卿希泰先生奠定的这个扎实基础，“道教史”的研究工作，从整体性、全面性、综合性的“宏大历史叙事”逐渐向着局部化、专门化、细致化、地方化的“精细历史深描”的方向发展演变。后者对于前者，既有拾遗补阙、弥补不足，又有深化细化、更加精致，也有一些具体细节的批评纠正、提出新说，但是，亦存在只见树木、不见森林，只知其一、不知其二的不足，虽有深耕细作，原创性依然不够，还有的流于坐井观天之嫌。总之，对道教史所做的宏大叙事研究与挖深井式的微观研究，二者各有利弊，各有所长。

这个阶段的繁荣发展，除了“回溯性”，最鲜明的特征是“学科化”或“专业化”，但问题或者隐忧也恰恰存在于此间。

中国道教协会的道教研究室，虽于1961年即成立，但是其性质上当属于道教界自己的研究机构，而且一度不能正常工作。伴随着改革开放的春风，学术环境和研究条件都得到极大改善。大陆学界也借此逐渐了解到世界上道教研究的情况，并开始参与其中。“1968年9月，在意大利佩鲁贾市，由哈佛大学东亚研究中心副主任韦尔奇主持召开了第一次国际道教学会议；1972年9月在日本长野县蓼科，由日本道教学会主办召开了第二次国际道教学会议；1979年9月于瑞士苏黎世，由苏黎世大学和法国远东学院主办召开了第三次国际道教学会议。”[①] 但遗憾的是，“在佩鲁贾举行的第一次国际道教学会议和1972年9月在日本长野县蓼科举行的第二次国际道教学会议，中国学者都没有出席。不是中国道教学者不想与会，而是由于中国正值‘十年（1966—1976）浩劫’，众多的中国学者饱经磨难，斯文扫地，被剥夺了从事学术活动的权利。1979年9月第三次国际道教学会议在瑞士苏黎世举行时，中国社会科学院王明教授和天津大学陈国符教授应邀出席，外国学者终于高兴地见到了盼望已久的中国同行姗姗来迟的身影。”[②] 这种情况，难免产生“道教在中国，道教研究却在国外”这样的说法。或正是在学术环境改善和国际道教研究的刺激之下，国内学界产生了奋起直追的信心和动力。首先即是建立道教研究的学术机构，中国社会科学院世界宗教研究所道教研究室于1979年建立，上海社会科学院宗教研究所于1980年建立，四川大学宗教学研究所于1980年9月建立，是由教育部批准的中国高校系统第一个宗教学的专业研究机构，又于1999年被批准作为教育部人文社会科学重点研究基地，更名为四川大学道教与宗教文化研究所，突出了其“道教研究”的重点与特色。此后，亦有其他高校或研究机构陆续开设“道教”方面的专业课程或研究方向。正是因为进入高校和科研机构的教育和科研系统，使得大陆学界的“道教研究”逐渐地“专业化”“学科化”，学界乃至一般文化层面也通常认为“道教研究”是一个“专业”或“学科”。然而本文在此意欲指出的是，“道教研究”或“道教学”的“学科”身份并不明确。朱越利教授在《道教学的定义、对象和范围》一文中认为“道教学定义为以道教为研究对象的社会科学”[③]。另外朱教授也曾经对海外道教研究中“道教学”这个概念做过梳理，“日文‘道教学’有两种用法。多数日本学者将英文‘Taoist Studies’翻译成‘道教研究’‘道教学研究’或‘道教学’等，这里所说的‘道教学’是指学者对道教进行的学术研究并形成了学科。少数日本学者使用日文‘道教学’统指道教的教义、戒律和科

① 李养正：《当代道教》，东方出版社2000年版，第2页。

② 朱越利：《海外道教学研究任重道远——〈理论·视角·方法〉前言》，《宗教学研究》2012年第4期。

③ 朱越利：《道教学的定义、对象和范围》，《世界宗教研究》2000年第6期。

仪等构成的体系。中文‘道教学’也是指学者对道教进行的学术研究并形成了学科，与多数日本学者使用的日文‘道教学’涵义相同。外国学者对道教进行学术研究，早已形成学科。比如，日本于1950年成立了‘日本道教学会’，韩国于1982年成立了‘韩国道教学会’。日本早稻田大学福井文雅教授说，从1974年开始，道教学在日本才作为独立的学问逐渐获得承认”。[1] 在“以道教为研究对象的社会科学”或“学者对道教进行的学术研究并形成了学科”这个意义上理解“道教学”这个“学科”，可以说是学界的一个一般认识，但是若要深究起来，这里存在着更加复杂、严重的问题。中国大陆“学科体系”中的“道教”，或许并不能单纯在国际上的“道教研究”或“道教学”的意义上加以理解。

首先，这涉及国家教育和学位授予系统的“学科建制”问题。依照2011年国务院学位委员会、教育部颁布的《学位授予和人才培养学科目录》（2011年版和2018年4月的更新版）[2]，学科目录分为“学科门类”“一级学科”“二级学科”三个层次，在作为学科门类的“哲学”一类中，只有“哲学”这个一级学科，“宗教学”仅仅是哲学一级学科下与马克思主义哲学、中国哲学、外国哲学、逻辑学、伦理学、美学、科学技术哲学并列的二级学科，严格来讲，“道教”不能算作一个“学科”，而只能说是“宗教学”这个二级学科之下的一个“研究方向”。

其次，更进一步，即使暂且放下“学科”与“研究方向”的身份差别，仅就具体研究而言，如果凡是“学者对道教进行的学术研究”都可纳入“道教学”这个“学科”范围之内，那么则可能造成“道教学”与其他“学科”之间的混乱，或者“道教学”这一个“学科”的极度膨胀。比如，二级学科身份上属于“宗教学”，一级学科和门类身份上属于“哲学”的“道教研究”或“道教学”，涉及的研究问题绝不仅仅限于“宗教学”范围之内。在二级学科的层次上，便几乎可涉及“哲学”一级学科下的几乎所有二级学科，比如“中国哲学”“伦理学”“美学”等。

① 朱越利：《海外道教学研究任重道远——〈理论·视角·方法〉前言》，《宗教学研究》2012年第4期。

② 中华人民共和国教育部网站，http：//www.moe.gov.cn/srcsite/A22/moe_833/201103/t20110308_116439.html。

不仅如此，在学科门类层次上，也同样可以涉及几乎所有“哲学”以外的各个大学科门类，比如“历史学”“民族学”“民俗学”“文学”“艺术学”“医学”“农学”“经济学”“管理学”“军事学”“法学”“教育学”乃至“理学”（化学、天文学、地理学、科学技术史）、“工学”（建筑学、化学工程与技术、环境科学与工程、风景园林学）等诸多学科。这样的话，针对“道教”中包含的本来存在二级学科归属的“哲学性”“伦理性”“美学性”内容，以及本来存在的跨学科门类，譬如一级学科归属的“历史类”“民族类”“文学类”“艺术类”“医学类”“经济类”等内容进行的研究，进而形成的“道教哲学”“道教伦理学”“道教美学”，以及“道教史”“道教文学”“道教心理学”“道教医学”“道教艺术学”“道教天文学”等这些“学”，应当如何确定其“学科归属”呢？比如在宗教学二级学科之下，“道教哲学”是属于“哲学研究”还是属于“宗教学研究”？在大的学科门类之下，“道教史”是属于“哲学研究”还是属于“历史学研究”？“道教文学”是属于“哲学研究”还是属于“文学研究”？同理，“道教医学”“道教艺术学”等是属于其一级学科之下的“哲学研究”，还是属于其各自原来归属学科门类的研究？这都是值得我们进一步深思的问题。当然，目前我们为了绕过上述“学科归属”的难题，往往笼而统之地把它们称为跨学科研究，以为这样一来就把问题解决了。但在具体的研究过程中，这些所谓的跨学科研究在申报国家、教育部、省市社科基金或者其他基金时，就遭遇到究竟该向哪个学科门类去申请的难题。因为这些跨学科研究通常在其所申报的一级学科门类中属于边缘化的课题，评审专家除非充分具备这些跨学科的知识，否则很难做出决定是否立项。已经有很多不同一级学科门类的跨学科研究者，在申报各级各类课题时遭遇到这样的难题，因而一些颇具原创性的跨学科研究得不到立项。所幸在国家社科基金层面，把二级学科宗教学从其所属的一级学科哲学中划分出来，单独成立了宗教学组评审课题，进行立项，使得一些以宗教学为主很优秀的跨学科研究课题拿到了国家项目。不过，仍然还有一些很优秀的跨学科研究者，在其所属一级学科门类申报课题时得不到认同，遭遇滑铁卢。这些在具体操作层面上遇到的难题，就是由“学科归属”造成的。

再次，除了“学科归属”问题，或许更严重的是“学科规范”问题，对于这些“难定归属”的研究工作，应当按照何种“学科规范”对其进行考察或衡量，尤其是涉及“学位授予”之情况下。如果按照“哲学”的思辨性、理论性的规范或标准，去考察或衡量一个“道教史”“道教文学”“道教艺术”的研究成果，则必然会产生不适当、不公正的评判，即便是以之去衡量“道教哲学史”，也同样会是不适当、不公正的，因为“哲学”不等于“哲学史”，正如从事“文学”的作家与从事“文学史”的学者存在天壤之别一样。反之亦然，即更不能以“道教史”“道教文学”“道教艺术”等学科门类的规范或标准，去考察或衡量一个学科门类和一级学科本来均属于“哲学”的研究成果。在“学位授予”上，如果一个针对“道教史”“道教文学”“道教艺术”所作的硕士论文、博士论文，仅仅因其归属于“哲学”一级学科的“宗教学”二级学科的“道教方向”之下，便授予其“哲学”学位，恐怕是不太适当、不太公正的。因为有一些道教研究的硕士论文、博士论文，基本上研究的不是哲学问题，文章的理论思辨度也很不够，授予其“哲学”学位显得有点名不副实。尽管是“道教史”，但从大的学科门类归属上看，仍应当属于至少同时也属于或更应属于“历史学”。同理，“道教文学”“道教艺术”等也应当属于至少同时也属于或更应属于“文学”“艺术学”这种学科门类。“道教史”“道教文学”“道教艺术”中的“道教”是否应当作为修饰限定看待，而“历史”“文学”“艺术”才是“中心词”？至少目前的学科体系，是将“历史”“文学”“艺术”作为大的“学科门类”，而“道教”仅仅是处于二级学科之下的一个“研究方向”，还说不上是学科的级别。因此，到底该如何看待、如何定位被视为“学科”却又未能正式作为一个“学科”的“道教研究”“道教学”，需要整个“道教学界”来共同思考。本文在此，仅仅是提出问题，抛砖引玉，并无力解决这个问题。

或有论者会认为“学科归属”问题可以解决或不用解决，用“跨学科”称谓即可，其实最应该反思的正是“跨学科”乃至“学科”本身。这里，我们有必要更深入一层地来讨论所谓“跨学科”乃至“学科”的问题。

一如本文开头所论及，“学科”乃至其背后那种“分科治学”的思维即“科学”，均是“西学东渐”的结果。且“西学东渐”给中国文化、学术冲击最大者，即是与中国传统学术分类迥异的西式或新式“学科体系”和“学术方式”，也正是“学科”与“科学”。在“救亡图存”的历史紧迫情势下，晚清至五四的学人形成了“学科—科学”这个隐蔽的“逻辑回环”，亦即所谓“科学不兴，我国文明必无增进之一日”，而欲兴“科学”，必先兴“学科”，在此“逻辑回环”支配下，进行了一场轰轰烈烈的对中国传统“知识体系”和“认知方式”的大洗牌。强行将中国传统知识装入西式的学科体系，必将出现一如上文提出的“道教”所遭遇的“学科”问题。

“道教”，是按中国传统的“儒释道”三大文化主流来划分和称谓的，而若欲将此种“道教”整齐划一地装进“宗教”这个概念或学科里，着实不容易，甚至是不可能的。勉强这么做的结果，即是将一个“博而多端”“包罗万象”的庞大的“文化体系”削足适履式地挤压进一个算不上“学科”的“研究方向”里，从而造成了这个小小的“研究方向”的研究内容远远不能被其上级学科以及上上级学科门类所限，而几乎可以关涉所有“学科门类”的这样一种尴尬局面。

因此，此处遭遇的问题是不能够用“跨学科”来解释和解决的。轻言“跨学科”，往往尚不及思考这里真正要跨越的是什么以及能否真的跨越，实质上不过是在当前学术语境下面对难题绕道而行的表现。

“学科”本身是一种“分割”，是一种观察、言说的特定视角，是一种人为的“方便施设”。施设什么，如何施设，自然要看人之方便。“学科体系”好比是繁茂的“树枝”，是从其人、其文化的“思维方式”“认知方式”的深根上生长出来的。晚清至五四以来一批学人致力于将西方这棵树连根移植过来，深深栽在中国的土地上，砍倒了中国的树，但是却期望这棵新树结中国的果。以“新式学科”分割“中国传统学问”，这其间既存在着从古至今的历史跨越，又存在着从西至中的文化跨越，既存在着“知识分类”上的跨越，又存在着“认知方式”上的跨越。因此，所谓“跨学科”，绝不仅仅是单纯地跨目前所见“学科目录”中的“学科”，而是要跨古今、跨中西、跨文化、跨思维。如果我们仅仅在目前这套“学科体系”中跨来跨去，或许很大程度上会是徒增混乱。因为，无论是“宗教”，还是“文学”“艺术”等这些“学科”，于中国传统文化而言，均是并非原生的“新异”文化，将“庞博万象”的“道教文化现象”认定为“宗教”“哲学”“文学”“艺术”等任何一种都很难恰如其分，正如欧阳竟无先生针对“佛法在宗教、哲学之间定位”的问题上的表态：“宗教、哲学二字原系西洋名词，译过中国来，勉强比附在佛法上面。但彼二者，意义既各殊，范围又极隘，如何能包含得此最广大的佛法？正名定辞，所以宗教、哲学二名都用不着，佛法就是佛法，佛法就称佛法。”[①] 如将这里的“佛法”换成“道教”，或许也应是有效的表述。也就是说，用“宗教” “哲学”等表述“道教”或“道教中的文化现象”，也是存在硬生的“嫁接”“比附”之嫌疑，甚至存在指鹿为马之情形，其原意或宗旨未必是后来的、西化的“学科”所能指涉或涵盖的。因此“跨学科”，也只是在皆为“嫁接”“比附”的“学科”之间跨，从而形成“嫁接不当”“错综比附”之效果，很有可能使得研究工作变成一种在“跨学科”之间的“虚与委蛇”，或者成为利用“跨学科”制造话题的“凌空蹈虚”，所谓“跨学科”就成了“方便法门”的舟楫，但是整个研究过程有可能沦为“刻舟求剑”般的学术游戏。如此研究，必将难以深入中国文化的根柢——道教，难以破解“何以中国根柢全在道教”这个问题。因此，道教学人不得不慎思之、明辨之。

纵观新中国成立70年来，尤其是改革开放40多年来道教研究的明显不足之处，主要在于很少有良性的、实事求是的学术批评、学术对话和互动，以至于我们在20世纪中国宗教学重大学术问题的讨论中，看不见道教的影子。[②] 进入21世纪以来的近20年，情况依然如此。这一点是我们未来应该加以大力改进的，要不然，对推动道教研究学术的更上一层楼，是极为不利的。再一个是集体协作攻关的意识越来越微弱，各自为战，以至于造成重大攻关项目久拖不能完成，或者完成的质量不够理想，逐渐失

① 欧阳竟无：《佛法非宗教非哲学》，黄夏年《近现代著名学者佛学文集欧阳竟无集》，中国社会科学出版社1995年版，第1页。

② 参见王雷泉、刘仲宇、葛壮主编《二十世纪中国社会科学·宗教学卷》第三编《二十世纪中国宗教学重大学术问题讨论》，上海人民出版社2005年版。在这些重大学术问题讨论中，道教研究毫无疑问是患了“失语症”的。

去了国内道教研究在这方面所具有的集中力量搞大型项目研究的传统优势，而道教史、道教思想史的研究成果就是这种传统优势的产物。还有就是问题意识不够，具有明确目的性、明确方向性以试图攻克道教研究学术难题的研究选题并不太多，甚至绕开难题而行，既不愿“啃骨头”，也不愿打“攻坚战”，由此而来的自然就是原创性学术成果的匮乏。这都是在未来的道教研究中需要我们攻坚克难解决的问题。

当然，上文对于一些问题的反思，仅仅是停留在理论层面上的某种探讨，希望这种理论探讨对于我们未来的道教研究有所启迪，有所推动。而在实践层面上，我们还是要按照现行的政策和规矩办理，不越雷池一步，或者说绝不“犯规”，这是本文在此必须要点明的。如今的人常说，理想很丰满，现实很骨感。本文把丰满的理想和骨感的现实混搭起来叙事，虽显得有点婴儿肥，倒也肥而不腻。如果我们采用老话来说，一方面满怀崇高的革命理想，另一方面则要脚踏实地干革命，这是革命浪漫主义和革命现实主义的结合。

第三节　未来“道教研究”的展望

基于以上的历史回顾和问题分析，本文认为，未来“道教研究”需要重点处理好两个一体两面、相互关联的问题，一是“科学”问题，二是“学科”问题。其实所谓“科学—学科”的问题，是自晚清至五四开启的“中国现代转折”历程所造成并遗留给后世中国的问题。这个遗留问题，或许也是至今对于中国文化、中国学术而言最重要、最纠结、最无法回避的难题。在这个问题上，“道教”的角色尤为特殊，如果“中国根柢全在道教”这个命题能够成立，那么，中国文化、学术从传统至现代的转折转化必然直接关系到“道教”，甚至是取决于“道教”自身的现代化。因此，“道教研究”方面“科学—学科”问题的关键在于对“中国根柢全在道教”这个命题的回应，或者说是对“道教”在中国由传统向现代转化历史过程中扮演的角色作用问题，以及“道教文化”本身的现代转化问题的回应。这样一种问题意识绝非是大话和空话，而是千真万确的实话。关于道教在中国传统文化和中国历史上所扮演的角色地位，有日本学者深刻地揭示出："作为中国人或中国民众的一般文化，道教比儒教更具代表性。因此，道教是理解中国人以及中国文化，特别是理解中国民众文化的关键。这一结论是从 19 世纪以来传统的汉学研究中得出来的"；日本的中国学研究者提出"理解中国（文化）先从理解道教开始"的主张；"道教和儒教、中国佛教一起，构成代表中国文化的三大支柱。可以认为，对儒教、道教和中国佛教的研究，将能阐明中国文化。特别是对于理解中国的民众和民众文化，道教研究的重要性要超过其它二教"。① 还有的日本学者在研究中深深认识到："道教是充分反映中国人的宗教意识和精神生活的宗教"；"通过了解道教的目的、内容、特点诸因素，可以从一个侧面弄清古今中国社会、人民的意识、感情、愿望等等"。另外，有日本学者从其亲身体验中感受到："中国人信仰的中心是道教"；"要了解中国，首先必须了解道教"；"要了解中国和中国人，最有效的手段是研究中国固有的道教"。② 也有的日本学者指出：道教在现代，"不仅中国大陆、台湾和香港，就是在东南亚各地的中国人之中仍是广泛被信仰的宗教，确实可以说，这是在中国人的生活和心性中深深扎根、由中国人培育起来的民族宗教。因此，在探讨中国民族文化特性时，当然就必须把道教纳入视野进行考察"。道教对于中国文化的形成，发挥了重大作用。除了宗教上的作用以外，还有自然科学和医学的进步，以及文学、音乐、美术、书法等艺术领域的发展，都从道教中获益匪浅。离开了道教就无法理解中国文化的精髓。③ 由上述看来，研究道教的日本学者对于道教在中国社会生活和信仰文化中的地位有相当深刻的认识，把"了解道教"放在"了解中国和中国人"的首要位置，"特别是理解中国民众文化的关键"。假如我们承认这些日本学者的认识是较为客观，具有旁观者清的效果，那

---

① 福井康顺、山崎宏、木村英一、酒井忠夫监修《道教·序言》；《道教》，酒井忠夫、福井文雅撰《什么是道教》，上海古籍出版社 1990 年版，第 1 卷第 1、2 页，第 1 卷第 2 页。

② 窪德忠：《道教诸神》，四川人民出版社 1989 年版，第 29 页；窪德忠：《道教入门·致中国读者》，四川人民出版社 1996 年版，第 1 页。

③ 小林正美：《六朝道教史研究·前言》，四川人民出版社 2001 年版，第 1 页；小林正美：《中国的道教》，齐鲁书社 2010 年版，第 244 页。

么，要了解中国传统文化尤其是民众文化在现代化的转型过程中扮演的重要角色，乃至要讨论“中国梦”的实现，都离不开对“道教文化”的深入探讨，对“道教文化”自身的现代转化问题的关注。原因就在于，这些问题都牵扯到中国是否能够顺利完成现代化转型，进入发达国家前列，成为世界上数一数二的强国。

处理“科学—学科”问题，或许首先我们需要突破“五四新文化运动”给我们留下的对于“科学”“学科”的僵化印象，乃至突破对与之相关的“宗教”“宗教与科学的关系”等问题的刻板认识。这一点，现代“宗教学”的相关研究能够给我们一些启发。比如，以“宗教社会学”被我们熟知的学者涂尔干，其对于“宗教与科学关系”问题的回应，便不是在浅表的“学科”差异或者“跨学科”的层次上进行的，而是深入“人性”与“认知”层面来进行的。“长期以来，人们始终认为，人类据以描画世界及其自身的最初的表现体系起源于宗教。任何宗教都不仅是宇宙论，同时也是对神圣事物的思索。如果说哲学和科学产生于宗教，那是因为宗教起初替代了哲学和科学。然而，人们始终没有注意到，宗教并没有限于用某些概念使早已形成了的智识变得更加丰富；它也促进了智识本身的形成。人类有赖于宗教的不仅是大量的知识的内容，还有这些知识得以阐发的形式。”①

涂尔干何以要这么说呢？那是因为，“在我们得以作出任何判断的基础之中，都有若干基本观念支配着我们整个智识生活；这就是亚里士多德以来的哲学家们称为知性范畴的东西：诸如时间、空间、类别、数量、原因、实体、人格等观念。它们与事物最普遍的属性是相应的。它们就像是将所有思想都涵括在内的坚固的框架……当人们系统地分析原始的宗教信仰时，会很自然地发现某些主要范畴。它们既产生于宗教，又从属于宗教；它们是宗教思想的产物”。② 这就是说，人类“智识”的基本框架——知性范畴是由“宗教”提供的，是因“宗教”而形成的，“宗教”

① 涂尔干（Émile Durkheim）：《宗教生活的基本形式》，渠东、汲喆译，上海人民出版社1999年版，第10页。

② 同上。

对人的“智识”、对人性，起到了奠基性的作用。

然而，“宗教”何以能够起到这样的作用呢？这便是涂尔干的问题意识或根本出发点之所在——社会。如其所说“宗教明显是社会性的”。涂尔干正是在“社会”中，具体而言是在“原始社会”的场景中，通过对“原始分类”的“宗教”思维或者“宗教力”的分析，呈现了“宗教”的奠基性作用。“宗教力被人们看作是所有功效的源泉；而只要某些存在具有同一个宗教本原，它们就会被认为具有相同的本质，……正是出于这种原因，它们就完全自然而然地被划归到同样的范畴之中……从逻辑的角度来看，这些混同与掺和却会产生最实用的作用，它们可以将我们凭感觉截然分割开来的各种事物完全联系在一起……实际上，所有这些，都为我们未来的科学解释开辟了道路。”[①] 或者说，在“宗教力”影响下的“原始分类”以及事物之间联系的建立维系上，宗教与“科学”是存在着同质性的。“宗教总是试图用理智的语言来转述现实，它在本质上与科学所采用的方式并无不同之处；两者都力图将事物联系起来，建立它们的内部联系，将它们分类，使他们系统化。我们甚至已经看到科学逻辑的基本观念是起源于宗教的。”[②]

如此一来，涂尔干这种对“宗教”的“科学”研究路径，不仅没有在近代以来“科学与宗教对立冲突”的认识基础上，将“宗教”置于“科学”的权威、高位视角之下来审查、考问，反而将“科学”的根源乃至人类“智识”的根源追溯到“宗教”，这样就化解了某些学者把“宗教”与“科学”之间简单、尖锐的二元对立起来人为设定冲突的做法，更将对二者各自的认识以及二者的关系的认识推到了更加深邃、深沉的层面。

在这样一种对“科学”“宗教”以及“宗教与科学关系”认识的基础上，我们便不难发现，“道教”相关内容进入“中国科学技术史”的视野来考察，是有道理的。这不仅不是一种“牵强附会”，反而是真正问题

① 涂尔干（Émile Durkheim）：《宗教生活的基本形式》，渠东、汲喆译，上海人民出版社1999年版，第421页。

② 同上书，第564页。

的“初见端倪”。举例来说，“道教炼丹”是基于其特殊的“智识”，外在“文化现象”背后必有相应的“知性范畴”和“认知方式”支撑，这也是相应的某种“科学”可以滋生扎根的土壤，尽管没有以西方现代“自然科学”这种方式呈现出来，却可以呈现为其他类型独特的“文化”，如果这种“智识”对中国文化影响的程度足够深、足够广，那么，道教作为“中国的根柢”便可说通。

“科学”的目的是要探究真理，“科学”本身不应成为“价值评判”标准，因此，轻易对某些文化现象比如中医以“不科学”来进行“价值评判”，实为打着“科学”的旗号，拉大旗作虎皮，打击别人，抬高自己，本身就是种很“不科学”的做法。“科学”本就应对一切未知领域开放，因此更不应对其“现有解释力”之上之外尚未认知到的现象随意以“不科学”来丑化、排斥，这其实是自身“科学”视野狭隘、能力有限、不够自信的表现。未来的“科学”，不仅应当打开视野、敞开胸怀研究“宗教”领域的众多未知的问题与知识，而且更应当向“宗教”这个“人类智识的根源”处汲取营养，返本开新，古为今用。

而对于“宗教”，也不应将“科学”视作敌人，而是也应当打开视野、敞开胸怀接纳“科学”、应用“科学”、帮助“科学”、推进“科学”。未来的“道教研究”，在这个方面大有可为，也应当大有作为。譬如，道教对长生不老、返老还童的追求，就应该敞开胸怀接纳当今最新的前沿科学——生命科学，结合其传统养生方法，运用生命科学成果来研究如何使人类的寿命更加延长，生命更具青春活力，推进生命科学的发展。对此，道教界千万不可故步自封、抱残守缺，把生命科学拒之门外。而学术界的任务则是穿针引线，比如，可以积极引入生命科学界的学者研究道教的传统养生方法，通过中西合璧，整合创新古与今，探究人类长寿的基础理论和具体方法，建立起独树一帜的长寿学。

在“学科”层面，“道教研究”或“道教学”遭遇的学科身份归属问题，如果要往上追溯，实际是其所属的二级学科“宗教学”所面临的问题。或者可以说，主要问题是我们将“道教”归属于二级学科“宗教”，又将“宗教”归属于一级学科“哲学”，而“哲学”又与“历史学”“文学”“艺术学”等并列为一级学科门类。从文化层面上说，“宗教”本来就是一种“包罗万象”的文化现象，如就“学科”层面而言，不仅仅局限于“哲学”，而与“历史学”“文学”“艺术学”等皆有关涉。因此，“宗教学”的学科归属，至少在中国目前的学科体系中还是有问题的，值得我们进一步从理论上探索。这样的探索，无疑是种思想的“探险”，然而，“无限风光在险峰”，又道是“彩虹总在风雨后”。

如果我们要追溯西方“宗教学”的发端就会发现，其开创者麦克斯·缪勒最开始规划“宗教学”学科之时，是受了“比较语言学”经验的启发，正因为如此，所谓“比较”对于“宗教学”而言，不仅仅是一个方法，而甚至可以视作“宗教学”这个“学科”的根本精神所在。与此同时，缪勒将“宗教学”的研究任务分为“比较神学”或“比较宗教学”和“理论神学”或“理论宗教学”两个部分，并且坚持认为：“只有在对世界诸宗教作比较研究所获得的全部资料得以充分收集、分类和分析以后，才应着手研究理论神学范畴内的大多数问题。”[①] 也就是说，“比较研究”乃是“宗教学”的首要任务，甚至是根本任务，正如缪勒所说：“应当对人类所有的宗教，至少对人类最重要的宗教进行不偏不倚的、真正科学的比较，在此基础上建立宗教学……”[②]

如果严格依循西方“宗教学”的创始精神，即“比较研究”，或言“比较宗教学”，那么，在将“道教”视为“世界诸宗教”之一的情况下，对此一种“宗教”进行研究的“道教研究”，严格来讲，还算不上真正“比较研究”意义上的“宗教学”，还仅仅是一种“宗教学”或者说“中国宗教学”的准备工作。然而，目前的“道教研究”或“道教学”是否就愿意将自身认定为“比较研究”意义上的“宗教学”或“中国宗教学”的准备工作呢？未来的“道教研究”或“道教学”是否愿意将“比较研究”意义上的“宗教学”或“中国宗教学”作为自身的发展目标呢？即使愿意，“宗教学”或“中国宗教学”是否能够尽皆涵盖“道教研究”所涉及的问题，也是一大困窘。

---

① 麦克斯·缪勒（Friedrich Max Muller）：《宗教学导论》，陈观胜、李培茱译，上海人民出版社2010年版，第12页。

② 同上书，第17页。

因此，未来“道教研究”或“道教学”，需要化解“学科”带来的一系列问题。朱越利教授所言“学者对道教进行的学术研究并形成了学科”能否化解此处的问题呢？令人疑虑的是，学者们也往往是从某一个特定的“学科”视角进入“道教研究”的。那么，终究是否能够摆脱“学科”的牵绊呢？对于“道教”，是否能采取欧阳竟无先生对于“佛法”的坚定立场，即“宗教、哲学二名都用不着，佛法就是佛法，佛法就称佛法”呢？从这样一种立场上说：“道教就是道教，道教就称道教。”当然，我们深知，这或许应该是我们未来所要追求的理想目标，在当下并不现实。

无论当下还是未来，我们是否应当反思很多东西适不适合于自身，是否应当敢于放弃一些不适合的东西，是否应当敢于创建适合于中国学术界自身的东西，而不是削足适履地研究中国传统文化，研究道教文化？我们是否应当从西方学术的话语霸权中跳出来，建立起中国学术自己的话语权？当然，这绝不是要转向“盲目自大”“唯我独尊”式的“民族主义”甚而“民粹主义”，而是要满怀激情、满怀理想地尝试着纠正“科学—学科”这种不当的隐蔽逻辑，面对历史、面对现实、面对真正的问题进行研究。

或许，陈撄宁先生曾经主张的“在教言教，按道教本来面目研究道教”，对我们今天的道教学术界有很大的启发意义。当然，“在教言教”不宜在“研究者必须加入道教信仰”这个意义上来理解，学者的研究绝不应当是宣教。而是说，“道教研究”应当“如其所是”“实事求是”地研究其“是”，而不能被“学科”耽搁于表层，最终使得研究变成自圆其说式的“学科”盛宴，沦为买椟还珠、刻舟求剑的学术游戏，那将是道教学术、道教文化的莫大悲剧！

总之，走向未来的道教研究，应该围绕“何以中国根柢全在道教”这个非常重大的问题做文章。要充分认识中国社会历史和思想文化的根本之处和与众不同之处，其根子是否在于道教，何以在于道教，这是未来的道教研究需要首先回答的一个重大问题。也许我们的学术能力还远远不足以解决如此重大的问题，也许我们并不能够交出一份十全十美的答卷，但我们可以循此而前赴后继向前进，向前进……相信总会有“云开雾散却晴霁，清风淅淅无纤尘”之时。

展望未来，道教研究将在过去已经形成的扎实基础上继续向前进。我们上述关于“科学—学科”这种不当的隐蔽逻辑的问题意识，只是对未来的一种理论上的探索和展望，并不意味着在当下就要实施，而想要在当下就实施，那是极不现实的，或者根本做不到。虽然是不现实的，但我们绝不能因噎废食，放弃理论上对未来的探索和展望，这是我们作为学者的专业职责所在。在畅谈了一番理想之后，回过头来我们还得从当下的现实出发去展望未来。在道教研究目前已形成了道教与哲学、美学、伦理学、文学、科技、考古等学科结合的众多分支学科的现实情况下，今后，除继续对这些新兴分支学科做更为深入的研究外，我们也不能中断对道教基本要素（如道教史、道教典籍、道教宗派、道教人物、道教科仪、道教方术、道教神谱等）的研究。脚踏实地从研究现状出发，未来我们应继续关注以下各个领域的研究。

第四节　道教各领域的研究进展

一　道教史上重要人物研究

道教史上有一些举足轻重的人物，如晋代的葛洪、刘宋的陆修静、南梁的陶弘景、唐代的司马承祯、唐末五代的杜光庭、南宋的白玉蟾、元代的邱处机、明代的张宇初、清代的刘一明等，他们在各个不同的方面做出贡献，推进了道教的发展，对当时的社会也有很大影响。目前除个别人物如葛洪得到较多研究外，许多重要人物都研究得还不够。因此可就某一位著名道教人物的生平、著述、活动、思想、成就、影响、地位等各个方面予以探讨，并以其为个案揭示中国道教与政治、经济、社会和文化等方面的关系。

二　道教音乐与科仪研究

道教音乐是道教的一个重要内容。近几十年来，国外的学者已经从文献收集、实地调查、历史考察和理论分析等各个方面对道教音乐做研究，但其研究对象还局限于我国个别地区（主要是广东、福建、浙江、湖北以及港澳台地区），对中国广大地域内的道教音乐尚缺乏系统、深入的调查和研究。而国内道教学者中却只有少数人探讨这一问题，已发表的少量论著表明这一领域的研究尚处于开拓时期。应采用实地调查材料与书面历史文献互证的方法，对各个地域的道教音乐进行具体的调查研究和比较分析，理清中国道教音乐的历史、现状及其与社会生活的关系。道教仪式曾是国际道教研究中的显学，学者已从文献收集、实地调查、历史考察和理论分析等各个方面做了大量工作。国内道教研究应在其中多下功夫，在将来一段时间内，把精力用在描述自然状态下观察到的仪式和丰富多样的田野调查资料分类。今后道教仪式研究的发展当有赖于多学科的结合，另外，对以往的道教仪式研究做出总结也很有必要。

三　道教典籍研究

道教文献是道教研究的基础，可以提供新材料。整理和研究道教典籍可为各领域的研究奠定坚实的文献基础。尽管经典研究在道教学界已经一度相当兴盛，中外学者都在这方面做了很多工作，其中有影响的是日本学者对一些道书的考订和中、外学者各自撰写的“道藏提要”。但是，仍然需要进一步推动道教经典研究的全面繁荣。学者们已对以往甚少研究的经典传统做了系统研究，如合作研究六朝天师道经典，对各个派系的道经做考订和研究，对道藏经典做全面的分析和描述。另外还有藏外道书。学者们已对《道藏》以外的一些道教资料做过初步研究，如对敦煌道经的研究，对笔记小说中涉及道教的研究，对佛教徒反对道教的论战作品《笑道论》的研究，等等。但目前对一些难以考订的道书还缺乏研究，某些道派（如天师道）的经书也尚需整理、分析和考订。今后这些方面的研究应借鉴中外道教文献研究的成果，深入细致地考证某一时代道书或某一派经书的作者、成书年代、版本源流、主要内容及其与其他道书的关系，并在此基础上解决道教史研究的一些难题。此外，进一步整理《道藏》，搜集整理藏外道书，在已出版标点本《中华道藏》的基础上，做好新编《道藏》的准备工作，这一工作目前在国家大力支持下，已经处于进行时。除此之外，也可进行《道藏》文化价值的多维研究，挖掘蕴藏其中的中华传统文化精华。道教典籍的目录提要，道教典籍的翻译为白话文和标点注释等普及性工作，仍应继续抓好。

四　道教现状与未来走向研究

调查研究道教在当代社会尤其是改革开放40多年来的生存发展状况，可为道教与时俱进地更加适应当今社会提供理论参考，促进道教文化在当代和未来的健康发展。道教学界过去一直侧重于研究道教的历史，对道教现状的研究用力甚少。今后应该在广泛占有实地调查材料的基础上，对这些材料做出理论分析和比较，以求对道教现状有正确而又深刻的认识和把握，并预测其发展方向。道教要想在21世纪更好、更充分地在历史舞台上扮演角色、发挥功能、占有市场，并不是没有条件的。这个前提条件是什么呢？一言以蔽之，就是通过自身的变革，通过重新建构教理教义，实现传统道教的现代化转型，与知识经济、信息经济时代的发展相协调，与当代突飞猛进的高科技社会相接轨，以崭新的青春面孔出现在21世纪的世界舞台上，从而适应未来世界的发展和变动。罗马俱乐部的研究报告《人类处在转折点》一针见血地指出："目前，人类正处在转折点上，必须做出抉择，是沿着老路继续走下去，还是开辟一条新的道路。如果人类要探索新的发展道路，那么必须对若干旧的观念进行重新评价。"① 可以这样说，道教文化也正是处在一个非常关键的转折点上，它是沉睡在旧梦中，照老路不变走下去，还是另辟新径，对其陈旧的、不合时宜的某些价值观念、教理教义加以扬弃与改造，通过变革实现自身的飞跃、健康发展和不断创新，这是我们关心道教前途的学者都必须认真思考的。道教的未来急迫地面临着寻找新的发展途径，建构新的神学理论，存在着全面改革自身的需要，充满着无量的希望、挑战和机遇。

从世界各大宗教的历史看，它们历经改朝换代、社会的巨大演变而生存下来并取得进一步发展，表明宗教有很强的适应社会变化、与社会相协调发展的能力。道教也同样是如此，至今已有将近两千年的历史，经过许

---

①　米哈伊罗·米萨诺维奇、爱德华·帕斯托尔：《人类处在转折点——罗马俱乐部研究报告》，刘长毅、李永平、孙晓光译，中国和平出版社1987年版，第9页。

多朝代，随社会的演进变迁而曲折发展，或盛或衰，生存到现在，其适应性之强是不言而喻的。这种适应性与其对自身的整合升华是分不开的，近两千年来道教至少做了三次大的变革，一次是魏晋南北朝时代，一次是金元时代，一次是近现代以来（这一过程仍然在进行之中）。每一次改革都使道教文化再度焕发青春容颜，出现新的活力，更加生机勃勃，重新适应了社会发展变化的需求。道教能够适应已经到来的21世纪并获得拓展自身吗？答案当然是肯定的。但一个重要而不可缺少的条件是，必须跟踪时代在更大程度上进行自我调整和自我嬗变，对社会的急剧变动做出更加积极的回应，加快步伐重塑自我形象，树立与21世纪同步的自我意识，增加时代特色，只有如此，才能与21世纪的世界相适应，才能得到更为充分的发展。那种所谓“以不变应万变”的老调子不应该再弹下去了，唯有变才能通，而通泰才有道教文化的青春常在。随着社会结构的变换、文明的进步而与时俱进，这是道教生命力旺盛的体现。道教演进到今天这一步，其传统模式正面临着21世纪的考验和挑战。怎样与21世纪对话？怎样关怀和参与21世纪的社会生活，在其中发挥独具特色的影响和作用？怎样从中国走向世界，在世界宗教市场上占有一席之地？要解决这些问题，没有观念的大转变，思维方式和行为方式的重新塑造，没有组织制度上的革新，传播方式以及科仪上的创新等，归结到一点，没有现代化转型是不行的。对此，从事道教科研工作的学者应做追踪研究。

五 道教生态思想研究

20世纪后半期，严峻的生态危机已给人类的生存与发展造成了巨大的威胁。作为中国传统文化重要组成部分的道教，在人与自然关系问题上所具有的深邃的生态智慧，尤为引人注目。可以说，道教的生态智慧乃是中国传统文化中的环境意识的最集中表现。因此，在多次国际学术会议上，许多学者呼吁人们注意研究这个课题。一些国际性的环保组织也纷纷邀请中国道教加盟其间。1995年，世界宗教与环境保护联盟在日本和英国召开了“世界宗教与环境保护”会议，中国道教协会派代表出席了会议。1996年，中国道协与该联盟合作对部分道教名山的环保情况进行了实地考察。1998年6月，哈佛大学世界宗教研究中心召开了“道教与生态”国际会议。这些活动表明道教深邃的生态思想引起了国际社会的高度重视。近年来，我国道教界和国内外学术界都撰写了一些论著，对道教的生态思想做了初步的探讨和研究。但从总体上看，对于这个问题的研究还很薄弱。相对于丰富的道教生态思想来说，目前的研究还很不全面。对于道教经籍、仪式、养生和戒律中的生态思想都还有待于深入挖掘。

未来的道教生态思想研究将揭示并评价道教传统所具有的特殊的生态思想、价值观和环保实践，描述并分析道教内部各教派在生态问题上的共性；在道教经籍、科仪、神话、象征物、宇宙论等方面选择相关的资料，阐明道教关于人类与环境互惠共生、协同进化、整体优化的理想模式。推广道教尊重自然、爱护自然的方式，记录已经付诸实施的环保行为，从而为当代的环保理论与实践提供可资借鉴的道教文化资源。道教生态思想研究内容十分丰富，包括道教的生态整体思想，道教的天人合一观，道教的生态伦理观，道教对自然价值的尊重，贵生戒杀与生命中心主义，自然无为与因应物性等。未来的道教生态思想研究应当突破两个难题：第一，全面挖掘和整理道教文化中所蕴含的生态思想，对于道教经籍、教理教义、养生方术、斋醮科仪中所蕴含的生态思想进行全面的考察，力求系统而深刻地揭示出道教的生态思想；第二，古老传统与现实问题的有机结合。以现代科学知识和环保理论，对传统的道教生态思想，进行重新解读和创造性的诠释，使之能够在现实的环境保护中发挥积极的作用。

可以从纵向和横向两个方面来展开研究。纵向研究就是历史地考察道教生态思想的渊源以及发展和演变过程，在准确把握不同时期的道教生态思想的基础上，对道教生态思想的发展脉络进行清晰的阐述。横向研究就是综合考察道教文化各个方面，包括经籍、教理、教义、科仪、戒律等所蕴含的生态思想，从而揭示出道教生态思想的整体特征。通过对道教生态思想进行分析，批判其神秘主义成分，吸取其合理因素，通过创造性的诠释，使之成为可供当代环保理论借鉴的重要文化资源之一。道教生态思想研究涉及宗教学与生态学两个学科的交叉，在研究中，综合运用宗教学、生态学、伦理学、社会学、文献学、传播学、人类学和符号学的研究方法，从不同角度和不同层面挖掘整理道教的生态思想。今后应在已有研究成果的基础上，进一步从广度和深度上挖掘整理道教的生态思想，并在道教生态思想的现代转换方面做出努力探索，以使此项研究具有较高的学术和社会价值。

六　道教经书语言研究

道教经书中的用语既反映了当时社会的一般语言现象，也反映出由道教本身引起的一些语言变化。研究各时代道教经书的语言特点，可以为考订道教经书的时代、作者提供语言学方面的依据，克服道教研究中的语言文字障碍。未来，我们应该系统地研究某一时代道教经书的语法、词汇、专用术语、语音、文字、文体，总结出它们的时代特色，弄清道教经书用语的性质，并以此为根据，用来确定某些道教经书的成书年代。

七　国外道教研究评介及重要学术论著翻译

国外的道教研究已有百余年的历史。近几十年来，国际学术界出现了一股如火如荼的道教研究热潮，形成了日本、法国和美国三个道教研究中心。他山之石，可以攻玉。中国道教学者越来越渴望了解国外道教研究的新成果和动向，希望能在借鉴异域优秀研究成果的基础上推进自身的研究，也可避免一些重复研究。可以说，为中国学术界翻译和介绍国外的道教研究著作已成了道教研究的当务之急，而朱越利教授领衔在这方面做了大量富有成效的工作，已翻译出版了颇为可观的论著。今后，还将陆陆续续出版一些颇有学术价值的外文重要论著，对国外道教研究的历史、现状、内容、方法和结论等做出全面的概述和评论，并预测其发展方向，对一些有代表性的重要论著加以评介。

八　道教与民俗研究

道教在中国社会中的长期发展与传播，与中国民情风俗发生了密切的关系，在多元一体的中国各民族与族群中，民众的风俗习惯、节日庆典、思维方式等都深受道教文化影响。道教作为中国土生土长的传统宗教，其文化极为复杂、广博而深邃，深深扎根本土，与其他中国宗教相比，明显保留了更多的文化传统和民族特色，其丰富的生存样态通过民俗交流与融汇，塑造着中国道教与民俗文化的特征。对道教与民俗多元互动的历史和现实的研究，不仅具有系统化、概括化的理论意义，更具有中国社会如何处理宗教、民俗差异的对策和应用指导意义。道教与民俗是道教学研究中的一个重要分支。在20世纪30—40年代的日本道教研究中，出于当时某种政治目的的需要，就已关注中国民俗信仰中的道教影响问题。日本人通过对中国民俗的实地考察，相继出版了《中国民俗志》《满洲街村信仰》《中国农村信仰习惯调查》。在日本学者道教研究的十大门类中，第三大类民间信仰、民间风俗，第九大类道观、道士、科仪和圣诞节日，都涉及道教与民俗方面的问题。美国学者汤普生编著的《西文中国宗教分类目录》，将1980年以前西方学者的道教研究成果分为十个大类，其中第一大类的信仰习俗、神话，第八大类的道教神祇与崇拜，都涉及道教与民俗的问题。

在中国学界的宗教学、民俗学、民族学研究中，学者们对中国民俗节日，道教神仙的民间崇拜，道教民间传说的研究，都涉及道教与民俗信仰问题。其中不乏道教民俗的田野调查记录以及乡村信仰习俗的微观论述，说明道教与民俗研究是学界颇受重视的问题。但从已有的零星研究成果看，无论在材料的全面掌握或理论探讨的深度方面，都有继续深入开展研究的必要性。在21世纪的中国精神文明建设中，道教与民俗研究对发扬民族优秀文化传统，在社会转型中如何使传统文化与现代化正确接轨，在经济建设中发展中国特色的民俗文化旅游等都有着实际的应用价值和现实意义。应从宏观和微观结合，探析汉族、少数民族民间节日、地方风俗习惯、民间祭祀活动、风物传说、禁忌、婚嫁、丧葬等与道教的关系，弄清中国民众信仰习俗的历史源流及道教文化在中国人生活习俗中的影响，道教劝善书在民间的流传及其对某些民俗形成的影响，研究中国的庙会文化与道教的关系。通过扎实的田野调查和广泛的文献解读分析，从理论上说明民间习俗与正统宗教之间相互影响的关系，尝试建立道教民俗学的研究方法和理论范式。在借鉴国外宗教学、民俗学理论的基础上，以中国民俗的丰富材料来推进宗教民俗学理论的研究。通过勾画道教与民俗关系的鲜明特点，建构具有中国特色的宗教民俗学理论，从而使中国宗教学的基础理论更为丰富。

九　中国道教考古研究

目前，中国考古学在历史时期和史前考古等各个阶段都做了很多工作，取得了举世瞩目的成果，但尚未解决的问题仍有很多，基础研究尚需加强，其中应该特别强调的是，应进一步对多年积累的大量宗教考古发掘材料做深入的类型学、年代学和文化区系等方面的整理和研究，特别是有文字的道教考古材料，对解决相关考古遗存的性质、年代等重大问题至关重要。对这些材料的整理和研究，不仅解决其本身的问题，而且还将对同出土的陶器及其他考古材料的年代序列、性质等问题的解决起到非常重要的作用，从而推动整个宗教学、考古学学科的交叉发展，形成新兴边缘学科。通过古代人们的各种道教活动，在地面和地下保存的遗物遗迹，种类数量极多，包括镜、剑、印章、钱币、造像、简牍、写纸、石（砖）刻、烧炼设备用具等遗物，和宫观建筑、摩崖石刻、壁画、墓葬之类的遗迹，随着田野考古工作的发展，不断有新的材料发现，道教考古应当成为中国宗教考古中一个主要的部分。过去，一方面由于道教考古材料自身大多具有小型、分散的特点，没有像龙门、云岗、敦煌佛教石窟造像那样宏伟的大型材料集中暴露在地面上，不容易引起人们的注意。另一方面，也由于研究考古的人缺乏道教和道教史的专门知识，而古代道教历史的研究者对考古学又不熟悉，道教和考古两个学科之间存在着严重的隔膜状态，使得大量道教考古材料没有受到重视，甚至根本没有被识别出来。对于道教考古材料的研究，国内外虽然也做了一些工作，近年来有较大的发展，但总的说来，从事专门研究的人仍然比较少，研究内容很不集中，很不深入系统，很少论著能够把研究上升到史的层面。古代道教史以及区域道教史著作中引用考古材料的也不多，道教考古远远没有形成像佛教考古那样的规模，没有发挥考古材料在道教史研究中的应有作用。研究古代道教活动历史所依据的直接材料，除了文献记载之外，古人从事道教活动留下的大量遗物遗迹，也是不可缺少的重要部分。考古发现与古代道教活动有关的遗物遗迹，需要我们同时运用考古学、宗教学、历史学、金石学、古文字学、古文献学等跨学科的知识方法进行研究，在究明它们的性质和年代、地域分布发展演变状况的基础上，给予宗教的、历史的解释，然后再通过它们来了解道教发展史上的问题，复原古代道教发展的历史。道教考古的现状，不仅影响到东汉以来考古研究自身的发展，忽视考古材料，单纯依靠文献记载研究古代道教历史，也给古代道教史的研究造成很大的局限，许多问题无法得到解决。随着道教史研究和考古研究的深入发展，这种情况有待改变。

针对上述情况，要在对东汉至明的考古材料逐步进行全面清理的基础上，主要就以下问题进行研究：从考古材料考察道教的起源；从考古材料考察不同道派活动的时代、地域范围和内容特点；从考古材料考察不同道派之间的关系；从考古材料考察道教和佛教的关系；从道教考古材料看古代的宗教政策；从考古材料考察道教对少数民族的影响；道教考古与丧葬文化；道教科技考古；从考古材料看道教神系的发展变化；区域性道教考古材料研究；道教考古方法论的研究。通过研究主要实现以下五个方面的突破：（A）沟通考古学和道教史之间的联系，改变过去两个学科之间的隔膜状态；（B）在系统清理东汉以后考古材料的基础上，把过去没有识别的北方地区的道教考古材料鉴别出来，并给以宗教学的解释；（C）发挥道教考古材料的作用，利用考古材料解决道教史上一些没有解决的问题；（D）摸索和创造道教考古的科学方法；（E）为填补中国宗教考古的空白，建立中国宗教考古新的分支学科“道教考古学”打下基础。

十　道教与佛儒关系研究

佛教传入中国，道教形成之后，中国传统文化由汉武帝以来的儒家一统天下，演变为道、佛、儒三元共轭的格局。这种特殊的多元文化结构，一直维系至近代。在近两千年的漫长岁月中，在封闭的中国古代社会里，道、佛、儒三家鼎足而立，互相交涉，经过多次斗争，又互相影响，互相学习吸收，互相促进发展，最终趋归融合。继承了先秦道家兼容并蓄之学风的道教，更是大幅度地融摄吸收佛、儒二家之学的长处，建构起自己庞大驳杂的思想体系。道教以中华本土传统信仰为基础，广泛地吸收、融合诸家文化之精华，表现出一种开放的、有容乃大的文化性格，成为中华文化的一个优良传统，这样一种传统精神的陶冶和积淀，铸成了中华民族文化心理素质具开放性和善于吸纳的多元文化特点。在今天这个全球多种文化的交融、竞争日益加剧的信息时代，在日益走向全球化的大时代，继承发扬中华传统文化的这种开放、和合的精神，对于处理好多元文化的互动关系，维持社会安定团结，建设既有时代特色、又有民族性格的社会主义新文化，构建人类命运共同体，都具有重大的理论和现实意义。对于三家文化中最具开放、和合精神的道教与佛、儒二家的关系，由于知识结构和知识准备不足等种种原因，国外学者的研究还比较粗浅，日本学者虽有个别成果，但其思想的深度显然还是不够，国内学术界也只有一些零散的文章，未见专著问世，缺乏系统深入的研究，基本上还处于空白状态。通过研究，在理论上有填补国内空白、赶超国外现有研究水平的特别重要的意义，以及推动中国文化史、思想史、哲学史往纵深研究的意义，在实践上则对中国传统文化如何走向现代化、走向世界和走向未来、中国文化如何对待处理与外来文化的关系等都有一定的现实启迪意义。

站在中国文化史、思想史、哲学史等多维视野的角度，以继承发扬道教开放、和合的文化传统作为出发点，以中华传统文化的历史演进为背景，揭示三教关系的特点，厘清道教与佛、儒二家在政治上的竞争关系，在思想学术上的互动互融及争辩交锋，分析道教在与佛儒二家交涉中所面临的挑战及其所暴露出来的文化优长和文化缺陷，比较道教学说在哲学、伦理、心性论、人生价值观、社会政治观等各方面与佛、儒二家之学的同和异，总结道教在文化建设上的正反两方面的历史经验教训，论述道教在多元文化竞争中所表现出的开放、和合精神的现代意义和价值。可以采用宗教学、文化学的研究方法，兼融思想史、哲学史、文物考古、文献学等人文社会科学研究方法于一炉，结合适当的田野考察，对道教与佛儒的互动互融关系，尤其是作为本土文化的道教儒家与作为外来文化的佛教在理论上的交锋展开断代研究。在掌握大量第一手资料的基础上，对原典的真伪、年代进行必要的考证，借鉴国内外的最新研究成果，对道教与佛儒二家关系的方方面面进行深入系统的研究。

根据研究中的薄弱环节和难点问题，在理论上做出三点重大突破。第一，揭示学界长期说而不清的道教为什么是中华文化之根柢，其源远流长的神仙信仰及与之相关的人生态度、思维方式、终极关怀等，阐明面对佛、儒二家文化的挑战时，尤其是面对外来文化的佛教时，作为中华本土文化根柢的道教所表现出的坚韧性、应变性与兼容性。第二，说清学界议论虽多而深度不足的道、佛、儒三家思想的核心——心性论的各自特色、相互影响及其同与异，由此进一步揭示中华传统文化的丰富多彩内涵。第三，揭示道教文化植根于中国人心的普遍的终极关怀和信仰，道教不断融会佛、儒二家的精华充实发展自己，兼收并蓄从而形成精深博大的体系，虽然保住了在三元共轭文化格局中的地位，成为中国传统文化的三大支柱之一，产生了相当大的社会影响，但却不敌佛、儒二家，并先于佛、儒二家而衰落的根本原因。

十一　道教养生文化研究

目前国内外道教养生文化方面的研究成果已有不少，学界和教内人士在理论和修炼方法等领域亦有专书和论文。尽管如此，但在系统的历史文献整理、全面的养生理论及方法总结、道教养生学与现代科学的交叉研究领域的拓展等方面仍严重不足，亟待集体合作的大型课题的研究成果问世。道教自创教之日，养生即是其重要的理论与实践课题，道教的养生文化更是远绍黄老。道士们近两千年不懈追求的仙路历程，留下卷帙浩瀚的养生经典，在教内教外均产生了巨大而深远的影响，为人们的健康长寿做出了不可磨灭的历史贡献。同时，道教的养生文化对我国传统文化的其他方面诸如文学、艺术、医药、卫生及人体科学、养生学、环境学、生态学等都有过积极的作用。因此，展开道教养生文化的研究，不仅可以让我们更深入全面地从理论和实践两个层面拓展道教的研究，剔除其糟粕，继承和发扬其有益于现世的优秀遗产，更能使我们继往开来，运用现代理论成果和科技手段创造性地诠释和实践道教养生文化，为解决当今世界的生态危机、人伦危机提供一条独具特色的可行之路。道教养生文化的实质是对生命的养护与延益，其终极的目标是得道成仙，故而融摄信仰与实践于一体，虽有其不可超越的内在矛盾，但千百年来道士们通过顽强的意志和坚定的信念一代一代地探索攀登，为我们留下许多卓有效验、历试不爽、理法皆善的养生经典，为今人祛病强身、延年益寿、激发身心潜能提供了极有价值的参考资料。与此同时，道教的养生中还有重要的道德实践内容。积善立功，不仅是外在的，更是内心的，这样才能养好生。道教养生以天道乐生，随缘度人的慈悲心量，唤起人们热爱自己、热爱社会、热爱生命和热爱自然的博爱情怀，教导人们与自然万物和谐共处，天人一体，以天道无私的奉献精神，普济群品。从这个方面看，道教养生文化对社会的价值更加彰显，这实是道教养生对社会的重要贡献。在拜金主义汹涌的今日，以康强身心为显务，以匡正人心为内里的道教养生法，可让更多的人在身心康强的同时，拥有一个更加高尚的道德品质。

首先，对道教养生文化做系统的历史文献整理、研究。《道藏》以及《藏外道书》的出版，对道教养生文化历史文献的整理、研究已奠定了一个坚实的基础，但目前国内道教养生文献的系统全面整理还未有一个雏形。目前国内外均没有一套分量充足、史论皆善的道教养生学史，这是道教养生文化研究的一大空白。其次，在道教养生文化系统的历史文献整理的基础上，展开道教的养生理论及方法的通史性研究。这方面的研究，目前在学界亦未见系统的研究成果，有的只是对一部或几部经典的诠释，如陈撄宁先生《道教与养生》，王沐先生《悟真篇浅解》，李建章先生《性命圭旨白话解》，等等，仅限于简略的介绍或很窄的范围，未涉及系统的通史性的研究与阐论。应从上述两个方面展开攻关，以突破单个的零星研究的局限，为道教养生文化的进一步研究做出奠基性和开创性的贡献。对道教养生理论及方法的系统研究，既注重其在社会中匡正人心的巨大价值，也要注意揭示道教的强身延年之道，以造福群生，惠及后世，为人类健康长寿的追求服务。要采用文献资料收集、整理与田野考察相结合的研究方法，在掌握大量第一手资料的基础上，对原典的真伪、年代进行必要的、认真的考证，运用国内外现有的研究成果和先进的科研手段，对于道教养生文化的历史、理论、方法和现实价值进行全面深入的研究发掘。

十二　道教与中国人的日常生活研究

宗教是俘获人类数量最多的乌托邦，其无限的美妙宏愿带给信徒无穷无尽的希望，且用神话调节了信徒生活中的困境。道教同样是如此。马克斯·韦伯指出："一种宗教一旦定了型，也总会对截然不同的阶层的生活方式产生相当深远的影响。”[①] 可以说，道教也是这样的，对中国古代社会的帝王将相、门阀士族、普通老百姓这些“截然不同阶层”的生活方式都有不同程度的影响，使其各取所需，从中找到满足自己生活需要和乐趣的内容。诚如日本某些学者所说：“道教是适应中国社会各阶层，特别是庶民阶层要求的宗教。官僚统治阶层在个人私生活中也信仰道教。”[②] 道教神仙信仰和修炼方术，并不只针对某个特定社会阶层的日常生活，并不属于权贵或修炼之士的专享权利，而是向整个社会开放，成为社会各阶层亦即中国古人日常生活的一部分。

“生活世界”的理论是胡塞尔晚年的定论，其内容之一即“当下的生命体验的意义来自一个普遍的境域，这个境域就是生活世界。它是一切经验的历史基础，先于科学给我们描述的自然世界或科学世界”。[③] 人们常说，中国古人的风俗习惯中充满迷信。那么，这些迷信是怎么来的呢？其实就来自于中国古人的“生活世界”，是当时生活危机四伏的表现，是中国古人在“生命体验”中对自然与社会灾难不明白、不理解的结果。当今科学“给我们描述的自然世界或科学世界”，建立在当今“生活世界”的基础上，中国古人的迷信世界则建立在他们那个时代“生活世界”的基础上。如果不解决中国古人“生活世界”的问题，换句话说，假如不研究道教与中国古人的日常生活，那么道教研究就缺乏某种“历史基础”。故把道教与中国古人的日常生活结合起来研究，是非常重要、非常有意义的课题，值得我们花大力气付出心血。而道教与中国古人的日常生活结合起来形成的一些生活方式，通过文化基因又遗传给现代中国人。这些文化基因到底在现代中国人的日常生活中还有哪些表现，还在持续不断地影响现代中国人日常生活的思想和行为、风俗和习惯吗？这些文化基因对我们中国人自身实现人的现代化有何正能量、有何负能量？实现人的现代化，这是中国最终完成现代化并走向发达国家行列的至为关键之处，一点都含糊不得，一点都马虎不得，否则，必将拖中国现代化

① 马克斯·韦伯：《儒教与道教》，商务印书馆1995年版，第8页。

② 福井康顺、山琦宏、木村英一、酒井忠夫监修：《道教》，酒井忠夫、福井文雅撰《什么是道教》，上海古籍出版社1990年版，第1卷第4页。

③ 张汝伦：《二十世纪德国哲学》，人民出版社2008年版，第161页。

的后腿，甚或功亏一篑，这绝非危言耸听。因此，对道教与当代中国人日常生活的研究也是非常重要、非常有意义的课题，也值得我们花大力气付出心血。把中国古人和当代中国人整合起来而不是割裂开来，那就是“道教与中国人的日常生活研究”这一课题的完整含义。而这个课题的深入展开，则是对“何以中国根柢全在道教”这一重大问题的最好回应！

十三　道教书法、绘画研究

书法艺术的根在于文字，没有文字，何来书法？因此，研究道教与书法，不能不联系文字来进行。从甲骨文和金文看，其文字主要用于人与神之间的沟通交流，这种沟通交流很显然是由巫祝把持的，故最早的书法有可能由巫祝兴起，而后来的道士则延续了巫祝的人与神沟通的这一功能。道士出于画符、上章的需要，多通书法。道教继承了道家书道合乎自然的思想，强调字与书法的自然性，道教的“符”就是取法于云气星象。道教文字书法是自然现象的符号，它从自然世界出发，仰观天象，俯察地象、水象，近取诸身，远取诸物，展现自然界万物，是道士们观察体验大自然的产物，是道士们想象思维的产物，把天象、地象和水象都纳于书法中。龚鹏程教授认为，道教是“信仰文字的宗教”，“讲究经典、信任文字，所有术法，其实都环绕着文字信仰而来”；“由人们对文字的信仰，会形成‘文字通神’的观念，这一观念在道教经符中表现得淋漓尽致。而书法作为一门艺术，它必然不只是字的形体线条而已，更要让字显现出一种生命力，使字能令观者洞达存有的奥秘。因此，书法与道教在本质上有类同性”。[①] 道教对文字的信仰恐怕在世界宗教中首屈一指，这大概与中国古代神话相关。当“河出图，洛出书”的神话广为流传时，中国人对文字的信仰已形成“文字通神”的观念，甚或就把文字看作自然神的产物，这个观念最具代表性的说法便是道教所谓“天书”。可以说，道教的文字书法继承了河图洛书的神圣传统，表现的是天心天意，由此展示出

① 龚鹏程：《道教新论二集·道教与书法艺术》，（台湾）南华管理学院 1998 年版，第 464、475 页。

道教文字书法的神圣不可侵犯性和最高权威性。道教所谓“天书”的书法，需要的是一种“诡异”而“人弗识”的“字妖”，如此方能彰显其神秘性。这是道教文字书法的神学特征。道教既是“信仰文字的宗教”，也是信仰生命的宗教，文字在道教那里就是生命的护法神，为人的生命消灾灭难，驱邪治病，给人的生命带来幸福平安，带来终极的关怀。而中国的书法艺术表现的是一种生命美学，生命力强烈地体现在书法艺术灵动的线条结构中。正是生命使道教与书法艺术“在本质上有类同性”，生命的道教与生命的书法艺术由此而紧密地结合在一起，去完成令我们的生命一帆风顺、获得救度的使命。因此，道教文字书法是道士生命的感受和体验，是道士对生命问题的认识，是道教神仙长生信仰的象征符号，是宇宙生命的象征符号，是道教神学的生命语言，讲述了生命的故事，凝聚了道教对生命不死的期望。

中国文字本就是用图像符号表现的，故称象形文字。而“道符”则是道教独门特有的图像文字，是道教信仰文字神圣性的一种特殊表现符号，用神秘图像来表达天意，道士以此天象符号指挥神灵遵照“道符”的号令行动。符箓派道士认为，借助“道符”的无比威力，即可以得仙，解决生命不死的问题。“道符”的本质是一种“神符”，在道教眼里，这种“神符”之“神”处就在于测不准，所谓神妙莫测，而其“符”则表明契约精神，使用起来非常灵验，像人间订立的契约一样讲信用，绝不会欺诈人，其神功的可信度根本用不着怀疑。“神符”也是一种文字，但绝非人间那种文字，而是“龙章凤篆之文，灵迹符书之字”，这种文字神通广大，法力无边，解除人间苦难，“利益众生”，并且说到做到，不放空炮。这种文字的表现形式、书写方法也非同凡响，为天启神授的“神符”。其实，若我们从书法美学的角度审视，“神符”无非就是道教独家拥有、特立独行的书法艺术，只不过道教将其神秘化了。唯其神秘，除道士外谁都不认识，“符”才有了在人们日常生活中发挥“威力”的用武之地。道符有一种隐喻的保护功能，除了治病的符，还有护身符，起到心理疏导，克服恐惧感，满足人们祈求平安吉祥的心态，及时安抚使用者的心灵。“符”是道教作为“信仰文字的宗教”最典型的象征符号，也是道教独家拥有的一种传统书法艺术，一直流传至今，成为弥足珍贵的非物质文化遗产，即使从书法艺术的角度说，亦需要有传承人继往开来，从现在到未来都还有发扬光大的必要性。

南齐谢赫的《古画品录》举出“画有六法”，并称：“故此所述，不广其源。但传出自神仙，莫之闻见也。”徐梵澄先生注云：“末两句意为‘其源但传出为神仙’。”① 这里所谓“六法”是绘画的六种准则，谢赫将其来源归于神仙，增添了绘画及其法则的神秘性和神圣性。“六法”的第一法就是“气韵生动”。道家、道教之讲“气”，对绘画作品产生了巨大而深远的影响。“气”是生命形式的体现，绘画这种艺术形式因生命之“气”而不致流入空虚，也使绘画本身“得到它的生命”。谢赫称绘画“六法”的来源不知出处，将其归之于神仙，这说不定就是方士或道士修炼中与神仙接上头而获得启示的产物。如真是这样，那么道教对中国古代绘画理论的贡献就太大了！姚最《续画品并序》说：“立万象于胸怀，传千祀于毫翰。故九楼之上备表仙灵；四门之墉，广图贤圣”；“画有六法，真仙为难”。②姚最显然认为，人物画与祭祀活动密切相关，不论用画“备表仙灵”，还是“广图贤圣”，其目标指向很明确，就是要“传千祀于毫翰”。由此可见，“仙灵”已成为古代人物画的重要题材，至少可与“贤圣”平分秋色。而且要把神仙画得活灵活现，具有“仙风”，是很不容易的事，所以才说画“真仙为难”。如何画好道教“真仙”，予人以美感，这给绘画界提出了一大难题，也促使一些画家在这方面下大功夫。这样一来，道教神仙信仰对于某些画家便产生了不可避免的潜移默化影响。曹植《画赞序》指出：“盖画者，鸟书之流也。……故夫画，所见多矣。上形太极混元之前，却列将来未萌之事。”③ 除了点出绘画与鸟虫书这类象形文字的关系，更重要的是揭示了绘画那种上穷太极之前，构思未来没有发生事物的无限想象力。绘画上天入地不受时空限制的无穷想象力，正好与道教对神仙的创意构想暗合，而图画神仙正好能把绘画那种无限想象力发挥得淋漓尽致，二者一拍即合。

---

① 《古典重温——徐梵澄随笔》，北京大学出版社 2007 年版，第 133 页。

② 俞剑华：《中国古代画论类编》（上册），人民美术出版社 2014 年版，第 369、370 页。

③ 赵幼文：《曹植集校注》卷一，人民文学出版社 1984 年版，第 67 页。

因此，道教神仙成为道教绘画的一大题材，在道教绘画作品中，充满了道教的神仙意象。中国人逻辑思维能力不强，比较习惯于图像性的符号，道教也是如此，喜欢用图像表达神仙信仰。而这一特点，乃是继承了古老传统思维。道教绘画并不专注于形似，而是更加注重意象。道教美妙无比的神仙意象，正是道教绘画关注的重要对象。《云笈七籤》卷六《十二部》论及“灵图”时解释说：“灵图者，如含景五帝之像，图局三一之形，其例是也。灵，妙也；图，度也。谓度写妙形，传流下世。”[①] 就是说，道教绘画的本质乃是一种“灵图”，这种“灵图”所绘的神仙图像，“如含景五帝之像”，不是人间能够创造出来的，而是由天上“传流下世”的；天上的神仙世界之所以要“度写”这些神仙的“妙形”“传流下世”，其目的原本是“妙度”世人，使世人觉悟神仙的真实存在，坚定起对神仙长生的信仰。可以说作为道教绘画的“灵图”，是全心全意为传播其神仙信仰服务的有效工具。尽管如此，道教绘画是人类想象活动最杰出的作品之一，展现了出人意料的想象力和蒙上浪漫色彩的创造性。在道教绘画的笔下，神仙上天入地，天马行空，驰骋在太空之间，与风云并驾齐驱，情寄八荒之表，心存四海之外。在道教绘画的笔下，神仙们采灵芝充饥，取玉泉解渴，可上九天揽日月入怀，可下四海捉鳖归来，飘浮如游云，矫健若惊龙，纵浪大化中，超越生死而自由自在翱翔。在道教绘画的笔下，神仙世界简直是瑰丽多彩的奇妙乐园，铺陈着世间从未有过的奇珍异宝，而神仙与人类的距离，若远若近，若隐若现，扑朔迷离。道教神仙画像并无一副庄严冷漠的面纱罩在脸上，而是和蔼可亲，充满人情味。道教绘画充满了审美创造力和洞察力，一个个血肉丰满的神仙艺术形象创造出来了，超越现实的神仙世界创造出来了，由此打通了人类与永恒世界之间的“互联网”，满足了人类生命创造的冲动性。神仙艺术图像的创造，表达了人类美好的愿景，这些图像是现实生活中没有的，是无中生有的创造，是于无声处听惊雷的创造，其焕然宛若珍珠夺目，把宇宙神奇笼于笔端，于是千载遗韵由此源源不断而出。

---

① 《道藏》第22册，《云笈七籤》卷六《十二部》，文物出版社、上海书店、天津古籍出版社1988年版，第38页。

综合上述，道教书法、绘画都是中国传统文化的丰厚遗产，是我们研究工作取之不尽用之不竭的宝库，非常值得我们在未来的研究中登堂入室，深探其奥妙！[①]

蛱蝶纷飞过墙来，不疑春色在邻家。[②] 欧风美雨，一时颇令人以为文化的春色只在蓝色海洋文明中，中华黄土文明似乎行将就木，这实在是大谬不然。中华文明历经五千年的风吹雨打而屹然挺立于世界，至今生机勃勃，春风得意，春光明媚，春色满园，又何苦"却疑春色在邻家"，失魂落魄，完全丢掉了自尊心，没有了自信心。道教文化作为中华文明满园春色之一色，自有其独树一帜之处，苦心研究它，正是为了让咱们家的春色更多更好！道教文化的研究历程，如果套用海德格尔的话说，还是"在途中"。本篇对于新中国成立 70 周年以来道教研究谈不上总结，只不过是作为道教研究学者的我们"在途中"的自我反省而已。

第五节　2009—2019 年的道教研究综述

纵观道教百年研究历史，国内道教研究近年来取得的成果可谓突飞猛进。然而，道教研究似乎也到了一个瓶颈，如何有新的突破成了学者们关注的问题。本节结合近年的研究成果，阐述道教研究的几个新特点，探讨学者提出的"大道教"概念对道教研究的意义。同时，鉴于道教研究领域理论建设的薄弱，着重介绍几个对宗教研究领域影响较大的理论，希望引起道教研究学界的关注，加强自身理论建设的意识，让道教这个最有中国特色的宗教为宗教学理论研究做出应有的贡献。[③]

近年道教研究在继承前人研究基础的前提下，出现不少新的方法和视

① 上述这些方面的研究构想，除了作者的人设，主要取材于四川大学道教与宗教文化研究所为中国教育部草拟的"九五""十五""十一五"和"十二五"宗教学研究规划。

② 唐人王驾《雨晴》诗云："蛱蝶飞来过墙去，却疑春色在邻家"。《全唐诗》下，上海古籍出版社 1986 年版，第 1738 页。这里反其意而用之。

③ 陈文龙、李志鸿：《西方宗教理论语境下近年道教研究进展的思考》，《中国宗教研究年鉴 2009—2010》，中国社会科学出版社 2013 年版。

角，这些新兴的视野无疑为当代道教研究开辟了新的领域。[①]

中国社会科学院有关学者在《中华道教大辞典》[②] 和《中华文化通志·道教志》[③] 中所确定的道教定义最为全面，兹录如下：

> 所谓道教，是中国母系氏族社会自发的原始宗教在演变过程中，将各种巫术、禁忌、方技术数、鬼神祭祀、民俗信仰、神话传说综合起来，以融汇道家和神仙家的黄老学说为旗帜和理论支柱，杂取儒家、墨家、阴阳家、五行家、医家、养生家等诸学派的修炼理论、伦理观念和宗教信仰成分，在劝世度人、长生成仙，进而追求与道合一的总目标下，神学化、方术化为多层次的宗教体系。它是以道教的信仰为核心，融汇传统文化的多种成分，不断汲取佛教的宗教形式，逐步发展而成的具有民众文化特色的宗教。[④]

上述内容显然主要是从道教来源及历史的角度来定义道教。这一定义是建立在中国传统历史研究的基础之上。因此，一直以来，在道教研究中道家思想研究、经典研究、历史研究是道教研究领域最重要也是分量最大的一块。这种状况一直持续到目前的道教研究，因为在道教思想、典籍、历史中仍有许多重要问题、空白领域等待发掘。但随着道教研究的不断深入，这个定义显然需要进一步修改。[⑤]

道教的定义反映道教研究奠基者们对该领域的基本界定。这一定义在20世纪几套道教史的出版中体现得较为突出。卿希泰主编的《中国道教史》[⑥]、任继愈主编的《中国道教史》[⑦] 等著作，都集中体现了道教研究

① 陈文龙、李志鸿：《西方宗教理论语境下近年道教研究进展的思考》，《中国宗教研究年鉴2009—2010》，中国社会科学出版社2013年版。

② 胡孚琛：《中华道教大辞典》，中国社会科学出版社1995年版。

③ 汤一介主编：《中华文化通志·宗教与民俗·道教志》，上海人民出版社1998年版。

④ 同上书，第2页。

⑤ 陈文龙、李志鸿：《西方宗教理论语境下近年道教研究进展的思考》，《中国宗教研究年鉴2009—2010》，中国社会科学出版社2013年版。

⑥ 卿希泰主编：《中国道教史》，四川人民出版社1988年、1992年版。

⑦ 任继愈主编：《中国道教史》，上海人民出版社1990年版。

基本以文献方法为主，以思想和历史为中心，以历史宏大叙事为主线。这些研究为道教研究奠定了扎实的基础。然而，近年来的道教研究在继承原有的研究范式的基础上已经有了很大的改变，上文从历史来源角度对道教的定义已经难以涵盖当代道教研究的新进展，本文试图从近年道教研究的几个特点，阐述道教研究范围的变化及学者对新研究范式的思考。[①]

一 道教研究重要问题及其方法论思考

1. 思想与历史并驾

对于中国这样一个有悠久历史的国家，思想和历史研究一直处于人文研究的核心地位，道教历史和思想研究是道教研究的重要基础，这类研究主题在道教研究领域仍占重要地位。刘永海的《元代道教史籍研究》，[②] 通过对元代道教典籍的编纂、刊刻、传播过程的研究，揭示该时代道教经典编辑中对道教义理的扬弃过程。赵卫东的《金元全真道教史论》[③]，解决了全真派史中几个倍受关注及有争议的问题。詹石窗编著的《老子道德经通解》[④]，在吸收前人注释成果的基础上，重新校订《道德经》文字。

但是，新生代学者往往在研究传统问题的同时注入时代的关注。姜生、汤伟侠主编的《中国道教科学技术史·南北朝隋唐五代卷》[⑤]，从科技史的角度关注道教从南北朝到唐五代对化学、医学、养生等领域的贡献。程乐松的《即神即心：真人之诰与陶弘景的信仰世界》[⑥]，借鉴西方学者的研究方法，通过对陶弘景思想世界的重新阐释，揭示道教上清派神启文本的经典化和体系化的过程。陈霞主编的《道教生态思想研究》[⑦] 从倍受关注的生态问题切入，阐明道教的生态思想及其实践。

---

① 陈文龙、李志鸿：《西方宗教理论语境下近年道教研究进展的思考》，《中国宗教研究年鉴 2009—2010》，中国社会科学出版社 2013 年版。

② 刘永海：《元代道教史籍研究》，人民出版社 2010 年版。

③ 赵卫东：《金元全真道教史论》，齐鲁书社 2010 年版。

④ 詹石窗：《老子道德经通解》，宗教文化出版社 2010 年版。

⑤ 姜生、汤伟侠主编：《中国道教科学技术史·南北朝隋唐五代卷》，科学出版社 2010 年版。

⑥ 程乐松：《即神即心：真人之诰与陶弘景的信仰世界》，中国人民大学出版社 2010 年版。

⑦ 陈霞主编：《道教生态思想研究》，巴蜀书社 2010 年版。

程乐松的《身体、不死与神秘主义——道教信仰的观念史视角》[①] 从观念史的视角入手，聚焦于神秘主义、身体、不死这三个核心概念，从中国传统思想观念及生活世界出发，诠释了道教在中国人的日常及信仰生活中的角色及其背后的理路。这种“同情理解”的研究视野有助于弥合历史与信仰之间的巨大鸿沟。尹志华《清末太监与道教》指出，清朝定鼎北京后，宫中沿用明朝之例，设置汉经厂、番经厂、道经厂，由太监充任僧人、喇嘛和道士。《钦定宫中现行则例》的处分规定中，有关于“太监内如和尚、道士、喇嘛等”犯事如何惩处的规定。宫中钦安殿、天穹殿、斗姥殿、英华殿等都是道庙，都有“太监老道”。[②]

无论是思想还是历史，学者在关注传统问题的同时都渗入时代的意识与思考。历史与思想的研究带来几个问题。对古籍的解读到底是要抛弃自己的视域而进入别人的视域还是以自己的成见去领会同样的材料。[③] 理想的情况似乎是先理解前人的视域再自己去领会其中不同之处。这样能保证在不误读材料的前提下做出正确的解读，当然，是自己成见基础之上的解读。无论是陈霞的“生态观”还是程乐松的“神启经典化”似乎都是以自己的“成见”来解读材料。这种新的解读方式无疑挑战了旧有的历史经典研究方法。这种挑战值得关注，但目前还远不足以撼动以严谨著称的传统乾嘉之学的地位。

2. 文献与田野的互补

文献研究一直是道教研究的传统方向，最主要成就在于道教典籍考辨方面。今年的文献研究以灵宝经专题性与道教典籍的成书年代的考证为主。王皓月的三篇文章从不同的角度，对于灵宝经考据中一直颇有争议的“新经”“旧经”问题及其中载关于科仪的内容进行了研究。作者提出了自己独创的观点，推进了灵宝经研究的发展。《〈华夏赞〉考略》[④] 一文

① 程乐松：《身体、不死与神秘主义——道教信仰的观念史视角》，北京大学出版社 2017 年版。

② 尹志华：《清末太监与道教》，《清史研究》2019 年第 1 期。

③ 参见张汝伦《现代西方哲学十五讲》，北京大学出版社 2003 年版，第 364—365 页。

④ 王皓月：《〈华夏赞〉考略》，《中国道教》2014 年。

考据出华夏赞是作为道教科仪中所唱歌词的一种，出自《洞玄灵宝长夜歌府九幽玉匮明真科经》，而非陈国符先生认为的华夏赞就是寇谦之的云中音诵。《再论〈灵宝经〉之中“元始旧经”的含义》从文学角度来看，《灵宝经》具有镶嵌式结构，基于此结构上的对于《灵宝经》之中有关元始旧经的成书和出世的传说分析，得出元始系《灵宝经》记录的是元始天尊等神格传授天界的“元始旧经”的经过和内容，即“元始旧经”为“经中之经”的说法。《早期道教醮祭与斋法相融合的考察——以“人鸟山醮祭”为例》[①]中讨论了《玄览人鸟山经图》记载的人鸟山醮祭，它被认为是最早的醮祭与斋法相融合的实例。其来源有二：一是天师道的传统仪式，二是南方神仙道的仙术。而人鸟山醮祭与指教斋法和灵宝斋法的形成时期几乎相同，所以斋法所使用的仪式也出现在“人鸟山醮祭”之中。

有些研究就道教典籍的成书时间进行考证。韩吉绍《〈黄帝九鼎神丹经〉源流辨正》[②]在对《九转流珠神仙九丹经》与《黄帝九鼎神丹经诀》两部九鼎丹经的溯源中提出：九转流珠神仙九丹经，撰于西魏时北方地区；《黄帝九鼎神丹经诀》卷1是一个包含多种《九鼎丹经》传本的综合文本，不完全是古本 。《九鼎丹经》且包含有晚出内容；九鼎丹歌文撰于汉末三国时期；“九鼎丹经”在东汉时撰于北方滨海地域的齐地或近齐地区；葛洪所据《九鼎丹经》乃左慈所传古本等观点。关于《老子中经》的成书年代历来都有研究对此提出见解。何江涛《〈老子中经〉成书年代刍议》[③]中提到《老子中经》作为一部详述存思修炼术的道教经典，现存有道藏《太上老君中经》和云笈七签《老子中经》两个版本，其成书年代前人多有考证，说法集中在六朝魏晋。而此文从其太一崇拜中黄信仰、八使观念、文本结构和内容构成及其文本来源推测《老子中经》初成于存思术流行的东汉中后期，最终编成于三国时期，至迟在《抱朴子内篇》之前已成书。为关于《老子中经》的成书年代的讨论，提出了一种可能。

---

① 王皓月：《早期道教醮祭与斋法相融合的考察——以“人鸟山醮祭”为例》，《宗教学研究》2014年第1期。

② 韩吉绍：《〈黄帝九鼎神丹经〉源流辨正》，《宗教学研究》2014年第4期。

③ 何江涛：《〈老子中经〉成书年代刍议》，《宗教学研究》2014年第4期。

樊波成《〈妙真经〉成书考》[①] 以在六朝道教中占重要地位的《妙真经》为对象。在前人辑佚的基础上，通过讨论文本佚文的两种类型：带有道教经教色彩的“道曰”部分与主谈个人心性修炼“非道曰”部分。从而得出两个类型分别来自《西升经》与《老子指归》、鸠摩罗什译《法华经》不同文本的结论。赖萱萱《太上老君说常清静妙经成书略考》[②] 中就《清静经》这部道教重要经典的成书问题进行考据。通过对材料的梳理，得到《清静经》从唐代便广为流传一直到宋代都颇有影响力。作者认为《清净经》在另一流传版本《清净心经》之前，基本认同《清净经》是六朝时期的作品。以往学者一贯容易忽视《内观经》与《清静经》的紧密关系，而从此作者考证判定《清静经》约为陶弘景至北周末年之间的作品。

其他方面关于文献学的研究集中在从文献角度入手探讨人物道派、典籍思想、道职设置。王承文《陆修静道教信仰从天师道向灵宝经转变论考上——以陆修静所撰〈道门科略〉》为起点针对近代以来中外学术界对陆修静的道派归属有各种不同说法的问题。本文通过对明代《正统道藏》和《敦煌遗书》共保留有陆修静著作，特别是《道门科略》进行考察，认为陆修静的道教信仰经历了从最初的天师道向灵宝经转变的过程，而将陆修静在道教史上作为上清派宗师身份的出现归结于唐代李渤《真系传》人为塑造。这对于探讨中古道教经教体系的形成及其确立的历史过程有一定的学术意义。《〈老子想尔注〉治国思想论析》与以往从文献学的考据与哲学方面的思想讨论老子想尔注不同，本文从鲜少涉及的政治思想方面入手，提出以天神之“道”为核心的治国理念，构建新的天神“道”，用“道诫”治人理国，符合政教合一的主张，具有一定的历史意义。万钧《江淮荆襄等处道教都提点所小考》在元代史籍、元人诗文和金石文字中，多见“江淮荆襄等处道教都提点”之称。虽可以据史料确定其为元代玄教一系的道官，但关于此道官及其道司的具体状况研究甚少。本文集诸关于元代玄教的正史、别史、诗文、金石等材料，详细考察“江淮荆

① 樊波成：《〈妙真经〉成书考》，《宗教学研究》2014 年第 2 期。

② 赖萱萱：《太上老君说常清静妙经成书略考》，《宗教学研究》2014 年第 4 期。

襄等处道教都提点所”的设立年代在元大德十年之前，是领江北、淮东、淮西、荆襄等路的较大的提点所之一。也是唯一由玄教所掌领的提点。在管领京城之外地区玄教，传播玄教、建造宫观、促进道教事业、协调政教关系等方面都发挥了积极的作用。张云江《至元十八年焚毁道经事考辨》主要围绕元至元十八年发生“焚道藏伪经杂书”之事。陈垣、陈国符先生等认为当时决议焚毁的是除《道德经》外的整个“道藏”（道书），此说基本成为学界定论。作者据此提出了自己的观点，他认为当时焚毁的只是部分涉嫌“伪造”并“诋毁佛教”的经文、印板，不过39种。陈先生等之所以误读，主要是因为没有将1255—1281年发生的五个相关事件视为一个连续的整体事件，因而忽略了文献中省略的相关背景知识。刘志《中国古代道教写经》从道教写经在中国古代写经中的地位，从历史，发展过程几个阶段进行论述。写经肇始于先秦简帛，兴起于六朝符书，集藏于唐初写卷，自成“三洞四辅”经藏体系。道教教内写经在写本制作、写经功用等方面，具有独特的道教文化、仙道文化内涵；作为普通书籍制作的道教写经，则与中国古籍写本的一般发展规律和社会文化功能相符合。

文献的含义无须解释，这里的“田野”有多方面的意思。田野原指人类学、社会学调查所选定的某个区域，有学者把文本也看成田野的一种，本文所指田野兼有上述含义，但更指一般野外的调查工作，尤其是野外考察中发现的碑刻、文物、事情等。田野与文献的互补近年来越来越得到学者们的认可。

道教研究的田野资料中，碑刻是最接近文献的资料，影响也最为明显，一些重要碑刻解决了不少道教研究的难题。由于碑刻时有发现，因此这一领域一直为学者关注，老一辈学者陈垣先生的《道家金石略》早就为学者所推崇。近年来由于经费等问题的解决，大量不为人知的碑刻被发掘出来，为道教研究提供不少的新资料。其中影响较大的有赵卫东《山东道教碑刻集》[①]，该书通过田野调查收录了山东境内大量未曾公布的道教碑刻、墓志、塔铭、摩崖、经幢、题记等。这一成果无疑对山东道教乃

① 赵卫东：《山东道教碑刻集》，齐鲁书社2010年版。

至全国道教研究都有重要意义。碑刻等文字资料能直接提供信息，学者们利用碑刻资料大大推进了研究进展。赵卫东著作的意义是集中提供一个区域大量的碑刻，这样对该地区的道教发展容易形成一个较为全面的了解。其著作《金元全真道教史论》就是在这一基础上的成果。樊光春的《西北道教史》① 则是另一个成功的例子。该书最难得之处在于它以一己之力完成西北部数省道教通史，贯通古今，这一地区的道教研究多为空白，原因在于文献记载极少，而大量的田野资料弥补了文献不足，皇皇巨著，得告功成。碑刻的资料不仅弥补正史的不足，一定意义上甚至弥补道教史上的空白，大大推动研究发展，如张广保研究员的《明代全真教的宗系分化与派字谱的形成——以石刻、方志材料为中心的考察》②，该文探讨了全真派发展中极重要的宗系分化与派字谱形成的时间问题，可谓全真派研究的一个里程碑。碑刻对道教，尤其是明清道教研究贡献良多，相信以后会有更多此类佳作出现。

道教考古领域里的几部著作值得关注。张勋燎与白彬的《中国道教考古》③、刘昭瑞的《考古发现与早期道教研究》④、王育成《道教法印令牌探奥》⑤。考古文物从实物的角度弥补文献的不足，提供了实际存在状态的宗教物件。近年来，更多学者关注对道教考古的新发现，道教造像研究成果突出，其中李松在《雕塑》上发表系列文章《中国道教雕塑述略》⑥，系统介绍道教雕塑方面的成就。此外，道教音乐的研究也有不少成果，周振锡、史新民《道教音乐》⑦ 系统介绍道教音乐的乐器、曲牌、演变等，是道教音乐研究集大成者。道教艺术在道教传播中起着重要的作

---

① 樊光春：《西北道教史》，商务印书馆 2010 年版。早在 2008 年，樊光春《碑刻所见陕西佳县白云观全真龙门派传承》（载《道家文化研究》第 23 辑，生活·读书·新知三联书店 2008 年版，第 261—279 页。）一文就以陕西佳县白云观保留的系列碑刻，完整整理出该观从明万历三十六年到 1995 年，共 385 年的历史，其成果令人惊叹。

② 张广保：《明代全真教的宗系分化与派字谱的形成——以石刻、方志材料为中心的考察》，载《“道教经典与义理”学术研讨会论文集》，2010 年。

③ 张勋燎、白彬：《中国道教考古》，线装书局 2005 年版。

④ 刘昭瑞：《考古发现与早期道教研究》，文物出版社 2007 年版。

⑤ 王育成：《道教法印令牌探奥》，宗教文化出版社 2000 年版。

⑥ 李松：《中国道教雕塑述略》，载《雕塑》2009 年第 1—4 期、2010 年第 1—2 期。

⑦ 周振锡、史新民：《道教音乐》，北京燕山出版社 2009 年版。

用。对道教艺术的研究，丰富了道教研究的对象。

在道教研究中引入“田野”，开启了新资料的源泉，但当前的“田野”所带来的大多还只是对传统文献资料的补充，这显然把“田野”本身具备的丰富性大打折扣，当前的道教田野遗弃了许多本该有的丰富性，这就要求我们关注新方法在道教研究领域的运用。在这方面，张泽洪的《文化传播与仪式象征——中国西部少数民族宗教与道教祭祀仪式比较研究》[①] 则是对田野丰富性回应的一个尝试。这里的田野则更接近人类学调查的田野，有其具体的社会历史语境，在具体情境中的存在更能体现真实的一面。

3. “大道教”观点的提出

综观当前道教研究的成果，最明显的特点就是理论的运用与建设极为缺乏，缺乏敏锐的问题意识。道教研究不需要理论是没有理论可言，还是道教研究难以产生理论成果？国内学者“大道教”观念的提出显然是对这一答案的否定，国外汉学家在研究中国传统宗教方面屡有建树。[②] 这表明对于理论建设，不是不需要也不是不能，而是学者对这方面的意识不够。面对各种各样的西方宗教研究理论，杨庆堃认为，中国社会有自己的内在逻辑，在借鉴西方理论的同时应注意其解释方式的不同，范丽珠提出应从整体上研究中国宗教，才可能突破目前中国宗教研究的困境。[③]

而从中国的宗教发展历史来看，道教无疑是一个古代各种思想延续的载体，也是各类民间宗教形成的渊源。从道教的形成过程可以看出，道教是中国各种思想、观念融合的结果，实际上代表中国宗教发展的模式。如金泽先生所言，信仰有聚与散的关系，对中国本土信仰而言，道教融合了传统中国的诸多观念，实际上是中国古代思想融合的一种表现，而各种民

① 张泽洪：《文化传播与仪式象征——中国西部少数民族宗教与道教祭祀仪式比较研究》，巴蜀书社 2008 年版。

② 康豹：《西方学界研究中国社区宗教传统的主要动态》，载《文史哲》2009 年第 1 期；萧放：《东岳庙与城市信仰空间的建构——以北京东岳庙为例》，载《华东师范大学学报》（人文社会科学版）2009 年第 1 期。

③ 范丽珠：《西方宗教理论下中国宗教研究的困境》，载《南京大学学报》（哲学·人文科学·社会科学版）2009 年第 2 期。

间信仰与民间宗教则或多或少吸收了其中的部分内容，彼此之间存在剪不断理还乱的关系，天生就有密切关系，后来者出于各种目的给予各种划分。由此，学者提出“大道教”的概念，力图涵盖道教和民间宗教，包括民间信仰在内，以期在更宏观的范围内研究中国宗教的发展，寻求中国宗教发展的特点，回应西方宗教的理论挑战。

从实际研究进展看，近年道教研究领域出现很大的变化。就研究对象而言，除了一直受关注的碑刻、出土文物之外，音乐、造像、建筑等艺术研究也纳入道教研究领域。其中碑刻的影响最大，弥补了许多道教文献的不足。新的研究对象带来新的研究方法。研究对象、方法的改变加上社会学人类学等理论对道教研究的影响，道教学界需要新的理论进路引领新的研究方向。

作为对道教研究新进展的回应，中国社会科学院世界宗教研究所道教研究室学者于2007年，组织在京相关学者展开研讨，以“资料认知与道教”为主题，从资料的编纂、经典文献与田野图像及道教及其资料的地域文化特征三个角度展开探讨，此次会议的最主要特点是，把田野图像、地方道教资料与经典研究并列，大大拓展了研究的视野与深度。此次会议还把民间宗教纳入道教研究的范畴。

此后，道教室主任王卡先生提出“大道教”的概念，以此来区别传统道教研究，统括新的道教研究领域。该概念有以下几个方面的内涵。

所谓“大道教”把道教研究从单纯的宗教扩大到文化，道教文化研究则包括与道教有关的艺术、习俗、器物等领域。很大程度上扩大了道教研究的范围，也是对近十多年来道教研究范围扩大的确认。

“大道教”把传统的五大宗教中道教范围扩大到民间道教及与道教关系密切的民间宗教领域。鉴于民间宗教与传统佛、道教关系密切，把部分民间宗教纳入道教研究领域有助于理清其思想来源。这一做法还有重要的现实意义。一直以来，民间宗教因为与反动会道门关系密切，对其研究一再受到限制。但是，随着社会主义建设事业的伟大成就以及中国在国际上地位的不断提高，原有在海外的部分民间宗教作为华侨信仰组织发挥着一定的积极作用。近年来，道教作为合法宗教，在国际宗教交流合作中也表现出积极的作用，把部分民间宗教纳入道教领域，显然有利于团结更多的信众。

大道教也主张把民间信仰纳入道教范畴，这也针对解决民间信仰管理问题而言。民间信仰作为基层群众的信仰形式，广泛存在于各地，而其神灵大部分与道教有关，将其纳入道教，也有助于政府对民间信仰的管理。

大道教概念主要以传统道教为核心范畴，外延扩大到民间信仰及民间宗教领域，同时以文化的概念来扩大研究对象。大道教的概念具有很强的涵盖统合能力，它的提出有利于打破道教与民间宗教和民间宗教之间的藩篱，促进对中国本土宗教形成与演化的理解。

二　道教研究的相关专题

1. 区域道教与道教在海外研究

近年来区域道教的研究是一个热点问题。将道教研究与地区社会状态相关联，并与断代史结合，从时间与空间两个方面来考察特定时期特定区域道教的生存、发展及其影响推动了道教研究的纵深发展。所用的文献来源具有一定的深度及广度，从传统文献《道藏》《藏外道藏》到地方上的地方志、档案、文人笔记小说、报刊、乡邦文献、碑刻、宗谱、宫观（寺庙）山志等，可以看出在资料收集和采用上的一个进步。研究方法横贯历史学、人类学、社会学、宗教学。汪桂平研究员《东北全真道研究》是第一部全面系统研究以全真道为主的东北道教的专著。基本厘清了金元明清至民国时期七百年间东北全真道的概况。其中，对于金元时期全真道传入东北地区的考察，以及全真龙门派关东十四支传承谱系的考证，尤具开创性意义。对其他全真支派，如华山派、金山派、蓬莱派、金辉派、尹喜派的流传亦有探索。《民国时期新疆道教研究综述》① 以比较少被人关注的民国时期的新疆宗教的研究为主题。从研究历史、主要研究内容、研究现状及展望几个方面对民国时期新疆道教研究发展做了相应的梳理。有助于我们了解道教在西域地区的流变，也有助于推动西域史在宗教研究领域的发展。梅莉、张朗《晚清武汉长春观的崛起》② 从历史发展角度，对

---

① 衡宗亮、孟楠：《民国时期新疆道教研究综述》，《世界宗教研究》2014 年第 4 期。

② 梅莉、张朗：《晚清武汉长春观的崛起》，《全真道研究》第 3 辑。

湖北武汉长春观崛起进行探讨。长春观的历史时期目前可追溯至宋末元初，自清同治年间由何合春主持修复在太平天国时期焚毁的宫观后，历经数位监院的努力，使长春观一方面确立了作为武汉乃至中南地区一座主要的全真丛林的地位，另一方面也成为晚清以来一座颇具政治、文化影响力和经济实力的道教中心。同治年间，长春观的恢复与重建是在太平天国运动后“同治中兴”的大背景下产生的。它的崛起，得益于长春观的道教领袖们审时度势、道人的苦心经营，地方当局的大力支持以及逐渐增强的经济实力。王岗《甘青民族地区道教考》[①] 通过对甘肃西南部地区及青海省西宁市等地区的田野调查，对当地的全真道状况做一总结。通过对该地区主要的道观：万寿观、二圣宫、关帝庙、土楼观等的实地考察，对其建筑规模及门派传承一一做了梳理。并对在这些地区既有的伊斯兰教与佛教为主的宗教环境下，道教本身的发展进行了探讨。

道教在海外发展的研究同样受到了关注，特别是在东亚地区，包括日本、朝鲜、琉球等地。作为传统邻邦，东亚地区在文化习俗各方面都受到中华文明的影响。通过对东亚各国道教发展的研究，对各国文明的交流互动与文明对话也有一定的意义。孙亦平教授《东亚道教研究》第一次提出了“东亚道教”的概念，书中探讨了中国道教文化以和平方式传播于朝鲜、日本、越南并与该国民族文化相结合的历史，分阶段介绍了这些国家与道教的互动关系、固有的宗教信仰在涵化中国道教过程中发生的变化及出现的新道派，阐释了东亚道教以得道成仙为核心、以太上老君为教祖、以三清、玉皇为至上神、由众多神仙组成仙界的多神崇拜特色，列述了东亚道教文献中的道书、老庄著作、诗词歌赋、神仙传记、文学小说及劝善书，厘清了东亚道教养生文化中的外丹、内丹、气功及其他修道之术，探索了东亚道教的医学成就。展示了东亚道教在宫观建筑、雕塑绘画、斋醮科仪、绿章青词等文化形式创作上的业绩。

孙教授又对朝鲜与日本的道教发展进行进一步研究。《朝鲜王朝的皇家道观昭格署考论》[②] 中朝鲜王朝建立的时间在中国的明太宗时期，朱子

---

① 王岗：《甘青民族地区道教考》，《全真道研究》第 3 辑。

② 孙亦平：《朝鲜王朝的皇家道观昭格署考论》，《世界宗教文化》2014 年第 4 期。

取代佛学成为朝鲜王朝占统治地位的思想，儒学的职责同明朝一样，作为官方统治思想出现，符箓派的道教在朝鲜地区的流传，延续了高丽时期尊崇符箓派道教的作风。结合《李朝实录》等相关史料，将昭格署的废存作为道教在朝鲜朝的兴盛与否的缩影进行论述。《从日本佛教文化视域看道教与修验道》[①] 从日本佛教文化这一视域中看道教与修验道的关系，基于修验道“复合性宗教”的特性，通过对修验道教主役小角事迹的考辨、修验道“山岳性格”之形成来研究修验道对道教的借鉴与吸收，由此来展现道教在日本的传播方式及影响。李学玲《道教文化在琉球的传播》[②]中从隋唐到明清时期，琉球列岛一直与中华大地保持着非常密切的来往，深受中华文明的影响，梳理了在此文化传播中，道教文化在琉球的传播发展并与当地文化相互交融。文章以琉球当地供奉的道教诸神作为落脚点，梳理了整个道教文化传播的历史源流与表现形式。

宇汝松的《道教南传越南研究》[③]，紧扣中越文化交流、越南对中国道教的容受、中国道教文化对越南社会文化的影响等方面展开具体研究，同时横向比较越南道教与入越儒学、佛教之间的关系，以及道教对越南神灵信仰、民俗文化等诸多方面产生的广泛而深刻的影响，凸显入越道教的信仰功能、文化魅力及与越南文化不断融合的本土化过程。

2. 斋醮科仪

道教科仪及其相关内容非常丰富，而且一直是研究的难点，特别是对于道教仪式和符箓、咒语的研究。在以刘仲宇先生的《道教符箓制度研究》[④] 为主的研究成果上，有了深远的进步。近年一些研究也将视角落在道教科仪与世俗生活的相互影响上，对研究道教对在下层民众生活中的传播与其对文化的影响上来看，是很好的突破口。

《道教符箓制度研究》是一部对道教符箓制度研究的补充性著作。本书在文献解读的基础上，结合田野调查的观察，运用了比较宗教学的方法，对不同教派的符箓制度均有论述。从整体性上看，该书内容涉及符箓

① 孙亦平：《从日本佛教文化视域看道教与修验道》，《世界宗教研究》2014 年第 6 期。

② 李学玲：《道教文化在琉球的传播》，《世界宗教文化》2014 年第 3 期。

③ 宇汝松：《道教南传越南研究》，齐鲁书社 2017 年版。

④ 刘仲宇：《道教符箓制度研究》，中国社会科学出版社 2014 年版。

与授箓制度的来历、授箓制度在古代社会中的演变直至当代授箓仪式的恢复与演变，涵盖了这一制度在中国历史进程中发展的全貌。对符箓的来历、授箓仪式的形成、制度的普及到当代授箓仪式的恢复与演变做了周密的考察，并对授箓与道教的科仪法术、道教徒的修行等之间的关系进行了准确的解构和分析，使我们看到了一个纷繁宏大的宗教世界下神秘而又清晰的仪范图景。

李志鸿《道教天心正法研究》,[①] 试图通过分析天心正法派的道派渊源与宗派分衍，来揭示天心正法派本身的教派演变；通过分析天心正法派的道法体系、斋醮仪式与民间社会的关系，来观照道教炼养术与符咒术结合的轨迹与规律，窥探在民众的信仰世界中天心正法派所处的实际位置；通过分析天心正法派与地方的神明信仰、咒术的关系，来解释天心正法派在区域的表现形态以及道教本身与区域社会的相互塑造。

李大华《从宗教仪式与戒律看道教的两种倾向》[②]，从一些历史的和地方的斋醮科仪和戒律的案例一方面谈从唐代仪式的同一性到当代道教的宗教仪式及其戒律开放的态度的问题；另一方面各地道教在宗教仪式和戒律方面“都出现了回归传统的倾向”，希望更传统地守持戒律更懂得斋醮仪式的现状。冯渝杰《道教法剑信仰衰落原因考》[③] 中讨论了道教法剑信仰的内在神学支撑，法剑信仰的潜在威胁特质及因此而招致的政府打压。佛教攻讦和被迫之自我“祛魅”由此检视法剑信仰衰落的原因，发掘衰落现象背后牵绊、纠结的诸种权力。进而尝试揭示出“剑文化”中道教法剑一脉渐起渐灭的思想史蕴意。姜守诚《汉代“血忌”观念对道教择日术之影响》[④]，通过对“血忌”这种从汉代就开始流行的时日禁忌观念的溯源的讨论及其在道门中的应用，尤其在道门的房中、医学、摄生等领域的集中体现，据此可以对道教对世俗文化的融摄和吸收有所了解。李艳《明清传奇戏曲中的道教斋醮科仪》[⑤]，斋法与醮仪作为道教具有不同特点

① 李志鸿：《道教天心正法研究》，社会科学文献出版社 2011 年版。

② 李大华：《从宗教仪式与戒律看道教的两种倾向》，《宗教学研究》2014 年第 4 期。

③ 冯渝杰：《道教法剑信仰衰落原因考》，《宗教学研究》2014 年第 1 期。

④ 姜守诚：《汉代“血忌”观念对道教择日术之影响》，《宗教学研究》2014 年第 1 期。

⑤ 李艳：《明清传奇戏曲中的道教斋醮科仪》，《宗教学研究》2014 年第 3 期。

的两种祀神仪式，在明清传奇戏曲中有大量的简化描写，表现在其中主要为度亡与祈禳这两种功能。这也是明清两代斋醮合一趋势下，斋醮活动频繁对民间文学作品影响的一种投射。

三　交叉学科中的道教研究

1. 道教与医学

道医关系。道教以羽化成仙为其终极修行成果，自古以来道医通常是一起称呼的，许多道士也是当时著名的中医或养生家，道教同中医养生的关系一直是十分紧密的。裘梧在《道教与中医：中国文化滋养的连理枝》[①] 中从医道同源、医道通仙、医中有道、道中有医、医道同归的角度梳理了道教与中医的关系，认为道教与中医同声相应，同气相求。[②]《道医集成》[③] 是中国道教协会主持，中华中医药协会、山东中医药大学、南京中医药大学等单位共同承担的大型文化工程项目。《道教对中医药的影响：从本草与服食养生说起》[④] 和《以身观身：对道教与中医学身体观的认识》[⑤] 两篇作为其阶段性成果分别从本草服食和道教练养的角度对道医关系和道教养生进行论述。[⑥] 孙亦平《从〈东医宝鉴〉看道教养生论对东医学的影响》[⑦]，从朝鲜王朝时期编撰的《东医宝鉴》入手，探讨了其中收录的与道教有关的身心修养、人体修炼和长生成仙的道教养生论，认为《东医宝鉴》提倡“以道治心”、以道疗病，追求“身道合一”的具有道教特点的理念，最终反映了道教在朝鲜半岛的传播状况和对整个朝鲜半岛东医学的影响。程雅群《李时珍〈本草纲目〉与道教神仙方术》[⑧] 从《白茅堂集》中对李时珍“幼以神仙自命”和《本草纲目》中引据的道

---

① 裘梧：《道教与中医：中国文化滋养的连理枝》，《中国宗教》2015 年第 7 期。

② 张维祺：《2015 年度道教与民间宗教研究综述》，2016 年未刊稿。

③ 《道医集成》一书现还处于编纂阶段，并未出版。

④ 王振过、刘鹏：《道教对中医药的影响：从本草与服食养生说起》，《中国道教》2015 年第 4 期。

⑤ 刘鹏、王振过：《以身观身：对道教与中医学身体观的认识》，《中国道教》2015 年第 5 期。

⑥ 张维祺：《2015 年度道教与民间宗教研究综述》，2016 年未刊稿。

⑦ 孙亦平：《从〈东医宝鉴〉看道教养生论对东医学的影响》，《宗教学研究》2015 年第 3 期。

⑧ 程雅群：《李时珍〈本草纲目〉与道教神仙方术》，《宗教学研究》2015 年第 4 期。

家道教文献以及对道教养生思想的吸收，还有《本草纲目》中额鬼神巫卜观念这几个方面入手，认为李时珍与道教的关系十分复杂，《本草纲目》对于道教内容的吸收也是采取扬弃的手段，且道教养生对于《本草纲目》乃至整个古代中医医学都具有特别重要的影响和意义。

文献的研究。2015 年 10 月，屠呦呦凭借其发现提取的青蒿素而获得诺贝尔医学奖，这在国内引起了巨大的反响，也因其研究原始材料来源于中国古代著名医学典籍《肘后备急方》而使整个学术界对于道教中的医学文献典籍更加重视。詹石窗《重新认识道教医方的价值——从屠呦呦发现青蒿素获诺贝尔奖谈起》[①]，针对屠呦呦根据《肘后备急方》的记载最终提炼出有效治疗疟疾的青蒿素，对《肘后备急方》进行了介绍，最后指出在道藏典籍中还有许多具有价值的医学文献应值得关注。[②] 刘珊、张其成等《〈道藏〉中医药文献研究考略》[③] 中对于近年《道藏》中的中医药文献的研究进行了简单的梳理和分类，认为对于《道藏》中医药文献的研究很少，且多为整体性论述，缺少更为细致的研究。张青颖、沈艺等《〈道藏·洞玄部〉中医药文献特点初探》[④] 对《道藏·洞玄部》中的中医药文献的具体分布进行了简要的介绍，认为洞玄部医药文献具有分布广泛且具特色和医药著作比例小于养生著作比例两个显著特点。这两篇文章均为“北京白云观所藏明《道藏》医药养生文献整理与利用研究”的阶段性成果。

道教养生。道教养生是道教十分具有特色且在现今依然受到重视的体系。张崇富《论道教叩齿养生的理论基础》[⑤] 对道教叩齿术进行了理论性的讨论，通过对道教文献和医学文献的查阅，梳理了叩齿术的主要功能，并深入分析了叩齿术的医学理论基础。章原《丘处机〈摄生消息论〉中

---

① 詹石窗：《重新认识道教医方的价值——从屠呦呦发现青蒿素获诺贝尔奖谈起》，《中国宗教》2015 年第 11 期。

② 张维祺：《2015 年度道教与民间宗教研究综述》，2016 年未刊稿。

③ 刘珊、张其成等：《〈道藏〉中医药文献研究考略》，《中医文献杂志》2015 年第 4 期。

④ 张青颖、沈艺等：《〈道藏·洞玄部〉中医药文献特点初探》，《中医文献杂志》2015 年第 4 期。

⑤ 张崇富：《论道教叩齿养生的理论基础》，《宗教学研究》2015 年第 1 期。

的养生理念》[①] 通过对丘处机《摄生消息论》中的养生理念进行了梳理分析，将其分为四时养生之道、脏器养生与脏病防治两个主要方面。认为《摄生消息论》广泛地吸收了之前养生典籍的重要理论，并结合了历代养生家的实践，使其成为道教养生理论中的大成之作。

2. 道教与文化艺术

道教与文学。李刚《道教神仙鬼怪所激发的中国人的想象力和创造力》[②]，文中认为道教与中国古代文学艺术是一种双向互动关系，一方面文学艺术吸收道教神仙思想和神话故事作为素材，另一方面道教也借助文学艺术达到宣传自身、扩大社会影响力的目的，并在文章中通过对道教神仙鬼怪故事、道教“气”“神”概念的分析，认为在古代文艺作品中，充满活力的艺术想象力和创造力是来自道家、道教。中国最具代表性的古典文学作品莫过于四大名著，在中国古典四大名著中也有着许多与道教相关的内容。尹志华《〈西游记〉里的四大天师》[③] 对《西游记》中多次出现的张、葛、许、邱四大天师从道教学术的角度对其进行了介绍和分析。阮海云、段海宝《“红楼”遗梦与道教精神：从〈好了歌〉说开来》[④]，从《红楼梦》第一回中出现的《好了歌》入手，对红楼梦中出现的一些道教元素和道教思想进行了简要梳理。[⑤]

道教与音乐。道教科仪音乐是道教中主要的音乐形式，也是道教对于中国音乐发展做出的重要贡献之一。蒲亨强、陈芳《南北朝道教斋乐传承之研究》[⑥] 从音乐史的角度对南北朝道乐的传承进行梳理，认为北朝与南朝道乐区别较大，北朝乐主要承袭天师道统和一些佛教戒律，南朝乐主要承自灵宝法，且兼收天师、上清、佛教等诸多因素，并确立了较为系统的传承体系，最后一次推测南朝道乐在历史发展中占据了主流地位。蒲亨

---

① 章原：《丘处机〈摄生消息论〉中的养生理念》，《中国道教》2015 年第 1 期。

② 李刚：《道教神仙鬼怪所激发的中国人的想象力和创造力》，《世界宗教文化》2015 年第 2 期。

③ 尹志华：《〈西游记〉里的四大天师》，《中国道教》2015 年第 4 期。

④ 阮海云、段海宝：《“红楼”遗梦与道教精神：从〈好了歌〉说开来》，《中国道教》2015 年第 5 期。

⑤ 张维祺：《2015 年度道教与民间宗教研究综述》，2016 年未刊稿。

⑥ 蒲亨强、陈芳：《南北朝道教斋乐传承之研究》，《中国音乐学》2015 年第 2 期。

强《南朝道教仪式音乐初步研究》[1] 对南朝道乐中存在的天师道“上章仪”，灵宝派“投简仪”“度亡仪”“授度仪”的唱词、韵律、规矩等方面进行了讨论和分析。陈瑜《晋北民间道教科仪音乐的历史源流与地域分布》[2] 通过田野考察所获得的第一手资料，从宗教音乐角度对晋北地区民间道教科仪音乐的历史源流、科仪传统、音乐特征、文化变迁等视角进行考察研究。[3]

杜鹏《论道教音乐艺术风格及与中国民间音乐的融合》[4]，以为道教音乐是道教徒进行斋醮等仪式时所用之乐。在曲式与表现方式上，体现了清静无为的道家思想和自然平和的审美情趣，成其独特的艺术风格。其虽属宗教音乐，却植根于我国民间音乐的土壤中。在其流传和发展的过程中，始终与民间音乐相互渗透、相互影响，形成彼此交汇、相互融合的体系。

① 蒲亨强：《南朝道教仪式音乐初步研究》，《音乐艺术》（上海音乐学院学报）2015 年第 2 期。

② 陈瑜：《晋北民间道教科仪音乐的历史源流与地域分布》，《中国音乐学》2015 年第 3 期。

③ 张维祺：《2015 年度道教与民间宗教研究综述》，2016 年未刊稿。

④ 杜鹏：《论道教音乐艺术风格及与中国民间音乐的融合》，《大众文艺》2019 年第 4 期。

第十一章

中国民间宗教研究

马西沙　李志鸿

中国民间宗教是不同于正统佛教、道教等宗教形态的另一种宗教形式。就宗教意义而言，民间宗教与正统宗教之间没有不可逾越的鸿沟。世界上著名的宗教在初起时无一不在底层社会流传，属于民间教派。由于逐渐适应社会的普遍需求，并在不断的抗争中，以自己的实力走向正统地位甚至统治地位；而后起的一些民间教派又往往是正统宗教的流衍或异端，由于宗教或世俗的原因被排斥在外，遂自成体系，发展成独立教团，并被迫走向下层社会。显而易见，这两者在历史的长流中不停地演进、转化中，不仅在教义、组织、仪式、教规、戒律、修持等方面有着千丝万缕的联系，而且存在着对抗、改革与创新。新中国成立 70 年以来，中国民间宗教研究已经取得了可喜的成果。《中国民间宗教史》等著作的出版，表明中国的民间宗教研究已经不再落后于西方学者。因此，对 70 年来中国民间宗教研究进行总结具有重要的学术意义。

第一节　新中国成立 70 年来中国民间宗教研究的主要成果

一　1949—1978 年中国民间宗教研究概况

在中国漫长的历史中，民间宗教始终存在，对中国的民间宗教进行研究不仅有重要的历史意义，又具有重大的现实意义。荷兰的汉学家格鲁特（De Groot J. J.，1854—1927 年），是最早对中国民间宗教进行现代意义上学术研究的学者。其所著的《中国的教派宗教与宗教迫害》（*Sectarianism and Religious Persecution in China*：*a Page in the History of Religions*）完成于1903年，对龙华教和先天教的仪式活动进行了考察。其后，陈垣、郑振铎、吴晗等中国学者从历史学、文学的角度对民间宗教也进行了研究。陈垣先生先后著有《火祆教入中国考》《摩尼教入中国考》《南宋初河北新道教考》。郑振铎先生则在1938年出版的《中国俗文学史》一书中，首先系统探讨了宝卷。明史专家吴晗于1940年12月发表《明教与大明帝国》，对明教与大明帝国关系进行考证，否定了白莲教起义推翻了元蒙政权之说。继以上三位学者之后，李世瑜先生也着手对中国民间宗教的研究。李氏的研究始于1947年夏天在河北万全县对黄天道进行的社会调查，此后调查还涉及一贯道、皈一道、一心天道龙华圣教会等教派。1948年年底，李氏将研究成果结集出版，即《现代华北秘密宗教》一书。对宝卷的收集及目录的整理是李世瑜研究的另一领域。1961年10月李世瑜《宝卷综录》一书由中华书局出版。该书不仅收集了李氏自身收集的宝卷，而且综合了《破邪详辨》《涌幢小品》等历史著作所载经文目录及从郑振铎到胡士莹等人的藏书及藏目、书目。此外，还有一些学者的文章对一部分学者曾产生过长期影响，熊德基《中国农民战争与宗教及其相关问题》一文即属此列，该文发表于1964年《历史论丛》第一辑，运用马克思主义观点分析了在农民战争中宗教的两重性作用。

二　1978年以后中国民间宗教研究概况

改革开放以后，中国学术界开始了真正对民间宗教的研究。喻松青是在民间宗教研究领域开风气之先的学者，她于1981年在《清史研究集》第一辑发表了《明清时期的民间宗教信仰和秘密结社》，随后又有《明代黄天道新探》《清茶门教考析》《天理教探研》等文章发表。1987年喻松青《明清白莲教研究》一书由四川人民出版社出版，该书是十二篇文章的结集。1994年喻松青在台湾出版了《民间秘密宗教经卷研究》。

马西沙于1982年3月完成了四万字的硕士学位论文《清前期八卦教初探》，此文发表于1983年出版的中国人民大学1982届硕士学位论文选。1982年后马西沙开始利用档案与宝卷研究罗教体系的斋教、青帮及民间道教体系的黄天道与弘阳教。1984 年马西沙与程歗在《南开史学》第 1 期发表了《从罗教到青帮》，系统地考证了罗祖教的几大支流分布及形态。对青帮从宗教到水手行帮会社再到帮会的几个历史发展阶段做了考证钩沉及科学的分析。1984 年马西沙在《世界宗教研究》第一期发表了《略论明清时代民间宗教的两种发展趋势》，从总体上把握民间宗教的家族统治及农民运动的两种不同形态及其之间宗教的相互关系，不赞成过分抬高民间宗教家族封建统治及宗法依附关系的历史地位。日本学者加治敏之对青帮一文及此文都有具体评论。1984 年马西沙与韩秉方在《世界宗教研究》第 3 期发表了《林兆恩三教合一思想与三一教》。1984 年后马西沙又陆续发表《最早一部宝卷的研究》《黄天教源流考略》，用第一手资料进一步扩展研究成果。其后发表在《清史研究集》的《江南斋教研究》则是对罗祖教江南的发展与摩尼教融汇合流的深层次探讨。

1983 年，韩秉方与马西沙合作的文章《中国封建社会的民间宗教》在第 9 期的《百科知识》上发表。1985 年韩秉方先生在《世界宗教研究》第 4 期发表了《弘阳教考》。此文是第一次用清档案研究弘阳教的文章。此后韩秉方则于 1986 年在《世界宗教研究》（第 4 期）发表了《罗教五部六册宝卷思想研究》。这篇文章是在第一手资料基础上做出的有深度的研究。2004 年，韩先生在《世界宗教研究》又发表了《观世音信仰与妙善的传说——兼及我国最早一部宝卷〈香山宝卷〉的诞生》，文章运用大量的文献史料和碑刻，阐明了观世音菩萨信仰中国化的过程。并且进一步论证了《香山宝卷》作为迄今所知最早的一部宝卷，是北宋杭州上天竺寺普明禅师在崇宁二年（1103 年）撰写完成。

1989 年马西沙在中国人民大学出版社出版了专著《清代八卦教》。该书以大量的清代档案以及作者调查得来的八卦教经卷为主要史料，揭示了八卦教的起源、演变、内部组织，由此形成的世袭传教家族的兴衰。进而还分析了教义、仪式、教规与农民运动的关系。对八卦教与华北诸多的民间宗教教派的复杂关联也给以深入的关注。徐梵澄先生在 1992 年第 8 期《读书》上以“专史·新研·集成”为题，评价此书，认为著者“在极难措手的专题理出了一个头绪，使人明确见到史实的真姿，这是深可赞扬的事”。1986 年马西沙与韩秉方开始国家“七五”时期重点研究项目“中国民间宗教研究”课题的写作。1991 年 4 月此书完稿。1992 年 12 月《中国民间宗教史》由上海人民出版社出版。全书共计二十三章 106 万字，涉及从汉代至清代民间道教、民间佛教、摩尼教、罗教、黄天教、弘阳教、闻香教、江南斋教之大乘、龙华教、金幢教、青莲、先天灯花、金丹道、八卦教、九宫道、龙天教、一炷香教、收元教、混元教、刘门教、黄崖教、三一教等数十种宗教，凡此皆一一缜密钩沉考证。这是中国民间宗教研究的开创性、里程碑式的作品。此书 2004 年由中国社会科学出版社再版。1998 年马西沙独立完成《民间宗教志》，由上海人民出版社出版。该志书由于印刷数量极少，得见者几稀。2005 年该志书以《中国民间宗教简史》为名在上海人民出版社再版。再版时，收入马西沙的新近文章两篇，以及后记一篇。简史对《中国民间宗教史》的不足和缺憾进行校正，系统研究了中国民间宗教史上弥勒教与摩尼教的融合，进而指出元末农民起义为白莲教起义这一观点，是对历史的误判，明清民间宗教世界也不存在一个“白莲教系统”；同时，简史也对从变文到宝卷的源流关系进行统观，对罗教的五部六册宝卷教义做了阐释：即由净入禅，·再由禅入净，形成禅、净结合，心性即安身立命之净土，心性即本体。

林悟殊从 20 世纪 80 年代初开始即专攻摩尼教。他先后在《世界宗教研究》等杂志发表了《摩尼二宗三际论及其起源初探》《摩尼教入华年代质疑》《唐代摩尼教与中亚摩尼教团》《老子化胡经与摩尼教》《从考古发现看摩尼教在高昌回纥的封建化》等十余篇文章，翻译了柳存仁发表在 70 年代末的《唐前火祆教和摩尼教在中国之遗痕》[①]。林悟殊在摩尼教起源、摩尼教原始教义中融入了弥勒佛观念等问题上与柳存仁观点一致。柳存仁根据西文及道藏资料证明“在五世纪下半叶摩尼教经也已传入中国”。林悟殊则进一步指出“中国内地可能在四世纪初便已感受到摩尼教的信息”。1987 年林悟殊将过去成果结集整理成专著《摩尼教及其东渐》，在中华书局出版。

杨讷则在宋元白莲教研究上取得重要成果。在元末农民起义与宗教之关系上，杨讷是白莲教起义的主要支持者。他的代表作《元代白莲教》

① 柳存仁：《唐前火祆教和摩尼教在中国之遗痕》，载《世界宗教研究》1981 年第 3 期。

发表于1983年《元史论丛》第二辑。1987年在《文史哲》第4期上发表《天完红巾军与白莲教的关系考证》，在《元史论丛》第一辑上发表《天完大汉红巾军述论》。杨讷在白莲教研究上的另一贡献，是对白莲教史料的编辑，他曾与陈高华共同编辑了《元代农民战争史料汇编》，又独编《元代白莲教资料汇编》，对广大学者进行白莲教研究提供了方便。2004年6月，杨讷的《元代白莲教研究》一书在上海古籍出版社出版。从80年代初至今对民间宗教集中做个案研究的还有李尚英。李尚英主要从事对天理教的研究，发表了《天理教新探》及其后的《论天理教起义》《论天理教起义的性质和目的》等十余篇文章。

20世纪80年代中期天津学者濮文起专注于研究民间宗教，1991年出版《中国民间秘密宗教》（浙江人民出版社）一书，介绍了十几种民间教派，对其组织、经卷、教义、仪式、修持进行了研究，带有秘密宗教简史性质。此后濮文起完成了《民间宗教词典》。2000年8月濮文起发表了《秘密教门：中国民间秘密宗教溯源》一书（江苏人民出版社）。濮文起对现实民间宗教的调查研究最为引人注目。他发表在台湾《民间宗教》的《天地门教调查与研究》，将历史学和人类学研究的方法相结合，对历史资料进行考证，对现状活动进行考察。在近四万字的论文中，为学界呈现了一片人们未知的信仰世界。2005年以来，濮文起对华北地区的天地门教、弘阳教、西大乘教等仍然活跃于当代社会的民间宗教进行了再调查，发表了一系列论文。①

改革开放以来，路遥与程歗把档案史料引入义和团运动的研究，研究民间宗教与义和团的关系。两人合著的《义和团运动史研究》于1988年出版。其后程歗开始注重民间宗教与乡土意识的关系，1990年出版了《晚清乡土意识》一书。作者眼光敏锐，视角独特。在书中探讨了乡土意

---

① 参见濮文起《当代中国社会的民间宗教问题及其对策研究——以河北省天地门教、弘阳教为例》，《当代宗教研究》2005年第2期；濮文起《民间宗教的活化石——活跃在当代中国某些乡村社会的天地门教》，《天津社会科学》2006年第3期；濮文起《民间宗教的又一块活化石——活跃在当今天津市西青区杨柳青镇的明代西大乘教》，《当代宗教研究》2006年第3期；濮文起《当代中国民间宗教活动的某些特点——以河北、天津民间宗教现实活动为例》，《理论与现代化》2009年第2期。

识在晚清思想文化中的地位，以及乡土社会的政治意识、日常意识、宗教意识等，此书与1994年侯杰、范丽珠的《中国民间宗教意识》都对中国民众宗教意识产生的社会文化土壤进行了多层面的探讨。1989年起路遥及其弟子在山东开始了关于民间秘密教门的全方位的调查。此项调查涉及广泛，其中包括一炷香教、八卦教、圣贤道、九宫道、皈一教、一贯道、一心天道龙华圣教会及红枪会，调查长达十一年，所到之处遍及七十个县。2000年路遥完成四十五万字的《山东秘密教门》，此即长期调查的结晶。这部著作以历史资料与现状资料相参证，丰富的资料加上缜密的考证，多发前人所未发。

福建的林国平与连立昌先生在福建民间宗教研究领域卓有成就。福建师范大学的林国平在20世纪80年代先后发表了《论三一教的形成和演变》《论林兆恩的三教合一思想》《三一教与道教的关系》等六篇关于三一教的文章。此后，于1992年出版了就某一民间宗教研究的专著《林兆恩与三一教》。连立昌则是对福建地区民间宗教及会党结社有统观研究的学者，他的《福建秘密社会》与林国平著作互为补充，前者涉及面广阔，后者则专精于某一宗教。近年来，林国平对福建的三一教、金幢教等民间宗教进行了更为深入的再调查，拓展了当代民间宗教的研究。[①]

近年仍有一些学者的新著作值得重视。如徐小跃著《罗教五部六册揭秘》，对罗教经典做了系统的研究。此外王熙远著《桂西民间秘密宗教》，李富华、冯佑哲合著的《中国民间宗教史》。至于论文部分亦有可观者。如20世纪80年代初沈平定《明末十八子主神器考》，李济贤《徐鸿儒起义新探》《明末京畿地区白莲教初探》，近年孟思维与陆仲伟《晚清时代九宫道研究》、陆仲伟《归根道调查研究》、孔思孟《论八卦教历史神话——李廷玉故事》、林国平《福建三一教现状调查》、连立昌《九莲经考》、周绍良《略论明万历间九莲菩萨编造的两部经》、李世瑜《天津弘阳教调查研究》和《天津天理教调查研究》、于一《四川梁平“儒教”之考察》。周育民、秦宝琦以研究帮会见长，他们也有关于民间宗教

① 参见林国平《民间宗教的复兴与当代中国社会——以福建为研究中心》，2009年未刊调查报告。

研究的文章问世。如周育民《一贯道前期历史初探：兼谈一贯道与义和团的关系》、秦宝琦《清代青莲教源流考》等。

近年以来，随着民间宗教学科建设的完善，中国社会科学院宗教所、中国人民大学历史系、北京师范大学等均设有民间宗教研究方向的博士招生点。一批博士生的博士论文也随之出版，成为民间宗教研究的新生力量。宋军是中国人民大学历史系的博士生，从1995年以来，宋军相继发表了《弘阳教经卷考》《论弘阳教教祖“飘高”》等四篇文章。同时还赴日本研修，收集有关弘阳教的资料。宋军于2002年2月由社会科学文献出版社出版的《清代弘阳教研究》是又一部就专一民间教派研究的专著。该书在总结前人研究的基础上，收集了丰厚资料，对清代弘阳教的历史进行了缜密钩沉，是作者长期以来对弘阳教进行研究的系统成果。

2002年，刘平的《文化与叛乱》在商务印书馆出版发行。这是国内民间宗教专业博士生在民间宗教研究的又一部相关著作。刘平的这部著作与以往的研究不同，该书以清代秘密社会为对象，从文化的角度来研究农民叛乱。从构成民间宗教的文化土壤，即民间信仰、民间文化，以及清代民间宗教的文化内涵，清代秘密会党的文化内涵入手，分析导致此种文化与社会叛乱的关系。该书以巫术及其后的道教异端为重点，分析了民间文化与民间信仰对清代秘密社会及其叛乱所产生的影响。具体探讨清代民间宗教、秘密会党的文化内涵，借以说明民间宗教长期生存于传统社会并经常性发动叛乱的原因，并认为会党中“义”的观念有重要的作用，巫术、宗教因素也是会党的纽带，歃血为盟等社会习俗对会党的叛乱有深刻的影响。

梁景之是马西沙与日本学者浅井纪共同指导的博士生，1997年至2002年苦读五年，终于完成《清代民间宗教研究——关于信仰、群体、修持及其乡土社会的关系》的论文。论文不同于以往对清代民间宗教研究的历史学、宗教学方法论，不是具体研究某一派或几派的宗教史，而是把历史学与人类学的方法论结合起来，从众多具体、细小的史料所具有共性与差异性及其系统性入手，对信仰群体，对信仰者修持的方法，神秘体验，都仔细地进行了个案分析。同时也关注民间宗教的乡土性与民俗性，借鉴了主位和辩证的方法，关注史实的生态性，关注民间宗教的教义、经典与宗教实践，经卷教义与口传教义，宗教生活与世俗生活，共通性与多样性，超越性与区域性，要素与结构等方面的统一。

2003 年，北京师范大学民俗学博士生尹虎彬完成其论文《河北民间后土信仰与口头叙事传统》，这篇论文运用了民俗学的方法论，对河北某一地区的乡土社会进行了两年时间的一以贯之的专题调查。他对那一地区后土信仰分布状况、核心庙宇的信仰变迁、后土信仰与道教、民间宗教的关系进行了研究。同时将宝卷作为心理的、行为的、仪式的传承文本，考察宝卷与口头叙事传统互为文本的历史意义，这样《后土宝卷》的内涵及现实信仰的重要性也就凸显出来了。这些是该论文的独到之处。这篇论文是小中见大的典型，即看起来小，但是把握住这一课题的诸方面问题，反映了一种信仰及其文本历史的、文化上的内在联系。

2005 年，马西沙的韩国留学生李浩栽完成其博士论文《弘阳教研究》。该论文是将新近出现的六种弘阳教经卷的解读与对韩祖庙宗教现状的田野调查相结合的成果。此后，李浩栽相继发表《韩祖庙会中的宗教文化表现》《明末清初民间宗教的民族观析论——以〈冬明历〉为例》等文章。中国社会科学院世界宗教研究所的陈进国博士是马西沙指导的博士后，其著作《信仰、仪式与乡土社会：风水的历史人类学探索》业已出版。目前陈进国博士正从事东南亚华人华侨与民间宗教的调查研究，2007 年完成《困境与再生：泰国空道教（真空教、空中教）的历史及现状》一文，结合历史文献和田野考察，首次介绍了创立于江西赣州的空道教（空中大道）在泰国的传播史及当前的存在状态。

与大陆学界对民间宗教研究曾经出现停滞不同，自从 20 世纪 50 年代以来，台湾学界对民间宗教的研究基本没有停步。戴玄之从 60 年代继承萧一山先生秘密社会研究以来，对白莲教系统之青莲、红莲、白阳、青阳、红阳等教派，八卦教系统之各支教派，以及红枪会及不同名称支派的研究做出重大贡献。戴先生去世后，经王尔敏整理，其著作《中国秘密宗教与秘密会社》（上、下）于 1990 年 12 月出版。此外，戴氏著作还有：《义和团研究》《红枪会》。1995 年王见川、蒋竹山与戴玄之先生弟子王尔敏、王贤德诸君鼎力编纂《纪念戴玄之教授论文集》。中、日两国学者供稿，日本学者酒井忠夫作序，台湾学者王尔敏作传。内地学者马西沙、韩秉方，中国台湾学者王见川、蒋竹山，日本学者浅井纪、野口铁郎、武内房司分别提供重要论文。中国大陆、中国台湾、日本两国三方学者共同用论文纪念集的方式悼念戴玄之先生。

庄吉发主要研究方向在会党、义和团，但也发表过数篇有关民间宗教的有价值的论文，如《清代民间宗教的宝卷及无生老母信仰》（载《大陆杂志》第七十四卷第四、五期）、《清代乾隆年间收元教及其支流》（载《大陆杂志》第六十三卷第四期）、《清代青莲教的发展》（载《大陆杂志》1985 年第五期）、《清代嘉庆年间的白莲教及其支派》（《历史学报》第八期）、《清代三阳教的起源及其思想信仰》（《大陆杂志》第六十三卷第五期）、《清代道光年间的秘密宗教》（《大陆杂志》第六十五卷第二期）。2002 年，庄氏发表专著《真空家乡——清代民间秘密宗教史研究》。以上这些文章及专著的共同特点是，以第一手的清档案史料为基础的写作。庄氏是台湾地区较早、最多应用档案史料的学者。

郑志明是一位涉猎甚广的研究者。其代表著作有：《无生老母信仰溯源》（文史哲出版社，1985 年）、《中国善书与宗教》（学生书局，1988 年）、《明代三一教主研究》（学生书局，1988 年）、《台湾的鸾书》（正一善书出版社，1989 年）、《台湾新兴宗教现象——传统信仰篇》（南华管理学院，1999 年）等 20 余部专著。

林万传的代表作是《先天教研究》（1985 年）。这部著作是先天教教内经典，加上作者多年考据整理的关于先天教、一贯道、同善社的历史及经典、教义、仪规的一部先天教等的百科全书式的著作。林万传又与王见川一起编纂了《明清民间宗教经卷文献》，收集 150 余种民间宗教经典，共 12 册，其中不乏珍贵宝卷。王见川、林万传对学者研究的资料贡献是巨大的。

宋光宇的研究以对台湾一贯道现状的调查研究著称。其代表作是《天道钩沉》（1983 年自印发行）、《龙华宝经》（1985 年）及若干论文，如《从一贯道谈当前台湾的一些宗教文化》（《九州学刊》第 2 卷第 1 期）、《中国秘密宗教研究情形的介绍（一）》（《汉学研究通讯》1988 年第七卷第一期），专著《天道传灯——一贯道与现代社会》（台北三阳印刷公司）。

王见川是台湾研究民间宗教的新锐，于20世纪80年代末开始研究摩尼教，1992年，王见川著《从摩尼教到明教》由台湾新文丰出版公司出版。王见川在诸如方腊起义与明教、祆教与摩尼教、摩尼教与明教的异同诸问题上皆有考证和发明，可以和柳存仁、林悟殊有关论文著作并读。王见川研究范围广阔，他利用新发现的史料，对初期黄天道传教弟子及教团分布诸问题都有研究。此后王见川对台湾斋教进行细致及大量的调查，完成他第二部专著《台湾的斋教与鸾堂》（共30余万字，台湾南天书局1996年出版）。王见川还总结一贯道从历史到今日的整体研究史，完成《台湾一贯道研究的回顾与展望——增补〈从新史料看一贯道的历史〉》（见张珣、江灿腾合编《台湾本土宗教研究》）。最近，王见川发表《普庵信仰的起源与流传：兼谈其与摩尼教、先天道之关系》，在对普庵信仰进行细致研究的基础上，指出先天道的关键人物极可能是普庵的信仰者，而不只是金丹道人士或大乘教教徒。①

近年台湾年轻学人研究民间宗教的尚有李世伟。作品有《香港孔教学院考察侧记》《澳门同善社之今昔》《“中国儒教会”与“大易教”》《苗栗客家地区的鸾堂调查》（见《台湾宗教研究通讯》及《民间宗教》）。香港学界研究民间宗教者有游子安，《清代善书研究》《善与人同》是游子安对宝卷、善书进行研究的专著。游子安的研究既有历史学缜密扎实的考证，也涉及广阔、深入的调查研究，两者结合终于构筑扎实的作品。

1996年香港中文大学崇基学院与香港青松观道教学院联合召开了道教与民间宗教研讨会。与会者有香港本地学者黎志添、廖迪生，内地学者马西沙、韩秉方、侯杰、范丽珠，台湾地区学者李丰茂、谢剑，加拿大学者欧大年（Overmyer Daniel），法国学者劳格文（Lagerwey John）。会后由黎志添主编成《道教与民间宗教研究论集》（学峰文化事业公司出版，1999年1月，共集论文9篇）。

对东南亚华人社会民间宗教研究，也颇值得关注。前辈学者罗香林先

① 参见王见川撰《从僧侣到神明——定光古佛、法主公、普庵之研究》，圆光佛学研究所2007年版。

生曾著《流行于赣闽粤及马来西亚之真空教》（1962 年中国学社出版）。此书对创成于中国江西寻邬县的真空教的创成、创教人廖帝聘生平、创教经书四部经、气功功法以及在东南亚流行的现状、人员构成、教堂、传统与现代社会之关系均有深入研究。陈志明《马新德教会之发展及其分布研究》是对泰国、马来西亚、新加坡华人社会中传播的德教的研究。全书对德教基本特征、在中国的发展、德教四大系统（紫系、济系、赞化系、振系）的发展及教会的分布做了细致的研究。

学界民间宗教研究杂志的出版与发行，以及关于民间宗教文献的编辑也值得关注。王见川与范纯武、柯若朴主编的《民间宗教》杂志已达数辑，对于民间宗教现状（中国大陆、台湾及东南亚地区）文章发表大有助力，其中有些篇幅内容新颖、丰富，视角开阔，令人耳目一新。王见川其他工作亦很有意义，如合编纪念戴玄之论文集，合编宝卷经文的出版，都说明他的贡献。濮文起与宋军等经过长期艰苦的努力出版了 40 册的《宝卷》，收集了一部分相当珍贵的文献。这是民间宗教史研究以来第一次公开出版如此众多的宝卷经书，它给国内外研究者以重要的帮助。其后台湾王见川等人合编的《明清民间宗教经卷文献》初编和续编都已经出版，都为 12 册。2005 年由周燮藩主编，濮文起任分卷主编的《中国宗教历史文献集成：民间宝卷》（共 20 册）由黄山书社出版发行。以上资料可以与 40 册的《宝卷》相互参照，以作研究之用。

第二节 中国民间宗教研究的重要问题

一 “民间宗教”概念的界定

对中国的民间宗教进行研究，首先遇到的问题就是对“民间宗教”这一概念的界定。中国的传统宗教具有复杂性与多样性。目前的学术界基于西方宗教学理论的考量尚未在“民间宗教”的概念上有统一的界说。

由于中国传统宗教的复杂性与多样性，对中国传统宗教的区分与界定实为不易，这一点在对中国的“民间信仰”（folk belief）或曰“民间宗教”概念的确定上体现得尤其明显。中国的正统宗教、民间宗教、民间信仰相互联系，而又互有区别。荷兰的汉学家格鲁特（De Groot，J. J.）在《中国的教派宗教与宗教迫害》(*Sectarianism and Religious Persecution in China*）一书中，将民间宗教称为“教派”（Sectarianism)。杨庆堃将中国宗教区分为“制度化宗教”（Institutional religion）与“普化宗教”（Diffused religion）两种。杨庆堃的制度化宗教也涵括了格鲁特所指的民间教派（Sectarianism)。[①] 在社会、文化人类学者看来，“民间信仰”与“民间宗教”同义，也可以称“民俗宗教”或“普化宗教”。而在历史学家和汉学家的眼中，“民间宗教”这一概念则包括民间信仰和民间教派两个不同的类型。加拿大学者欧大年认为民间宗教有“教派的民间宗教”和“非教派的民间宗教”之区分。[②] 在《民间宗教志》中，马西沙也明确指出，“所谓民间宗教，是指流行于社会中下层、未经当局认可的多种宗教的统称”，民间宗教这一概念比秘密宗教、秘密社会或民间秘密结社“更具有包容性和普遍性”。[③]“民间宗教与正统宗教虽然存在质的不同，但差异更多地表现在政治领域，而不是宗教本身。……就宗教意义而言，民间宗教与正统宗教之间没有隔着不可逾越的壕沟。”[④]在马西沙那里，道、释等正统宗教及儒学在民间的散布形态（如民间道教和佛教）理所当然地属于民间教派或民间宗教。他甚至还有如下观点：“在未来的社会，所谓民间宗教，所谓正统宗教的概念都会消失，将代之以传统宗教、新兴宗教的概念。”[⑤] 事实上，在中国历史上，民间信仰、民间宗教与正统宗教之间，历来都处于一种良性的互动关系之中。只有将民间宗教、正统宗教与民间信仰置于相互关联的网络中进行考察，才能更准确地把握中国传统宗教的实态。金泽先生从发生学的角度，将宗教划分为“原生性宗教”和“创生性宗教”。他认为中国的宗法性传统宗教和民间信仰属于原生性

---

① Y. C. K. , *Religion in Chinese Sosciety*: *A Study of Contemporary Social Functions of Religion of Some of Their Historical Factors*, Berkeley, 1961, pp. 294 - 295.

② 欧大年：《中国民间宗教教派研究》，刘心勇、严耀中等译，上海古籍出版社 1993 年版，第 2 页。

③ 马西沙：《民间宗教志》，上海人民出版社 1998 年版，第 1 页。

④ 马西沙、韩秉方：《中国民间宗教史》，上海人民出版社 1992 年版，第 2 页。

⑤ 马西沙：《中国民间宗教简史》，上海人民出版社 2005 年版，第 436 页。

宗教，而五大宗教及民间教派、新兴宗教等属于创生性宗教。更为关键的是，金先生很好地把握了民间宗教、民间信仰与正统宗教的关联，在更为广阔的维度向我们展示了中国传统宗教的多样性。可以说，民间宗教是扎根于民间的另一种宗教形态，它与民间信仰相比较，有着比较“坚硬”的组织外壳。现今世界上的几大宗教，最初都是由民间教团发展起来的。民间宗教的社会地位可能会因天时地利人和的因素而有上升的变迁，但有些曾经是占统治地位的宗教也可能因为种种因缘际会而下降或分解为民间信仰。并非所有的民间宗教都能够进入主流宗教的行列，像明清之际的罗教、斋教、黄大教、弘阳教、八卦教等，虽然在民间有过相当的发展，但始终没有成为正统宗教。[①]

由于民间宗教在中国历史上大都秘密流传，因此国内还有些学者将中国民间宗教称为“秘密宗教”“民间秘密宗教”“民间秘密宗教结社”[②]。然而，并非所有的民间宗教在任何时代都遭受取缔，某些教派的传教曾有相当的公开性，如元代初、中叶的白莲教，明代中叶的无为教、三一教，等等。因此“不能以秘密宗教加以概括，民间宗教这一概念，更具有包容性和普遍性”。[③] 欧大年也指出，在研究中国民间宗教时，不能将民间宗教与一些自愿结社如秘密会社以及不时爆发的农民起义混为一谈。应该对中国民间各种结社进行更为准确的分类，不仅要注意其政治功能，而且应该重视其内部的历史和宗旨，进而根据源流、教义和实践把各种不同的宗教运动形式区分开来。[④]

在当今中国宗教史的研究中，学界又往往将“教门”一词指称明清之际的民间宗教教派。马西沙认为，所谓教门是指下层民众以信仰为纽带的结社组织。溯其渊流，东汉末年的太平道、五斗米道；南北朝佛教异端派生出的大乘教、弥勒教；南北朝时期从西域传入中原的摩尼教；隋唐时代摩尼教与弥勒教的融合；北宋的祆教；南宋初在江南问世的白莲教白云

---

① 相关论述可参见金泽先生2001年由宗教文化出版社出版的《宗教人类学导论》一书。另可参见相关论文《民间信仰的聚散现象初探》，《西北民族研究》2002年第2期。

② 濮文起：《秘密教门：中国民间秘密宗教溯源》，江苏人民出版社2000年版。

③ 马西沙：《中国民间宗教简史》之“绪言”，上海人民出版社2005年版。

④ 欧大年：《中国民间宗教教派研究》，刘心勇、严耀中等译，上海古籍出版社1993年版。

宗；金元时代在北方出现的被耶律楚材称为“老氏之邪”的全真道、混元道、太一道、真大道等“新道教”[①]；元代白莲教及弥勒教与摩尼教的混合教派即“香会”等，其初始都是民众以信仰为纽带的结社组织，即教门无疑。进而，马西沙认为就宗教本质而言，明清民间教门与正统宗教之间并无本质不同。[②] 路遥先生亦以“教门”指称明清民间宗教教派。但是在路遥先生那里，“教门”是一中性的词语，并不带有思维判断。[③] 当然，国内还有一些学者将“教门”作贬义解，指出：“把秘密教门归入宗教信仰，从而否定它是民间秘密结社，也是值得商榷的”[④]，这无疑是认为明清民间“教门”并非宗教。

事实上，“教门”一词的使用并非始于明清之际的民间宗教，更不是明清民间宗教的专称。“教门”一词乃是中国历史上多种宗教的称谓，尤以传统的释、儒、道三教为多。明清的民间宗教（民间教门、秘密教门）当为宗教无疑。[⑤] 显然，当今学界是从政治学层面对民间宗教进行定义的。这种定义方式虽然能比较确切地反映明清民间宗教与农民运动的紧密联系，但却隐含有先入为主的价值判断。在这种定义下的民间宗教本质上是一种对抗正统政权的政治势力，而宗教只是一种形式而已。[⑥] 综观历史上出现的宗教异端，都与政权以及代表官方意志的正统宗教的打压有着密切关系。所谓“异端”是历代统治阶级、宗教界对一些新兴教派的指称，其本质是基于政治上的一种判定。然而，正统宗教与民间宗教的差别更多地表现在政治范畴而不是宗教层面。活泼的民间宗教主要不是活在国家政治里，而是活在民众的民俗文化中。[⑦] 随着时代的发展，今后所谓正统宗

---

① 马西沙认为，全真道兴起于民间，乃是典型的民间宗教，其一反北宋道教的作为，明显带着宗教改革的性质。关于全真道的民间性请参看马西沙《论全真道的民间性》，第 91—96 页；李刚《全真道何以能成立》，《全真道传承与开创国际学术研讨会 2003 年论文集》，第 56—66 页。

② 马西沙、韩秉方：《中国民间宗教史》，中国社会科学出版社 2004 年版；马西沙：《中国民间宗教简史》，上海人民出版社 2005 年版。

③ 路遥：《山东民间秘密教门》，当代中国出版社 2000 年版。

④ 秦宝琦：《中国地下社会》，学苑出版社 1993 年版，第 6 页。

⑤ 参见李志鸿《“教门”考》，2007 年未刊论文。

⑥ 王庆德：《中国民间宗教史研究百年回顾》，《文史哲》2001 年第 1 期。

⑦ 董晓萍：《田野民俗志》，北京师范大学出版社 2003 年版，第 578 页。

教、民间宗教、民间秘密宗教、教门、民间教派等概念都将代之以传统宗教和新兴宗教。

二　民间宗教研究的方法：文献与田野

长期以来，历史学研究法是中国民间宗教研究的主流倾向。在这种倾向之下，文献学方法的使用，对占有的史料进行考证、梳理是研究的旨趣所在。事实上，自从中国民间宗教研究进入学者的研究视野以来，田野调查历来是对民间宗教进行研究的重要途径之一。荷兰汉学家格鲁特，就是在对龙华教和先天教的仪式活动进行调查的基础上，完成其著作《中国的教派宗教与宗教迫害》（*Sectarianism and Religious Persecution in China : a Page in the History of Religions*）的。20 世纪 30 年代，中国的一些人类学家也开始介入对活跃于中国乡土社会的民间宗教的调查。1947 年，李世瑜在华北 62 个村庄进行了实地考察。1948 年年底，《现代华北秘密宗教》一书出版。李世瑜先生是第一个将西方的人类学方法引入中国民间宗教研究的。此后，人类学传统中断了。

改革开放后，中国内地对民间宗教的实地调查恢复。这其中有马西沙对八卦教等华北教门以及成都刘门教、福建三一教等的长期调查。还有福建师范大学的林国平先生对福建三一教的调查研究。更有山东大学路遥先生对山东大地民间秘密教门长达 11 年的深入调研。2000 年路遥的《山东秘密教门》出版，全书 45 万字。[①] 作者使用调查搜集来的教门故事、神话、口诀、拳术、气功功法等口头资料，复原了乡土社会的信仰世界。这种方法显然有别于原有的历史文献学的进路。当今学界，民间宗教研究再次进入了民俗学者的视野。民间宗教研究中的这一民俗学倾向，充分体现了民间宗教研究中多学科交叉的进路。[②] 当代民俗学者董晓萍先生在研究华北民间宗教时指出，探讨民间宗教应该充分关注民众自身的观点。[③]

---

① 程歗、曹新宇：《20 世纪规模最大的中国民间教门田野调查——评路遥〈山东民间秘密教门〉》，《清史研究》2002 年第 4 期。

② 关于民间宗教研究的民俗学倾向可参见陈进国《中国民间宗教研究的学术转向》，《中国社会科学院院报》2004 年 11 月 9 日。

③ 董晓萍：《田野民俗志》，北京师范大学出版社 2003 年版，第 578 页。

三 宝卷与中国民间宗教研究

中国民间宗教研究所涉及的史料众多，但凡历代官书、笔记、杂录、档案、宝卷皆在其列。其中，以清代档案和教派宝卷尤为重要。相对于档案而言，宝卷是研究民间宗教的另一重要文献群。据统计，国内外公私收藏的宝卷约计有1500余种，5000余种版本。作为尚未被充分发掘、整理、研究的民间文献，宝卷与宋元以来的中国民间宗教有着重要的关联。20世纪二三十年代，顾颉刚、郑振铎、向达等学者开始搜集、研究宝卷。此时的研究主要是将宝卷作为民间俗文学来看待的。早期对宝卷的研究主要是进行文献学上的编目。1927年，郑振铎在《中国文学研究》上发表《佛曲叙录》。40年代，恽楚材先后发表《宝卷续录》《宝卷续志》。此后，傅惜华的《宝卷总目》，胡士莹的《弹词宝卷目》，李世瑜的《宝卷综录》也相继问世。李世瑜的《宝卷综录》著录国内公私19家收藏宝卷618种，共计1487种版本，还收藏有见诸文献著录不见传本的宝卷35种。日本学者泽田瑞穗著《增补宝卷的研究》，共收入作者以及日本公私收藏宝卷209种，是海外汉学界收集最丰者。综观学者对宝卷的整理，可以分为“叙录”和“编目”两类。在宝卷目录研究上，车锡伦堪称集大成者，其著《中国宝卷总目》共收入海内外公私104家收藏的宝卷1585种，5000余种版本，是目前收入最全的宝卷目录。如前所述，中国的宝卷数量巨大，可以说是独立于佛经、道藏外的另一中国传统宗教的经典。这些为数不少的宝卷，包括了相当种类的劝善书，但作为民间宗教教义的宝卷亦有二三百种。

（一）宝卷的体裁与渊源

1925年顾颉刚在北京大学《歌谣周刊》上刊登《孟姜女宝卷》，并对之进行了考证研究。1934年在《歌谣周刊》上发表《苏州近代乐歌》，指出宝卷是宣扬佛法的歌曲。郑振铎则以“佛曲”来称宝卷，指出宝卷是变文的嫡派子孙。泽田瑞穗则指出，南宋和尚编写的《销释金刚科仪》是更早的宝卷类型的经文，据此，泽田以为：宝卷直接继承忏法，模拟了唐宋以来传承的科仪。李世瑜在《宝卷新研》一文中以为：唐五代俗讲“讲唱经文”以及演佛经故事的“变文”到了宋代成为“说经”，杂糅宋、金、元、明各代的鼓子词、诸宫调、散曲以及其他戏曲等形式，明正德年间出现了宝卷。车锡伦认为，宝卷这种演唱形式形成于南宋时期。宝卷的形成继承了佛教俗讲的传统，又受到佛教忏法演唱仪式化的影响。马西沙则指出，宝卷之始，主要是由唐、五代变文以及讲经文孕育产生的一种传播宗教思想的艺术形式。它多由韵文、散文相间组成，有些卷子可讲可唱，引人视听。最初的宝卷是佛教向世人说法的通俗经文或带有浓厚宗教色彩的世俗故事的蓝本。僧侣借这类宝卷，宣扬因果轮回，以弘扬佛法。

（二）宝卷与明清民间宗教的宗教实践

现有大量的宝卷中，至少有二三百种是明清民间宗教的相关经典、科仪。马西沙认为，至少到了明初，宝卷已开始为民间宗教利用，作为教义的载体形式。宝卷包容的思想极为庞杂，兼杂儒、释、道等传统文化，又有历代积淀的各类民间宗教的思想资料，乃至民间神话、风俗、礼仪、道德规范等内容。就道教而言，影响也是多方面的。道教的哲学、炼养、斋醮、神话传说都深深渗透到多种宝卷之中，其中道教的内丹术及斋醮仪范对宝卷的影响最大。还有一部分民间宗教，有一种自成体系的天道观，这种天道观又与内丹炼养之术汇于一体，则演化成一种极有吸引力的社会政治观点、一种反传统的思潮，这就是“三教应劫”思想。这种教义成为黄天教、闻香教、八卦教、一贯道等多类教门的基本教理，对下层受苦受难者无疑颇具吸引力，成为部分民间宗教反传统思想的核心内容，也是与道教天人合一思想最具分歧之处。

（三）宝卷的调查与研究

20 世纪 50 年代开始，已经有学者开始对宝卷演唱活动进行调查。这一时期，学者在对江苏南部戏曲调查中获得了一些宝卷曲目。[①] 1957 年张颔《山西民间流传的宝卷抄本》载于《火花》第 3 期。80 年代之后，宝卷的田野调查卓有成绩。1991 年，《酒泉宝卷》由甘肃人民出版社出版。江浙的宝卷调查也有成果问世。1992 年，段平的《河西宝卷的调查研究》、方步和的《河西宝卷真本校注研究》先后在兰州大学出版社出版。

① 江苏省音乐工作组编：《江苏南部民间戏曲说唱音乐集》，音乐出版社 1955 年版。

随着宝卷调查研究的深入，学者也对宝卷研究进行了反思，[①] 对“宝卷学”[②] 也进行了阐述。

各教派传统经卷的整理与重新流传。在民间宗教历史上，罗祖教的五部六册宝卷对后世有着重大的影响。现今流行于福建闽西地区的罗祖教徒，仍然大量刊印罗祖五部经典，并以一套300—400元人民币的价格出售给当地从事念经活动的罗祖教信徒。[③] 黄天教内传有“九经八书”之说。在现今河北易县一带，皇天教的《太阴生光普照了义宝卷》《太阳开天立极亿化诸神宝卷》仍然是民间音乐社的艺人们讲唱的文本，与《后土宝卷》一同流传。弘阳教经典和忏文之多，居明清诸民间教门之首。这些弘阳教的传统经典在当代华北的弘阳教道场中时常出现，成为该教派传播教义、教理、为民众提供仪式服务的重要文本支持。流传于福建西部地区的归根道（或称儒门），改革开放以来也得到了复兴。近年来，该教教徒创新整理、刊印了不少经卷。[④] 流传于当今河北、天津地区的天地门教，也整理出不少的本教经典。如《董祖立道根源》《根源记》《老祖经》等[⑤]。在当代河北农村重新流行的大乘天真圆顿教，其传人于1992年，将民国时期一位名叫张树松的大乘天真圆顿教信徒假托大乘天真圆顿教创始人弓长名号编写的《弓长出世招贤真经》重新印制，广为散发。[⑥]

特别值得一提的是，弘阳教、金幢教、天地门教、大乘天真圆顿教中的当家师傅还编写了一批新经卷。如天地门教传人编写了《菩提道》《做人之道》《杂谈说道》《歌词讲日集》等。新流行于当代河北农村的大乘天真圆顿教传人编写了一套《探索人生系列丛书》，成为该教宣讲教义、

---

① 车锡伦：《中国宝卷研究的世纪回顾》，《东南大学学报》（哲学社会科学版）2001年第3期。

② 濮文起：《宝卷学发凡》，《天津社会科学》1999年第2期。

③ 李志鸿：《闽西罗祖教〈大乘正教宗谱〉初探》，2009年10月未刊论文。

④ 陈进国：《外儒内佛——新发现的皈根道（儒门）经卷及救劫劝善书概述》，《圆光佛学学报》2006年第10期。

⑤ 濮文起：《当代中国民间宗教活动的某些特点——以河北、天津民间宗教现实活动为例》，《理论与现代化》2009年第2期。

⑥ 同上。

教理的重要媒介。涿鹿县矾山镇柳树庄村的大乘天真圆顿教传人编写了《弥勒佛天文诗》等经典，广为流传。以上经卷通俗易懂，为民众所喜闻乐见。[①] 除了重新刊印传统的教门经卷外，在当代依然活跃于民间的弘阳教徒还经常念诵《千佛歌》以及《人性图》。《千佛歌》是在韩祖庙庙会上信徒念诵得最多的经典，是弘阳教的教理总集，综合了五部经的基本内容，其念诵有一定的仪式。《人性图》则为弘阳教传法者代代相续的秘典，载有教内内丹修炼所需的方寸位置，不轻易示人。[②] 现在莆田民间的金幢教除了流传《九莲经》等历史上已见记载的文献外，亦传行一些新的经典，如《宝忏一藏白话问》《大忏解》等[③]，这些经卷不仅叙述了金幢教的本门发展史，而且是该教门为广大民众提供仪式服务的重要典籍。正因为仪式生活的鲜活性，大量教门的新科仪本也正在不断的创造中。此堪为当代民间宗教复兴的一个重要特征。

四　关于“白莲教”的论争

20 世纪 70—80 年代，中外学术界曾经将明、清时代民间宗教统称为白莲教。70 年代末 80 年代初，美国学者韩书瑞（Susan Naquin）在其著作中将中国的民间宗教以“白莲教”概括之，认为对无生老母的崇拜是其共同的信仰核心。虽然，韩书瑞指出白莲教由一些分散的小集团组成，但是仍然将之统称为白莲教，八卦教等民间宗教是白莲教的支派。在其著作《千年王国运动：1813 年八卦教起义》（*Millenarian Rebellion in China, the Eight Trigrams Uprising of 1813*）中，韩书瑞在第一章 the organization and ideology of white lotus sects 中即探讨了白莲教的组织形态与教理教义。[④] 显然，韩书瑞已经把白莲教作为论述其他教派的总体框架。日本学

---

① 濮文起：《当代中国民间宗教活动的某些特点——以河北、天津民间宗教现实活动为例》，《理论与现代化》2009 年第 2 期。

② 李浩栽：《弘阳教研究》，中国社会科学院研究生院宗教系博士论文未刊稿，2005 年 5 月。

③ 陈松青：《福建金幢教研究》，福建师范大学硕士学位论文，2006 年未刊稿。

④ Susan Naquin, *Millenarian Rebellion in China*, *the Eight Trigrams Uprising of 1813*, New Haven and London: Yale University Press, 1976; Naquin, Susan, *Shantung Rebellion: The Wang Lun Uprising of 1774*, New Haven: Yale and London, University Press, 1981.

者与此不同，他们将明清两代的民间宗教分为白莲教和罗教两个系统。台湾的郑志明先生也认为罗教以无生老母为信仰核心，白莲教以弥勒佛为信仰核心，两教是不同系统的教派。① 喻松青则将明清民间宗教都名之曰“白莲教”，并指出明清的白莲教主要包括白莲教、罗教、黄天教、弘阳教、八卦教以及由此而衍生出的各种教派。这些教派的教理教义、信仰、仪式、经典、组织活动的形式都与白莲教大体相同。所以可以将之视为白莲教。②

马西沙认为，明、清时代民间宗教不应统称为白莲教。当然，作为一个曾经深刻影响时代的民间宗教，白莲教在明、清时代仍然留下了某些历史痕迹。在黄天教中，创教祖师李宾，道号普明，继教业者则是普光、普净、普照、普慧等人。这种以普为号，明显地带着白莲教的印记。同样，在圆顿教中，也有“男普女妙”的记载。在江南斋教中，有一个异名同教——一字教，教徒皆以普字为教名。这些标志，无疑地保留着白莲教的某些特点。但是，人们再也找不到一支以西方弥陀净土为信仰，以家庭寺院为组织，以普觉妙道为道号的白莲教了。宋元时代的白莲教，在漫长的历史演变中，已融进了波澜壮阔的民间宗教运动的大潮之中，已不具备主宰地位了。元代末年以香会为主要领导的农民起义失败，弥勒信仰、明教、白莲教遭禁。此时的农民起义，多香军即红巾军余党，以崇弥勒下生者居多。明中叶仍有“白莲教”活动，但这些“白莲教”并不信仰弥陀净土思想，而是崇拜弥勒佛。这种“白莲教”仅有白莲教之名而无白莲教之实，本质是弥勒教会的信仰了。这一时期，“白莲教”不但与南宋茅子元所倡白莲教迥然不同，与元代普度的白莲教也没有任何内在联系。明、清时代民间宗教有着多种形态。如今的学者如果仍然将明清时代呈现多样化形态的各种民间宗教统称为白莲教，则违背了历史。

五　民间宗教与社会运动

在中国民间宗教史上，存在着民间宗教与农民运动相结合的现象。在

① 郑志明：《无生老母信仰溯源》，（台北）文史哲出版社 1985 年版；《中国社会与宗教》，（台北）学生书局 1986 年版。

② 喻松青：《明清白莲教研究》，四川人民出版社 1987 年版。

一定历史条件下的民间宗教运动，在一定程度上冲击了历代王朝的统治秩序。对民间宗教与社会运动的探讨也成为中国民间宗教研究的重要命题。中外学界对民间宗教与社会运动探讨方法与角度皆不同。

（一）千年王国运动与民间宗教运动

从格鲁特开始，西方的学者即认识到中国民间宗教与政治反抗运动的密切关系。杨庆堃指出，整个清王朝的军事行动包括两类，一为清朝初年远征边疆同非汉族作战，一为在王朝晚期镇压宗教起义。这显示出宗教力量和社会运动间的密切关系。① 韩书瑞将清朝民间宗教运动与西方基督教的异端信仰相比较，指出八卦教起义不是一场简单的农民起义，而是一场千年王国运动。在其著作《千年王国运动：1813 年八卦教起义》中，韩书瑞以为，民间宗教运动不是清代本身的社会危机引发的。刘广京（Kwang - Ching Liu）和石汉椿（Richard Shek）也着力研究民间宗教信仰、宗教异端对王朝现行秩序的离心力，以及对反抗王朝运动所提供的动力。② 与此不同的是欧大年的研究，欧大年曾经指出，对于学者而言，应该对中国民间各种结社进行更为准确的分类，不仅要注意其政治功能，而且应该重视其内部的历史和宗旨。应该把各种不同的宗教运动形式区分开来。③

新中国成立后，中国学界对民间宗教的关注实际上即源于对农民战争的研究。改革开放后，对于民间宗教与社会运动的研究仍然是学界热烈讨论的一个话题。马西沙在《中国民间宗教史》序言中指出，民间宗教运动在特定的一些历史条件下，与农民革命运动相契合，遂从一种宗教力量转化成政治力量、军事力量，形成极大的反抗现行秩序的潮流。特别是近千年来，这种不断涌起的大潮，冲击着宋、元、明、清几个大帝国的根

---

① Y. C. K.，*Religion in Chinese Sosciety*：*A Study of Contemporary Social Functions of Religion of Some of Their Historical Factors*，Berkeley，1961. 又见［美］杨庆堃《中国社会中的宗教：宗教的现代社会功能与其历史因素之研究》，范丽珠等译，世纪出版集团、上海人民出版社 2007 年版，第 204、208、209 页。

② 刘广京：《从档案材料看 1776 年省白莲教起义的宗教因素》，《明清档案与历史研究》，中华书局 1988 年版；*Heterodoxy in the Late Imperial China*，Edited by Kwang - Ching Liu and Richard Shek，Honolulu：University of Hawaii press，2004，pp. 172 - 208。

③ 欧大年：《中国民间宗教教派研究》，刘心勇、严耀中等译，上海古籍出版社 1993 年版。

基。这是中国封建专制统治造就的特殊的反作用力。刘平《文化与叛乱》一书，则从文化的角度入手，试图探讨农民叛乱的文化因素和宗教因素。叛乱与文化关系很大，但仅是其中一个因素，且绝不是根本因素。也与造反有理还是无理没有必然联系，具体的造反具体分析，陈胜吴广的篝火孤鸣与王伦造反的劫变不可同日而语。没有草根文化就没有轴心文化，没有民间文化就没有儒、释、道。

（二）民间宗教的救世思想：摩尼教与弥勒教的融合

在中国民间宗教史上，弥勒教与摩尼教的融合是一个十分重要而又有着重大争议的问题。在中国大陆学术界，唐长孺、柳存仁诸位先生较早地重视了中国历史上弥勒信仰与摩尼教的关系。唐长孺先生曾发表《北朝弥勒信仰及其衰落》一文对这一关系进行了研究。[①] 随后，柳存仁发表的一系列成果引起了学术界的重视。1981 年，柳先生的文章《唐前火祆教和摩尼教在中国之遗痕》由林悟殊先生译出，在《世界宗教研究》上发表。[②] 该文中，柳先生举证了从公元 471 年至 614 年间 13 件带有“宗教成分”的乱事，并指出“有些叛事和摩尼教的联系”还不能定论，但如果找到更有力的理由佐证，“其中有些内容即可以说明问题”。柳先生以《道藏》及摩尼教残片为证据，指出：弥勒教和摩尼教有联系，表面似乎是在中国的创新，其实在原始摩尼教教义中，已有其宗教根源。在此基础上，马西沙则在《民间宗教志》《历史上的弥勒教与摩尼教的融合》[③]中，从摩尼教原始教义融入弥勒观念开始考证，继之隋、唐、五代两教融合之史实。再继之钩沉北宋、元代之香会，而至元末之“香军”“烧香之党”。指出，从宗教史的角度来看，弥勒教、摩尼教实为南北朝、隋唐及北宋时代两大民间教派，且相互交汇融合，形成民间救世思想的主流。

学术界在弥勒教与摩尼教融合问题上，有着一些不同的观点。2006 年，芮传明发表《弥勒信仰与摩尼教关系考辨》一文[④]，在文章中，他分

---

① 唐长孺：《北朝的弥勒信仰及其衰落》，《魏晋南北朝史论拾遗》，中华书局 1983 年版。

② 柳存仁：《唐前火祆教和摩尼教在中国之遗痕》，《世界宗教研究》1981 年第 3 期。

③ 马西沙：《历史上的弥勒教与摩尼教的融合》，中国人民大学出版社 2004 年版。

④ 芮传明：《弥勒信仰与摩尼教关系考辨》，《传统中国研究集刊》第一辑，上海人民出版社 2006 年版，第 1—30 页。

析了弥勒信仰与摩尼教貌似雷同的因素，指出：弥勒信仰与摩尼教无论是其实质，还是其渊源，都有区别，不宜动辄称为“互相融合”“互相借鉴”。杨讷则指出，经社、香会不是摩尼教或摩尼教与弥勒教信仰的混合教派。经社是诵经结社，香会就是焚香聚会，没有更多的含义，不涉及念哪门经、向哪位仙佛敬香的问题，不同的宗教都可以采取经社和香会的集众方式。结社、诵经、烧香、设斋是中国历史上许多宗教共有的活动。①同时，杨讷以为，白莲教本身“明王出世”中的“明王”与明教的明尊、明使均不相干，“明王”就是阿弥陀佛。其典出于《大阿弥陀经》，《大阿弥陀经》称阿弥陀佛为“诸佛光明之王”，“弥陀出世”自然就是“明王出世”。②

六　民间宗教的传承与转化

民间宗教教派在流传过程中，由于诸多方面的原因，变异与转化在所难免。对这种变化的研究不仅是梳理民间宗教的“源”与“流”的关键，也是进一步认识民间宗教与政治、经济、地域性文化等因素存在着复杂关联的突破口，借此也才能更深入、更全面地认识民间宗教在社会变迁中的真实位置。

（一）罗教与青帮

青帮是中国近现代社会中最著名的帮会组织。但对青帮的渊源，学术界未有统一的意见。可以说，出现于明中叶的罗教与产生于清代的青帮之间的渊源关系一度是中国民间宗教史研究以及清史研究中的重要问题。然而，关于此问题学术界形成了意见相左的两派。马西沙从 20 世纪 80 年代初，即开始关注了这一问题。通过多年对清代档案的研究，马西沙以为，青帮远渊于罗祖教，其初是以罗祖教为信仰，以运河漕运水手为主干的水手的行帮会社。他认为青帮的形成是一部纷繁复杂的从宗教到水手行帮会社，再演变成秘密帮会的历史。马西沙在占有大量史料并进行了缜密考证的前提下，发表了一系列的文章对这一问题进行了开创性的研究。1984

---

① 杨讷：《元代白莲教研究》，上海古籍出版社 2004 年版，第 168—169 页。

② 同上书，第 176—183 页。

年，《从罗教到青帮》一文，对罗教与青帮前身——水手行帮会社形成的关系做了明确阐述。[①] 在1992年出版的《中国民间宗教史》第六章中全面考证青帮与罗教的内在联系。[②]《罗教的演变与青帮的形成》则更加系统地考察了产生于明中叶的罗教与产生于清代的青帮之间的渊源关系。[③]李世瑜先生则与马西沙的论点相对立。李先生在《青帮·天地会·白莲教》一文中，"辨析青帮非罗教支派"。[④] 在《青帮早期组织考略》中再次坚持了青帮与罗教无涉的观点。[⑤]

（二）罗教与其他教派

1948年，李世瑜在其著作《现代华北秘密宗教》中披露了一贯道的"道统"传承。1985年台湾学者林万传著《先天教研究》，更系统全面地对这种口头传承进行了介绍。马西沙在《中国民间宗教史》"一贯道源流的变迁"一章中，用清代档案与《先天教研究》相对照考证，互相发明，即用教外史料与教内传说、记录、经典相印证，从而写就成了一部较真实的从罗祖教到大乘教、青莲教、灯花教、金丹道、一贯道的近二百余年的一贯道前史及历史。台湾斋教的源流，也是广大学者在研究民间宗教传承与变化时争论的重要问题。王见川曾经对《中国民间宗教史》"闻香教"一章《附录一：福建、台湾金幢教》写了《金幢教三论》给予批评。马西沙则在金幢教创教人、传教经书、教派传承诸根本问题响应了王见川，发表了《台湾斋教：金幢教史实辩证》，韩秉芳发表《罗教的教派发展及其演变——兼答王见川先生的质疑》。以上两文皆见江灿腾、王见川主编的《台湾斋教的历史观察与展望——首届台湾斋教学术研讨会论文集》。

七　当代民间宗教的合法化及其转型

改革开放以后的中国大陆，社会发生了翻天覆地的变化，宗教信仰的

---

① 参见马西沙、程歗《从罗教到青帮》，《南开史学》1984年第1期。

② 马西沙、韩秉方：《中国民间宗教史》第六章，上海人民出版社1992年版。

③ 马西沙：《罗教的演变与青帮的形成》，王见川、蒋竹山编《明清以来民间宗教的探索——纪念戴玄之教授文集》，（台北）商鼎文化出版社1996年版。

④ 李世瑜：《青帮早期组织考略》，《近代中国帮会内幕》，群众出版社1992年版。

⑤ 同上。

政治环境比较宽松，为民间宗教复兴提供了有利的条件。20世纪80年代以来，诸如福建莆田的三一教、金幢教，闽西的罗教，闽北的真空教，江南斋教，河北的天地门教、弘阳教，天津的西大乘教，广西普渡道、魔公教等民间宗教均在民间复兴。民间宗教现实活动呈现出如下特点：一是公开建造庙宇、佛堂等宗教活动场所；二是部分教派信仰人数增长迅速；三是各教派开始着手整理本门的经卷，以作传播教理教义之用；四是当代民间宗教与民众的民俗生活结合得越发紧密。①

（一）当代民间宗教的合法化历程

在改革开放之前，民间宗教往往以秘密的形式流传，民间宗教与政府的关系基本上是对立的。新中国成立以来，有些民间宗教的领袖开始关注本教门的法律地位，并为争取本教门的合法权益而努力。以三一教为例，虽然改革开放以来，三一教可以公开传播，但未能得到政府的承认，从法律上说，三一教当时仍不合法，其宗教组织没有得到认可。三一教上层人士通过召开学术研讨会、政协提案、书面报告不断地向上级有关部门和领导反映，反复强调三一教不同于其他民间信仰，更不是封建迷信，而是地地道道的民间宗教，具备宗教的一切要素，强烈要求与佛教、道教、伊斯兰教、基督教、天主教一样得到法律保护，承认其合法地位。经过二十多年不懈的努力，2006年12月8日，经过莆田市民政局的批准和市宗教局同意，莆田市三一教协会正式成立，标志着莆田市三一教“纳入政府依法管理的轨道”，实现了三一教信徒梦寐以求的愿望。

（二）当代民间宗教向民间信仰的转化

民间宗教与民间信仰存在千丝万缕的联系，所有的民间宗教都包含着民间信仰的某些形式和内容，并逐步向民间信仰演化。改革开放以来，民

① 参见濮文起《当代中国社会的民间宗教问题及其对策研究——以河北省天地门教、弘阳教为例》，《当代宗教研究》2005年第2期；濮文起《民间宗教的活化石——活跃在当代中国某些乡村社会的天地门教》，《天津社会科学》2006年第3期；濮文起《民间宗教的又一块活化石——活跃在当今天津市西青区杨柳青镇的明代西大乘教》，《当代宗教研究》2006年第3期；王熙远《桂西民间秘密宗教》，广西师范大学出版社1994年版；王宏刚《上海农村城市化过程中的宗教问题研究》，《世界宗教研究》2005年第4期；王宏刚《上海农村城市化过程中的宗教及民间信仰问题研究》，《宗教与世界》2005年第11期。

间信仰颇受大众的欢迎，民间宗教也加快了民间信仰化的进程。目前，相当一部分三一教祠堂承担民间信仰的职能，甚至取代“社”“境主庙”职能，三一教渗透到百姓的日常生活中，诸如祈子、儿童过关、读书、就业、婚丧喜庆等，都要到三一教祠堂祈祷礼拜。多数三一教祠堂内备有签谱、杯筶，供百姓占卜吉凶；不少三一教祠堂还建有戏台，与民间信仰一样，经常演习酬神；还有一些三一教祠堂举行扶乩活动，吸引群众参加。“多数三一教信徒与一般的善男信女没有太大的区别，自己也说不清自己信仰三一教与信仰妈祖等诸如此类的民间信仰有什么不同。”一般的百姓视三一教为民间信仰，对三一教信徒的看法也仅仅局限于他们有练习“功法”、道德修养要求较高的层面上。[①] 在当代民间社会，华北民间宗教转化成了民间文艺形式，改头换面继续流传。秧歌戏、书会、音乐社等一些生命力很强的民间文艺通常具有民间宗教经卷的性质。它们的流传，受到了基层社会组织的保护，它们的讲唱，核心是劝善，已成为农民自我教育的历史方式。华北历史上的说唱经卷以农民意识改造农民，老百姓容易接受，上层阶级也不反对，已形成一套自成体系的文艺形态。[②]

八 当代民间宗教的斋醮仪式与民间文艺

（一）当代民间宗教的斋醮仪式

民间宗教与社会信众的关系主要体现在对待生、老、病、死的宗教祈祷及相关解灾、超度等仪式活动上，而斋醮的大型仪式又是相关的宗教节日。斋醮活动既有个体家庭的，也有整个社会的。许多民间教派在民间社会中实际充任的角色是僧人、道士的角色，如红阳教、黄天道、刘门教、三一教都对普通百姓的病、死诸事行斋醮活动。当代活跃于民间社会的民间教派，更是通过斋醮、礼仪、宗教节日、慈善活动等方面，展现出了民间宗教促进社会和谐以及稳定社会秩序的一面。

---

① 参见林国平《福建三一教现状的再调查》（未刊稿）。

② 董晓萍、欧达伟：《乡村戏曲表演与中国现代民众》，北京师范大学出版社 2000 年版；董晓萍：《河南宝丰县书会调查》，《田野民俗志》，北京师范大学出版社 2003 年版；董晓萍：《华北说唱经卷研究》，《北京师范大学学报》2000 年第 6 期；尹虎彬：《河北民间后土信仰与口头叙事传统》，博士学位论文，北京师范大学，2003 年。

当代福建金幢教的仪式较丰富，主要有五种，其一为皈依，该仪式主要是为了吸收新的信徒；其二为早晚供茶，指的是福建金幢教佛堂首领每天清晨和黄昏必须进行的向无生老母等神灵献茶的仪式；其三为拜忏，是为信徒们谢恩、求安、求忏悔等而设的仪式，规模较大，过程较复杂；其四为办供，也是为信徒们谢恩、求安、求忏悔而设的仪式，不过规模比拜忏小得多，过程较简单；其五为满桌，这是金幢教的最高仪式，也可以说是大型的佛会。① 在历史上，赣南、闽西各地盛行罗祖教，或称罗祖大乘教。改革开放以后，罗祖教在这些地区重新活跃起来。在闽西 NH 城乡，罗祖教教徒以为人念诵大乘经——即罗祖教的五部六册经典为业，同时，也为广大信众举行一般的念佛、拜忏、祈福、超度亡魂等仪式。当代闽西罗祖教的念经仪式与闽西客家人的念佛习俗互为表里，成为民众信仰世界的重要内容。②

（二）当代民间宗教与民间文艺

从民俗的角度来研究民间宗教，有助于我们对民间宗教的特殊性进行重新认识。在民众的民俗生活中，民间宗教在转化之后，得到了延续。华北的民间宗教在华北民众的群体实践中，被转化成了口头讲唱经卷的形式，几百年以来一直在流传，从未消失。在当代民间社会，秧歌戏、书会、音乐社等一些生命力很强的民间文艺通常具有民间宗教经卷的性质。它们的流传，受到了基层社会组织的保护，它们的讲唱，核心是劝善，已成为农民自我教育的历史方式。经卷文艺所反映的民间道教、佛教和儒家思想有差异但不矛盾，其原因在于三者没有根本的利益冲突。在民众的日常生活中，这种差异不仅是被允许的，而且是可以被再生产的。③ 此外，华北的讲唱经卷具有流浪性，以口头文本为主，但是，从民俗来看，经卷的讲唱与一定的基层社会组织黏合在一起，附会了岁时风俗和民间纪念日等活动，全方位地融入了地方社会。④ 我们从民间叙事的角度去关注民间宗教教派与地方民俗的关系，不难发现，讲唱经卷成了民众自我教育的方

---

① 陈松青：《福建金幢教研究》，硕士学位论文，福建师范大学，2006 年未刊稿。

② 李志鸿：《闽西罗祖教〈大乘正教宗谱〉初探》，2009 年 10 月未刊论文。

③ 董晓萍：《田野民俗志》，北京师范大学出版社 2003 年版，第 578 页。

④ 同上。

式，从文本主题的角度来看，定县秧歌和民间宝卷具有互为文本的意义。[①] 此外，地方性的宝卷和民间叙事传统是在本地的信仰传统中发展起来的。宝卷的演唱包括在民间神灵与祭祀的现场活动中，神灵与祭祀是民间叙事传统的原动力。[②]

第三节 2009—2019年中国民间宗教研究综述

显然，当今学界是从政治学层面对民间宗教进行定义的。这种定义方式虽然能比较确切地反映明清民间宗教与农民运动的紧密联系，但却隐含有先入为主的价值判断。在这种定义下的民间宗教本质上是一种对抗正统政权的政治势力，而宗教只是一种形式而已。[③]

综观历史上出现的宗教异端，都与政权以及代表官方意志的正统宗教的打压有着密切关系。所谓“异端”是历代统治阶级、宗教界对一些新兴教派的指称，其本质是基于政治上的一种判定。然而，就宗教本质而言，正统宗教与民间宗教之间没有不可逾越的鸿沟，二者的差别更多地表现在政治范畴而不是宗教层面。顺此思路，我们以为，中国民间宗教是中华民族漫长而纷繁复杂的文化体系的有机组成部分，是中国宗教信仰领域有机的组成部分。活泼泼的民间宗教主要不是活在国家政治里，而是活在民众的民俗文化中。[④] 随着时代的发展，今后所谓正统宗教、民间宗教、民间秘密宗教、教门、民间教派等概念都将代之以传统宗教和新兴宗教。陈进国先生在《救劫——当代济度宗教的田野研究》中，试图通过“济度宗教”这一概念的提出，进而着重指出，这类以“道门”“教门”自称的济度宗教团体，是一种以复兴或传承传统文化为主导、并努力适应全球化和区域化的本土运动。当代中国及周边地区复兴的济度宗教，仍然是这场本土运动的存续和发展。济度宗教旗帜鲜明地秉持“应世救

① 董晓萍、欧达伟:《乡村戏曲表演与中国现代民众》，北京师范大学出版社2000年版。
② 尹虎彬:《河北民间后土信仰与口头叙事传统》，博士学位论文，北京师范大学，2003年。
③ 王庆德:《中国民间宗教史研究百年回顾》，《文史哲》2001年第1期。
④ 董晓萍:《田野民俗志》，北京师范大学出版社2003年版，第578页。

劫”的修行传统，并以此作为自身“道统”传承乃至“政统”诉求的标志性符号。济度宗教的创生活力，在于它主要是由“陌生人”组成的区域网络和“道商合体”的弘道网络，并附带了一种自我标榜的“文明化使命”。现代中国的济度宗教具有“信仰的变容”能力，其与明清时代的“秘密教门”不同，具有更为开放和包容的自觉意识。济度宗教之倡导“存神过化”的弘道模式，有助于我们从“修行”的视角去反思济度宗教在发生动力学上的意义。当然，“宗教内卷化”是现当代济度宗教的一种规律性的普遍现象。很多济度宗教团体尽管存在“过密型增长”，却无法应对内卷化的危机，在政教关系和宗教间关系处理上一直存在着紧张不安的集体状态。如何实现“去过密化”，正是济度宗教得以可持续性发展的关键要素。“济度宗教”概念的提出，必将引起民间宗教研究领域的广泛讨论。

马西沙先生指出：所谓道教，尤其是“所谓正一派，其多数支派的存在状态实即民间宗教的存在状态，对其进行研究，则要打破道教与民间宗教的学术概念，从历史、社会、生活的原状出发，写出真面貌。此即所谓生活之树常青，而概念往往是灰色的”。在研究道教与民间宗教时，应该充分关注二者的“教法”问题，法术仪式是道教与民间宗教的核心，研究道教、民间宗教应该“注意教派与教法两者之异同，以教派与教法相配合，教派无法打通透，则以教法继之。这才是事物的本来面貌”。[①]

金泽先生把正统宗教、民间宗教、民间信仰、民间习俗分为四个层次，认为它们之间存在一个聚与散的关系。[②] 这四个层面内容互相影响，构成信仰实际的存在方式。正统宗教因其比较固定的教义、经典、仪式而形成较为稳固的存在方式，但正统宗教的思想文化资源在具体的社会历史情境中会发生各种变异，或被借用，或互相交融，形成新的宗教存在形式，如宋以后，道教把大量地方神灵吸收到自己的神谱中，罗祖教、三一教都吸收道教的修炼方式。[③] 任继愈主编的《中国道教史》就把民间宗教

① 李志鸿：《道教天心正法研究》，社会科学文献出版社 2011 年版。

② 金泽：《民间信仰的聚散现象初探》，《西北民族研究》2002 年第 2 期。

③ 马西沙、韩秉方：《中国民间宗教史》，上海人民出版社 1992 年版。

收入其中。

一　民间宗教调查研究的进展

马西沙的《一炷香教：世俗化道教教派》[①] 认为一炷香教从董西海创教开始，流行于明末及整个清代。活动地域在山东北部、河北南部数十州县。其特点是跪一炷香、拜天地、孝父母，不参与任何政治活动。教派组织形态较为松散，与民众生活密切相关。它的出现和流传展现了道教形态的多样化。马西沙的《清代康、雍、乾三朝对民间宗教的政策及其后果》则运用大量的史料，针对清代康、雍、乾三朝对民间宗教的政策及其后果进行开创性的研究。清康熙时代对待民间宗教政策与其他政策基本一致，即全面实施与民休息的政策，造成了一种宽松的历史环境。面对蓬勃兴起的民间宗教运动，雍正王朝实行了比康熙时代严峻的禁断措施。但总体上说是宽严兼济，并有区别对待的政策。乾隆时代当局对民间宗教采取了残酷镇压的政策，造成了严重后果。乾隆中叶以后，在要求变革现实的苦难的人群面前，一切民间宗教内部的各种政治势力都面临着抉择，然后由人民来决定他们的命运兴衰。[②]

最近在赣南、闽西、闽东所发现的民间宗教的最新资料值得关注。陈进国在闽东对新近发现的摩尼教珍贵材料进行了研究，发表《明教的再发现》一文，为国际摩尼教研究界所瞩目。该文结合文献和田野，推证了福建霞浦县柏洋乡盖竹上万村“入明教门”的林瞪应该是宋代“地方化”的教派——明教门形成时期的一个关键性人物。霞浦资料佐证摩尼教是从“陆路”而非“海路”传入福建的。上万村乐山堂遗址是一座始建于北宋，具有一定规模的“脱夷化”的摩尼教寺院。明代上万村三佛塔座石刻和盐田乡暗井村飞路塔的明教楹联，柏洋乡木刻摩尼光佛像等文物，也佐证了明教一直在霞浦有着较大的影响。[③]

---

① 马西沙：《一炷香教：世俗化道教教派》，《宗教学研究》2014 年第 3 期。

② 马西沙：《清代康、雍、乾三朝对民间宗教的政策及其后果》，《世界宗教研究》2016 年第 5 期。

③ 陈进国：《明教的再发现——福建霞浦县的摩尼教史迹辨析》，雷子人主编《不止于艺——中央美院“艺文课堂”名家讲演录》，北京大学出版社 2010 年版。

李志鸿通过对闽赣边界现存罗祖教的田野调查，发现大量珍贵资料，这些资料上续马西沙先生的《中国民间宗教史》，下接罗祖教在清末以及近现代的传承、演变，对理解台湾斋教的历史也有所补益。该文指出：该支罗祖教以罗梦鸿为初祖，罗梦鸿的异姓弟子李心安为二祖，江西的黄春雷为三祖，此支罗教不以“普”字为号，流传有78字字派，迥异于江南斋教，是闽赣边界地区流传的罗教正宗。[①]港台学者一般把民间宗教也列入道教研究领域，如危丁明的博士论文《先天道及其在港台与东南亚地区的发展》[②]。

此外，梁景之的《华北新见黄天道寺庙壁画初探》[③] 以万全县赵家梁村新发现的黄天道“传画”性质的寺庙壁画共50幅为主题，结合方志、宝卷等文献，探讨了早期黄天道中始祖李宾身世与经历，得出普明的出生地即为今怀安县第三堡乡的牛家堡和狮子口村，当生于1508年的结论。李志鸿的《闽西罗祖教与佛教》[④] 从晚清民国时期闽西高僧与罗祖教的复杂关系、晚清民国时罗祖教与佛教道场的重建和当代的闽西罗祖教与佛教的关系三个主要方面进行探讨，认为闽西罗祖教与佛教并非正教与邪教的关系，而是源与流的关系，并以此引申认为我们应该摒弃过去所谓正统与民间的概念，而代之以传统宗教与新兴宗教。[⑤]

濮文起等《“师傅林”：天地门教研究的新发现——河北省HH市NPH镇“师傅林”调查记》[⑥] 从对河北省HH市NPH镇两处天地门教（一炷香教）的“师傅林”调查入手，对天地门教的“师傅”和“师傅林”制度的形成、发展、特点和功能进行了考察研究，认为这种民间宗教的表现形式有其特定的历史成因和传播原因，不能盲目地予以取缔，也不应对此种文化形式不予理睬。林国平的《从临水夫人信仰看福建民间

---

① 李志鸿：《南传罗祖教初探》，载《世界宗教研究》2010年第6期。

② 危丁明：《先天道及其在港台与东南亚地区的发展》，博士学位论文，中国社会科学院研究生院，2010年。

③ 梁景之：《华北新见黄天道寺庙壁画初探》，《世界宗教文化》2014年第2期。

④ 李志鸿：《闽西罗祖教与佛教》，《世界宗教研究》2015年第5期。

⑤ 李志鸿：《罗祖教：禅宗民间宗教化的典型案例》，《云南师范大学学报》2016年第1期。

⑥ 濮文起、莫振良、濮蕾：《“师傅林”：天地门教研究的新发现——河北省HH市NPH镇“师傅林”调查记》，《世界宗教文化》2015年第5期。

信仰文化的特色》,[①] 临水夫人是福建影响较大的民间信仰，其产生与发展与福建自然地理环境和社会文化息息相关。临水夫人信仰主要有巫术色彩浓厚、女神众多且影响大、融合儒道释三教、正统意识强烈、实用功利的多神信仰、对外辐射性强等特征，这些特征实际上也是福建民间信仰的基本特征。濮文起、梁家贵的《挽劫救世：中国民间宗教的社会关怀》[②]一文指出，在中国宗教中，民间宗教是一种具有强烈的社会关怀的下层民众信仰组织，它留给中国历史的记忆，是基于率真的“挽劫救世”的宣教和解脱民众于倒悬的信仰运动以及反抗封建暴政的斗争运动。“挽劫”是路径，“救世”才是目的，而“救世”则始于“救己”，中经“救人”，最后达致“救世”。

陈进国先生的新著《救劫——当代济度宗教的田野研究》2017 年由社会科学文献出版社出版。[③] 本书是作者深入福建、广东、江西、台港澳及东南亚等地区，进行长期田野调查的反思成果。作者紧扣现当代“济度宗教”的“救劫”母题，“探讨了道（教）门运动勃兴、复兴之所以然、所当然，并紧扣济度宗教与地域崇拜、神启权威、神道设教、位育教育、区域网络等等关系的向度，探讨了济度宗教谱系之连续存在和生长的动力、宗教内卷化困境及其去过密化的可能性”。作者认为，以“应世救劫”为内核的精神基因和神学秩序，是各类济度宗教得以持续成长的关键。近世济度宗教团体在地理和文化中国之不同地方的生长和存续，又总是伴随着信教的陌生人之不断“迁流”异乡的历史进程。侨人、侨士在侨居地进行“开荒引（阐）道”，随时随地构建起道（教）门的文明纲常（信仰体系、神道设教），将外境“过化”为吾境，将他乡“存神”为故乡，从而形成了一个不断生长的济度宗教世界。

钟晋兰教授的《宁化县的普庵教与地方宗教仪式》[④]，一书利用笔者2007—2013 年在宁化所做的田野调查，即用人类学的方法，结合道士的

① 林国平：《从临水夫人信仰看福建民间信仰文化的特色》，《海峡教育研究》2016 年第 1 期。
② 濮文起、梁家贵：《挽劫救世：中国民间宗教的社会关怀》，《宗教学研究》2016 年第 1 期。
③ 陈进国：《救劫——当代济度宗教的田野研究》，社会科学文献出版社 2017 年版。
④ 钟晋兰：《宁化县的普庵教与地方宗教仪式》，社会科学文献出版社 2017 年版。

科仪本、杂用本、族谱、碑记、寺庙张贴的许愿单、契单与念佛嬷嬷传承的小经等民间文献，对宁化普庵教的道坛、神图、法器、服饰等具体形态进行深描，指出了它与当地先天教、罗祖教等地方传统宗教仪式的区别与联系。此外，就接珠点佛仪式分析了当地社会的经济文化背景与价值观念、当地妇女的社会文化生活。

上述研究成果都依赖大量的田野调查，民间宗教的研究方法与传统历史文献研究方法有一定的区别。在历史上，道教与民间宗教有着同生共长的关系。民间宗教与民间道教大大拓宽了中国本土宗教的研究视野，它预示着一种研究模式的转换。

二 中国民间宝卷的研究

所谓宝卷，其始，主要由唐、五代佛教变文、变相及讲经文孕育产生的一种传播宗教思想的艺术形式。它多由韵文、散文相间组成，多数宝卷可讲可唱，引人视听。相当多的宝卷图文并茂，继承了变文、变相的历史传统。宝卷的大量产生是为了“宣卷”，即向世人宣讲宝卷。最初的宝卷是以佛教徒向世人说法的通俗经文或带有浓厚宗教色彩的世俗故事为蓝本，僧尼借这类宝卷，宣扬因果轮回，以弘扬佛法。宝卷的发展过程还受道教的影响。南宋理宗为指陈善恶之报，“扶助正道，启发良心”，广泛推广劝善书《太上感应篇》，为以后的《阴骘文》《功过格》的大力普及及宝卷类的劝善书的全方位兴起，起了助力。①

有人认为最早的宝卷是北宋产生的《香山宝卷》。北宋真宗时代禁断变文，变文由是易名为宝卷，有逻辑上的合理性，还需佐证。宝卷的出现与发展是佛教、道教进一步世俗化的结果。佛经、道藏精深博大，非一般民众僧尼所能解。佛、道二氏欲向整个社会传播，必然有一个由深入浅，由雅入俗的历史过程。变文、变相、讲经文及其后的宝卷的出现都是必然的结果。②

---

① 马西沙主编：《中华珍本宝卷》（第一辑），社会科学文献出版社 2012 年版。

② 同上。

据统计，国内外公私收藏的宝卷有1500余种，5000余种版本。[①] 20世纪二三十年代，顾颉刚、郑振铎、向达等学者开始搜集、研究宝卷。此时的研究主要是将宝卷作为民间俗文学来看待的，研究方式主要是进行文献学上的编目。[②] 日本学者泽田瑞穗著《增补宝卷的研究》，是海外汉学界收集最丰者。在宝卷目录研究上，车锡伦堪称集大成者，其著《中国宝卷总目》是目前收入最全的宝卷目录。20世纪50年代开始，已经有学者开始对宝卷演唱活动进行调查。[③] 80年代之后，宝卷的田野调查卓有成绩。[④] 随着宝卷调查研究的深入，学者对宝卷研究进行了反思，[⑤] 对"宝卷学"[⑥] 也进行了阐述。

宝卷走出变文、变相、讲经文的影响，独树一帜是在明代。明、清时代，中国的正统佛教、道教走向衰落，数百年间没有出现伟大的宗教家、新的宗教教派和创新的宗教理论体系。新兴的民间宗教教派大批涌现，在信仰主义的领域中取而代之，成为那一时代民众信仰主体。它们影响着各个地区的民风、民俗、下层民众的思维方式、生活方式。这些教派以极大的精力、财力撰经写卷，其经义的载体形式则是宝卷。教派宝卷有二三百种。

2012年，著名学者马西沙先生主编的大型宗教文献资料集《中华珍

---

① 事实上宝卷还有着多样的名称，其中渊源于佛、道教，用于道场仪式的宝卷往往称为"科仪""宝忏""科"，与此类科仪文书类似的是在仪式上使用的以"偈""偈文"为名的宝卷。另一类宝卷承袭了佛道的经典传统，径直将宝卷名为"经""真经""妙经""宝经"。用于神道人物传说或是记载教派祖师传记类的宝卷，则称作"宝传""传"。近代江浙一带的宣卷活动中使用的宝卷往往称为"古典""故典""古迹""妙典"。参见车锡伦《中国宝卷总目》，北京燕山出版社2000年版。

② 1927年，郑振铎在《中国文学研究》上发表《佛曲叙录》。40年代，恽楚材先后发表《宝卷续录》《宝卷续志》。此后，傅惜华的《宝卷总目》，胡士莹的《弹词宝卷目》，李世瑜的《宝卷综录》也相继问世。李世瑜的《宝卷综录》著录国内公私19家收藏宝卷618种，共计1487种版本，还收藏有见诸文献著录不见传本的宝卷35种。

③ 江苏省音乐工作组编:《江苏南部民间戏曲说唱音乐集》，音乐出版社1955年版；张颔:《山西民间流传的宝卷抄本》，载于《火花》1957年第3期。

④ 《酒泉宝卷》由甘肃人民出版社1991年出版。江浙的宝卷调查也有成果问世。段平《河西宝卷的调查研究》、方步和《河西宝卷真本校注研究》，1992年先后在兰州大学出版社出版。

⑤ 车锡伦:《中国宝卷研究的世纪回顾》,《东南大学学报》(哲学社会科学版) 2001年第3期。

⑥ 濮文起:《宝卷学发凡》,《天津社会科学》1999年第2期。

本宝卷》（第一辑）由社会科学文献出版社出版发行。[①] 2014 年《中华珍本宝卷》（第二辑）正式出版发行，[②] 2015 年《中华珍本宝卷》（第三辑）正式出版发行，[③] 该书的出版引起中国学术界的广泛关注，对中国民间宗教、民间文学、佛教、道教、宗教艺术等研究有重大的意义。

《中华珍本宝卷》的出版极有学术价值。客观地说，在此之前，中国学界关于民间宗教文献也有数次编辑，也值得关注。濮文起与宋军等人经过长期艰巨的努力出版了 40 册的《宝卷》，收集了一部分相当珍贵的文献。这是民间宗教史研究以来第一次公开出版如此众多的宝卷经书，它给国内外研究者以重要的帮助。[④] 其后台湾王见川等合编的《明清民间宗教经卷文献》初编和续编都已经出版，都为 12 册。[⑤] 2005 年由周燮藩主编，濮文起任分卷主编的《中国宗教历史文献集成：民间宝卷》（共 20 册）由黄山书社出版发行。[⑥] 2011 年，王见川、侯冲、杨净麟等主编的《中国民间信仰民间文化资料汇编》由台湾博扬文化事业有限公司出版。[⑦]以上资料可以与 40 册的《宝卷》相互参照，以作研究之用。与上述的宝卷文献集成相较，《中华珍本宝卷》可谓囊括中国历代宝卷之精品。其特点包括如下一些方面。

（一）收入的宝卷版本久远

现存最早的宝卷应是金代崇庆元年（1212 年）初刻，元代至元庚寅年（1290 年）新刻，其后在明代改本的《佛说杨氏鬼绣红罗化仙哥宝卷》，以及南宋宝卷忏书《销释金刚科仪》，元至元脱脱所修之《目连救母出离地狱升天宝卷》。明代最早的宝卷是宣德五年（1430 年）问世的

① 马西沙主编：《中华珍本宝卷》（第一辑），社会科学文献出版社 2012 年版。

② 马西沙主编：《中华珍本宝卷》（第二辑），社会科学文献出版社 2014 年版。

③ 马西沙主编：《中华珍本宝卷》（第三辑），社会科学文献出版社 2015 年版。

④ 张希舜等主编：《宝卷初集》，山西人民出版社 1994 年版。

⑤ 王见川、林万传主编：《明清民间宗教经卷文献》，（台北）新文丰出版公司 1999 年版；王见川、车锡伦、宋军、李世伟、范纯武编：《明清民间宗教经卷文献续编》，（台北）新文丰出版公司 2006 年版。

⑥ 周燮藩主编、濮文起分卷主编：《中国宗教历史文献集成：民间宝卷》，黄山书社 2005 年版。

⑦ 王见川、侯冲、杨净麟等主编：《中国民间信仰民间文化资料汇编》，（台北）博扬文化事业有限公司 2011 年版。

《佛说皇极结果宝卷》。尤其值得注意的是，通过研究我们可以发现，此次收入的藏于山西省博物馆的明版《佛说杨氏鬼绣红罗化仙哥宝卷》，有过金代崇庆元年的版本及元代至元庚寅年新刻本，此卷是最早的一部宝卷。①

(二) 收入多种珍贵的明清民间宗教传教经书

如清代八卦教主要的传教经书《五女传道宝卷》，或曰《无圣宗宝卷》，虽为晚出刊本，但影响重大，不可或缺。此外，明代万历年间西大乘教的八部宝卷，如《销释圆通宝卷》《销释圆觉宝卷》《普度新声救苦宝卷》《销释大乘宝卷》《销释显性宝卷》等，皆极为珍稀。黄天教大型宝卷，海内孤本《普静如来钥宝忏》四卷本，孤本《太阴生光了义宝卷》《虎眼禅师遗留唱经》等。

例如，罗祖教的五部六册宝卷，这也是很早的教派宝卷，影响从明正德年间达于今日，版本有二十余种。在以往学者所编辑的民间宗教文献中，亦曾收入多种五部六册宝卷，然而，所出版者，或有残损，或所出较晚，留有遗憾。以《宝卷初集》为例，其所收五部六册中，《苦功悟道卷》是康熙十七年重刊本，②《叹世无为卷》是民国八年重刊本，③《破邪显证钥匙卷》则仅注明姑苏陈子衡经房印行，④《正信除疑卷》以及《巍巍泰山卷》均为光绪壬午年重刊本。⑤ 周燮藩主编、濮文起任分卷主编的《中国宗教历史文献集成：民间宝卷》收入的《苦功悟道卷》是康熙十七年重刊本，⑥《叹世无为卷》是据万历四十二年原版于康熙三十九年重刊本，⑦《破邪显证钥匙卷》亦仅注明姑苏陈子衡经房印行，⑧《正信除疑卷》以及《巍巍泰山卷》均为万历戊戌（即万历二十六年）中秋重刊本。⑨ 王

① 马西沙：《最早一部宝卷的研究》，《世界宗教研究》1986 年第 1 期。

② 张希舜等主编：《宝卷初集》(1)，山西人民出版社 1994 年版。

③ 同上。

④ 张希舜等主编：《宝卷初集》(2)，山西人民出版社 1994 年版。

⑤ 张希舜等主编：《宝卷初集》(3)，山西人民出版社 1994 年版。

⑥ 周燮藩主编，濮文起分卷主编：《中国宗教历史文献集成：民间宝卷》第一册，黄山书社 2005 年版。

⑦ 同上。

⑧ 同上。

⑨ 同上。

见川等人合编的《明清民间宗教经卷文献》初编收入五部六册两种，一为雍正七年合校本，一为道光二十七年重刊本。[①]而《中华珍本宝卷》收入的五部六册宝卷，全部为明万历十二年刊行大折装本，颇珍稀。此卷为闽西田野调查所得，无序、跋。此刊本每部宝卷卷首页刊印："泉下陆坊信士陆惟瑺室人张好佛刊印佛像愿赞颂"，卷后均刊印"大明万历十二年正月吉日积善堂重刊印行"。当代闽西罗祖教在宣卷仪式中仍然使用该卷。[②]

（三）该宝卷将引发中国民间宗教研究的新视角

中国民间宗教研究所涉及的史料众多，但凡历代官书、笔记、杂录、档案、宝卷皆在其列。其中，以清代档案和教派宝卷尤为重要。《中华珍本宝卷》的出版，为当前学术探究提供了更为翔实、更加系统的第一手研究史料，开拓了研究者的视域与思路，启迪出更多、更深入的思考线索，也带来了研究方法的调整及提高，因此必将引发学术界对中国民间宗教诸多问题的再探讨。

1. 宝卷与明清民间宗教的宗教实践

现有的大量宝卷中，至少有二三百种是明清民间宗教的相关经典、科仪。马西沙先生认为宝卷包容的思想极为庞杂，兼杂儒、释、道等传统文化，又有历代积淀的各类民间宗教的思想资料，乃至民间神话、风俗、礼仪、道德规范等内容。就道教而言，影响也是多方面的。道教的哲学、炼养、斋醮、神话传说都深深渗透多种宝卷之中，其中道教的内丹术及斋醮仪范对宝卷的影响最大。还有一部分民间宗教，有一种自成体系的天道观，这种天道观又与内丹炼养之术汇于一体，演化成一种极有吸引力的社会政治观点、一种反传统的思潮，这就是"三教应劫"思想。这种教义

---

① 王见川、林万传主编：《明清民间宗教经卷文献》第一册，（台北）新文丰出版公司1999年版。

② 关于闽赣地区南传罗祖教的讨论可参看李志鸿《民国十三年〈大乘正教宗谱〉与闽赣边区罗祖教》，中国社会科学院世界宗教研究所编《宗教文化青年论坛（2010）》，社会科学文献出版社2010年版；《南传罗祖教初探》，《世界宗教研究》2010年第6期；《罗祖教与闽西客家文化》，苏庆华主编《汉学研究学刊》第三卷（2012），马来亚大学中文系，2012年10月；《新见罗祖教〈五部六册〉宝卷及宣卷仪式》，《世界宗教研究》2013年第3期。

成为黄天教、闻香教、八卦教、一贯道等多类教门的基本教理，对下层受苦受难者无疑颇具吸引力，成为部分民间宗教反传统思想的核心内容，也是与道教天人合一思想最具分歧之处。[①]近年来一些民族音乐学学者也涉及了宣卷仪式研究，对赣南“斋公”“做佛事”讲唱《五部六册》宝卷的仪式音乐进行了调查，但由于专业差异，仪式音乐研究并未触及历史上赣南民间教派传承、演变情况。[②]

2013 年 7 月，由中国人民大学清史研究所主办的“新发现黄天道帛书与写经”学术研讨会在北京召开。此次公布的明清黄天道文献，是该所研究人员在田野调查中的最新发现，包括 9 种罕见的大型彩绘帛书手卷和 40 多种珍贵的明清刊本和精抄本，另外还有大量符箓疏表、零散抄本、家谱等稀见史料。与会者认为，新发现文献除了极大地丰富了学术界所知的明清华北黄天道资料，还有助于推进一批相关问题的研究：其一，大型彩绘帛书手卷，为研究宝卷学者所首见；其二，多种明前期教派经卷的发现；其三，《三教应劫总观通书》的发现；其四，这批文献还涉及学术界前所未知的明清时期各个教派的关系；其五，在图像史上，这批帛书、写经首次提供了明清秘密教派中的“救劫银城”“陀罗尼符”“罗睺、计都、九曜”，以及“摘光祖”等信仰的大量视觉史料，为学界重新探讨明清秘密教派是否与晚唐、五代以来的摩尼教有关，提供了新的线索。[③]

2. 民间宗教宝卷的重新流传与文本转化

时至今日，在广大的农村社会，中国民间宗教各教派都出现了对传统经卷的整理与重新流传。在民间宗教历史上，罗祖教的五部六册宝卷对后世有着重大的影响。现今流行于福建闽西地区的罗祖教徒，仍然大量刊印罗祖五部经典。[④] 黄天教内传有“九经八书”之说，在现今河北易县一

---

① 马西沙先生率先对宝卷中的丹道与斋醮仪式问题进行了研究，参见马西沙《宝卷与道教的炼养思想》，《世界宗教研究》1994 年第 3 期。

② 李希：《赣南民间信仰仪式中的宝卷讲唱研究——以于都县为例》，硕士学位论文，华中师范大学，2008 年；李希：《于都县宝卷讲唱调查报告》，《戏剧之家（上半月）》2012 年第 1 期。

③ 曹新宇：《明清民间教门的地方化：鲜为人知的黄天道历史》，《中国社会科学报》2013 年第 5 版；《清史研究》2013 年第 2 期。

④ 李志鸿：《南传罗祖教初探》，《世界宗教研究》2010 年第 6 期。

带，黄天教的《太阴生光普照了义宝卷》《太阳开天立极亿化诸神宝卷》仍然是民间音乐社的艺人们讲唱的文本，与《后土宝卷》一同流传。[①]弘阳教经典和忏文之多，居明清诸民间教门之首。这些弘阳教的传统经典在当代华北的弘阳教道场中时常出现，成为该教派传播教义、教理，为民众提供仪式服务的重要文本支持。流传于福建西部地区的归根道（或称儒门），改革开放以来也得到了复兴。近年来，该教教徒创新整理、刊印了不少经卷。[②] 流传于当今河北、天津地区的天地门教，也整理出不少的本教经典，如《董祖立道根源》《根源记》《老祖经》等[③]。

特别值得一提的是弘阳教、金幢教、天地门教、大乘天真圆顿教中的当家师傅还编写了一批新经卷。如天地门教传人编写了《菩提道》《做人之道》《杂谈说道》《歌词讲日集》等。这些经卷通俗易懂，为民众所喜闻乐见。[④] 除了重新刊印传统的教门经卷外，在当代活跃于民间的弘阳教徒还经常念诵《千佛歌》以及《人性图》。《千佛歌》是在韩祖庙庙会上信徒念诵得最多的经典，是弘阳教的教理总集，综合了五部经的基本内容，其念诵有一定的仪式。《人性图》则为弘阳教传法者代代相续的秘典，载有教内内丹修炼所需的方寸位置，不轻易示人。[⑤] 现在莆田民间的金幢教除了流传《九莲经》等历史上已见记载的文献外，亦传行一些新的经典，如《宝忏一藏白话问》《大忏解》等[⑥]，这些经卷不仅叙述了金幢教的本门发展史，而且是该教门为广大民众提供仪式服务的重要典籍。

正因为仪式生活的鲜活性，大量教门的新科仪本也正在不断地创造中，堪为当代民间宗教复兴的一个重要特征。同时，在活态的宣卷仪式中，许多传统的宝卷文本出现了新的形式，文本出现了转化的现象。作为文本的宝卷，其变异与转化也存在于华北的民间信仰中。当代民俗学者运

---

① 尹虎彬：《河北民间后土信仰与口头叙事传统》，博士学位论文，北京师范大学，2003年。

② 陈进国：《外儒内佛——新发现的皈根道（儒门）经卷及救劫劝善书概述》，《圆光佛学学报》2006年第10期。

③ 濮文起：《当代中国民间宗教活动的某些特点——以河北、天津民间宗教现实活动为例》，《理论与现代化》2009年第2期。

④ 同上。

⑤ 李浩栽：《弘阳教研究》，中国社会科学院研究生院宗教系博士论文未刊稿，2005年5月。

⑥ 陈松青：《福建金幢教研究》，福建师范大学硕士论文，2006年未刊稿。

用主题分析的方法，发现了定县秧歌和民间宝卷互为文本的现象，并对其意义进行了研究。[①] 另有一些学者指出，宝卷和民间叙事文本存在着相互借用、传递、标准化、地方化的动态影响过程。[②] 赣南闽西活跃的罗祖教，其《五部六册》宝卷衍生出了《大乘经开香本》《大乘经解经本》等一系列新文本，《销释金刚科仪》等宝卷也频繁地被采用。《大乘经开香本》《大乘经解经本》等新文本是《五部六册》宝卷仪式化、术数化的产物。宝卷不仅是书写的文本，更是活态的仪式文本。宣卷仪式倡导的是一种"吃斋""念佛"的宗教生活。[③]

3. 宝卷与斋供体系

侯冲教授在《早期宝卷并非白莲教经卷——以〈五部六册〉征引宝卷为中心的考察》一文中指出，在民间宗教研究视角、文学研究视角无助于宝卷研究深入开展的情况下，将宝卷与变文、科仪等仪式文本一样放在斋供仪式的背景下研究，可能是一个值得尝试的新视角。[④]

总之，近十年来，无论是史料的搜集、整理、出版，还是相关领域的学术研究，都取得了全新的成果，使中国民间宗教研究在其规模上、视域上以及深度上都有着长足的进步。

---

① 董晓萍、欧达伟：《乡村戏曲表演与中国现代民众》，北京师范大学出版社 2000 年版。

② 尹虎彬：《河北民间后土信仰与口头叙事传统》，博士学位论文，北京师范大学，2003 年。

③ 李志鸿：《新见罗祖教〈五部六册〉宝卷及宣卷仪式》，《世界宗教研究》2013 年第 3 期。

④ 侯冲：《早期宝卷并非白莲教经卷——以〈五部六册〉征引宝卷为中心的考察》，《清史研究》2015 年第 1 期；《中国佛教仪式研究：以斋供仪式为中心》，上海古籍出版社 2018 年版。

第十二章

儒教研究

王志跃

第一节　引言

中国文化中所谓“儒教”概念的提出，据学者们的研究，最早似乎可以追溯到司马迁的《史记》，在其《游侠列传》中，司马迁以对比的形式，指出“鲁朱家者，与高祖同时。鲁人皆以儒教，而朱家用侠闻”。显然司马迁此处所说的应该不是宗教学意义上的。①至于汉儒蔡邕所谓的“世笃儒教”，这里的“儒教”概念，从其前后相关的论述来看，与司马迁所述相去不远，同样也不应该从宗教学的意义上来理解。其实，汉魏时期的文献中所提到的“儒教”概念，大都可以这样来解释。

就中国文化而言，所谓的“儒教”问题，实际上应该与中国古代的各种宗教形态相对应而言才有意义，是在与其他各种宗教形态的比较中，人们才提出了所谓的“儒教”问题。道教的产生，佛教的初传，当人们来处理古代中国文化与这样一些宗教形态的关系问题时，“儒教”问题才产生，就是说，所谓的“儒教”，只有相对于道教、佛教这样一些宗教形态才有意义，也只有通过与这样一些具体的宗教形态的比较才能确定其内涵。这可以从两个方面来说：一方面是理论的阐释，另一方面是具体的宗

① 关于如何解读“鲁人皆以儒教”，我曾从思想史的角度进行疏解，撰写了《“鲁人皆以儒教”的历史解读》一文，刊载在我所儒教研究中心的《儒教研究》上，可供关心此问题的学者参考。

教形态的建构。所谓的儒道互补、三教合一、儒耶对话等其实都是从理论形态上来解决“儒教”与其他宗教形态的关系问题，宋元之际著名的《三教平心论》即是一例。而所谓的“三一教”以及各种各样的民间宗教，都试图把“儒教”与其他的宗教形态相结合，创建一种新的宗教形态，在这些宗教形态中，“儒教”都提供了十分有用的资料。因此，在中国文化中，从“儒教”与各种宗教形态相关的方面来论述，是理解所谓的“儒教”问题的一个重要的维度。

各种宗教形态都有其自身的特点，但只要是作为一种宗教形态的存在，应该都有其共性，国内外的宗教学界，关于宗教有各种各样的定义及其内容分析。在国内，普遍为人所接受的是所谓的“宗教四要素说”。在构成宗教的各种要素中，其存在形态是十分重要的方面。以此来衡之于“儒教”，它具有一种什么样的存在形态呢？要把中国古代文化中所谓的“儒教”问题构建成为一种客观存在的宗教形态，就必须指出在中国文化中，存在着作为任何一种宗教所具有的形态，这样的宗教存在形态既有共性，也有其自身的特殊性，而且它在中国古代是客观的存在。那么在中国古代文化中，这样一种客观的“儒教”存在形态何在？这是倡导“儒教是宗教”的学者们必须要解决的问题。事实上自从任继愈先生重新提出儒教问题以来，存在着极大的争论，一个很重要的方面就在于儒教是宗教的倡导者们，在很长的时间内没有给人们指出来儒教的实存形态是什么样的，当任继愈先生说宋明理学的建立就是儒教的完成，这与人们的认识实在相差太远了，并没有得到人们的认同。而且任继愈先生在主持编撰《中国哲学发展史》时，在其《导言》中说：“宋元明清，儒教建立，形成体大精思的宗教神学体系，不但关联到中国近千年国运的兴衰，也影响到东亚诸国。由于儒教的内容复杂，体系庞大，在人们的精神生活中直到今天还在起作用，《宋元明清哲学发展史》将分第五、第六两卷叙述。”言犹在耳，且斯人已辞，而专以论述儒教的分为两大卷的《宋元明清哲学发展史》至今未见，甚为遗憾！被李申先生称为“正宗大教”的、由牟钟鉴先生提出的所谓“宗法性传统宗教”，在李申先生看来就是所谓的儒教，但牟钟鉴先生自己对此是极力否认的，他试图去撇清“宗法性传统宗教”与“儒教”的关系。在这样的情形之下，儒教的存在形态是怎样的呢？

事实上，当人们为“何谓儒教”以及中国历史上是否客观地存在一种作为宗教形态的儒教而争论不休的时候，就中国文化中的所谓“儒教”问题而言，核心的问题在于中国文化中所谓的“儒教”，是否就是如同道教、佛教那样的宗教性形态？还是一个为了与道教、佛教相对应比较而言，只是一个方便的称谓？如何来分析这一问题，中国古代的宗教界其实都有所论列，如道教与天主教耶稣会，听听他们的意见或许对于如何来界定所谓中国文化中的“儒教”问题，应该会给予学界一定的启示。其中特别可以提出的是元代的道书《道书援神契》说，“儒之不可谓教，天下常道也”；学界更为耳熟能详的是，当以利玛窦为代表的天主教耶稣会来到中国传播天主教时，它们所面临的挑战就是如何来看待“儒教”的问题，这一批传教士的态度是坚定而明确的，认为“儒教不是宗教”。

如上数点大致勾勒出了所谓“儒教”问题广阔的文化背景，也是认识中国文化中所谓的“儒教”问题的几个维度。事实上，就“儒教”问题而言，儒教的定义、三教关系中的“儒教”、儒教的存在形态以及如何来看待宗教界对于儒教的认定，这些都是研究儒教问题不能跳过的，需要学界来回答的问题，只有回答了这些问题，才能厘清所谓中国文化中的“儒教”问题，不管是同意“儒教是宗教”，还是否定“儒教是宗教”。

事实上在中国历史上，有关“儒教”问题就有过两次争论，第一次发生在天主教耶稣会明末清初在中国的传播之时，第二次是在晚清出现的“定孔教为国教”之际。这两次关于儒教问题的讨论，在中国宗教史上固然掀起若干涟漪，但毕竟影响有限，而且这两次争论都在不久之后的岁月里烟消云散，无复有人再提。新中国成立以后，百废待兴，就中国当时的学术研究而言，建立起了以马克思主义为意识形态核心，用于指导学术研究的基本指导原则，而由于种种主客观的原因，一方面中国古代的传统文化被视为负面的因素，对于新中国的新的思想文化建设来说，主要属于要被清算的东西，从而受到了批判；而宗教正如人们所熟知的那样，也由于特定的历史遭遇，被认为是鸦片的认识占据了主导的地位，是毒素，是麻醉剂，因而更是被立为禁绝之列。在这样两个认识论前提之下，中国历史上的所谓“儒教”，不管其确切的含义如何，由于它结合了中国古代的传统文化与宗教两个因素，因而在很长的一段时间之内，在学术研究领域，它几乎不曾被关注过，进入到学术研究的视野之中，这个时期就没有所谓的“儒教”研究。

“儒教”问题真正受到学界的高度关注是在当代，即在任继愈先生重提“儒教是宗教”，认为中国历史上存在着一种可以称为“儒教”的宗教形态，并明确指出宋明理学的建立就是儒教的形成。自任继愈先生此论的提出，在40年的时间里，关于“儒教”问题引起了学界前所未有的关注，以至于儒教研究成为显学。而其影响不再局限于学界，而具有了多方面的意义。而当任继愈先生提出“儒教是宗教”的观点时，兼具了学术与意识形态的双重意义，但毕竟在当时围绕着任继愈先生的论述所进行的讨论与争论，在大多数参与者看来，只是把“儒教”作为研究的对象，抑或是批判的对象。而今天在中国的伟大复兴中，中国优秀的文化传统的复兴，尤其是儒家文化（或儒教）的复兴看成一种中华民族复兴的强有力的推动力量，在当今的儒教研究中，儒教复兴或者重建儒教的努力与尝试成为主流，这一根本性的转变，相信是任继愈以及当时论争“儒教”是不是宗教的学者们所始料未及的。

在儒教研究的40年中，关于儒教是否是宗教，中国古代文化史上是否存在着一种可以称之宗教的“儒教”形态，学术界提出了一系列的观点，尤其是儒教是宗教的倡导者们，它们对于儒教是宗教的观点进行了论证，通过梳理中国古代儒教发展的历史，建构了儒教的结构框架，建立了论证儒教的理论体系，从而在学术界兴起了广泛的讨论，这些观点并围绕这些观点所进行的讨论，无论是对于学术界，还是更为广泛的意义上，对于当代中国社会的思想文化建设都产生了极为深刻的影响。

与其他学科的学术研究不同，当代儒教研究，是与一个广阔的社会背景紧密地联系在一起的，其显著的特点是围绕着所谓儒教问题出现的争论与讨论展开的，这种争论与讨论是在两个方面进行的：其一是所谓的意识形态的层面；其二是所谓的学术层面。就其过程而言，当任继愈先生在20世纪70年代末重提儒教问题时，他的着眼点主要是基于意识形态的考虑，深刻地认识到了所谓的儒教是现代化建设的阻力，这样的认识与当时把宗教简单地看成鸦片的观点完全一致。而学术层面的争论不能说完全没有意义，但却居于次要的地位。从 20 世纪 80 年代中期到这一世纪的结束，围绕儒教问题的研究之争论进入第二个阶段，在意识形态层面上，就认为儒教是宗教这一方面而言，这一时期任继愈先生的观点依然起着主导的作用，但对于儒教的意识形态方面的意义，已经有学者从一个全新的角度来认识，他们不再把儒教看成现代化建设的阻力，在他们看来儒教或许可以成为中国现代化建设的推动力量，并可以给予中国的现代化建设一种文化上的解释，因而不是批判儒教，把它清除出历史的舞台，相反，他们主张要复兴儒教。同时这一时期就学术层面而言，有两个重要的特点，一方面儒教研究的深入展开，认为儒教是宗教的学者们，从各个不同的方面来充分研究，从而对此加以论证。另一方面儒教研究已经不再如前一阶段那样零敲碎打，缺乏系统性，而是出现了对于儒教的系统性研究的专著，从而在学术层面上把儒教研究提高了一大步，也为关于儒教是宗教还是非宗教的争论中认为儒教是宗教这一方面的学者，提供了学术上的支撑。进入 21 世纪以来，儒教研究出现了新的趋向，这主要反映在对于儒教问题认识的意识形态层面上，这个时期的儒教研究，已经不是局限于儒教是宗教还是非宗教的问题上，而是试图去说明在现代化建设中儒教所应具有的意义与价值，指出中华民族的伟大复兴必须要有传统文化的复兴作为支撑，这一批学者同时试图就改革开放以来所取得的伟大成就做出不同于西方文化立场上的解释，因而可以看出这一时期关于儒教的讨论主要是就其意识形态方面而论的。当然这个时期对于儒教问题的研究与争论，也依然有着学术层面的意义。

第二节　儒教是宗教观点的提出及引起的争论

“儒教是宗教”这一论断首先是由任继愈先生提出来的。1978 年年底，任继愈先生在南京中国无神论学会成立的会议上，首次公开提出“儒教是宗教”，随后于 1979 年“文化大革命”结束以后在太原召开的中国哲学史年会上，并且在同年访问日本时，任先生也谈到儒教是宗教的问题。根据这三次会议上的讲话，整理成文，以“论儒教的形成”为题发表在 1980 年第 1 期的《中国社会科学》上。

在《论儒教的形成》一文中，任继愈先生首先分析了中国封建社会的历史特点与历史过程，指出这样的历史特点与历史过程，“造成了以儒教为中心的封建意识形态，这种同封建宗法制度和君主专制的统一政权相适应的意识形态，对劳动人民起着极大的麻醉欺骗作用，因而它有效地稳定着封建社会秩序。为了使儒家更好地发挥巩固封建经济和政治制度的作用，历代封建统治者及其思想家们不断地对它加工改造，逐渐使它完备细密，并在一个很长时间内，进行了儒学的造神运动：把孔子偶像化，把儒家经典神圣化，又吸收佛教、道教的思想，将儒学搞成了神学。这种神学化了的儒家，把政治、哲学和伦理三者融合为一体，形成了一个庞大的儒教体系，一直在意识形态领域占据着正统地位，对于巩固封建制度和延长其寿命，起了十分巨大的作用”。[①] 不难看出，这样一段话无疑是对于儒教的形成、性质与作用做了经典的说明。

任继愈先生提出“儒教是宗教”的论断时，正值我国结束“文革”不久，一方面需要对于“十年文革”进行反思，进而对于中国传统文化进行反思，正确认识中国传统文化的本来面目；另一方面通过拨乱反正，实事求是，解放思想，我国进入改革开放的新时期，尽心于现代化建设成为一切工作的重中之重，在此之时，任继愈先生提出这一论断，应该是希望引起人们关注以儒教为基本内容的中国传统文化对于现代化建设的影响，从这一点来看，其意义是不言而喻的。就任继愈先生本人的认识来看，儒教当然对于现代化建设起到了阻碍作用。他从历史与现实两个方面论述了这一点。任继愈先生说：“儒教本身就是宗教，它给中国历史带来了具有中国封建宗法社会的特点的宗教神权统治的灾难。”任继愈先生还说：“儒教的建立标志着儒家的消亡……说孔子必须打倒，这是不对的；如果说儒教应当废除，这是应该的，它已成为阻碍我国现代化的极大思想障碍。”基于这样的理解，那么，我们对于任继愈先生在文章的结尾处所说的话，是完全可以理解的了：“总之，历史事实已经告诉我们，儒教带

---

① 任继愈：《论儒教的形成》，任继愈主编《儒教问题争论集》，宗教文化出版社 2000 年版，第 2 页。

给我们的是灾难、是桎梏、是毒瘤，而不是优良传统。它是封建宗法专制主义的精神支柱，它是使中国人民长期愚昧落后、思想僵化的总根源。有了儒教的地位，就没有现代化的地位。为了中华民族的生存，就要让儒教早日消亡。”

除了《论儒教的形成》一文外，在20世纪80年代初，任继愈发表了若干篇论文，来论证“儒教是宗教”论断，其中包括《儒家与儒教》（载《中国哲学》第3辑，生活·读书·新知三联书店，1980年），《儒教的再评价》（载《中国社会科学》1982年第2期），《朱熹与宗教》（载《中国社会科学》1982年第5期）等。这些文章的核心就是阐发“儒教是宗教”的思想，反复论证宋明理学的建立就是作为宗教形态的儒教的完成。

任继愈先生在40年前最先提出儒教是宗教，他的观点是很明确的，他坚持认为中国古代历史上就存在着作为宗教的儒教形态，认为儒教就是作为宗教学意义上的宗教，通过分析他的这种基本观点，我们可以看到其实是从两个方面来论述，其一是所谓历史的梳理，他的基本的观点就是孔子所创建的儒家学派，经过历史上的两次改造，到了宋明时期是作为宗教形态的儒教的完成。其二是对儒教在中国历史上的功能与作用进行了分析，指出儒教在中国历史上所起的消极作用，它阻碍了中国社会历史的发展，其实就是说“儒教”是宗教，因而它所起的作用也就是鸦片烟作用。这就是任继愈先生提出儒教是宗教的这一基本论点的两个认识论前提。任继愈先生关于儒教是宗教的这两个基本观点的提出，其实有着极为深刻的社会意义，就是说当中国社会走出“文革”的十年，经过拨乱反正，进行现代化建设，在这样的历史背景下，支撑现代化建设的指导思想是什么？传统文化在当今的现代化建设中是否还能起作用？又能起什么样的作用？任继愈先生通过提出儒教是宗教，其实就是对这一系列问题所做的回答。

在20世纪80年代的最初几年，自提出“儒教是宗教”以后，学界的赞同者不多，从这一现象可以看出，所谓的“儒教是宗教”说在当时的学术界并没有得到大家的普遍认同。任继愈先生就像一个独行客，在论证“儒教是宗教”的道路上独自跋涉。可以说，当时认为“儒教是宗教”

说的学者，仅有任继愈先生等少数人。当时不仅赞同者罕见，就是批评、质疑之声也很少，仅仅有不多的几篇文章提出了不同的意见，但这些商榷文章主要是基于对儒学传统的认识，大都在阐述一些在学术界已被公认的观点，因此缺乏新意，也缺乏深度。当时对于任继愈先生在提倡儒教是宗教这一观点所反映出来的深刻认识，没有充分展开讨论，从而对儒教的性质、作用与意义重新加以论述，推动加深对于传统文化的研究，并以此来说明传统文化对现代化建设的意义到底是起促进还是阻碍的作用等问题，这些争论文章似乎都做得不够；也就是说，对于任继愈先生关于“儒教是宗教”的观点背后相关联的思想，这些商榷文章并没有给予充分的注意。就这几篇文章来看，讨论的问题主要集中在两个方面。

其一，关于宋明理学的性质问题。

所谓宋明理学（或道学）的性质问题，其关注的焦点在于宋明理学（或道学）的建立是否标志着儒教的完成？宋明理学（或道学）是否就是一种作为宗教形态的儒教体系？简单地说宋明理学（或道学）是否就是宗教？与任继愈先生做出的肯定答复不同，学术界对于这样一些问题做出了否定的答复，集中体现在张岱年先生《论宋明理学的基本性质》与冯友兰先生《略论道学的特点、名称和性质》两篇论文中。

张岱年先生指出，理学虽然可以分为三派，但是这三个理学的不同派别具有一些共同的特征点，他们主要表现在三个方面，这三个特点是统一的，不可分割的。而他们基本的精神就是“理学强调在‘人伦日用’中体现‘至理’，在平时‘履践’中‘尽性至命’。所谓‘日用’即日常生活，所谓‘履践’即实际活动，所谓‘尽性至命’即实现最高理想。理学不信仰有意志的上帝，不肯定有不灭的灵魂，反对‘三世轮回’之说，主张在现实生活中达到崇高的精神境界”。① 在对于宋明理学的基本特点做了这样的论断以后，张岱年先生认为，理学是先秦儒家孔孟学说的进一步发展，虽然探讨了佛老提出的一些问题，吸取了佛老的一些思想观点，而其基本倾向是与先秦儒家一致的。张岱年先生通过具体的比较分析，认

① 张岱年：《论宋明理学的基本性质》，任继愈主编《儒教问题争论集》，宗教文化出版社2000年版，第52页。

为宋明理学不是宗教。在张岱年先生看来，理学只是哲学，不是宗教。“理学不信仰有意志的上帝，不信灵魂不死，不信三世报应，没有宗教仪式，更不作祈祷，所以理学不是宗教。”①

冯友兰先生的《略论道学的特点、名称和性质》一文，是直接针对任继愈先生关于宋明理学的建立是儒教的完成这一观点而来的，在冯友兰看来，宗教都有一个教主，就是任继愈先生也承认教主必须具有半人半神的地位。但是一个思想流派也可以有它自己的思想体系，自己的经典。每一个思想流派也是可以分成许多的流派，并且每一个流派也都可以认为自己是正统，这与宗教有相同的情况，但是不能因为这种相同的情况，就认为这个思想那个流派就是宗教了。而在冯友兰看来，道学所讲的儒家思想，不同于基督教的天国，也区别于佛教的西方净土，在冯友兰看来，任继愈先生所说的宗教的那些特点，不是宗教所特有的，依此来分析儒学，像天国、西方净土这些宗教的特点，它也不具备，因此它不是宗教。

总之，关于宋明理学（或道学），张岱年与冯友兰两位先生都认为它是哲学，而不是宗教，根本否定了任继愈先生关于宋明理学的建立是儒教的完成这种观点，从而为准确理解宋明理学（或道学）的性质、特点、作用等问题，更为广义地说是为准确理解中国文化的性质、特点、作用等问题提供了认识论基础，也许张岱年与冯友兰两位先生并没有完全意识到任继愈先生关于宋明理学的建立是儒教的完成这种观点对于研究传统儒学来说所具有的突破性，但是不能否认这样的争论却是对于深入研究宋明理学（或道学）、深入研究传统中国文化是有意义的。

其二，关于儒教是不是宗教的问题之分歧。

在这个时期，除了张岱年、冯友兰两先生专门针对宋明理学（或道学）提出不同看法之外，其他的几位学者就儒教是不是宗教这个论断也提出了批评意见，他们不再局限于宋明理学这一儒学发展的特定阶段上，而是针对儒学的性质进行广义的讨论，当然有些学者也涉及宋明理学问题。

---

① 张岱年：《论宋明理学的基本性质》，任继愈主编《儒教问题争论集》，宗教文化出版社2000年版，第55页。

李国权、何克让两位先生于1981年在《哲学研究》第7期上，发表了《儒教质疑》一文，他们认为，儒家天命观的精髓有两个方面：一方面孔子之天不是上帝的天，不是虚幻的精神世界，在孔子的思想中，天是不断运行的自然界；另一方面凡信天者，都笃信冥冥之中神的支配力量，而孔子十分强调人的主观努力，尊重人的意志，尤其是结合到孔子对于鬼神的存疑，绝口不谈鬼神问题，由此看到儒家的天命观是对于殷纣祖先崇拜、天命神学的否定。而他以仁学为中心的思想体系，提出仁者爱人等命题，是要摆脱宗法制度的羁绊，如果再结合孟子民贵君轻思想，那么，仁学实际上是对于尊尊的改造，可见不是什么祖先崇拜的宗教思想的发展，不是用来维护君父的绝对统治地位，巩固专制宗法的等级制度的东西。[①]经过再分析后，他们认为，汉、宋两代对于儒学的改造，不是把儒学改造成为儒教，尤其是宋明理学的建立并不是标志着儒教的完成。总之他们得出结论，儒家不是儒教（宗教）。

继李国权、何克让《儒教质疑》之后不久，崔大华也于1982年在《哲学研究》第6期上，发表了《“儒教”辩》一文，也对于任继愈先生儒教是宗教的观点提出反对意见。崔大华先生认为，一方面儒家思想不是从殷周宗教思想发展而来，而是从西周的伦理道德思想发展而来。尽管在西周的伦理思想中包含了很重要的宗教思想内容，但是，它与殷商的宗教思想既有联系，也有区别。主要是在殷周之际，中国古代宗教思想与伦理思想发生了换位，此后伦理思想逐渐成为中国思想的主导成分，而宗教思想只是伦理思想的补充。孔子所处理的儒家学说，就进一步巩固了殷周之际已经开始形成的那个中国古代文化的发展方向，即伦理的而非宗教的。另一方面从先秦儒家到宋明理学的发展过程，也不是儒教的造神运动的完成过程，而主要是对儒家所主张的伦理道德的根源及其修养方法不断提出新的论证的过程。崔大华先生在对这个过程进行了简单的梳理以后指出，儒学在异己思想的影响之下，理论形式不断发生变化，但伦理的理论核心与本质始终没有变化；基于这样的认识，理学完成的不是造神运动，而是对儒家伦理道德根源的哲学论证和对儒学中宗教神学的哲学改造。

---

① 李国权、何克让：《儒教质疑》，《哲学研究》1981年第7期。

值得注意的是林金水的论文，他主要从事中外关系史、中国基督教史的研究，对于明清时期在华传教士的研究颇有心得。出于这样的学术背景，作为一个研究在华传教士的专家，在关于儒教是否是宗教的争论中，主要介绍了耶稣会传教士利玛窦关于儒教不是宗教的思想，无疑林金水的论文对于讨论儒教是不是宗教的问题，提供了一个较为新颖的视角，是有意义的，开阔了人们的思路。他认为“关于儒教的宗教属性问题，并不是今天才开始引起人们的关注，早在明朝万历年间意大利人耶稣会士利玛窦来华时就已经加以注意了，当时他就提出了儒教不是宗教的看法”。[①]林金水认为“利玛窦作为一个宗教家、天主教神学家，对于如何区分宗教，是有其一套识别标准的。……（他）关于儒教不是宗教的看法，对于当前哲学界讨论这个问题，是有一定的参考价值的”[②]。

第三节　儒教研究的深入展开

与前一阶段只有任继愈先生一个人站在儒教研究第一线，独撑局面不同，这一阶段，出现了新的局面。首先是尽管对于如何界定儒教有不同的理解，但是主张或者同意儒教是宗教的学者逐渐增多，“儒教是宗教”说在何光沪、李申等中青年学者加盟的情况下，取得了重大进展，构筑了理论体系。赞同的学者逐渐增多，尽管人数有限，但由于在学术界产生了相当的影响，形成了所谓的“儒教宗教论派”；研究的领域也不断拓宽，范围扩大，从哲学界扩展到宗教学和历史学、文学界等；同时这个时候，关于儒教的争论也在进行下去，并且越来越激烈，争论呈现出多元化的趋势，各种观点层出不穷，如“准宗教”“传统宗法性宗教”“非学非教、亦学亦教”“原生宗教”“政治宗教”等；核心问题仍是“儒教是否宗教”。值得一提的是，与先前零零散散只有寥寥数篇文章不同，这个时

---

① 林金水：《儒教不是宗教》，任继愈主编《儒教问题争论集》，宗教文化出版社 2000 年版，第 164 页。

② 同上书，第 170 页。

期，围绕儒教问题所进行的讨论与争论，成果丰硕，出版了一批论著。[①]

当然这个时期，任继愈先生仍然是主角。自1980年前后提出儒教是宗教的论断，并受到学术界的质疑、反对之后，任继愈先生并没有表现出退让的迹象，而是继续撰文，阐述儒教是宗教的观点。这些文章对于《论儒教的形成》与《儒家与儒教》两文中的思想，从不同的层面加以论述，特别集中于宋明理学的儒教特征的论述上，对前一阶段自己提出的观点充实了十分具体的资料，这些文章篇幅都不是很大，但文笔优美，读来朗朗上口，具有很强的感染力，抛开儒教是不是宗教这个引发争论的话题不说，就对于宋明理学的研究本身看，也是很见功力的。

平实说来，任继愈先生对于所谓的儒教问题缺乏系统的阐述，除了《论儒教的形成》与《儒家与儒教》等文章较有分量外，另一些文章都是点到为止，这样对于被其倡导者及其追随者看作中国文化中最重要的问题之一的儒教来说，任继愈先生论述固然具有开创之功，但显然是远远不够的，对于儒教研究需要有足够说服力的论著来为儒教是宗教说提供学术上的论证，包括对于儒教史的梳理与儒教研究理论体系的建构。

对于儒教问题进行深入分析与系统论述的是任继愈先生的高足李申先生，在儒教研究中，李申先生不仅撰写了一系列的文章来回答对于儒教是宗教论的批评，而且出版了一部洋洋大观、达150余万字的《中国儒教史》，这是学术界第一部明确把儒教作为一种宗教形态来研究的专书，重点在于对中国儒教史的梳理。除此之外，李申先生还在一些学术讨论会、座谈会、笔谈的一切可能的场合论述儒教是宗教的观点。在这一时期，李申先生撰述论著，对于倡导儒教是宗教说可谓不遗余力，成为主张儒教是宗教的中坚力量。也许这里可以有一个不尽恰当的比喻，在倡导儒教是宗教的学者之中，任继愈先生有点像倡导进化论的达尔文，而李申先生当然是赫胥黎了，这样说当然不是无根之论，李申先生自己表达过这样的意思，[②] 说得十分明白，李申先生撰写论著，论述儒教是宗教，是为任继愈先生的儒教是宗教说提供论证，立说者是任继愈先生，这书是为立说者作

① 参见任继愈《儒教问题争论集》附录二《儒教有关论著存目》，宗教文化出版社2000年版。
② 参见李申《中国儒教史·后记》，上海人民出版社2000年版，第1096页。

论证。

自任继愈先生所提出的儒教是宗教这样的观点，受到学术界一些学者的批评之后，任继愈先生本人对于这些批评意见并没有做出回应，如何来看待这些批评意见，其实应该是倡导儒教是宗教的学者必须来说明的，李申先生于 1995 年发表在《世界宗教研究》第 2 期上《关于儒教的几个问题》可以说是对于这些批评意见较为系统的回应，全文从“孔子与鬼神”“儒教的上帝与神灵”“儒教的彼岸世界”“儒教的组织与祭仪”几个方面，阐述了儒教是宗教的观点，针对那些批评意见，一一做出回答。此文是自任继愈先生重新提出儒教是宗教的论点，并受到学界的质疑以后，第一篇较为系统地论述儒教问题的文章，回答了质疑者的批评意见，同时也是对于任继愈先生的论点在一定的程度上做了展开，应该说对于儒教研究及其围绕着儒教问题的争论来说，这是一篇重要的论文。

在这个时期，如前所述，李申先生还有其他的一些文章，来阐述儒教问题，如《儒教、儒学和儒者》《朱熹的儒教新纲领》等，对于儒教研究来说，这同样是两篇重要的论文。当然，李申先生对于儒教的研究，最主要的是《中国儒教史》一书，此书是国家社会科学基金资助项目，作者通过对中国古代儒释道三教和哲学、科学的综合考察，确认并接受了任继愈的观点。在经过多年深入研究并撰写了一系列论文的基础上，完成了这部 150 万言的学术专著。该书阐明了中国儒教发生、发展和消亡的全部历史，这是第一部站在“儒教是宗教”立场上研究儒教的专书，任继愈先生在论到这部书时，曾说：“这部书稿为研究中国文化史、思想史、哲学史打开了一堵墙。这堵墙曾在很长一段时期内挡住了我们的视野。”还说：“这部书稿的出版，必将为中国宗教史的研究、中国文化史的研究提供一条新思路。”[①]《中国儒教史》出版在学术界引起了很大的争议，赞同者认为这是哥白尼似的革命，而反对者提出了尖锐的批评。

当任继愈先生独自一人撰文论述儒教是宗教的时候，在一段时间内，没有一个学者追随上来。只是到了 1988 年，何光沪先生撰文也开始讨论儒教问题，认为中国古代有一个儒教，随后又于 1994 年与 1995 年两度撰

---

① 任继愈：《中国儒教史·序》，李申著《中国儒教史》，上海人民出版社 1999 年版。

文讨论与儒教相关的问题。何光沪先生是研究宗教思想，尤其是研究西方基督教思想的宗教学研究专家，他的宗教学方面的知识与素养，对于关注儒教问题的讨论来说，当然是有意义的，他的意见也是值得重视的。也正是由于像何光沪先生这样的宗教学者的加入，对于儒教是宗教与不是宗教的论述及其争论，提供了一个宗教学的视野，尤其是西方宗教主要是基督教的视野，因而也能够将论述及其争论向广度与深度方面发展。

严格说来，何光沪先生所说的儒教，是为他在当代的文化背景下来重建儒家思想文化体系服务的，其现实的针对性是十分强力的，我们在读他的论著中也可以强烈地感受到这一点。由于他尝试重建儒教的努力，提出要从儒学之花，返归到儒教之根，也就是从儒学对于天理天道的哲学解释返归到儒教所继承的三代宗教之天帝观念，这就是现代儒学所应该取的思想进路。换句话说，现代儒学的复兴或者重建，就是要使它返归或者重新获得原先就有的，但后来失去了它的宗教性，认为这是复兴儒教的关键。事实上，何光沪先生对于复兴儒教有着很大的期待。就何光沪先生这样的思想进路确实是应该重视的，但儒学之重建或者复兴采用返归于其所谓的原始儒教的天帝观念这样一种宗教之根，其现实性与可行性是可以讨论的。

如上所介绍的任继愈、李申、何光沪的研究构成了这个阶段关于儒教或者围绕着儒教问题进行的讨论与争论所取得的主要成果。任继愈、何光沪与李申三位先生关于儒教问题的研究确实是做了很多的工作，而且正如陈明先生所说的那样，他们功不可没。关于这些成果的意义，陈明先生的一段评价对此做了较为中肯的说明，这一评价不再拘泥于儒教是宗教或者不是宗教这样比较狭隘的分歧与争论上，而是站在对于传统思想文化的理解进行深化，并且尝试在当代的背景下思考如何重建儒家文化这样的角度，来评述这几位先生的研究成果的。[①]邹昌林先生则从另一个视角对这个时期有关儒教的讨论进行了评述，尤其是对于有关“儒教是宗教”这一问题的提出与论证，及其对于提倡者与论证者的文化背景与立场加以分

① 参见陈明《中国文化中的儒教问题：起源、现状与趋向》，载《宗教研究四十年》，宗教文化出版社2004年版。

析，是很有见地的。①

相比较而言，在这一阶段，否认儒学是宗教的这一面的成果较为有限，严格说来甚至没有值得称道的成果。必须指出的是，这一时期对于儒教是宗教论者的批评，并没有跟上倡导儒教是宗教论者的步伐，他们对于任继愈、李申等先生的最新论著关注不够。还有一点可加注意的是，一些学者在这一时期似乎修正了自己早些时候的观点，如张岱年先生，到了1998年《文史哲》编辑部组织的文章中，张岱年先生有了另一种说法，他说："假如对于宗教作广义的理解，虽不信鬼神、不讲来世，而对于人生有一定理解，提供了对于人生的一定信念，能起指导生活的作用，也可称为宗教。则以儒学为宗教，也是可以的。"② 如果说张岱年先生这里所说还有一个假设性的前提，那么，下一段话就是直言了，他说："孔子提出的人生必须遵循的为人之道，使人民有坚定的生活信仰。在这一意义上，孔子学说又具有宗教的功用。可以说孔学是一种以人道为主要内容、以人为终极关怀的宗教。"③ 由此可见，儒学与儒教具有相当复杂的关系，而人们对于它是否是宗教的认识，也可以表现出相当复杂的情况。

第四节　儒教问题研究的新进展

进入21世纪，总体说来，对于儒教问题的研究，已经超越了儒教是宗教还是非宗教，并对此展开的争论的狭隘模式，而呈现出多元化的趋势，当然这并不是说学界已经完全跳出了争论，不再论述儒教是宗教还是非宗教的问题。更确切地说，这个时期关于儒教问题的研究，不是就此问题进行解构，而是重在建构，即是说，持儒教是宗教论者，他们在这个时期的工作是要论述为什么说儒教是宗教，对此他们在建构儒教是宗教的理论体系；而认为儒学不是宗教的学者，同样在解释它为什么不是宗教，尝

① 参见邹昌林《中国古代国家宗教研究·前言》，学习出版社2004年版，第11—12页。

② 张岱年：《"儒学是否宗教"笔谈》，参见任继愈主编《儒教问题争论集》，宗教文化出版社2000年版，第411页。

③ 同上。

试从理论上加以说明，也同样在建构体系。因此这一时期，少了些喧闹与浮躁，多了些沉潜与理性。并且与1980年前后任继愈先生重新提出儒教是宗教说时，对儒教的性质之认定完全不同，在这一阶段，何光沪先生早先提倡的重建儒教的构想似乎得到了一些儒教研究者的认同，尽管在具体的做法上有着明显的差异，因为何光沪先生是借助于基督教的模式，而这个时期倡导儒教的学者们主要是站在中国文化本位的立场上，而这种立场正是基于在全球化的大潮中，中国文化的定位及其如何参与到全球文化的建设之中这样的思考下，来建构儒教传统的，一批具有深厚儒学素养，并且具有当代文化视野的年轻学者给予儒教在当代学术氛围中的重建问题提供了许多很有价值的思考，这些思考或许不尽完善，但确实富有启发性，这些年轻的学者包括陈明、康晓光、彭永捷等先生。

在新世纪的儒教研究与争论中，首先要特别提到的是余敦康先生，严格说来他并没有参与其中，他自己就说不参与这类讨论，没有为此写过文章，在公开的场合也很少谈论所谓的儒教问题。当然有例外，那是2002年年初，在“儒家与宗教”研讨会上，余敦康先生有一个发言，这个发言横空出世，引起了轰动，也引起了新的争议。这个发言主要是说，“这个‘儒学与宗教’的问题，在我看来，在大陆学界是个假问题，是一个意识形态争论的问题，而不是一个真正的学术问题”。[①] 为什么是个假问题？余敦康先生解释，“首先有一个意识形态的顽固性，这一点我极为不满。另外呢，事先设定儒学是个不好的东西，不好的东西，那就是宗教。宗教是什么呢？就是鸦片，就是维护那个专制王权，为那个而服务，一整套专职王权靠儒学来支撑了几千年，现在我们不要它。儒学在这里面，起了这么一个作用，所以把它定位为儒学是宗教”。如果针对1980年前后关于儒教问题的讨论与争论来说，余敦康先生的这个发言可谓一语中的，提醒人们注意引发这个争论的背景。[②]当然“儒学与宗教”的问题虽然是个假问题，余敦康先生认为只要不是从意识形态上来推定，把儒学是不是宗教作为一个政治原则，而是把它作为一个学术问题，进行学术上的争论，

① “儒家与宗教”研讨会现场录音（一），参见 www.confucius2000.com，2002年2月11日。
② 同上。

这种争论没有必要做出定论，完全可以长期争论下去。余敦康先生的这个思想，其实早在1994年发表在《世界宗教研究》上《关于儒教的研究》一篇短文中就说得十分清楚了。他说："关于儒教能不能算作一种宗教，作为一个纯粹的学术问题，见仁见智，是可以长期争论下去的，一时半时恐怕难以做出定论，实际上也不必有什么定论。但是儒教（或称儒学）在中国传统文化中一直居于主导地位，并且从总体上规定了包括宗教文化在内的传统文化的面貌，却是一个不争的事实，许多有识之士对这一点都达成了共识。儒教的思想基调是入世的，关注的重点在于现实世界的人伦日用之常。这种世俗性的特点，对中国宗教文化的发展产生了极为深远的影响。佛教的中国化，道教与佛教抗衡之所以立于不败之地，伊斯兰教以及基督教在中国的传播、演变，都和接受儒教的影响有着十分密切的关系。如果不充分估计这种影响，忽视儒教的研究，便无从深入准确地把握中国宗教文化的特点。"① 余敦康先生对于儒教的研究之重要性看得十分透彻，不仅如此，他还提到了儒教研究参与全球文化交流的问题，说："随着中国国力的增强，中国的文化走向世界，参与世界性的文化交流了。我觉得，关于儒教的研究应该提到议事日程上来予以高度的重视。"② 余敦康先生的观点，实际上已经超越了儒教是宗教还是非宗教的争议，站在世界文化交流这个角度，为儒教研究提供了新的活力。只是在一段时间内，他的意见并没有受到重视，到了21世纪后，儒教研究与争论才有了一些新的思路与方向。

陈咏明先生的《儒学与中国宗教传统》于2003年在大陆与台湾同时出版，通过分析儒学与中国宗教传统的关系，解释儒学为什么不是宗教的问题，厘清了儒学与宗教的关系，应该说，就坚持儒学不是宗教的学术成果来说，这是一本重要的著作，可惜未能受到学术界的重视。这是一部从宗教视角研究儒学的著作，探讨了儒学的宗教观。陈咏明先生认为，儒学作为中国古代社会两千多年的正统思想，它其实是缺乏我们现代意义上所谓的定义"宗教"一些重要的属性与内涵的。举例说来，它不以出世解脱

---

① 余敦康：《关于儒教的研究》，《世界宗教研究》1994年第4期。

② 同上。

为终极目标，也不存在严格意义上的、与世俗职务划清界限的那种专门的教会或者独立的神职人员团体，还有它缺乏如别的宗教那样所建构的宗教性宇宙结构论，在形态上也不存在超验与世俗的紧张对立。陈咏明先生认为，儒家的社会政治理想，明显地诉诸世俗的道德而不是宗教的权威。尤其重要的是儒家基本上否定灵魂、神灵和神性意义上的鬼神存在。正如人们所知的那样，灵魂观念是宗教的一般特性与理论基础，而儒家则以无神论的倾向和现实世界的定位，凸显出了鲜明的特性。这种观点，是贯穿于《儒学与中国宗教传统》一书的主题。

就坚持儒教是宗教的学者来看，在这一时期，李申先生依然唱着主角，他继续着儒教问题的研究，不断有新的论著问世，主要有四川大学出版社出版的《儒学与儒教》，河南人民出版社出版的《中国儒教论》等论著，尤其是《中国儒教论》一书，试图从儒教研究的理论体系的建构上来回答什么是儒教的问题，应该说这是倡导儒教是宗教论者又一项十分重要的工作；任继愈先生在为《中国儒教论》所作的序中称此书是对中国儒教的全面剖析，它以问题为中心，对儒教性质、理论价值、社会作用、思维方式各方面进行了横剖面的展示。在李申先生看来，要回答儒教是“教”非“教”，首先还不能完全按照著者本人对于什么是宗教的理解来论述，还必须首先回答当前学术界对于儒教是“教”非“教”所提出的一系列问题。这些问题包括儒者是否信神？孔子是人还是神？孔子对待鬼神的态度如何？儒教有没有自己的彼岸世界？儒教有没有自己的组织？谁是教徒？此外还有出世、入世问题，等等。李申先生认为，要回答这些问题，就必须确立起以神的信仰为中心。

如何评价儒教在历史上的作用问题，一直是关于儒教是宗教还是非宗教的研究与争论中一个十分重要的问题，前面已经多次说到这个问题，至少可以确定在早期的讨论中，持否定的意见占据主要地位，不管是承认儒教是宗教，还是否认儒教是宗教的学者。而在《中国儒教论》中李申先生的认识是对它进行二分法：一方面提出要充分认识到作为封建文化主体的消极性，指出它有不适应现代社会生活与社会制度的一面，同时也肯定了它所具有的历史意义的一面。儒教适应当时的社会生活所规定的人的言行规范和价值观念，已经不再为现代社会所需要，也不能与现代社会相适应了。同时必须看到，尽管这些规范和是非美丑的价值观念不适用了，但是这些规范和价值观念却永远是我们的宝贵财富。就像当我们拆掉旧房盖新房的时候，我们所依据的盖房原理，是在旧房基础上发展起来的。这些原理，其中一部分在今天还能继续运用，即使那些过时的部分，也具有历史的意义。这样的认识，对于倡导儒教是宗教的学者们来说，特别是在1980年前后这样的特殊背景下所提出的儒教是宗教这样的观点时，从他们的认识来看，已经有了很大的不同，无疑是值得充分肯定的。

2005年中国社会科学院世界宗教研究所儒教研究中心成立，这是国内第一个开放式的国家级儒教研究基地，中心成立后，编辑出版了名为《中国儒教研究通讯》的内部刊物，此刊成为有关儒教研究与争论的主要阵地，刊载了儒教研究的文章，由这些论文可以看出这一阶段儒教研究与争论的一些新的信息与倾向，这也成为这时期儒教研究与争论的新的特色，这个新的特色是，儒教研究试图超越儒教是宗教还是非宗教这一狭隘模式，从与世界其他文化的交流与在全球化的背景下中国文化的复兴或者重建这一高度来讨论儒教问题，对此提出了一些富有启发性的观点。

在这些论文中，蒋庆先生的《关于重建中国儒教的构想》一文是篇重要的文章，也引起了很大的争议。我们可以这篇文章为例，来看看《中国儒教研究通讯》所刊发文章对于儒教研究提出了怎样的新思路。这篇论文首先对于儒学、儒家与儒教进行了辨析，关于儒学与儒教的关系，蒋庆先生认为，儒学是儒教的教义系统，其价值渊源则是儒经。儒学与儒教的关系相当于基督教神学与基督教的关系，儒学只是儒教的一个具体内容。基于对于儒学与儒教的关系有如此的认识：一方面蒋庆先生指出，在当今面对西方文明的全方位挑战时，就必须全方位地复兴儒教，在他看来，只有以儒教文明回应西方文明，才能完成中国文化的全面复兴。当今中国儒家学派的建立、儒学体系的建构、儒家文化的回归都是为了复兴中国独特的儒教文明，以承续源自古圣人道统的中国文化的精神慧命。另一方面指出儒教之教的宗教学含义，并进而肯定儒教是宗教，关于儒教的“教”字，他认为既有中国文化中“礼乐教化”与“道德教育”之义，又有西方文化中“神人交通”的“宗教”之义；既有信奉“天道性理”“良知心体”的超越信仰之义，又有实现“神道设教”的治世功能之义。

因此，他说，如果不拘泥于西方的宗教概念，儒教肯定是一种宗教，只不过是一种与西方宗教不同的独特的中国宗教。儒教具有人类宗教的某些共同特征，如具有某种程度的人格神信仰、经典的教义系统、以超越神圣的价值转化世俗世界等，但儒教也有自己的独特特征，如信奉多神教、万物有灵论、没有国家之外的独立教会组织等。但这并不影响儒教是一种独特的宗教，不能因为儒教与西方宗教不同就否认儒教是宗教。

发表在《中国儒教研究通讯》上的其他各篇文章，也各具特性，提出了各自的看法，观点不尽相同，甚至互为对立，但有一个共同点，这些文章对于儒教的论述，不再局限于儒教是宗教还是非宗教这样狭隘的论题上，也不再把儒教看成随着清朝的覆灭而在体制形态上已经退出历史舞台的东西，当然也不再简单地把它看成在中国历史上起负面影响的东西，而是站在全球文化交流与中国文化重建的高度，试图把儒教看成这一文化重建过程中的一个建设性因素，甚至是一个主要的因素，这是在 21 世纪儒教研究的一个重大突破。

康晓光先生在 2003 年第 2 期《战略与管理》杂志上发表了题为“文化民族主义论纲”一文，这样一个民族文化主义论纲，其核心的内容就是提出了儒教复兴的构想，把儒学塑造成为适应现代社会的新宗教作为文化民族主义的核心内容，这是康晓光先生反复提倡的，他所谓的文化民族主义，有三个层面，其中的第三点讲儒教，他说：“提倡力行，反对空谈，提倡通过社会运动，建立一种渗透到日常社会生活之中的、与现代社会相适应的民族宗教，即新儒教。”① 之所以对于儒教这么重视，就在于他认为，在中国历史上，儒家不仅仅是一个学派，而是发挥着教化功能的、得到国家支持的全民宗教。此所谓“政教合一”。康晓光认为，就中国的历史来看，每当面临外来冲击的时刻，就会出现儒学宗教化的呼声。这不是偶然的。在外来冲击的作用下，儒学逐步宗教化是文化自卫的正常策略或自卫性反应。今天重提复兴儒教，绝不是为了重新挑起新一轮文化论战。他认为他所期待的是掀起一场社会运动，并借助这一运动实现中华文化复兴，进而实现中华民族复兴的目的，即建设一个超越民族国家的文

---

① 康晓光：《文化民族主义论纲》，《战略与管理》2003 年第 2 期。

化中国。正是在这样的背景下，康晓光提出了他的儒教复兴方案，他的方案，固然提出了任务与完成任务的措施，看起来似乎具有某种操作性，但实际上也许没有现实的可行性，好在他自己也完全清楚地意识到这一点，他自己说：“在这个物欲横流的时代，我们需要想象力和想象的勇气，需要追求理想和追求理想的勇气。一句话，我们需要乌托邦。”①

彭永捷先生在中国社会科学院哲学研究所主办、东北师范大学历史文化学院协办，于2004年3月27—28日召开的“儒教与东亚的近代国际学术研讨会”上发表了题为“论儒教的体制化和儒教的改新”的论文，提出了儒教改新的思路，他认为从总体上看，已有的讨论主要集中在对历史中的儒学或儒教是否属于宗教这一性质上的判定。而《论儒教的体制化和儒教的改新》则将视角从学术史的考察转向当下的现实思考，关注当代儒教的重新体制化与儒教的改新。当然这种改新是与以前关于儒教的争论和儒教史研究一脉相承的，他认为，从迄今为止的儒教问题论争和儒教史研究中，“我们可以重新发现其对于当代文化建设的重要意义。儒教问题论争，在学术讨论中是一个纯粹的学术问题，在学术讨论之外却是一个当下的文化建设问题：论证儒教是中国传统儒、释、道三教之一，是一个具有高度发达成就的历史宗教，无疑在客观上就为帮助儒教在当代社会获得它的合法身份提供了证明；种种赞成与反对，则无疑是儒教获得这一合法身份的‘学术听证会’，是对儒教合法身份的学术审查”。他认为，肯定儒教的作用，呼吁给予儒教合法身份入场，当然并不意味着在儒教与现代社会的契合性方面，儒教就是一个可以当下现成拿来亮相的，相反，儒教是一个需要经过改新的宗教。即使承认儒教是一个历史宗教，那么它也仍然需要大刀阔斧的自我完善和自我建设。在当代文化中的儒教，应当是一个从以皇权政治为中心的国家宗教，彻底向切乎百姓安身立命和人伦日用的民间化的宗教的转变，应当具备恰当的宗教仪式，把儒教和信众联系在一起。同时，强调在现代化条件下，人们如何利用儒家资源来修身养性、安身立命，这其中当然就涉及儒教的教义如何和当代社会相适应的问题。儒教研究的课题应当关注现代人生存中的精神焦虑，关注人在社会、

① 康晓光：《文化民族主义论纲》，《战略与管理》2003年第2期。

家庭及人与人之间的矛盾牵涉，关注人生的信念支柱、人的终极关切、人的精神生命质量的提升，总之，儒教在面对“外王”带来的种种心灵的问题而寻求“内圣”之路。儒教的宗教仪式和教义变革是儒教改新中最重要的问题，此外诸如宗教设施、教职人员等问题也很重要。对这些问题的研究，还可以参考海外的儒教孔教、德教成果。

就这一时期对于儒教的认识与研究而言，与任继愈先生在约 40 年前提出儒教是宗教时相比，不难看出，已经有了根本性的不同，在基本点上，这几年的认识与研究已不再认为儒教是一种消极、负面的，应该完全否定的意识形态，把它看成是现代化建设的障碍，而是从积极、正面的方面来看，认为是一种肯定的意识形态，儒教作为中国文化的主体，可以既在中华民族的伟大复兴中，也在全球化的过程中，起主导的作用。这是进入 21 世纪以来所谓儒教研究的最大转变，这样的转变所具有的意义：一方面随着中国社会的发展，中华民族的复兴取得巨大的进展，另一方面随着对于以儒教为核心的中国传统文化在这种民族复兴中所起的巨大的作用之认识的深入，以及对于儒教（儒学）研究的深入，而会更加凸显出来。

事实上，就最近的儒教研究来说，出现了两个新的趋向更应该引起学界注意的趋向：其一，儒教研究的着重点在于重建，而儒教的重建不在于仅仅停留在学术的层面，简单地作为一种理论层面的论述，而试图把儒教的重教与中国社会的发展方向有机地结合起来，指出儒教的重建对于当今与而后中国社会发展所能提供的有用资料，如 2006 年《中国儒教研究通讯》（第 2 期）刊载了陈勇先生翻译的罗伯特·贝拉所著《美国的公民宗教》一文以及陈勇自己的论文《公民宗教综论》，这两篇论文的刊载，按照这一期刊物的《编后》的说法，贝拉是美国所谓公民宗教的有力倡导者，他之所以提出公民宗教问题，用意在于“要为美国的立国精神和核心价值与其神性根源之间的关系进行论证和表述，他所谓的公民宗教是指在其历史发展过程中形成的关于其国家、人民与神及其世界关系和意义的具有宗教性的共识或意识”。认为贝拉的探讨“不仅为考察美国社会的宗教和政治之间的关系提供了一个独特的视角，而且也为我们思考中国现代化过程中出现的问题不无助益。”陈勇的《公民宗教综论》的立意就在于此，他的文章通过分析，为儒教公民宗教化的进路提供了一定的理论支持。而儒教如何能够公民宗教化，以公民宗教作为构建路向，就在构建过程中必须解决三个相关的问题，首先，儒教能否“体现一个国家的立国精神和核心价值，并在这些精神和价值之上建立一套超越的、神性的评判标准，为政治或政道提供终极合法性”；其次，儒教如何既“建立在传统的建制宗教的基础之上，又要与任何具体的建制宗教有所区别”；最后，作为一种公民宗教的儒教如何面对什么是“人”和什么是“中国人”的问题。文章认为，参照美国的公民宗教，在解决了如上所提的三个问题方面，儒教确实能够为此提供有用的资料。[①] 基于如此的理解，在陈勇看来从公民宗教这一角度来重建儒教就具有可能。其实，不仅陈勇是从公民宗教的角度来讨论儒教的重建问题，为儒教的重建提供了一个比较具体而又现实性的视角，在最近讨论儒教的文章中，关于儒教的复兴与重建问题成为学界关注的焦点，其核心就在于指出儒教在中国和世界的发展中确实有可资利用的资源。对此，中国社会科学院儒教研究中心出版的《儒教研究》[②]，提供了更多的资讯。《儒教研究》是在该中心先前刊印的《中国儒教研究通讯》的基础上正式公开出版的有关儒教研究的书刊，不仅容量增加了，而且涉及的范围也扩大了，为儒教研究提供了一个讨论与争论的平台，相信它的出版对于儒教研究来说将会起到很大的作用。

其二，儒教研究的发展其实是与儒教能否复兴和重建紧密结合在一起的，理论的探讨固然重要，提出如何来复兴与重建儒教也成为学界思考儒教问题的重点，由此推动了儒教问题研究向广度与深度的发展。而与此相应的是有关儒教问题的实证研究，具体说，儒教作为中国传统文化的主要表现形式，它是与广大的中国人的生活世界结合在一起的，它不仅是传统，是历史，也是实实在在的活生生的生活世界，是与广大的中国人的现实生活联系在一起的，因此，在学术界讨论儒教问题的理论方面的内容时，它的实存状态同样也引起了关注，事实上，研究儒教，复兴或者重建儒教，它的现实基础是什么？这必须进入学者的视野，因而展开社会调查，摸清儒教的实存状态，成为儒教研究的一个新领域，中国社会科学院

① 参见《中国儒教研究通讯》（第 2 期）2006 年第 2 期编后。

② 卢国光主编：《儒教研究》，社会科学文献出版社 2009 年版。

世界宗教研究所儒教研究中心启动了有关儒教的存在形态的社会调研项目，通过调研试图说明儒教在当代的具体存在状况，由此来进一步讨论中国的传统文化中所谓的儒教问题，结合现状应如何定义的问题，并说明中国的传统文化不只是作为一种历史的形态而存在，它也是一种现实的存在形态，因而它对于中国社会今后的发展依然起着重要的作用，确实能够为我国今后的发展提供许多有用的资料。其实不仅是儒教研究中心在做这样的事，其他学术研究机构和学者也同样重视这种儒教实存状况的调研，如首都师范大学儒教文化研究中心组织了一些相关研究生进行调研，以此作为硕士学位论文。由此可以说明当今的儒教研究，它的范围更为广阔。

同时，就学术层面来说，这40年来关于儒教研究与争论，其可资运用的学术资料是什么？有哪些？其实这是个一直没有解决的问题。作为一种研究对象，如果没有与之相应的、具有本学科特点的学术资料，又如何能够科学与合理地构建这一研究领域？长期以来这个问题确实被学界所忽略了，以至于我们看到在儒教方面的学术研究成果，其资料的可靠性与合理性会受到人们的质疑，对于有些资料的引用与解释存在着很大的争议。儒教有没有自身的资料？如果有，那又是什么样的？因此搜集与整理儒教研究资料应该成为儒教研究的重要组成部分，可以说是儒教研究的基础性工作，事实上不解决这个问题就无法推动儒教研究进一步向前发展。由此可见，其重要性是不言而喻的，而且经过了40年的儒教研究与争论，它的重要性越来越为人们所认识。或许正是基于这样的考虑，从事儒教研究的学者已经开始了对中国历史上儒教资料的搜集与整理的工作，如由李申先生主持的就有如下一些工作：一是编撰《中华大典·宗教典·儒教分典》，二是《儒教资料类编》，据李申先生说，前者已经基本编就，后者共有30余册，已经陆续出版。在编辑这两部分资料的同时，还有一套可以影印的大型的资料丛书《儒教资料选汇》也已选定目录。[①] 相信这些资料的编辑出版，能够为儒教研究提供有用的资料，从而推动儒教研究更上一层楼。

① 金泽、邱永辉主编：《中国宗教报告（2009）》，社会科学文献出版社2009年版，第156—157页。

第五节　2009 年以来的儒教研究

回顾2009年以来的儒教研究，当然首先要提到的依然是任继愈先生，在20世纪70年代末首先提出了儒教的问题，从而引发了关于儒教问题的讨论，推动了儒教研究的深入展开，由此取得了一系列的重大理论成果，使得儒教研究成为显学，对于推动当代中国宗教哲学学术研究有着重要的贡献，并因此为中国的宗教学学术研究体系的建构奠定了基础。正因为如此，在任继愈先生辞世之际，各方对于先生的学术贡献做了高度的评价，特别是从儒教研究来说，它被称为先生最重要的学术成就之一，这确实是当之无愧的。在任继愈先生辞世之际，学术界召开了一系列的会议，发表了大量的文章来纪念他、缅怀他，评说任先生在学术上的贡献，如张茂泽先生的《任继愈的儒教观及其宗教思想史意义》[①] 一文。哲人已辞，但先生开创的事业正由整个学术界的同行、后辈们在继续，或许正可以以此告慰先生于灵前。

自任继愈先生提出儒教是宗教以来，已有40年的时间，这40年来，儒教研究经过激烈的争论，蔚为大观，已成显学，今天当研究者们面对中国社会的发展，并对之试图加以解释，寻找能够满足中国社会长期发展的精神文化的时候，儒教研究就显得特别具有意义。不过与前30年相比，2009年以来的儒教研究有了一些自身的特点，研究领域的不断拓展，学术水平不断提高，思想认识不断深入，研究的意义与价值不断凸显。总的说来，儒教研究的关注点在发生变化，学者的关切不再局限于儒学与宗教的关系，而是开出了更多的面向，从而拓展了儒教议题，深化了儒教研究，2009年以来的儒教研究状况很好地说明了这一点，这一切从这10年所召开的会议、出版的专著、发表的学术论文上可以说明。

一　儒教研究的新成果

具体来说，相对于前30年有关“儒教是否宗教”的激烈争论而言，

---

① 张茂泽：《任继愈的儒教观及其宗教思想史意义》，《人文杂志》2009年第5期。

2009年以来有关儒教的讨论显得有些平和，“儒教是否宗教”不再是争论的重点，学者们更多地努力寻求新的诠释框架，试图对儒教问题进行重新反思，并在此基础上更多地关注“儒教是怎样的”和“儒教应当怎样”这一类问题。

当然这并不是说，学术界已经完全跳出“儒教是宗教”的界定，实际上一些学者依然是从宗教学的意义上来界定儒教的。如陈明就认为，在中国历史上，儒教就是一个宗教存在。[①] 而黄进兴也毅然决然地肯定儒教是宗教。[②] 尽管如此，陈、黄二先生的儒教是宗教说，并不等同于任继愈先生的观点，陈明是站在公民宗教的立场上，认为中国文化需要一个宗教，而儒教正好满足了公民宗教的要义；黄进兴也论及了公共宗教的问题，但是从一个不同的角度来讨论的，尤其是专注孔庙上，认为孔庙的存在就是一个圣域，而任何宗教都需要一个圣域，这个观点其实早在其所著的《优入圣域》[③] 一书中就表明得淋漓尽致了。由此可见，尽管同样认定“儒教是宗教”，但各人的界定是不同的。尤其值得注意的是，这个时期对于儒教的界定，在一些学者的论著中，提出超脱欧洲宗教学理论研究体系的框架，尝试建构适应儒教自身存在的宗教学研究理论框架，这一点早在蒋庆的论著中就已经提出，在最近十年的儒教研究中也依然是一个重要课题，如彭永捷的《认识儒教》[④] 一文，就是这样的尝试。或许是基于西方宗教学研究的理论框架无法说明儒教的问题，所以提出建构儒教自身的宗教学研究的理论框架，这样的努力是非常有意义的。当然这样的努力一个重要的背景就在于最近十年来中国文化的复兴已显然成为燎原之势，与这个大势是一致的。

实际上，这个时期的儒教研究，究其学术成果而言非常重要的一点是研究领域的拓展与深入，如陈明等人所提出的公民宗教问题，就是以儒教作为载体，认为儒教完全可以作为公民宗教的形态存在。另一个可以观察的情况是民间儒教研究问题也被纳入儒教研究的领域，如台湾的钟云莺，

---

① 参见陈明《儒教：作为一个宗教》，《哲学分析》2012年第4期。

② 参见黄进兴《孔庙研究表明儒教是宗教》，《中华读书报》2012年8月22日。

③ 黄进兴：《优入圣域》，中华书局2010年版。

④ 彭永捷：《认识儒教》，《社会科学》2011年第11期。

她是研究明清时期民间宗教的专家，在这个领域出版了较多的论著，《修心、修道、修炼：清末民初民间儒教的修行观》[①] 就是从这个角度切入的。在最近十年的儒教研究中，这样的成果越来越多，可见儒教研究的领域不断地被拓展与深入。

就这一时期对于儒教的认识与研究而言，与任继愈先生提出“儒教是宗教”时相比，不难看出，已经有了根本性的不同，在基本点上，这几年的认识与研究已不再认为“儒教”是一种消极、负面的，应该完全否定的意识形态，把它看成是现代化建设的障碍；而是从积极、正面的方面来看，认为是一种肯定的意识形态，“儒教”作为中国文化的主体，可以既在中华民族的伟大复兴中，也在全球化的过程中，起主导的作用。这是进入21世纪以来所谓“儒教”问题研究的最大转变，这样的转变也是根本性的，所具有的意义，一方面随着中国社会的发展，中华民族的复兴取得巨大的进展，另一方面随着对于以“儒教”为核心的中国传统文化在这种民族复兴中所起的巨大作用之认识的深入，以及对于“儒教（儒学）”研究的深入，而会更加凸显出来。

事实上，就最近的儒教研究来说，其着重点在于重建，而“儒教”的重建不在于仅仅停留在学术的层面，简单地作为一种理论层面的论述，而试图把“儒教”的重教与中国社会的发展方向有机地结合起来，指出“儒教”的重建对于当今与而后中国社会发展所能提供的有用资料，关于“儒教”的复兴与重建问题成为学界关注的焦点，其核心就在于指出儒教在中国和世界的发展中确实有可资利用的资源。对此，儒教的重建与复兴成为这一时期儒教研究的重要课题，学术界发表了大量的论著，召开了一系列的会议，无不围绕着儒教的重建与复兴问题展开。

“儒教”研究在最近的发展其实是与“儒教”能否以及如何复兴和重建，紧密结合在一起的，理论的探讨固然重要，提出如何来复兴与重建“儒教”也成为学界思考“儒教”问题的重点，由此推动了“儒教”问题研究向广度与深度的发展。具体说，“儒教”作为中国传统文化的主要

---

① 钟云莺：《修心、修道、修炼：清末民初民间儒教的修行观》，《世界宗教研究》2011年第1期。

表现形式，它是与广大的中国人的生活世界结合在一起的，它不仅是传统，是历史，还是实实在在的活生生的生活世界，是广大的中国人的现实生活样态，因此，在学术界讨论“儒教”问题的理论方面的内容时，它的实存状态同样也引起了关注，事实上，研究“儒教”问题，复兴或者重建“儒教”，它的现实基础是什么？这必须进入学者的视野，因而展开社会调查，摸清“儒教”的实存状态，成为最近“儒教”问题研究的又一个领域。

同时，就学术层面来说，这40年来关于“儒教”问题研究与争论，其可资采用的学术资料是什么？有哪些？其实这一直是个没有解决的问题。作为一种研究对象，如果没有与之相应的、具有本学科特点的学术资料，又如何能够科学与合理地构建这一研究领域？长期以来这个问题确实被学界忽略了，以至于我们看到在“儒教”方面的学术研究成果，其资料的可靠性与合理性会受到人们的质疑，对于有些资料的引用与解释存在着很大的争议。“儒教”有没有自身的资料？如果有，那又是什么样的？因此搜集与整理“儒教”问题研究资料应该成为“儒教”研究的重要组成部分，可以说是“儒教”问题研究的基础性工作，事实上不解决这个问题就无法推动“儒教”研究进一步向前发展。由此可见，其重要性是不言而喻的，而且经过了40年的“儒教”问题研究与争论，它的重要性越来越为人们所认识。或许正是基于这样的考虑，从事“儒教”问题研究的学者已经开始了对中国历史上儒教资料的搜集与整理的工作，尤其是李申在这方面做了很大的努力。他编撰出版了相关的学术资料，嘉惠学界，这些资料的编辑出版，显然能够为“儒教”问题研究提供非常有用的资料，从而推动“儒教”问题研究不断向其深度及广度扩展。

二　儒教研究的特点

这10年来的“儒教”问题研究，不难发现，与其他宗教学科的学术研究相比，它具有一些突出之点，也正是这样一些突出之点，构成了当代“儒教”问题研究的特点。

首先，与其他学科的学术研究不同，当代“儒教”问题研究，其显著的特点是围绕着所谓“儒教”问题出现的争论与讨论展开的，这种争论与讨论是在两个方面进行的，其一是所谓的意识形态的层面，其二是所谓的学术层面。就其过程而言，当任继愈先生在20世纪70年代末重提“儒教是宗教”问题时，他的着眼点主要是基于意识形态的考虑，深刻地认识到了所谓的“儒教”是现代化建设的阻力，这样的认识与当时的两种认识论观点是完全一致的：一方面是对于传统文化的认识，传统文化被看成主要是糟粕，是落后的东西；另一方面，将宗教简单地看成是鸦片，具有欺骗与麻醉的作用，在当时这是两个被普遍接受的观点。而所谓的“儒教”正是兼具了传统文化与宗教两种要素，因而在任继愈先生的论述中被看成完全负面的因素。其实不仅任继愈先生如是看待，那些不同于任继愈先生的观点，提出批评与反驳的学者，也是出于同样的认识，尤其在对于宗教的认知上，他们之间的观点其实没有质的区别，因而在所谓“儒教”是不是宗教，以及宋明理学是不是“儒教”的完成这两个问题上尽管有争论，而学术层面的争论不能说完全没有意义，但却居于次要的地位。最近10年的儒教研究，已经有学者从一个全新的角度来认识，他们不再把“儒教”看成现代化建设的阻力，在他们看来“儒教”或许可以是中国现代化建设的推动力量，并可以给予中国的现代化建设一种文化上的解释，因而不是批判“儒教”，把它清除出历史的舞台，相反，他们主张要复兴“儒教”。同时这一时期就学术层面而言，有两个重要的特点可以提出。一方面，“儒教”研究的深入展开，认为“儒教”是宗教的学者，从各个不同的方面来充分研究，从而对此加以论证。另一方面，“儒教”问题研究已经不再如前一阶段那样的零敲碎打，缺乏系统性，而是出现了对于“儒教”的系统性研究的专著，从而在学术层面上把“儒教”研究提高了一大步，也为关于“儒教”是宗教还是非宗教的争论，对于认为“儒教”是宗教这一方面的学者，提供了学术上的支撑。进入21世纪以来，“儒教”研究出现了新的趋向，这主要反映在对于“儒教”问题认识的意识形态层面上。这个时期的“儒教”研究，已经不是局限于“儒教”是宗教还是非宗教的问题上，而是试图去说明在现代化建设中“儒教”所应具有的意义与价值，指出中华民族的伟大复兴必须要有传统文化的复兴作为支撑，这一批学者同时试图就改革开放以来所取得的伟大成就做出不同于西方文化立场上的解释，因而可以看出这一时期关于

“儒教”的讨论主要是就其意识形态方面而论的。当然这个时期对于儒教问题的研究与争论，也依然有着学术层面的意义。

其次，儒教的重建与复兴成为这10年来儒教研究的主题，其实早在前10年，就已经提出了这个问题，但如何重建与复兴儒教，在学术界是有不同看法的，具有不同的思路。我们可以举何光沪先生与蒋庆先生为例。很有意思的是，他们都是复兴或者重建“儒教”的坚定支持者，可谓不遗余力。但他们的观点却是大相径庭的，何光沪以研究基督教的学者身份，主张以基督教作为参照角度来定义儒教，他的观点是众所周知的，作为一个对于西方宗教思想文化有着深厚学养的宗教学者，他看到了儒教与基督教的相通之处，如他就认为，先秦的天帝观念就与西方的上帝观念颇为接近，因而，“儒教”的复兴，可以从基督教那里获得某种启示，这些认识确实具有启发性。而蒋庆则完全相反，他反对从基督教的角度来看“儒教”。一方面，蒋庆先生指出，只有以“儒教”文明回应西方文明，才能完成中国文化的全面复兴。另一方面，指出“儒教”肯定是一种宗教，只不过是一种与西方宗教不同的独特的中国宗教，诚如前面已经提到，彭永捷在《认识儒教》一文中所提出的建构儒教研究自身的宗教学理论框架的问题，某种意义上可以看作是对蒋庆的尝试的一种发展。在这个问题，其实可以提出各种不同的进路，值得重视的是陈明等人提出的公民宗教问题，一个时期以来，声量很大，他们撰写了大量的著述，召开了各种会议，到处倡导。当然这样的努力是值得肯定的，其实真正的问题在于，把儒教作为一种公民宗教来倡导是否可行？能否落实？如何落实？这是倡导者们应该提出具体的方法与途径来加以说明的。还有的学者提出“礼失而求之野”，尝试从民间儒教存在的事实或形态来重建儒教的问题，这种尝试当然也是应该肯定的，而且民间儒教确实也存在着强大的生命力。但是一方面，儒教在民间的存在主要表现在其存在形态上，而不是实质内容上，儒教毕竟不是民间宗教，因而“礼失而求之野”就有一个求什么、如何求的问题。还有儒教在民间的存在形态，就其功能而言是相当复杂的，有鉴于此，所谓“礼失而求之野”，对于民间的儒教需要有一个甄别、选择与提升的过程。这样来尝试重建儒教可能会更符合实际的需要。

再次，最近这10年来的儒教研究，对于儒教到底是不是宗教，虽然还是见仁见智，对于如何来界定儒教也是各有所见。显然一个很为核心的问题依然存在，即儒学与儒教的关系问题。即便在这最近的10年，这个问题的重要性已经减少了，但还是有学者来讨论，如周桂钿《儒学与儒教》[①]、陶武《儒学与儒教问题初探——儒学如何实现与社会主义社会相适应浅论》[②]、谢桃枋《儒家与宗教——论西方的儒教观念及相关的问题》[③] 等。从这几篇论文的题目就可以看出，学术界其实依然纠结于儒学和儒教的关系问题，核心的议题在于儒学是否就是儒教？这些论文试图来说明这个问题，给两者做一个区隔。如果说任继愈儒教宗教说，把一切关于儒的问题都归之于儒教，那么最近这10年来的儒教研究，情形正与任继愈相反，把儒教纳入整个大儒学的框架之中，因而在讨论这10年来的儒教研究问题时，实际上都把儒学研究归之于儒教研究，只要浏览从2009年以来《中国宗教研究年鉴》中有关《儒教研究》报告的部分，就可以一目了然，该报告的作者将这10年来的儒学研究的成果都写了进来，以至于根本就不去分别何谓儒学？何谓儒教？其界限消除了。对于这样界限的消除，如果说，任继愈所强调的是儒教的宗教性因素，而这10年来的儒教研究恰恰消解了儒教的宗教性，重新回归到了儒学本来的意义上，这一点显然是这10年来儒教研究的重要特点。正是因为这一特点，儒教研究不再局限于其作为一种宗教的存在形态，而是从更为广泛的意义上来拓展与深入，范围扩大了，领域深入了，其思想性、文化的价值以及固有的民族特性凸显了。其消解了宗教性的禁锢，在当今社会中的意义也就更为重要了。

最后，没有哪一种学术研究如同“儒教”问题这样，在短短40年的时间内成为显学，而且经过前30年的争论与讨论之后，最近这10年，对于“儒教”的认识有了如此根本性的转变。如前所述，任继愈先生在20

---

① 周桂钿：《儒学与儒教》，《衡水学院学报》2013年第5期。

② 陶武：《儒学与儒教问题初探——儒学如何实现与社会主义社会相适应浅论》，《学术界》2010年第2期。

③ 谢桃枋：《儒家与宗教——论西方的儒教观念及相关的问题》，《西华大学学报》（哲学社会科学版）2010年第2期。

世纪80年代提出“儒教”是宗教的认识，是基于这样两个认识前提，或者说是认识误区，由此决定了任继愈先生对于儒教的认识与态度，总的说来，他对于“儒教”是采用了否定与批判的态度，认为它是中国现代化的阻碍，我们读任继愈先生有关“儒教”问题的论述，如《论儒教的形成》《儒家与儒教》都能强烈地感受到这一点。对任继愈先生这样看待“儒教”问题，即便是赞同“儒教”是宗教者，其实也已有着根本不同的看法，如被称为第一个站起来支持“儒教”是宗教说的何光沪先生，他所说的“儒教”，是为他在当代的文化背景下来重建儒家思想文化体系服务的，其现实的针对性是十分强力的，我们在读他的论著中也可以强烈地感受到这一点。在他看来“儒教”不唯不是负面的、应该否定的东西，不唯不是现代化的阻碍，而能够对于中国的现代化建设提供强大的理论支撑；正因为如此，他才提倡要重建“儒教”，并以之与世界其他文化进行交流，只不过他是站在以基督教为参照的立场上来说的。而今天“儒教”的赞同者们，他们所提倡的复兴与重建“儒教”，是站在中国文化本位的立场上来说的，这不仅完全不同于任继愈先生的认识与看待“儒教”的态度，而且与何光沪先生有关“儒教”的认识也有着根本性的不同。在他们看来，“儒教”可以成为中国现代化建设的推动力量。不仅如此，复兴与重建“儒教”并且可以参与到世界文化的交流之中去，为当今世界提供一种思想文化资源。由于包括“儒教”在内的中国文化自身的特点，大家相信这样一种文化资源可以促进世界的进步与文明的发展。总之，我们看到，学术界对于“儒教”的认识已经有了根本性的转变，“儒教”无论是对于学术界还是其他方面，已不再只是一种负面的否定的东西，不再是对于中国社会的发展只能起阻碍作用的消极的因素，而是一种正面的积极的肯定的力量，对于中国与世界的发展能够起到推动的作用。这样的认识与态度的转变确实是巨大的，也是有意义的。

三　儒教研究的意义

如果以任继愈先生在20世纪80年代前后提出“儒教是宗教”的观点，作为当代“儒教”问题研究的开端算起，至今已有40年的历史，总结这40年来的儒教研究，尤其是围绕着儒教问题所进行的讨论与争论，其意义是不言而喻的。

中国古代文化中的所谓“儒教”问题是与一个广阔的社会背景紧密地联系在一起的，任继愈先生提出“儒教是宗教”的论断时，正值我国结束“文革”不久。一方面，需要对于“十年文革”进行反思，进而对于中国传统文化进行反思，正确认识中国传统文化的本来面目；另一方面，通过拨乱反正，实事求是，解放思想，我国进入改革开放的新时期，尽心于现代化建设成为一切工作的重中之重，在此之时，任继愈先生提出这一论断，应该是希望引起人们关注以“儒教”为基本内容的中国传统文化对于现代化建设的影响，从这一点来看，其意义是不言而喻的。

任继愈先生在40年前最先提出“儒教是宗教”，他的观点是很明确的，他坚持认为中国古代历史上就存在着作为宗教的“儒教”形态，认为“儒教”就是作为宗教学意义上的宗教，通过分析他的这种基本观点，我们可以看到其实是从两个方面来论述的。其一是所谓历史的梳理，他的基本观点就是孔子所创建的儒家学派，经过历史上的两次改造，到了宋明时期是作为宗教形态的儒教的完成。其二是对“儒教”在中国历史上的功能与作用进行了分析，指出“儒教”在中国历史上所起的消极作用，它阻碍了中国社会历史的发展，其实就是说“儒教是宗教”，因而它所起的作用也就是鸦片烟作用。这就是任继愈先生提出“儒教是宗教”的这一基本论点的两个认识论前提。任继愈先生关于“儒教是宗教”的这两个基本的观点的提出，其实有着极为深刻的社会意义，就是说当中国社会走出“文革”的十年，经过拨乱反正，进行现代化建设，在这样的历史背景下，支撑现代化建设的指导思想是什么？传统文化在当今的现代化建设中是否还能起作用？又能起什么样的作用？任继愈先生通过提出儒教是宗教，其实就是对这一系列问题所做的回答。

“儒教”问题由任继愈先生重新提出来加以讨论，事实上有着深刻的背景，是有其内在的动因的，这个内在的动因就是当“文革”结束以后，中国社会需要把主要的精力放到经济建设的正确轨道上来，当时就是提出要进行现代化建设，而经济建设同样需要有正确的理论先导，即进入现代化建设后，支撑现代化建设的思想文化基础，或者意识形态的动因是什么？在当时的背景下，有两个认识论的前提，正是基于这样两个认识论前提，任继愈先生关于“儒教是宗教”这一具有石破天惊影响的思想的提出，其一所谓的传统文化的前提，在他看来中国的传统文化是现代化发展的阻碍；其二是宗教的前提，在任继愈先生看来，宗教是鸦片，它只能起所谓的欺骗麻痹作用。基于这两个认识论前提，即对于传统文化的否定和认为宗教是鸦片，而任继愈先生所认知的“儒教”恰恰是综合了传统文化与宗教两个方面的内容，因而我们可以理解为什么任继愈先生在当时重新提出“儒教是宗教”问题时，完全是一种否定与批判的态度。提出这一点，是试图说明任继愈先生当时提出“儒教是宗教”的客观的历史背景，我们一方面不必为尊者讳，另一方面当然也不必苛求于任继愈先生，毕竟谁都不可能脱离时代所提供的条件。当我们今天再重新来看待“儒教”问题时，当然也包括以一种完全不同于任继愈先生当时的态度来认识与研究“儒教”问题，不管是赞同者抑或是反对者。

最近这10年来的儒教研究，其实兼具了学术与意识形态的双重意义。就儒教研究的学术意义而言，应该是不言而喻的，简单说来由两个方面可加以论述。其一，通过这10年来关于“儒教”问题的讨论与争论，无论是承认“儒教是宗教”还是否认“儒教是宗教”，人们加深了对于所谓“儒教”问题的认识，并且由此进一步加深了对中国文化的性质、价值与意义的认识，拓展了人们的认识视野，开阔了人们对中国文化的认识空间，如此等等，我们可以说很多。其二，通过这40年来“儒教”问题的讨论与争论，在学术方面出了一大批论著，可谓成果丰硕，这是有目共睹的。然而，当今的“儒教”研究不仅仅只是一个学术问题，或者说主要不是学术问题。前一点我们已经说到了经过40年的“儒教”问题的讨论与争论，学术界对于“儒教”的认识与态度发生了根本性的转变，而这种转变其实是与学术界对于中国社会的发展过程中，复兴与重建“儒教”所具有的意义之认识分不开的。就当时任继愈先生重提“儒教”问题，就凸显了所谓的意识形态问题，而且确如余敦康先生所指出的那样，是建立在那种非常简单的逻辑之上的，这一点余敦康先生的论断是有根据的，也是符合当时的实际情况的。其实任继愈先生关于“儒教”问题的论述从来也不只是局限于学术问题上，而是有着更深层的意识形态方面的深刻思考，我们如果对任继愈先生的论著不做价值上的判断，就不难发现其实任继愈先生的观点就是要为推动中国社会的现代化建设提供理论指导，因为他的认知即传统文化是现代化的阻碍，宗教起着欺骗与麻痹作用，他的意识形态方面的意义是十分明显的，也是毋庸讳言的，这就同样说明了为什么当时冯友兰、张岱年等诸位先生在批评任继愈先生的“儒教是宗教”的观点时就显得苍白乏力的缘故，因为他们没有认识到任继愈先生论述“儒教是宗教”这一基本观点时背后的深意。

但是随着社会的发展，尤其是学术界对于传统文化与宗教这两个领域的认识发生了深刻的变化，对于“儒教”的意识形态方面的意义就有了完全不同于任继愈先生当时的认识，指出这一点对于当前“儒教”问题研究的深入发展是很重要的。而且随着中国经济政治文化的不断发展，传统文化本身所具有的意识形态方面的功能也就越来越为人们所认识，特别在今天人们已经能够从正面积极的、肯定的方面来认识“儒教”的价值，因而它的意识形态方面的意义也就更加凸显出来了。不仅如此，今天的“儒教”研究，已经着眼于用包括“儒教”在内的中国文化参与到世界文化的交流之中，为中国与世界社会文化的发展提供有用的思想资源。更进一步来说，当前我们正在努力促使中华民族的伟大复兴，而抽象地说来民族是文化的载体，文化是民族的灵魂，中华民族的伟大复兴，首先必须是包括儒教在内的中国文化的复兴，没有文化的民族只是一个躯壳，世界上哪有只有民族的复兴而没有文化复兴之理？通过这样的复兴，使得“儒教”能够对于中国与世界的发展进步提供一种论述，这就是今天学界提倡复兴或者重建“儒教”的意义之所在。

结　语

任继愈先生在20世纪80年代前后提出“儒教是宗教”的观点，开启了儒教是否具有宗教性质的又一轮历史大讨论，以其作为当代儒教研究的开端算起，至今已有约40年的历史。总结这40年来的儒教研究，尤其是围绕着儒教问题所进行的讨论与争论，其学术意义及现实意义都是不言而喻的。

应该看到，儒教问题的提出，其极为显著的特点就是任继愈先生关于儒教提出两个著名的观点，由此而使之与对儒教问题的争论紧密联系在一起。其一就是所谓儒教是宗教的观点，其二就是宋明理学的建立是儒教的完成之论断。这两个观点的提出确实不同凡响，有着一石激起千层浪之效。在当时就引起了学界不同的认识，对此而展开了商榷与讨论，甚至至今依然有着激烈的论辩，赞同者与追随者均有之，批评与反对者也不乏其人。

事实上，关于儒教问题在这40年时间内所引起的争论，大致可以归结为两个大类。其一，所谓的儒教是宗教还是非宗教之争，这个争论也一直延续至今；这样的争论是泾渭分明的，主张儒教是宗教与主张儒教是非宗教的观点都曾引起激烈的讨论，而且各不相让，见仁见智，各有各的一套说辞，从而构成了40年来儒教研究的特色，相比较与其他学科的研究，事实上儒教研究这40年就是在与之相关的争论中展开的。其二，即便是在同意儒教是宗教的学者中，他们的观点也有着很大的差异；如任继愈先生认为，到了宋明理学的建立才可算是儒教的真正完成，而朱熹则成为晚期儒教的集大成者。① 在此，他反复论证了孔子当时所创立的儒学还是哲学而不是宗教，儒学只是在历史上经过了两次改造之后，才最终从哲学转变为宗教。所以说，儒教之所以为教，乃是经历了自我改造这一历史嬗变；这两次改造即包括了汉代的董仲舒独尊儒术与宋明理学的完成，而只是到了宋明理学的建立才真正标志着儒教的形成。但李申则认为儒教形态的形成是从董仲舒就早已开始了，可以说董仲舒已经把儒学转变成了儒教，其一部洋洋150万言的《中国儒教史》，把董仲舒以前的儒家或者儒学称为儒教前史，而董仲舒则标志着儒教的成立。更有甚者，如《中国儒教史话》的作者，甚至干脆认为孔子所创立的就是儒教。②

何谓儒教与如何定义儒教，应该是儒教研究中首先应该加以说明的问题，如果这样的问题在儒教研究中不能加以定义，那儒教研究该如何进

---

① 参见任继愈先生为张立文著《朱熹思想研究》所作的序。

② 加润国：《中国儒教史话》，河北大学出版社1999年版。

行？但这一问题一直困扰着学术界，众说纷纭却难达共识。任继愈先生作为“儒教是宗教”的当代倡导者，在他的论文中其实并没有透彻解释何谓儒教以及如何定义儒教的问题，即便到了李申先生的大著《中国儒教史》的出版，依然没有能够根本回答这个问题。其结果，后来断断续续仍有不少学者回到这一原点，反复来尝试回答何谓儒教与如何定义儒教的问题，但这也正好不断刺激何为儒教的探讨，使其热度不减。可以说，正是这种各不相同的观点之争，形成了当代中国学术界有关儒教研讨的主流，并使得这40年来儒教研究精彩纷呈。

第 十 三 章

萨满教研究

郭淑云　伦玉敏

中国萨满教研究肇始于20世纪30年代，与中国民族学起步相伴随。经过80多年的艰苦努力，已由零星的研究到形成可观的规模；由“政学一体”到学术自觉自立；由以西方民族学的理论为基础，在推动西方民族学理论本土化进程中的尝试性研究，到以马克思主义宗教理论为指导的学科基础理论奠基，再到学科理论多元并举；由个别学者到一支包括专业研究人员、民族和民间文艺工作者、萨满文化传承人等专兼职人员构成的学术队伍的形成；由依附于民族学、历史学等少数学科的专题研究到涉及民族学、人类学、宗教学、历史学、民俗学、文学、艺术学、生理学、心理学、哲学、考古学等诸多学科的专门的研究领域。已出版学术著作、文集、资料集等逾百部，发表论文数千篇，一批具有较高创新价值的学术著作相继问世。中国萨满教研究异军突起，取得了令人瞩目的成就。当然，中国萨满教研究起步晚，与已有二百多年历史，业已成为一门独立学科的国际萨满教研究相比，还有相当大的差距，存在诸多问题。考察中国萨满教研究的历史进程及取得的成绩、存在的问题，探索中国萨满教研究的发展轨迹，有助于进一步完善中国萨满教研究的学科体系，促进中国萨满教研究向纵深发展。

第一节　中国萨满教研究的历程

我国古代向以“内诸夏而外夷狄”的大一统观念为正统思想，视为

“天地之常经，古今之通谊”。[①] 在这样一个国度里，作为北方少数民族信奉的、主要在民间下层流传的萨满教，自然难登官方史乘，难入文人视野。

对中国萨满教进行科学考察与研究的先行者是凌纯声先生。从他到赫哲族地区考察至今，已经80余年。80余年来，中国萨满教调查研究大体经历了三个发展阶段，每一个阶段的调查研究无不体现鲜明的时代特征，其成就与局限，均与当时整体学术环境、国家的民族、宗教、文化政策及其所依托学科的发展水平息息相关。自1949年以来，这一研究则体现出其新时期的特色，走过了70年的历程。

一　中国萨满教研究起步阶段

20世纪30年代至新中国成立，可谓中国萨满教研究的第一阶段，即起步阶段。

20世纪初，随着西学东渐之风的日盛，西方民族学被介绍到中国。一些先行者尝试着将西方民族学理论和方法应用于中国少数民族的调查与研究，实现民族学的本土化。蔡元培担任中央研究院院长期间，即大力推进对边疆少数民族地区的田野调查，积累了丰富的资料，形成一批研究成果。凌纯声的民族志代表作《松花江下游的赫哲族》就是在这种学术背景下产生的。

《松花江下游的赫哲族》系统地记述了赫哲族灵魂观、宇宙观等萨满教观念，萨满的派系、类型、传承和职能，萨满仪式（跳鹿神、求子仪式、治病仪式、星祭、祭天、家祭）、占卜等赫哲族萨满教的基本内容。该书虽不是一部萨满教的专门著作，但在中国萨满教研究史上仍具有重要的意义：

（1）开创了中国萨满教研究的民族学传统。萨满教所具有的原始文化综合体的特质，使其成为多学科的研究对象。但从民族学的视角考察萨满教始终是中国萨满教研究的传统，民族学也是中国萨满教研究最基本的理论与方法，是其学科研究的基础。

---

① 《汉书·董仲舒传》。

（2）提供了萨满教民族志著作最典型的范式。该书对赫哲族萨满教的主要方面做了详尽的描述，内容丰富，材料翔实，图文并茂，体系完整，不仅是赫哲族萨满教研究的经典作品，而且为萨满教研究者从事田野调查和撰写调研报告提供了范本。

（3）开启了萨满教比较研究的先河。该书视野开阔，并非囿于赫哲族萨满教展开论述，而是以一种历史的眼光和跨文化的视野，将赫哲族萨满教与中国古代文献中的巫文化和西伯利亚诸民族的民族学资料相观照，进行比较研究。这既体现出一种方法论的自觉，也体现了凌纯声先生在民族学本土化的过程中，对中西方文化交汇方面的领悟，使中国萨满教研究在发轫之端，即显示出开阔的视野。

中国素有治史之传统。从历史学的视角考究萨满教，也是这一阶段中国萨满教研究的特色之一。姚从吾、孟森、郑天挺等史学大家，在从事断代史研究的过程中，开始关注萨满教，并做了一些零星的专题研究，[①] 开创了萨满教史学研究的传统。

总体上说，这一阶段的萨满教研究还是少数学科个别学者自发的零星的研究，且附属于其他的学科。但凌纯声先生《松花江下游的赫哲族》的问世，无疑是这一阶段具有标志意义的一件大事，科学的萨满教民族志研究在中国已经有了典型的范例。

二　中国萨满教研究奠基阶段

从新中国成立至改革开放，为中国萨满教研究的第二阶段，即奠基阶段。

新中国成立后，中国社会发生了翻天覆地的变化。这种变化给社会科学研究带来了深刻的影响。如前所述，20 世纪上半叶，中国萨满教研究主要依托于民族学和历史学。随着中国社会和这些学科格局的变化，萨满教调查研究也呈现出鲜明的时代特色。在这一阶段，历史学的研究视角是当时社会科学研究的普遍倾向，这无疑有助于强化萨满教历史研究的传

① 参见姚从吾《成吉思汗的萨曼时代》，《治史杂志》1937 年第 1 卷第 1 期；孟森《清代堂子所祀邓将军考》，国立北京大学《国学季刊》1935 年第五卷第一号。

统。如对满族和蒙古族萨满教的历史考察，散见于个别民族史或断代史的著作中。其中，莫东寅的《清初满族的萨满教》① 一文，是这一时期一篇很有分量的论文。该文虽主要探讨清初满族萨满教形态，但其视野却相当广阔，将满族萨满教置于萨满教发展、演变的历史进程中加以考察，分别论述了满族萨满教的早期信仰和发展演变形态。在此基础上，莫氏又将清代满族的萨满祭祀分为清朝宫廷的萨满祭祀和满洲八旗的萨满祭祀两种类型。

20 世纪 50—60 年代，在全国范围内开展的中国少数民族社会历史调查，旨在弄清各主要少数民族的经济基础、社会结构、历史沿革以及特殊的风俗习惯等，作为民族工作的依据。尽管这项由国家组织的全国性的调查工作带有明显的政治色彩，也使新中国民族学形成“政学一体”的时代特色。但这次少数民族社会历史调查规模之大，意义之深远，都是史无前例、举世罕见的，不仅在新中国民族学研究史上产生了深远的影响，对中国萨满教研究也具有重要的意义，为我国萨满教研究奠定了基础。

1. 收集了丰富的萨满教田野调查资料

在调查组撰写于 20 世纪 50 年代末和 60 年代初的调查报告中，萨满教方面的内容还是占有一定的比重。主要包括萨满教的神灵、萨满的类型和职能、萨满仪式类型、萨满传说故事、萨满的神偶、法器及萨满传记等方面的内容，涉及萨满教的主要方面。此外，各调查组还拍摄了大量的萨满教图片，收集了一些萨满教实物和手抄本。迄今为止中国收藏的唯一的一部《尼山萨满》满文手抄本（现藏于中国社会科学院民族学与人类学图书馆，被学术界称为“民族所本”）② 就是在这个时期得到的。这些弥足珍贵的资料为中国萨满教研究的兴起奠定了重要的资料基础。

2. 培养了萨满教研究的人才

少数民族社会历史调查的一个重要成果是培养、造就了一批民族学及相关学科的专门人才。我国萨满教研究的几个重要奠基人，如秋浦、满都

---

① 莫东寅：《清初满族的萨满教》，《满族史论丛》，人民出版社 1958 年版，第 175—205 页。

② 已知《尼山萨满》共有六个满文手抄本，除“民族所本”外，其他手抄本均藏于俄罗斯科学院民族研究所。

尔图、吕光天、蔡家麒等，都是民族调查的参加者。他们在长期的民族调查实践中认识到了萨满教在北方民族社会生活中的重要地位，并较早着手介绍和研究萨满教。20 世纪 60—70 年代出版的《鄂温克人的原始社会形态》[①] 和《鄂伦春人的社会发展》[②] 等著作，分别设专节和专章，论述了鄂温克和鄂伦春族的萨满教崇拜观念、萨满的产生、职能及其宗教活动，开创了新中国民族学视域下的萨满教研究的先声。在长达八年的调查实践中，他们掌握了民族学调查的方法，积累了丰富的第一手材料，成为训练有素的学者。调查结束后，他们分别走上不同的专业研究岗位，先后发表一系列萨满教论著，为中国萨满教研究的兴起做出了巨大的贡献，产生了深远的影响。

3. 积累了丰富的田野调查经验

少数民族社会历史调查是一项科学的民族学考察工作，也是一项系统工程。调查组成员在专家的指导下，结合实际，探索出行之有效的调查工作方法，积累了丰富的田野调查和撰写调研报告的经验，使这些调查组出身的学者形成重调查和实证的学风，写出一些有分量的萨满教调查报告。

尽管由于这次民族大调查重经济基础、轻上层建筑，厚今薄古的既定方针，使萨满教调查的深度和广度远远不够，甚至被排除在调查范围之外，留下了诸多难以弥补的遗憾。但总的来说，少数民族社会历史调查在中国萨满教研究史上写下了重要的篇章，在资料的收集、研究方法的积累、人才培养等方面为中国萨满教研究的兴起，提供了必要的准备。

三　中国萨满教研究发展阶段

改革开放以来的 40 多年为中国萨满教研究的第三阶段，即发展阶段。

改革开放的春风带来了学术研究的繁荣，也给萨满教研究带来了春天，中国萨满教研究从此进入一个新的历史时期。1981 年是中国萨满教研究史上的一个重要年份。这一年，满都尔图、秋浦、吕光天、蔡家麒、夏之乾、刘建国、孟志东等人，先后在北京、内蒙古、吉林等地的杂志上

---

① 秋浦等：《鄂温克人的原始社会形态》，中华书局 1962 年版。

② 秋浦：《鄂伦春人的社会发展》，上海人民出版社 1978 年版。

率先刊发萨满教研究方面的论文[1]，首开风气之先。

1981年，对中国萨满教研究同样具有开拓之功的几位著名学者也登上了萨满教调查研究的历史舞台。是年2月中旬，在富育光先生主持下，中国社会科学院民族文学研究所举办了满族萨满专题调查座谈会，邀请满族萨满文化的重要传承人傅英仁、石光伟及吉林九台满族石氏家族的几位萨满和助手到该所进行为期半个月的访谈、交流和萨满表演。该所从事满语研究的宋和平女士参加了此次调查活动，并进行了全程录音。此次活动，开创了我国系统挖掘、抢救萨满文化遗产的先河。富育光、石光伟、宋和平等先生也从此踏上了萨满教调查研究之旅，为开拓中国萨满教研究做出了重要的贡献。特别是富育光先生作为一位满族学者，怀着对民族文化挖掘、抢救的使命感和责任感，在萨满教调查研究、组织学术活动和人才培养等方面做了大量的开拓性的工作。

40多年来，中国萨满教研究取得了长足的发展，主要表现在以下几方面。

1. 研究成果丰硕，成果形式多样

改革开放以来，我国萨满教研究空前活跃，成果卓著。据不完全统计，40多年来，大陆学者在全国及港台地区、国外的报刊、文集中发表的萨满教研究方面的文章有数千篇，其中包括学术论文、调查报告、介绍文章、译文、书评等，以学术论文居多。这些论文从民族学、哲学、历史学、文学、艺术学、民俗学、宗教学、人类学、心理学、社会学等多维学术视野对萨满教进行研究，涉及萨满教的诸多方面。已出版的各种形式的研究成果逾百部（含内部资料）。[2] 这些论著多为汉文，亦有以蒙古文、维吾尔文等少数民族文字发表的成果和以英、德、韩、日等文字在国外发表的成果。此外，在阿尔泰语系诸民族宗教史、民族史、文学史及专题研

---

① 岳青（满都尔图的笔名）：《中国的萨满教》，《世界宗教资料》1981年第1期；满都尔图：《中国北方民族的萨满教》，《社会科学辑刊》1981年第2期；刘建国：《关于萨满教的几个问题》，《世界宗教研究》1981年第2期；伍韧：《萨满教的演变与没落》，《社会科学战线》1981年第3期；孟志东、瓦仍台布、尼伦勒克：《鄂伦春族宗教信仰简介》，《内蒙古社会科学》1981年第5期。

② 限于篇幅，具体著作名称，无法在此列出。

究的著作中，对萨满教问题多有涉猎，甚至做过深入探讨，这方面的成果不胜枚举。

2. 一支专兼职结合的研究队伍正在形成

如同我国萨满教研究带有较强的自发性、随意性一样，萨满教研究队伍也是自然形成的。20 世纪五六十年代的少数民族社会历史调查和八九十年代的民间文艺“十套集成”两项全国性系统工程，培养、造就了一批萨满教研究人才。他们是在从事民族社会历史调查和采录民间故事、民歌、民间音乐、舞蹈、曲艺等民间文艺形式的过程中，逐渐发现并认识到萨满教在民族生活中的地位及对民族民间文艺的影响，并开始走上萨满教调查研究之路的。因此，萨满教研究队伍形成之初即具有多元性，既有民族学、宗教学、历史学、民俗学、民间文艺学等学科的专门研究人员，也有一些民族工作者、民间文学艺术工作者；既有专职研究人员，也有兼职学者和萨满文化传承人。

3. 专业学术团体和研究机构的相继成立

对任何一个学科或研究领域来说，专业学术团体和研究机构的设立都具有重要的意义，标志着学科发展进入了新的历史阶段。2001 年 2 月 9 日，我国第一个以研究萨满文化为宗旨的学术团体——中国社会科学院萨满文化研究中心，在北京成立，郎樱、白庚胜任主任。2009 年 7 月 10 日，吉林省萨满文化协会在伊通满族自治县宣告成立，同时召开第一次全体大会，选举张笑天为会长。

除了萨满教研究的学术团体外，专门的研究机构也相继成立。2004 年 4 月，我国首家萨满文化专门研究机构——长春师范学院萨满文化研究所成立，聘请我国著名萨满教专家富育光先生为名誉所长，郭淑云为所长。2004 年 6 月，长春大学萨满文化研究中心成立。2013 年 4 月，大连民族大学萨满文化研究中心成立。2018 年 12 月，聊城大学积极引进阿拉斯加大学人类学博士曲枫组建国际性的北冰洋研究中心，重点开展北极圈萨满教研究、萨满教考古研究。

同时，40 多年来，国内外学术交流进一步加强，我国萨满教学术界在这方面也做了大量的工作。不少国外学者通过中国学者进入中国开展萨满教研究，部分国外萨满教成果被系统地译介到国内。中国学者在国际萨满教研究中扮演着越来越重要的角色，白庚胜、纳日碧力戈先后当选国际萨满教研究会副会长，一些知名学者在海外出版专著，发表高水平论文，促进了萨满教研究的深入开展，提高了我国学术界的国际话语权。

第二节　改革开放以来中国萨满教研究的主要成就

改革开放40多年来，中国萨满教研究经历了一个由不成熟到逐渐成熟的过程。萨满教学科基础建设、理论和方法的多样化、研究领域的拓展、国际对话能力的加强、整体水平的提升等方面都体现着这种变化，在学术研究方面的建树和贡献也体现了这一学科的发展趋势。

一　萨满教田野调查的深入开展

田野调查是萨满教研究最基本的方法，是获取研究资料的最直接的方式。改革开放后，中国萨满教研究的民族学田野调查的传统得到进一步的发扬和强化，深入少数民族地区，通过访谈、现场观察、座谈等方式，全面、系统地收集萨满教研究资料已成为研究者的自觉行为。

40多年来，我国萨满教田野调查不断深化，调查内容不断拓展，田野调查的手段也不断优化，有效地提高了萨满教田野调查的质量和效率。这种多元化的萨满教调查所收获的成果也是多方面的、多种形式的。

1. 调查报告和基于田野调查的学术成果大量涌现

调查报告是萨满教田野调查的直接成果，反映田野调查的深度和广度，也体现着调查者的学术旨趣。应该说，萨满教研究者多数是在调查实践中学习田野作业的方法，许多研究者对于撰写调查报告还缺乏足够的重视，更倾向于将自己的调查资料用于学术著作中。因而，这方面的成果与大量的田野调查工作实践还不尽相应。

值得称道的是，满都尔图等萨满教研究的开拓者凭借少数民族社会历史调查时期积累的田野工作经验，多次深入东北、西北、内蒙古等少数民族地区，进行萨满教实地考察，开创了改革开放后萨满教田野调查的先河，并为学术界贡献了一系列规范的萨满教民族志田野调查报告。1980年8月，满都尔图和夏之乾赴新疆察布查尔锡伯自治县金泉公社（现乌珠牛录和依拉奇牛录）进行田野考察，后发表调查报告《察布查尔锡伯族的萨满教》[①]。1992年7月15—8月28日，满都尔图同意大利的几位学者合作，对新疆维吾尔族、哈萨克族、柯尔克孜族的萨满教进行了为期一个月的田野考察，撰写了《哈萨克族萨满教调查》《维吾尔、哈萨克、柯尔克孜族萨满教调查》[②]两篇调查报告，详细地记述了上述新疆突厥语族诸民族萨满活动的现状、萨满访谈实录及仪式过程。这些萨满教调查报告，对学术界产生了较大的影响。

忠录的《锡伯族萨满文化调查》[③]是作者依据其1989年12月，1990年5月、6月、8月，1993年9月在察布查尔锡伯族自治县对十余位萨满文化传承人的访谈调查撰写而成。仲高、迪木拉提、贺灵、佟克力合著的《锡伯族民间信仰与社会》是第一部锡伯族民间信仰和萨满教方面的专题研究报告。全书共分14章，系统地梳理和整合了锡伯族民间信仰和萨满教调查资料，对锡伯族民间信仰这一庞杂的系统进行条分缕析，并以整体的面貌加以呈现。

迪木拉提·奥迈尔早在20世纪80年代末至90年代初就曾先后3次深入新疆天山南北农村、牧区，对突厥语族诸民族的萨满教遗俗进行专门的调查，获得第一手调查资料。他撰写的《突厥语族诸民族萨满教的族群性分析报告》[④]，对维吾尔、哈萨克、柯尔克孜族的萨满教仪式、萨满的类型、领神途径、神灵体系等做了详细的描述和分析。热汉古丽的《维吾

---

① 满都尔图、夏之乾：《察布查尔锡伯族的萨满教》，《世界宗教研究》1984年第2期。

② 满都尔图：《哈萨克族萨满教调查》《维吾尔、哈萨克、柯尔克孜族萨满教调查》，中国社会科学院民族研究所编《民族文化习俗及萨满调查报告》，民族出版社1993年版。

③ 忠录：《锡伯族萨满文化调查》，新疆师范大学文化人类学研究所编《文化人类学辑刊》第一辑，新疆人民出版社1995年版。

④ 迪木拉提·奥迈尔：《突厥语族诸民族萨满教的族群性分析报告》，朝戈金主编《中国西部的文化多样性与族群认同》，社会科学文献出版社2008年版。

尔族萨满信仰现状调查研究——以新疆阿图什等地区萨满信仰活动调查为例》[①] 是一篇颇见功力的调查报告，该文不仅详细地描述了该地区维吾尔族萨满信仰观念、神灵体系，而且对萨满的现代功能也予以关注，并对一些相关理论问题进行分析，是一篇理论与调查结合的优秀调查报告。

对满族萨满教的调查，以富育光先生为首的吉林省萨满教考察组取得的成绩最为突出。从 1983 年起，这个考察组对松花江中上游地区的满族瓜尔佳氏、尼玛察氏、锡克特里氏、扈伦瓜尔佳氏、赵氏家族进行了长期的萨满教跟踪调查。这些调查资料集中发表在富育光、孟慧英合著的《满族萨满教研究》，王宏刚的《满族和萨满文化》，郭淑云、王宏刚的《活着的萨满——中国萨满教》，郭淑云的《追寻萨满的足迹——松花江中上游满族萨满田野考察札记》等著作中。一些来自田野调查的报告和学术论文也受到国外学术期刊的欢迎。郭淑云以满族石氏家族田野调查为基础撰写的两篇学术论文[②]连续在国际萨满教研究会会刊《萨满》（Shaman）上发表，在国外学术界产生一定的影响。此外，宋和平等学者也较早地开拓了黑龙江地区满族萨满教调查。[③] 于洋等人的《满族石姓龙年办谱与祭祀活动考察》一书，详细地记录了 2012 年吉林九台满族石氏家族的龙年办谱烧香活动的全过程，是一部非常优秀的当代满族萨满教仪式活动民族志。[④]

蒙古族萨满教调查起步早，成果显著。其中，白翠英等人对科尔沁蒙古族萨满教进行了系统考察，挖掘和抢救了一批珍贵的萨满资料，在此基础上完成的《科尔沁博艺术初探》[⑤] 一书，虽是以艺术的视角考察东蒙古

---

① 热汗古丽：《维吾尔族萨满信仰现状调查研究——以新疆阿图什等地区萨满信仰活动调查为例》，《西部人文通讯》2005 年第 2 期。

② Guoshuyun, Religious Education in Manchu Shamanism, as Seen from Jiaowuyun—Based on fieldwork conducted among the Manchu Shishi Clan in Jiutai City, Jilin Province, Shaman Spring/Autumn 2008; Analysis of the Grandfather God of the Manchu Shi Clan, Shaman Spring/Autumn 2009.

③ 宋和平、魏北旺：《瑷珲富裕两地萨满文化调查报告》，《民族文学研究》1987 年第 3 期。

④ 于洋、郭宏珍、苑杰等：《满族石姓龙年办谱与祭祀活动考察》，社会科学文献出版社 2014 年版。

⑤ 白翠英、邢源、福宝琳等：《科尔沁博艺术初探》，哲里木盟文化处编印（内部资料）1986 年。

地区蒙古族萨满教，实为科尔沁蒙古萨满教的系统研究之作，探讨了科尔沁蒙古萨满教的基本问题，具有较高的学术价值。波·少布先生对黑龙江省杜尔伯特蒙古萨满教遗存的调查开辟了蒙古族萨满教调查研究的新领域。他发表的一系列蒙古族萨满教论著多有新意，如《多克多尔山祭奠仪式研究》[①]《杜尔伯特努克图人原始文化遗迹浅析》[②]《东蒙萨满的派系及其职能》[③] 等论文，均为基于田野调查的创新之作。近十年来，在田野调查基础上开展的蒙古萨满教研究日益丰富，涉及的主题也愈加广泛，特别是当代跨境蒙古族萨满教的比较研究，如科尔沁蒙古、巴尔虎蒙古和俄罗斯境内的布里亚特蒙古等部落之间的萨满教比较研究也在稳步推进。

鄂伦春、鄂温克、达斡尔族萨满教形态古老，特色鲜明，具有重要的学术价值。对这些民族萨满教调查、研究起步较早。秋浦、满都尔图等前辈萨满教学者主要是基于对上述民族萨满教的调查开拓了中国萨满教研究。20 世纪 80 年代后，一些本民族学者和地方文史工作者、民族工作者，也开始致力于本民族或本地区萨满教调查与研究，其成果具有亲历性和来自第一手调查的实证性等特点。[④]

来自北京、吉林等地的学者对鄂伦春、鄂温克、达斡尔族萨满教也进行了长期的跟踪调查。1990 年春，富育光、王宏刚在大兴安岭考察期间，与鄂伦春族学者关小云一同调查了自 20 世纪 30—80 年代十八站、白银纳两地 17 位萨满的基本情况。上述调查资料发表在《鄂伦春族萨满教调查》[⑤] 一书中。该书以丰富的第一手资料展示了鄂伦春族萨满教的基本面貌，为研究萨满教的原始形态提供了宝贵的实证资料。富育光、王宏刚、郭淑云等人也曾多次深入海拉尔、齐齐哈尔等地区，考察鄂温克族、达斡尔族的萨满教。吉林萨满教考察组的田野收获及国内同仁的调查成果一并

---

① 波·少布：《多克多尔山祭奠仪式研究》，《黑龙江民族丛刊》1987 年第 2 期。

② 波·少布：《杜尔伯特努克图人原始文化遗迹浅析》，《黑龙江民族丛刊》1998 年第 1 期。

③ 波·少布：《东蒙萨满的派系及其职能》，《黑龙江民族丛刊》1998 年第 3 期。

④ 德世岫：《达斡尔族萨满的着装》，齐齐哈尔市政协文史办公室编《嫩水达斡尔人》（内部资料），1989 年；塔娜：《达斡尔族的神话与萨满教》；孟志东、恩和巴图、吴团英主编：《达斡尔族研究》第 2 辑，内蒙古达斡尔历史语言文学学会编印，1987 年；白兰：《鄂伦春社会与萨满教》，《东北地方史研究》1988 年第 3 期。

⑤ 关小云、王宏刚：《鄂伦春族萨满教调查》，辽宁人民出版社 1998 年版。

汇集在郭淑云、王宏刚主编的《活着的萨满——中国萨满教》[①] 一书中。该书收录中国北方鄂伦春、鄂温克、满、锡伯、赫哲、蒙古、达斡尔、维吾尔、哈萨克、柯尔克孜、裕固和朝鲜族12个民族的萨满教及相关民俗的写真图片258幅，图文并茂，系统、形象地展现了中国北方民族萨满教的现存形态及萨满教对北方民俗文化的深远影响。满都尔图、孟和曾在内蒙古自治区的鄂温克自治旗、陈巴尔虎旗、鄂伦春自治旗，黑龙江省齐齐哈尔梅里斯区、富拉尔基区对达斡尔、鄂温克、蒙古（陈巴尔虎）、鄂伦春萨满教进行田野调查，其成果汇集在满都尔图主编《中国各民族原始宗教资料集成·萨满教卷》[②] 中。孟慧英将其在北方民族中获得的萨满教资料及其调查心得集中发表在《寻找神秘的萨满世界》[③] 一书中。吕萍、邱时遇的《达斡尔族萨满文化传承——斯琴掛和她的弟子们》[④]，以斯琴掛萨满及其弟子们的萨满活动为主线，详尽地记述了达斡尔族萨满文化传承的基本情况。进入21世纪以来，一些年轻学者在前辈学人的研究基础上，继续深入田野调查，推进对这些民族萨满教的研究。[⑤]

近年来，民族出版社“中国少数民族非物质文化遗产研究系列/萨满文化丛书”陆续出版了《赫哲族萨满文化遗存调查》[⑥]《满族萨满文化遗存调查》[⑦]《鄂伦春族萨满文化遗存调查》[⑧]《维吾尔族萨满文化遗存调查》[⑨]《达斡尔族萨满文化遗存调查》[⑩]《衰落的通天树——新疆锡伯族萨满文化

---

① 郭淑云、王宏刚：《活着的萨满——中国萨满教》，辽宁人民出版社2001年版。

② 满都尔图：《中国各民族原始宗教资料集成·萨满教卷》，中国社会科学出版社1999年版。

③ 孟慧英：《寻找神秘的萨满世界》，西苑出版社2004年版。

④ 吕萍、邱时遇：《达斡尔族萨满文化传承——斯琴掛和她的弟子们》，辽宁民族出版社2009年版。

⑤ 孟盛彬、郝海迪：《达斡尔族萨满敖包祭祀仪式的田野考察》，《寻根》2011年第5期；吴凤玲：《达斡尔族萨满文化传统的当代变迁——以斡米南仪式为例》，刘正爱主编《宗教信仰与民族文化》（第5辑），社会科学文献出版社2013年版。

⑥ 黄任远、黄永刚：《赫哲族萨满文化遗存调查》，民族出版社2009年版。

⑦ 富育光、赵志忠编著：《满族萨满文化遗存调查》，民族出版社2010年版。

⑧ 关小云、王宏刚编著：《鄂伦春族萨满文化遗存调查》，民族出版社2010年版。

⑨ 阿地力·阿帕尔、迪木拉提·奥迈尔、刘明编：《维吾尔族萨满文化遗存调查》，民族出版社2010年版。

⑩ 丁石庆：《达斡尔族萨满文化遗存调查》，民族出版社2011年版。

遗存调查》[①] 等著作，公布了中国现有的萨满文化遗存情况，为后人留下了珍贵的萨满文化资料，对萨满文化的深入研究具有重要的意义与价值。陈建宪用文字和图片记录了当代维吾尔族老萨满阿布拉的生活世界，探讨萨满们的神奇技艺和关于彼岸世界的隐秘知识，也产生了一定的学术影响。[②]

迪木拉提·奥迈尔主编的“新疆少数民族民间信仰与民族社会研究丛书”，包括多部萨满教研究著作，如阿地里·居玛吐尔地、曼拜特·吐尔地、古丽巴哈尔·胡吉西合著的《柯尔克孜族民间信仰与社会》[③]，李媛著《新疆蒙古族民间信仰与社会田野调查》[④]，仲高、迪木拉提·奥迈尔、贺灵、佟克力合著的《锡伯族民间信仰与社会》[⑤]，反映了近年来在新疆萨满教研究方面取得的新成果。

2. 萨满神歌的收集、翻译与整理

萨满神歌（又称仪式歌、神词、祭词、祷词）是萨满及其助手在萨满祭祀仪式上吟诵、咏唱的歌。萨满神歌集中体现了萨满教的观念体系，记述了各民族萨满教仪式的过程，是萨满教研究中最直接的第一手资料，具有独特的学术价值，受到研究者的高度重视。

萨满神歌包括口承和文本两种形式。对于口传萨满神歌的搜集，蒙古族学者起步较早，20 世纪 50 年代即已展开，七八十年代后进入发展时期。自 20 世纪 70 年代末，包玉林、泰·满昌、巴特尔、乌兰杰等人先后深入科尔沁草原，搜集记录萨满教祭词、神歌。乌兰杰的《蒙古族古代音乐舞蹈初探》[⑥] 白翠英等人的《科尔沁博艺术初探》[⑦] 等书，分别收录

---

① 奇车山编：《衰落的通天树——新疆锡伯族萨满文化遗存调查》，民族出版社 2011 年版。

② 陈建宪：《一个当代萨满的生活世界：维吾尔老人阿布拉访问记》，华中师范大学出版社 2015 年版。

③ 阿地里·居玛吐尔地、曼拜特·吐尔地、古丽巴哈尔·胡吉西：《柯尔克孜族民间信仰与社会》，民族出版社 2009 年版。

④ 李媛：《新疆蒙古族民间信仰与社会田野调查》，民族出版社 2011 年版。

⑤ 仲高、迪木拉提·奥迈尔、贺灵、佟克力：《锡伯族民间信仰与社会》，民族出版社 2008 年版。

⑥ 乌兰杰：《蒙古族古代音乐舞蹈初探》，内蒙古人民出版社 1985 年版。

⑦ 白翠英、邢源、福宝琳等：《科尔沁博艺术初探》，哲里木盟文化处编印（内部资料）1986 年。

了作者在科尔沁地区采集的萨满教神歌。《鄂尔多斯祭奠赞祝词选》一书收录了鄂尔多斯地区传承的120余首萨满教祭词、神歌以及民俗化的祝词、赞词。2007年，热得那班斯尔整理、其布热审订出版的《哈布图哈萨尔的阿拉格苏里德》(蒙文)[①] 一书中，收录祭祀成吉思汗二弟哈布图哈萨尔旗帜的祭词。

锡伯族学者先后在察布查尔民间发现数部萨满神歌，是研究锡伯族萨满教的第一手资料。锡伯族学者在翻译、整理《萨满神歌》方面做了大量的工作。目前，已公布的《萨满神歌》有5部，均为满文诗体。其中，发现较早，整理和研究起步也较早的是由南金保收藏的两部萨满歌《祈告、祝赞、祷告之神歌》《治病时送巫尔虎之神歌》。这两部萨满歌主要有两个整理本，一是奇车山、贺灵、佟克力整理的《锡伯族〈萨满歌〉译注》[②]，另一个为永志坚的整理本。[③]

满族萨满文本的大量发现，可谓举世罕见，在世界萨满教研究史上具有独特的价值。近20年来，中国学者在整理、研究满族萨满神歌方面做了大量卓有成效的工作。这方面的成果主要有石光伟参与整理的《中国民间歌曲集成·吉林省卷》(收录满族石氏等家族神歌、神词)[④]，石光伟、刘厚生编著的《满族萨满跳神研究》，宋和平译注《满族萨满神歌译注》，宋和平、孟慧英著《满族萨满文本研究》和尹郁山编著《满族石姓家族祭祀神歌比较研究》等。2018年，宋和平先生出版了《满族石姓萨满文本译注与满语复原》，将满族萨满文化研究推向了一个新的高度。[⑤]

3. 萨满教仪式的调查与研究

仪式是萨满教信仰体系、知识技能、社会功能和族群关系的综合呈现

① 热得那班斯尔整理，其布热审订：《哈布图哈萨尔的阿拉格苏里德》(蒙文)，内蒙古人民出版社2007年版。

② 奇车山、贺灵、佟克力：《锡伯族〈萨满歌〉译注》，新疆社会科学院宗教研究所编《新疆师范大学学报》(哲学社会科学版) 1987年第3期。

③ 永志坚译注：《萨满神歌》，《世界宗教研究》1989年第2期。

④ 吉林省文化局、中国音乐家协会吉林分会编：《中国民间歌曲集成·吉林省卷》(满族石氏等家族神歌、神词)，石光伟参与整理，内部资料，1982年。

⑤ 宋和平：《满族石姓萨满文本译注与满语复原》，中国社会科学出版社2018年版。

载体，通过田野调查对萨满教的各种仪式进行记录和研究，是改革开放以来萨满教学术研究的一个显著特点。改革开放以来，中国学者综合运用人类学、民族学等学科方法，以极大的热情投入到萨满教田野调查中去，围绕着萨满教仪式，诸如入巫仪式、治病仪式、祭祀仪式等开展调查研究，取得了一系列成果。

满族的家祭仪式一直是学者关注的热点问题。1989 年富育光、孟慧英合著的《满族的家祭》一文，系统地梳理和介绍了满族家祭的常例祭、烧官香、许愿祭和续谱兼祭祖四种仪式形式、仪式过程和家祭的主要神灵。① 此后，国内多位学者也分别从历史、民俗等角度探讨过满族萨满家祭仪式，对其性质、历史变迁、功能作用进行了细致的分析研究。21 世纪以来，满族萨满仪式活动举行的频次增多，也给学者开展调查研究提供了条件，关于满族家祭中的祭祖仪式、祭天仪式、抬神还愿仪式的研究成果陆续问世。② 同时，关于汉军萨满仪式的学术成果也不断出现。任光伟、孙英合著的《东北汉军旗香的考察与研究》是汉军研究的一部力作。③ 2012 年，郭淑云对吉林乌拉陈汉军张氏家族的祭祀仪式进行了调查研究，提出陈汉军祭祀仪式是汉族祭祖与满族跳神等多元民族信仰文化融合演化的一种萨满祭祀形态④，极大地推进了汉军祭祀仪式研究的进展。

蒙古族萨满教仪式类型多样，特色鲜明，一直受到学术界的关注。色音、郭淑云、乌仁其其格等学者分别对科尔沁蒙古萨满教的入巫仪式进行了田野调查和理论研究，认为过关仪式是典型的科尔沁萨满入巫仪式，是其传承延续的关键仪式之一。⑤ 伦玉敏通过调查认为，当代的过关仪式并

① 富育光、孟慧英：《满族的家祭》，《满族研究》1989 年第 3 期。

② 邱广军：《满族萨满祭祀礼俗探异——以宁安关氏与九台石姓家族为中心的考察》，《黑龙江民族丛刊》2014 年第 6 期；关杰：《神圣的显现：宁古塔满族萨满祭祖仪式研究》，黑龙江大学出版社 2015 年版。

③ 任光伟、孙英：《东北汉军旗香的考察与研究》，台北施合郑民俗文化基金出版社 1998 年版。

④ 郭淑云：《汉军萨满祭祀仪式的象征与功能——以 2012 年吉林乌拉陈汉军张氏家族祭祀仪式为例》，《西北民族研究》2015 年第 1 期。

⑤ 色音：《论萨满教的巫仪》，《内蒙古大学学报》（哲学社会科学版）1993 年第 1 期；乌仁其其格、陈永春：《科尔沁萨满“过关”仪式的田野考察》，《内蒙古大学艺术学院学报》2010 年第 1 期；郭淑云：《从过关仪式看科尔沁萨满教的传承与变迁》，《宗教学研究》2015 年第 1 期。

未实现萨满个体的“超凡入神”的身份转化，萨满的开口仪式是比较符合西方过渡礼仪的入巫仪式。[①] 达尔罕等对科尔沁幻顿系萨满喇西彭斯格的祭天仪式进行了调查研究，[②] 赵芙蓉也为喇西彭斯格的祭天治病仪式留下了宝贵的影像记录，为如今几近失传的幻顿萨满留下了弥足珍贵的资料。治疗仪式是蒙古族萨满教的重要仪式之一，乌仁其其格认为，萨满通过综合性的表演，象征性地达到与超自然沟通的目的，从而假借神灵的力量治病驱邪，在与求治者的互动中，使求治者实现由病态、偏离到健康、正常的转换。[③] 还有学者对蒙古族的萨满介入敖包祭祀仪式进行了调查研究。2016 年，戴白古拉的大型画册《科尔沁博》由民族摄影艺术出版社出版，色音教授为之作序。

近年来，达斡尔、鄂温克等民族的萨满教在很大程度上得到了一定的恢复和发展，学者们对其萨满教仪式也进行了研究。奇车山介绍了锡伯族萨满教的祭祀仪式和治病仪式。[④] 迪木拉提通过当代哈萨克族治疗仪式的调查研究，论述了哈萨克族萨满教文化在新时期的传承与创新。[⑤] 萨敏娜、吴凤玲等对达斡尔族萨满沃菊芬的斡米南仪式进行了详细的民族志考察，并根据达斡尔族的社会语境等对其性质、宗教与社会功能等要素进行了讨论。[⑥] 孟盛彬、郝海迪对达斡尔萨满的敖包祭祀仪式进行了田野调查，介绍了仪式的大致过程[⑦]，文章可再进一步将其与蒙古族敖包祭祀仪式进行比较。

4. 萨满教影视人类学的发展

利用影视人类学技术和手段，记录民俗事象和民族社会生活，是 20

---

① 伦玉敏：《当代科尔沁萨满教入巫仪式的现状调查及其讨论》，《世界宗教文化》2018 年第 4 期。

② 达尔罕：《记科尔沁蒙古萨满信仰之祭天仪礼》，《内蒙古民族大学学报》2011 年第 6 期。

③ 乌仁其其格：《萨满教宗教治疗仪式的人类学分析——以科尔沁博的医疗活动为个案》，《中央民族大学学报》（哲学社会科学版）2007 年第 6 期。

④ 奇车山：《锡伯族萨满教祭祀仪式及治病方法探析》，《新疆师范大学学报》（哲学社会科学版）1997 年第 4 期。

⑤ 迪木拉提·奥迈尔：《当代哈萨克族的萨满教信仰：仪式及其变迁》，《新疆社会科学》2007 年第 5 期。

⑥ 萨敏娜、吴凤玲：《达斡尔族斡米南文化的观察与思考——以沃菊芬的仪式为例》，民族出版社 2011 年版。

⑦ 孟盛彬、郝海迪：《达斡尔族萨满敖包祭祀仪式的田野考察》，《寻根》2011 年第 5 期。

世纪五六十年代少数民族社会历史调查研究的一个组成部分。当时虽然没有萨满教的专题纪录片，但由中国社会科学院民族研究所组织拍摄的《鄂伦春族》《赫哲族》等民族学影片，都保留了珍贵的萨满教仪式片段。

改革开放后，中国民族学界的这一传统在萨满教调查和研究领域得以延续和发扬。1979 年起，民间文艺“十套集成”工作在全国范围内展开，为了抢救和记录萨满舞蹈，东北、内蒙古等地的艺术研究所分别组织拍摄了所在地区萨满教录像。20 世纪 80 年代起，富育光、王宏刚、郭淑云等在吉林抢救性地拍摄了满族萨满的《火祭》《星祭》《雪祭》《鹰祭》等萨满教祭礼专题片，为满族萨满教留下了宝贵的影视资料。

据不完全统计，40 多年来，各地高校、科研院所、电视台拍摄的萨满教录像片数以百计，涉及北方信仰萨满教的诸多民族。早期从事这方面工作的单位有中国社会科学院民族学与人类学研究所、少数民族文学研究所、中国社会科学院文学所、吉林省民族研究所、吉林省艺术研究所、黑龙江省艺术研究所、内蒙古呼伦贝尔盟民族古籍整理办公室、呼盟展览馆、蒙古哲里木盟文学艺术研究所等。

尽管由于技术、设备和影视人类学理论的缺乏，许多萨满教录像片，特别是早期的录像片存在诸多不足，难以达到较高的艺术水准，但这些影视资料对于记录萨满仪式、保护萨满文化遗产和学术研究，提供了珍贵的影像资料。随着萨满文化的式微、老萨满的谢世，更加彰显其多学科的价值及运用影视人类学记录萨满仪式的必要性和紧迫性。

近些年，利用影视人类学的技术和手段，全面、系统地记录整理萨满教仪式的单位和个人越来越多，无从计数。特别是随着影视人类学在中国的快速发展，影视人类学的理念和手段，备受萨满教研究者的重视，影视记录成为萨满教田野调查的基础方法之一。同时还出现了一些专业影视从业者和学者合作共同拍摄当代萨满教影视人类学作品的趋向。影视专业人员参与民族志录像片的拍摄，与中国影视人类学学会和中国民族学会影视人类学分会等专业机构开展的系列活动的推动有关。2018 年 11 月 24—25 日，由厦门大学人类学与民族学系暨中国人类学民族学研究会民族影视与影视人类学专业委员会联合主办的“巫师、萨满民族志电影”观摩研讨会在厦门大学召开，多位民族学、人类学学者与昭日特、顾桃、于广义、鬼叔中等专业导演参加了会议。其间，多部精彩的萨满民族志电影向广大师生与校外观众展映，如由蒙古族青年导演昭日特执导、拍摄的蒙古族萨满影视人类学作品《登上天梯的人》，是一部关于巴尔虎蒙古族萨满传承的民族志影片。顾桃执导拍摄的两部电影《神翳》和《额日登的远行》，更偏重于对萨满个人境遇的讲述。《神翳》聚焦黑龙江白银纳鄂伦春民族乡最后一位萨满关扣尼的故事，呈现了她在家族内部寻找传人的事件以及由此给她的家庭生活带来的变化和困扰。《额日登的远行》讲述了额日登萨满为一位受到精神困扰的女性治病的历程。其他导演和学者也分别带来了各自的影视作品，这些作品兼具学术性和影视专业性的特色。

5. 对外交流不断扩大，学术成果走出国门

40 多年来，我国萨满教学术界不断扩大对外交流，与海外知名研究机构和学者开展形式多样的学术研究合作；积极参加国际宗教学会议、萨满教会议，展现中国学者的研究成果；积极推动中国本土学术成果在海外出版，中国萨满教研究在国际宗教学研究、萨满教研究中的角色越来越重要。

20 世纪 90 年代，中国学者克服经费等诸多困难，陆续在海外参加国际性萨满文化学术会议，搭建起了中外萨满教研究学者交流合作的平台。1988 年 6 月 16—17 日，吉林省民族研究所在长春市召开“中国萨满教文化座谈会”。此后，中外学术机构举办学术会议成为一种常态。如，2001 年 8 月 25 日，中国国内的多家萨满文化研究机构在吉林市联合举办了“2001 年国际萨满文化学术研讨会”，并出版了会议论文集[①]；2004 年 8 月 22 日由中外学术机构联合举办的国际萨满教研究会第七届学术研讨会在吉林省长春市召开；2013 年 9 月 7 日，中外学术机构联合举办的国际萨满教研究会第 11 届学术研讨会在贵阳召开；2018 年 5 月，由中国学术机构举办的“首届北冰洋研究论坛暨国际萨满与高寒地区人类学理论与研究学术会议”在北京和聊城召开。我国学术界开展的一系列以研讨萨满教为主题的学术会议，对于交流学术信息，探讨学术问题，促进相互合作，开阔学术视野，都具有积极的促进作用，对于我国萨满教研究的蓬勃

① 白庚胜、郎樱主编：《萨满文化解读》，吉林人民出版社 2003 年版。

开展，发挥了不可低估的作用。

在中外萨满教研究交流日益增多的情况下，中国萨满教的活跃地区，成为世界宗教学、萨满教、人类学、民族学关注的重点地区，吸引着国内外学者的眼光。中国社会科学院、吉林省社会科学院等科研机构以及中央民族大学、吉林师范大学、大连民族大学、长春师范大学等高校在东北萨满教流布地区建立了数十个科研基地，在此基础上产生了大量的优质学术成果；美国、英国、加拿大、澳大利亚、匈牙利、韩国、日本等二十多个国家的科研机构和学者都曾到中国开展萨满教田野调查，并有一系列学术成果问世。在这方面，以富育光先生为带头人的吉林萨满考察组做出了重要贡献。可以说，改革开放以来的主要萨满教会议多数是在长春召开的。特别是富育光先生自20世纪80年代初就积极推动萨满文化调查研究和国内外学术交流，耄耋之年仍致力于其毕生钟爱的事业，令人尊重。时至今日，中国广大地区的活态萨满教，已经成为推动宗教学、人类学、民族学等学科理论创新与发展的重要资源。

在不断扩大对外交流的同时，中国学者还积极推动本土学术研究成果走出国门，走向海外。2014年郭淑云的《中国北方民族萨满教研究》一书，获得国家社科基金中华外译项目立项，2015年，该书英文版 *Studies in Shamanism of Northeast Peoples of China* [①]由匈牙利科学出版社出版发行，这是中国萨满研究学者首次在海外出版的英文专著，一经问世便受到了国外学术界的关注。这本专著涵盖了萨满教理论、萨满教田野调查、民族萨满教核心问题等内容，体现了作者立足本土学术话语开展萨满教研究的水平。2016年，郭淑云国家社科基金成果文库著作《〈乌布西奔妈妈〉研究》再度获批为本年度国家社科基金中华外译项目，该书英文版于2019年在英国出版。鉴于中外萨满教学者的交流互动日益加深，聊城大学北冰洋中心主任曲枫与北京师范大学哲学院的托马斯·迈克尔（Thomas Michael）教授合作在《宗教》（*Religions*）杂志组织了专题文集《萨满理论与实践探究：中西合作项目》（*Explorations in the Practice and Theory of Sha-*

① 郭淑云：*Studies in Shamanism of Northeast Peoples of China*，梁艳君等译，匈牙利科学出版社2015年版。

manism: A Collaborative Project between China and the West)，集中刊发了数篇中国学者的研究文章，这是近期中国学者学术成果在国际学术界的一次集中展示。

二　萨满教理论的研究

1. 萨满教的宗教性质

萨满教的宗教性质问题由来已久，古今中外歧说纷纭。不主张或否定萨满教是宗教的观点主要有五方面的意见，即强调“萨满教的思想系统是一种哲学并是一种医术”[①]，认为萨满教不是宗教而是一种文化现象[②]、萨满教的本质是巫术而非宗教[③]、萨满教与巫医、神汉一样，具有欺骗性，是封建迷信的残余和萨满教不具备宗教的基本要素，因而不能称为宗教。其中后两种观点曾产生较大的影响。视萨满教为封建迷信的观点，是受极“左”思想影响的产物，在学术界和社会上曾产生广泛的影响，在改革开放之初仍具有一定的影响力。从宗教学的视角审视萨满教，使萨满教研究拓宽了广度，增加了深度。但一些学者习惯以人为宗教为标准对萨满教的宗教性质进行审定。如乌丙安先生即指出“用现代宗教观来衡量萨满教，它其实不过是近似宗教的一种独特的信仰活动和现象，或者可以叫作自然民族的自然信仰”。他从五个方面考察了萨满信仰与人为宗教的不同，揭示其基本特征。[④] 这种视萨满教为信仰而非宗教的观点，在中外学者中都有一定的影响。近年，有些学者也接受了这种观点。刘桂腾在其新作《中国萨满音乐文化》一书中指出：“萨满信仰是一个开放的观念体系，取最为接近局内观的表述方法，本书使用‘萨满信仰’概念。”[⑤]

认为萨满教是一种宗教形态或一种宗教类型的观点，一直是我国萨满教研究中占主导地位的观点。改革开放之初，刘建国先生率先撰文论证了

---

① 参见凌纯声《松花江下游的赫哲族》，中研院历史语言研究所单刊甲种之十四，1934 年。

② 徐昌翰：《论萨满文化现象——“萨满教”非教刍议》，《学习与探索》1987 年第 5 期。

③ 杨朴：《“萨满教”的本质是巫术而不是宗教》，《吉林师范大学学报》（人文社会科学版）2005 年第 1 期。

④ 乌丙安：《神秘的萨满世界》，上海三联书店 1989 年版，“引言”第 6—7 页。

⑤ 刘桂腾：《中国萨满音乐文化》，中国音乐学院出版社 2007 年版，第 30 页。

萨满教的宗教性质。他以马克思主义的宗教观为理论指导，以宗教的基本要素为依据，论证了“萨满教是宗教”的主张。[①] 刘建国关于萨满教宗教性方面的论述和理论依据，代表了当时多数萨满教学者的意见。

孟慧英的《中国北方民族萨满教》一书对萨满教宗教性的界定方面具有理论建树。该书借鉴中国宗教学家吕大吉教授“宗教四要素”理论，对中国北方民族萨满教做综合考察，提出萨满教的宗教观念、宗教感情和体验、宗教行为与活动、萨满教的社会组织是构成萨满教体系的基本要素。这四要素之间按照上述序列存在着内在的结构性的关系，从而对萨满教进行了整体的、系统化的概括。该书是第一次运用中国的宗教学理论对萨满教性质进行结构性的界定，具有很高的创新意义，但是“四要素”的适用性仍然需要进一步探讨。

认同萨满教是宗教，就涉及另外一个问题，即萨满教是一个什么性质的宗教。关于这个问题，我国学术界也是其说不一，大体可分以下几种意见。

（1）“原始宗教”说

萨满教是原始宗教的界说在我国学术界颇具影响力。“原始宗教”这个来自马恩经典作家的概念引入我国后，即成为一个内涵丰富、应用广泛的学术术语。长期以来，尽管国内外学术界对“原始宗教”这一概念提出诸多质疑，但中国学术界将中国古代的宗教、南方少数民族的传统宗教和北方阿尔泰语系诸民族的萨满教统称为“原始宗教”，已约定俗成。在这种学术背景下，萨满教被看作原始宗教的组成部分，为许多学者所接受。[②]

原始宗教是一个非常宽泛的概念，包含不同的历史形态和丰富的内容。基于此，学者们对萨满教的界定也更为具体。任继愈先生主编的《宗教词典》将萨满教界定为“原始宗教的一种晚期形式”。[③] 满都尔图提出“萨满教是一种原始多神教”[④]，是将萨满教与人为宗教相比较而言的。《萨满教研究》的作者对这种观点做了进一步的阐发。王叔凯提出的

① 刘建国：《关于萨满教的几个问题》，《世界宗教研究》1981年第2期。

② 参见来光《萨满教文化座谈会综述》，《北方民族》1989年第1期。

③ 任继愈：《宗教词典》，上海辞书出版社1985年版，第930页。

④ 满都尔图：《中国北方民族的萨满教》，《社会科学辑刊》1981年第2期。

“萨满教是一种世界性的原始宗教”①，揭示了萨满教的流布区域和跨国性。这些界说使萨满教的原始宗教界说更为具体和深化，从不同的侧面揭示了萨满教的特征。

（2）“自然宗教”说

自然宗教是以崇拜自然事物和自然力为基本特征的宗教，由此构成人类最早的宗教崇拜形式。尽管自然宗教和原始宗教的内涵并非完全一致，但我国学术界多将两个概念等同、互用，这种情况在萨满教研究中也存在。色音对萨满教的界定为：“萨满教是基于万物有灵论基础上的一种自然宗教形态。”②

（3）“原生宗教”说

邹昌林基于他所提出的世界文化可划分为原生道路的文化和次生道路的文化两大单元，也将宗教划分为原生宗教和次生宗教（即创生宗教）两类。③ 这种对宗教类型的界定对我国宗教学研究产生较大的影响。孟慧英也将这种理论引入萨满教研究，提出“萨满教是原生性宗教”。“在那些强调萨满教地方性传统的学者中，萨满教只是原生性宗教的一个类别。我们把萨满教作为地方性的原生性宗教，是原生性宗教的一种，把中国北方民族萨满教作为全部萨满教中的特殊部分。”④ 萨满教是“原生性宗教”的界定，虽与自然崇教、自发宗教并无本质的区别，但它既强调宗教的起源及其意义，又关注宗教的演变与发展，更切合萨满教的特征及其发展轨迹。

关于萨满教的性质问题，还有很多界说。如“萨满教是一种特殊形式的巫教”⑤，“是原始的自发的多神教向人为的一神教过渡的宗教”⑥，“是一种近乎巫术的宗教”⑦，“是古老社会后期形成的比较完整的宗教”⑧，

---

① 王叔凯：《古代北方草原诸游牧民族与萨满教》，《世界宗教研究》1984 年第 2 期。

② 色音：《热非凡的万神殿——北方民族萨满教的神灵世界》，黄强、色音《萨满教图说》，民族出版社 2002 年版，第 3 页。

③ 参见邹昌林《中国礼文化》，社会科学文献出版社 2000 年版，第 323 页。

④ 孟慧英：《中国北方民族萨满教》，社会科学文献出版社 2000 年版，第 23 页。

⑤ 杨堃：《民族学概论》，中国社会科学出版社 1984 年版，第 283 页。

⑥ 刘建国：《关于萨满教的几个问题》，《世界宗教研究》1981 年第 2 期。

⑦ 李勤德：《中国区域文化》，山西高校联合出版社 1995 年版，第 264 页。

⑧ 卞丽娜：《驯鹿鄂温克人文化研究》，中央民族大学出版社 2006 年版，第 231 页。

“满族的萨满教是一种典型的民族宗教”[①]，“萨满教是以天神为主的一神教”[②]，“蒙古族萨满教是一种不发达的人为宗教或过渡型宗教”[③] 等，不一而足。

2. 对伊利亚德萨满教理论的研究

在萨满教研究史上，米尔恰·伊利亚德（Mircea Eliade）是一个非常关键的人物，1951 年其名著《萨满教：古老的入迷术》一书甫一问世即引发了学术界的广泛关注和讨论。在书中，伊氏站在世界宗教史的高度，对萨满教进行系统的考察，既将其作为人类宗教发展的一个历史阶段，探索其发生、发展的历史形态，又对东北亚、中亚、东南亚、北美、南美、澳大利亚和大洋洲的萨满教形态做了详细的描述和比较研究，以寻求不同文化之间的相互影响和借鉴，提出著名论点“萨满教 = 入迷技术”，从而将萨满教研究引入宗教史学之中。萨满教研究因他而打破地域、学科限制，走上了普遍化研究之路。

在他的影响下，学者们在世界各地都发现了伊利亚德所说的那种萨满教，出版了大批著作。由于伊利亚德把萨满教存在的时间限制打破了，萨满教古老的原型为考古学提供了参照。他的“入迷”技术，后来被西方人个人化的新萨满教所实践。这个阶段除了伊利亚德之外还有瑞典的萨满教学者阿·胡特科兰兹（Ake Hultkrantz）、匈牙利学者 V. 迪奥塞吉（Vilmos Dioszegi）等，他们与伊利亚德观点接近，但是对他的某些方面进行了批评和重要修正。

伊利亚德在中国是以宗教史学、宗教现象学和普遍萨满教理论而广为人知的。但是，中国学者一直比较重视的是其巨著《宗教思想史》和宗教现象学著作《神圣与世俗》[④]，有关这两部书的研究成果也最多，关于伊利亚德普遍萨满教理论的研究和反思成果却不多见，这可能与《萨满

---

① 刘厚生：《满族的萨满教是一种典型的民族宗教》，《东北师大学报》（哲学社会科学版）1993 年第 1 期。

② 莫东寅：《清代满族的萨满教》，莫东寅《满族史论丛》，人民出版社 1958 年版，第 176 页。

③ 参见朋·乌恩《国内蒙古萨满教现状》，《蒙古学信息》1993 年第 3 期。

④ 米尔恰·伊利亚德（Mircea Eliade）：《宗教思想史》，晏可佳、吴晓群、姚蓓琴译，上海社会科学院出版社 2004 年版；《神圣与世俗》，王建光译，华夏出版社 2002 年版。

教：古老的入迷术》一书中文版迟至2018年才正式出版有一定关联。[①] 孟慧英在《伊利亚德萨满教研究的基本特点及其影响》一文中，系统地介绍了伊利亚德萨满教研究的特点、核心理论观点、对萨满教研究的推动作用以及学术界的批评和回应，是目前国内关于伊利亚德普遍萨满教理论介绍和研究最为细致深入的一篇文章。[②] 郭淑云在《国外萨满生理和心理问题研究述评》中对伊氏的理论贡献进行了评论，不仅肯定其促进萨满教研究的普遍化之外，还高度评价了他试图通过萨满教这一古老的宗教形式探求宗教所固有的神人一体的经验，从而为西方近代哲学兴起以来所出现的主客观二元分立的现象提供了解决的途径。[③]

中国萨满教学者也深受伊利亚德影响，不少学者受伊利亚德启发，对我国萨满教中的类似现象进行了研究，如王纪潮先生就专门研究了我国古代尤其是春秋战国之前萨满昏迷的麻醉性药物的使用问题，提出中国上古社会可能存在药用植物的崇拜，乌头、附子可能是萨满昏迷中的致幻剂，这些药物既是萨满的工具、巫医合一的标志，又是仪式象征和宗教崇拜物。[④] 色音在《试析萨满癫狂术的心理生理机制》一文中，将萨满附体纳入巫师附体的范畴内加以考察，论述了巫师与神灵关系的三种类型。在此基础上，探讨了萨满癫狂术的心理生理机制。[⑤] 张雨海、徐光志在《萨满昏迷行为的心理学分析》[⑥] 中，从催眠术和心理暗示等方面论证了萨满昏迷行为的机理。其中郭淑云《中国北方民族萨满出神现象研究》一书是中国学者在该领域研究的典范之作。作者以伊利亚德普遍萨满教理论中的入迷技术为中心，在大量田野调查的基础上，试将中国北方民族萨满出神现象置于多学科的视域下，运用心理学、宗教社会学等理论，在其所属的传统社会中

---

① 米尔恰·伊利亚德：《萨满教：古老的入迷术》，段满福译，社会科学文献出版社2018年版。

② 孟慧英：《伊利亚德萨满教研究的基本特点及其影响》，《世界民族》2010年第6期。

③ 郭淑云：《国外萨满生理和心理问题研究述评》，《民族研究》2007年第4期。

④ 王纪潮：《中国古代萨满昏迷中的药物问题》，《自然科学史研究》2005年第1期。

⑤ 色音：《试析萨满癫狂术的心理生理机制》，《黑龙江民族丛刊》2000年第3期。

⑥ 张雨海、徐光志：《萨满昏迷行为的心理学分析》，《长春大学学报》2006年第11期。

予以综合考察和研究，同时还通过大量的民族志资料考察了萨满个体生理心理特质的特殊作用。[①] 该书是中国萨满教理论研究的重要成果。总体而言，我国萨满教学界对此项课题的研究才刚刚开始，距国际前沿性的学术研究还相距较远，但近10年来对这一问题的研究还是取得了可喜的进展。

3. 对张光直萨满教考古学理论的研究

20世纪80年代，张光直先生萨满教考古学理论通过国内学术期刊和他本人在北京大学、山东大学等地的讲座，开始为国人所知。他依据中国古史资料、考古资料，提出了中国古代文明的连续性和整体性问题，这个具有连续性的、整体性的古老文明，就是“所谓萨满式（shamanistic）的文明。这是中国古代文明最主要的一个特征”。[②] 为我们开启了一个全新的看待世界文明史、中国文明史、中国考古学和萨满教研究的理论视角。

受其影响，国内一些考古学者开始用该理论研究中国新石器和商周时代的考古学问题[③]，不少学者常在著述中引用或转述张氏的理论观点[④]，从事中国哲学、思想史等领域研究的学者，也非常关注张光直的相关理论。这其中也不乏质疑者，如萧兵先生，他从古文释义、训诂、考古资料解读方式、中美文明对比等方面入手，批判张氏理论立论根基不足。[⑤] 谭佳认为，二人之间的学术分歧在于不同的“物”观背后是史观立场的不同，他指出，萧兵研究“物”是为了得到比文字更真实的历史，“张氏希望通过‘物’搭建能对抗西方主流认知的文明起源理论，重构对三代的

① 郭淑云：《中国北方民族萨满出神现象研究》，民族出版社2007年版。

② 张光直：《考古学专题六讲》，生活·读书·新知三联书店2013年版，第4页。

③ 王巍：《良渚文化玉琮刍议》，《考古》1986年第11期；张明华：《良渚玉符试探》，《文物》1990年第12期；孙其刚：《萨满教骨骼艺术的含义》，《中国历史博物馆馆刊》1994年第1期；陈淳、殷敏：《三星堆青铜树象征性研究》，《四川文物》2005年第6期；郭大顺：《红山文化“玉巫人”的发现与“萨满教文明”的有关问题》，《文物》2008年第10期。

④ 参见聂甘霖《浅析商周青铜器上的动物纹样——兼评张光直先生的“萨满通灵说”》，《考古与文物》2003年第2期，注释部分所列文献。

⑤ 萧兵：《中国上古文物中人与动物的关系——评张光直教授“动物伙伴”之泛萨满理论》，《社会科学》2006年第1期。

文化叙事”。[①] 萧兵围绕“萨满教”来质疑张光直，究其根本，乃因张氏在反西方史学理论的霸权叙事的同时，所凭借的资源仍然是西学话语体系中的萨满理论。[②] 而对张氏理论的反思和超越，也是中国现代神话学研究范式突破的重要途径。吾淳认为最能体现张氏文明类型研究的两个核心概念——“连续”与“突破”，在扭转西方文明史中心、衔接原始文明与早期文化、解读中国古代现象等方面做出了重要的理论贡献，但是在文明“连续”与“突破”的逻辑论证、考察对象等方面存在一定的问题。[③] 这些研究成果都有助于我们全面地看待张光直先生的理论。

中国萨满教学者受张氏影响和启发，通常将萨满教文化视为中国文化的源头之一，并在研究中通过考古资料、史志文献来证明。不过却因对考古资料不加甄别的泛萨满式归纳或者历史宏大叙事的论证方式而受到一些学者的批评。色音在《中国萨满式文明的宗教人类学解析》一文中避免了以上两种倾向，通过大量具体的、微观的文史资料、民族志资料、神话传说，证明中国古代巫觋的通天观念与萨满教的通天观念是一致的。他还依据这些材料，论证了以萨满教式信仰为底蕴的中国民间信仰，“是支撑中国人之精神世界的最具生命力的文化根基”，进而提出了中国文化是由“以儒家文明、道家文明为代表的精英文化和以萨满式文明为代表的民众文化”所组成的观点。[④] 在文章中，他还用大量的宗教人类学资料证明了张光直先生“萨满式文明”的观点是成立的。该成果可以说是对张光直萨满教考古理论和观点的深度延展。同样，王伟也通过对中国索伦鄂温克族萨满信仰的田野调查，证明了张氏理论的适用性。[⑤]

萧兵等学者注意到张光直萨满教考古理论与弗尔斯特等人的联系，但未

---

① 谭佳：《两种“物”观——对萧兵批评张光直“泛萨满论”的再评论》，《民族艺术》2018 年第 6 期。

② 同上。

③ 吾淳：《“连续”与“突破”——张光直历史理论的要义、贡献及问题》《人文杂志》2017 年第 5 期。

④ 色音：《中国萨满式文明的宗教人类学解析》，金香、色音主编《萨满信仰与民族文化》，中国社会科学出版社 2009 年版，第 219—220 页。

⑤ 王伟：《萨满式文明与中国文化——以中国东北部索伦鄂温克族为例》，《世界宗教文化》2010 年第 5 期。

进行深入讨论，曲枫详细论述了张光直萨满教考古学理论与伊利亚德、坎贝尔及弗尔斯特等人的理论渊源，特别是伊利亚德普遍萨满教理论和弗尔斯特的“亚美萨满教模式”（Asian - American Shamanism）。曲枫认为，将萨满教研究与古代文明相连接是弗尔斯特与张光直在萨满教理论上的突破，而之前人类学传统上认为萨满教只存在于小规模的采集—捕猎社会。张光直特别注重集中运用萨满教的研究成果来分析总结中国古代文明特点，从而论证中国文明的连续性、整体性与动力性。这是其萨满教考古学理论的重要目标。同时曲枫也指出张光直萨满教理论最大的问题是将不同地域文化、不同历史时期所发现的人物及动物美术图像均置于单一的人类学概念（即萨满教）之下，使得在此基础上构建的“萨满式文明”及“中国—玛雅连续体”理论框架显得脆弱并问题丛生。[①] 这与他综合中国史学传统和西方人类学理论的研究方法有关。但是近期甲骨文字的新成果，为丰富张氏萨满教考古学理论和探索中国早期历史甚至史前萨满教的存在提供了新的可能。

虽然曲枫、色音等学者对张氏理论采取了不同的学术研究路向，但是都有助于对张氏理论的理解、反思和超越。不过总体而言，中国萨满教学者对张光直萨满教考古学理论的研究非常薄弱，多数倾向于用张光直权威学者的身份和广为人知的观点为自己的论述观点背书，缺乏理论质疑和反思，未能真正推动张氏萨满教考古学理论的发展。

4. 对史禄国萨满教理论的研究

因费孝通老师身份和中国北方满—通古斯民族研究而闻名于世的俄国学者史禄国（S. M. Shirokogoroff，1889—1939 年），是一位在萨满教研究史上卓有建树的学者。得益于史氏在语言学、人类学方面的精深学识以及在满—通古斯民族中所做的深入细致的民族志调查，他对萨满教理论的建树颇多。1929 年上海商务印书馆出版了史禄国的英文版《北方通古斯的社会组织》[②]，1935 年，史禄国在伦敦出版了《通古斯民族的精神心理》（*Psychomental Complex of the Tungus*），集中体现了他的萨满教理论旨趣。

---

① 曲枫：《张光直萨满教考古学理论的人类学思想来源述评》，《民族研究》2014 年第 5 期。

② 史禄国：《北方通古斯的社会组织》，吴有刚、赵复兴、孟克译，内蒙古人民出版社 1985 年版。

不过，中国学者似乎对史禄国的萨满教研究缺乏足够的重视，《通古斯民族的精神心理》这部出版于84年前的著作至今还未有中译本出版。早年富育光先生、郭少波先生曾翻译并研究过史禄国著作中若干章节和理论观点。在已有的成果中，郭淑云、孟慧英对史禄国的萨满教理论研究是最为突出的。

郭淑云在《国外萨满生理和心理问题研究述评》一文中，详细介绍了史禄国的萨满氏族“安全阀”理论，并对此进行了学术评论。① 郭文介绍，史禄国通过对通古斯人病态性心理的调查和分析，最早对几成定论的萨满身心疾病说提出异议，明确提出萨满是生理、心理健康的人，并首次将萨满术与氏族的生理卫生和自我保护相关联，提出萨满是氏族的“安全阀”（safety valves），萨满教的起源是部落不自觉地防止神经和精神病患的蔓延。郭淑云认为，史禄国的研究涉及萨满教的许多一般性理论问题，是将人类学理论方法和民族志调查有机结合起来从事萨满教研究的先驱者。她指出史氏对萨满及萨满现象的探讨继承了俄国的生物学传统，将人的生理、心理现象与文化现象相联系。史氏的萨满身心健康论引发了两种不同萨满观的学术争议，促进了对“萨满”问题的探讨。20世纪后期，萨满身心健康论渐被研究者们所接受。如高长江在最近出版的《萨满的精神奥秘》一书中就秉持了这种观点，并从认知心理学、精神现象分析学等角度分析萨满文化中的精神现象。②

孟慧英在《西方萨满教研究的几个阶段性特点》中，将史禄国对萨满非精神病人而是在混乱中创造秩序的人，是社会组织的安全阀门的理论观点，置于西方萨满教研究的学术史脉络中，认为史氏的研究在推动萨满教研究从精神病理学向人类学、社会学研究起到了重要的作用。③ 王宏刚、色音也曾在研究中涉及对史禄国的简要介绍或者引用评价。于洋近年来了发表了3篇文章，对史禄国的萨满教研究和部分理论观点进行了介绍和评价，并结合史料和田野调查，指出史禄国在民族志资料和比较方法方

① 郭淑云：《国外萨满生理和心理问题研究述评》，《民族研究》2007年第4期。

② 高长江：《萨满的精神奥秘》，中国社会科学出版社2015年版。

③ 孟慧英：《西方萨满教研究的几个阶段性特点》，中国宗教学会秘书处编《中国宗教学》第四辑，宗教文化出版社2013年版。

面的一些问题。①

随着中国萨满教理论研究的深入，我们有理由相信史禄国的萨满教研究一定会受到学者的高度重视。正如郭淑云所指出的那样，尽管由于特殊的人生际遇，他当时在人类学领域的影响远不及同时代的马林诺夫斯基，在萨满教领域的影响也不如晚于他的伊利亚德，然而随着学术的发展，相信在未来的学术研究中，史氏的理论将会产生更为广泛的影响。

三 萨满教基本问题的讨论与争鸣

近40年来，中国萨满教研究的成就还体现在研究领域的不断拓展，学术研究的日益深入、学术问题的逐步解决和理论建设的不断加强。从某种意义上说，这些成果更能体现中国萨满教研究40年的成就，也标志着中国萨满教研究逐渐走向成熟的发展阶段。

改革开放之初，人们从过去的思想禁锢中获得解放，整个学术界空前活跃。在这种大的学术背景下，关于萨满教问题的讨论也异常活跃，学术争鸣蔚然成风。尽管那个时期，萨满教研究成果有限，但却涉及诸多萨满教研究的基本问题和前沿问题。40多年来，中国学术界对萨满教基本问题的关注和讨论从未停止。经过多学科学者的共同努力，有些学科的基本问题已经解决；有些研究回应了国际学术界的讨论；有些原本即是国际萨满教研究中尚未达成共识的前沿问题，讨论至今方兴未艾；有些问题则历久弥新，成为萨满教研究的前提。

1. 萨满教产生的时代

萨满教起源问题不仅是萨满教研究中的一个至关重要的理论问题，对于宗教学理论建设也具有重要的意义。基于此，我国学术界在萨满教起源问题研究方面付出了艰辛的努力。满都尔图在《中国北方民族的萨满教》一文中从萨满的产生这一视角，探讨萨满教的产生时代，认为我国北方民

① 于洋：《史禄国对满族萨满类型的研究与相关反思》，《满族研究》2015年第2期；《史禄国和他的通古斯萨满教研究》，《吉林师范大学学报》（人文社会科学版）2015年第2期；《史禄国论通古斯萨满的产生机制》，《东北史地》2015年第3期。

族萨满的产生可能在母系氏族社会的中期和晚期。[①] 吕光天、富育光、佟德富等学者也持这种观点，并在各自的论著中加以阐述。[②]

与上述观点相异者，一是将萨满教的产生推至血缘家庭阶段。秋浦曾指出："至于宗教究竟产生于原始社会哪个阶段，那是一个十分复杂和困难的问题。一般多认为宗教产生于母系氏族社会，依据对于萨满教的研究结果，我认为其时间还要推前，即推到血缘家庭阶段。"[③] 一是认为萨满教形成于"母系氏族公社的衰落期，在父系氏族公社的时期发展为全盛阶段"[④]。

萨满教起源问题是一个难度很大的问题，既有赖于考古学资料的发现，也有赖于宗教学理论的发展。就中国阿尔泰语族各民族萨满教而言，不仅各民族萨满教产生、发展、演变不平衡，而且同一民族各种崇拜观念和宗教活动的产生也不尽相同，形成大致的发展序列。因此，对萨满教起源进行具体、动态的分析，给萨满教起源问题以更加清晰的认识，是切实可行的。

2. *萨满教流布的区域*

我国学术界对萨满教流布区域问题的讨论，既与国际学术界对这个问题的讨论密切相关，也以我国萨满教的历史、现实为基础，是一个由来已久，各持己见，尚待深入研究的问题。

国际学术界对萨满教流布区域的界定有广义、中义、狭义之分。广义的萨满教指存在于世界各地原始民族中的一种宗教形态，发达民族原始时代的宗教亦属于萨满教，甚至在当代发达民族的民俗生活中也残存着它的遗风。中义的界定认为，萨满教流布于广阔的欧亚大陆高纬度区域诸渔猎、游牧民族中。狭义萨满教主要限定在"萨满"一语来源地的通古斯语系诸民族的范围之内。对中国萨满教形态的界定也是在国际

---

① 迪木拉提·奥玛尔：《阿尔泰语系诸民族萨满教研究》，新疆人民出版社 1995 年版，第 25—28 页。

② 吕光天：《北方民族原始社会形态研究》，宁夏人民出版社 1981 年版，第 258—259 页；富育光：《萨满论》，辽宁人民出版社 2000 年版，第 9 页；佟德富主编：《蒙古语族诸民族宗教史》，中央民族大学出版社 2007 年版，第 27 页。

③ 秋浦：《关于萨满教研究的几个问题》，《社会科学战线》1989 年第 3 期；秋浦：《当代人看原始文化》，中国经济出版社 1993 年版，第 266 页。

④ 刘小萌、定宜庄：《萨满教与东北民族》，吉林教育出版社 1990 年版，第 5 页。

学术界这种讨论和认识的背景下进行的。40 年来，我国学者对这个问题的思考形成了多种不同的界说，而且各种界说还在变化与完善的过程中。我国学者对此问题的思考可以概括为三种界说，与国际学术界的理论互有异同。

（1）狭义说，即主张萨满教是阿尔泰语系诸民族信仰的一种宗教形态。其内涵要比国际学术界的狭义说宽泛。迪木拉提·奥玛尔主张："萨满教是阿尔泰语系各民族曾信仰的或尚在信仰的原始宗教。属于这个语系的诸民族，在语言、文化、历史上有着一定的渊源关系……离开阿尔泰语系的民族来谈论萨满教的分布是不很妥当的"。①

（2）中义说，即主张萨满教流布于欧亚大陆北部渔猎、游牧民族中。这种观点与国际学术界的中义说基本相同。这种观点与我国萨满教历史现实相符，也与我国萨满教研究的历程契合，为我国学者所广泛使用，并做了具体的阐释。其中蔡家麒先生对萨满教地域及民族分布表述清晰明确，为我国学术界所接受。他指出："萨满教系指曾经盛行在东起白令海峡、西迄斯堪的纳维亚半岛，横跨亚、欧北部操乌拉尔—阿尔泰语系的渔猎或游牧各民族的原始宗教。"② 这个界定除了观照地理分布、民族两个要素之外，又提出经济形态为渔猎、游牧经济这一要素，更加缜密。

应该指出的是，与国际学术界由格莱纳（F. Graebne）、史密特（W. Schmidt）、库柏（W. Koppers）等人从文化人类学角度提出的文化圈理论（后来被称作"格莱纳—史密特—库柏文化圈理论"），即认为萨满教只是一种北极地区的文化现象的"萨满文化圈"理论③相呼应，我国学者对"萨满文化圈"的内涵、要素等也多有阐发。乌丙安、富育光等学者较早使用"萨满文化圈"这一概念④，但并未做系统、全面的界定。台

① 迪木拉提·奥玛尔：《阿尔泰语系诸民族萨满教研究》，新疆人民出版社 1995 年版，第 10 页。

② 蔡家麒：《中国北方民族的萨满教》，《史前研究》1984 年第 4 期，收入蔡家麒《论原始宗教》，云南民族出版社 1988 年版，第 111 页。

③ 汤惠生：《关于萨满教和萨满教研究的思考》，《青海社会科学》1997 年第 2 期。

④ 乌丙安：《神秘的萨满世界》，上海三联书店 1989 年版，第 249、276 页；富育光：《萨满教与神话》，辽宁大学出版社 1990 年版，第 7 页。

湾学者庄吉发先生对这一文化圈提出自己的界定，认为："萨满信仰盛行于东北亚、北亚以迄西北亚的草原地带，以贝加尔湖附近及阿尔泰山一带为发祥地，表现最为典型……萨满信仰的盛行，就是东北亚或北亚文化圈的文化特质。"① "萨满教文化圈"如今已成为一个广为使用的概念。唐戈曾依据文化圈的基本理论，从形的标准、数量的标准和文化层等构成文化圈的基本要素，论证了东北亚萨满文化圈的基本特质。② 刘厚生则从历史渊源、文化传统等方面探讨了萨满教文化圈的形成、源头及共同的文化特质等问题。③

（3）广义说，即认为萨满教不仅存在于东北亚、北欧、北美等原住民族中，而是具有广泛性。至于具体的地域分布，每位学者的观点可谓千差万别，其内涵和外延均不尽一致。吕光天指出："有人认为萨满教只盛行于中国北部和西伯利亚及欧洲北部的寒冷地带。其实不然，经许多学者的研究，发现我国中原古代的巫教，南方少数民族如彝族的毕磨，苗、瑶、畲等族的鬼师都与萨满教有着密切的关系。另外，随着世界各地原始宗教的调查研究，证明自古以来世界各地也都存在着许多萨满教的现象，虽然名称互不相同，但本质上都与萨满教相类似。如发现美洲印第安人，亚洲南部马来群岛，澳洲、非洲等地都有类似萨满的存在。萨满教作为历史现象来研究，它的分布地区就远远超出了原来的范围了。"④ 秋浦认为萨满教并不是国内阿尔泰语系各民族所独有，而是一种国际现象，不仅亚非拉美各大洲普遍存在这种萨满教，甚至有人把一切原始宗教也称为萨满教。⑤ 乌丙安先生认为萨满教几乎遍及北亚、北欧、南北非和南北美及太平洋诸岛的土著民族中。⑥ 富育光、孟慧英两先生则主张不仅阿尔泰语系各族——通古斯语族、突厥语族、蒙古语族之各民族信仰萨满教，而且欧

---

① 庄吉发：《萨满信仰的历史考察》，（台北）文史哲出版社 1996 年版，第 165 页。

② 唐戈：《文化圈理论与萨满教文化圈》，《满语研究》2003 年第 2 期。

③ 刘厚生：《论东北亚地区的萨满文化圈》，郭淑云《萨满文化研究》第一辑，吉林大学出版社 2007 年版，第 81—95 页。

④ 吕光天：《北方民族原始社会形态》，宁夏人民出版社 1981 年版，第 251—252 页。

⑤ 秋浦：《关于萨满教研究的几个问题》，《社会科学战线》1989 年第 3 期。

⑥ 乌丙安：《神秘的萨满世界》，上海三联书店 1989 年版，第 6 页。

洲的北部、西伯利亚、中亚和西亚，乃至北美、南美、非洲、南亚的某些地区也都有萨满教的影迹。①

萨满教地域分布问题在国际学术界是一个争议颇多的问题，至今没有达成共识。我国学者关于这个问题的讨论和争鸣也相当活跃，不仅各抒己见，而且互陈弊端。汤惠生先生认为萨满教狭义说不利于萨满教研究："'萨满教是我国北方阿尔泰语系一些民族普遍信仰的一种原始宗教'，这一定义中所包括的对分布范围和性质的界定实际上大大地局限了我们对萨满教研究的范围和深度。"②反对广义说的学者也从不同的侧面提出了质疑。刘建国旗帜鲜明地批驳了莫东寅先生所持的广义说。③ 刘桂腾则认为"泛萨满主义"的定义模糊了具体研究对象的特质及其民族、宗教、历史渊源。④ 上述讨论和思考，为进一步深入研究萨满教的地域分布及其他相关问题提供了宝贵的认识。

3. *萨满教的基本特征*

萨满教的基本特征不仅对于认识萨满教的性质至关重要，对于界定萨满教的地域范围也将提供重要的支撑。我国学术界对萨满教特征的认识，是将其作为原始宗教（或自然宗教、自发宗教）与人为宗教比较基础上建立起来的。《萨满教研究》一书从创始人、教义、神灵体系、宗教组织、宗教活动场所、宗教神职人员等方面论述了萨满教区别于人为宗教的特征。⑤ 张晓光对此提出质疑，认为萨满教与人为宗教并非具有上述六方面不同的特征，二者之间有诸多共性和联系。⑥

在系统研究阿尔泰语系萨满教的基础上，认识萨满教的特征，是另一种研究途径。迪木拉提·奥玛尔即据此揭示了萨满教的四点基本特征：萨满教因萨满而得名；萨满的主要活动是跳神；每个萨满都有自己的保护

---

① 富育光、孟慧英：《满族萨满教研究》，北京大学出版社 1991 年版，第 1 页。

② 汤惠生：《关于萨满教和萨满教研究的思考》，《青海社会科学》1997 年第 2 期。

③ 刘建国：《关于萨满教的几个问题》，《世界宗教研究》1981 年第 2 期，收入吉林省民族研究所编《萨满教文化研究》第一辑，吉林人民出版社 1988 年版，第 30—31 页。

④ 刘桂腾：《满族萨满乐器研究》，辽宁民族出版社 1999 年版。

⑤ 秋浦：《萨满教研究》，上海人民出版社 1985 年版，第 169—172 页。

⑥ 张晓光：《关于萨满教研究的几点探讨——兼谈氏族本位系宗教与社会性宗教的差异》，《北方民族》1993 年第 2 期。

神；萨满教有一个庞杂的神灵体系。[①]

4. 萨满教的功能

萨满教对于原始文化的传承和整理功能，学者们基本达成共识。秋浦主编的《萨满教研究》从萨满的作用为切入点，探讨萨满教的功能，提出萨满是“最初的歌手，最初的舞蹈家，最初的魔术师”。[②] 王宏刚认为：“在萨满教发展演化的漫长道路中，以一种独特的方式不断地总结着生长在实践中得到的生产、天文、医学、艺术等知识与经验，又吸收了外来文化的某些养分，汇成了民族文化的巨川，因此，它在当时历史条件下，是有一定积极意义的。”[③] 郭淑云对萨满教与原始文化的关系做了具体的分析，认为“萨满教本身即如同一部百科全书，几乎无所不包”。并在具体剖析萨满教与原始哲学、原始自然科学、医学、文学、艺术等关系的基础上，对萨满教与原始文化的关系及萨满教的文化特质加以概括，全面、系统地揭示了萨满教的文化功能，认为“萨满教是原始文化的综合体，具有综合性的历史文化价值。从原始文化研究的角度看，萨满教无疑是北方远古社会极其珍贵的‘活化石’，它如同一面透视镜，再现着原始文化的基本面貌。”[④]

萨满教对民族或民族精神心理的影响，是萨满教功能的重要方面。富育光先生对此有过精辟的论述：萨满们“一代又一代地铸造、陶冶、培育着北方诸民族的精神、性格和心理素质。萨满是民族之师、民族之神、民族之魂，承继着民族精神文化的全部遗产，从而享得全民族的尊重”。[⑤]

萨满教其他方面的功能也逐渐得以认识和揭示。刘小萌在《满族萨满教信仰的多重文化成分》一文中指出：满族萨满教有助于满族社会协调其成员思想与行为、减少满族与外民族及其文化的隔膜与冲突和维系满

① 迪木拉提·奥玛尔：《阿尔泰语系诸民族萨满教研究》，新疆人民出版社 1995 年版，第 10—11 页。

② 秋浦：《萨满教研究》，上海人民出版社 1985 年版，第 173—177 页。

③ 王宏刚：《萨满教问题的探讨》，《北方民族》1991 年第 1 期。

④ 郭淑云：《原始活态文化——萨满教透视》，上海人民出版社 2001 年版，第 4 页。

⑤ 富育光：《萨满教与神话》，辽宁大学出版社 1990 年版，“引论”第 1 页。

族民族心理的稳定。[①] 郭淑云从萨满出神现象这一侧面，探讨了萨满教具有解除群体危机的功能、实现身心平衡的功能、增强群体凝聚力的功能、确立氏族神系的功能。同时简述了萨满出神现象的负面作用。[②] 她在《萨满领神仪式与青春期危机》一文中，专题讨论了萨满领神仪式与青春期危机问题，认为萨满领神仪式对于萨满这个特殊的群体来说，具有解除或缓解他们青春期身心危机的意义。[③]

关于萨满与祭司的关系，传统研究通常将其与祭司区分开来进行研究，将"萨满—小规模社会—私人仪式"与"祭司—复杂社会—公共仪式"对应区分开来。曲枫通过国内外的民族学田野资料提出，这种区分的非必要的，独立的祭司在萨满社会中是不存在的，献祭和仪式不过是萨满职业的组成部分。[④]

5. "萨满"词源与词义

在国内外萨满教研究中，对于"萨满"一词词源的界定和词义的阐释都有种种不同的说法。应该说，我国学术界对"萨满"词源与词义的解说与分歧无不来自国际学术界的认识。国外两种颇具倾向性的观点，即"萨满"词源外来说和土著说，在不同的历史时期对中国学者产生着影响。在外来说中，"萨满"一词源于印度，与"沙门"有关[⑤]的观点，在早期萨满教研究史上颇有影响。清末徐珂所著《清稗类钞》记述的萨满教"其教旨与佛氏与默宗相似。疑所谓萨满者，特沙门之音转耳"，即接受了这种外来语学说。新中国成立以来，我国学术界多持"萨满"一词源于满－通古斯语的土著说。这一方面与由 И. Э. 费舍尔等学者较早提出"萨满"词源通古斯语说在国际学术界日益得到认同有关，更是我国学者根据我国满—通古斯民族语言志调查研究得出的结论。

---

① 刘小萌：《满族萨满教信仰的多重文化成分》，《中国社会科学院研究生院学报》1989 年第 3 期。

② 郭淑云：《中国北方民族萨满出神现象研究》，民族出版社 2007 年版。

③ 郭淑云：《萨满领神仪式与青春期危机》，《宗教学研究》2006 年第 4 期。

④ 曲枫：《萨满—祭司二分理论的误区》，《宗教学研究》2016 年第 4 期。

⑤ 波普：《亚洲的司祭》，转引自赤松智城《萨满教的意义与起源》，孙文康译，吉林省民族研究所编《萨满教文化研究》第 2 辑，天津古籍出版社 1990 年版，第 3 页。

有关“萨满”词义的解析，国外学术界多有歧义，而国内学术界的分歧和争鸣与国际学术界的认识密切相关。其中最具代表性的解说有两种，即“兴奋狂舞说”和“知晓说”。波兰学者尼斡拉兹和苏联宗教学家谢·亚·托卡列夫等世界著名学者均持前说，并从语言学的视角加以论证。[①] 20 世纪 90 年代以前，我国萨满教研究者也多承此说，成为众口一词的通说。《中国大百科辞典·宗教卷》(1988 年) 和《辞海》(1988 年)“萨满”条也分别将“萨满”释为“激动不安和疯狂乱舞”者和“因兴奋而狂舞的人”。

对于“萨满”词义的解析，已故匈牙利著名萨满教专家V. 迪欧塞吉可谓独树一帜。他从构成 Saman 的词根入手，认为“萨满”（Saman）一词“由动词‘萨’（Sa）（知道）构成，这样，‘萨满’照字面讲意为‘无所不知的人’”。[②] 应该说，V. 迪欧塞吉的解释更切合“萨满”一词的原义，但这种解释并未得到国外学术界的认同。近 20 年来，我国满—通古斯语族的学者贺灵、富育光、赵志忠、杜·道尔基等人以其民族语言方面的优势，分别论证了“萨满”一词在满语、锡伯语、女真语和鄂温克语中的意义和词性演化过程，所得结论与V. 迪欧塞吉的解释恰相契合。[③] 中国学者依据我们丰富的历史文献资料和民族语言志资料，对国际学术界长期存有争议的萨满词义问题提出了富有说服力的论据，做出了应有的贡献。[④]

6. *萨满其人及其出神现象*

在国际萨满教研究史上，有关“萨满其人”的话题历久弥新，几乎与萨满教研究的历史相始终。“萨满其人”问题讨论的焦点主要围绕萨满的生理、心理特点问题进行的，国际学术界长期就此问题展开讨论，由此而引发的学术争论至今方兴未艾。

---

① 尼斡拉兹：《西伯利亚各民族之萨满教》，金启孮译，辽宁省民族研究所编《满族研究参考资料》1986 年第 1 期；谢·亚·托卡列夫：《世界各民族历史上的宗教》，魏庆征译，中国社会科学出版社 1985 年版，第 178 页。

② 《不列颠百科全书·萨满教》，于锦绣译，《世界宗教资料》1983 年第 3 期。

③ 佟克力：《锡伯族历史与文化》，新疆人民出版社 1989 年版，第 204 页；富育光：《萨满教与神话》，辽宁大学出版社 1990 年版，第 3 页；赵志忠：《“萨满”词考》，《中央民族大学学报》2002 年第 3 期；杜·道尔基：《萨满词考》，《北方民族》2002 年第 4 期。

④ 郭淑云：《“萨满”词源与词义考析》，《西北民族研究》2007 年第 1 期。

长期以来，我国学者对此问题多采取回避的态度，或只是进行现象描述，致使国内学者对这一问题的研究非常薄弱。富育光的《萨满敏知观探析》较早地开始了这方面的探讨。该文以生理学、心理学的方法，从萨满的认知层面切入，剖析了萨满所具有的特异的认知能力和思维特征，即萨满的敏知术、感知术。[①]

郭淑云的《中国北方民族萨满出神现象研究》以作者近20年来在北方民族中调查的著名萨满的口述资料和仪式现场调查资料为基础，对国际萨满教学界关于“萨满其人”的一些焦点问题做出回应，提出了自己的主张。她认为萨满是身心健康的人；萨满病等症状是一种复杂的现象，从某种意义上说是特定宗教文化的产物；萨满病是解决个体生命危机的一种手段；萨满作为传统社会中的一个特殊的群体，具有与众不同的品质和生理、心理、思维特征。[②] 这些基于中国北方民族萨满教历史与现实实际的思考，是对萨满其人问题做出的自己的回答。

萨满出神现象的成因与机制问题，是萨满出神现象研究的核心。近年来，这方面的研究成果不断涌现。色音在《试析萨满癫狂术的心理生理机制》一文中，将萨满附体纳入巫师附体的范畴内加以考察，论述了巫师与神灵关系的三种类型。在此基础上，探讨了萨满癫狂术的心理生理机制。[③] 张雨海、徐光志在《萨满昏迷行为的心理学分析》[④] 从催眠术和心理暗示等方面论证了萨满昏迷行为的机理。周普元、李小林在《萨满“通神”心理机制初探——兼谈弗洛伊德意义的“潜意识”》一文中，从选萨满、传授萨满知识、萨满“通神”三方面讨论了萨满性意识是一种潜意识；又从对萨满所通“神”形象的原型探讨，指出“神”是一种潜意识信息的流露。[⑤] 总体而言，我国萨满教学界对此项

① 富育光:《萨满敏知观探析》，白庚胜、郎樱《萨满文化解读》，吉林人民出版社2003年版，第60—73页；收入孟慧英《原始宗教与萨满教卷》，民族出版社2008年版，第323—327页。

② 郭淑云:《中国北方民族萨满出神现象研究》，民族出版社2007年版。

③ 色音:《试析萨满癫狂术的心理生理机制》，《黑龙江民族丛刊》2000年第3期。

④ 张雨海、徐光志:《萨满昏迷行为的心理学分析》，《长春大学学报》2006年第11期。

⑤ 周普元、李小林:《萨满“通神”心理机制初探——兼谈弗洛伊德意义的“潜意识”》，《新疆师范大学学报》2006年第3期。

课题的研究还刚刚开始，距国际前沿性的学术研究还相距较远，但近10年来对这一问题的研究还是取得了可喜的进展。

综上所述，40年来我国学者对萨满教基本问题的研究取得了显著的进展，提出并解决了一些基本理论问题；依据中国北方民族萨满教丰富的实证资料，积极回应了国际萨满教学界的一些前沿问题和热点问题，提出了自己的主张，丰富了国际学术界对一些问题的思考。当然，对其中的一些问题还有待于进一步深入的研究和多学科学者的通力合作。

四　萨满教研究在多学科领域的丰硕成果

萨满教研究具有多学科性，这是由萨满教的特点决定的。萨满教是原始文化的综合体，是一个综合性的研究对象，涉及诸多学科。经过我国学者40年的努力，中国萨满教研究向纵深发展的一个重要标志即萨满教调查研究的范围不断拓宽，形成多学科交叉、多层面共进、多方法并举的研究格局。这种多学科发展的轨迹与国际萨满教研究的发展进程大体相同。萨满教吸引着越来越多的来自不同学科学者的倾心投入，研究的内容涉及历史学、民族学、人类学、宗教学、民间文学、神话学、民俗学、音乐学、舞蹈学、美术学、哲学、心理学、生理学、医学、考古学、社会学、语言学、法学、政治学等学科和预测学、人体科学等研究领域。不仅如此，有学者还将萨满教研究拓展到人类文明史的广阔领域，将萨满教资料与文献学、考古学、神话学资料相结合，探索人类文明起源的轨迹及其模式。萨满教的实证资料和研究成果还广为其他学科所用，成为其他学科探索相关问题的佐证。

1. 历史学

从史学的视角研究萨满教，是我国萨满教研究的传统。改革开放以来的40多年，这一传统仍得以继承。

我国北方是萨满教流布的核心区域，古代北方民族或部族，肃慎、挹娄、勿吉、靺鞨、女真、契丹、匈奴、东胡、乌孙、乌桓、鲜卑、柔然、扶余、高句丽、回鹘、高车、西羌、突厥、鞑靼、吐谷浑、月氏、黠嘎斯和蒙古族等都曾信仰萨满教。其中有的民族已经在历史的长河中消失，融入其他民族，有的则经过演变、融合，形成现代民族。这些古代民族的萨满教既是中国古代史、中国古代民族史的研究对象，也是萨满教研究中不容忽视的课题。其中东胡族系的契丹、匈奴族系的回鹘、肃慎族系的女真等民族的萨满教研究取得了较为丰硕的成果。①

清代满族萨满教一直是学术界比较关注的问题。满族入关前后萨满教的变迁及性质等问题，还一度成为学术界讨论的热点。周昌元的《论清人入关前满族的萨满教及其社会影响》②、张树卿、王喆的《满族入关前的萨满教》③ 是考察这个时期满族萨满教的专题论文。张树卿、王喆认为，17 世纪中叶满族入关前的萨满教已由“自发宗教”转变成了“人为宗教”。姜小莉的《试论清入关前的萨满教改革》在对明末女真社会的萨满教进行考察的基础上，认为清入关前的改革是势在必行，并探讨了清入关前萨满教改革的主要内容及其意义。④

清代萨满教的另一个热点问题是清宫萨满祭祀问题。40 年来，我国学术界对清宫萨满祭祀的研究逐渐走向深入，研究内容更加细化，在堂子祭祀起源与演变、祭祀仪式的考释、堂子祭祀神灵的考证及清宫祭祀体现的文化内涵等方面，取得了显著的成果，探讨了“堂子”的来历、堂子祭祀的历史演变等内容。⑤ 王钊根据原藏于清宫的乾隆时期创作的植物绘图册页《嘉产荐馨》中所描绘的四种萨满祭祀所用的香料，认为该图书

---

① 朱子方：《辽代的萨满教》，《社会科学辑刊》1986 年第 6 期；黄凤岐：《辽代契丹族宗教述略》，《社会科学辑刊》1994 年第 2 期；田广林：《契丹礼俗考论》，哈尔滨出版社 1995 年版；王承礼：《契丹祭黑山的考察》，《社会科学战线》1990 年第 2 期；富育光、孟慧英：《金代女真族的萨满教》，《黑河学刊》1988 年第 3 期等。

② 周昌元：《论清人入关前满族的萨满教及其社会影响》，《松辽学刊》1988 年第 3 期。

③ 张树卿、王喆：《满族入关前的萨满教》，《北方民族》1990 年第 1 期。

④ 姜小莉：《试论清入关前的萨满教改革》，郭淑云主编《萨满文化研究》第 1 辑，吉林大学出版社 2007 年版，第 64—68 页。

⑤ 富育光：《清朝堂子祭祀辨考》，《社会科学战线》1988 年第 4 期；李国俊：《努尔哈赤时期萨满堂子文化研究》，《满族研究》2002 年第 4 期；白洪希：《清宫堂子祭祀研究》，《民族研究》1996 年第 4 期；姜相顺：《神秘的清宫萨满祭祀》，辽宁人民出版社 1995 年版，第 143—145 页。

的绘制是对满族萨满祭祀文化的一种抢救性整理，但从画中也反映出当时满族萨满祭祀不断衰弱的事实。[①]

姜相顺的《神秘的清宫萨满祭祀》[②] 一书是清宫祭祀研究方面的代表作。作者在对大量清宫祭祀历史文献资料进行系统梳理的基础上，对清宫祭祀的主要内容和学术问题进行了系统的研究，考察了从满族萨满教到清宫萨满祭祀的历史演变过程，梳理并回应了清以来有关清宫堂子祭的学术讨论，揭示了清代宫廷祭祀所具有的国祭、爱新觉罗家族族祭的性质，受到学术界的好评。乌丙安先生在为该书所作的序言中指出："这部书作为萨满文化史的重要科学研究成果，不仅论据翔实，论证清晰，而且体系完整，科学性强，堪称近年来不多见的优秀论著；它对于研究清代文化史，对于研究国际萨满文化史及满族文化史，都有重要的价值。"[③] 苑杰在《满族穆昆与萨满教——以满族石姓为例》一书中，以满族穆昆组织的演变过程为线索，对满族萨满教进行历史发展演变的考察，研究视角具有一定的新意。[④]

孛·蒙赫达赉和阿敏编著了《呼伦贝尔萨满教与喇嘛教史略》一书，通过呼伦贝尔地区的重要历史事件、著名人物等本土史料，勾勒了呼伦贝尔地区萨满信仰和喇嘛教的历史发展，探讨了它们的社会作用和历史影响。[⑤] 孟盛彬研究了达斡尔族萨满教的历史发展基本脉络，剖析了萨满教与达斡尔族传统社会结构的内在关联，还原与重构萨满对人们日常生活的影响及其发挥的积极作用。[⑥]

中国北方民族萨满教历史悠久，有些民族萨满教历史传承与演变的脉络清晰；那些在历史上建立过政权的民族，萨满教多进入宫廷，与王权形成密切关系。帝王们"一方面虔诚地信奉萨满教，而另一方面又巧妙地

---

① 王钊：《众神之飨：以〈嘉产荐馨〉为中心探究清代满族萨满祭祀用香》，《满族研究》2017 年第 4 期。

② 姜相顺：《神秘的清宫萨满祭祀》，辽宁人民出版社 1995 年版，第 143—145 页。

③ 乌丙安：《神秘的清宫萨满祭祀·序》，辽宁人民出版社 1995 年版，第 3 页。

④ 苑杰：《满族穆昆与萨满教——以满族石姓为例》，民族出版社 2012 年版。

⑤ 孛·蒙赫达赉、阿敏：《呼伦贝尔萨满教与喇嘛教史略》，民族出版社 2013 年版。

⑥ 孟盛彬：《达斡尔族萨满教研究》，社会科学文献出版社 2014 年版。

利用萨满教，为其政治利益服务”。[①] 萨满教也因此登上政治的舞台，在一定程度上影响着特定民族的历史进程。色音在《萨满教与北方少数民族帝王》一文中，对中国历史上的巫王关系做了鞭辟入里的分析。

2. 考古学

萨满教与考古学的关系，是建立在萨满教具有历史性这一特征基础上的。考古学的发现对研究萨满教的本质、起源与发展有着重要的意义。考古发现的萨满教遗迹和遗存物是北方先民萨满教思想观念和宗教活动的产物，借助民族学、文化学、历史学的理论和方法，揭示其所蕴藏的宗教意义，是探求宗教古迹的重要途径。孟慧英在《考古与萨满教》一文中，从旧石器时代和新石器时代不同文化时期的遗址发现，世界各国在原始洞穴画、岩画的发掘成果，来研究萨满教文化的起点与发展轨迹，展示考古学对研究萨满教现象所特有的学术价值。[②]

对于萨满教与考古方面的研究不仅有张光直等学者从人类文明起源的视野审视萨满教，将萨满文化看作人类早期文明的一种类型的宏观考察，也有一些具体的研究。总体来说，可分为三方面的内容，即对萨满文化遗迹遗址和文物的考察[③]、用萨满教知识体系解读考古遗存[④]和从考古发现研究萨满教[⑤]等三方面。如曲枫曾尝试将“神经心理学”模式同马家窑文化的彩陶图案及红山文化中发现的美术图案进行比较，并得出了与张光直先生相似的结论，即中国北方新石器时代的美术母题应是对萨满在 ASC (Altered States of Conscious - ness) 状态中经历的幻象的再现。[⑥] 肖波研究了左江岩画的萨满教属性，认为从岩画作画地点的选择、画面内容的安排、图像组合方式的设计等方面来看，均与萨满教的观念相一致，左江岩

---

① 色音：《萨满教与北方少数民族帝王》，白庚胜、郎樱《萨满文化解读》，吉林人民出版社 2003 年版，第 207 页。

② 孟慧英：《考古与萨满教》，《北方文物》2002 年第 1 期。

③ 宋兆麟：《中国史前考古发现的萨满遗迹》，《黑龙江民族丛刊》2001 年第 1 期；张志尧：《我国早期萨满教文化遗存——富蕴唐巴勒洞窟岩画》，《北方民族》1990 年第 1 期。

④ 孙其刚：《人神之间的使者——东魏茹茹公主墓出土的萨满巫师小议》，《文物天地》1988 年第 6 期；冯恩学：《吐尔基山辽墓墓主身份解读》，《民族研究》2006 年第 3 期。

⑤ 林树山：《黑龙江沿岸女真人的宗教信仰》，《北方民族》1992 年第 2 期。

⑥ 曲枫：《大地湾骷髅地画的萨满教含义》，《北方文物》2011 年第 3 期。

画具有明显的萨满教属性。[①] 韩建业分析了在新疆地区的切木尔切克、哈密天山北路、古墓沟—小河等文化中的一种头面装饰奇特的萨满式人物形象。这类形象在大体同时期的俄罗斯阿尔泰地区奥库涅夫文化和卡拉库尔文化中有着更为丰富的发现，类似形象还见于新疆康家石门子，以及阿尔泰山、天山、贺兰山、阴山等地区岩画。他推测这些人物形象不但彼此时代相近、互相存在联系，而且可能具有共同的萨满特征的信仰底层。[②]刘学堂的《新疆史前宗教研究》充分利用新疆丰富的考古材料和民族志资料，对新疆史前宗教进行了系统的研究，考察了新疆史前自然崇拜、灵魂崇拜、生殖崇拜遗存和史前岩画及萨满的神器等史前萨满教观念与现象，资料翔实，内容丰富，是一部新疆史前宗教的代表性著作。

3. 哲学

萨满教与哲学的关系是国际萨满教研究的前沿课题之一。1993 年 3 月，在韩国全北大学召开的“东北亚萨满教与哲学”国际学术会议，即以萨满教信仰体系与哲学思想、萨满教与原始思维等为主要议题。

我国学术界对萨满教哲学的研究，与北方少数民族哲学史的研究密切相关。佟德富先生在萨满教哲学内涵的界定、表现形式及其特征等方面做了有益的探索。这方面的认识反映在他所著的《中国少数民族哲学概论》[③] 等书中。

萨满教哲学作为少数民族哲学的一部分，具有少数民族哲学的共性特征，即它不同于汉族哲学和西方哲学，具有严密的体系和逻辑结构，萨满教哲学蕴藏在萨满教思想观念中，存在于神话、神歌中，具有鲜明的特征。色音的《论中国少数民族萨满教哲学的滥觞——关于一种民间思想的哲学人类学探讨》[④] 一文从哲学人类学的角度分析了萨满教的宇宙观、自然观、灵魂观等观念体系，提出了中国少数民族的萨满教哲学是一种萌

---

① 肖波：《左江岩画的萨满教属性》，《民族艺术研究》2016 年第 5 期。

② 韩建业：《略论新疆地区四千年前的萨满式人物形象——兼论康家石门子岩画的年代》，《西域研究》2018 年第 3 期。

③ 佟德富：《中国少数民族哲学概论》，中央民族大学出版社 1997 年版。

④ 色音：《论中国少数民族萨满教哲学的滥觞——关于一种民间思想的哲学人类学探讨》，《宗教学研究》1999 年第 3 期。

芽状态的直观哲学，是一种带有直观性、混沌性、类比性的综合思想体系。郭淑云的《萨满教灵魂观及其哲学思想》[①] 和《萨满教宇宙观及其哲学思想》[②] 分别通过对萨满教灵魂运动特征和萨满教宇宙结构模式的演变等方面的探讨，揭示其中蕴含的丰富的哲学思想。汤惠生对萨满教原始思维颇为关注，素有研究，在多篇论文中阐发了他的主张。他在《萨满教二元对立思维及其文化观念》[③] 一文中提出萨满教思维是二元对立思维，并从创世纪和宇宙观、萨满教艺术和萨满教仪式等方面论述了萨满教二元对立思维的内涵和表现形式。该文弥补了国内学术界研究的不足，具有较高的学术价值。

陶磊受张光直萨满式文明的影响，认为早期中国哲学中的神秘主义与萨满主义有密切关联，早期中国的心性之学中，神秘主义的成分相当浓厚，他认为心性之学中的神秘主义直接继承了萨满主义中的部分神秘内容。[④] 他还用萨满主义来重新解读《周易》[⑤]。陶氏研究颇有创意，部分思路自成一体，也为学术界重新解读中国古代文明提供了一个新的视角。

王宏刚等著《追太阳——萨满教与中国北方民族文化精神起源论》[⑥] 一书，以北方阿尔泰语系诸民族的萨满教田野调查资料与相关的考古学成果、古籍记载为依据，勾勒出北方古人类在文明萌生时期部分文化形态中所表达的文化精神，以及这种文化精神在北方民族后来的社会发展中的演变及其历史作用。

4. 文学

萨满文学是北方民族民间文学的重要组成部分。萨满文学既具有民间文学或口头文学的共性特征，从而与作家文学形成本质的区别；又具有鲜明的特征，即宗教性和神圣性。正因如此，其价值和研究既体现在宗教

① 郭淑云:《萨满教灵魂观及其哲学思想》,《云南社会科学》2001 年第 3 期。

② 郭淑云:《萨满教宇宙观及其哲学思想》,《社会科学战线》2002 年第 2 期。

③ 汤惠生:《萨满教二元对立思维及其文化观念》,《东南文化》1996 年第 4 期。

④ 陶磊:《萨满主义与早期中国哲学中的神秘主义》,《学术月刊》2016 年第 9 期。

⑤ 陶磊:《周易新解: 萨满主义的视角》, 浙江大学出版社 2015 年版。

⑥ 王宏刚、王海东、张安巡:《追太阳——萨满教与中国北方民族文化精神起源论》, 民族出版社 2011 年版。

学、人类学、文化学等层面，也因其独特的文学价值和审美价值，而体现于民间文学层面，具有文学性。

（1）萨满神话研究

萨满神话研究从一开始即是概论与分论并举，既有对萨满神话或一个民族的萨满神话的综合研究，又有对萨满神话的专题考察，涉及的内容也相当广泛。在神话研究中，学者们常常围绕一个主题，从不同的视角展开论述，使研究更为细化，成为萨满神话研究日益深入的标志之一。乌丙安以《满族神话探索——天地层·地震鱼·世界树》[①] 这样生动的题目和具体的内容，论述满族萨满教的宇宙神话；富育光的《萨满教天穹观念与神话探考》[②] 运用神话资料解读萨满教天穹观；赵永铣的《蒙古族创世神话与萨满教九十九天说探新》[③] 从神话学的视角，对蒙古族九十九天说探新提出了新的界说。

在萨满神话研究中，学者们对新的神话资料给予极大的关注。富育光在《满族火祭习俗与神话》[④] 一文中，首次公布了满族创世神话《天宫大战》中盗火女神托亚拉哈为了给人间盗来天火，不惜牺牲自己的女神神话，引起了学术界的广泛关注和运用。汪玢玲的《中国的普罗米修斯：托亚拉哈和托阿恩都哩——东西方盗火英雄比较研究》[⑤] 从比较神话学的视角，将满族萨满神话中的火神与希腊神话中的火神相比较，说明中国盗火女神显示了母系社会女神的特点和它所反映的东方原始宗教火崇拜的浓重意味。孟慧英的《萨满教与萨满神话中的火神及盗火英雄》[⑥]，也主要是对满族盗火神进行神话学和文化学的解读。钟进文的《北方阿尔泰语系各民族民间文学中的火神》[⑦] 一文，则根据民间文学中的火神形象探析阿尔泰语系民族的火神崇拜观念，并对南北方少数民族的火神予以比较。

---

① 乌丙安：《满族神话探索——天地层·地震鱼·世界树》，《满族研究》1985 年第 1 期。

② 富育光：《萨满教天穹观念与神话探考》，《满族研究》1987 年第 4 期。

③ 赵永铣：《蒙古族创世神话与萨满教九十九天说探新》，《内蒙古社会科学》1989 年第 4 期。

④ 富育光：《满族火祭习俗与神话》，《民间文学论坛》1986 年第 4 期。

⑤ 汪玢玲：《中国的普罗米修斯：托亚拉哈和托阿恩都哩——东西方盗火英雄比较研究》，《北方民族》1988 年第 1 期。

⑥ 孟慧英：《萨满教与萨满神话中的火神及盗火英雄》，《满族研究》1998 年第 1 期。

⑦ 钟进文：《北方阿尔泰语系各民族民间文学中的火神》，《北方民族》1990 年第 1 期。

富育光的《萨满教与神话》一书被视为标志性的研究成果，“是我国萨满教研究走向具体化、范畴化阶段的代表性著作”[①]。“向人民展示了萨满教丰富多彩的萨满世界……是对北方神话作系统的拓荒之作。”[②] 作者在该书中首次公布了大量的满族神话，其中尤以流传于古代黑水女真人中的创世神话《天宫大战》最有价值。这些神话和史诗的公布，丰富了我国神话学的文化宝库，填补了我国北方神话学研究的空白。

萨满教女神研究取得的成果在神话学研究中可圈可点。其代表性的成果为富育光、王宏刚所著的《萨满教女神》[③] 一书。该书以北方诸民族古文化史为背景，依据丰富的第一手资料，首次系统地梳理出萨满教女神神系，即创世女神、自然—文化女神、图腾—始母神、萨满女神，从中探索女神神系及萨满教萌生、形成，演变的历史轨迹，展示北方先民生动而丰富的精神景观，填补了国内系统研究萨满教女神神系的空白。张丽红以满族说部丛书为研究对象，结合东北民间广泛流传的神话、传说、民间故事、风俗礼仪等内容，集中研究满族说部中的萨满女神神话，挖掘满族说部独特的价值。[④] 谷颖从神话母题、情节结构、表现手法、人物塑造、语言特征等方面，论述了满族萨满神话的文学特征与成就。[⑤]

郭淑云系统地研究了萨满神话史诗《乌布西奔妈妈》[⑥]。作者力求将《乌布西奔妈妈》置于满族先世东海女真人的历史文化语境中加以阐释，将历史文化与文化互为阐释。作者认为《乌布西奔妈妈》是满族先世东海女真人的一部古老的英雄史诗、典型的萨满史诗和渔猎民族的优秀史诗；作品表现了集体英雄主义的核心价值观、渔猎风格、浓郁的女性崇拜

① 孟慧英：《〈萨满教与神话〉提要》，载阎崇年主编《20世纪世界满学著作提要》，民族出版社2003年版，第433页。

② 潜明兹：《萨满的神话世界》，《北方民族》1992年第2期。

③ 富育光、王宏刚：《萨满教女神》，辽宁民族出版社1995年版。

④ 张丽红：《满族说部的萨满女神神话研究》，中国社会科学出版社2016年版。

⑤ 谷颖：《满族萨满神话研究》，吉林文史出版社2014年版。

⑥ 郭淑云：《〈乌布西奔妈妈〉研究》，中国社会科学出版社2013年版。

观念、独具特色的传承与艺术表现形式等方面，同时也清晰地展示了史诗形成产生的渔猎文化、氏族部落的社会组织和萨满教文化等社会历史背景。该书首次对《乌布西奔妈妈》文本进行了系统解读，揭示了作品的史诗性、史诗类型及其特点，阐发了作品的多学科价值，填补了我国史诗研究的一项空白。

（2）萨满神歌研究

萨满神歌是萨满文学的重要组成部分，我国萨满神歌研究有以下几个特点。

首先，萨满神歌研究是与其收集、整理工作密不可分的。收集、整理不仅是神歌研究的基础，其中也饱含着整理者的研究心得和学术思考，本身就具有研究性，其研究是建立在对神歌整理基础上的，或贯穿于神歌整理的过程中。前述的几部满族神歌（即文本）著作即是整理与研究的结合之作。

其次，注重从宗教学、文化学、人类学、民俗学的视角研究神歌。如刘建国的《〈科尔沁萨满教诗歌〉初探——再论萨满教的宗教性质》①，将科尔沁萨满神歌作为论证萨满教宗教属性的基本资料。孟慧英的《神歌与萨满教仪式》②、汪立珍的《从满族萨满神歌的神名看满族宗教信仰》③ 和郭淑云的《从神歌看鄂伦春族萨满教》④，都是通过萨满神歌考察该民族的萨满教信仰观念或萨满教仪式。高长江运用认知心理学和认知语言学理论模型，从神歌的性质、神歌语言加工方式、神歌的语料配置、句法结构、修辞方式、语力发生等视角研究萨满神歌的语言认知的基本规律。⑤

最后，萨满神歌研究带有突出的民族性，其中以满族、锡伯族和蒙古

---

① 刘建国：《〈科尔沁萨满教诗歌〉初探——再论萨满教的宗教性质》，《黑龙江民族丛刊》1989 年第 1 期。

② 孟慧英：《神歌与萨满教仪式》，《满族研究》1995 年第 2 期。

③ 汪立珍：《从满族萨满神歌的神名看满族宗教信仰》，《满语研究》1997 年第 2 期。

④ 郭淑云：《从神歌看鄂伦春族萨满教》，《多维学术视野中的萨满文化》，吉林大学出版社 2005 年版，第 297—310 页。

⑤ 高长江：《萨满神歌语言认知问题研究》，吉林大学出版社 2017 年版。

族萨满神歌研究成果最为突出。从文学的视角研究满族萨满神歌的成果包括对神歌思想内涵、艺术特色、程式与结构等方面的探讨。① 此外，神歌的结构也为学者们所关注。孟慧英的《满族萨满神歌结构》② 一文从神歌语言、唱段组合和神歌结构三方面探讨了满族神歌的结构特点。高荷红的《满族萨满神歌的程式化》③ 一文，运用口头程式理论和方法，解析了满族萨满神歌的八种程式。这种运用西方民俗学和民间文学理论解读和分析满族萨满神歌的尝试，给人以耳目一新之感，也为神歌研究注入了活力。尹郁山、杨永旭通过比较总结多个东北满族世家萨满祭用文本中的土语通病特征，力图破解“口语化加土语化”的满语与规范化满语的差异及问题存在的梗桔和始因，为从研者和从教者提供一部针对性极强的参考教材。④

锡伯族萨满神歌研究也是与《萨满神歌》的整理工作相伴随的。自《萨满歌》公之于世后，引起有关学者的广泛关注，相关研究、考证文章陆续发表。贺灵的《锡伯族〈萨满歌〉初探》⑤ 一文是作者在对《萨满歌》进行系统整理的基础上所做的初步研究，详细介绍了《萨满歌》文本的发现及收藏情况和主要内容，揭示了它的历史文化价值和研究价值。

蒙古族萨满神歌整理与研究方面的成就及水平，是与蒙古族文学研究的进程与水平相一致的。大量萨满教神歌整理问世，受到蒙古族萨满教研究者和文学、文化学者的高度重视，促进了萨满教研究的深入开展，也为蒙古文学史的研究提供了丰富的第一手资料。此后，有关蒙古族萨满神歌的研究成果相继问世。这些成果大多将萨满神歌置于蒙古族民间文学源头的地位加以考察，并从文学的视角分析其性质、特征和价

---

① 参见宋和平《满族萨满神歌内容浅析》，《满族研究》1995 年第 2 期；刘厚生《满族萨满教神词的思想内涵与艺术魅力》，《民族研究》1997 年第 6 期；郭崇林《满—通古斯语族民族萨满祭词研究》，《黑龙江民族丛刊》1999 年第 1 期。

② 孟慧英：《满族萨满神歌结构》，《民族文学研究》1996 年第 2 期。

③ 高荷红：《满族萨满神歌的程式化》，《民族文学研究》2005 年第 3 期。

④ 尹郁山、杨永旭：《满族萨满神辞用语口语比较研究》，吉林文史出版社 2014 年版。

⑤ 贺灵：《锡伯族〈萨满歌〉初探》，《新疆社会科学》1987 年第 6 期。收入《锡伯族研究》，新疆人民出版社 1990 年版。

值。荣苏赫、赵永铣、梁一儒、扎拉嘎主编的四卷本《蒙古族文学史》，在萨满神歌研究方面取得了新的成就。该书将萨满教祭词、神歌作为蒙古族远古文学的组成部分加以考察，看作蒙古族文学的源头，对其在蒙古族文学史上的地位给予充分肯定。在此基础上，系统地论述了萨满神歌的性质、分类、思想内容、艺术特征、历史地位及其影响，提出了一系列新的观点。

综上可见，萨满神歌研究取得了可喜的成绩，但也有一些不足，各民族萨满神歌研究很不平衡，上述满、锡伯、蒙古三个民族的萨满神歌研究成果较为显著，北方其他民族的萨满神歌研究成果和综合性的理论研究还不多见。

（3）萨满传说《尼山萨满》研究

《尼山萨满》是一部广泛流传于我国满、鄂伦春、鄂温克、达斡尔、赫哲族中的萨满传说，既有用满文书写的手抄本，更有活态传承的民间口承本。《尼山萨满》的内容涉及上述民族生活的多个层面，包括文学、宗教、习俗、语言、社会等，故有“百科全书”之美誉。

《尼山萨满》手抄本汉译和民间口承本的采录、整理工作，是我国《尼山萨满》研究的基础。40年来，我国满学界和北方民族工作者、民间文学工作者在采录、整理、翻译《尼山萨满》方面做了大量的工作，翻译、整理、出版了一大批《尼山萨满》文本。目前已知的满文手抄本共有六种，即海参崴本、齐齐哈尔本、瑷珲甲本、瑷珲乙本、海拉尔本和民族所藏本。这些版本都有汉译本在我国出版。此外，还有数量可观的民间口承整理本。这些文本的发现翻译、整理与出版为尼山学的兴起和开展奠定了坚实的基础。2014年赵志忠出版了《〈尼山萨满〉全译》[①]。

《尼山萨满》涉及诸多学科和诸多方面。因而，从不同的视角诠释《尼山萨满》，揭示其多学科价值，并据此探索满族及北方相关民族的宗教、历史、民俗、艺术等相关问题，是我国《尼山萨满》研究的基本思路。

---

① 赵志忠译注：《〈尼山萨满〉全译》，民族出版社2014年版。

《尼山萨满》与萨满教的关系问题最为学者们所关注。宋和平对这一问题做了深入系统的研究，发表《〈尼山萨满〉与萨满教文化》（与魏北旺合作）[①]、《〈尼山萨满〉与满族灵魂观念》[②] 等论文，集中讨论《尼山萨满》中反映的萨满文化的思想内涵。赵志忠、姜丽萍的《〈尼山萨满〉与萨满教》[③]、乔天碧的《〈尼山萨满传〉中的满族信仰民俗》[④] 等论文也对《尼山萨满》与萨满教做了专题讨论。

关于《尼山萨满》的艺术特色，学者们进行了多视角的讨论。宋和平在《〈尼山萨满〉语言艺术论析》[⑤]《〈尼山萨满〉传说中人物论析》[⑥]《满族说唱文学〈尼山萨满〉考》[⑦] 等文中，分别探讨了《尼山萨满》的语言艺术风格、人物形象的塑造等方面的艺术成就。陈立萍的《论尼山萨满形象的女性美》[⑧] 从性别角度介入尼山萨满研究，揭示了作品主人公尼山萨满所具有的女性独特的端庄矜持、珍爱生命、沉着机智、口齿伶俐、善于答对、明辨善恶、节制自律等特点，在对待丈夫方面，既尽妇道又不受制于丈夫，具有独立自处的美德。该文视角新颖，从一个侧面揭示了《尼山萨满》的艺术特色。

宋和平的《〈尼山萨满〉研究》[⑨] 和赵志忠的《萨满的世界——尼山萨满论》[⑩] 两部专著对《尼山萨满》做了系统的综合性研究，被视为我国《尼山萨满》研究领域的标志性成果。

5. 艺术

德国学者洛梅尔提出萨满教是“各种艺术的综合体”。萨满教活动就其主要部分而言是属于艺术范畴的，即戏剧表演、歌唱、舞蹈和造型

① 宋和平、魏北旺：《〈尼山萨满〉与萨满教文化》，《民族文学研究》1988 年第 4 期。
② 宋和平：《〈尼山萨满〉与满族灵魂观念》，《黑龙江民族丛刊》1998 年第 1 期。
③ 赵志忠、姜丽萍：《〈尼山萨满〉与萨满教》，《满族研究》1993 年第 3 期。
④ 乔天碧：《〈尼山萨满传〉中的满族信仰民俗》，《满族研究》1998 年第 3 期。
⑤ 宋和平：《〈尼山萨满〉语言艺术论析》，《民族文学研究》1999 年第 1 期。
⑥ 宋和平：《〈尼山萨满〉传说中人物论析》，《民族文学研究》1998 年第 2 期。
⑦ 宋和平：《满族说唱文学〈尼山萨满〉考》，《民族文学研究》1989 年第 5 期。
⑧ 陈立萍：《论尼山萨满形象的女性美》，《长春大学学报》2005 年第 1 期。
⑨ 宋和平：《〈尼山萨满〉研究》，社会科学文献出版社 1998 年版。
⑩ 赵志忠：《萨满的世界——尼山萨满论》，辽宁民族出版社 2001 年版。

艺术。[1] 从某种意义上说，洛梅尔的观点揭示了萨满教的主要特征。国内外学者从艺术的视角考察萨满教，也正是基于萨满教的这一特征的。萨满教艺术研究主要包括萨满音乐、舞蹈和造型艺术，这方面的著作展现了我国萨满教艺术研究的发展轨迹，代表着我国萨满教艺术研究的水平。

（1）萨满音乐

萨满音乐研究主要包括萨满仪式音乐、萨满乐器研究及相关问题。石光伟从满族萨满音乐入手，开拓了从音乐学视角研究萨满文化的新天地。他的《萨满祭祀与烧香音乐研究》[2]《满族烧香萨满跳神音乐》[3] 等系列论文，对满族萨满音乐的类型、表现形式、韵律特点等做了系统的研究。《满族萨满歌舞的根基与传承说》[4] 一文，阐述了萨满音乐与萨满教的诸方面关系。

有关萨满仪式音乐的论文有刘桂腾在《乐府新声》2007—2008 年连续发表的八篇系列论文，分别探讨了满族、蒙古族、鄂伦春族、鄂温克族、达斡尔族、赫哲族、锡伯族萨满音乐的主要内容，包括萨满乐器的形制、鼓点、神歌等方面。贾瑞祥的《满族萨满跳神音乐的节奏形成》一文，重点考察了满族萨满音乐的节奏及其特点。白翠英、邢源、福宝林、王笑的《科尔沁博艺术初探》一书从调式、节拍、节奏、结构、表现手法等方面，探讨了蒙古族萨满音乐的特点。

刘桂腾的《满族萨满乐器研究》是我国第一部从音乐学的视角研究萨满法器的专门著作，并赋予“萨满乐器”的术语。该书在田野调查的基础上，对满族萨满乐器的形制结构、配制模式、演奏方法及象征意义进行了系统的研究，考察萨满乐器及其演奏的器乐在萨满仪式中的功能。李来璋的《浅谈萨满其人及其歌舞音乐的基本功能》[5] 和冯伯阳、石光伟

---

① 安德烈斯·洛梅尔：《早期的猎人世界：巫医、萨满和艺人》，慕尼黑，1965 年版。

② 石光伟：《萨满祭祀与烧香音乐研究》，《民族艺术》1987 年第 2 期。

③ 石光伟：《满族烧香萨满跳神音乐》，《中国音乐》1989 年第 3 期。

④ 石光伟：《满族萨满歌舞的根基与传承说》，《满族研究》1992 年第 3 期。

⑤ 李来璋：《浅谈萨满其人及其歌舞音乐的基本功能》，《北方民族》2004 年第 4 期。

《中国萨满音乐的社会价值分析》[①] 对萨满音乐的工作进行了专门的讨论，认为萨满音乐不仅具有信仰、娱乐、医疗方面的作用，在文化传承方面也体现出明显的社会价值。周特古斯通过田野调查、民间传说和历史文献，对科尔沁蒙古族萨满仪式音乐进行了研究，并对萨满教历史、与藏传佛教之关系进行了研究。[②] 刘桂腾的《鼓语：中国萨满乐器图释》[③] 是一部高水平的巨著，被专家评为“一部流动的萨满乐器生命史”。[④]

（2）萨满舞蹈

对萨满舞蹈的研究主要侧重萨满舞蹈的宗教渊源、舞蹈形态、象征意义及其艺术特征等方面。白翠英等著的《科尔沁博艺术初探》一书，在全面分析科尔沁蒙古族萨满舞蹈类型、表演形式的基础上，探讨了萨满舞的特征和艺术风格。王宏刚、荆文礼、于国华合著的《萨满教舞蹈及其象征》一书，综合考察了北方诸民族萨满教舞蹈及其历史文化内涵、象征意义，再现了萨满教舞蹈丰富而生动的形态，同时对萨满舞蹈所依托的萨满教仪式和相关民俗背景给予充分的关注，是一部文化学与舞蹈学结合的著作。杨朴、杨旸对二人转与萨满的关系进行研究，他们将二人转意象与史前内蒙古岩画图像相比对，认为两者的造型是一致的，标志了二人转是来源于萨满跳神的，认为二人转是萨满跳神宗教经典的世俗化形式。[⑤]

（3）萨满造型艺术

萨满造型艺术是萨满教研究中的一个热点，这方面的研究成果也较为丰硕。萨满造型艺术内涵丰富，形式多样，萨满的服饰、神像、面具、装饰图案等均属于萨满造型艺术的范畴。对这些具体艺术形式的探讨，是萨满造型艺术研究中的重要课题。

从民俗学、文化学、人类学的角色考察萨满艺术是萨满教造型艺术研

---

① 冯伯阳、石光伟：《中国萨满音乐的社会价值分析》，《中国音乐》1998 年第 4 期。

② 周特古斯：《与神灵对歌——科尔沁蒙古族萨满仪式音乐研究》，宗教文化出版社 2018 年版。

③ 刘桂腾：《鼓语：中国萨满乐器图释》，上海音乐出版社 2018 年版。

④ 见萧梅为该书所作的序。

⑤ 杨朴、杨旸：《二人转与萨满研究》，社会科学文献出版社 2016 年版。

究的重要视角。苏日台《萨满（博）服饰与原始信仰比较研究》[①] 一文认为，萨满服饰的款式、造型、装饰等与萨满教原始信仰有着密切的联系。这些民族的萨满服饰种类繁多内涵十分丰富，为学者研究萨满教文化艺术提供了丰富多彩的可视性形象资料。他与鄂晓楠合著的《原生态民俗信仰文化》[②] 一书依据北方诸民族萨满教美术资料和民俗资料，运用多学科的方法，对原生态萨满文化进行综合考察，具有很高的资料价值和学术价值。

波·少布的《赫哲萨满牛尔罕研究》[③] 的研究对象是赫哲族具有特殊功能的神像牛尔罕：一种是治病用的牛尔罕，另一种是狩猎用的牛尔罕。该文在田野调查的基础上，对牛尔罕的制作、种类、内容、功能做了深入的研究，具有很高的创新价值。郭淑云的《萨满面具类型刍议》[④]《萨满面具功能与特征》[⑤] 等系列论文，对北方诸民族萨满面具进行深入的挖掘和系统的考察，在此基础上，探讨了面具的类型、功能，并将其与傩面具相比较，揭示了萨满面具的特征及其成因。

从美学的视角研究萨满造型艺术也取得了显著的成绩，一些美术学者做出了突出的贡献。鄂·苏日台的《狩猎民族原始艺术》中，设专章论述北方诸民族萨满造型艺术。王纪、王纯信的《萨满绘画研究》一书考察了萨满绘画艺术的主要内容，并依之划分了萨满绘画的类型，探讨了萨满绘画的艺术特色。《萨满绘画研究》一书在对各种类型的剪纸进行分类研究的基础上，探讨了萨满剪纸与萨满教的关系，揭示了萨满剪纸的艺术特色及开发利用价值。李宏复的《萨满造型艺术》从面具、服饰、神像、法器、祭祀艺术和原始文字艺术等方面，探讨了萨满造型艺术的形式及其象征意义。宋小飞从艺术作品、民俗生活和文化持有者三个角度对满族萨满教美术进行研究，探求满族民众的审美追求及满族萨满教美术中透射出

① 苏日台：《萨满（博）服饰与原始信仰比较研究》，《内蒙古社会科学》2000 年第 5 期。
② 鄂晓楠、鄂·苏日台：《原生态民俗信仰文化》，内蒙古大学出版社 2006 年版。
③ 波·少布：《赫哲萨满牛尔罕研究》，《黑龙江民族丛刊》2004 年第 5 期。
④ 郭淑云：《萨满面具类型刍议》，《中央民族大学学报》2003 年第 4 期。
⑤ 郭淑云：《萨满面具功能与特征》，《民族研究》2001 年第 6 期。

的满族民众的审美标准。[①]

6. 人类学

近年来，随着人类学及其分支学科在中国的繁荣发展，人类学的理论和方法被一些学者引入萨满教研究，开辟了萨满教研究的新领域，成为萨满教研究新的增长点之一。

色音近年来发表了一系列论文，从宗教人类学或人类学的其他分支学科诸如艺术人类学、医学人类学的视角，对萨满教本体及诸文化现象进行了系统、深入的探析。[②] 其著《科尔沁萨满文化》运用宗教人类学的方法，对科尔沁萨满文化进行了系统的研究，在此基础上，对萨满教予以深刻的重新思考，提出“哲学是萨满教的重要基础，萨满教也可以说是一种独特的哲学思想体系，是对宇宙人生所持的一种独特态度和观念”的新观点。该书是一部颇具理论功底的萨满教研究著作。

刘桂腾的《中国萨满音乐文化》是运用音乐人类学的理论和方法研究萨满音乐的一部力著。该书以扎实的田野调查资料为基础，将萨满音乐置于音乐人类学的视域加以考察，分别论述了满族、赫哲族、蒙古族、达斡尔族、鄂温克族、鄂伦春族、锡伯族的萨满乐器形制、音乐形态及其特征与功能。作者将该书定位为“音乐人类学的地方叙述”，但全书无不贯穿作者对中国萨满音乐文化的理论探索，尤其是“导论”和“综述”两章更集中表达了作者的理论思考。

乌仁其其格的《蒙古族萨满医疗的医学人类学阐释》一书以科尔沁蒙古族萨满的医疗活动为个案，综合人类学、医学人类学、医学社会学等学科的理论与方法，对萨满治疗仪式的类型、构成、象征意义以及治疗仪式的特征、治疗机制等问题进行了深入分析、阐释，提出了一些新的观点。唐戈的《满族萨满医术——人类学田野调查报告》一文也是从医学人类学的角度考察萨满医术。[③] 孟慧英、吴凤玲从人类学角度解读了萨满

---

① 宋小飞：《萨满教美术的艺术民俗学解析——以吉林省乌拉街满族镇萨满教为个案》，社会科学文献出版社 2014 年版。

② 参见色音《萨满教音乐的人类学考察》，《青海民族研究》2000 年第 2 期；色音《萨满治病仪式的医学人类学阐释》，孟慧英主编《原始宗教与萨满教卷》，民族出版社 2008 年版。

③ 唐戈：《满族萨满医术——人类学田野调查报告》，《北方民族》2005 年第 1 期。

医疗，探讨“萨满—医者”的特殊性、社会作用以及社会群体互动和公开的治疗仪式在治疗疾病方面的价值。[①]

五　比较研究的领域日益广阔

比较研究是宗教研究的基本方法。早在麦克斯·缪勒开创宗教学的一个世纪前，即提出了宗教研究的比较方法，并一直为西方宗教学界所认同。近年来，跨文化比较研究受到越来越多学者的重视，萨满教比较研究的领域亦日益广阔。

1. 中国萨满教文化体系内的比较研究

贺灵的《锡伯族〈萨满歌〉与满族〈尼山萨满〉》[②]一文将锡伯族的《萨满歌》和满族的《尼山萨满》进行比较研究。黄任远的《通古斯—满语族萨满神话比较研究》[③]探讨了萨满神话在通古斯—满语族神话中的地位及特征，提出萨满神话是构成通古斯—满语族神话“中生层”的主流之观点，在此基础上对通古斯—满语族的萨满神话做比较研究。黄强的《北方萨满祭祀仪礼的构造形态——以鄂伦春族“春祭”和满族“家祭”为主要考察对象》[④]，是对同一语族内的两个民族萨满教仪式的结构类型进行比较。上述诸文属于同一语族内的萨满文化现象、神话传说的比较研究。苏日台的《萨满（博）服饰与原始信仰比较研究》[⑤]则将比较的范围限定在内蒙古自治区这一行政区域。

2. 世界萨满教文化圈内的比较研究

色音的《东北亚的萨满教——韩中日俄蒙萨满教比较研究》[⑥]和黄任远的《赫哲那乃阿伊努原始宗教研究》[⑦]两部著作是萨满教比较研究的代

---

① 孟慧英、吴凤玲：《人类学视野中的萨满医疗研究》，社会科学文献出版社2015年版。

② 贺灵：《锡伯族〈萨满歌〉与满族〈尼山萨满〉》，《民族文学研究》1988年第4期。

③ 黄任远：《通古斯—满语族萨满神话比较研究》，《北方民族》1992年第2期。

④ 黄强：《北方萨满祭祀仪礼的构造形态——以鄂伦春族“春祭”和满族“家祭”为主要考察对象》，《北方民族》2000年第2期。

⑤ 苏日台：《萨满（博）服饰与原始信仰比较研究》，《内蒙古社会科学》2000年第5期。

⑥ 色音：《东北亚的萨满教——韩中日俄蒙萨满教比较研究》，中国社会科学出版社1998年版。

⑦ 黄任远：《赫哲那乃阿伊努原始宗教研究》，黑龙江人民出版社2003年版。

表作。前者是我国第一部东北亚萨满教的研究著作，突破了中国以往的萨满教研究仅限于国内民族的考察范围，将中国北方民族萨满教置于东北亚萨满文化圈中加以审视；运用多文化人类学、比较民俗学、宗教学等多学科的方法，对韩中日俄蒙萨满教进行微观与宏观结合的比较研究，提出了一些创见性的观点。后者将比较的对象确定在具有深厚的文化渊源、地域相邻三个民族之间。通过对他们崇拜观念、萨满教仪式、萨满的传承方式、神偶、法器进行多方位、多层次的比较，揭示了各民族萨满教的特征和各民族之间的相互影响，填补了我国萨满教研究的某些空白。

3. 中国南北方少数民族原始宗教比较研究

近年来，关于南方萨满教研究的讨论和争论受到人们的关注，不少学者呼吁将南方各民族宗教信仰纳入萨满教研究体系，通过萨满教的研究框架、路径、范式等，比较南方地区民族民间信仰中的神灵信仰、治疗仪式及祭祀等方面的元素，以促进南方民族民间信仰理论和方法论研究的进展。

王纪潮的《楚人巫术与萨满教的比较研究》[①]、顾希佳的《从吴越神歌与萨满、傩的比较研究看吴越文化心理的地域特征》将萨满文化与南方的某一地域文化相比较。钱安靖《论羌族原始宗教与北方民族萨满教相类》[②]、张云的《西藏苯教与北方萨满教的比较研究》[③]、班玛更珠《比较宗教学视野中的本教、祆教与萨满教的宗教观念》[④]、蔡富莲的《四川凉山彝族的“尼”与我国北方萨满的传承比较研究》等文的比较研究是针对南方的某一少数民族的原始宗教与北方萨满教所进行的。色音的《萨满教与南方民族民间宗教比较研究》[⑤] 则从宏观上对南北方民族的原始宗教做出比较。

傩文化和萨满文化被国内一些学者视为南北方原始文化的两大体系。这方面的比较研究也取得了丰硕的成果。庹修明《萨满文化与傩文化的

① 王纪潮：《楚人巫术与萨满教的比较研究》，《江汉考古》1993 年第 2 期。

② 钱安靖：《论羌族原始宗教与北方民族萨满教相类》，《宗教学研究》1990 年第 3—4 期。

③ 张云：《西藏苯教与北方萨满教的比较研究》，《西北民族学院学报》1988 年第 4 期。

④ 班玛更珠：《比较宗教学视野中的本教、祆教与萨满教的宗教观念》，《西北民族大学学报》2008 年第 1 期。

⑤ 色音：《萨满教与南方民族民间宗教比较研究》，《云南社会科学》2000 年第 3 期。

比较》[①]、波·少布《浅析勃额教与喇嘛教、傩的关系》[②]、曲六乙的《人类学：巫傩文化与萨满文化的比较研究》[③]、柯琳的《中国巫文化探源——萨满与傩之比较》[④]，分别从不同的方面探讨了萨满文化与傩文化的异同。其中曲六乙的论文，从起源、主体、哲学、神话、神系、仪式、艺术形式和反映方式等方面，全方位、多视角地对中国南方巫傩文化和北方萨满文化两大原始宗教文化系统进行比较研究和理论层面上的讨论，阐述了巫傩文化和萨满文化各具特色的文化形态、表征及其成因，对二者的共性特征也予以考察，具有较高的学术价值。

此外，有学者在更广阔的范围内开展比较研究，如萨满神话与华夏神话、萨满神话与希腊神话的比较等。相信这方面的研究成果会随着跨文化研究的深入而有更多的呈现。还有一些年轻学者，直接运用萨满教研究范式分析研究南方民族民间信仰。如徐义强直接用萨满来称呼客家的“灵媒”“神媒”，直接用萨满教研究的路径来分析客家萨满的通灵途径和信仰仪式，将南方客家的民间信仰纳入萨满教研究体系中来。[⑤]唐钱华认为，苏尼是四川凉山彝族社会类似于萨满的仪式专家，苏尼在产生方式、宗教体验、与神沟通方式、宇宙观与神灵体系方面展现出萨满特征。苏尼萨满特征的个案探究，为从中国南方民族萨满教视角与国际萨满学理论对话、构思完整的中国萨满学研究体系提供了南方民族的经验。[⑥]

王建新在学理上系统地讨论了南方民族民间信仰纳入萨满教研究中的问题。他在《南方民族萨满教研究再议——从宗教学之功过谈起》一文中，通过分析中国宗教学原始宗教研究的功与过，指出宗教学把南方民族萨满教类信仰民俗放在原始宗教范畴内研究的传统，但民族学人类

---

① 庹修明：《萨满文化与傩文化的比较》，《黑龙江民族丛刊》1990 年第 2 期。

② 波·少布：《浅析勃额教与喇嘛教、傩的关系》，《黑龙江民族丛刊》1991 年第 4 期。

③ 曲六乙：《人类学：巫傩文化与萨满文化的比较研究》，《民俗研究》1997 年第 4 期。

④ 柯琳：《中国巫文化探源——萨满与傩之比较》，《人民音乐》1995 年第 7 期。

⑤ 徐义强：《客家萨满教的通灵途径、仪式及与台湾的比较》，《宗教学研究》2008 年第 2 期。

⑥ 唐钱华：《彝族苏尼与北方萨满的比较研究及方法论启示》，《北方民族大学学报》（哲学社会科学版）2011 年第 4 期。

学的研究证实这种界定存在重大问题，这直接影响了学者们区别对待南北方民族民间宗教的态度。他继而通过世界范围内的萨满教研究和川滇彝族宗教的世界观、职业类型和治疗仪式与北方萨满的相似性，提出“南方民族的萨满教类宗教民俗在本质上与北方民族没有根本区别，国内外相关萨满教理论和研究方法完全可以应用。当前相关学界应该关注的重点不是萨满教是否是宗教，南方民族中有无萨满教，而是要去深入发现和挖掘萨满教文化资源，对其历史和现实状况以及社会文化功用进行有效的学术研究”。[①] 受王建新的启发，徐义强也认为，“南方萨满”是一个具有较好解释力的重要学术概念，它有利于结束南方民间神媒民俗现象研究上由于缺乏统一概念所致的零散局面，且利于与国外相关研究进行对话。[②] 可以预见，将南方民族民间信仰纳入萨满教研究体系中是一个必然的趋势。

六 国外萨满教研究译介

我国学术界在翻译、介绍国外萨满教研究方面也做了大量的工作。早在20世纪六七十年代，内蒙古大学蒙古史研究所创办的刊物《蒙古史研究参考资料》即开始刊登国外蒙古族萨满教研究的译著和译文。道尔吉·班札洛夫的《黑教或称蒙古人的萨满教》、T. M. 米海依洛夫的《布里亚特萨满教研究史》都被编入资料集中。为撰写《萨满教研究》一书，中国社会科学院民族研究所组织翻译并作为内部资料编译了策·达赖《蒙古萨满教简史》(丁师浩译，1978年)、尼斡拉兹的《西伯利亚各民族之萨满教》(金启孮译，1978年)、阿·尹南的《萨满教今昔》(姚国民、曾宪英译，1979年)等萨满教著作。吉林省民族研究所组织翻译并编辑出版了我国第一部萨满教译文集《萨满教文化研究》第二辑[③]。

此外，公开或内部出版的译著有图齐、海西希著，耿昇译《西藏和

① 王建新:《南方民族萨满教研究再议——从宗教学之功过谈起》,《思想战线》2012年第3期。

② 徐义强:《南方萨满研究的重要性与必要性》,《宗教学研究》2014年第2期。

③ 吉林省民族研究所编:《萨满教文化研究》第二辑，天津古籍出版社1990年版。

蒙古的宗教》[①]；米哈伊·霍帕尔著，白杉译《图说萨满教世界》[②]；理查德·怀特利著，俞利军译《公司萨满》[③]；A. Ф. 阿尼西莫夫著，于锦绣翻译，于静编校整理的《西伯利亚埃文克人的原始宗教 古代氏族宗教和萨满教 论原始宗教观念的起源》[④]；杰里米·纳尔贝、弗朗西斯·赫胥黎著，苑杰翻译的《穿越时光的萨满》[⑤]；米尔恰·伊利亚德著，段满福翻译的《萨满教——古老的入迷术》[⑥]；迈克·哈纳著，达娃翻译的《萨满与另一个世界的相遇》[⑦] 等。

译文集有大间知笃三等著，辻雄二、色音编译的《北方民族与萨满文化》[⑧]；郭淑云、沈占春主编的《域外萨满学文集》[⑨]；郭淑云、王维波组织翻译并出版了译文集《萨满教与传统艺术》[⑩]。发表的萨满教译文有近200篇，郑天星的《国外萨满教研究概况》等介绍性文章对国内学者了解国外萨满教研究情况发挥了积极的作用。其中，《萨满教与传统艺术》一书选择了西方关于萨满教与艺术研究的20篇重要论文，内容包括世界各地各种类型的萨满教与音乐、舞蹈、美术等传统艺术的起源、发展、相互影响以及萨满教中的艺术因子、表现形式等，是目前了解西方萨满教与艺术研究的重要文集。

与国内其他相关学科相比，国外研究译介工作还有很大差距，绝大部

---

① 图齐、海西希：《西藏和蒙古的宗教》，耿昇译，天津古籍出版社1989年版。

② 米哈伊·霍帕尔：《图说萨满教世界》，白杉译，内蒙古自治区鄂温克族研究会内部资料，2001年。

③ 理查德·怀特利：《公司萨满》，俞利军译，华夏出版社2004年版。

④ A. Ф. 阿尼西莫夫：《西伯利亚埃文克人的原始宗教 古代氏族宗教和萨满教 论原始宗教观念的起源》，于锦绣译，于静编校整理，中国社会科学出版社2016年版。

⑤ 杰里米·纳尔贝、弗朗西斯·赫胥黎：《穿越时光的萨满》，苑杰译，社会科学文献出版社2017年版。

⑥ 米尔恰·伊利亚德：《萨满教——古老的入迷术》，段满福译，社会科学文献出版社2018年版。

⑦ 麦可（迈克）·哈纳：《萨满与另一个世界的相遇》，达娃译，台湾新星球出版社2016年版。

⑧ 大间知笃三等：《北方民族与萨满文化》，辻雄二、色音编译，中央民族大学出版社1995年版。

⑨ 郭淑云、沈占春主编：《域外萨满学文集》，学苑出版社2010年版。

⑩ 郭淑云、王维波主编：《萨满教与传统艺术》，民族出版社2014年版。

分国外萨满教理论研究、萨满教民族志书籍未被翻译成中文出版，如对中国民族学、萨满教研究产生重要影响的苏联时期的萨满教民族志和理论研究著作，以及美国、韩国、日本、匈牙利、蒙古国等国家学者的学术成果，都只有零星的翻译和介绍，导致国内学术界不了解海外研究。已有的译文和译著所反映的国外萨满教研究情况不仅缺乏全面性和系统性，对前沿问题也关注不足。

第三节　反思与展望

一　中国萨满教研究特色

我国萨满教研究经历了曲折的过程，走过艰难的发展道路，并在这一历史进程中，形成了自己的研究特色。

1. 我国萨满教研究始终以马克思主义唯物史观为理论武器。这种理论倾向始于新中国成立初期，直至现代，成为中国萨满教研究的传统和特色。在这种理论的指导下，研究者在分析萨满教诸问题时，更关注生产方式、经济类型、社会结构的影响和作用。这一方面避免了西方萨满教研究中普遍存在的忽视经济基础，过度重视上层建筑和“唯生物论”的倾向，另一方面也使得对萨满教这一复杂的研究对象的考察显得简单化，深层次、多视角的剖析不够。

2. 我国萨满教研究主要以本土萨满教为研究对象，具有鲜明的本土特色。根据近些年来在东北、内蒙古、西北地区的田野调查，我国满、鄂伦春、鄂温克、锡伯、蒙古、达斡尔、维吾尔、哈萨克、柯尔克孜、朝鲜等民族至今仍有活着的萨满，其中某些氏族仍遵循一定的程式产生氏族萨满、举行族祭活动，具有突出的活态性。我国萨满教活态文化是一批宝贵的文化遗产，为我国萨满教研究提供了得天独厚的学术资源，也是我们立足于世界学术之林的资本，借此研究形成的传统也成为我国萨满教研究的重要特色之一。

3. 我国萨满教研究经历了一个由自发到自觉的过程。对萨满教现象自发性的记述和思考，不仅是古代文人之所为，即使至20世纪80年代中国萨满教研究兴起之初，许多学者的调查研究也带有自发性。他们多是在从事民族学、民间文学、民间艺术的调查研究的过程中，认识到萨满教的价值并开始从事萨满教研究的。自觉地从事萨满教研究，则是近20多年的事情。随着萨满教研究和国际学术交流的深入开展，人们的视野逐渐开阔，学术自觉性也日益提高。

4. 我国萨满教研究队伍的形成带有自发性和民族特色。与我国萨满教研究带有自发性一样，研究队伍的形成也具有自然形成的特点，并具有鲜明的民族性。

上述中国萨满教研究特点的形成与我国社会变迁及社会科学发展历程息息相关，与中国萨满教的历史命运也不无关联。这些特点的形成，既在国际萨满教学界彰显了个性，也反映了我们的弱点和不足。

二　走向未来的中国萨满教研究

中国萨满教研究取得了卓著的成就，但与国际萨满教研究水平相比，还有很大的差距，还存在一些问题，需要继续提高和完善。

1. 加强萨满教学科建设

在国际学术界，萨满教研究业已成为一门特殊的学科——“萨满学”(Shamanology)。相比之下，由于我国萨满教研究起步较晚、学科基础理论薄弱、研究方法相对滞后和学术队伍处于自然成长状态等原因，距离建立一门独立完整的学科，还有很长的路要走。迄今为止，我国萨满教学科建设还存在明显的不足和缺陷。目前，全国设有宗教院系的高校不下几十所，但开设萨满教专业课的宗教院系却寥寥无几，既没有萨满教博士、硕士学位点，也缺乏专业的教师，专业人才的培养机制还远未形成。中国萨满教学科建设任重而道远。

2. 逐步建构和完善中国萨满教的理论体系

建构中国萨满教的理论体系是一项长期艰巨的系统工程，需要几代中国学者的努力。一方面要进一步发扬学术开放精神，深入了解西方比较宗教学、人类学及其他相关学科的理论，特别是西方萨满学的理论和方法，批判地借鉴和吸收西方萨满教学和其他相关学科的理论和方法。另一方面要深入挖掘中国传统学术研究的资源，全面、系统地认识中国萨满教历史和现存形态。在此基础上，综合运用适合中国萨满教的理论和方法，分析中国阿尔泰语系各民族萨满教现象；通过多学科的合作和由微观到宏观、由具象到抽象、由实际到理论的学术路径，不断积累能够揭示该学科内在规律性的具体研究成果，逐步建立和完善符合中国萨满教实际的理论体系。

如何建构中国萨满教理论体系，金泽提出的将默顿的社会学的“中层理论”的内核引入中国宗教学理论建设的建议，很有见的，亦符合中国萨满教研究的现状。他指出：“当下需要的不是从建构一个新的宏大叙事理论入手，更紧迫的当是将一般性理论与地方性知识结合而形成的‘中层理论’。在此基础上再建构‘世界体系’，才是既有世界宗教学已有理论在中国的印证，也有中国理论范畴之贡献的宗教学理论”。① 对于中国萨满教研究而言，“中层理论”的建立是既立足现实又切实可行的当务之急。

3. 进一步提升田野调查和学术研究的整体水平

田野调查对于萨满教研究具有重要的意义。毫无疑问，我国萨满教研究现有成绩的取得与田野调查的开展有着直接的关系，也就是说，我国萨满教田野调查为学术研究奠定了坚实的基础。但在田野调查方面还有诸多需要改进的地方。如田野调查不够深入系统，一般多关注萨满仪式、神歌、萨满传承等方面的调查，对社会结构、信仰族众及其深层心理等方面关注不够；在田野调查方法上，传统的民族志式的访谈和观察法仍是田野调查的主要方法，问卷调查等新方法应用较少；对撰写民族志田野调查报告重视不足，有的调研报告不够科学、规范；运用影视手段记录萨满教仪式虽为萨满教田野调查的传统，但兼具文化内涵和艺术水准的萨满教影视人类学精品却不多见；各种调查资料的保存、利用也存在诸多弊端。在此基础上进行的资料、文本的整理有的缺乏科学性；有些研究成果理论陈旧、方法单一；有些研究成果现象描述多，由表及里的深入分析、综合比较研究少。总

① 金泽：《宗教学理论研究》，卓新平主编《中国宗教学 30 年（1978—2008）》，中国社会科学出版社 2008 年版，第 28 页。

之，我国萨满教田野调查和学术研究的整体水平还有待于进一步地提高。

4. 不断提高中国萨满教研究的国际化水准

萨满教是一种世界性的现象，萨满教研究是一个世界性的学问。中国学者不仅要对中国萨满教做深入系统的研究，而且应该了解世界各地萨满教的基本情况，了解国际萨满教研究的历程、一般观点和存在的问题，应该有能力研究国际萨满教学界关心的一般和前沿的学术问题，并提出自己的独特见解，在此基础上才能实现与世界接轨和与世界对话。

改革开放以来，中国萨满教学者参与国际学术交流的机会日益增多，使中国萨满教研究带有一种国际性。但我国萨满教研究及其队伍的现状，距离应有的目标还相去甚远，国际交流的水平还相当有限：对国外萨满教研究历程、现状了解不多；受语言的限制，国际交流的能力不强，难以进行实质性的学术对话；学术成果输出和介绍不够，国际萨满教学界对中国萨满教研究的成果和现状缺乏了解。

如何凭借中国的学术资源优势，不断提高参与国际交流的能力，加强国际学术对话，为国际萨满学注入活力并做出我们应有的贡献，从而提高中国萨满教研究在国际学术界的地位，是中国学者的目标和使命。我们应有国际的视野、开放的心态，所谓国际的视野，即要放眼世界，将中国萨满教置于国际萨满教文化圈这一大的背景下考察，探索萨满教发生发展演变的一般规律和萨满教的基本问题，在此基础上，认识中国萨满教的特征和民族性、地域性及其价值，并对国际萨满教前沿问题和基本理论问题、学术问题，提出新的见解和理论思考。所谓开放的心态，即批判地借鉴和吸收国外萨满学及其他学科的理论，了解和学习国外学者的治学方法和思路，学习他们田野调查的精神。在此基础上，将国外萨满教研究的经典著作、前沿理论和观点引进国内，同时将中国萨满教研究的优秀成果推向世界，从而实现中国萨满教研究与国际萨满学更高层次的对话。这种国际化水平的实现需要中国几代萨满教学者的努力。

5. 切实地做好萨满文化遗产的挖掘、传承和保护工作

中国阿尔泰诸民族萨满教活态文化不仅为我们提供了宝贵的学术资源，也是各民族最具特色的非物质文化遗产，具有悠久的历史传统、鲜明的地域特色、活态传统和独特的文化价值等非物质文化属性。目前，东

北、内蒙古地区已有十余项萨满文化的项目被列入省（区）、市级非物质文化遗产名录。如何协助有关部门做好萨满文化遗产挖掘、传承和保护工作，保护萨满文化的生态环境，也是中国萨满教学界面临的新课题。

综上所述，在新时期的40年中，中国萨满教研究取得了令人瞩目的成就，从某种意义上说，实现了跨越式的发展。经过40多年的艰苦努力，我国学者不仅在萨满教田野调查方面取得显著的成绩，对国外萨满教学界不同阶段的主要学术问题也多有触及，并基于中国萨满教的历史现实资料，积极回应了国际学术界的一些前沿问题和热点问题，推动了萨满教研究的发展。当然，由于历史与现实的诸方面因素，我国萨满教研究也存在诸多不足，与国外萨满教研究水平相比，还有很大的差距，需要我们不懈地努力和提高。

第十四章

犹太宗教与哲学研究

傅有德　刘精忠　王强伟

犹太教在世界三大一神教中历史最为久远，在历史和文化意义上同基督教和伊斯兰教有着毋庸置疑的渊源关系。犹太教伴随着命运多舛的以色列民族，历时3000年而不衰，至今依然深深地影响着世界各地犹太人的信仰和生活方式，并在世界文明大家庭中始终占有独特的地位。

犹太宗教与犹太哲学的研究在新中国经历了一个从无到有，从简要介绍到规模性译介、专题性研究且日渐深入的过程。大致说来，在改革开放之前的30年里，除了某些研究开封犹太人和基督教的论著涉及犹太教的一些知识外，几无专门性的犹太宗教与哲学研究成果。在改革开放后的20世纪80年代，一些报刊先后刊登了数篇犹太教的介绍性文章，几部通俗性的译作和著作也相继问世。这表明，此时的中国学者对于犹太教及其重要性有了初步的认识。大致可以说，20世纪80年代是中国犹太宗教与哲学研究的萌动时期。1990年之后，中国的犹太教研究逐渐呈现出繁荣兴旺的景象，其标志为：一批犹太教研究机构相继诞生；一批重要的犹太教与犹太哲学译著，包括经典译作先后问世；有关犹太教的辞书得以出版；犹太教、犹太哲学的论文和专著先后发表。同时，还有一些关于犹太教与其他宗教比较与对话的成果见诸书刊。这些译作和论著所涉及的广度和研究的深度较之以前都有了质的飞跃。

本文将分三部分介绍新中国成立70年来我国犹太宗教与哲学研究的状况，依次是：（一）历史与回顾；（二）犹太宗教研究；（三）犹太哲学研究；最后将试图对70年来的犹太宗教与哲学研究状况做出简要的总结。鉴于1990年后中国的犹太宗教与哲学研究的突出地位，本文的阐述也将以这个时期为重点。[①] 由于作者在时间、视野和能力诸方面的限制，很可能遗漏了对一些重要的作品的介绍，被介绍的内容也一定存在一些偏差和错误。敬请读者批评指正。

第一节 历史与回顾

1949 年新中国成立以来的中国犹太宗教与哲学研究大致可以分为以下三个阶段：一是从 1949—1979 年，即从新中国成立到改革开放开始的 30 年，二是 1980—1991 年，即自改革开放伊始至中以建交前夕，也即改革开放后的前十几年；三是自 1992 年中以建交至今。这三个阶段的划分与改革开放相关联，因为中国的犹太研究是改革开放和由之而来的思想解放的产物；还与中以建交相关联，因为中国的犹太研究是伴随着中以建交而迅速成长壮大起来的。

1920 年，北京大学教授陈垣发表了《开封一赐乐业教考》（《东方杂志》第 5、7 期），首开中国开封犹太人及其宗教研究的记录。陈垣的论文虽然不是专门阐述一般犹太教的，但我们仍可从中了解到一些犹太教的常识，如犹太人奉行犹太教（一赐乐业教），信仰上帝，不吃猪肉，屠宰动物时剔除大腿筋，等等。遗憾的是，由于时代的原因，陈垣先生有关开封犹太人研究的论文并没有引发中国的犹太教研究热潮[②]。从 1949 年到 1979 年的 30 年间，在中国学界也几乎没有什么犹太宗教与哲学研究的成果。因此，改革开放之前的绝大多数中国人，哪怕是知识分子，对于犹太教几乎是毫无概念的。

但是，我们欣喜地发现，杨真先生于“文革”期间怀着“曾经秋肃临天下，敢遣春温上笔端”的心情撰写了《基督教史纲》（上册）[③]，其中

---

① 本文论及改革开放以来部分多处使用了刘精忠在《犹太研究在中国——30 年回顾：1978—2008》（潘光主编，上海社会科学院出版社 2008 年版）中的相关内容，特此致谢。

② 1949 年前的犹太教研究概况可参阅黄陵渝的《犹太教研究在中国》（《世界宗教研究》1999 年第 4 期）。

③ 杨真：《基督教史纲》（上册），生活·读书·新知三联书店 1979 年版。

的第一编第一章就是“以色列人的历史和宗教”。在这一章中，作者介绍了作为基督教历史渊源的犹太教的梗概。其中，作者除了勾勒以色列民族的形成、王国建立，异族的入侵和统治、基督教诞生之前犹太人的社会阶层外，还阐述了犹太教发展过程中从多神到一神，从民族神到世界神（先知时期）的过程，阐述了经历过战争、屠杀、被掳、放逐等民族灾难和多次斗争与失败的犹太人弥赛亚盼望。作者还着力阐述了犹太教圣典《圣经》形成的不同阶段、缘起和大致内容。指出：犹太教的经典即基督教《新旧约全书》的《旧约》部分，是以色列从巴比伦回归后，历时4个世纪（公元前6世纪至前2世纪）逐步形成的。这部《圣经》包括39卷，分为律法书、先知书和圣著。《圣经·旧约》的“律法书”即《创世记》《出埃及记》《利未记》《民数记》《申命记》成书于公元前。“律法书”的内容多取材于更加古老的苏美尔人、巴比伦人的传说，犹太教律法的主要内容（《出埃及记》的19—23章），包括“摩西十诫”和各类律法，属于农业文明的产物，是从公元前18世纪就存在的巴比伦的汉穆拉比法典移植而来的。另外两部法典是《申命记》（12—26章）和《利未记》，前者虽然是“巴比伦之囚”之后成典的，但其内容则反映了公元前621年犹太国王约西亚为了反对多神和偶像崇拜而进行的宗教改革，后者反映的是公元前8—前7世纪犹太的社会经济状况。大小“先知书”以及“圣著”各篇的形成和大致内容也都在该章中得到了较为具体的表述。总起来说，《基督教史纲》中的这一章是1980年之前见到的有关一般犹太教研究的重要成果，虽然作者受时代的局限，对犹太教的产生及其内容的阐述在方法论上略有不足，所占篇幅也很有限（不足14页），但作者对犹太教的介绍却较为系统和准确。尤其难能可贵的是，这篇文字竟然成了新中国成立后前30年历史上绝无仅有的犹太教研究成果。①

尽管有《基督教史纲》那样属于凤毛麟角的著作介绍了犹太教，但是，实事求是地讲，在1949年后的前30年里，中国的学者还没有把视野延伸到一般意义的犹太宗教和哲学领域。那时，犹太教尚未成为独立的研

① 参见杨真《基督教史纲》（上册），生活·读书·新知三联书店1979年版，第5—19页。此书写于“文化大革命”期间，故可算作改革开放之前的作品。

究对象，真正意义上的犹太宗教与哲学研究在这个阶段尚未出现。

随着中国历史的车轮驶入了改革开放的年代，学术领域也得到了拓展，犹太教这个此前几乎不被问津的荒漠开始引起某些学者的关注，中国的犹太宗教与哲学研究也由此进入了第二个阶段。在20世纪80年代，一批有关犹太教研究的成果相继问世。这一时段的主要论文有：武瑞田的《犹太教述论》(《临沂师专学报》1984年第1期)，赵汝清的《古代巴勒斯坦与犹太教》(《宁夏日报》1985年5月10日)，彭小瑜的《略论犹太教一神论的起源和发展》(《世界宗教研究》1986年第4期)，曹让庭的《〈旧约〉——希伯来文学的总汇》[《湘潭大学学报》(哲学社会科学版)1987年增刊]，曾炳详的《犹太教的圣书——摩西五经》(《苏州大学学报》1988年第3期)，赵复三的《从犹太教看宗教与历史文化的关系》和《对犹太宗教文化与其他文化关系的一点探索》(《世界历史》1987年第1期、1989年第2期)。出版的相关著作主要有：王仲义编著的《犹太教史话》("外国历史小丛书"之一种，商务印书馆，1984年)，朱维之主编的《希伯来文化》("世界文化丛书"中的一部，浙江人民出版社，1988年)，朱维之的《圣经文学十二讲》(人民文学出版社，1989年)，赵复三为《中国大百科全书·宗教卷》(中国大百科全书出版社1988年)撰写了"犹太教"和"犹太教哲学"两个条目，他还在黄心川主编的《世界十大宗教》(东方出版社1988年版，社会科学文献出版社2007年再版)一书中撰写了"犹太教"部分。张绥的《犹太教和希伯来文化心态的形成》(《上海大学学报》1989年第4期)，龚方震的《祆教与犹太教、基督教的比较》(上海宗教学会编《宗教问题文集》1987年)，张久宣译《圣经后典》(商务印书馆，1989年)，等等。此间，潘光旦、江文汉、张仲礼、李昌道、徐铸成等有关开封、上海犹太人的研究成果，也涉及一般犹太教知识。[①]

在这个阶段，对犹太教研究贡献最著者当属赵复三先生(1926—2015年)。据查，在20世纪80年代的犹太研究学者中，赵复三撰写的犹

---

① 参见一夫《改革开放以来我国的犹太哲学与宗教研究》，傅有德主编《犹太研究》(1)，山东大学犹太教与跨宗教研究中心2002年版，第280—282页。

太教论著数量最多，也最具学术品位，因而可被视为80年代中国犹太教研究的代表人物。在其相关的论著中，最值得重视的是他在《世界十大宗教》中撰写的“犹太教”一章。在这一章中，赵复三介绍了古代犹太民族史和犹太教的形成，犹太教的主要经典《塔纳赫》和《塔木德》，安息日、逾越节、律法节、住棚节、赎罪日、审判日、痛悼节、欢庆节、献身节等犹太教的圣日和节日，日常生活中的禁忌如饮食律法和有关服饰的规定，割礼和成年礼，结婚和离婚的习俗，丧葬礼仪，象征，还详细阐述了犹太人对世界文化的影响，其中包括基督教、伊斯兰教与犹太教的渊源关系，犹太人与阿拉伯人一起把希腊古典文化介绍到欧洲，从而促进了欧洲的文艺复兴和人文主义运动的兴起，还谈到了12、13世纪西班牙犹太人在各个领域的杰出成就以及对基督教思想家的影响，最后简述了犹太教的改革和因此而产生的近现代犹太教的主要派别——正统派、改革派、保守派和重建主义派。[①] 虽然赵复三撰写的“犹太教”一章只有3万字，其中对个别概念的诠释也有不尽准确之处，但毫无疑问，该文却是他的犹太教研究代表作，是当时最全面、最系统、最深入的犹太教研究成果，代表了80年代中国犹太教研究的最高学术水平。此外，著名圣经文学专家南开大学教授朱维之的《希伯来文化》《圣经文学十二讲》等著作，北京大学彭小瑜有关犹太一神教的论文，也都是80年代重要的学术成果。

综观20世纪80年代的这些犹太教译著和论著，我们可以看到以下几点：首先，在80年代，犹太教已经被当作一个独立的、专门的对象进行译介和研究了。前面提及的论文和著作大都是犹太教或犹太文化的专论，而在这之前，犹太教除了在有关中国犹太人研究的著作以及哲学、文学、历史类的著作中被提及外，还不曾被当作一个独立的研究领域。其次，研究的视角和方法多为历史与文化。最后，相关的研究成果数量不够多，学术性也还不够强，因为所译作品乃是通俗且简要的介绍，有关的论文也多半属于一般性阐述，缺乏专题性研究和理论深度。这样说无意苛求当时的学者，因为这是任何一个学术领域开创之初所不可避免的。虽然处于草创

---

① 赵复三：《犹太教》，黄心川主编《世界十大宗教》，东方出版社1988年版，社会科学文献出版社2007年版。

时期，在80年代，中国的犹太教研究毕竟已经作为一个独立的研究领域出现在世人面前了。这是历史性的一大步。

进入20世纪90年代后，尤其是1992年中以建交以后的几年里，犹太研究很快呈现出一派蓬勃发展、繁荣兴旺的景象，进入21世纪以来，中国犹太宗教与哲学的研究更是随之进入了一个新阶段。这表现在如下几个方面。

第一，继上海社会科学院的上海犹太研究中心[①]率先成立之后，各地高校陆续建立了一批犹太研究机构，并自然地形成了各自的特色。主要的研究机构如下（以成立时间为序）：1992年成立的南京大学犹太研究中心（2001年更名为南京大学犹太文化研究所，2012年更名为南京大学黛安/杰尔福特·格来泽犹太和以色列研究所），创始人和现任主任是徐新教授。该所主要致力于古代犹太史和文化、反犹主义、《希伯来圣经》、希腊—罗马世界中的犹太人等学术领域；1994年建立的山东大学犹太文化研究所（2003年更名为山东大学犹太教与跨宗教研究中心）。该中心于2004年成为中国高校人文社会科学重点研究基地之一，创始人和现任主任是傅有德教授。该中心的研究成果集中于犹太哲学与宗教，以及犹太教与基督教、犹太教与儒学的比较与对话；2000年成立的黑龙江社科院哈尔滨犹太研究中心，创始人为时任黑龙江社科院院长曲伟。该中心重点研究历史上的哈尔滨犹太人历史及其文化；2002年成立的河南大学犹太研究所（后更名为河南大学以色列研究中心），创始人和现任主任为张倩红教授。该研究所以古代开封犹太人、当代以色列和近现代犹太思想与文化为研究特色；2006年成立的四川外国语大学中犹文化研究所，主要研究中犹文化比较和美国犹太文学，创始人和现任主任为傅晓微教授。此外，北京大学于中以建交前夕建立了希伯来研究所，主任为叶奕良教授，后来中断，2009年恢复成立北京大学希伯来语犹太文化研究所。该研究所曾经隶属北京大学东语系，是当时国内唯一招收希伯来语专业的机构，其研

① 上海犹太研究中心成立于1988年，创始人和现任主任为潘光教授。多年来，该中心主要关注上海犹太人历史、来华犹太难民、美国犹太人等领域。近年来在二战期间来华犹太难民研究方面成就斐然。

究专长是圣经学和希伯来语言学。此外，上海外国语大学、北京对外经济贸易大学、陕西西北大学等高校也在近年成立了犹太与以色列研究机构。2015 年，教育部推动成立中国犹太文化研究联盟，南京大学、山东大学、河南大学等 7 所高校的犹太文化和以色列研究机构成为第一批共建单位。

第二，研究成果大批涌现，其内容较之以前更加专业化。犹太教与犹太哲学研究领域的成果大致可以分为译作和论著两大范畴。就译著而言，主要包括山东大学傅有德主编的“汉译犹太文化名著丛书”[①]，复旦大学顾晓鸣教授主编的“犹太文化丛书”中的相关译作，以及索伦的《犹太神秘主义主流》（涂笑非译）和《阿伯特—犹太智慧书》（张平译）、《天下通道精义篇》（张平译），等等。[②] 在著述方面，影响较大的有中国社会科学院周燮藩先生主编的《犹太教小词典》（上海辞书出版社，2004 年）以及南京大学徐新、凌继尧教授主编的《犹太百科全书》（上海人民出版社，1993 年）。这是迄今为止有关犹太教和犹太文化研究仅有的两部中文辞书，它们对于读者正确理解犹太教、犹太文化，规范犹太教、犹太文化概念和术语的翻译都起了非常重要的作用。此外，傅有德等先后出版了《现代犹太哲学》（人民出版社，1999 年）和《犹太哲学史》（上下卷，中国人民大学出版社，2008 年）两部著作，对于从古至今各个历史阶段上的犹太教哲学家做了全面介绍和比较深入的分析，并概括出了犹太哲学的定义、特点和任务。在《圣经》研究方面，北京大学陈贻绎的《希伯来语圣经——来自文本和考古资料的信息》（2006 年）、游斌的《〈希伯来圣经〉的文本、历史与思想世界》（2006 年）、田海华的《希伯来圣经之十诫研究》（2012 年）等都是中国《圣经》文本研究的力作，代表了迄今为止的国内《圣经》研究水平。进入 21 世纪以来，发表了《论什么是犹太教》（周燮藩著，《世界宗教研究》2000 年第 2 期）和《犹太教的自我诠释——再论什么是犹太教》（周燮藩著，《世界宗教研究》2001 年第 1

---

① 截至 2018 年，该译丛已经出版《近现代犹太宗教运动》、《犹太教审判》、《简明犹太民族史》、《大众塔木德》、《迷途指津》、《犹太教的本质》、《论犹太教》、《犹太教：一种文明》、《觅人的上帝》、《犹太战争》、《耶路撒冷》、《密释纳》第 1 部和第 2 部、《理性宗教》、《救赎之星》、《论知识》16 部，相关译著将陆续出版。

② 这一时期相关犹太宗教和哲学的译著、著作和文章都颇为丰富，详见后文中的分析与介绍。

期）、《希伯来先知与儒家圣人比较研究》（傅有德著，《中国社会科学》2009年第6期）等系列重要的学术论文。此外，傅有德还创办了国内唯一的《犹太研究》辑刊，成为中国学者发表犹太研究成果的重要阵地，截至2018年已经出版15辑。各地研究犹太教与犹太哲学的学者也逾百人。

第三，这个时期的犹太教研究在深度和广度上有持续性的大幅度提高。就译著而言，在一般译介性作品继续发表的同时，如《迷途指津》《密释纳》等一批重要犹太文化经典以及如《犹太教神秘主义主流》等重要研究著作陆续被译作中文出版；就论著而言，出版了《希伯来语圣经——来自文本和考古资料的信息》《〈希伯来圣经〉的文本、历史与思想世界》《犹太哲学史》以及有关迈蒙尼德、马丁·布伯、列维纳斯等重要犹太思想家的研究著作和论文，在广泛吸收国外研究成果的基础上，已经达到了较高的学术水平。

第二节　犹太宗教研究

一　犹太教的定义、内涵和范围

对于中国的犹太宗教研究及其历史和现状的概述而言，从专业性的宗教研究角度来说，如何确切理解“犹太教”的定义、内涵和范围等应当是一个首要的学术问题。然而，由于国内学术研究的时代局限性，即便在前述新中国成立后犹太宗教和哲学研究的第二阶段，这一问题依然没有得到足够的重视和回应。[①]

就内涵而言，相对于西方学者从自身视角描述犹太文化特征所使用的

---

① 所谓“宗教”（religion）这一概念或范畴本身只是一个近代西方的文化诠释坐标，从文化哲学上说，具体体现了西方文化背景中宗教作为一种显要的文化样式在文化或文明发展历程中的独特性。对于文明进程不同于西方基督教世界的其他文明或文化体系来说，这样一种并不具有绝对普遍性的观察视角或诠释坐标自然会带来理解和沟通上的一系列障碍。显然，鉴于不同文明或文化体系在认知与创造范式上的差异性或多元性，无论是在近代以前的中国文化，还是犹太文化中，都不可能找到在内涵上与“宗教”完全对应的语汇。

"Judaism"这一概念，在犹太文化背景中，犹太学者更多提及的是 Yahadut 这个词汇。对此，徐向群先生在《以色列的宗教势力和宗教政党》一文中即指出，希伯来语中没有"犹太教"这个单独的词，只有"雅哈杜特"（Yahadut）。这是一个抽象名词，意为犹太人的一切，犹太属性、犹太文明。[①] 由于犹太人与犹太教的特殊关系，这个词的词意是宗教及由它衍生出的民族文化、生活方式，等等。这与犹太人的思维是一致的，当他们提到"雅哈杜特"时，指的是浑然一体的概念，没有把宗教信仰、民族文化、生活方式等剥离开。[②] 开普兰的《犹太教：一种文明》（黄福武等译）作为犹太教重建派的经典，就是把犹太教当作一种文明来阐述的。

因此，考虑到上述因素，在犹太宗教研究中，虽然人们一般更多使用"犹太教"这一术语，但强调使用"犹太宗教"（Jewish religion）这一表述的原因，是为了在学科研究的方便意义上，界定关于犹太人的这种"宗教"研究的范围，强调犹太文化中以"宗教的"或"信仰的"方式体现出的那部分文化范畴。在此意义上，所谓"犹太宗教"指的是在现代宗教学语境中犹太人历史上所特有的"宗教"现象。

关于犹太教的定义、内涵确定和研究范围，周燮藩在《论什么是犹太教》（《世界宗教研究》2000 年第 2 期）一文中指出，虽然对于犹太教的定义问题，人们众说纷纭，但最基本的两点却是可以肯定的：其一，"犹太教"本身应可以理解为一种一神教或伦理一神教；其二，所谓"犹太教"无疑可以首先定义为犹太人所信奉的宗教。按照这一思路，文章通过对犹太教的历史考察以及与基督教等其他宗教的比较研究，特别指出犹太教重视行为，而非信仰。在强调犹太教与其民族不可割裂的同时，分析了其教义的普世性。为此，作者主张要避免对这一宗教的曲解，就必须按照犹太教本身的观念去理解它。而欲达成这一理解，除了需要关注犹太宗教的信仰特质以外，还必须深入探讨犹太宗教信仰与犹太民族之间在历

---

① 实际上，鉴于文化翻译上的这种不可通约性，无论是将 Yahadut，还是将 Judaism 译成中文里的"犹太教"，在文化内涵上都有很大差距，这甚至也包括将中文里用以对应"religion"的"宗教"一词做一番中国文化语境下的特殊诠释。

② 徐向群：《以色列的宗教势力和宗教政党》，《西亚非洲》1996 年第 6 期。

史上的特殊演变关系。

此外，在另一篇题为“犹太教的自我诠释——再论什么是犹太教”(《世界宗教研究》2001年第1期)的文章中，作者进一步明确指出，界说“犹太教”的难点有二：其一，犹太教的独特性不在其信仰观念，而源于犹太人独特的历史经验。因此，需要从犹太宗教的历史演变中把握其独特性；其二，作为学术研究必须看到，犹太教的多样性是社会发展的产物，要在这种歧异性中寻求一致性，以本质性去统一其多样性。为此，以拉比犹太教为突破口，分析了不同时期、不同派别犹太教所做的自我诠释，综合推演出犹太教的分解式定义，以期更为深入地探讨和认识组成犹太教的不同传统。

傅有德把犹太教定义为“犹太人的信仰和生活方式。”[①]在他看来，犹太教首先是犹太人的宗教，是犹太先祖在圣经时代创立并为后世犹太人所遵行的宗教。尽管犹太教的一神论、创世等信仰具有普世意义，但这并不足以改变犹太教的民族性特征。和基督教相比，犹太教的重心在行为，不在信仰。但是，上帝的存在及其独一性、上帝创世、圣约、选民等信仰仍然是犹太教的重要组成部分。因为犹太教重行，所以，其主体部分在于犹太人特有的生活方式，它体现在成文的和口传的律法当中，体现在化为民俗的圣日、节日和日常生活习惯当中，是犹太教中最具体也最有活力的部分。

二　犹太教历史及综述性研究

如前所述，严格意义上的犹太宗教研究在国内起步很晚。尽管如此，相关犹太教的宗教史及综述性著作或译著相对较为丰富，其中包括王仲义编著的《犹太教史话》(商务印书馆，1984年)、［以］阿巴·埃班的《犹太史》(阎瑞松译，中国社会科学出版社，1986年)、［英］所罗门·诺曼的《当代学术入门：犹太教》(赵晓燕译，辽宁教育出版社，1998年，该书后来又译作《犹太人与犹太教》，王广州译，译林出版社，2011年)、［法］舒拉基所著的《犹太教史》(吴模信译，商务印书馆，2001

① 傅有德：《犹太哲学与宗教研究》，中国社会科学出版社2007年版，第125页。

年）以及［美］雅各·纽斯纳的《犹太教》（周伟驰译，上海古籍出版社，2008年）等。这些著作或译著基本着眼于犹太教基本历史及教义、教派等简单内容的概述和介绍，总体上篇幅较小。类似的其他一些介绍性作品还包括：张文建的《信仰战胜苦难：犹太教》（世界知识出版社，1998年）和黄陵渝的《世界犹太教与文化》（中央民族大学出版社，1999年）等。此外，由林秀娟等翻译的《以色列民族史与以色列宗教》（法伊弗·查丽斯等著，国际圣经协会，2004年）也涉及古代以色列宗教情况的简单介绍。

这一情况在2004年发生了改观，其标志是由周燮藩主编的《犹太教小辞典》（上海辞书出版社，2004年）。这本40万字犹太宗教辞书共收录1300个条目，包括犹太教总论、教派、组织、机构、人物、经籍书文、用语、历史事项、圣经人物和词汇、教义、思潮、法律、教制、教职、称谓、献祭、礼仪、节日、会堂、圣地等。这部辞典具有很强的学术规范性，特别是在译名上下了很大功夫。全书采用通行译法，对于一些译音虽有出入但至今仍可习用者，则根据“约定俗成”的原则予以沿用；有关外国人名、地名及教派、组织等词目，一般按照“名从主人”的原则附注了外文；对希伯来文、阿拉伯文等则加注了拉丁文对音。在释文中出现未收专条的外国人名、地名、名词等时，则根据需要，酌注外文。此外，全书正文后附有犹太教《圣经》书名的略称表、犹太教上帝名讳考以及犹太教大事年表等内容。应该说，这部辞典对于规范国内犹太教研究中一直存在的专业术语运用上的混乱现象，起了很好的作用。同年出版的还有黄陵渝的著作《当代犹太教》（东方出版社，2004年）。这部30万字的著作以当代为主线，并辅以纵向的历史脉络，较为全面地展示了当代犹太教的面貌，特别是第二次世界大战后世界范围内的犹太教发展状况，同时也介绍了相关犹太教的制度、教派、习俗等方面的内容。

自20世纪80年代末开始，国内学界逐渐注重从宗教学角度对犹太教展开严肃意义上的学术讨论。与此同时，一些文章从宏观比较的角度，直接或间接地探讨了犹太宗教作为一种文化样式的诸多特质。张绥的《犹太教和希伯来文化心态的形成》［《上海大学学报》（社会科学版）1989年第4期］，黄天海的《希伯来宗教思想中的人文精神》（《哲学研究》

1997 年第 5 期)，李勤的《试论犹太教的基本特征》(《云南师范大学学报》2001 年第 3 期)，何小莲的《希伯来法精神——犹太教对现代西方文明的贡献》(《陕西师范大学学报》2001 年第 2 期)，张著名的《犹太教与资本主义精神——略论马克斯·韦伯的犹太教观》(《福州大学学报》2001 年第 2 期)，肖凌峰的《犹太教思想的现世色彩》(《内蒙古师范大学学报》2002 年第 2 期)，以及赵复三的《从犹太教看宗教与历史文化的关系》(《世界历史》1987 年第 1 期）和《对犹太宗教文化与其他文化关系的一点探索》(《世界历史》1989 年第 2 期）等，基本可以归于此类。除此之外，这一时期还出现了一大批相关犹太宗教文化的知识性文章，如黄陵渝教授的《犹太教演义（上中下)》(《世界宗教文化》1998 年第 3、4 期，1999 年第 1 期）和马月兰的《犹太人犹太教称谓及其由来》(《世界宗教文化》2001 年第 3 期)，等等。所有这些文章都从不同层面极大丰富了相关犹太宗教的专业性学术研究。

近年来，国内学界对于犹太教的学术研究继续拓展和深化，新出版多部关于犹太教历史和思想的著作。张倩红等出版《犹太教史》(华夏出版社，2011 年)，按照时间顺序，将犹太教的历史分为圣经时代、拉比时代、中世纪、近现代和当代犹太教等发展阶段，并就每个阶段的发展特征进行了详细梳理。周燮藩等出版《犹太教概论》(中国社会科学出版社，2012 年)，按照犹太教在古代、近现代和当代的历史发展脉络进行阐述，该书还以专题的形式对犹太教经典、信仰和礼仪、犹太神秘主义等宗教内容进行了介绍。师俊华等的《犹太文化概览》(武汉大学出版社，2016 年）分别从历史、经典、宗派、生活等部分对犹太文化进行了介绍。哈佛大学沙亚·科亨教授撰写的经典教材《古代时代犹太教导论》(郑阳译，中国社会科学出版社，2012 年）被译为中文出版。该书对第二圣殿时代的犹太文明进行了全景式分析，通过对这一时期宗教、文献和历史的研究，探究了圣殿时代犹太教向拉比犹太教的转变以及基督教与犹太教的分离。犹太教宗教和思想方面，徐新《论犹太文化》(世界图书出版公司，2013 年）对“犹太文化”进行了系统考察，其中包括犹太经典和犹太宗教方面的内容。宋立宏等主编《犹太教基本概念》(江苏人民出版社，2013 年）一书，以“关键词”写法，分别选取 26 个犹太教重要思想和神学概念进行了深入阐释和简明表达。魏道思拉比的《犹太文化之旅：走进犹太人的信仰、传统与生活》（刘幸枝译，江西人民出版社，2009年）一书被译成中文出版，以专题的形式对犹太教的各个方面进行了全面而简明的介绍，尤其是犹太礼仪、犹太人生大事等方面的内容向中国读者展示了鲜活的犹太传统特色。

三　犹太教经典研究

在犹太宗教经典方面，张久宣翻译的《圣经后典》（商务印书馆，1989年），王神荫译的《死海古卷》（西奥多·加斯特英译，商务印书馆，1996年），以及张平译注的《阿伯特——犹太智慧书》（阿丁·施坦泽兹诠释，中国社会科学出版社，1996年）和《天下通道精义篇——犹太处世书》（北京大学出版社，2003年）等，无疑具有学术上的极端重要性。但前两本书的翻译与出版更多源自基督教研究的背景，《阿伯特》《天下通道精义篇》也只是犹太教《塔木德》中的一小卷书[①]。山东大学傅有德主编、山东大学出版社出版的“汉译犹太文化名著丛书”自出版以来，推出多部与犹太教经典相关的译著，成为这方面最重要的基础性学术成果。其中涉及犹太教宗教经典范畴的有：亚伯拉罕·柯恩著：《大众塔木德》（盖逊译，2004年）；迈蒙尼德著：《迷途指津》（傅有德、郭鹏、张志平译，1998年）；海姆·马克比编著：《犹太教审判：中世纪犹太—基督两教大论争》（黄福武译，1995年）；约瑟福斯著：《犹太战争》（王丽丽等译，2007年）；摩西·门德尔松著：《耶路撒冷》（刘新利译，2008年）；迈蒙尼德著：《论知识》（董修元译，2014年）。该丛书近年来最为重要的成果是，2011年和2017年，张平教授译注的《密释纳》第一部和第二部分别由山东大学出版社出版，其余四部的译注工作也在稳步推进中。这是拉比犹太教重要经典《密释纳》首次系统汉译与注释，译注者在每部书之前都撰写了长篇“导言”，详尽介绍了拉比犹太教历史及其文献和相关研究情况（第一部），以及犹太教宗教节日构成和研究情况（第

---

① 徐新、凌继尧主编的《犹太百科全书》（上海人民出版社1993年版）等综合性辞书中的相关条目无疑亦多有涉及。

二部),这项工作对于国内拉比犹太教研究无疑起到奠基和重要推动作用。此外,外语教学与研究出版社还出版了提摩太·林的《死海古卷概说》(傅有德、唐茂琴译,2008 年)。

在这一研究范围内,还应包括多位"圣经学"学者从经典研究角度对古代《希伯来圣经》所做的研究工作。其中,陈贻绎的《希伯来语圣经——来自考古和文本资料的信息》(昆仑出版社,2006 年)从文献和考古角度出发,对《希伯来语圣经》中和以色列历史相关的部分进行了较为综合、全面的介绍,并着重介绍了相关《希伯来语圣经》文本和巴勒斯坦地区文字和实物的考古发现。陈贻绎在《希伯来圣经的正典化研究》(《世界历史》2012 年第 4 期)一文中反驳了长期流行的雅布内会议完成了圣经正典这一论断,指出希伯来圣经正典化并不存在。李炽昌、游斌合著的《生命言说与社群认同:希伯来圣经五小卷研究》(中国社会科学出版社,2003 年)强调了《希伯来圣经》五小卷对于分析《圣经》所表达的生命体验及其中的社群认同所具有的特殊意义,并围绕《希伯来圣经》是如何言说生命,以及如何影响社群身份意识的形成,展开研究。此外,游斌的《〈希伯来圣经〉的文本、历史与思想世界》(宗教文化出版社,2007 年)运用多种《圣经》评断学方法,从思想史维度分析了《希伯来圣经》中蕴含着的文本与群体、群体与群体、文本与文本之间的丰富而复杂的关系,并揭示了其中的文学、史学与神学世界。田海华的《希伯来圣经之十诫研究》(人民出版社,2012 年)系统探讨了"十诫"文本的形成与发展历程,作者注重考察十诫与古代西亚历史文化背景之间的关系,并探讨了十诫在中国的传播和诠释历史。李炽昌的《跨文本阅读——〈希伯来圣经〉诠释》(上海三联书店,2015 年)运用作者多年来所倡导和推进的"跨文本"读经方法,从跨文本圣经诠释、多文化处境中的跨文本阅读、多元进路的圣经诠释 3 个方面,对《希伯来圣经》进行了全新的文本研究。作为经典解释的重要一脉,犹太教的释经传统和方法引起学者关注。傅有德《犹太释经传统及思维方式探究》(《文史哲》2007 年第 5 期)一文阐释了犹太释经传统的形成与发展,重点探讨了以实玛利十三条释经规则,反映出拉比们信经而不唯经的态度以及他们的逻辑思维、具体思维、求异思维和多元思维等不同思维方式。田海华《早期犹太释经》(《学海》2016 年第 3 期) 和《中世纪犹太释经》(《宗教学研究》2017 年第 4 期) 分别考察了早期犹太教文献中体现出来的释经进路以及分别以拉什和伊本·以斯拉两位杰出学者的中世纪犹太释经传统。

值得注意的是，虽然宗教神秘主义作为体现宗教之信仰精神的实质性内核，对于更好地理解和研究宗教具有不可替代的重要价值，但相对于人们对《希伯来圣经》和《塔木德》的关注度来说，关于犹太教神秘主义经典的翻译和介绍工作起步甚晚。其中一项重要成果是由涂笑非先生翻译的格肖姆·索伦的经典著作《犹太教神秘主义主流》(四川人民出版社，2000 年)。这部著作是 20 世纪犹太教神秘主义研究的奠基之作，也是这一领域最重要的学术著作之一。在书中，索伦不仅讨论了犹太教神秘主义的一般特征，也从宗教文献研究角度论述和考证了犹太教神秘主义从古代默卡巴神秘主义到现代哈西德主义的历史发展过程，揭示了宗教神秘主义在犹太教历史发展中的独特价值和意义。刘精忠在从事犹太教神秘主义经典《佐哈尔》翻译以及当代哈西德主义研究的过程中，出版了《犹太神秘主义概论》(中国社会科学出版社，2015 年)。此书是国内第一部系统阐述犹太教神秘主义的著作，作者依次考察和论述了喀巴拉神秘主义、早期犹太神秘主义、中世纪"虔诚者"运动、西班牙喀巴拉神秘主义、巴勒斯坦喀巴拉神秘主义、萨巴泰宗教运动、近现代和现当代哈西德运动等历史主要的犹太神秘主义流派及其思想主张，并在书后附录了多部重要的犹太神秘主义经典的汉译文本。学者们的相关研究更多关注了犹太神秘主义中的哈西德派。白玉广《犹太哈西德运动历史初探》(《世界宗教研究》2010 年第 4 期) 一文梳理了近代哈西德运动的发起与发展历史，并指出其在现代犹太社会中的重要意义；刘精忠等的论文《论索伦关于布伯的哈西德研究之争》(《世界宗教研究》2015 年第 4 期) 辨析了马丁·布伯的哈西德研究进路及其对哈西德精神的推崇，同时论证了索伦对布伯这一研究的反对和批评。总体而言，国内有关这方面的专业性研究仍然开展有限，与其他犹太研究领域相比问津者较少。

对于犹太教宗教教义或具体思想方面的探讨，相对而言论著并不算多，学者们的关注主要集中于犹太教上帝观、一神论、选民观、犹太律法等方面。在具体问题方面，周燮藩先生的《犹太教上帝名讳考》(《世界宗教研究》1999 年第 3 期）从犹太教研究的角度，对《希伯来圣经》和拉比文献中的上帝称谓做了分类比较，确认“雅赫维”为没有歧义的上帝之名，并就其历史渊源做了相应的学术考证。作者指出，犹太教上帝之名的读音失传是由于历史条件的逐渐恶化而造成的，其名讳本身含有丰富的历史内涵和深邃的宗教意义，反映了犹太教独特的上帝观，因而任何随意的改换和误译，都必将产生歧义。舒也在《希伯来圣经上帝称谓的谱系学研究》（《世界宗教研究》2013 年第 4 期）一文则从《希伯来圣经》文本出发，对上帝称谓进行了神话谱系学的研究，揭示了《希伯来圣经》与古代近东地区神话之间的复杂谱系关系，反映出《希伯来圣经》对于古代迦南和古代近东文化的吸纳与包容。此外，沈坚在《古代犹太教一神观的演进》（《华东师范大学学报》1994 年第 3 期）一文中着重探讨了犹太教的一神教特征，强调犹太教的一神观并非固有，而是有其漫长、复杂的演化过程。[①] 徐新在《犹太教的独一神论》（《宗教学研究》2014 年第 1 期）一文中分析了犹太教独一神论的意义在于赋予了世界以目的和意义，从而使得世界从沉迷中醒悟，提升了宇宙和个人存在的意义。傅有德的《犹太教中的选民概念及其嬗变》（《文史哲》1995 年第 1 期）则从宗教历史维度考察了犹太人的“选民”观念，重申在近现代随着犹太教内部分化为不同的派别，犹太人对“选民”一说的态度实际上各不相同。黄启祥在《犹太人：选民还是弃民?》（《山东大学学报》2009 年第 6 期）一文中指出，选民观既导致犹太人具有排他性从而不断被迫害，同时也是犹太人赖以克服并超越苦难的精神力量。在犹太律法研究方面，黄天海等人的《摩西法律的契约形式和以律法为核心的希伯来宗教》（《世界宗教研究》2002 年第 3 期）探讨了犹太宗教中律法主义形成的历史背景及其内在意义。许广灵《犹太律法发展历程初探》（《世界宗教研究》2011 年第 2 期）一文中梳理了犹太律法的历史发展脉络，指出犹太律法是在吸纳了邻近多民族习俗与律法的基础上而形成的宗教律法体系。饶本忠《论犹太律法的主要特征》（《学海》2011 年第 3 期）总结出犹太律法具有

---

① 在此需要一提的是 1988 年生活·读书·新知三联书店出版的弗洛伊德的《摩西与一神教》（李展开译）一书，揭示了作者对摩西与犹太一神教问题的思考。

发展上的连续性、内容上的宗教性、信守上的民族性和属人性等特征。饶本忠的专著《犹太律法渊源研究》(知识产权出版社，2010 年）对犹太律法的内涵、特性以及一般法系中法律渊源内涵进行分析，进而对犹太律法渊源中的效力渊源、历史渊源、文献渊源等有关问题进行了系统研究。王宏选的专著《犹太教律法研究：以法律文化为视域》(山东大学出版社，2015 年)，则从法律研究的维度考察了犹太教律法的内涵、历史演变、价值规范和治理层面，功能、影响和现代转化。

在这一范围内，最引人注目的一个现象就是学者们对犹太弥赛亚信仰的关注，关于这一话题的讨论大多与基督教历史上的弥赛亚观念联系起来。梁工教授的《弥赛亚观念考论》(《世界宗教研究》2006 年第 1 期)，傅有德的《犹太教的弥赛亚观及其与基督教的分歧》(《世界宗教研究》1997 年第 2 期)，以及申丽霞的《救世主——弥赛亚：人类宗教精神的期盼——从犹太教与基督教谈起》(《宗教学研究》2003 年第 1 期）都属于这个范畴。与此话题相关联，饶本忠的《论犹太教末世论》(《宗教学研究》2007 年第 3 期）则对犹太教的末世论思想进行了简单梳理，同时对其产生的原因和本质进行了比较详细的分析。比较而言，陈艳艳的硕士论文《论犹太教和基督教的弥赛亚观》(山东大学出版社，2007 年）对此较为详尽地进行了一番梳理。作者认为，弥赛亚思想是犹太教与基督教这两大宗教的一个重要分歧点，它在犹太教发展的不同历史时期有着明显的内涵变化。在《圣经》犹太教中，弥赛亚概念指的是一种确认方式，即在君王或者祭司就职时，通过对他们膏油以表示其地位是由上帝拣选的，具有神圣的意味。在犹太亡国之后，弥赛亚思想逐渐发展成为救世主的观念。犹太人认为上帝将在未来的某一时刻派遣救世主弥赛亚降临，来拯救犹太人脱离苦海，带领其返回故土，重建和平、自由的以色列王国。而到了近现代时期，随着犹太教改革运动的发展，不同流派的犹太教对弥赛亚思想的立场和重视程度亦各有变化。此外，刘精忠的《宗教神秘主义与犹太弥赛亚信仰探析》(《长安大学学报》2002 年第 4 期）一文则探讨了犹太教神秘主义对于犹太弥赛亚信仰发展的影响。文章着重指出，犹太弥赛亚信仰作为一种历史范畴，最初在犹太教中并不占据中心位置。鉴于宗教神秘主义认识论及社会历史层面的特殊因素，喀巴拉最初对弥赛亚信仰的发展亦并无实质性影响，只是从 16 世纪始才扮演了至关重要的角色，而近现代哈西德运动中个人生活的神秘主义化倾向，则最终使得弥赛亚信仰以其特有的悖论方式融入犹太民族精神。

在一定程度上，国内学界对犹太教教义特色的探讨或许更多体现在相关犹太宗教伦理的关注之上，这种关注本身常常也是出于跨文化与跨宗教间比较考量。[①] 对此，从顾俊杰《宗教型的犹太文化与伦理型的中国文化》（《同济大学学报》1994 年第 1 期）这一文章的选题上即可反映出来。而周国黎教授的《道德脆弱的根源何在——儒家宗法伦理与犹太宗教伦理比较》（《探索与争鸣》1996 年第 3 期）则更是直白无误地揭示了这一关注背后的时代背景。在此背景下，黄陵渝的《论犹太教伦理的核心主题》（《世界宗教研究》2001 年第 1 期）探讨了犹太教中“爱上帝”和“爱邻人”这两个主题，揭示了其背后所隐含的“公正”与“公义”等伦理观念，以及由此主题引申出的与之相应的伦理原则、标准和规范。姚新中、洪波的《知识·智慧·超越——早期儒学与犹太教智慧观的伦理比较》（《伦理学研究》2002 年第 1 期）则通过对早期儒学和犹太教关于智慧的伦理问题的比较研究，对智慧的社会性与道德性之间的关系做了一些哲学探索。姚新中、刘莉萍《早期儒家和犹太——基督教传统中的智慧观：比较研究的思考》（《湖南大学学报》2012 年第 1 期）继续推进这一比较。稍后，姚新中关于智慧观的比较研究专著《早期儒家与古以色列智慧传统比较》（陈默译，中国社会科学出版社，2013 年）也译为中文出版。此外，李萍的《“他者”视域下的犹太伦理思想》（《西亚非洲》2005 年第 5 期）从犹太伦理思想中的“他者”这一核心概念对犹太伦理思想展开讨论。刘精忠的《犹太教经济理念初探》（《西北大学学报》2003 年第 2 期），孙燕的《论犹太慈善组织和传统》（《世界宗教文化》2011 年第 1 期）等则着重介绍了犹太教在经济观念上的伦理思想。孙燕还在《早期儒家和古代犹太教慈善思想之比较》（《孔子研究》2018 年第

---

① 如陈超南的文章《在上帝和生活之间寻求平衡——早中期犹太伦理观初探》（《上海社会科学院学术季刊》1998 年第 3 期）就谈到：犹太社团因十分强调伦理对于信仰的相辅相成作用，而被称为伦理宗教。由于上帝观念对生活的处处渗透而形成宗教伦理，亦是犹太民族的一个主要特征。

2 期）一文中对儒家和犹太教的“慈善”观进行了比较研究。

四　犹太教社会作用及影响研究

国内学界对于宗教在犹太历史生活中的社会性影响和作用的研究，主要集中在近现代犹太历史阶段，并以现代犹太复国主义运动为聚焦点。这一话题的探讨从关注启蒙运动及犹太宗教改革开始，包括潘光教授的《试论近代欧洲的犹太启蒙思想和宗教改革运动》（《历史教学问题》1999 年第 5 期）和张倩红教授的《犹太启蒙运动初探》（《世界历史》2002 年第 5 期）等许多文章总体上都属于这一范畴。有关犹太教与犹太复国主义间问题的研究，代表性论著有刘精忠的博士论文《犹太教复国主义研究》（西北大学，2003 年）以及在此基础上出版的专著《宗教与犹太复国主义》（中国社会科学出版社，2010 年），王彦敏在其专著《以色列政党政治研究》（人民出版社，2014 年）中也探讨了犹太复国主义的犹太宗教渊源。还包括傅有德《赫茨尔与哈阿姆的犹太复国主义》（《山东大学学报》1995 年第 2 期），刘中民《犹太教对犹太复国主义的影响》（《世界民族》1999 年第 2 期），赵云侠《犹太教的世俗化问题——正统派对犹太复国主义运动的思想反应》（《世界历史》1999 年第 3 期），秦人文《犹太教、犹太复国主义与以色列现代化》（《世界民族》2001 年第 5 期），刘精忠的《试论阿哈德·哈姆的“文化复国主义”》（《犹太研究》2004 年第 3 期）以及贾延宾的《文化犹太复国主义与犹太教关系论析》（《世界民族》2018 年第 2 期）等。此外，汪舒明的《美国基督教锡安主义的发展及影响》（《世界民族》2006 年第 4 期）则从另一个方向探讨了美国基督教思想对于犹太复国主义的立场和背景。

另一方面，对于以色列建国后犹太宗教功用的关注主要聚集在宗教对以色列国内政治及阿以和谈的影响等方面。张倩红在《以色列史》（修订版）（人民出版社，2014 年）中分析了犹太教在以色列国的重要地位，以及犹太教对于以色列国政治、经济、文化、社会生活等诸多方面的影响。相关宗教与以色列政党政治的论文有：徐向群的《以色列的宗教势力和宗教党》（《西亚非洲》1996 年第 6 期），《以色列：宗教政治化》（《世界知识》2000 年第 9 期），以及黄陵渝的《论犹太教对以色列国法律的影响》(《科学与无神论》2005年第4期),王宇的《犹太教在以色列的社会影响力上升》(《世界宗教文化》2012年第4期),欧振华等的《信仰者集团与西岸犹太宗教——政治定居点问题研究》(《山东大学学报》2018年第4期)等。探讨宗教与阿以和谈问题的文章有:陈双庆的《犹太教理念与巴勒斯坦地域争端的关系》(《西亚非洲》2003年第2期),李志芬的《试论犹太教与反犹主义的关系及对中东和平进程的影响》(《延安大学学报》2005年第3期),冯基华的《宗教政党对以色列政局及阿以冲突的影响》(《西亚非洲》2006年第5期),汪舒明的《信仰者集团的兴起及其对以色列社会转型的影响》(《西亚非洲》2006年第6期)等。此外,王铁铮教授的《后犹太复国主义评析》(《西亚非洲》2006年第2期)一文则从政治学角度考察了后犹太复国主义作为冷战后以色列社会新思潮的具体特征。

五　犹太教与其他宗教文化比较研究

在国内犹太教研究中,一个引人注目的现象就是从宗教比较与对话角度来讨论犹太教与其他宗教或文化的异同及相互关系。导致这一独特现象出现的原因,主要是受到宗教学界及宗教人士相关不同宗教间对话问题的启发,同时这也吸引了其他宗教或哲学研究领域的学者对犹太教进一步做更深入的发掘和研究。这一议题的展开主要围绕犹太教与基督教之间的比较和对话进行,同时也涉及犹太教与中国传统儒学甚至伊斯兰教的比较或关系问题。

在此学术讨论中,学者们百家争鸣,各抒己见。其中,傅有德教授在《论犹太教与基督教的信与行》(《文史哲》2005年第3期)一文中主张,犹太教以对上帝的信仰为基础,以做义人为目的,重点突出行为和律法的作用,因而被视为“尚行之教”,其救赎之路也可以概括为“因行称义”。比较之下,基督教以对耶稣基督的信仰为基石,认为只有依赖“信仰”才能得救,因而其救赎之路被称为“因信称义”。从“因行称义”和“因信称义”的不同路向可以看出,犹太教和基督教在信与行问题上重心不同,而它们之间更本质的区别是信仰对象和救赎手段不同。

赵林教授在《论基督教与犹太教的文化差异》(《宗教学研究》1997年第2期)一文中认为，虽然基督教最初是从犹太教中演变而来的，但是其后的历史发展过程中，基督教在希腊唯心主义哲学的影响下，日益与犹太教分道扬镳。基督教与犹太教的文化差异主要体现在道德主义与律法主义、内在信仰与外在仪式的区别之上。早期基督教徒凭借着一种唯灵主义的信仰和动机论道德观，超越了囿限于直观的禁忌仪式和侧重于规范外在行为效果的犹太教。从犹太教“末世论”到基督教“救赎说”的理论发展，意味着基督教最终摆脱了犹太教的浅薄的现世主义和狭隘的民族主义藩篱，成为一种关于灵魂得救(彼岸主义)的福音和普世主义的宗教。关乎犹太教与基督教之间渊源与比较的相关讨论还可以包括：刘爱兰的《试论基督教对犹太教的继承与革新》(《中央民族大学学报》2007年第1期)，陕劲松的《基督教与犹太教的渊源关系》(《沧桑》2006年第1期)，以及王周钦、张维的《论早期基督教和犹太教分裂的必然性》(《哈尔滨学院学报》2006年第5期)，刘建军的《改造型的阐释：基督教对犹太教的传承与发展》(《东北师大学报》2013年第6期)，刘南阳的《论基督教与犹太教分离视域中的犹太教异端祝祷》(《学海》2014年第2期)，饶本忠的《〈新约〉与〈塔木德〉中的耶稣观之比较》(《基督宗教研究》2018年第2期)，等等。

除了对犹太教与基督教比较的高度关切之外，周燮藩先生早在1982年的《伊斯兰教的起源和犹太教》(《中国社会科学院研究生院学报》1982年第1期)一文中，通过考证伊斯兰教创立之前犹太教在阿拉比亚的传播情况，从伊斯兰教的传教活动、教义和各种仪式、规定、禁令等方面，探讨了伊斯兰教与犹太教在思想上的密切渊源关系。马效佩的《犹太教、基督教和伊斯兰教视阈中耶稣形象之比较研究》(《回族研究》2007年第4期)一文则考察了三大“一神教”宗教在如何看待耶稣这一宗教神秘历史人物上的不同立场，以及因此形成的神学信仰和教义体系上的差异。另一值得一提的有趣现象是，英国朱利安·鲍尔迪博士为西方文化寻找东方源头的著作《黑色上帝：犹太教、基督教和伊斯兰教的起源》(谢世坚译)也由广西师范大学出版社在2004年出版。

犹太教与中国传统儒家思想比较研究近年来获得显著发展。王强伟、傅有德撰写的《犹太—儒学比较研究：学科历史、研究路向与问题反思》（《山东大学学报》2016 年第 5 期）一文对此进行了系统盘点。比较有代表性的论文包括：傅有德在《希伯来先知与儒家圣人比较研究》（《中国社会科学》2009 年第 6 期）一文中提出，希伯来先知是上帝在尘世的代言人，儒家的圣人则是得天道并代天宣化者。由于天道与神的启示属于同一层面，所以儒家圣人类似于希伯来的先知；就儒家圣人是通过“闻道”与“悟道”而得到天道而言，他们还是先知型的哲学家。该文还比较了先知的社会批评功能和圣人的榜样力量，揭示了先知突出公正价值而儒家圣人仁爱优先，并深入分析了产生这些差别的宗教、社会、政治和历史根源。王强伟的博士论文《“先知”与“圣人”：古代犹太教与儒学比较研究》（山东大学，2017 年）更加偏重于从宗教学的视角对这两种传统中的代表性角色展开比较。傅有德在《犹太教与儒学三题议》（《山东大学学报》2004 年第 3 期）一文中，从神论、经书和基本学说等三个方面对犹太教与儒学进行比较研究。作者认为，儒学和典型的“一神教”犹太教相比，应当属于多神教或带有浓厚的多神教的色彩。差异在于，犹太教的经书长期被视为神的启示，而儒学经典则被认为是人言，因而神圣性与权威性不足。一言以蔽之，犹太教是以神为中心的宗教，而中国传统儒学的基调则是人本主义的，二者在某些方面可以相互补充。傅有德、王强伟还发表了《比较视域中的古代犹太教与早期儒家之孝道》（《求是学刊》2016 年第 3 期）一文，系统比较了两种传统中的“孝”观念。谢桂山出版专著《圣经犹太伦理与先秦儒家伦理》（山东人民出版社，2009 年），集中而系统地比较了两个传统中的伦理问题。王强伟《轴心时代：犹太—儒学比较研究何以可能?》（《犹太研究》，第 14 辑）一文提出在“轴心时代”的框架下开展犹太教和儒学的比较研究，对方法论进行了进一步的思考。

与此相关的一个话题是所谓的“犹太教在中国”研究。实质上，这一问题的研究或发掘主要是由“犹太人在中国”这一话题所引发，并从属于这一范畴。众所周知，除了陈垣先生早期的《开封一赐乐业教考》以外，这方面较具代表性的权威著作是张绥先生的《犹太教与中国开封犹太人》（上海三联书店，1990 年），述及开封犹太人的来历、教规、残留家谱以及犹太会堂的平面图等。卓新平的《基督教犹太教志》（上海人民出版社，1998 年）亦考证了犹太教在开封和其他地区的传播及其湮灭。此外，肖宪教授在《中国历史上的犹太人和穆斯林：比较研究》（潘光主编：《犹太人在亚洲：比较研究》，上海三联书店，2007 年）一文则通过对传统中国社会中的犹太人和穆斯林的对比，探讨了犹太人在中国被同化而穆斯林却没有被同化的原因。

不仅如此，徐新教授在《犹太教在中国》（《世界宗教研究》2000 年第 12 期）一文中通过梳理国内有关城市犹太会堂的历史，系统论述了犹太教在我国存在的历史，同时兼及论述了历代政府对犹太教所持的态度及其所实行的政策。张倩红教授在《从犹太教到儒教：开封犹太人同化的内在因素之研究》（《世界宗教研究》2007 年第 1 期）中个人强调，开封犹太人同化的最根本动力来自犹太社团内部在思想观念上的转变，即犹太人对犹太教信仰的逐步淡化及其对儒教的深层次认同，犹太教的儒化过程正是开封犹太人的同化过程。此外，房建昌的《近代中国犹太教会堂及祈祷所考》(《世界宗教研究》1997 年第 1 期)、羽离子的《明代左唐和中国犹太教》(《中央民族大学学报》1989 年第 6 期)、刘百陆的《开封犹太人清真寺规模与格局变迁》（《河南大学学报》2013 年第 3 期）等不少文章也都从各自不同的侧重面述及犹太人在中国的宗教生活状况。李景文等编写的《古代开封犹太人：中文文献辑要与研究》（人民出版社，2011 年）一书为研究古代开封犹太人的宗教状况提供了方便的辑录资料。

第三节　犹太哲学研究

一　犹太哲学史研究

总体上看，严格意义上的犹太哲学研究在国内与犹太教研究没有太多时间上的差别，也是伴随着学界对犹太研究的展开而渐次深化的，20 世纪 90 年代以后在专业性上逐渐具体和深化。

同概述犹太宗教研究首先要应对的情况类似，因犹太文化特质及其历史流变的影响，对于“犹太哲学”这一指称在定义及内涵上可能引起的问题，傅有德采取一种兼具“犹太性”和“哲学性”的定位标准，即“犹太哲学首先是那些对犹太教抱有同情心和认同态度的犹太人创造的，非犹太教徒或无神论者的学说与犹太哲学无缘”。基于这样的标准，他把犹太哲学界定为“利用一般哲学的概念或范畴对犹太教的信仰和习俗所做的理性考察和探究”，单纯的犹太教信仰或纯粹的理性论证都不足以构成犹太哲学。最后，犹太哲学家在考察犹太教的信仰和习俗的同时对一般哲学问题所做的探索和论述，只要是在理论上和犹太教不矛盾，也可以视为犹太哲学的内容。① 从这个意义上说，所谓“犹太哲学”大体上属于宗教哲学的范畴，实质上是犹太教的一部分，内在地体现了历史上犹太文明或犹太宗教文化的精神气质。②

在综述性的犹太哲学史研究方面，除前文所述的“汉译犹太文化名著丛书”中翻译的犹太宗教及哲学名著之外，较早的重要成果有傅有德等撰写的《现代犹太哲学》（人民出版社，1999 年）一书。全书约 25 万字，对 18 世纪以来的犹太哲学，特别是 20 世纪犹太哲学的主要代表人物科恩、拜克、罗森茨维格、布伯、海舍尔和开普兰等犹太思想家的宗教哲学做了系统的介绍和深入评析，大体勾勒出现代犹太哲学的清晰脉络，并揭示了现代犹太哲学试图调和理性与信仰、科学和宗教这一根本特征。

在此研究基础上，作者进一步撰写的《犹太哲学史》（上下卷）（中国人民大学出版社，2008 年）是国内第一部全面、系统论述犹太哲学史的专业性学术著作。全书约 70 万字，在阐释相关犹太哲学的定义、特征及历史背景等重要问题的基础上，详尽论述了古代、中世纪及现当代以来的犹太哲学历史。其中，古代犹太哲学部分主要包括希伯来《圣经》中的哲学思想、犹太哲学开创者斐洛的思想学说以及拉比犹太教哲学三大部分；在中世纪犹太哲学一篇中，叙述了以犹大·哈列维和摩西·迈蒙尼德为代表的七位犹太哲学家的生平及哲学思想；在近当代犹太哲学部分，

---

① 参见傅有德等《犹太哲学史》（上下卷），中国人民大学出版社 2008 年版，绪论部分。

② 由于犹太人在近代以来的部分改宗和世俗化等现代性转变，对于个别犹太裔哲学家的哲学论述是否应列入“犹太哲学”的范畴，依然采取前述的“犹太性”认同标准。

则涵括了从犹太启蒙运动时代摩西·门德尔松的哲学观念到当代盛极一时的伊曼努尔·列维纳斯的哲学思考等。无疑，这一鸿篇巨制是当代国内犹太哲学研究中的扛鼎之作。此外，生活·读书·新知三联书店在2006年影印了弗兰克·利曼编著的英文原版著作《中世纪犹太哲学——剑桥哲学研究指针》，而法国列维纳斯研究专家卡特琳娜·夏利尔的《现代性与犹太思想家》（刘文瑾译，上海人民出版社，2017年）考察了迈蒙尼德、斯宾诺莎、罗森茨威格、列维纳斯、扬凯列维奇等犹太思想家的哲学思想。

与此同时，涉及犹太哲学特征讨论的系列文章大抵也是与上述学术著作或名著的翻译同步展开。在《试论犹太哲学及其根本特征》（《哲学研究》1999年第4期）中，傅有德指出，犹太哲学在本质上是一种宗教哲学。信仰和理性的统一是宗教哲学的基本特征，因此，犹太哲学的根本特征实际上是一般宗教哲学基本特征的具体表现而已。犹太哲学的产生及其特征的形成源于其独特的历史和文化背景，归根结底是由犹太人的散居决定的。此外，在《希伯来〈圣经〉哲学思想初探》（《哲学研究》2007年第3期）一文中，作者又概括性地指出，古代希伯来《圣经》并非哲学著作，但作为最早的犹太教经典，却提出了深刻的宗教哲学问题，包含着丰富的宗教哲学思想。换言之，希伯来《圣经》实则以非典型的哲学形式，提出了丰富的哲学问题和思想，从而成为后来哲学发展的活水源头。此外，作者的论文集《犹太哲学与宗教研究》（中国社会科学出版社，2007年）亦收录了相关研究中的18篇中文论文和4篇英语论文。

二 犹太—希腊哲学研究

在当代中国的犹太哲学研究中，一个引人注目的现象就是对犹太—希腊哲学的高度关注。造成这一现象的最重要原因是因为希腊、希伯来文化同为现代西方文明的两大重要渊源，而犹太教历史上同希腊文化的碰撞正是最初这一历史融汇过程中的亮点。其中，斐洛作为希腊化时期犹太人最重要的思想人物理所当然地受到了极大关注。但从另一个角度也可以看到，这种关注本身其出发点更多的是站在西方基督教哲学和文化研究的角度，尝试更好地理清现代西方文化在源初历史时期的状态。[①] 有鉴于此，国内相关院校的基督教研究机构和学者组织翻译和出版了有关“两希文明哲学经典译丛”等图书，客观上推动了国内犹太哲学的深入研究与发展。

这方面的专著、译著及文章首先可以包括：由吴勇立翻译、挪威托利弗·伯曼著述的《希伯来与希腊思想比较》（上海书店出版社，2007 年），黄天海教授的《希腊化时期的犹太思想》（上海人民出版社，1999 年），以及王晓朝教授的《论犹太—希腊哲学诞生的两条通道》（《浙江社会科学》2000 年第 5 期）。其中，伯曼的这本著作在一定程度上，可以看作希伯来与希腊思想比较的经典研究著作。作者利用第一手的古典语言文献资料，从双方截然对立的差异描述出发（宁静—运动），阐述了希伯来与希腊这两大截然对立的文明如何融会，并在共同基础上构建起西方传统文明。王晓朝的文章则从希腊化时期反犹太主义浪潮给犹太文化带来的巨大冲击出发，力图刻画出犹太文化在外来文化影响下所发生的嬗变，强调以《摩西五经》为代表的希伯来神学思想与希腊哲学思想的融合，恰恰是两希文化发生融合的精神性标志。比较之下，《希腊化时期的犹太思想》则是当代国内学者系统论述希腊化时期犹太思想的首部学术专著，拥有毋庸置疑的学术价值。

在犹太哲学家思想的个案研究中，范明生的《犹太教神学是东西方文化的汇合——论斐洛的神学》（《上海社会科学院学术季刊》1991 年第 2 期）一文较早论及斐洛的宗教哲学思想，强调在东西方文化全面、广泛融会的希腊化文化时期，斐洛所起的承前启后的关键作用，以及他所创立的新型犹太教神学在西方宗教和神学发展过程中的重要历史意义。李磊的博士论文《信仰与理性的汇融——斐洛思想研究》（清华大学，2004 年）较为详细地讨论了斐洛的思想内容及其特质，强调斐洛通过对《圣经》的寓意解读，将不同路向的希伯来与希腊文化两者调

① 正如这套丛书在总序中坦陈的那样，“西方文明有两个根源，由两种具有相当张力的不同‘亚文化’联合组成，一个是希腊—罗马文化，另一个是希伯来—基督教文化。国人在地球缩小、各大文明相遇的今天，日益生出了认识西方文明本质的浓厚兴趣。这种兴趣不再停在表层，不再满意于泛泛而论，而是渴望深入其根子，亲临其泉源，回溯其原典”。

和起来，把犹太信仰以哲学的形式表达出来，同时也将希腊哲学以信仰的形式表达出来。在此之前，徐开来、林庆华翻译的英国威廉逊·罗纳尔德撰写的《希腊化世界中的犹太人：斐洛思想引论》(华夏出版社，2003 年) 也介绍了斐洛的上帝学说、逻各斯学说、《圣经》隐喻解释和伦理学说等。此外，章雪富等的《斐洛思想导论 (I)：两希文明视野中的犹太哲学》(中国社会科学出版社，2006 年) 和《早期基督教的演变及多元传统》(社会科学文献出版社，2003 年) 也从不同方向论及斐洛的思想学说。浙江大学外国哲学研究所在“两希文明哲学经典译丛”中，也以《论凝思的生活》(石敏敏译，中国社会科学出版社，2004 年)、《论律法》(石敏敏译，中国社会科学出版社，2007 年)、《论摩西的生平》(石敏敏译，中国社会科学出版社，2008 年) 等书目翻译了斐洛的相关作品。

对于斐洛宗教神学学说中的具体思想主张，文心在《斐洛的上帝观述评》(《杭州大学学报》1996 年第 3 期) 中具体考察了斐洛“上帝观”的产生背景。指出其“上帝”概念具有无限的终极存在、创造者、逻各斯以及人格的他这四种基本属性，其中又以第三重属性“逻各斯”最为重要。正是通过这一“上帝观”的建构，斐洛成功地将犹太一神教和哲学科学以及形而上学做了调和，使得“犹太经卷成了隐含柏拉图和斯多噶哲学原理的密码书”。其后，车桂在《斐洛的逻各斯学说及其神学意义》(《世界宗教研究》1998 年第 3 期) 中也谈到，斐洛的划时代贡献即在于用柏拉图哲学阐释《圣经》神学，将希腊的逻各斯精神注入希伯来的上帝信仰，提出关于作为上帝与世界之中介的神圣逻各斯的学说，因而成为基督教神学的奠基人。王晓朝在《两希文化汇聚的产物——犹太哲学家斐洛的“逻各斯”》(《浙江大学学报》2000 年第 5 期) 一文也指出，斐洛的“逻各斯”学说是其融合犹太教一神论信仰和希腊哲学的产物。鉴于“逻各斯”这个范畴在古希腊思想中的重要性，可以将斐洛的“逻各斯”论视为两希文化融合的一个结合点。黄路苹《斐洛哲学与〈约翰福音〉序言中的“道”》(《宗教学研究》2017 年第 2 期) 一文指出，斐洛对“道”的理解对于解读《约翰福音》序言十分重要，是连通后者中希腊和犹太背景的桥梁。

三　犹太哲学家研究

国内学术界对于现当代犹太哲学的研究兴趣和成果主要集中体现在摩西·迈蒙尼德、马丁·布伯和伊曼纽尔·列维纳斯①这三位杰出的犹太哲学家身上，这一点符合现时代哲学界一定范围内的研究旨趣②。需要解释的是，这种关注本身基本上更多源于他们在西方哲学史上的重要学术地位，而非他们自身的犹太身份。在当代，虽然在探讨他们的哲学思想时，人们时常不可避免地要谈及他们学说中的犹太文化背景，甚至可以理解的影响，但实际上并没有什么人想过刻意强调一种“犹太的哲学”。其根本原因在于他们的哲学遭遇超越了个体在民族或文化属性上的限制，成为全人类的共同精神财富。一言以蔽之，哲学性本身而非犹太性，在这里是第一位的。因此，我们可以看到，许多研究列维纳斯或马丁·布伯的学者并非专注犹太研究的学者，而是来自西方哲学、伦理学等其他学术领域。

摩西·迈蒙尼德被视为犹太传统中最为重要的学者，有谚语称“从摩西到摩西，无人更像摩西”，此中后一个摩西即是指迈蒙尼德。迈蒙尼德的犹太哲学成就主要体现在《迷途指津》一书中，傅有德主持了此书的翻译，他在《迈蒙尼德及其〈迷途指津〉》（《世界宗教研究》1999年第3期）一文中向中国学界系统引介迈蒙尼德哲学。在稍早的《迈蒙尼德的先知论及其基本特征》（《世界宗教研究》1995年第2期）一文中，傅有德对迈蒙尼德在《迷途指津》一书中有关“先知”的观点进行了研究，并指出其先知观的一些基本特征。董修元翻译出版了迈蒙尼德的另一部哲学著作《论知识》（山东大学出版社，2014年），并在《迈蒙尼德的宇宙生成论——先知论》（《学海》2016年第5期）一文中将迈蒙尼德的“先知论”与其“宇宙生成论”思想联系起来，考察了迈蒙尼德在《迷途指津》和《律法再述》两部宗教哲学著作中对于二者的相反立场。董修元指出，这种对立分别代表了阿拉伯亚里士多德主义和一神论形而上学两种不同的理论立场。他的博士论文《迈蒙尼德宇宙生成论研究》（山东大

① 也有学者将其名字译作“埃马纽尔·勒维纳斯”或“莱维纳斯”。

② 此外，也有学者对20世纪以来的犹太女性主义哲学思潮做了一定的介绍和思考。

学，2014 年）则集中考察迈蒙尼德有关世界起源的思想，代表了国内学界在这一领域的前沿水平。赵同生主要关注迈蒙尼德的宗教哲学思想，《略论迈蒙尼德神学思想中的理性因素》（《犹太研究》第 12 辑）探讨了迈蒙尼德思想体系中的理性因素，分析了他对犹太教中有关信仰上帝存在、爱上帝、阅读《圣经》等核心问题采取的理性解释方式，强调了人的理智在履行这些宗教义务的过程中发挥的重要作用。赵同生的《迈蒙尼德论律法、智慧与城邦治理》（《世界宗教研究》2016 年第 2 期）一文，分析了柏拉图“哲学王”概念对于迈蒙尼德宗教哲学思想的影响，认为迈蒙尼德在承认“哲学王”的智慧权威的同时，也主张至高无上的神圣律法对于维系民族文化认同、维护城邦公平以及个人实现终极幸福等方面的基础地位。赵同生在博士论文基础上出版专著《迈蒙尼德宗教哲学思想研究》（上海三联书店，2016 年）对迈蒙尼德的宗教哲学思想进行了系统研究。夏歆东同样在博士论文基础上出版《迈蒙尼德释经思想研究》（上海三联书店，2016 年）一书，与本书同属傅有德主编的“犹太学博士文库”，则关注于研究迈蒙尼德富有哲学色彩的“寓意释经法”。除此之外，王增福《理性的有限性与形而上学的可能性——论迈蒙尼德关于理性与信仰关系的思想》（《华中科技大学学报》2010 年第 5 期），高山奎《试论迈蒙尼德与斯宾诺莎的古今之争》（《哲学研究》2017 年第 9 期）等也对迈蒙尼德哲学有研究和涉及。另外，近年来国内学界经由施特劳斯来解读迈蒙尼德的相关研究也值得引起关注。

关注马丁·布伯宗教哲学的研究动力无疑最早源于其著名的“我—你”对话哲学。在山东大学出版社 2002 年出版其论文集《论犹太教》的同时，《我与你》这本小册子也由三联书店（陈维纲译）出版（杨俊杰从德文全新翻译的《我和你》于 2017 年由浙江大学出版社出版）。从宗教哲学理解方面来看，刘杰教授在《论马丁·布伯的宗教哲学》（《世界宗教研究》2000 年第 4 期）中认为，马丁·布伯是从哲学人类学的立场去理解宗教，揭示了人的“对话的存在”。对他来讲，人类宗教的历史就是人与上帝对话的历史，人与上帝的对话关系就是一种“我—你”关系。宗教信仰的基础就是人与上帝、与永恒的“你”之间存在的这一具有信赖性质的对话关系，而非对教义内容的信仰。需要说明的是，学者们的讨论涉及此一哲学体系在存在意义上的诸多方面，研究方法或视角也不尽相同，这里实际上也无从一一论及。

比较看来，对于马丁·布伯在犹太教自身问题及文化间对话上所抱有的态度，顾红亮在《统一·行动·未来——马丁·布伯对犹太教现代性的思考》（《宗教学研究》2006年第3期）认为，马丁·布伯洞察到犹太教在现代性危机中的处境。在此基础上，他一方面反对政治犹太复国主义、宗教或民族共同体理论等犹太教复兴观念，另一方面也渴望为犹太教展示现代性的资源，拓展其现代生存空间。延展开来，刘杰在《马丁·布伯论"东方精神"的价值》（《文史哲》2000年第6期）一文中则强调，马丁·布伯依据其独特的"对话哲学"方法，针对"西方中心主义"，主张东西方文化的对话和沟通，甚至东方的"教言"具有拯救当代西方颓废文化的力量。因此，西方在面对未来挑战时，必须与东方同行。布伯的以"我—你"关系为基础的"对话哲学"始终为人们所关注，王务梅《马丁·布伯的对话伦理》（《道德与文明》2018年第1期）一文指出布伯强调上帝在对话伦理情境中的在场，所以"对话伦理"同时也是对上帝负责的宗教伦理。与其他学者多侧重于阐释布伯"对话哲学"的内容及其影响不同，刘精忠的《布伯宗教哲学的哈西德主义内在理路》（《世界宗教研究》2011年第2期）一文探究了哈西德主义神秘范式对于"我—你"关系模式的影响，认为在此影响之下，布伯哲学从而不仅在信仰向度上实现了对传统西方哲学认识论的超越，同时也在对人之"生活世界"的强调中，实现了积极行动意义上的宗教普世主义关怀。

同马丁·布伯一样的道理，伊曼纽尔·列维纳斯的哲学理论在当代西方哲学界的影响如日中天，国内学界对其哲学话语的追踪和探讨也一直在持续的进行当中。从《上帝、死亡和时间》（余中先译，三联书店，1997年）、《塔木德四讲》（关宝艳译，商务印书馆，2002年）等译著开始，到《从存在到存在者》（吴蕙仪译，江苏教育出版社，2006年）、《总体与无限：论外在性》（朱刚译，北京大学出版社，2016年），最新的一部译著是《另外于是，或，在超过是其所是之处》（伍晓明译，北京大学出版社，2019年）。列维纳斯的主要著作文献基本都已有中文版面世，在相关后现代西方哲学的哲学史研究著作或多种研讨中，其哲学思想至少在当代业已成为不可或缺或跨越的一个重要组成部分。与此对应，对于其哲学主旨或特征的把握，国内哲学界在很多文章中都做了较为丰富的分析和讨论。相比之下，主要从事犹太哲学研究的学者参与的不是很多。

例如在《伦理学作为第一哲学如何可能？——试析列维纳斯的伦理思想及其对存在暴力的批判》（《南京大学学报》2006 年第 6 期）一文中，朱刚从纯粹哲学角度论证了列维纳斯哲学思想中伦理学地位的建构问题。作者强调，在传统的西方哲学中，存在问题一直被当作首要的和基本的问题，因此存在论也被视为是哲学中的基础部分，甚至是第一哲学。但是列维纳斯却质疑存在的这种优先性，并深入批判了存在作为一种普遍匿名的中性力量，对于每个独一存在者——尤其是作为绝对他者的他人，其所具有的暴力。与之相应，通过对我们与一个面容相遇的经验的考察，列维纳斯揭示了作为绝对他者的他人的不可还原性和在哲学上的优先地位，论证了自我如何在其前史中已经成为他人的替代并因此对于他人早已具有一种“无端的”责任。所以，我对于他人的关系首先应当是伦理关系，而非存在关系。这样，伦理学在列维纳斯那里就成了第一哲学，而非奠基在存在论之上的一个哲学分支。

与这一角度不尽相同的是，杜小真在《圣洁性的哲学——阅读列维纳斯的几点笔记》（《江苏社会科学》2006 年第 6 期）中，从列维纳斯与希腊哲学及希伯来《圣经》传统的关系出发，指出列维纳斯的“他者”思想所蕴含的价值力量，都来自他对传统遗产的独特思考和继承。作者论述说，列维纳斯最初针对的是西方哲学不容置疑的“存在”理论，希望哲学走出存在去看彼处，也就是脱离存在去发现“相异性”。只有从相异性角度进行的思考，才能实现真正的超越，这是希伯来思想的核心所在，其中心是伦理学，而这正是希腊哲学往往忘记的。简单地说，列维纳斯思想中表现了一种犹太教和哲学之间的张力，目的是要展示一种追求无限启示的思想，用对他者的绝对责任，对存在的正义的要求，与哲学和基督教多少世纪以来都未能阻止的罪恶抗衡。

复旦大学的孙向晨在《犹太哲学史》中撰写了“莱维纳斯”一章。他认为，自古希腊以来的西方哲学一直以本体论为努力的方向，其突出特征是泯灭他者的他性，追求同一性或总体性。在现代，就有谢林式的

“同一”，黑格尔式的“绝对”，雅斯贝尔斯的“大全”。但是，西方文化在这种追求总体的本体论传统中出现了危机，导致现代社会面临种种恶果，尤其表现为在现实中以暴力压制“他者”。而莱维纳斯的哲学则是关于“他者”的哲学。莱维纳斯强调“他者”旨在批判并超越西方本体论传统，以伦理的首要性代替本体论的首要性。在莱维纳斯那里，伦理绝不是哲学的某种分支，某种特殊的视野；伦理是第一哲学的视野，是超自然、超历史、超世界的视野，“道德不是哲学的分支，而是第一哲学”。这是莱维纳斯哲学的一个纲领性的命题。他认为，也许从莱维纳斯开始，哲学将开始一个新的转向，即伦理学转向。

此外，许多研究人员也从不同范畴的比较角度，探寻了列维纳斯的伦理哲学思想在死亡等诸多问题上与其他哲学家的异同。夏可君的《绝境的步伐——德里达在海德格尔与列维纳斯之间书写“死”》（《开放时代》2001 年第 11 期），方向红的《无限好客与永久和平——与德里达一起思考列维纳斯与康德在和平观上的对立》（《南京大学学报》2006 年第 6 期），梅谦立的《列维纳斯和利科的伦理学的异同》（《现代哲学》2007 年第 3 期）等诸多论述，都属于这一类型的哲学比较研究。值得关注的是，近年来列维纳斯在国内现象学研究领域受到更多关注。朱刚出版专著《多元与无端——列维纳斯对西方哲学中一元开端论的结构》（江苏人民出版社，2016 年）代表了该领域最前沿水准。此外还有大量相关文章讨论列维纳斯现象学，例如叶秀山的《海德格尔、列维纳斯及其他——思想札记》（《世界哲学》2016 年第 3 期），多是从纯粹哲学视角出发而涉及“犹太”极少，此处就不一一罗列了。

除去以上三位，其他近现代犹太哲学家及其哲学思想也引起学者们的关注和研究。傅永军主译了德国犹太思想家利奥·拜克的《犹太教的本质》一书，他在《伦理的一神教与唯一神的伦理确证——利奥·拜克自由神学思想的现代意义》（《世界宗教研究》2000 年第 2 期）一文中指出，拜克的自由神学思想重点关注于犹太教的实践理性，这一特点有利于犹太教向现代化的转化，从而使犹太教成为一种真正意义上的普世主义宗教。在另一篇文章《在爱中接近上帝——利奥·拜克论犹太教的本质》（《山东大学学报》2004 年第 3 期）中，傅永军指出拜克反对传统上帝观，而是强调上帝的伦理向度，主张“爱上帝就是爱人”这样一种新的神人关系。高萍在《利奥·拜克论犹太教作为神圣信仰来源》（《世界宗教研究》2014 年第 1 期）一文中梳理了拜克对于基督教的犹太历史起源考证，以及他从犹太教的一神神圣信仰及其伦理本质特征等方面对犹太教作为神圣信仰来源的阐释。美国犹太思想家亚伯拉罕·海舍尔同样受到关注，刘平在《与神共在——海舍尔犹太教圣经观述评》（《圣经文学研究》2010 年第 10 期）一文中分析了海舍尔致力于反驳人类中心主义和现代性困境的圣经观，他主张人透过圣经启示以及对启示做出回应来认识神，而非希腊思想那种纯粹理性主义的认识进路。陈玉梅在《试论海舍尔哲学视域中的犹太智慧》（《世界宗教文化》2011 年第 2 期）一文中指出，海舍尔面对希腊哲学和希伯来传统的不同思想进路和哲学阐释时，提供了犹太智慧作为一种有深度的哲学洞见。在《论海舍尔宗教哲学对象征主义的理解》（《世界宗教研究》2016 年第 6 期）一文中，陈玉梅考察了海舍尔对于两希传统之间关联与差异的剖析，并指出海舍尔通过对象征主义的哲学考量来化解理解两种传统之间的张力关系。王强伟的《海舍尔论“先知”》（《世界宗教文化》2018 年第 5 期）也是从海舍尔宗教哲学对于古希腊哲学的有意识批判出发，阐释了他在悲悯神学的框架下建立起别具一格的先知观。其他如崔永杰等的论文《论柯恩的“纯粹”一神教》（《世界宗教文化》2011 年第 2 期），孙增霖的论文《论理性宗教之“源于”犹太教的意义》（《山东大学学报》2004 年第 3 期）等研究了赫尔曼·柯恩的“理性宗教”思想。罗森茨威格及其哲学近来也引起关注，孙增霖、傅有德翻译了他的《救赎之星》，孙增霖还翻译了《罗森茨威格：生平与思想》（漓江出版社，2016 年），为罗森茨威格及其思想研究提供了最基本资料。高山奎发表论文《罗森茨威格的“新思”与古今中心之争》（《武汉大学学报》2017 年第 1 期）分析了《救赎之星》中提出的“新思”概念，并指出该思想对于今天我们重思古今中西之争的启发意义。另外，具有犹太血统的哲学家，比如斯宾诺莎、汉娜·阿伦特，甚至卡尔·马克思，始终受到学界高度关注，虽然偶有论及他们的犹太性，但更多还是在西方哲学的脉络中对他们的思想展开研究。

除去以上关于具体的犹太哲学家和思想家的研究之外，国内犹太哲学研究同犹太教研究一样，即还有一个特点，就是较为注重犹太哲学文化与自身中国哲学和中国文化间的比较。在这一点上，傅有德教授的3篇文章颇具代表性。其《东方与西方之间：犹太哲学及其对中国哲学的意义》（《文史哲》2003年第2期）一文认为，犹太哲学既不同于西方的理性主义哲学，也不同于中国古代的直觉主义哲学，它不仅在形式上利用西方哲学的理性思维方式来解释自己的传统，而且在内容上做到与西方哲学的融合与统一。因此，犹太哲学对中国哲学的意义在于，它表明中西哲学会通的道路是可行的，同时未来的中国哲学也应关注宗教信仰因素。出于同样的思考，在另一篇文章《传统与现代之间：犹太教改革及其对中国文化建设的借鉴意义》（《孔子研究》2005年第5期）中，作者认为犹太教在传统与现代之间的成功历史经验亦为中国人提供了有益的启示。其中，主要的一点就是，经过革新的传统仍然可以成为现代人的价值观。有鉴于此，国人在传统和现代的抉择面前，不应“非此即彼”，而应在实现物质层面现代化的同时，继承和革新以儒家为核心的传统，使之成为中国人的精神安顿和族性。第三篇文章《民族性与普世性之间：改革派犹太人的文化认同及其启示》（《宗教与哲学》第一辑，2012年）从文化认同的视角出发，指出犹太教改革派既遵从了犹太传统之根，又汲取了西方的普世价值观念，同时发掘并弘扬了犹太传统中的普世因素，基本上实现了民族性与普世性的兼顾与平衡。傅有德以东方与西方、传统与现代、民族性与普世性这三组概念，系统地阐释了犹太哲学和犹太文化对于中国文化发展的借鉴意义。

第四节　问题与展望

总体上说，在新中国成立后国内学界的犹太研究中，由于历史等多方面因素的影响和制约，严格意义上的犹太宗教及犹太哲学研究相对起步较晚。鉴于宗教及哲学研究本身在犹太研究中的重要性等因素，自20世纪90年代以来，这方面的专门性学术研究工作逐渐全面展开。通过成立专门的研究中心，举办各种专业性学术会议，出版专门性学术期刊，以及组织团队进行课题研究等多种形式，相关学术研究机构为代表的国内诸多单位及学者个人在此领域，付出了持续不懈的艰苦努力，取得了一批丰硕的成果。

毫无疑问，20 世纪 90 年代以来是国内犹太宗教和哲学研究的繁荣时期。较之在此之前兼及犹太宗教及哲学的部分研究成果，这一时期的专业性研究有两个学术特点：其一，更为强调宗教及哲学学科本身所具有的学术性角度，由此开始对犹太宗教及犹太哲学的诸多问题展开多层面的深入研究，使之更具专业特征；其二，在学术成果中，注重犹太宗教及犹太哲学当中的“犹太性”这一特质，并由此凸显自身研究在国内宗教及哲学学界的研究特色。就学术研究的具体价值而言，实际上，这一阶段研究的最大意义在于：相对以往从外在的广义文化或历史等角度对犹太宗教及哲学所做的讨论与研究，开始了从宗教及哲学学科角度展开专门性具体研究的内在转变。

值得人们警醒的是，在犹太研究的这一繁荣时期，由于特定的历史性影响，有关犹太宗教及哲学的具体研究在专业范围内还存在着诸多的问题，并有待进一步拓展和完善。例如，严格意义上说，无论是犹太宗教或是哲学研究，总体而言，现阶段成果仍然以翻译、介绍和研究为主，最近几年虽然较之此前有了较明显的国际化和原创意识，但是在理论性的研究方向上深度尚不够理想。在一定程度上，对于经典以及相关的宗教教义或哲学理论等，也缺乏更为专业性的、直接而深入的学术研究。不少研究成果偏于宏大叙事，在时效性追求与学术性价值上存在一定差距。在具体的个案研究中，除少数关注话题或对象外，无论是纵向性的，还是横向性的个别研究，都有待进一步深入和发展。与此同时，当代中国的犹太研究在价值中立和学术规范等议题上也存在一定的商榷之处。

显然，导致这些问题的主要因素是外在性的，但国内犹太宗教及哲学研究本身亦存在自身的一些先天性缺失。例如，作为一个历史上弱势的研究领域，无论是犹太哲学研究，还是犹太宗教研究，实际上在研究性特征等方面都深受国内西方宗教及哲学研究领域的影响，但同时考虑到多种因素的制约，又缺乏足够意义上的学术探讨和交流。由此造成的一个现象就是，在多学科研究方法并进、成果斐然的同时，整体上的研究效果往往呈现出某种机缘性，在研究方向、重点以及基本性的理解上多少略显无序。因此，当代中国犹太宗教及哲学研究的当务之急应当首先在于再一次明确和重申研究标准问题，从根本上说，就是坚持学术标准，从宗教及哲学学科本来所具的学术角度去研究问题，同时强调这种宗教及哲学研究的“犹太性”特征，实现内在性的宗教和哲学标准与外在的犹太性视域的结合。

第十五章

中国犹太教研究

张倩红　张佩佩　高　杨

长期以来，在许多中国人的观念与视野中，犹太教距离我们似乎很遥远。其实，早在犹太人流散并涉足东方之时，犹太教就已随之进入中国社会。据史料记载，犹太人与中国的较大规模联系大约始于唐代，特别是在商业与城市经济高度发达的北宋时期，其中最重要的表现就是犹太人定居于开封，从此开始了开封犹太人的漫长历史。虽然到了19世纪中期，古老的开封犹太社团逐渐消失，但这并不意味着犹太人在华散居史的终结；近代以来香港、上海、哈尔滨、天津等地在不同时期出现了规模不等的犹太社团，特别是二战期间上海犹太难民社区的形成，更为中犹关系史及犹太人在华散居史谱写了新的篇章。不同时期来到中国的犹太人不同程度地保留了自己的宗教文化，但由于犹太教只是一个民族宗教，几乎不在异族中传播教义也不发展信徒，再加上社团规模相对狭小以及教名的不断变更等因素，致使历史上的中国人对犹太教的认知和理解极为有限，即便是中国的知识分子阶层，把犹太教混同于伊斯兰教、基督教的情况都极为普遍。

从严格学术意义上讲，中国学者对犹太教的研究始于近代，清末著名史学家洪钧在《元史各教名考》① 一文中对犹太教做了初步介绍和考证。1913年，河南学者时经训撰写了《河南挑筋教源流考》②，同年，叶瀚也

---

① 洪钧：《元史译文证补》，光绪二十三年（1897年）版，第29卷。

② 根据开封学者孔宪易的考证，《河南挑筋教源流考》一文分别发表在《自由报·自由文综》（从民国二年一月二日起开始刊登，在三日、五日、六日、十日、十一日、十二日、十四日共刊八续）。民国八年，时氏所著的《河南地志》第六章《古物·开封挑筋教碑》和第八章《宗教·犹太教》对一赐乐业教分别有所补充。

发表了《一赐乐业教碑跋》[①] 一文。20世纪二三十年代，魏维贞、魏亦亨、徐宗泽、方豪等学者也有同类文章发表。陈垣于1920年发表的《开封一赐乐业教考》[②] 是近代国人系统研究中国犹太人问题的第一篇论著，该文详细研究了中国开封犹太社团的历史、教名起源、经典的内容和流散状况、犹太会堂的碑文以及犹太教与伊斯兰教的异同等。作者进行了大量考据工作，资料丰富，论述翔实，被后人广泛引用。

新中国成立后，复杂的国际国内形势及意识形态等因素致使中国与以色列建交的问题被束之高阁，加之“文化大革命”期间“左”倾思想的影响，对犹太教的研究沉寂了数十年而无人问津。改革开放后，随着宗教研究在中国的复兴，犹太教研究也逐渐活跃起来。据不完全统计，自改革开放以来共出版与犹太教有关的著作50余部（包括译著），发表论文160篇左右，内容涉及犹太教教理、教义、教派、犹太教的特征、文化功能及其影响、犹太教与其他宗教的对比研究、犹太教在中国的发展与演变，等等。探源寻流、综脉理络，其中最能反映学术发展轨迹、体现学科水平的研究集中在以下几个方面。

第一节　犹太教的教义及派别研究

一　对犹太教的整体介绍与研究

20世纪80年代，随着中国对外开放的深入，犹太人问题得以进入学者视野，一些中国学者开始撰文介绍犹太教情况。1983年赵复三的《犹太教简介》[③] 一文发表后，陆续有学者将犹太教的经典、教义介绍给国人，从而为开展犹太教的研究提供了前提。如曾炳祥的《犹太教的圣书——“摩西五经”》[④]、孙政清的《犹太古教教义·教历·节令——基

① 叶瀚：《一赐乐业教碑跋》，《东方杂志》1913年6月1日第10卷，第12号。

② 陈垣：《开封一赐乐业教考》，《东方杂志》1920年3月10日第17卷，第5、6、7号。

③ 赵复三：《犹太教简介》，《世界宗教资料》1983年第3期。

④ 曾炳祥：《犹太教的圣书——“摩西五经”》，《苏州大学学报》1988年第3期。

督宗教知识札记》[①] 等。

在犹太研究不断向纵深发展的情况下，20 世纪 90 年代起中国开始有学者进行犹太教经典和著作的翻译工作。如张平翻译的《阿伯特—犹太智慧书》[②] 是犹太教经典《塔木德》中的格言汇总，向中国学者展示了犹太教元典文化的深邃与奥妙。学者们还翻译了一些近现代犹太思想家的名著，如诺曼·所罗门的《犹太教》[③]、G. G. 索伦的《犹太教神秘主义主流》[④]、安德烈·舒拉基的《犹太教史》[⑤]、埃马纽埃尔·勒维纳斯的《塔木德四讲》[⑥] 等，从而为中国学界开展犹太教的研究提供了极大的便利。

除了学者个人的译著之外，20 世纪 90 年代后期，部分高校开始组织对犹太教相关著作的系统翻译，由傅有德主持、山东大学犹太教与跨宗教研究中心组织翻译的"汉译犹太文化名著丛书"陆续出版。丛书所选著作均为在西方学术界产生过重大影响之名著，多是犹太学者的宗教学研究著作。其中包括海姆·马克比的《犹太教审判》、大卫·鲁达夫斯基的《近现代犹太宗教运动》、摩西·迈蒙尼德的《迷途指津》、亚伯拉罕·科恩的《大众塔木德》、塞西尔·罗斯的《简明犹太民族史》、利奥·拜克的《犹太教的本质》、马丁·布伯的《论犹太教》、摩迪凯·开普兰的《犹太教：一种文明》、弗兰茨·罗森茨维格的《救赎之星》、亚伯拉罕·海舍尔的《觅人的上帝》等。该丛书已经成为国内学界从事犹太教学习与研究的入门书与工具书，有筚路蓝缕之功。

2009 年，南京大学犹太文化所又推出了两本译著：乔纳森·D. 萨纳的《美国犹太教史》[⑦] 和撒母耳·S. 科亨的《犹太教：一种生活之道》[⑧]。

---

① 孙政清：《犹太古教教义·教历·节令——基督宗教知识札记》，《中国天主教》1994 年第 5 期。

② 阿丁·施坦泽兹诠释：《阿伯特—犹太智慧书》，张平译，中国社会科学出版社 1996 年版。

③ 诺曼·所罗门：《犹太教》，赵晓燕译，辽宁教育出版社 1998 年版。

④ G. G. 索伦：《犹太教神秘主义主流》，涂笑非译，四川人民出版社 2000 年版。

⑤ 安德烈·舒拉基：《犹太教史》，吴模信译，商务印书馆 2001 年版。

⑥ 埃马纽埃尔·勒维纳斯：《塔木德四讲》，关宝艳译，商务印书馆 2002 年版。

⑦ 乔纳森·D. 萨纳：《美国犹太教史》，胡浩译，大象出版社 2009 年版。

⑧ 撒母耳·S. 科亨：《犹太教：一种生活之道》，徐新、张利伟等译，四川人民出版社 2009 年版。

《美国犹太教史》对漫长的美国犹太教历史进行了分析、总结，特别关注了犹太教在美国的种种变革与思想演进，尤其是美国犹太教各种派别的形成和分化。作者认为犹太教在美国的发展是一个积极适应和再创造的过程，尽管美国犹太教面临外部世界的挑战和内部不同思想的冲突与对立，但仍然遵循着统一和发展这条主线。同时，他反对将美国犹太教机械地划分为不同宗派和阶段，认为美国犹太教是一个由产生到壮大、中间不时衰落而又不断复兴的动态过程。事实上，这也正好证明了犹太教不仅仅是单纯意义上的宗教，而且是犹太人生活密不可分的一部分。《犹太教：一种生活之道》一书不是单纯地就信仰而谈信仰，而是从生活出发，论述犹太教的产生、历史和意义，介绍犹太人的日常伦理和他们怎样将宗教内化至生活，如何因自己的“行”而实践宗教信仰，该书对犹太教的阐释代表了当代改革派的主流观点。

与此同时，国内学者的研究成果也相继问世。周燮藩发表了《论什么是犹太教》和《犹太教的自我诠释——再论什么是犹太教》[①] 两篇论文，从宗教学的视角对“犹太教”一词加以定义。在《论什么是犹太教》一文中，周燮藩认为犹太教首先应是一神教，其次应定义为犹太人所信仰的宗教。按此定义，他将犹太教与其他宗教进行比较，认为犹太教更注重行动而非形而上的信仰。在《犹太教的自我诠释——再论什么是犹太教》中，作者进一步指出界定犹太教的两点难处：一是其独特性源自历史经验，要从历史经历中把握其独特性；二是犹太教多样性与其本质的统一。犹太教的多样性是社会发展的产物，需在歧异中寻求一致，以其本质去统一其多样性。据此他主张从不同时期不同派别对犹太教的不同诠释入手，重新分解和组合犹太教的定义，以此来更深入地探讨和认识组成犹太教的不同传统。

在论著方面，张文建的《信仰战胜苦难：犹太教》[②]、黄陵渝相继出版的《世界犹太教与文化》《犹太教学》《当代犹太教》[③] 等著作不但记

---

① 周燮藩：《论什么是犹太教》，《世界宗教研究》2000 年第 2 期；《犹太教的自我诠释——再论什么是犹太教》，《世界宗教研究》2001 年第 1 期。

② 张文建：《信仰战胜苦难：犹太教》，世界知识出版社 1998 年版。

③ 黄陵渝：《世界犹太教与文化》，中央民族大学出版社 1999 年版；《犹太教学》，当代出版社 2000 年版；《当代犹太教》，东方出版社 2004 年版。

述了犹太教产生与发展的历史，也阐释了犹太教的基本教义、伦理道德、律法体系、经典文献、礼仪习俗等。《犹太教学》还特别回顾了百年来国内犹太教学术研究的发展轨迹；《当代犹太教》则以时间为经、空间作纬，着重叙述了犹太教在当今以色列、美洲、欧洲、俄罗斯、亚洲、非洲及大洋洲等地的传播情况，向读者展示了一幅较为全面的当代犹太教发展概貌。周燮藩主编的《犹太教小辞典》[①] 是国内同仁协力编撰的第一部有关犹太教的专业性工具辞书。该书篇幅长达40余万字，收录相关词条1500多个，包括犹太教总论、教派、经典、人物、教义等方面，对国内学术界存在的译名混乱现象进行了规范整理。傅有德的《犹太哲学与宗教研究》[②] 收录了作者10多年来的研究成果，记载了作者学术思想的发展历程，其中关于犹太教的部分更是作者长期以来的思想结晶与学术概括。

学者们还比较深入地研究了犹太教的起源和历史演变。张倩红等的《犹太教史》以时间为线索，详细梳理了犹太教的历史变迁和发展全貌。作者认为，摩西十诫的创立标志着犹太一神教的产生，此后犹太教经过不断发展演进，大致分为圣经时代、拉比时代、中世纪、近现代和当代犹太教等发展阶段。“虽然一直未能突破民族宗教的樊篱成为普世性的宗教，但犹太教却在长达30多个世纪的历史长河中基本保持了元典特色，并不断传承、延续，不仅深刻影响了基督教、伊斯兰教等世界性宗教，而且至今保持着旺盛的生命力。”[③] 这归根结底是由于犹太教具有包容性、多样性；典型的民族性特征与极强的政治参与性；传统犹太教中蕴含了丰富的现代性因子等诸多方面。

宋立宏等主编的《犹太教基本概念》以《希伯来圣经》和《塔木德》为研究基础，详细梳理了拉比犹太教传统和相关犹太教神学概念。[④] 周燮藩等的《犹太教概论》也以时间顺序为线索，梳理了犹太教在古代、近现代以及当代的发展脉络，以专题形式介绍了犹太教的经典、基本信仰

① 周燮藩：《犹太教小辞典》，上海辞书出版社2004年版。

② 傅有德：《犹太哲学与宗教研究》，中国社会科学出版社2007年版。

③ 张倩红等：《犹太教史》，华夏文化出版社2011年版，前言第3页。

④ 宋立宏、孟振华主编：《犹太教基本概念》，江苏人民出版社2013年版。

和礼仪、犹太教哲学、犹太教神秘主义以及当代犹太教的教派发展等诸多方面。[①]

二　犹太教的基本教义与特征

其一，犹太教的上帝观。犹太教崇拜无形无质的独一真神，认为神是独一的、永恒的、万能的；宇宙不存在任何其他上帝，也从未有人可以被奉为神圣；人类要畏惧上帝、热爱上帝。周燮藩的《犹太教上帝名讳考》[②] 对希伯来圣经和拉比文献中的“上帝”这一称呼做了比较和考证，确认“雅赫维”为犹太教上帝之名，并就它的变化原因和历史背景做出了解释，认为这个名称含有丰富的历史和宗教意义，学者若对它随意改变和翻译则是不恰当的。徐向群《上帝和人——对犹太教教义之探索》[③] 一文从人对上帝的认识和人与上帝的关系入手，最终得出犹太教的基本思想是爱上帝兼爱人的观念。沈坚在《古代犹太教一神观的演进》[④] 中探讨了犹太教一神观念的内涵和其漫长复杂的演化过程。徐新在《犹太教的独一神论》一文中从人与自然关系的角度解读了犹太教的独一神论提出的最初意义。作者认为，犹太教的独一神论的最初提出和日后的流传赋予了世界以目的和意义，使得世界从沉迷中醒悟，提升了宇宙和个人存在的意义。[⑤]

其二，犹太教的选民观。犹太教认为犹太人是与上帝订立契约的特殊“选民”，犹太人必须遵守契约，履行上帝赋予的职责。由于这一契约，每个犹太人作为民族一分子都与上帝发生关联，宗教与民族观念血肉相连、密不可分地结合在一起。傅有德的《犹太教中的选民观念及其嬗变》[⑥] 阐释了古代希伯来宗教、拉比犹太教、近现代犹太教等不同发展时期选民观念的内涵与演变。他指出：古代希伯来宗教以圣经为基础，认

① 周燮藩、刘精忠：《犹太教概论》，中国社会科学出版社2012年版。
② 周燮藩：《犹太教上帝名讳考》，《世界宗教研究》1999年第3期。
③ 徐向群：《上帝和人——对犹太教教义之探索》，《同济大学学报》1994年第1期。
④ 沈坚：《古代犹太教一神观的演进》，《华东师范大学学报》1994年第3期。
⑤ 徐新：《犹太教的独一神论》，《宗教学研究》2014年第1期。
⑥ 傅有德：《犹太教中的选民观念及其嬗变》，《文史哲》1995年第1期。

为上帝选定亚伯拉罕及其子孙与之立约，以色列人是作为神的宠儿和向世界各族传教的先导出现在世上的。至拉比犹太教时期，虽然以色列人流落各地，但并未抛弃选民的概念；拉比们相信，正是因为唯有以色列人愿意遵守并传播上帝的律法，才得到这种格外的恩宠和保护。随着基督教成为主导性意识形态，许多犹太人开始重新思考并修正选民概念。傅有德强调，选民概念在一定意义上维护了犹太人的民族性和宗教传统，但它作为历史的产物，随着时间的推移和犹太文化的发展终会有一天趋于消失。黄启祥在《犹太人：选民还是弃民?》一文中指出，一方面，选民观念使得犹太人具有一种排他性，是造成犹太人遭受迫害的重要原因；另一方面，犹太人对选民观念的坚守也是支撑他们超越苦难的精神力量。[①] 赵光贵的硕士论文《试析犹太教选民观的嬗变》[②] 从圣经时代、中世纪时代和近现代三大时期论述了犹太教选民观念的产生、发展和变化的历史。论文还着重探讨了犹太教神秘主义派别哈西德派和启蒙运动思想家对选民观的重新审视过程，以及近现代犹太教的不同派别对选民观念的不同看法。[③]

其三，犹太教的律法性。顾俊杰的《犹太教与犹太法律文化》[④]、黄天海等人的《摩西法律的契约形式和以律法为核心的希伯来宗教》[⑤] 和许广灵的《犹太律法发展历程初探》[⑥] 研究了犹太教的律法观念。他们认为，作为一个民族，犹太人首先服从和履行上帝规定的律法，视之为神圣不可侵犯之物。犹太教有两部主要的律法书：成文律法《托拉》和口传律法集《塔木德》。它们不但是宗教戒律，同时也是世俗生活中的道德规范。犹太人认为上帝的无上权威和意旨都体现在他所启示的一切律法中，人们对上帝的敬畏和热爱都是通过在每日生活中遵从上帝的戒律来表达

① 黄启祥：《犹太人：选民还是弃民?》，《山东大学学报》（哲学社会科学版）2009 年第 6 期。

② 赵光贵：《试析犹太教选民观的嬗变》，硕士学位论文，河南大学，2005 年。

③ 同上。

④ 顾俊杰：《犹太教与犹太法律文化》，《同济大学学报》1998 年第 1 期。

⑤ 黄天海等：《摩西法律的契约形式和以律法为核心的希伯来宗教》，《世界宗教研究》2002 年第 2 期。

⑥ 许广灵：《犹太律法发展历程初探》，《世界宗教研究》2011 年第 2 期。

的；因此，戒律对犹太人来说具有至高无上的意义。遵守戒律不应看成一种负担，而应看成一种欢乐，因为遵守戒律的人与上帝更接近了。犹太教这种视律法为神圣的观念深深影响了犹太世俗法律，同时对西方法系也有着影响。何小莲在《希伯来法精神——犹太教对现代西方文明的贡献》[①]一文中指出，犹太人不但在民族文化最初兴起的时候就建立了一整套律法体系，更在以后寸土皆无的流亡情况下成熟和完善了它，对犹太人来说，律法就是神颁布的，人世间任何权力都无法超越其上。这种律法至上的理念极大地影响了初创时期的西方法学体系，也为西方文明中对平等公正的社会理想的推崇埋下了种子。

其四，犹太教的伦理性。犹太教非常重视伦理规范和宗教道德，认为人对上帝的热爱和信仰就是遵守上帝以律法形式向世人传递的道德观念。陈超南的《在上帝和生活之间寻求平衡》[②]是较早的对犹太教伦理观念进行探讨的文章之一，该文从宗教信仰、日常生活、强者精神和商业借贷四个方面考察了犹太民族的伦理观念，认为由于上帝观念对生活的处处渗透，犹太教的宗教伦理特征才得以突出彰显。文章还指出，犹太教的借贷伦理所建立的契约关系已经融入了资本主义精神之中。黄陵渝将犹太教的伦理规范归结为“爱上帝”和“爱世人”两大主题，并通过这两大主题揭示了犹太教深层次蕴含的“公正”“公义”等伦理准则和行为规范。[③]

此外，李勤在《试论犹太教的基本特征》还指出犹太教具有此岸性、直观性的特征，与基督教相比，犹太教教义注重今世的善行和恶行，以及由此所带来的直接宗教回应。因此，宗教不只是一种意在描绘来世的精神寄托，而且是今生可看可触的生活方式。同样，犹太教对守教者的判定并不仅仅根据其信仰的虔诚与否，而且同样注重教徒对律法这种直观的宗教外在形式的遵守和效果。[④]

---

① 何小莲：《希伯来法精神——犹太教对现代西方文明的贡献》，《陕西师范大学学报》2001 年第 2 期。

② 陈超南：《在上帝和生活之间寻求平衡》，《学术季刊》1998 年第 3 期。

③ 黄陵渝：《论犹太教伦理的核心主题》，《世界宗教研究》2001 年第 1 期。

④ 李勤：《试论犹太教的基本特征》，《云南师范大学学报》2001 年第 3 期。

三 犹太教的派别

如历史上出现的各种宗教一样，犹太教在长期的发展过程中也分化出了各种不同的派别，从近代以来的情况来看，主要可以分为正统派、改革派、保守派、重建派等。

黄陵渝在《犹太教正统派》[①] 中介绍了正统派的基本情况。指出正统派是犹太教最大的派别，该派的特点是严守犹太教的传统信仰、律法和礼仪，尤为注重教育，并拒绝变革。

当然正统派也并非铁板一块，大体可分为三个支派：极端正统派、现代正统派和哈西德派。近年来哈西德派研究在国际犹太学术界格外引人关注，哈西德派是18世纪中叶诞生在东欧的神秘主义派别，旨在从内部改变犹太人，唤起犹太人内心的宗教热情。他们不注重理性和知识，更为强调人的情感，目的是通过无杂念的虔诚祈祷而达到与上帝的交融。国内研究哈西德主义的学者并不多，马丹静的硕士论文《哈西德运动研究》[②] 对这一问题进行了深入探讨，阐述了哈西德运动兴起的原因、背景和发展历程，重点分析了哈西德领袖（柴迪克）在运动中所起的作用。马丹静认为，哈西德运动是在外部社会动荡不安、犹太人内部出现矛盾和分化的局面下出现并兴起的，从本质上来说，它是一场信仰复兴运动。哈西德运动独特的教廷制和柴迪克制成为它快速扩张并在历次劫难后不断复兴的关键。同时，哈西德运动将宗教活动的重心从思维转移到内心，从对经典的枯燥研究转为内心对上帝的热爱，这种简单化、现实化、通俗化的宗教信仰对广大下层群众具有强烈的吸引力。这些都是哈西德运动拥有大量信徒并能在二战后迅速复兴的原因。白玉广在《犹太哈西德运动历史初探》一文中对近代犹太哈西德运动产生的社会背景、发展状况以及在现代性社会中的价值进行了历史性的考察。作者指出，在现代性占据主流的当今世界里，哈西德运动的存在仍然具有其独特的文化意义，应当得到主流社会

① 黄陵渝：《犹太教正统派》，《世界宗教文化》2006年第1期。

② 马丹静：《哈西德运动研究》，硕士学位论文，河南大学，2009年。

文化的理解与尊重。[①] 另外由董小川主编的《现代欧美国家民族的同化与排斥》[②] 一书中的第九章“现代美国犹太教正统派（哈西德派）及其同化问题研究”对哈西德运动的基本含义、历史由来、基本教义等情况做了系统介绍，并专门对哈西德派在美国的历史、现状、派别进行了详细梳理，提出了哈西德派在美国多元与现代环境下所面临的认同整合和精神调适等具有普遍意义的犹太文化命题。

黄陵渝的《世界犹太教与文化》[③] 和《当代犹太教》[④] 等著作梳理了改革派犹太教的发展脉络，认为改革派的主导思想带有明显理性主义因素，即强调犹太教必须随着时代的变化而变化，在发展过程中摒弃过时的、不合理的成分，以适应现代生活的需要。改革派在发展过程中废弃了不少古老的习俗，如礼拜时男女混坐、不用希伯来语而用所在国语言读经、实行男女平等原则、妇女有担任拉比的权利等。傅有德的《民族性与普世性之间：改革派犹太人的文化认同及其启示》一文从文化认同视角出发，指出改革派犹太人既遵从了犹太传统之根，又汲取了西方的普世价值观念，同时发掘并弘扬了犹太传统中的普世因素，基本上实现了民族性与普世性的兼顾与平衡。[⑤] 此外，唐立新在《美国犹太教改革运动的思想源流》一文中从宗教改革、启蒙运动以及宗教环境等三大方面入手，详细分析了上述三种因素对美国犹太教改革运动的影响，进而指出，美国犹太教改革运动是多种因素合力的结果，是时代精神与自身革命的结合。[⑥]

近年来，从美国保守派中分化出来的重建派逐渐引起了学者们的关注。胡浩在《在传统与现代之间——论“作为一种文明的”犹太教》[⑦]

---

① 白玉广：《犹太哈西德运动历史初探》，《世界宗教研究》2010 年第 4 期。

② 董小川主编：《现代欧美国家民族的同化与排斥》，上海三联书店 2008 年版。

③ 黄陵渝：《世界犹太教与文化》，中央民族大学出版社 1999 年版，第 112 页。

④ 黄陵渝：《当代犹太教》，东方出版社 2004 年版，第 384 页。

⑤ 傅有德：《民族性与普世性之间：改革派犹太人的文化认同及其启示》，《宗教与哲学》2012 年第 00 期。

⑥ 唐立新：《美国犹太教改革运动的思想源流》，《求是学刊》2014 年第 6 期。

⑦ 胡浩：《在传统与现代之间——论“作为一种文明的”犹太教》，《烟台师范学院学报》2005 年第 3 期。

中对摩迪凯·开普兰的思想进行了研究。开普兰是重建派奠基人和开创者，他认为正统派、改革派和保守派都不能适应现代性和当代犹太生活的需要，因而必须加以重建，将其改造成为自然民主型的宗教。犹太教应当是一种进化的文明，上帝、《托拉》和犹太人是构成它的三大要素。重建派在仪礼上接近保守派，但在理论观点上甚至比改革派还要激进。这个派别主张自由解释传统，要求宗教生活民主化，鼓励和支持以色列国的建设。傅有德的《试论开普兰宗教哲学》[①] 一文探讨了开普兰的宗教哲学思想，他指出对开普兰来说，并不存在着超自然的上帝，上帝就意味着内在于宇宙间的创造力或生命力，这种生命力内化至自然界、社会和个人之中即成为至上的信仰，同时又为人们提供了人生之目的与动力。这就意味着开普兰把传统犹太教中的人格神请出了宗教领域，代之以一种弥漫在人和宇宙间的和谐力量。

学者们也关注了犹太教中的神秘主义问题。从宗教与文化的角度看，神秘主义因为反映人内心对宗教的本质渴求，经常被视为最纯正宗教精神的代表。由涂笑非翻译的 G. G. 索伦《犹太教神秘主义主流》[②] 一书对浩瀚的原始资料进行了整理和分析，概括了犹太神秘主义的基本特征和发展阶段。刘洪一的《犹太文化中的神秘主义及其效用》[③] 从早期犹太文献中的神迹奇事以及散布在犹太生活中的禁忌、戒律等入手，认为犹太神秘主义是贯通在宗教与世俗生活中的一种大众情感和文化品性，它的核心内容和认识论基础是对上帝和世界的不可知论。刘精忠的《宗教神秘主义与犹太弥赛亚信仰探析》[④] 一文对喀巴拉运动、萨巴泰·泽维运动、哈西德运动和弥赛亚运动关系做了一定的探讨。

四　著名人物的宗教思想研究

作为一种民族宗教的内在体现，犹太文化史上的著名思想家大多深受犹太教的影响。近年来，中国学者不仅翻译了《理性之光：阿哈德·哈

① 傅有德：《试论开普兰宗教哲学》，《山东大学学报》1999 年第 3 期。

② G. G. 索伦：《犹太教神秘主义主流》，涂笑非译，四川人民出版社 2000 年版。

③ 刘洪一：《犹太文化中的神秘主义及其效用》，《徐州师范大学学报》1992 年第 4 期。

④ 刘精忠：《宗教神秘主义与犹太弥赛亚信仰探析》，《长安大学学报》2002 年第 4 期。

姆与犹太精神》[①]《希腊化世界中的犹太人：斐洛思想引论》[②]《阅读施特劳斯：政治学、哲学、犹太教》[③] 等重要著作，而且对斐洛、利奥·拜克、马丁·布伯等著名犹太思想家的神学或哲学思想进行了多方位的解读。

斐洛是希腊化时期的著名犹太神学家和哲学家，他的思想联结了希伯来文化、希腊文化和基督教文化。范明生的《犹太教神学是东西方文化的汇合——论斐洛的神学》[④] 讨论了斐洛关于神的论证、逻各斯思想及斐洛的历史地位。他认为斐洛的逻各斯思想将犹太传统智慧观和希腊哲学中的逻各斯思想结合起来，给早期基督教上帝观带来了深远的影响，寓意解经法则开创了基督教解经学的历史。李磊的《信仰与理性的汇融——斐洛思想研究》在综合研究斐洛的思想之后指出，斐洛对《旧约圣经》的寓意解释，不仅开创了犹太教、基督教"释经学"的漫长历史，而且对基督教教义的发展具有重要的指引作用。[⑤] 郑阳在《试论斐洛的教育观》一文中系统阐释了斐洛的教育观念，并指出，斐洛的希腊式教育设置了道德属性，使希腊因素融入希伯来文化之中，达到了希腊文化和希伯来文化的融合。[⑥]

傅永军的《在爱中接近上帝——利奥·拜克论犹太教的本质》[⑦] 注重利奥·拜克神学思想中"爱"的方面，认为利奥·拜克反对传统的上帝观念，强调上帝的伦理属性，他的思想主要表达了人与上帝的互爱这样一种新的神人关系。在另一篇文章《伦理的一神教与唯一神的伦理确

① 高乔克：《理性之光：阿哈德·哈姆与犹太精神》，徐新译，内蒙古人民出版社 1999 年版。

② 罗纳尔德·威廉逊：《希腊化世界中的犹太人：斐洛思想引论》，徐开来、林庆华译，华夏出版社 2007 年版。

③ 斯密什：《阅读施特劳斯：政治学、哲学、犹太教》，高艳芳、高翔译，华夏出版社 2012 年版。

④ 范明生：《犹太教神学是东西方文化的汇合——论斐洛的神学》，《学术季刊》1991 年第 2 期。

⑤ 李磊：《信仰与理性的汇融——斐洛思想研究》，博士学位论文，清华大学，2004 年。

⑥ 郑阳：《试论斐洛的教育观》，《学海》2008 年第 3 期。

⑦ 傅永军：《在爱中接近上帝——利奥·拜克论犹太教的本质》，《山东大学学报》2004 年第 3 期。

证——利奥·拜克自由神学思想的现代意义》[①] 中，傅永军认为利奥·拜克成功地将犹太教神学限制在伦理领域；在他的自由神学中，存在论让位于关系论，本体论让位于伦理学。此外，高萍在《利奥·拜克论犹太教作为神圣信仰来源》一文中指出，利奥·拜克作为现代犹太学者，通过客观阐释犹太教的神圣信仰本质特征，不仅继承和发扬了犹太传统文化，还确证了犹太教和犹太人存在的价值和意义。[②]

马丁·布伯是现代德国最著名的宗教哲学家，宗教存在主义的代表。刘杰在《论马丁·布伯的宗教哲学》[③] 从人本主义的对话哲学、新哲学思想和复兴犹太教三大方面深入论述了布伯的宗教哲学思想。顾红亮从马丁·布伯对犹太教的批评和复兴思想着手，阐述了布伯对犹太教三种复兴概念（政治复国主义运动、宗教共同体的复兴、民族共同体的复兴）的批判，以及布伯对“统一的观念、行动的观念和未来的观念”这犹太教三大趋势的深刻解读。[④] 刘精忠的《布伯宗教哲学的哈西德主义内在理路》一文详述了布伯的宗教存在主义哲学与犹太教哈西德主义之间的关联。作者认为，布伯的宗教存在主义哲学不仅在哲学层面上超越了传统的西方哲学认识，而且具有普世主义关怀。[⑤]

第二节　犹太教与其他宗教

犹太教在其发展过程中孕育了早期基督教，也极大地影响了伊斯兰教的创建和发展。因此，对于犹太教与基督教、伊斯兰教之间关系的研究历来为国际学术界所瞩目。近年来中国学者也开始涉足该领域的研究，并发

① 傅永军：《伦理的一神教与唯一神的伦理确证——利奥·拜克自由神学思想的现代意义》，《世界宗教研究》2000 年第 2 期。

② 高萍：《利奥·拜克论犹太教作为神圣信仰的来源》，《世界宗教研究》2014 年第 1 期。

③ 刘杰：《论马丁·布伯的宗教哲学》，《世界宗教研究》2000 年第 4 期。

④ 顾红亮：《统一·行动·未来——马丁·布伯对犹太教现代性的思考》，《宗教学研究》2006 年第 3 期。

⑤ 刘精忠：《布伯宗教哲学的哈西德主义内在理路》，《世界宗教研究》2011 年第 2 期。

表了一些有见地的成果。赵复三在《对犹太宗教文化与其他文化关系的一点探索》[①] 中就犹太教与基督教、伊斯兰教的渊源关系和犹太教对欧洲文艺复兴运动的影响做了精辟的论述，认为犹太教在基督教和伊斯兰教的产生时期、西欧文艺复兴运动时期都发挥了“酵母”的作用。

一　犹太教与基督教

基督教与犹太教的分离一直是世界性的难题。中国学者们的研究对此也多有涉及，目前的主流观点是：基督教源于犹太教，是犹太文化裂变和重组的结果；基督教直接继承了犹太教的核心教义和经典，并在此基础上发展成为新兴宗教。基督教与犹太教的差异主要表现为上帝概念外延的扩大、律法的革新和解读、经典的创新等方面。肖宪在《谜一般的犹太人》一书中指出，实质而言，基督教与犹太教是一种你中有我、我中有你的关系，但在现实生活中，两教却千百年来纷争不断。基督教在教义和教规方面受犹太教影响很大，特别在教义上，基督教较多地吸收了犹太思想家斐洛的神学思想。[②] 张倩红在《以色列史》一书中明确指出，虽然基督教脱胎于犹太教，在许多方面继承了犹太教的遗产，但两教在基本教义、选民观和宗教礼仪上却存在本质性的差异。基督教认为，耶稣基督是上帝在尘世的化身，耶稣就是弥赛亚，犹太教则认为耶稣只是一介凡人，彻底否认耶稣的神性，更不认为耶稣就是弥赛亚；犹太教主张犹太人是上帝的“特选子民”，这也是犹太人在困境中的希望之光，基督教则否定犹太人的选民地位，认为犹太人已经被上帝所抛弃；基督教有意冲破犹太教的古板而严酷的礼仪，形成自身的一整套与犹太教相去甚远的礼仪体系。[③]

赵林的《论基督教与犹太教的文化差异》[④] 用道德主义与律法主义、内在信仰与外在仪式的差别对双方的差异进行定位，认为二者的分歧主要有三点：基督教形而上学的神学理论与注重直观与现世的犹太教不同；犹太教外在律法对信仰的规范与基督教更侧重于内在对信仰的坚持有别；基

---

① 赵复三：《对犹太宗教文化与其他文化关系的一点探索》，《世界历史》1989 年第 2 期。

② 肖宪：《谜一般的犹太人》，中国工人出版社 2007 年版。

③ 张倩红：《以色列史》（修订本），人民出版社 2014 年版。

④ 赵林：《论基督教与犹太教的文化差异》，《宗教学研究》1997 年第 2 期。

督教提出了与犹太教的效果论道德观相反的动机论道德观。傅有德在《论犹太教与基督教的信与行》[①] 一文中指出：“信”与“行”是犹太教和基督教中的两个重要范畴。犹太教以对上帝的信仰为基础，突出行为和律法的作用，注重“因行称义”。基督教以对耶稣基督的本真信仰为基础，认为只有依赖“信仰”才能得救，强调“因信称义”。它们之间更本质的区别是信仰对象和救赎手段不同。王周钦、张维的《论早期基督教和犹太教分裂的必然性》[②] 不但从政治目标和教义体系的分歧论述了两教分裂的原因，同时也关注了当时独特的历史背景，认为犹太人的希腊化和离散为基督教的独立发展提供了有利的基础，争夺教徒加速了二教共同社会基础的分裂，而圣殿被毁和巴尔·科赫巴起义则最终完成了二者的分离。刘爱兰的《试论基督教对犹太教的继承与革新》[③] 研究了早期基督教改革家为传播基督教所做的贡献和基督教迥异于犹太教的基本组织形式。此外，梁工的《古代犹太教与早期基督教：希腊哲学观照下的两种释经理念》对比分析了古代犹太教与早期基督教的释经理念；[④] 刘建军的《改造性的阐释：基督教对犹太教的传承与发展》一文论述了基督教对犹太教文化的接收和历史传承；[⑤] 刘南阳的《论基督教与犹太教分离视域中的犹太教异端祝祷》则对犹太教的异端祝祷与两教分离的关系做了一定探究。[⑥]

学者们还对弥赛亚信仰进行了关注。“弥赛亚”一词为希伯来语音译，原意为“受膏者”，但后来被赋予一种特定的含义，意味着国家的复兴和人民的拯救。在犹太教义里，“弥赛亚”身兼先知、祭司、君王多重角色，是一位伟大的领袖，他将率领犹太人建立一个新的永恒国度。梁工

---

① 傅有德：《论犹太教与基督教的信与行》，《文史哲》2005 年第 3 期。

② 王周钦、张维：《论早期基督教和犹太教分裂的必然性》，《哈尔滨师范学院学报》2006 年第 5 期。

③ 刘爱兰：《试论基督教对犹太教的继承与革新》，《中央民族大学学报》2007 年第 1 期。

④ 梁工：《古代犹太教与早期基督教：希腊哲学观照下的两种释经理念》，《世界宗教研究》2013 年第 4 期。

⑤ 刘建军：《改造性的阐释：基督教对犹太教的传承与发展》，《东北师大学报》（哲学社会科学版）2013 年第 6 期。

⑥ 刘南阳：《论基督教与犹太教分离视域中的犹太教异端祝祷》，《学海》2014 年第 2 期。

的《弥赛亚观念考论》[1] 以《旧约》《新约》和其他犹太文献为考察对象，对犹太民族在不同历史时期所演变出来的各种观念（如现世首领式弥赛亚、理想君王式弥赛亚、末世救主式弥赛亚、政治首领和军事统帅式弥赛亚，以及耶稣和保罗的弥赛亚观念）做出了多方面的考证和辨析。梁工认为耶稣摒弃了犹太弥赛亚观念中的民族主义倾向和政治性、世俗性、功利性动机，而大力张扬了普世主义和绝对宗教精神；保罗的弥赛亚观念则进一步致力于阐释耶稣对于普通民众的意义，为基督教日后征服整个西方世界奠定下重要的神学根基。

基督教继承了犹太教的这一观念并将“弥赛亚”概念的范围扩大，认为真正的“弥赛亚”是耶稣基督，他为拯救世人的深重罪孽而受难并将再次降临。双方观念上的相似和差异使人们很容易将犹太式弥赛亚观念与类似的基督教式弥赛亚观念联系起来。傅有德的《犹太教的弥赛亚观及其与基督教的分歧》[2] 和申丽霞的《救世主—弥赛亚：人类宗教精神的期盼——从犹太教与基督教谈起》[3] 就对双方观念的分歧做了详细说明。傅有德认为双方根本性的分歧，在于对犹太教来说，弥赛亚虽然背负着神圣使命，但本质上来说是一个凡人，其目的是在现世建立一个完美的世俗性理想社会；而对基督教来说，弥赛亚是基督，是神，他要建立的是抽象性的彼岸“上帝之城”。此外，犹太教认为真正的“弥赛亚”尚未到来，而拒绝承认耶稣之神性，这一点也被基督教视为渎神的象征。而申丽霞则认为，犹太式弥赛亚观念伴随着犹太民族的亡国和流散过程，因此其核心思想是民族和国家的复兴；而基督教的弥赛亚观念更加看重全人类灵魂的救赎，以及在精神层面上对人的道德境界和价值取向进行提升。陈艳艳的硕士论文《论犹太教和基督教的弥赛亚观》[4] 对两种宗教的弥赛亚观做了整体梳理、并做了一定程度上的对比研究。

---

① 梁工：《弥赛亚观念考论》，《世界宗教研究》2006 年第 1 期。

② 傅有德：《犹太教的弥赛亚观及其与基督教的分歧》，《世界宗教研究》1997 年第 2 期。

③ 申丽霞：《救世主—弥赛亚：人类宗教精神的期盼——从犹太教与基督教谈起》，《宗教学研究》2003 年第 1 期。

④ 陈艳艳：《论犹太教和基督教的弥赛亚观》，硕士学位论文，山东大学，2007 年。

二　犹太教与儒学

随着对犹太教研究的深入，中国学者也关注了犹太教与儒学的相似之处，傅有德认为犹太教在历史上曾是犹太人赖以生存的精神支柱，在现实生活中仍然发挥着精神指南作用。儒学与之相似，是在中国封建社会中占主导地位的意识形态，即使在当今社会，儒学思想仍然在华人社会中发挥着重要作用。比较这两种文化形态，具有重要的理论价值和实际意义。他在《犹太教与儒学三题议》与《希伯来先知与儒家圣人比较研究》两篇文章中详细分析了犹太教与儒学的相异之处：犹太教是神启的一神教，而儒学则属于多神教或带有明显的多神教因素；犹太教的经书被看作神启，而儒学经书则公认为是人言；犹太教的基本教义是以神为中心，而儒学则强调以人为本；犹太先知是公正的化身，而儒家圣人则是仁爱的人格化。作者认为，从理论上说，犹太教与儒学之间存在相互补充的余地。一方面，犹太民族可以用儒家的自我修养规范遵守宗教的意识，儒家也可以借鉴神本主义的思想对自然和世界更加敬畏；另一方面，犹太先知正义优先、大无畏的批判精神以及法治的理念可以弥补儒学之不足，儒家圣人的仁爱精神、君子风范与德化作用对犹太文化乃至西方文化都是有益的补充。①

周国黎的《道德脆弱的根源何在——儒家宗法伦理与犹太宗教伦理比较》② 和姚新中、洪波的《知识·智慧·超越——早期儒学与犹太教智慧观的伦理比较》③ 都对两者的伦理思想进行了探讨，但各自侧重点不一。周国黎认为儒家伦理是宗法性和政治性的统一，伦理是作为政治的手段存在的；而犹太伦理则是宗教性和社会性的统一，伦理就是终极目的而非手段。并且，在儒家伦理体系中，伦理必须依附王权或国家存在，这与

① 傅有德：《犹太教与儒学三题议》，《山东大学学报》2004 年第 3 期；《希伯来先知与儒家圣人比较研究》，《中国社会科学》2009 年第 6 期。

② 周国黎：《道德脆弱的根源何在——儒家宗法伦理与犹太宗教伦理比较》，《探索与争鸣》1996 年第 3 期。

③ 姚新中、洪波：《知识·智慧·超越——早期儒学与犹太教智慧观的伦理比较》，《伦理学研究》2002 年第 1 期。

犹太伦理主要依靠非政治性的犹太社团存在不同。这些因素决定了相比于犹太伦理，儒家伦理在社会解构与重组之时产生了滑坡现象。姚新中、洪波的文章则分伦理特征、实践精神、宗教内涵三方面探讨了两种文明中的智慧观念，指出相比儒家智慧观而言，犹太智慧深受宗教影响，其中属神的层次大大超越了属人的层面。而儒家受宗教影响较浅，相对于对宇宙或天道的认识更趋向于个人品格的完善。张爱辉认为儒家传统倾向于人性本善，并将人性与天命联系在一起，认为人性本善的来源是天道、天命；犹太教虽然也把善、恶冲动看作人的本性，但却强调它不是生来如此，而是上帝的创造。儒家认为判断善恶的标准由“人”把握，具有强烈的人本主义色彩；而犹太教认为只有上帝才能掌握判断善恶的标尺。①

近年来，学者们也开始从一些新的视角对犹太教与东方诸教，例如佛教、儒学、日本神道教进行对比研究，这无疑为犹太教的研究增添了一丝新意。例如，刘奉祯的《佛教与犹太教比较及宗教对话刍议》对比了佛教与犹太教的核心教义与律，探讨了宗教之间对话的可行性。② 任婷婷的《犹太教、神道教“现世性”之比较》则分析了犹太教与神道教“现世性”形成的原因和表现，作者认为“现世性”特点都深深影响了犹太民族与大和民族的文化传统。③

三　犹太教与伊斯兰教

一些犹太教与伊斯兰教学者囿于宗教情感或民族情感，在研究两教的关系时，往往集中于阐述二者的差异性。相比之下，中国学者不受宗教信仰的局限，能够具有更客观的认识。张倩红在《以色列史》一书中指出，犹太教对穆罕默德一神思想的形成以及伊斯兰教基本教义的建构都产生了很大的影响。伊斯兰教在诸多方面汲取并继承了犹太教的教义和习俗，例如伊斯兰教与犹太教一样，崇尚绝对意义上的一神教；伊斯兰教承认犹太教的先知、尊重犹太教的经典；《古兰经》所叙述的传说和故事，绝大部

① 张爱辉:《论犹太教的善恶观》,《湖北大学学报》(哲学社会科学版) 2014 年第 6 期。

② 刘奉祯:《佛教与犹太教比较及宗教对话刍议》,《宗教学研究》2010 年第 1 期。

③ 任婷婷:《犹太教、神道教“现世性”之比较》,《世界民族》2012 年第 4 期。

分与《旧约》内容相似等。[①] 肖宪在《谜一般的犹太人》一书中叙述了伊斯兰教与犹太教的共性。伊斯兰教和犹太教一样，都非常强调信教者必须遵守宗教律法，且十分重视宗教学者对教法的研究和解释，宗教学者的意见具有极大的权威性。作者还指出，伊斯兰教和犹太教并非一开始就互相敌视，在阿拉伯帝国和奥斯曼帝国统治时期，犹太人不仅能够保持他们的宗教信仰和社团自治，还能在国家的政治和经济领域中自由发展。[②]

周燮藩在《伊斯兰教的起源与犹太教》[③] 一文中研究了早期犹太教与伊斯兰教的关系。他从伊斯兰教创立之前犹太教在阿拉伯半岛的传播情况入手，分析了伊斯兰教初创时期犹太教对穆罕默德的影响，认为“新宗教的教义即是犹太教加上披上易卜拉欣外衣的阿拉伯宗教和基督教与社会改革相结合的产物”[④]。相比基督教而言，犹太教对伊斯兰教产生的影响更大。马效佩的《犹太教、基督教和伊斯兰教视阈中耶稣形象之比较研究》[⑤] 对犹太教、基督教和伊斯兰教这三大一神教中耶稣的不同形象和定位进行探讨，以三大宗教如何看待耶稣这个宗教历史人物为视角，折射出不同的神学信仰和教义体系。犹太教持保守立场，不但否认耶稣是弥赛亚，甚至不认为他是本民族的先知；基督教勇于革新，视耶稣为圣子；伊斯兰教则持客观理性的立场，将耶稣定位为历史上许多先知之一，是一位负有使命的圣人。马效佩在分析了三大宗教对耶稣的不同看法后认为它们因对待耶稣的立场不同而最终朝不同的方向发展，从而构建了各自的神学信仰和教义体系。

张倩红在《伊斯兰世界犹太人与阿拉伯人的交往》一文中比较详细地分析了历史上犹太人与阿拉伯人的交往以及两教之间的关系。她认为，在早期两大文明交往时期，犹太教与伊斯兰教不仅实现了和睦相处，并有一定程度的融合现象。两教并非自古以来就水火不容，在第一圣殿被毁之

---

① 张倩红：《以色列史》（修订本），人民出版社 2014 年版。

② 肖宪：《谜一般的犹太人》，中国工人出版社 2007 年版。

③ 周燮藩：《伊斯兰教的起源与犹太教》，《中国社会科学院研究生院学报》1982 年第 1 期。

④ 同上。

⑤ 马效佩：《犹太教、基督教和伊斯兰教视阈中耶稣形象之比较研究》，《回族研究》2007 年第 4 期。

后，流散的犹太人为阿拉伯半岛带来了犹太文化，对伊斯兰思想的形成具有重要影响。在穆斯林统治时期的西班牙，犹太人与阿拉伯人还创造了和睦相处的友好记录。这些不可辩驳的事实为反驳和平怀疑论者提供了依据。①

第三节　犹太教对犹太民族的影响

犹太一神教的产生与希伯来民族的早期经历息息相关，可以说历史环境孕育了民族宗教，而民族宗教又丰富了民族历史，并为后者的延续与发展提供了不绝如缕的精神滋养和动力源泉。因此，中国当代学者对犹太教的研究与对犹太民族的关注是同步进行的。

一　犹太教与犹太民族

周燮藩在《犹太教小辞典》中指出："犹太教与犹太民族的历史几乎融为一体而无法分割。从教义基础到宗教节日，犹太教都是集宗教观和民族观为一体的宗教。……犹太教是犹太民族的宗教，犹太民族就是犹太教的信徒。"② 卓新平也认为，犹太教与犹太民族具有密不可分的关系，这种关系是民族信仰与民族生存关系的最经典的表述和见证。③ 徐新在《探索古文明书系：探索希伯来文明》一书中对犹太教与犹太民族关系问题也有所涉及。作者认为，由以色列民族生存困境而生的犹太教，从其出现伊始就与以色列民族的历史命运息息相关，这也从根本上导致了犹太教关注社会现实生活的特性。④

张倩红等在《犹太文化》一书中对犹太教与犹太民族的特殊关系进行了更为细致的分析。作者认为，犹太教在犹太历史的发展过程中扮演了十分重要的角色，是犹太民族文化的基本要素及传承载体，在很大程度

① 张倩红：《伊斯兰世界犹太人与阿拉伯人的交往》，《世界历史》2006年第6期。

② 周燮藩主编：《犹太教小辞典》，上海辞书出版社2004年版，"导言"第22页。

③ 卓新平：《中国宗教与文化战略》，社会科学文献出版社2013年版。

④ 徐新：《探索古文明书系：探索希伯来文明》，太白文艺出版社2012年版。

上及相当长的时期里代表了犹太文化的主流与特色。犹太教与民族文化及民族历史的同构奠定了它在传统犹太社会中无与伦比的思想地位，即便在现代社会中，犹太教依然是犹太文化体系的重要内涵，是犹太文化的底蕴与基石。[①] 张倩红在《犹太文化的现代化》一书中则以传统性与现代性为视角，运用现代化理论阐释了犹太教在以色列现代社会中的地位。作者指出，犹太教在以色列处于实际上的国教地位，它不仅能够维持民族文化传统、促进社会整合、平衡过度的世俗化倾向及抑制现代化的弊端，而且还是民族身份鉴别的重要标准，体现了以色列国民文化的本质与特征。[②]

周燮藩在《拉比犹太教与犹太民族》一文中指出，犹太教与犹太民族的紧密结合是人类宗教和民族发展相结合的成功历史范例，正是由于拉比犹太教的先驱——法利赛派在动荡的氛围中重新解释犹太教传统，建立严格界定并更加稳固的宗教体制和社会结构，才使得犹太民族生存不息。[③] 张绥认为，犹太教对整个犹太民族的文化心态的养成起了至关重要的作用。希伯来民族的文化积淀过程不只是随着宗教发展而带来的物质生活方式的变化，如割礼的产生和意义、宗教信仰和禁忌等，更是其折射出文化心态的形成过程。随着巴比伦之囚和大流散的开始，犹太教中有关“选民”和“契约”的观念深深影响了犹太文化的进取心态，促使犹太人免于消亡的命运[④]。赵复三的《从犹太教看宗教与历史文化的关系》[⑤] 也表明犹太教和犹太民族历史的发展息息相关。犹太教中一神观、选民观、律法观和救世主思想这四大核心概念都是伴随着犹太人历史发展的轨迹而存在的，它们反过来又维护了犹太民族的生存和延续。

此外，学术界还翻译出版了多部涉及犹太教与犹太民族关系的著作，

---

① 张倩红、艾仁贵：《犹太文化》，人民出版社 2013 年版。

② 张倩红：《犹太文化的现代化》，江苏人民出版社 2003 年版。

③ 周燮藩：《拉比犹太教与犹太民族》，选自傅有德主编《犹太研究》（第 11 辑），宗教文化出版社 2012 年版。

④ 张绥：《犹太教和希伯来文化心态的形成》，《上海大学学报》1989 年第 4 期。

⑤ 赵复三：《从犹太教看宗教与历史文化的关系》，《世界历史》1987 年第 1 期。

如西蒙·蒙蒂菲奥里的《耶路撒冷三千年》[①]、伯纳德·J. 巴姆伯格的《犹太文明史话》[②]、施罗默·桑德的《虚构的犹太民族》[③]、诺曼·所罗门的《犹太人与犹太教》[④] 以及马丁·吉尔伯特的《五千年犹太文明史》[⑤]，这对于我们了解犹太教与犹太民族的关系具有重要的学术价值。

二 犹太教与犹太复国主义

犹太复国主义作为一种民族主义思潮，带有浓厚的宗教色彩。张倩红等在《犹太教史》一书中指出，“尽管犹太复国主义运动基本是一场世俗政治运动，但其思想和理论基础都与犹太教有着千丝万缕的联系。犹太复国主义者倡导利用《圣经》中犹太人将回归锡安的‘预言’来号召散居各地的犹太人返回巴勒斯坦，重建犹太国家。”[⑥] 徐新认为，犹太复国主义与犹太教关系密切，犹太复国主义目的是利用犹太教的象征和期待弥赛亚降临的宗教思想向犹太人发出复兴建国的号召，是犹太教某些精神传统的弘扬。[⑦]

从宗教角度研究犹太复国主义一直是学者们关注的重点问题之一。早在20世纪90年代，徐新就发表了《试论犹太复国主义兴起的宗教社会因素》[⑧]。此后，有刘中民《犹太教对犹太复国主义的影响》[⑨]、赵云侠的《犹太教的世俗化问题——正统派对犹太复国主义运动的思想反应》[⑩]、秦人文的《犹太教、犹太复国主义与以色列现代化》[⑪] 以及陈双庆的《犹太

---

① 西蒙·蒙蒂菲奥里：《耶路撒冷三千年》，张倩红、马丹静译，民主与建设出版社 2014 年版。

② 伯纳德·J. 巴姆伯格：《犹太文明史话》，肖宪译，商务印书馆 2013 年版。

③ 施罗默·桑德：《虚构的犹太民族》，王宏兴、张蓉译，上海三联书店 2012 年版。

④ 诺曼·所罗门：《犹太人与犹太教》，王广州译，译林出版社 2011 年版。

⑤ 马丁·吉尔伯特：《五千年犹太文明史》，蔡永良译，上海三联书店 2009 年版。

⑥ 张倩红等：《犹太教史》，华夏文化出版社 2011 年版，第 321—322 页。

⑦ 徐新：《论犹太文化》，世界图书出版公司 2013 年版。

⑧ 徐新：《试论犹太复国主义兴起的宗教社会因素》，《南京大学学报》1989 年第 5 期。

⑨ 刘中民：《犹太教对犹太复国主义的影响》，《世界民族》1999 年第 2 期。

⑩ 赵云侠：《犹太教的世俗化问题——正统派对犹太复国主义运动的思想反应》，《世界历史》1999 年第 3 期。

⑪ 秦人文：《犹太教、犹太复国主义与以色列现代化》，《世界民族》2001 年第 5 期。

教在以色列国家政治中的地位与影响》[①] 等，学者们从不同角度解读了犹太教作为犹太民族的精神内核对犹太复国主义的兴起与发展所起的作用，并一致认为犹太民族返乡复国的思想源于犹太教“应许之地”的观念。在大流散期间，回到“应许之地”是维系犹太民族的精神支柱。犹太复国主义的政治目的也是借助这种“应许之地”的宗教追求，来动员散居世界各地的犹太人，进而实现重建犹太国家之目的。此外，王彦敏在《以色列政党政治研究》一书中也对犹太复国主义思想的宗教渊源有所探究。作者认为，关乎犹太民族命运的犹太复国主义运动蕴含了浓厚的犹太教情结，传统的犹太教的返乡复国观未曾间断地发展，为犹太复国主义运动的兴起奠定了重要基础。[②]

刘金忠的《犹太教复国主义研究》[③] 从文化视角考察了近现代犹太宗教思想对于犹太复国主义运动的理解与回应。作者认为，犹太教各派对于现代政治复国主义的模糊支持态度，更多体现了宗教自身在文化整体性发展中的命运选择。刘精忠的《宗教与犹太复国主义》一书从宗教视角探究了犹太教与犹太复国主义的关系。此书的一大亮点是将宗教犹太复国主义同世俗犹太复国主义结合在一起，进行了多角度的互动研究，拓宽并深化了对犹太复国主义的本质和现状的研究。[④]

此外，秦人文的《犹太教、犹太复国主义与以色列现代化》从双向视角考察了犹太教与犹太复国主义的关系。作者指出，一方面，犹太教是犹太复国主义理论的思想渊源；另一方面，犹太复国主义运动本质上是一场世俗的民族主义运动，与犹太教存在着必然的矛盾和冲突。如何处理犹太教、犹太复国主义与现代化的关系是以色列面临的棘手问题。[⑤]

三 犹太教和以色列国

以色列国的《独立宣言》明确指出：以色列公民不分宗教信仰，都

---

① 陈双庆：《犹太教在以色列国家政治中的地位与影响》，选自中国现代国际关系研究所民族与宗教研究中心著《世界宗教问题大聚焦》，时事出版社 2003 年版。

② 王彦敏：《以色列政党政治研究》，人民出版社 2014 年版。

③ 刘金忠：《犹太教复国主义研究》，博士学位论文，西北大学，2003 年。

④ 刘精忠：《宗教与犹太复国主义》，中国社会科学出版社 2010 年版。

⑤ 秦人文：《犹太教、犹太复国主义与以色列现代化》，《世界民族》2001 年第 5 期。

可享受社会和政治平等，以色列是一个世俗国家而非神权国家。以色列政府虽没有从法律上明确规定犹太教为国教，但宗教在国家政治和社会中具有重要的影响力，抛开宗教而谈以色列政治和中东局势是不现实的。在犹太教与以色列国家的研究领域，中国学者们的目光主要集中在犹太教对以色列政治及中东和平进程的影响等方面。

张倩红的《以色列史》从诸多方面分析了犹太教在以色列的地位及其对国家政治、经济、文化与社会生活的影响。作者一方面肯定了犹太教在犹太民族与文化的形成、发展及犹太人建立民族家园的过程中的特殊作用；另一方面又强调了犹太教对现代以色列国家政治与社会生活的负面性影响，最高拉比总署、宗教法院、宗教事务部在以色列的社会文化、司法、政治等方面发挥着独一无二的作用；宗教势力积极组织政党参与政治选举，并极力在犹太人身份认定问题上施展自己的影响力，这使得以自由、民主标榜的以色列国表现得像一个“半祭司的国家”，使“民主国家”属性打了折扣。作者强调：“在以色列社会走向现代化的进程中，传统犹太教面临着双重任务，一方面是不得不对自身进行改造，荡涤其教条化、礼仪化、体制化的成分，与自由民主社会的一系列现代理念接轨，从而为自己争取生存空间；另一方面，要发挥自身的潜力，为现代人提供精神滋养。”[①] 阎瑞松的《以色列政治》[②] 和肖宪的《中东国家通史·以色列卷》[③] 对此也多有涉猎。

关于宗教对以色列国内政坛的影响。徐向群在《以色列的宗教势力和宗教党》和《以色列：宗教政治化》[④] 两文中对以色列宗教党的来龙去脉和它与政治的关系加以梳理，认为宗教势力极大地影响了以色列的政治，原本只属于信仰领域的宗教转而深陷政治斗争的旋涡，这是以色列的现代化进程所理应避免的。冯基华在《宗教政党对以色列政局及阿以冲突的影响》一文中指出，尽管以色列是一个世俗国家，但犹太教对犹太

---

① 张倩红：《以色列史》（修订本），人民出版社 2014 年版，第 264 页。

② 阎瑞松：《以色列政治》，西北大学出版社 1995 年版。

③ 肖宪：《中东国家通史·以色列卷》，商务印书馆 2001 年版。

④ 徐向群：《以色列的宗教势力和宗教党》，《西亚非洲》1996 年第 6 期；《以色列：宗教政治化》，《世界知识》2000 年第 9 期。

人有着根深蒂固的影响，宗教势力能够轻而易举地影响以色列政局的稳定和政府内外政策的实施，严重制约以色列民主政治的发展和中东和平进程。但作者认为，政教分离始终是历史发展的必然以及社会发展的大趋势，宗教政党在未来以色列政治生活中很难有进一步拓展的空间。[①] 王彦敏则认为以色列宗教政党在以色列社会生活、政治舞台上举足轻重的地位是以色列国家“犹太性”的本质反映。在可预见的时期内，宗教势力对以色列政治的影响将很难被削弱。[②]

黄陵渝在《当代犹太教》一书中详细阐述了犹太教对以色列政治和社会的影响。从政治上看，一方面，世俗政治势力保持了在社会政治生活中的主导地位，没有向宗教势力做原则性让步；另一方面，以色列的民主体制又为宗教势力介入政治提供了可乘之机。从社会方面看，作为以色列的主体宗教，犹太教的影响深入到以色列社会的法律、教育、社会文化以及中东和平进程等诸多方面。[③]

以色列建国以来，宗教与世俗始终是斗争中并存。近年来，犹太教尤其是正统派犹太教在以色列政治、文化、教育以及社会生活方面的影响力逐渐上升，世俗与犹太宗教势力的冲突也成为当今以色列面临的棘手问题。王宇在《犹太教在以色列的社会影响力上升》一文中指出，由于近年来以色列国内正统派犹太教势力呈明显上升趋势，激起了以色列内部的社会矛盾和政治紧张。世俗与宗教的冲突也逐渐成为动摇政局的主要社会矛盾，二者的角逐必将在很长一段时期内困扰以色列政坛以及以色列社会。[④]

此外，学者们还关注了宗教在中东地区冲突中所扮演的角色问题。张倩红在《巴以冲突中的宗教因素透视》一文中从巴以两方面分析了宗教因素对巴以冲突的影响，作者指出，巴以冲突伴随着犹太复国主义的兴起而出现，并随着以色列的建国而加深。犹太人和穆斯林的宗教感情，尤其对圣城耶路撒冷的热爱是巴勒斯坦问题的难解之结。在这个问题上，以色列宗教政党主张的社会生活犹太化、宗教化和宗教极端思想对巴以冲突应

---

① 冯基华：《宗教政党对以色列政局及阿以冲突的影响》，《西亚非洲》2006 年第 5 期。

② 王彦敏：《以色列政党政治演变中宗教政党角色地位的变化》，《历史教学》2010 年第 24 期。

③ 黄陵渝：《当代犹太教》，东方出版社 2004 年版。

④ 王宇：《犹太教在以色列的社会影响力上升》，《世界宗教文化》2012 年第 4 期。

负重要责任，同时伊斯兰教根深蒂固的圣战思想和巴勒斯坦人的报复行为也对巴以和平进程造成了伤害。[①] 陈双庆在《犹太教理念与巴勒斯坦地域争端的关系》中分析了犹太教的理念在巴以冲突中的作用与影响。他认为，“应许之地”的观念不仅强化了犹太人回归巴勒斯坦地区的意识，且日益成为一些宗教极端分子用暴力手段破坏阿以和解的宗教依据。[②] 此外，汪舒明对信仰者集团这一很少受到学者关注的特殊群体进行了研究，指出信仰者集团既是中东和平进程的障碍，又改变了以色列社会的主要意识形态，加速了以色列政坛政治力量的重组。[③] 另外，黄陵渝也发表了一系列学术文章，对耶路撒冷、被占领土等敏感问题的宗教背景做了阐释。[④]

第四节　犹太教在中国

卓新平的《基督教犹太教志》[⑤] 一书集中记述了犹太教在中国的传播与发展情况，包括犹太教在中国的兴起、中国犹太教遗物与文献两大部分。徐新在《犹太教在中国》[⑥] 一文中首先根据犹太民族、宗教一体的定义将犹太教进入中国的时间定位在唐代，进而通过犹太会堂在中国有关城市（如开封、上海等）的历史对犹太教在中国的历史进行了详细的梳理和论述。

一　犹太教在开封

最早的中国犹太教研究就始于对开封犹太教的探讨，这无疑也标识着

① 张倩红：《巴以冲突中的宗教因素透视》，《世界宗教文化》2002 年第 3 期。

② 陈双庆：《犹太教理念与巴勒斯坦地域争端的关系》，《西亚非洲》2003 年第 2 期。

③ 汪舒明：《信仰者集团的崛起及其对以色列社会转型的影响》，《西亚非洲》2006 年第 6 期。

④ 参见黄陵渝《再论犹太教对中东和平进程的影响——被占领土的归属问题》，《科学与无神论》2004 年第 1 期；《论犹太教对中东和平进程的影响——耶路撒冷主权归属问题》，《科学与无神论》2004 年第 2 期；《论犹太教对以色列国法律的影响》，《科学与无神论》2005 年第 4 期；《论以色列的政教关系》，《科学与无神论》2005 年第 3 期。

⑤ 卓新平：《基督教犹太教志》，上海人民出版社 1998 年版。

⑥ 徐新：《犹太教在中国》，《世界宗教研究》2000 年第 12 期。

开封犹太教研究在整个中国犹太教研究中的重要意义和象征作用，而且中国学者最为本土、最具特色的犹太学研究也立足于此。早在民国时期，时经训、叶瀚、陈垣等学者就开始研究开封犹太教问题。改革开放后，中国学界出版的关于开封犹太人的学术著作如江文汉的《中国古代基督教及开封犹太人》[①]、潘光旦的《中国境内犹太人的若干历史问题——开封的中国犹太人》[②]、高望之的《中国历史上的犹太教和犹太人》[③]、张绥的《犹太教与中国开封犹太人》[④]、王一沙的《中国犹太春秋》[⑤] 等都有专门章节论及开封犹太人的宗教信仰问题，同时也有一些专题论文发表，其研究重点集中在以下几个方面。

第一，关于开封犹太人的信仰问题。学者们基本认同在一个相当长的时期内开封犹太人维持了犹太教信仰，延续了传统的犹太礼仪。这主要体现在以下几个方面：其一，开封犹太人主要通过立碑的方式来纪念和阐释自己所信仰的宗教；其二、开封犹太人在日常生活中仍然坚持执行传统的犹太宗教礼仪，如守安息日、过传统宗教节日、行割礼、遵守犹太饮食法等；其三，积极修建会堂，想方设法保存托拉经卷。但是随着犹太人逐渐融入中国社会，同化的倾向日益明显，种种原因导致开封犹太教最终消失。学者们对开封犹太教消失的原因进行了种种探讨，主要有“通婚说”“科举说”“宽容说”“儒化说”“中犹文化相似说”等。

第二，开封犹太人的经书问题。徐伯勇、李景文、张倩红等人在民国时期相关研究论著的基础上，对开封犹太人的经书存留情况进行了详细考察。徐伯勇在《开封犹太人的几个问题》[⑥] 中主要考证了开封犹太人所存经书的来历。李景文考察了开封犹太人对待经书的态度，指出明末清初时

---

① 江文汉：《中国古代基督教及开封犹太人》，知识出版社 1982 年版。

② 潘光旦：《中国境内犹太人的若干历史问题——开封的中国犹太人》，北京大学出版社 1983 年版。

③ 高望之：《中国历史上的犹太教和犹太人》，《第十六届国际历史科学大会中国学者论文集》，中华书局 1985 年版。

④ 张绥：《犹太教与中国开封犹太人》，上海三联书店 1990 年版。

⑤ 王一沙：《中国犹太春秋》，海洋出版社 1992 年版。

⑥ 徐伯勇：《开封犹太人的几个问题》，朱威烈、金应忠主编《’90 中国犹太学研究总汇》，上海三联书店 1992 年版。

开封犹太人对自己的经书还极为珍惜，然而经过数百年的转变，当新教传教士们大批进入中国时，饱受贫穷之苦又淡化了信仰的犹太人开始把经书卖给外国人，结果在短短的几十年间珍贵的经书全部流失，珍贵经卷的流失反映了开封犹太人文化心态的变化与宗教意识的淡薄，而这也最终导致了开封犹太人不可避免地同化到当地文化之中的历史命运。[①]

第三，开封犹太会堂问题。张倩红在《历史上的开封一赐乐业教清真寺》[②] 一文中，梳理了犹太会堂从兴到衰的过程，指出从 1163 年建造第一座会堂开始，至 1688 年为止，开封犹太人曾 12 次修葺或重建清真寺，而每一次重修都意味着犹太人汉化的程度加深一步。随着汉化程度的加深和宗教热情的减弱，会堂在开封犹太人心目中的地位下降，康熙以后开封犹太人再也没有重修过会堂。

另外，需要特别指出的是，徐新围绕开封犹太社团出版了两本英文著作：《开封中国犹太人的传说》（*Legends of the Chinese Jews of Kaifeng*[③]）和《中国开封犹太人：历史，文化与宗教》（*The Jews of Kaifeng*, *China*: *History*, *Culture*, *and Religion*[④]）。这是中国学者首次用英文在国外出版的学术著作，也是中国犹太研究学术界致力于与国际学术界进行对话的重要努力，充分展现了中国学者对于开封社团历史、文化、宗教的研究水平与理论见解。

二　犹太教在上海

上海犹太人成分复杂，先后形成了四个社区，即塞法尔迪犹太社区、阿什肯纳兹犹太社区、中欧犹太社区和波兰犹太社区。由于文化方面的差异，各个社团的宗教活动也相对独立地进行。中国学者围绕关于上海犹太

---

① 李景文：《古代开封犹太族裔经书存失之考察》，《周口师范高等专科学校学报》1999 年第 1 期。

② 张倩红：《历史上的开封一赐乐业教清真寺》，载（香港）《二十一世纪》1998 年第 10 期。

③ Xu Xin, *Legends of the Chinese Jews of Kaifeng*, Hoboken, N. J.: KTAV Publishing House, 1995.

④ Xu Xin, *The Jews of Kaifeng*, *China*: *History*, *Culture*, *and Religion*, Jersey City, N. J.: KTAV Publishing House, 2003.

人的研究发表了大批成果，如潘光、王健的《一个半世纪以来的上海犹太人——犹太民族史上的东方一页》[①] 就是一例，该书不但全面论述了上海犹太人的经济文化活动以及对上海发展的影响，而且还描述了上海犹太人的宗教生活。

犹太人在上海的宗教活动中，最引人注目的是会堂的建造和上海犹太宗教公会的建立。犹太会堂的建立代表犹太社团真正在某地定居下来，是社团发展的重要标志，因而研究上海犹太人的著作几乎都会提及这一点。房建昌在《近代中国犹太教会堂及祈祷所考》[②] 中根据详尽的第一手资料对近代上海犹太教会堂及祈祷所的建立、发展及其消亡的简单情况做了介绍。徐新在《犹太教在中国》[③] 中也涉及了上海犹太会堂的建设。从历史资料来看，上海塞法尔迪犹太社团和阿什肯那兹社团都曾先后建造犹太教会堂，塞法尔迪犹太社团建造的有：1887 年建成的埃尔会堂、1900 年建成的舍里特·以色列会堂以及 20 世纪 20 年代建成的拉结会堂，拉结会堂庄严华丽，是当时远东最大的犹太会堂，另一所负有盛名的是 1927 年取代舍里特·以色列会堂的阿哈龙会堂，二战时它曾作为著名的密尔经学院师生的庇护所。上海的阿什肯那兹社团，先后建成了摩西会堂和新犹太会堂，后者由俄罗斯犹太社区出资于 1941 年逾越节前建成，可容纳大约 1000 人，直到 1956 年后方停止使用。它是上海最后一座停止举行宗教仪式的犹太会堂。

上海犹太人积极维持宗教礼仪和宗教教育。王健在《上海犹太人社会生活史》[④] 中指出，上海犹太人严守包括安息日在内的犹太节日，在生活中遵循犹太礼仪，食用按犹太饮食习惯制作的洁净食品。至于宗教教育，在欧洲难民进入上海之前，早一步到来的上海塞法尔迪犹太人并不太重视它，整个上海犹太社区也没有可提供宗教教育的学校。随着欧洲难民的大量涌入，上海犹太社团内的正统派日渐增多，进行宗教教育势在必行。1939 年，

---

① 潘光、王健：《一个半世纪以来的上海犹太人——犹太民族史上的东方一页》，社会科学文献出版社 2002 年版。

② 房建昌：《近代中国犹太教会堂及祈祷所考》，《世界宗教研究》1997 年第 1 期。

③ 徐新：《犹太教在中国》，《世界宗教研究》2000 年第 12 期。

④ 王健：《上海犹太人社会生活史》，上海辞书出版社 2008 年版。

首所塔木德经文学校创办，学生很快增加到数百人。这所学院提供从基础希伯来语班到高级经学班在内的完整教育，培养了一批熟悉塔木德经文的人才。另外，上海犹太人还成立了一所提供进一步教育的远东拉比学院，供塔木德经文学校的毕业生进一步深造。较为特别的是著名的密尔经学院，它是唯一一所完整地从纳粹手下抢救出来的宗教学院。密尔经学院的师生在动荡不安中仍保持固定的学习计划，显示出非同寻常的决心。

三　犹太教在哈尔滨

哈尔滨作为近代东亚最大的犹太人聚居中心和宗教中心，受到国内外学者的重视。关于犹太教在哈尔滨的情况一方面体现在一些研究哈尔滨犹太社团的著作中，如张铁江的《揭开哈尔滨犹太人历史之谜——哈尔滨犹太人社区考察研究》[①]，同时也体现在一些专题文章里。其中学者们研究的重点主要有两个方面：哈尔滨犹太教公会的情况和哈尔滨犹太会堂的建造。石巍巍、周妍认为哈尔滨犹太教公会是以慈善事业为宗旨的社会团体，原则上不从事任何政治活动，它的建立是为了满足哈尔滨犹太居民宗教、慈善、文化等社会需求。哈尔滨犹太教公会的职责主要包括以下几点：建造及管理犹太会堂、负责办理犹太侨民的社会身份登记、提供符合教规的食物、对无力自立的犹太人进行援助、满足哈尔滨犹太居民的文化需求等[②]。张铁江则认为哈尔滨犹太教公会的活动不仅具备犹太教的功能，而且具有明显的政治色彩。哈尔滨犹太人社区在犹太教公会的领导下为捍卫自己的权利与日本人进行了不懈的斗争，从而使其免遭极权主义和军国主义的侵害。[③] 关于哈尔滨的犹太会堂，张铁江、赵连泰在《犹太教及其在中国的传播与哈尔滨的犹太教和犹太教堂》[④] 中有详细介绍。他认

① 张铁江：《揭开哈尔滨犹太人历史之谜——哈尔滨犹太人社区考察研究》，黑龙江人民出版社2005年版。

② 石巍巍、周妍：《哈尔滨俄籍犹太人宗教公会的形成与发展》，《西伯利亚研究》2004年第1期。

③ 张铁江：《哈尔滨犹太宗教公会的兴衰》，《西伯利亚研究》2007年第6期。

④ 张铁江、赵连泰：《犹太教及其在中国的传播与哈尔滨的犹太教和犹太教堂》，《黑龙江社会科学》2005年第5期。

为与上海犹太社区不同，哈尔滨犹太社区一直拥有合格的拉比，这些拉比充分发挥了宗教领袖的卓越作用。

结　语

任何现代学科的发展与成熟，皆起步于初始阶段的培植与滋养，有赖于无数学人所做的基础性工作。改革开放以来，中国的犹太教研究虽然取得了可喜的成绩，但同样存在一系列的不足之处。因此，探究犹太教的本质特征与精神内涵，实现与国际学术界接轨的目标还有很漫长的道路，可以开垦的“学术荒地”也很多。回顾历史、反思现在，当前中国犹太教研究中尚存在以下几方面的深刻问题与发展困境。

（一）专门研究人员匮乏，学术队伍薄弱。与其他人文社科领域相比，从事犹太学研究的专职人员非常有限。多种原因所致，许多学生在学业结束后不再从事犹太研究。因此从犹太学学科的健康发展和研究前景来看，扩大专职研究人员队伍、组建稳定学术群体便成为重中之重。另外，很有必要建立全国性的学术机构，以凝聚学术力量，促进学术交流与合作。同时，相关研究者及研究机构还应大力拓宽渠道，积极争取研究资金，并加强文献资料建设，逐步实现资料共享。

（二）现有成果的学术性不强、原创性不足。随着犹太研究在中国越来越成为热点，成果数量大为增加，但肤浅、拼凑、雷同之作甚多，学术品位高、具有“自得之见”的成果偏少。因受语言功底、知识水平及原始文献的限制，很多学者还不能真正开展原创性研究。整体而言，国内学者在占有新资料、获取前沿信息方面还远远滞后于国际学术界，选题老化、资料陈旧等现象普遍存在。不仅如此，由于对犹太教、犹太历史与文化缺乏最基本的理解，现有研究成果中还存在一些知识层面的错误，如以基督教的话语架构来解读犹太教，比如对上帝的称呼、对犹太教经典的称谓、对犹太教教义的阐释等；一些著述中把基督教的人物、故事、智慧物语张冠李戴地用到犹太教身上；在宗教关系问题上，有些著述引用的是早已过时的研究结论，对第二次世界大战以后国际大背景下的宗教对话与和解所引起的宗教意识与宗教观念的变化缺乏认识，对近半个世纪以来国际犹太学术界的新成果的关注不够。个别著作甚至照搬很早以前就流行于西方的宗教反犹太主义措辞，从而歪曲了犹太教的要义。耶路撒冷犹太民族政策规划研究所（JPPPI）的沙洛姆·所罗门·瓦尔德博士在对中国的犹太学研究进行了深入调研与评估之后，用“学术基础薄弱但前景广阔”做了很精准的概括。[①]

（三）学术研究领域亟待深化与拓展。犹太教虽然只是一个信众有限的小型宗教，但却是有特点、有影响的信仰体系。在经历了圣经时代（The Biblical Period）、拉比时代（The Rabbinic Period）、中世纪（The Middle Ages）、近现代（The Modern Era）和当代犹太教（Contemporary Judaism）等发展阶段之后，虽然一直未能突破民族宗教的樊篱而成为普世性的宗教，但却在长达30多个世纪的历史长河中基本保持了元典特色，并不断传承、延续，不仅深刻影响了基督教、伊斯兰教等世界性宗教，而且至今保持了旺盛的生命活力。我们应该至少从以下五个方面来解读犹太教的精神源泉与不朽动力：

第一，犹太教不局限于单一的宗教信仰体系，而且是犹太人的生活规范，是“内在的心灵状态”与“外在的行为体现”的结合，不仅“因信称义”，而且“因行称义”；第二，犹太教在保持核心教义与价值判断的同时，容忍争议与分歧，《塔木德》的主要特征之一就是打破了一般宗教教条的那种言不二价、神圣不变的姿态，从而表现出一种协商精神与生活气息，强调对立派的观点也同样是“活生生的上帝之语”，从而形成了“有十个犹太人就有十二种意见”的现象；第三，典型的民族性特征为犹太教提供了广泛的精神内涵与思想活力；第四，古老的犹太教孕育了丰富的现代性因子，犹太教的现代性体现在对一系列现代理念的推崇与实践

---

① 沙洛姆·所罗门·瓦尔德博士是耶路撒冷犹太民族政策规划研究所高级研究员。他于2003年通过调研、访问、座谈等多种形式与中国从事犹太研究的相关机构、人员以及在校大学生进行了广泛的接触，在此基础上撰写了《中国和犹太民族：新时代中的古文明》（China and the Jewish People：Old Civilizations in a New Era）的研究报告。

上，比如律法面前人人平等、重视生命的价值、追求现世目标的实现以及商业合理化思想等；第五，极强的政治参与性特征。自王国时代以来，犹太教就表现出很强的政治参与性。以色列建国后，犹太教不仅仅是社会成员的个人意识，而且在很大程度上承担着社会凝聚功能、道德功能、政治功能及教育功能的作用。犹太教的政治参与性传统在以色列社会发挥到了极致，也为犹太教的复兴开辟了前所未有的广阔空间。

然而，就我们目前对犹太教的研究状况来看，诸如此类值得深入思考的课题还没有真正展开；犹太教在神圣与世俗、信仰与功利、传统与变革、凝聚与分化等问题上的思辨性、智慧性与实践性经验尚未得到深入挖掘；另外，对于犹太教的教义、教法、教派研究（尤其是正统派和神秘主义）、犹太教与其他宗教的相互影响与涵化等问题还涉足甚浅，需要进一步地深化研究。中国犹太教研究与这种对犹太教的整体审视密切关联，我们应该从历史上犹太教的大迁徙、大流变来看其在中国的存在及融合。就中国的犹太教研究而言，目前鲜有新的史料及文物发现，故而尚无其研究上的重大突破，相关研究基本上以对其历史文献的梳理诠释为主。当今在强调我国宗教坚持中国化方向的探究中，重新回顾、反思犹太教在中国的存在、嬗变、融合及消失，则有其重要的历史启迪及现实思考意义。